아! 바로 이거야

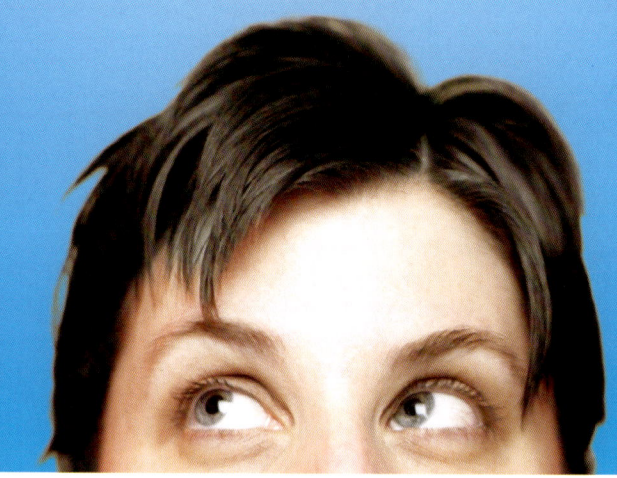

물류비 절감을 위한 현명한 선택!!

기업의 이익증대를 위한 물류비 절감 – 귀하의 현명한 선택이 좌우합니다.

국내 150,000여 기업에서 아시아까지 –
어느 물류 현장에 가더라도 이용되는 파렛트는 하나입니다.
한국파렛트풀시스템은 물류의 공동화를 통해
파렛트의 공급에서 회수, 관리까지 저렴한 비용으로 물류비를 절감해 드립니다.

한국파렛트풀시스템 – 물류비절감을 위한 현명한 선택입니다.

한국파렛트풀은 폭넓은 전국 60개의 물류센터 집배망과 1,500만개의 각종 파렛트 보유, 전국적인 Network를 통하여 150,000여 기업은 물론 일본, 중국, 대만, 태국 등 동남아시아에 이르기까지 물류의 공동화 실현으로 물류혁신에 기여해 온 아시아 최고의 공동물류기업입니다.

파렛트풀시스템(Pallet Pool System)이란? 파렛트의 규격, 치수 등이 상호호환 가능하게 함으로써 파렛트를 공동으로 이용, 물류의 합리화와 물류비 절감에 기여하는 시스템입니다.

LogisALL 제휴인증
(한국파렛트풀㈜, 한국컨테이너풀㈜, 한국로지스풀㈜)

LogisALL Total Logistics Alliance | **한국파렛트 풀㈜**
KOREA PALLET POOL Co.,LTD.

서울특별시 마포구 마포대로 63-8 삼창프라자 6층   Tel : 02-3669-7100(代)   Fax : 02-3669-7299

 물류혁신 고객감동
株式會社 골드라인파렛텍

ISO / KS A9001

물류혁신의 동반자 / 개발 및 사용상담!

GOLDLINE PALLETech

골드라인 파렛텍의 기술은 문명과 자연, 기계와 인간을
동시에 끌어안으며 계속해서 발전할 것입니다.

파렛텍 일회용 파렛트 Ow-Series
목재 파렛트와의 비교우위
수출용(목재 대체)
실현에 있습니다.

new items Ow-Series

Ow – Series
일회용 파렛트

골드라인파렛텍 자동화 창고형 파렛트!!
휨량의 최소화!!

Rackable pallets
자동화 창고용 파렛트

Jumbo Box
점보박스

Agricultural & Marine Products Crate
식품, 농수산물상자

주식회사 골드라인파렛텍

영 업 본 부 : 경기도 군포시 고산로 148번길 17 (군포IT밸리 A동 34층)
　　　　　　T. 031-233-5300　F. 031-216-3456
당 진 공 장 : 충남 당진시 합덕읍 상덕로 597-43　T 041-363-4800

www.goldline.co.kr

물류 시스템 혁신으로
탁월한 제품보관을 위한 현명한 선택!

STEP 1

STEP 2

LC-111
SIZE : 1139 X 989 X 1042
용도 : 자동차부품 및 단조품 등 중량품에 사용

STEP 3 / STEP 4

Total 물류 시스템!
용도에 맞게 물류비 절감 효과~

물류비 절감

Palette 재사용이 가능하며, 비용 및 관리의 효율성으로 물류비를 절감 및 자동차부품, 전자제품, 가전제품, 금속제품, 식품류, 문구류 등 다양한 용도로 널리 사용할 수 있습니다.

제품 내구성 우수

외부충격 방지로 제품보호가 완벽한 포장 시스템으로 내구성이 우수하며 Palette 적재로 공간활용이 용이합니다.

보관의 편리성

사면의 측판을 접을수 있고 상부덮개가 분리되므로 용도에 맞게 설치와 최소공간 보관이 용이합니다.

DC-851(돌리카트)
SIZE : 845 X 560 X 1600
용도 : 신선컨테이너 수송용 및 매장진열 운반용집기

회사소개

공간찬넬은 백화점, 하이퍼 마켓, 쇼핑몰, 로드샵등의 디자인, 생산, 설치 및 시공의 매장 진열집기 전문업체입니다.

40년간 백화점 진열집기에서 축적된 Know-how를 바탕으로 연구개발한 신물류 집기들을 출시하였습니다.

디자인과 고기능성을 겸비한 공간찬넬의 작품들을 만나보세요.

MS-108 (매쉬파렛트)
SIZE : 1200 X 1000 X 750
용도 : 자동차부품 및 단조품 등 중량품에 사용

공간찬넬(주) 사업자 등록번호 : 105-81-23874 홈페이지 : www.gonggan.com
본사 : 서울특별시 마포구 토정로 265-7 (우)04159 전화 : 02-711-1188 팩스 : 02-718-3198
공장 : 경기도 김포시 양촌읍 황금3로 17 (우)10048 전화 : 032-563-2311 팩스 : 032-562-4015
GONGGAN CHANNEL CO.,LTD.

플라스틱 파렛트는 「덕유」
물류의 시작 덕유로 부터

Pallet & Containers PLASTIC

DEOK-U

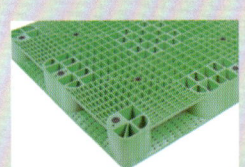

주식회사 덕유
DEOK-U CO., LTD.

| 본사 및 공장 | 충북 증평군 도안면 모래재로 190-36
TEL(043)836-8862 FAX(043)836-8500

| 영　업　부 | 서울시 강남구 테헤란로 86길 (덕유빌딩)
TEL(02)569-1561 FAX(02)557-6768

| HomePage | www.deok-u.co.kr

산업통상자원부
MINISTRY OF TRADE, INDUSTRY & ENERGY
MOTIE

한국파렛트산업대상(표준품질부분대상)
물류표준설비인증(산업통상자원부)

⌂ DONGYANG

믿을 수 있는 당신의 파트너,
(주)동양목재가 미래를 이끌어 갑니다.

나무, 목재는 인류가 살아오는 동안 함께 호흡하며 지내온
가장 친환경적인 자재입니다.
현재 온 지구촌이 지목하는 저탄소 녹색성장의
주력산업 중의 하나 역시 목재산업입니다.

저희 (주)동양목재는 1972년 창립 이래 남양산 원목 직수입,
목침목 특수 건조 및 가공, 플로어링보드, 플로어링블록 그리고
각종 조경목에 이르기까지 다양한 각종 제품생산의
선구자로 성장하여 왔습니다.

앞으로도 저희 회사는 21세기 저탄소 녹색성장의 대표적인 산업으로
계속 성장하기 위하여 전 임직원이 꾸준히 연구 노력하여
목재산업 발전에 이바지하고자 하오니
많은 관심과 변함없는 성원을 부탁드립니다.

INFO

동양목재 대표이사 김창환 인천광역시 서구 길무로 205(오류동)
TEL : (032)578-8121~4 FAX : (032)577-6018
www.dongyang.co.kr

플라스틱 산업의 선두주자
엔피씨주식회사

물류환경 혁신과 생활 환경의 진보를 추구하는 기업

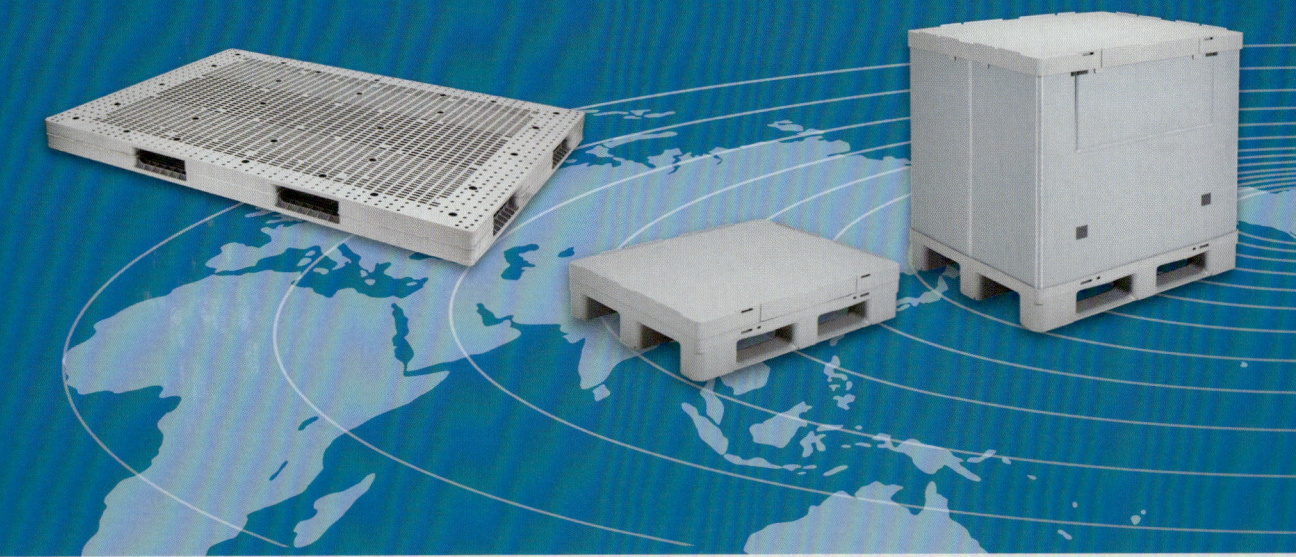

마 케 팅 1 부	T.031-361-8675 F.031-360-7506	부산지점	T.051-973-6075~9 F.051-973-6074	NRS 본부	T.1644-0020 F.031-360-7507
마 케 팅 2 부	T.031-361-8684 F.031-360-7505	대구지점	T.053-944-1271~3 F.053-944-1270		
마 케 팅 3 부	T.031-361-8674 F.031-360-7506	대전지점	T.042-621-6560~2 F.042-621-2393		
해외 마케팅부	T.031-361-8693 F.031-360-7504	광주지점	T.062-526-9733~4 F.062-525-4131		

유럽인증 EPAL PALLET

THE LOGISTICS PIONEER

적재효율
극대화

리터너블

규격다양화/
주문제작

작업의
편이성

우수한
강도/품질

저렴한
비용

안전한
포장

자동라인
보유

물류의 선구자, 영림목재(주)가 하면 다릅니다!

| CUSTOMIZATION
고객맞춤형 제작 공정

경제적인 일회용 팔레트, 회수 가능한 접철식 컨테이너 박스 등
다양한 제품군과 49년의 노하우로 고객맞춤형 제작을 실천합니다.

| RESPONSIBILITY
책임감 있는 공정 관리

고객과의 약속은 생명입니다. 고객 만족을 위해 정해진 납기 내에
보다 빠르게, 최상의 품질을 목표로 항상 최선을 다하고 있습니다.

목재 Pallet

배터리 포장 랙

메쉬컨테이너

부품 포장 박스

ECO LIQUID

영림목재(주) **인천본사** 인천광역시 남동구 논현고잔로 63 | TEL 032.821.9583 | FAX 032.811.9050 | E-mail logistics@younglim.com
　　　　　　　청라공장 인천 북항 배후단지 | 2022년 1월 가동예정
　　　　　　　당진공장 충남 당진시 면천면 면천로 1139 | TEL 041.356.5791~4 | FAX 041.356.5795 | Homepage younglim.co.kr
　　　　　　　중국공장 WeiEr Road of Quanjiao Economic and Development Zone, Chuzhou City, Anhui, China

환경이 변해도
온도는 변하지 않아야 하니까

용마로지스,
의약품 물류의 한계를 뛰어넘다

의약품 수출입부터 보관, 분류, 배송까지
물류 전 프로세스 정온 시스템 구축으로
용마로지스가 앞서 나갑니다

 용마로지스

토털 정온 시스템 이란 배송의 시작부터 끝까지 상품의 적정 온도를 일정하게 유지하는 유통 방식입니다

 **정온 물류센터**
물품 보관 및 분류 시 정온을
유지하도록 최신 정온 시스템 완비

 정온 물류관리
중앙관제 시스템을 통해 설정된
범위에 맞게 온도 및 습도 유지관리

 **정온 물류도크**
입·출하시 물류센터와 차량 간 이동 과정에서
적정온도를 유지시키는 개폐형 도크

 **정온 배송트럭**
최첨단 온도 유지 설비를 갖추고
배송 중에도 10분마다 온도 자동 체크

아! 바로 이거야

물류비 절감을 위한 현명한 선택!!

기업의 이익증대를 위한 물류비 절감 – 귀하의 현명한 선택이 좌우합니다.

한국컨테이너풀(주)는 현재 국내 산업계의 물류합리화를 위하여
임대 방식에 의한 컨테이너 공동이용제도인 컨테이너풀 시스템(Container Pool System)을
구축하여 운영하고 있으며, 원재료 구매에서 생산, 판매까지 SCM의 전과정에 사용되는
BOX의 투입, 회수, 관리 등 전과정을 저렴한 비용으로 일괄 처리해 드립니다.

풀시스템(Pool System)의 오랜 노하우를 지닌 동반자 – 한국컨테이너풀 시스템
물류비 절감을 위한 현명한 선택입니다.

한국컨테이너풀 시스템을 만나시면!

- 체계적인 관리, 다년간의 노하우로 BOX의 투입, 회수, 관리까지 일괄 책임집니다.
- 동종업계, 업종간 BOX의 공동사용으로 물류비용이 획기적으로 절감됩니다.
- 전화 한 통화로 필요한 수량의 BOX를 즉시 이용할 수 있어서 창고 공간활용이 용이합니다.
- 반복 사용으로 자원절약과 포장 폐기물 최소화로 환경보호에도 기여합니다.

 **한국컨테이너풀(주)**
KOREA CONTAINER POOL Co.,LTD.

서울특별시 마포구 마포대로 63-8 삼창프라자 6층 Tel : 02-3669-7300(代) Fex : 02-3669-7329

http://www.kcps.co.kr

아시아 파렛트의 날

AIRPLANE
TRUCK
TRAIN
SHIP

매년 11월 12일은 아시아 파렛트의 날

아시아 각국은 11월 12일을 「아시아 파렛트의 날」로 정했습니다.

[아시아 파렛트의 날 제정에 관하여]

APSF는 11형 파렛트(1100mm×1100mm)와 12형 파렛트(1200mm×1000mm)를 아시아 공통규격 파렛트로 정해, 이 11형 및 12형과 숫자가 같은 월일인 11월 12일을 「아시아 파렛트의 날」로 제정했습니다.

APSF(아시아 파렛트 시스템 연맹)는 파렛트에 의한 물류 효율화를 목적으로 설립한 아시아 국가 11개국의 국제 조직입니다.

APSF 가맹국
한국, 일본, 중국, 태국, 말레이시아, 미얀마, 인도, 필리핀, 인도네시아, 베트남

아시아(APSF) 표준 규격 파렛트

11형 1100mm×1100mm   12형 1200mm×1000mm

파렛트의 종류

 목재파렛트
 금속파렛트
 플라스틱파렛트
 재생파렛트
 랙형파렛트
 롤박스파렛트
 메쉬박스파렛트
 시트파렛트

kpca 사단법인 한국파렛트컨테이너협회
www.kopal.or.kr

APSF 아시아파렛트시스템연맹
www.apsf.asia

유닛로드시스템
편람

Copyright ⓒ 2021. 'Korea Pallet Container Association(KPCA)' All rights reserved.
ⓒ 본 서적의 저작권은 (사)한국파렛트컨테이너협회에 있습니다.
저작권자의 허가·승인 없이 무단 전재·복재 시 저작권법에 의거 처벌 받습니다.
잘못된 책은 바꾸어 드립니다.

Unit Load System

유닛로드시스템 편람

발간사 Preface

『유닛로드시스템 편람』을 펴내며…….

서 병 륜
한국파렛트컨테이너협회 회장

물류는 우리 몸의 혈관계로 비유됩니다. 경제활동에서 물자를 원활하게 움직이게 하는 물류가 우리 몸 구석구석에 피와 영양분을 전달하고 불필요한 것들을 모아 배출계로 전달하는 인체의 혈액순환체계와 같기 때문입니다. 이러한 물류를 원활하게 하는 체계가 화물 운반도구인 파렛트와 컨테이너를 기반으로 하는 유닛로드시스템(ULS: Unit Load System)입니다.

이런 유닛로드시스템은 표준파렛트를 기준으로 화물의 적재를 모듈화하여 공급망의 초단(First mile)부터 말단(Last mile)까지 막힘없는 순환적 흐름이 되도록 정합성과 호환성을 확보하는 것입니다. 화물을 단위화(unit load, 단위 화물화)하여 하역을 기계화하고, 수송·보관 등을 일관하여 합리화하는 구조로, 하역작업의 기계화 혁신을 통해 하역은 물론, 보관과 수송을 합리화하고, 궁극적으로 물류 효율을 높이는 것이 그 목적이라 하겠습니다.

유닛로드시스템을 잘 구축하면 하역작업을 신속하게 할 수 있으며, 차량 회전율 향상과 화물 파손율을 줄이는 효과를 거둘 수 있습니다. 또한, 표준파렛트와 컨테이너를 기반으로 하기 때문에 보관공간과 운송차량 적재공간의 활용을 최적화함으로써 물류비용도 크게 줄일 수 있습니다. 특히 유닛로드시스템은 물류의 전 과정을 원활하게 연결함으로써 물류 전체의 효율을 향상시키기 때문에 물류 합리화를 위해 절대적으로 필요한 시스템이라 하겠습니다.

유닛로드시스템은 물류 효율화, 물류 선진화뿐만 아니라 지구 환경 지키기에도 큰 역할을 합니다. 유닛로드시스템의 기반인 표준파렛트와 컨테이너의 반복·재사용(Returnable)을 통한 자원순환물류시스템을 구축함으로써 플라스틱 폐기물을 줄이고, 자원을 절약하여 지구 환경보호에 크게 기여하고 있습니다.

그동안 이러한 유닛로드시스템의 중요성에

대한 인식은 깊고 넓게 확산하여 왔습니다. 유닛로드시스템을 잘 갖추면 물류경쟁력을 극대화할 수 있음을 알게 된 것입니다.

그러나 이같은 인식확산에도 불구, 유닛로드시스템을 소개하는 서적, 특히 유닛로드시스템의 이모저모를 개괄해 살펴볼 수 있는 개론서가 없다는 것이 큰 아쉬움으로 남아 있습니다. 물론 유닛로드시스템을 주제로 한 논문이나 연구보고서들이 없었던 것은 아니나, 대부분 단편적인 정보를 담고 있거나 일부 특정 부문에 한정된 전문적인 정보를 담고 있어 일반 국민, 물류업에 종사하는 물류인들이 쉽게 접할 수 있는 서적은 없었다고 할 수 있습니다.

유닛로드시스템이 무엇인지, 유닛로드시스템이 어디에 왜 필요한지, 어떻게 운용되고 있는지, 유닛로드시스템의 선진화를 위해서는 어떤 과제들을 풀어나가야 하는지, 앞으로 유닛로드시스템이 어떻게 진화해 나갈 것이며, 유닛로드시스템 구축을 위해 무엇을, 어떻게 준비해야 하는지를 한눈에, 그것도 쉽게 살펴볼 수 있는 서적의 보급은 기업의 물류경쟁력, 나아가 국가의 물류경쟁력을 끌어올리는 데 중요한 역할을 하게 될 것이어서 그동안 전문성은 갖추되 유닛로드시스템을 전반적으로 알기 쉽도록 소개하는 서적이 나와주었으면 하는 바람이 컸습니다.

이런 바람을 어떻게 하면 실현할까 고민해 온 한국파렛트컨테이너협회가 이번에 큰 결단을 하여 〈유닛로드시스템 편람〉을 내게 되었습니다. 늦었으나 참 다행스럽고 기쁘게 생각합니다.

이 책은 열두 분의 유닛로드시스템 전문가들이 심혈을 기울여 엮은 책입니다. 유닛로드시스템의 알파에서 오메가까지 빠짐없이 담아낸 이 책은 전문가가 아니어도, 물류업 종사자들이 아니어도 읽어보면 유닛로드시스템이 무엇인지, 왜 중요한지를 알아챌 수 있는 보급형 서적이면서도 유닛로드시스템을 설계하고 관리·운영하는 실무자나 전문가들에게도 큰 도움이 될 것으로 확신합니다. 이 자리를 빌려 이 책 편찬에 힘써주신 편찬위원들에게 감사의 인사 드립니다.

한국파렛트컨테이너협회는 지난 1996년 5월 3일 출범 이후 사반세기 동안 우리나라 유닛로드시스템의 선진화를 위해 노력해 왔으며, 그 결실 또한 컸다고 자부합니다. 특히 유닛로드시스템의 바탕이라 할 표준파렛트와 컨테이너 보급에 앞장서 왔으며, 국내뿐만 아니라 아시아파렛트시스템연맹(APSF)를 통한 아시아 권역과 글로벌 국가 간 파렛트 표준화와 유닛로드시스템 구축을 위해 다양한 활동을 전개해 왔습니다.

앞으로도 한국파렛트컨테이너협회는 정부와 관계기관, 그리고 물류업계 및 파렛트·컨테이너 업계와 함께 우리나라 산업계의 선진화를 위한 유닛로드시스템 발전을 위해 파렛트·컨테이너의 첨단정보를 통한 인공지능화와 공동화 및 친환경 공급망 확대에 더욱 힘쓸 것을 다짐합니다.

끝으로, 국가 물류발전의 밑거름이 될 이 편람이 우리 물류산업계의 목마름을 조금이나마 해갈시킬 수 있는 훌륭한 정보지로서의 역할을 하리라 기대하며, 널리 보급되어 물류산업 발전에 큰 보탬이 되기를 기원합니다.

2021. 3

목차 Contents

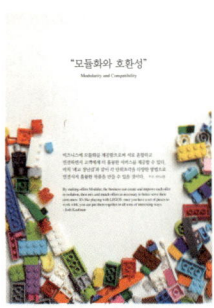

발간사	14
목차	16
표·그림 목차	18

I장 유닛로드시스템 이해 … 31
- 제1절 물류표준화와 유닛로드시스템 … 33
- 제2절 유닛로드시스템 개념 … 46
- 제3절 유닛로드시스템 기초 원리 … 57
- 제4절 유닛로드시스템 운용 방법 … 68

II장 유닛로드시스템 운용 현황 및 과제 … 77
- 제1절 국내 유닛로드시스템 운용 현황 … 79
- 제2절 국내 파렛트·컨테이너 실태 분석 … 86
- 제3절 해외 유닛로드시스템 운용 현황 … 100
- 제4절 유닛로드와 물리적 인터넷 … 103
- 제5절 유닛로드시스템 효율화를 위한 과제 … 118

III장 유닛로드시스템 관련 표준화 현황과 과제 … 127
- 제1절 물류포장 표준화 … 129
- 제2절 트럭운송 표준화 … 162
- 제3절 물류시설(보관·하역) 표준화 … 185
- 제4절 정보 표준화 … 206
- 제5절 철도화차 표준화 … 221
- 제6절 화물 컨테이너와 트레일러의 이해 … 244

IV장 물류기능별 유닛로드시스템 도입 및 구축사례 … 261
- 제1절 ULS 효율화를 위한 IT 구축사례 … 263
- 제2절 ULS 기반 운송시스템 구축사례 … 280
- 제3절 ULS 기반 물류시설 구축사례 … 288
- 제4절 ULS 기반의 글로벌 SCM 구축사례 … 298

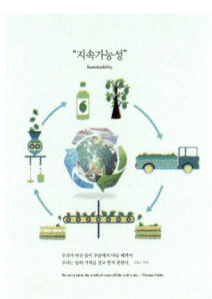

V장	**환경과 유닛로드시스템**	**311**
	제1절 지구환경과 물류	313
	제2절 자원순환경제 전략	327
	제3절 유닛로드시스템의 LCA 분석	338
	제4절 친환경포장 사례	359
VI장	**순환물류시스템과 유닛로드시스템**	**367**
	제1절 순환물류시스템 개요	369
	제2절 순환물류시스템 구축요소	377
	제3절 순환물류시스템 성과분석	386
	제4절 순환물류시스템 공유 사례(해외)	392
	제5절 순환물류용기의 종류	400
VII장	**유닛로드시스템 응용 혁신 사례**	**407**
	제1절 한국파렛트컨테이너 산업대상 수상기업 사례	409
	제2절 창의성 공모전 대상 수상 – 학생부	418
	제3절 창의성 공모전 대상 수상 – 일반부	429
VIII장	**향후 방향과 과제**	**441**
	제1절 유닛로드시스템의 전개 방향	443
	제2절 ULS 보급 촉진을 위한 과제	448
부록		**465**
	1 유닛로드시스템 통칙	466
	2 한국파렛트컨테이너기술연구소	484
	3 KPCA 통상회원사	488
	편집위원 소개	494

표 · 그림 목차

10피트 사이드 오픈	250
1D 바코드	210
1톤 이하 소형트럭의 적재함 규격 현황	178
1회용 용기와 순환물류용기 손익분기점 비교	379
2019년 기준 NF11형 플라스틱 파렛트 물동량	345
2019년 기준 NG532 컨테이너 물동량	346
2030년 국가 온실가스 감축 목표	323
20피트 2동을 운송하는 복합 섀시	258
20피트 사이드 오픈	250
20피트 오픈탑 화물 컨테이너 내부 지붕	249
20피트 컨테이너 전용 섀시	256
20피트, 40피트, 40피트 H/C(높이 2,896mm) Steel Container	249
2D 바코드	210
2-TEU 컨테이너 차(1435표준궤도) 설계도	231
3축 대차	232
40피트 구즈넥 트레일러와 앞쪽의 구즈넥 부분	257
600mm×500mm 포장모듈을 ISO 3394에 삽입 결의한 워싱톤 회의 Resolutions	147
600mm×500mm 포장모듈의 T-11형 및 T-12형 표준파렛트 적재효율	154
AAR 연결기와 CA-3 연결기	225
A사 기존포장 실태분석표(예시)	135
A사의 냉장고 회수용 포장	362
A사의 파렛트 규격별 정합성 평가 사례	135
Bosh사가 예시한 센서를 이용한 철도화물운송	236
CHEP 파렛트 시스템의 폐기물 발생량 비교	344
D사의 포장 표준강도 규격 일람(예시)	138
D사의 포장 표준치수 규격(예시)	137
Esko Cape Pack의 주요 기능	265
EU 롤컨테이너 형태 및 규격	142
EU 표준파렛트 1,200mm×800mm에 대한 포장 모듈치수 및 적재패턴(일부)	143
EUR 파렛트 제원	237
EURO 파렛트와 EURO half-pallet	142
EU의 권장 포장모듈치수	144

제목	페이지
EU의 포장 모듈치수 일람	143
F-LINE 사업 분야와 목표	396
Floor Strength Test (바닥 목재 버팀 테스트)	254
GLN 데이터 구조	219
GRAI 코드의 구조	276
GS1 Barcode	209
GS1 물류라벨 SSCC의 예	276
GS1 바코드의 예	268
GS1 식별 코드	208
GS1 업체 코드	212
GTIN 번호 체계	211
GTIN 번호의 예	211
ISO 14000s 구성	339
ISO 17364 계층구조에서 Layer 3에 해당하는 파렛트와 롤컨테이너	48
ISO 17364 계층구조에서 Layer 4에 해당하는 순환물류용기	47
ISO 3394의 표준 포장치수 일람	155
ISO 668 – Freight Container 분류	247
ISO 표준파렛트 현황(ISO 6780)	140
ISO 표준포장모듈 및 일본이 제안한 추가 표준포장모듈	141
JPR 파렛트 공동이용 및 수거서비스에 따른 CO_2 배출 저감 효과	342
JPR 파렛트 온실가스 배출 저감효과	342
KS T 2027 산업용 랙의 유효 입구 치수	199
KS T 2027에서 정의하는 적층 랙 종류	188
KS T 일관 수송용 산업용 랙의 유효 입구 치수	197
Layer 3에 해당하는 상자형 파렛트	48
LCA 목적 및 용도	339
LCA 분석절차	340
NF11 각 구간별 평균 유통거리 산정결과	347
NF11 단계별 LCA 분석결과 (1개 · Life cycle 기준)	354
NF11 단계별 지구온난화 특성화 분석결과 (1개 · 1회전 기준)	350
NF11 단계별 특성화 분석결과 (1개 · 1회전 기준)	350
NF11의 투입 원부자재 및 연간 투입량(2019년)	347

항목	페이지
NF11형 플라스틱 파렛트	345
NG532의 투입 원부자재 및 연간 투입량(2019년)	348
NG532 각 구간별 평균 유통거리 산정결과	349
NG532 단계별 LCA 분석결과 (1개 · Life cycle 기준)	357
NG532 단계별 지구온난화 특성화 분석결과 (1개 · 1회전 기준)	351
NG532 단계별 특성화 분석결과 (1개 · 1회전 기준)	351
NG532형 플라스틱 파렛트	346
P사의 500㎖ 샘물용기 경량화	363
P사의 탄산칼슘 함유 친환경 용기	363
QR코드와 바코드의 비교	269
QR코드의 특징	270
Reefer container	249
Restraint Test (길이 방향의 하부 검사)	253
RFID 시스템의 구성	271
RFID 통신에 사용하는 주파수 대역	271
RRPP LINK System (Basic)	308
RRPP Model 유형	305
RRPP 단계적 계약 및 Buyback 운영 방안	309
RRPP 도입 시 기대효과	305
RRPP 운영방식	306
RTOS 모형의 범위와 구조	371
RTS 성과항목 및 지표 (예시)	383
RTS와 공동운영에 따른 효과	440
Sgnsss60' 컨테이너 차 설계도	232
SG홀딩스의 AI-OCR 시스템	395
Shuttle Rack에 최적화된 Smart Box	437
Side Wall Strength Test (측벽 테스트)	254
Smart Box를 사용한 유닛로드시스템 구현을 통한 Smart Factory	437
Smart RRPP Pallet	307
SSCC 데이터 구조	214
SSCC 데이터 구조 설명	215
Supply Chain 상의 ULS 운영	300

S사 Unit Load 체계 도입을 위한 표준화 분석	301
T-11형(1,100mm×1,100mm) 파렛트의 포장 표준치수 일람표	149
T-11형과 T-12형 파렛트에 공통으로 적용 가능한 상자 치수	173
T-12형(1,200mm×1,000mm) 파렛트의 포장 표준치수 일람표	151
Type Ⅲ 방법론의 영향범주	350
UIC 표준화차	239
ULS 도입 시뮬레이션	304
ULTRAVIS System (Option)	308
VNA랙 도입 사례 (이천 K물류센터)	290
Wal Mart의 Score Card 평가항목	360
π-Container의 모듈화	446

ㄱ

가변형 연결기와 연결기 어댑터	226
개정안 모듈치수 적재패턴 분석	157
경제부문별 온실가스 배출 비중 – IPCC	38
공급망에서 물류정보의 가시성(Visibility) 확보	444
공급망에서 정보의 불확실성으로 인한 채찍효과	444
공급망의 다양화로 인한 물류의 속도가 경쟁력	35
공급사슬에 있어서의 3가지 주요 흐름: 정보, 제품 및 재무	299
공장 출하에서 소매 점포까지 유닛로드시스템 이미지	36
국내 부문별 온실가스 배출 전망과 배출 목표	322
국내 온라인 시장 및 해외 콜드체인 성장성	418
국내 컨테이너 사용 비율 및 보유 현황	98
국내 컨테이너 생산량 추정	96
국내 컨테이너 생산량 추정 (종이 재질 제외)	95
국내 컨테이너 치수별, 재질별 연간 사용 현황	98
국내 컨테이너의 치수별, 재질별 생산 현황	96
국내 파렛트 생산량 추정 (종이재질 제외)	94
국내 평파렛트 사용 비율 및 보유 현황	97
국내 평파렛트 치수별 사용 비율 추이	97
궤간가변대차 측면 및 앞면	224
기능별 포장 표준화 범위	132
기능성을 강화한 Tray 개발	439

	기둥을 랙 안에 배치 시 파렛트랙(리치형 지게차 사용 시)의 기둥 간격	190
	기둥을 랙과 랙 사이에 배치 시 파렛트랙(리치형 지게차 사용 시)의 기둥 간격	190
	기존화차와 고용량 이단적재 화차 비교	233
	기후변화로 인한 국내 피해비용 추산	317
ㄴ	냉동(Reefer) 컨테이너 생산량 추이	255
	냉동 · 냉장트럭 형태	182
	농수산물용 플라스틱 상자 치수 현황	174
	농수산식품공사 비포장 농산물의 포장화 전환	414
	농수산식품공사 시장의 거래 체계 개선	414
	농수산식품공사 운영 시장	412
	농수산식품공사 운영 시장 파렛트화 효과	414
	농수산식품공사의 단계별 하역체계 개선	413
	농수산식품공사의 지게차를 이용한 파렛트 하역 작업 개선	412
ㄷ	다양한 플라스틱 운반용기 형태	166
	단방향 물류체계와 순환물류체계 비교	369
	단일 물류단위로 합쳐진 적층 파렛	218
	대형 냉동 · 냉장트럭 적재함 규격 현황	184
	대형 윙바디 트럭 적재함 규격 현황	180
	더블데크 트레일러	167
	도레이 첨단소재의 Pallet 입고현황	416
	도레이 첨단소재의 물류 비전	417
	도레이 첨단소재의 제품입고 프로세스	416
	도크레벨러 모습	168
	독립된 물류단위인 적층 파렛	218
ㄹ	라벨 세그먼트 분할의 예	216
	로우큐브 컨테이너가 탑재된 2단 적재 화차	233
	롤컨테이너 / 운반대차 (구동)	404
	롤컨테이너 단위의 유닛로드	53
	롤컨테이너 형태	164
	롤컨테이너의 표준규격	171
	롯데칠성음료(주) 주요 제품	409
	롯데칠성음료(주)의 표준 파렛트 도입배경	410

항목	페이지
롯데칠성음료(주)의 표준 파렛트 사용으로 인한 개선 효과	411
롯데칠성음료(주)의 표준파렛트 도입 과정	410
리치스테커	235
리프트게이트 형태	168

ㅁ

항목	페이지
멀티 셔틀 자동창고 도입 사례 (김포 E물류센터)	291
멀티 셔틀 자동창고 도입 사례 (김포 L물류센터)	291
멀티 셔틀 자동창고 도입 사례 (미국 D사 물류센터)	294
멀티세그먼트 수송방식과 허브&스포크 방식 비교	109
모듈화된 포장 및 물류 인터페이스	142
물류 라벨의 크기	217
물류 모듈 구성 체계	61
물류 모듈 기준 치수의 산출 과정	63
물류 모듈 치수 체계의 접근 방법	62
물류 모듈의 체계(KS T 0005)에서 규정한 구성 체계	62
물류 출하 과정에서 Smart Shuttle Rack	436
물류용기의 계층적 구조	47
물류창고 건물 깊이 사례	197
물류창고 건물 층고 사례	197
물류창고 기둥 간격 사례	197
물류포장분야 추진 과제	160
물류표준화 주요 요소	130
물류현장에서 파렛트 미끄럼으로 인한 사고	426
물류효율 분석 프로그램에 의한 표준 파렛트 및 컨테이너 적재효율 분석	136
물류환경의 변화와 유닛로드시스템 추진	34
물리적 인터넷 컨테이너 사양	112
물리적 인터넷 컨테이너(PI Container)	108
미국의 산업별 파렛트 표준단체	121

ㅂ

항목	페이지
바코드 부착 방법 (파렛트)	218
박스 단위 3층 적층랙 설계 참고도	195
박스 단위 3층 적층랙 설치 시의 층고	189
박스 형 셔틀 자동창고	202
버킷 타입 스태커크레인 자동창고 도입 사례 (이탈리아 P사 물류센터)	295

변압기 운송 파렛트화를 통한 제조회사 경제성 향상 및 품질확보	434
변압기 절연유 유출로 인한 환경문제 발생	432
보관 설비의 분류	193
북미의 트레일러 및 컨테이너 유형의 점유율	238
브랜드 소유자	213
빌딩 형 자동창고	201

ㅅ

사물인터넷의 체계	273
상자의 라벨 위치	218
상자형 파렛트 형태	165
상자형 파렛트의 표준 규격	171
선급협회의 수출용 화물 컨테이너 검사 기록지	251
선형경제에서의 자원순환 과정	328
소형 냉동·냉장트럭 적재함 규격 현황	183
소형 밴형 트럭 적재함 규격 현황	181
소형 윙바디 트럭 적재함 규격 현황	179
수송 포장 계열 치수의 예(11-28 번 치수)	64
수송부문 온실가스 감축목표와 과제	324
수직형 회전랙 자동창고	203
수출입시 ULS 도입 기대 효과	302
수평형 회전랙 자동창고	203
수평형 회전랙 자동창고 도입 사례 (일본 J사 물류센터)	295
순환물류용기(RTI)의 범위	373
순환물류포장 국가표준	385
순환포장용기의 경제성 분석을 위한 주요 입력자료	387
순환형경제에서의 자원순환 과정	328
스마트 물류시스템의 과제와 최종 목표	110
스벤스카 레투르 시스템 개요	343
스벤스카 레투르 시스템의 효과	343
스태커크레인 자동창고 도입 사례 (용인 D물류센터)	292
스태커크레인 자동창고 도입 사례 (호주 A사 물류센터)	295
시계열 분석 대상에 포함된 실태조사 목록	87
시험 중인 가변연결기	225

아시아 파렛트 상호인증제도의 실행을 위한 구조	450
안전을 위한 표준화의 비용과 이익	119
앞뒤, 좌우 오픈 가능한 형태의 컨테이너	250
업종별 파렛트 구매 비율	95
오토스토어 자동창고	202
오토스토어 자동창고 도입 사례 (L사 물류센터)	293
오토스토어 자동창고 도입 사례 (영국 O사 물류센터)	296
온실가스 저감에 따른 효과 분석 방법	353
완성된 2단 적재 화차	233
우리나라 온실가스 배출량	316
우체국 롤컨테이너 모습	285
우체국 물류센터 분류 및 적입 전경	286
우체국택배 네크워크 모형	284
윙바디 트럭 형태	180
유니트랙 형 자동창고	201
유닛로드 적재 최적화 프로그램 개요	264
유닛로드 치수와 포장 및 물류기기 치수와의 관련성	43
유닛로드 치수의 종류	44
유닛로드시스템 운용 대상 범위(집하, 수송, 배송)	69
유닛로드시스템 통칙(KS T 0006)에 따른 물류용기 계열 치수	67
유닛로드시스템 통칙(KS T 0006)에 따른 수송 기관 계열 치수 표준	66
유닛로드시스템 통칙(KS T 0006)에 따른 하역 및 보관 기기 계열 치수 표준	65
유닛로드시스템에서 물류기기의 다양성	58
유닛로드시스템의 편익 추정	119
유럽 EUR 파렛트 4가지 종류와 ISO 파렛트와의 관련성	101
유럽 선진국의 일관수송 Process	39
유럽의 미래 물류기술 플랫폼 ALICE 로드맵	106
유엔 기후 보고서 주요내용	318
의왕ICD 시설현황	234
의왕ICD 장비현황	235
이동랙 자동창고	202
이상기후 변화와 전망	314

항목	페이지
이상기후 사례	315
일관 컨테이너 체계를 이용한 복합일관수송	40
일관 파렛트 체계	40
일관 파렛트 체계 개념도	71
일관수송용 화물트럭 적재함 표준규격	170
일반 드라이(Dry) 컨테이너 생산량 추이	255
일반 컨테이너와 개발된 로우큐브 컨테이너 비교	233
일본 JPR 자사 파렛트 사용 및 풀링시스템 비교 개요	341
일본 플라스틱 물질흐름도(2018년)	329
일회용 대비 순환물류용기의 원거리 공급망 계량치 (예시)	387
입체자동창고용 랙 설비의 허용오차 기준	204

ㅈ

항목	페이지
자연재해 빈도와 피해액	315
재질별 파렛트 사용 비중	90
재질별 파렛트 생산 비중	88
적재함 표준 길이 치수에 정합하는 플라스틱 상자 치수	175
적재함 표준 폭 치수에 정합하는 플라스틱 상자 치수	175
전과정평가(LCA) 개요	338
접이식 재사용 순환 택배 포장 (RTP: Returnable Transport Packaging)	429
제품의 물적유통 사이클	130
주요 표준파렛트에 대한 600mm×400mm 포장모듈의 적재효율	153
주요 화차의 제원	229
주요국의 온실가스 배출량 (2017년 기준)	316
주요제품 패키징별 컨테이너 적재율 분석	303
주체별 라벨 세그먼트	216
중국의 2019년 냉동(Reefer) 컨테이너 생산량	255
중국의 2019년 일반 드라이(Dry) 화물 컨테이너 생산량	255
중형 냉동·냉장트럭 적재함 규격 현황	183
중형 밴형 트럭 적재함 규격 현황	182
중형 윙바디 트럭 적재함 규격 현황	180
중형 일반화물트럭 적재함 규격 현황	179
지게차 사용 시의 건물 깊이	192
징동닷컴의 택배제품용 회수용 Green Box	361

ㅊ
총량 관리와 개체별 관리 비교	272
치수별 파렛트 사용 비중	89
치수별 파렛트 생산 비중	88
친환경 포장 관련 KS 표준 일람 (2020년 현재)	366

ㅋ
컨테이너 반복사용 시 온실가스 저감에 따른 효과	358
컨테이너 풀링리터너블 순환흐름	352
컨테이너 풀링시스템의 반복사용에 따른 온실가스 저감량	357
컨테이너의 종류 (미 구동)	403
컨테이너풀시스템을 이용한 일관수송시스템	83
콤바인 트레일러와 트위스트 락	257
콤비 라인(Combi Line) 트레일러의 쓰임	258
클라우드 웹서비스를 이용한 실시간 정보의 모니터링 – 인텔 ICLP	447

ㅌ
탄소 중립 선언한 주요 국가	318
탈부착형 파렛트	424
택배산업의 규모	430
택배상자 종류	176
택배용 포장용기 표준치수 규격	176
택배화물 운송시스템 개념도	281
톤백 형태	165
트랜스테이너	235
트럭 적재함의 표준 폭과 길이	169
트럭운송을 위한 ULS 체계	163
트럭의 운송 적재율 추이 – 일본	104

ㅍ
파렛트 규격 선정기준 항목 및 배점표 (예시)	134
파렛트 단계별 LCA 분석결과 (파렛트 연간 사용량 고려)	355
파렛트 단위 거래 시 출하자 투자비용 지원	413
파렛트 단위가 공급망을 거치면서 생산라인에서 상자단위로 변하는 과정	51
파렛트 단위의 유닛로드 구성 사례	50
파렛트 및 컨테이너 연간 사용량	353
파렛트 반복사용 시 온실가스 저감에 따른 효과	356
파렛트 운송용 화차 운행 개시	227
파렛트 적재 패턴	148

항목	페이지
파렛트 전용 유개화차의 제원	230
파렛트 평치 적치 시의 증고	186
파렛트 풀 시스템 임대 방식 사례	74
파렛트 풀링리터너블 순환흐름	352
파렛트 풀링시스템 및 자사 파렛트 사용의 CO_2 배출량 비교 결과	341
파렛트 풀링시스템의 반복사용에 따른 온실가스 저감량	355
파렛트 형 셔틀 자동창고	202
파렛트·컨테이너 1회 사용 흐름(비교대상)	353
파렛트·컨테이너 회수 재활용 과정	319
파렛트랙 도입 사례 (용인 D물류센터)	290
파렛트랙 도입 사례 (태국 D사 물류센터)	294
파렛트랙 도입 사례 (화성동탄 C물류센터)	289
파렛트랙 및 하이스택랙 설치 시의 증고	187
파렛트랙 설계 사례	198
파렛트랙 설계 참고도	192
파렛트의 1회 사용과 풀링시스템의 개념 비교	346
파렛트의 생산규모 추정	87
파렛트의 종류	400
파렛트화물 수송 유개화차	230
패널밴 및 내장탑차 형태	181
평파렛트 규격(KS T 0003 - 1994)	170
평파렛트의 치수별, 재질별 생산 현황	94
평판 트레일러(Flat)	258
평판차 제원	231
포장 표준화 추진방법	133
포장용기의 사용	389
포장재료 검수 표준(예시)	139
포장제원표 양식(예시)	139
포장치수 표준화를 위한 ABC 분석	136
표준궤와 광궤를 달릴 때의 대차	224
표준적재함 규격별 표준 파렛트 적재 가능 수량	169
표준파렛트 2원화에 따른 표준포장치수 개선안	156

표준파렛트 치수기준 정수분할에 따른 상자의 표준규격	173
풀필먼트 센터 파렛트랙 도입 사례 (미국 A사)	296
풀필먼트 센터의 파렛트랙 도입 사례 (C사)	293
플라스틱 상자 단위와 돌리파렛트와의 결합으로 이루어진 유닛로드 구성 사례	49
플라스틱 제품의 자원 순환가치의 우선순위표	320
플라스틱 회수용 수송용기의 형식	174

ㅎ

하이스택랙 도입 사례 (이천 D물류센터)	290
하이스택랙 도입 사례 (터키 C사 물류센터)	294
하이스택랙 설계 사례	198
하이스택랙 설계 참고도	194
하이스택랙 설치 시(삼방향 지게차 사용 시)의 기둥 간격	191
한 · 중 · 일 3국의 물류용기에 대한 관세율 및 부가세율	450
한국 · 북한 · 중국 · 러시아 철도화물시스템 비교	223
한국이 제안한 600mm×500mm 포장모듈과 계열치수	154
한국전력 물류센터 변압기 보관 현황	432
한국전력 전용 파렛트 누유 방지 설계	433
한국전력 전용 파렛트 누유 방지 설계의 장점	434
한국전력 전용 파렛트의 사양과 도면	433
한국철도공사 철도화물차량	228
해상컨테이너가 국제무역 활성화의 결정적인 촉진제	52
향후(to-be) 유닛로드시스템 운용 모형 (예시)	122
허용오차 기호	204
현행(as-is) 유닛로드시스템 운용 모형 (예시)	122
형태별 포장 표준화 범위	131
화물차(카고차)	258
화물 컨테이너 치수 및 사양	248
화물 컨테이너 테스트 – Stacking Test (겹침 적재 테스트)	252
화물 컨테이너 테스트 – 상부 달아 올리기	252
화물 컨테이너 테스트 – 하부 들어 올리기	253
화물 컨테이너와 관련한 ISO 규정 (폐지 포함)	246
회전랙 자동창고 도입 사례 (H사 물류센터)	292

유닛로드시스템과 5가지 핵심 요소

"표준화를 통해 단순화된 유닛로드(Unit Load)를 모듈화하여 물류 공급망에서 상호 호환이 가능하도록 한다. 그 호환성을 바탕으로 유닛로드 기기를 서로 물리적으로 연결할 뿐만 아니라 정보를 이용하여 논리적으로도 연결하여 공급망에서 이해 관계자들이 언제 어디서나 필요한 정보를 수집, 가공 및 전달하여 유닛로드시스템을 지속가능하게 한다.

더 나아가 지속가능한 유닛로드시스템은 물리적 인터넷으로 연결된 정보를 활용하여 고부가가치가 있는 물류 공급망을 수립하는 것이 목표이다."

I장
유닛로드시스템 이해

제1절 물류표준화와 유닛로드시스템
제2절 유닛로드시스템 개념
제3절 유닛로드시스템 기초 원리
제4절 유닛로드시스템 운용 방법

"단순함"
Simplicity

단순함은 복잡함보다 어렵다.
자기 생각을 정리해서 명료하게 하려면
상당한 노력을 해야 한다.
하지만 결국에는 그럴 가치가 있다.
일단 단순함을 이룰 수 있다면
산을 옮길 수 있기 때문이다.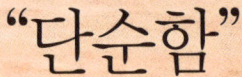

Simple can be harder than complex: You have to work hard to get your thinking clean to make it simple. But it's worth it in the end because once you get there, you can move mountains.
- Steve Jobs -

제1절 물류표준화와 유닛로드시스템

1. 물류산업의 변화

　세계를 단일시장으로 묶는 글로벌화, 공급 과잉에 유통재고의 증가, 온라인 거래의 활성화 등으로 인하여 [그림1]에서 보듯 유통과 소비 패턴이 급격하게 변하고 있다. 모든 부문에서 고객 개념을 새로이 정의 하였고, 서비스 역시 재정립하였다. 이러한 추세에 맞추어 물류부문에서도 소비자 가치를 극대화하기 위해 단순히 상품을 이동시켜주는 차원을 넘어서 더욱 고객중심의 차별화된 서비스 제공에 역점을 두기 시작했다. 특히 주목할 변화는 최근 신종코로나 바이러스 사태로 인하여 기존의 오프라인 거래가 줄어들면서 비대면의 언택트(Untact)[1] 또는 온택트(Ontact)[2] 시대를 맞이하여 온라인 소비가 급속하게 가속되고 있는 현상이다.

　변화하는 물류환경을 파악하기 위해서는 세계 및 국내 경제 환경 변화의 방향을 살펴야 한다. 특히 소비패턴이 온라인으로 바뀌면서 물류경쟁력이 바로 기업의 경쟁력이 되고 있다.

　속도와 민첩한 대응력을 기반으로 하는 물류경쟁력을 향상시키는 방법으로 유닛로드시스템(ULS: Unit Load System)을 구축해야 한다. 유닛로드시스템을 구축하기 위해서는 파렛트 사용의 확대와 물류장비 및 포장의 표준화를 도입하여야 하며, 이를 통해 인건비 절감, 적재효율의 향상, 포장비 절감, 작업시간의 감축을 통한 인건비 절감과 물동량의 처리속도 증가 등 다양한 효과를 누릴 수 있다. 그 중에 가장 중요한 효과는 지게차와 컨베이어 등을 이용하여 상하역 작업을 기계화함으로써 작업시간의 단축과 함께 공급망 전체의 리드타임까

---

1) 언택트(Untact)란 콘택트(Contact)에서 부정의 의미인 'Un'을 붙여 합성한 말로서, 소비자와 직원이 만날 필요가 없는 소비 패턴을 말함. 가장 대표적인 사례가 온라인 쇼핑이며, 오프라인에서는 키오스크와 식권 자판기도 언택트의 일종이다.
2) 온택트(Ontact)란 Online contact를 의미하며, 온라인으로 서비스를 제공하면서 거래가 이루어진다.

[그림 1] 물류환경의 변화와 유닛로드시스템 추진

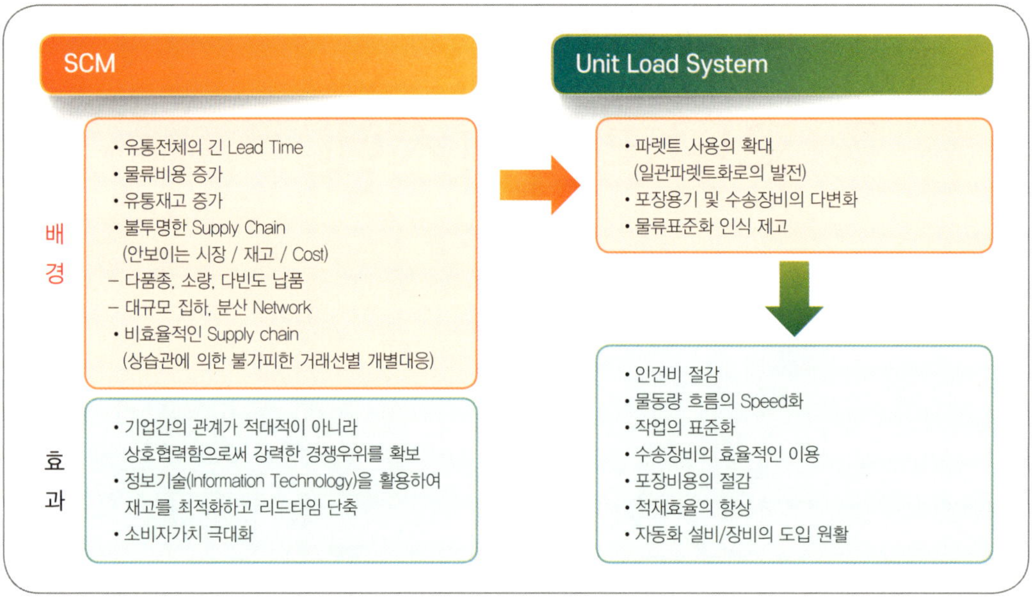

SCM

배경
- 유통전체의 긴 Lead Time
- 물류비용 증가
- 유통재고 증가
- 불투명한 Supply Chain
  (안보이는 시장 / 재고 / Cost)
  – 다품종, 소량, 다빈도 납품
  – 대규모 집하, 분산 Network
- 비효율적인 Supply chain
  (상습관에 의한 불가피한 거래선별 개별대응)

효과
- 기업간의 관계가 적대적이 아니라 상호협력함으로써 강력한 경쟁우위를 확보
- 정보기술(Information Technology)을 활용하여 재고를 최적화하고 리드타임 단축
- 소비자가치 극대화

Unit Load System

- 파렛트 사용의 확대
  (일관파렛트화로의 발전)
- 포장용기 및 수송장비의 다변화
- 물류표준화 인식 제고

- 인건비 절감
- 물동량 흐름의 Speed화
- 작업의 표준화
- 수송장비의 효율적인 이용
- 포장비용의 절감
- 적재효율의 향상
- 자동화 설비/장비의 도입 원활

지 줄일 수 있다는 점이다.

최근 들어 물류의 중요성이 더욱 부각되고 있는 이유를 정리하면 다음과 같다.

① 환경변화와 소비자의 다양한 요구 : 코로나 사태로 인한 온라인 구매의 급격한 변화와 고객서비스 수준 증대

② 산업구조의 변화 : 서비스 및 유통산업의 발전으로 신속한 배송의 요구 증가

③ 물류의 세계화 : e-비즈니스 확대와 물류서비스의 세계화

④ 물류의 경쟁력 : 상품의 가격을 최소화하면서 고객만족을 최대화

⑤ 물류를 통한 비용절감 효과 : 매출증대보다 물류비용 최소화를 통한 이익 실현이 더 유리

⑥ 물류부문의 신기술 도입에 의한 물류산업 고도화 : 무인매장과 아마존의 키바 로봇[3]

온라인을 통해 거래를 전자적으로 빛의 속도로 하더라도 주문한 상품은 빛의 속도로 전달할 수 없다. 그럼에도 불구하고 물류의 경쟁 요소 중에 가장 핵심적인 것은 속도와 변화에 따른 대응능력이다. 기업이 상품과 서비스를 고객이 원하는 시간과 장소에 빠르고 정확하게 배송하는 물류 경쟁력으로 인해 시장의 점유율을 높이면서 기업 경쟁력을 확보한다. 물류 경쟁력이 바로 기업 경쟁력이 되는 이유다.

더구나 원가절감을 위해 공급망의 다양화를 구축하고 1차 원재료 공급업체와 2차, 3차 협력업체와 제조 및 유통을 거치면서 [그림 2]와

---

[3] 예전에는 직원이 랙으로 이동하여 상품을 픽업하였으나 키바 로봇을 이용하여 랙 자체를 들어 올려 상품의 픽킹 작업대로 정해진 라인에 따라 운반하여 거기에서 직원이 픽킹을 하고 그 랙을 다시 원 위치로 이동시키는 작업을 하는 로봇. 최근에는 정해진 라인을 따르지 않고 자율적으로 운반하는 자율주행 로봇을 이용하기도 한다.

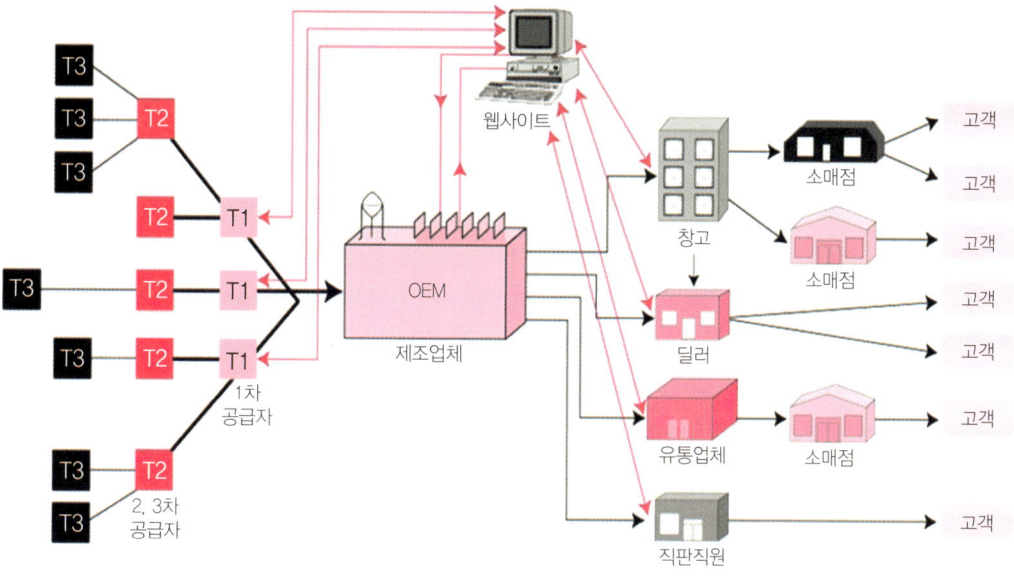

[그림 2] 공급망의 다양화로 인한 물류의 속도가 경쟁력

같이 소비자에게 도달하는 과정이 길어지고 있는 추세이다. 예를 들어 방글라데시에서 원사를 공급받아 베트남에서 그 원사를 가공하고 태국에서 옷을 만들어 한국에서 판매되는 의류의 흐름을 보더라도 모든 종류의 산업부문에서 가격 경쟁력을 위해 공급망의 길이가 늘어나고 있다. 늘어난 공급망으로 인해 물류의 흐름이 더 길어지면서 속도가 경쟁력의 핵심요소가 되었다.

물류 경쟁력, 특히 속도전에서 가장 중요한 요소가 되는 것이 운송, 상하역, 보관에서의 효율성을 높이는 방법을 찾는 것이다. 그 대표적인 방법이 상품을 단위화물로 만들어 작업을 효율적으로 수행할 뿐만 아니라 '규모의 경제'를 통해 단위 당 비용까지 절감할 수 있는 효과를 가져올 수 있다.

상자에 담은 상품을 어떻게 단위화 작업을 하여 운송과 보관 및 상하역의 일련의 물류 흐름 속에서 작업 시간을 단축하고 안전하게 효과적으로 고객까지 전달할 수 있는 방법을 모색하는 분야를 일컬어 단위화물체계, 즉 '유닛로드시스템'이라고 한다.

유닛로드(단위화) 작업을 위해서 가장 먼저 고려해야 할 것이 물류 표준화이다. 물류는 공급망이라고 하는 광범위한 프로세스를 거치면서 고객에게 전달하는 기능이다. 이 공급망 속에서 상품의 흐름을 신속하고 정확하게 유지하기 위해 서로 연결되는 접점 즉, 운송에서 물류센터의 하역, 물류센터에서의 보관, 고객에게 배송하는 연결 고리에서 추가적인 포장 해체작업이 없이 흘러가도록 해야 한다. 이를 위해 유닛로드 화물을 설계하고 운영하기 위해서는 물류 표준화가 필요하다.

다음은 최근 기업에서 이러한 환경 변화에 따라 어떻게 유닛로드시스템을 설계하고 운영하는지 살펴보기로 한다.

2. 유닛로드시스템과 물류표준화

1) 유닛로드의 소형화 추세

공급망 관리(SCM: Supply Chain Management)는 물류의 효율화와 고도화를 위해 추진하고 있는 가장 핵심 되는 물류관리 전략이다. 공급망 관리를 효율적으로 하기 위해 일관 파렛트 체계를 활용한 유닛로드시스템의 보급을 확대하고 있으며, 그로 인한 물류의 효율성은 점차 증가하고 있다.

[그림 3]에 나타난 바와 같이 지금까지는 파렛트 중심의 유닛로드시스템 구축을 기본으로 하였다. 과거 제조업 위주의 대량생산 체제에서는 단위화물이 큰 '파렛트 단위'가 물류의 중심이었기 때문이다. 그러나 시장의 공급과 수요 패턴이 제조업에서 유통업으로 변화하면서 파렛트 단위의 물류 형태가 변화하고 있다. 제조업에서의 '파렛트 단위'의 유닛로드가 유통업으로 갈수록 더 작은 단위로 변화하는 것이다.

현재는 원료 제조업, 상품 제조업, 도매업에 이르기까지 파렛트 단위로 5톤에서 11톤 트럭에 의한 수배송이 주로 이루어지고 있지만, 도

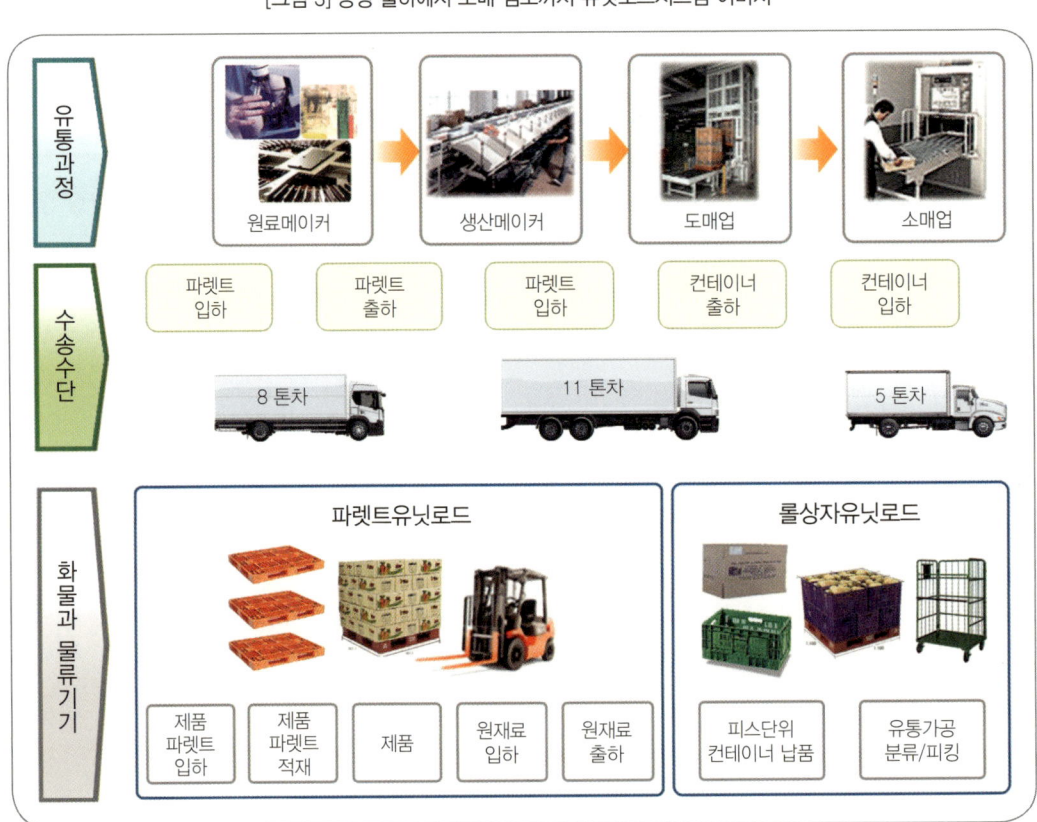

[그림 3] 공장 출하에서 소매 점포까지 유닛로드시스템 이미지

매업에서 소매업에 이르는 소매 유통에서는 파렛트 단위 보다 작은 단위로 분류와 피킹 작업이 수행되고 있다.

유닛로드의 형태도 소형 회수용기 등을 이용한 롤컨테이너(일명 롤상자파렛 혹은 롤테이너)로 중소형 트럭에 의하여 운송하고 있다. 또한 선진국에서는 작은 크기의 평파렛트와 바퀴 달린 파렛트인 돌리 파렛트를 혼합하여 물류현장에서 사용하고 있기 때문에 지금처럼 파렛트 중심으로만 유닛로드시스템을 구축할 이유가 없다. 제조업에서 소매유통에 이르는 공급망에서 모든 기업이 적용할 수 있는 유연한 유닛로드시스템을 구축하여 물류 전체로서의 최적화를 구현할 필요가 있다.

2) 지구온난화 방지를 위한 유닛로드시스템 구축

공급망이 글로벌 차원으로 다양해지고 수요가 다품종 소량화 되는 데다 다양한 유통채널에서 운송과 보관의 리드타임이 증가하면서 재고가 늘어나고 있다. 이러한 현상은 근본적으로 부가가치가 없는 물동량의 증가를 가져오게 되어 온실가스 배출을 증폭시키고 있다. 유닛로드시스템을 도입하면서 지구온난화의 주범으로 인식되는 탄소 배출량을 줄일 수 있다. 물류분야에서 유닛로드시스템으로 수행하지 않는 물류 작업은 낱개 화물의 하역과 반송을 수반하기 때문에 작업효율이 대단히 나쁘다는 점이 단점이다. 이는 물류비용 상승을 초래하고, 이산화탄소 등 대기 오염 물질[4]을 더 많이 배출하게 하여 여러 가지 문제의 요인이 되고 있다. 이러한 문제를 개선하기 위해서도 유닛로드시스템의 추진이 필요하다.

따라서 효율적으로 화물을 운반, 수송 및 보관하는 방법이 중요하게 되었다. 이러한 비효율적인 공급망의 리드타임을 줄이기 위해 화물을 유닛로드화(단위화)하여 신속하게 운반하고 배송하여 소비자에게 전달하는 능력이 절대적으로 필요하게 되었다.

특히 물류분야에서 가장 비용이 많이 발생하는 수송부문의 온실가스 배출량에 주목해야 한다. 유엔 정부간 기후변화위원회(IPCC)의 2014년 보고서에 의하면 [그림 4]의 그래프와 같이 전 세계 경제부문별 온실가스 배출비중은 발전부문이 25%, 산업부문이 21%, 수송부문이 14%이다. 물류에서 대표적인 기능인 수송에서 온실가스 배출량이 많다는 것은 효과적인 감축을 위해 노력할 필요가 있다는 것을 시사한다. 유닛로드시스템을 구축하여 사용한다면 상하역 시간을 단축하고 적재효율을 개선함으로써 물동량을 효과적으로 운송하고 배송할 수 있어 온실가스 감축에 기여할 수 있다.

국내에서도 수송부문의 온실가스 비중이 유엔기후변화 위원회 보고서에 나온 전 세계 수송부문 온실가스 배출량 비중 14%와 비슷한 13%(2018년 기준)를 차지하고 있다. 특히 수송부문에서 일반 대중교통과 비교하여 산업 제품 수송이 절반 이상을 차지하고 있다. 이는 일반 차량뿐만 아니라 수송부문에서 배출하는 온실가스 배출량이 약 7%로서 물류에서의 온실가스 감축 노력이 절실한 이유이다. 유닛로드시스템을 도입하여 수송부문에서의 온실가스 배출을 감축시킬 수 있도록 해야 한다.

---

4) 물류 부문에서도 환경 문제는 향후 커다란 쟁점이 될 것이다. 배출가스 문제와 더불어 폐기 파렛트 등의 처분과 재활용을 어떻게 추진할 것인지는 중요한 과제이다.

[그림 4] 경제부문별 온실가스 배출 비중 - IPCC[5]

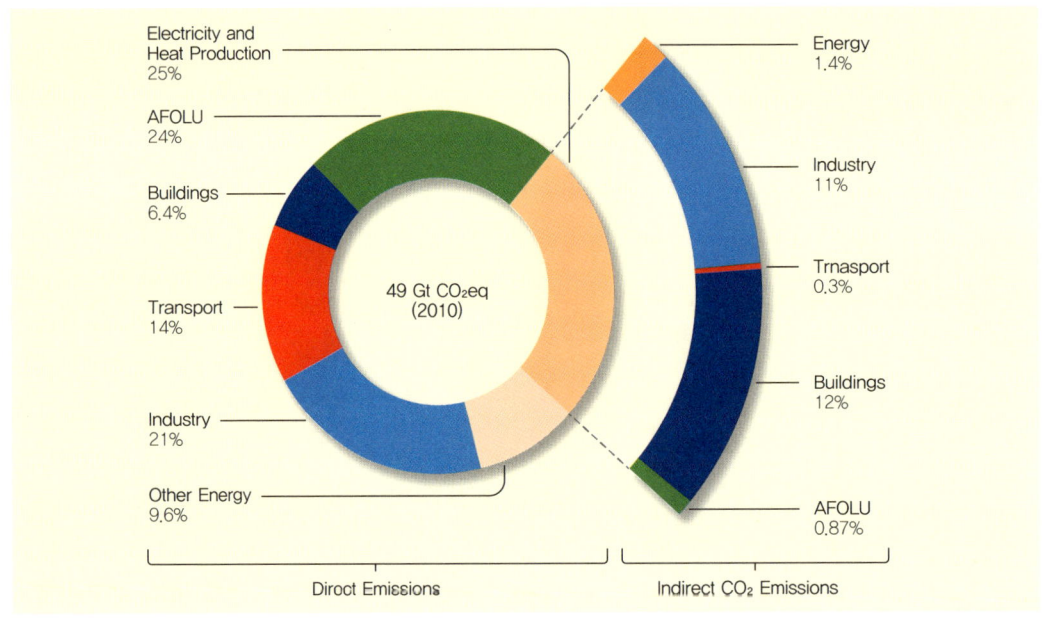

3) 상호 협력에 의한 유닛로드시스템 구축의 필요성

물류 모듈화를 추진하여 파렛트와 수송기관, 제품 치수의 정합화를 이루는 근본적인 작업이 필요하다. 파렛트의 운용과 보수 관리체제를 정비하고, 정보화 및 감세제도의 도입을 추진하는 등 다양한 정책을 개발할 필요가 있다.

그런데 유닛로드시스템의 구축은 단일 기업 차원에서 추구해서는 한계가 있다. 동종 업계 기업 간 협력이나 거래 관계를 가지는 기업 및 소비자의 협조가 동반되어야 여러 가지 문제점을 해결할 수 있다. 더 나아가서 사회적, 국가적 차원에서 합의 도출을 추진해야 하는 많은 문제점들이 존재하며, 국가 및 지역 간의 이해를 조정하고 표준화를 추구해야 할 필요가 있다.

예를 들면 일관 파렛트 체계 추진을 위해서 파렛트 규격만을 일방적으로 규정하는 것은 전체적 관점에서 물류 최적화를 이룰 수 없게 만든다.

물류가 점점 글로벌화 되고 있는 상황에서 산업계는 [그림 5]에 나타난 유럽의 사례와 같이 다양한 물류용기를 개발하여 유닛로드시스템을 추진해야 할 것이다. 유럽은 유통업의 발달로 도심에서 교통 혼잡을 줄이고 소형트럭의 원활한 상하역을 위해 테일게이트 리프터와 롤 컨테이너 및 회수용 플라스틱 용기를 결합하여 사용하고 있다. 생산지에서 소매 판매장내까지 서로 다른 물류용기를 일관되게 이동하고 공동으로 사용할 수 있는 환경 친화적 개념의 '유닛로드시스템'을 운영하고 있다.

---

5) IPCC(Intergovernmental Panel on Climate Change): 유엔의 정부 간 기후변화위원회

[그림 5] 유럽 선진국의 일관수송 Process

SKU	One	One	One	One	Multiple	One	One	Multiple	One	One	Multiple
Unit Load Level	Primary	Secondary	Tertiary	Secondary	Tertiary	Tertiary	Secondary	Tertiary	Secondary	Primary	Tertiary

Source: A.T. Kearney

출처 : The Efficient Unit Loads Report, ECR Europe

3. 유닛로드 기본 개념과 파렛트 역할

전통적으로 유닛로드시스템이라는 용어는 일관 컨테이너 체계(Containerization, 컨테이너화[6])와 일관 파렛트 체계(Palletization, 파렛트화[7])를 총괄하는 명칭으로 사용되었다. 일관 컨테이너 체계란 [그림 6]과 같이 물품을 포장용기에 실어 단위화 하고, 하역 기계로 차량, 철도 및 해상용 컨테이너선에 짐을 싣고 내림으로써 수송 및 포장의 합리화를 추구하는 물류 기법이다. 일관 파렛트 체계란 유닛로드시스템을 추진하기 위해 파렛트를 사용하여 하역을 기계화하고 수송, 보관, 포장의 합리화를 추구하는 물류 기법이다.

1) 일관 컨테이너 체계

파렛트를 화물 컨테이너에 싣고 육상과 해상을 이용하여 운반하는 것을 일관 컨테이너 체계라고 한다. 이것은 복합일관수송[8] (Intermodal Transportation)에서 중요한 역할을 수행하고 있다. 복합일관수송이란 수송 단위 물품을 다시 꾸리지 않고 [그림 7]과 같이 화물컨테이너를 이용하여 철도 차량, 트럭, 선박, 항공기 등 여러 수송 기관으로 옮겨 수송하는 것을 말하며 협동일관수송이라고도 한다.

물론 화물 컨테이너 안에는 파렛트 단위의 화물이 적재되어 있어야 일관되게 수송하고 보관할 수 있을 것이다. 운송 구간에 따라서 다양한 수송 기관을 연계하여 복합적으로 사용하면서 컨테이너로 구성한 화물 단위를 일관되게

---

6) KS 규격에서는 '컨테이너화'라는 용어를 표준으로 규정하고 있지만, 본서에서는 '일관 컨테이너 체계'로 표기한다.
7) 전항과 동일한 이유에서, '파렛트화'라는 용어 대신 '일관 파렛트 체계'로 표기한다.
8) KS T 0001(물류 용어)에 의하면 복합일관수송이란 "수송 단위 물품을 재포장하지 않고 철도 차량, 트럭, 선박, 항공기 등 다른 수송기관을 조합하여 수송하는 것"이라고 정의되어 있다.

[그림 6] 일관 파렛트 체계

[그림 7] 일관 컨테이너 체계를 이용한 복합일관수송

유지하는 방식의 수송을 의미한다. 여기서 중요한 개념은 '일관된 방식'이라는 점이다. 파렛트를 이용하여 트럭에 싣고(일관 파렛트) 혹은 해상운송을 위해 화물컨테이너에 실어(일관 컨테이너) 하역할 때도 파렛트 화물 그대로 하역하고 운송하여 보관할 때까지 파렛트 화물을 해체하지 않고 '일관된 방식'을 이용하는 것을 말한다.

국제표준인 ISO 표준과 동일한 KS T ISO 830(국제 화물컨테이너 용어)[9]에서 정의한 일반 화물 컨테이너(Freight container)는 다음과 같다. 화물 컨테이너는 컨테이너 단위화물 구성에서 사용되는 컨테이너를 가리킨다.

> **일반 화물 컨테이너**
>
> 항공 운송용으로 사용되지 않으며 온도조절이 필요한 화물, 액체 또는 가스, 건조산적화물 또는 자동차나 가축과 같은 특정 부류의 화물 운송용으로 사용되지 않는 컨테이너

KS T ISO 830에서는 상기 정의보다 더 상세하게 다음과 같이 정의하고 있다.

a) 영구적인 구조의 것으로 반복 사용에 견디는 충분한 강도를 가진 것
b) 운송 도중에 다시 적재함이 없이 한 가지 이상의 운송 방식에 의하여 화물의 운송이 이루어질 수 있도록 특별히 설계된 것
c) 하나의 운송 방식에서 다른 방식으로 전환이 가능하고 쉽게 조작할 수 있는 장치를 가진 것
d) 화물을 가득 적재하거나 하역이 쉽게 이루어지도록 설계된 것
e) $1m^3$ 이상의 내부 용적을 가질 것

단, 화물 컨테이너란 용어에는 차량이나 통상의 포장 수단은 포함하지 않는다.

유닛로드와 화물 컨테이너에 대한 두 정의에서 양자를 구별하고 있음을 알 수 있다. 유닛로드는 하나의 단위로 정리한 화물, 즉 단위화 화물이다. 반면에 화물 컨테이너는 복합수송에서 환적 편리성을 강조한 수송 용기이다. 포장 업계에서는 유닛로드에 관련해서 집합 포장이라는 용어를 사용하고 있다. 내용으로 보아 유닛로드와 동일한 정의로 이해할 수 있으며, 포장 업계에서는 파렛트 단위로 구성한 화물, 수축 포장(Shrink packaging) 화물, 스트레치 포장(Stretch packaging) 화물 등을 집합 포장화물로 통칭한다. 집합 포장(Assembly packaging)의 정의는 다음과 같다.

> **집합 포장**
>
> 여러 개의 물품, 단위 포장 또는 포장화물을 하나의 대형 화물로 유닛화하여 기계로 취급하기에 적합하도록 한 포장을 말한다.

2) 일관 파렛트 체계

일관 파렛트 체계는 일반적인 의미에서 유닛로드시스템과 동일한 의미로 사용되고 있다. 일관 파렛트 체계는 본래 보관·하역의 기계화를 위해서 개발된 물류기법이었다. 인력에 의하여 낱개 화물 단위로 보관·하역 작업을 수행하는 것보다는 파렛트 단위 화물로 구성하게 되면 기계화를 통하여 물류 작업 효율을 크게 개선할 수 있다. 이러한 파렛트 단위 화물의 처리 개념을 수송 영역에도 일관되게 확대 적용하려는 기법이 일관 파렛트 체계이다. 보

---

9) 변경 전 KS A ISO 830

관·하역 및 수송에 이르는 전체 물류 영역에서 화물의 취급단위를 파렛트 단위로 일관하는 체계를 의미하며, 이는 유닛로드시스템의 정의와 동일한 의미이다. 일관 파렛트 체계는 1970년대에 그 필요성과 효용성이 부각되면서 널리 보급되었다.

일관 파렛트 체계에 의한 유닛로드시스템을 위하여 유닛로드 치수가 국제규격으로 표준화되어 있다. 이 규격(ISO 3676: Packaging-Unit Load Dimensions)은 10년간에 걸쳐 국제표준기구 회의에서 논의한 끝에 3개 평면치수 1,200mm×1,000mm, 1,200mm×800mm, 1,140mm×1,140mm로 1983년에 제정되었다. 우리나라에서는 2008년 10월에 1,100mm×1,100mm 치수를 포함한 개정안을 제출하여 미국에서 제안한 1,219mm×1,016mm(48인치×40인치)를 포함하여 6개 크기의 평면치수가 2012년 최종 승인을 얻었다. 6종류의 평면 치수가 ISO TC 122(포장전문위원회)에 상정되어 국제 표준으로 채택되었다는 점에서 유닛로드는 기본적으로 파렛트 적재 화물을 의미하는 것이다. 우리나라에서는 국제규격과 부분적으로만 부합시켜 KS T 0003(단위화물 치수)으로 1,100mm×1,100mm와 1,200mm×1,000mm 복수 규격을 채택하고 있다.

지금까지 단위화물(유닛로드) 치수에 대한 표준 규격을 설명하였다. 이제부터는 유닛로드, 화물 컨테이너, 집합 포장에 대한 우리나라 KS 규격의 정의를 알아보자. 이들은 모두 화물의 단위화에 관한 개념으로서 KS T 0001(물류용어) 표준 규격에서 정의하고 있는 용어이다.

> **유닛로드-단위화물**
>
> 수송. 보관. 하역 등의 물류 활동을 합리적으로 하기 위해 여러 개의 물품. 또는 포장화물을 기계 및 기구로 취급함에 적합하도록 하나의 단위로 정리한 화물이다. 이 용어는 1개의 대형 물품에서 위의 목적에 일치하는 경우에도 사용한다.

단위화물(Unit load)의 정의는 아래와 같다.
유닛로드 치수와 관련하여 두 가지 중요한 개념인 네트 유닛로드 치수(NULS: Net Unit Load Size)와 평면치수(PVS: Plan View Size)의 차이를 설명하고자 한다.

3) 유닛로드(단위화물) 치수 체계

이제부터는 유닛로드 치수(Unit load size)와 관련하여 명확한 구분이 필요한 두 가지 치수에 대하여 설명하고자 한다. [그림 8]과 같이 파렛트의 네트 유닛로드치수와 평면치수의 개념을 분명히 구분할 수 있어야 한다. 네트 유닛로드치수는 파렛트 크기를 기준으로 한 이론적 치수이며, 평면치수는 화물의 배불림 현상 등을 고려한 현실적인 치수라고 할 수 있다. 단위포장화물 치수는 그림의 오른쪽에 나타난 대로 '분할모듈'[12]을 이용하여 포장 상자의 크기를 결정한다. 왼쪽은 '배수모듈'[13]이라 불린다. 단위포장 화물이 공급망에서 트럭으로 운송하고 컨베이어로 운반하여 랙에 보관할 때까지 모든 물류기기와 일관되게 정합하여 효과적으로 사용할 수 있는 치수를 말한다.

유닛로드(단위화물)를 만드는 데 가장 기본

---

12) 상자단위를 파렛트 위에 적재할 때 효율적으로 적재되도록 상자의 크기를 파렛트에 적합하도록 치수를 설계
13) 분할모듈을 이용하여 상자를 담은 파렛트가 트럭과 컨베이어 및 파렛타이저 등의 물류기기를 타고 움직일 때 그 기기들과 크기가 적합하도록 물류기기의 치수를 설계

[그림 8] 유닛로드 치수와 포장 및 물류기기 치수와의 관련성

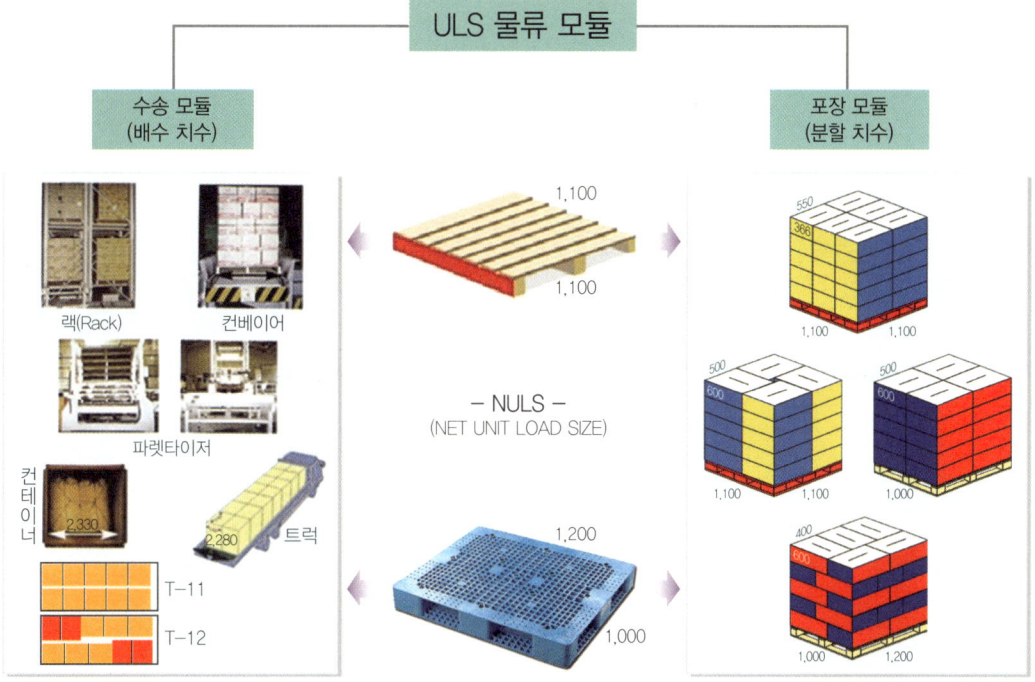

출처: 물류의 길, 서병륜, 삼양미디어 2008년 참고하여 재작성

이 되는 물류 용기는 파렛트이다. 파렛트를 기준으로 한 치수인 1,100mm×1,100mm, 또는 1,200mm×1,000mm 사이즈를 이용하여 포장단위로 분할하기도 하고, 물류장비에 정합하도록 배수모듈까지의 일관성을 갖도록 한다. 여기서 배수모듈은 파렛트를 한 개 이상 적재 및 보관하는 경우 트럭이나 랙에 효율적으로 보관될 수 있도록 하는 치수 체계를 말한다. 그렇게 함으로써 포장에서부터 운송 및 보관까지 일관된 치수로 단위화물을 표준화하여 트럭 적재율과 보관의 효율성을 높일 수 있다.

네트 유닛로드치수(Net Unit Load Size)는 유닛로드를 구성하는 포장상자들이 바르게 배열된 상태를 기준으로 한 유닛로드의 길이와 폭에 대한 치수이다. 평면치수(Plan View Size)[14]는 [그림 9]와 같이 포장상자가 파렛트의 끝단에서 튀어나온 부분을 포함하고, 4개의 수직면과 바닥면이 교차하는 입체면을 결정하는 평면을 의미한다. 쉽게 설명하면 상자가 튀어나올 수 있는 경우 즉 '배불림 현상'[15]까지 허용한 것을 기준으로 한 길이와 폭의 수치로 나타낸다. 그 허용치수는 길이와 폭 각각 40mm

---

14) 평면치수(PVC)는 배불림 현상을 인정하는 것이기 때문에 안전에 문제가 있어 향후 개정이 필요하다.
15) 배불림 현상은 랙 혹은 파렛트 위에 적재된 상자나 Bag이 상부 하중에 눌려서 상자가 불뚝 나오거나 상자를 잘못 적재했을 때의 현상을 말한다. 사실 이런 현상이 발생한다는 것은 상자의 구조가 상부하중을 견딜 수 없도록 불안전하게 설계되었다는 것을 의미하기 때문에 안전에도 심각한 영향을 줄 수 있다. 아직 이러한 현상을 표준에 반영하고 있다는 사실은 우리가 안전에 대한 고려를 하고 있지 않다는 사실을 여실히 보여준다. 산업안전과 효율성을 위해 개정이 시급히 필요한 표준이다.

[그림 9] 유닛로드 치수의 종류

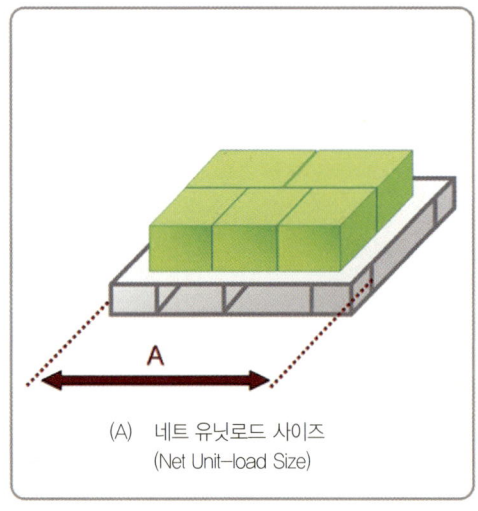
(A) 네트 유닛로드 사이즈
(Net Unit-load Size)

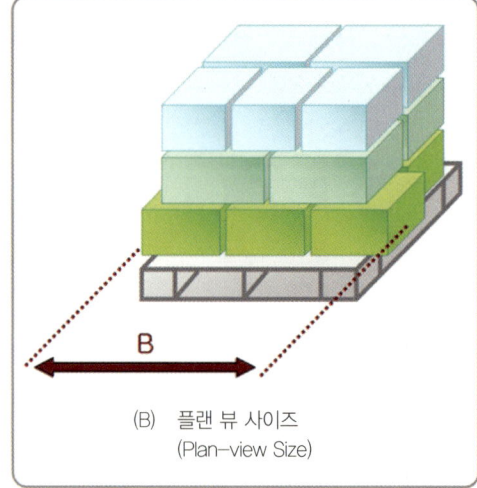
(B) 플랜 뷰 사이즈
(Plan-view Size)

로 둔다.

일반적으로 파렛트에 적재된 화물의 평면지수는 네트 유닛로드 치수보다 큰 값을 가지게 되는데, 그 이유는 유통과 작업 과정에서 다음의 현상이 일어나기 때문이다.

① 적재의 불규칙성으로 화물이 돌출
② 적재 압력에 화물이 돌출
③ 진동 및 장기 보관에 의해 화물이 돌출

위의 현상으로 인해 파렛트 위에 놓인 포장화물이 밖으로 튀어나오는 '배불림 현상'이 발생하기 때문이다. 우리나라는 이러한 작업현장을 고려하여 포장화물의 배불림 현상과 화물이 파렛트 끝단을 벗어나는 경우를 감안, 유닛로드 치수에 40mm의 여유를 주었다. 유닛로드 평면 치수라고 하면, 바로 이 'Plan View Size – PVS'를 의미한다. 앞에서 언급했던, KS T 0003(유닛로드 치수)에서도 유닛로드 평면 치수를 규정하고 있다. KS T 0003(단위화물 치수)에 따르면, 평면치수의 최대치는 1,140mm×1,140mm이며, 이 치수에서 40mm를 제한 치수를 파렛트 치수인 1,100mm×1,100mm로 규정하고 있다. 이러한 관련 KS 규격을 모두 고려하여 1996년 유닛로드시스템통칙(KS T 0001)을 제정, 일관 파렛트 체계를 실현하는 데 기준이 되도록 하였다.

사실 엄격하게 이야기하여 평면치수(PVS)를 고려하면 포장물이 불안전하게 적재되기 때문에 파렛트 화물을 운반할 때 넘어질 수 있어 안전에 치명적인 영향을 미칠 수 있다. 따라서 안전을 고려한다면 KS T 0003의 표준을 개정하여 평면치수라는 개념을 삭제해야 한다. 유럽에서는 이러한 포장물의 '배불림 상황'을 고려하지 않고 표준을 정한다. 그렇게 함으로써 산업현장에서 더욱 엄격하게 포장화물을 관리하기 위해서이다. 이런 경우 표준은 포장화물을 보다 세심하게 관리하도록 유도하는 역할을 하고 있다. 우리도 하루빨리 평면치수라는 개념을 없애야 한다.

유닛로드시스템 통칙은 파렛트화에 관한 표준화로서 유닛로드시스템의 보급을 위한 기본

방침으로 하였다. 물류효율화를 도모하기 위하여 1,100mm×1,100mm(T-11형)로의 통일화를 촉진하는 데 이바지하는 모듈화 된 유닛로드시스템 체계를 구축했다. 본 규격을 체계화하고 파렛트풀 운용을 확대함으로써 일관 파렛트화 실시를 위한 환경을 구축했다. 업계마다 일관 파렛트화 추진에 이바지하도록 하고, 또한 국제적인 파렛트 및 관련되는 물류업계와 기기의 정합성을 도모하기 위하여 규격을 정비했다. 이 기본방침을 토대로 "유닛로드시스템 통칙"이 정리되고 1996년에는 KS 표준으로 공표하였다.

그동안 후속 조치로서는 무인운반차 설계기준, 무인운반차 시스템 설계기준, 무인운반차 특성, 기능시험 방법 등의 규격이 제정되었고, 또 일부 관련 규격도 개정되었지만, 유닛로드시스템 통칙수행을 위한 규격정비는 본격적으로 수행되지는 못한 실정이다. 당초 계획에 따라 1996년도에 우선적으로 파렛트시스템 설계기준(KS T 2035)을 제정하여 최종 유닛로드시스템에 관련된 표준을 완성하였다. 현재 대부분의 표준들은 '민간이 주도하는 표준'이라는 정책의 방향 전환으로 국가표준에서 단체표준으로 모두 넘어갔다.

이 유닛로드시스템통칙 국가표준인 KS T 0006은 수출주도형인 우리나라 현실을 고려하여 유럽과 미국에서 사용하는 1,200mm×1,000mm 규격의 파렛트를 새롭게 포함하여 1,100mm×1,100mm 파렛트와 함께 2013년도에 개정하였다. 유닛로드시스템 통칙(KS T 0006)은 그 후 다양한 물류용기인 롤컨테이너와 돌리파렛트를 포함하여 물류현장에서 효율적으로 사용하고 있는 것을 표준에 포함하여 유닛로드시스템이 원만히 수행될 수 있도록 규격정비를 수행했다.

제2절 유닛로드시스템 개념

1. 유닛로드시스템 소개

유닛로드시스템(ULS: Unit Load System)이란 "화물을 일정한 표준 중량, 또는 체적 단위로 구성하고, 이렇게 구성된 단위화물을 한 단위로 취급하여 보관, 하역 및 수송하는 기계화된 시스템"을 말한다. 유닛로드시스템의 목적은 하역 작업의 기계화 혁신을 통해 하역 자체는 물론이고 보관과 수송을 합리화하고 궁극적으로 물류 효율을 높이는 것이다.

유닛로드시스템의 직접적인 기대 효과는 하역 작업의 신속화, 차량 회전율의 향상 및 화물 파손율 저하 등이다. 유닛로드시스템은 물류 각 부문의 원활한 연계를 가능하게 함으로써 물류 시스템 전체의 효율을 향상시키기 때문에 물류 합리화를 위한 중요한 개념이다.

1) 유닛로드 및 유닛로드시스템 정의

유닛로드(Unit load)와 유닛로드시스템의 정의는 한국산업규격 물류 용어(KS T 0001)에 의하면 다음과 같다. 유닛로드시스템은 "유닛로드(단위 화물화) 함으로써 하역을 기계화하고 수송·보관 등을 일관하여 합리화하는 구조"라고 정의하고 있다.

유닛로드 구성 방식은 파렛트 방식과 컨테이너 방식으로 크게 구분할 수 있다. 이러한 구분은 유닛로드를 구성하는 기준 용기에 따른 것이다. 파렛트 방식에서는 화물이 적재된 파렛트를 유닛로드의 기준으로 보기 때문에 하역·수송·보관 등의 물류 활동에서 파렛트 단위로 화물을 취급하는 것이 원칙이다. 컨테이너 방식에서는 화물이 적입된 컨테이너를 유닛로드의 기준으로 보기 때문에 하역·수송·보관 등의 물류 활동에서 컨테이너 단위로 화물을 취급하는 것이 원칙이다.

2) 유닛로드를 위한 물류용기의 계층적 구조

유닛로드를 이용한 물류용기는 아주 다양

[그림 1] 물류용기의 계층적 구조

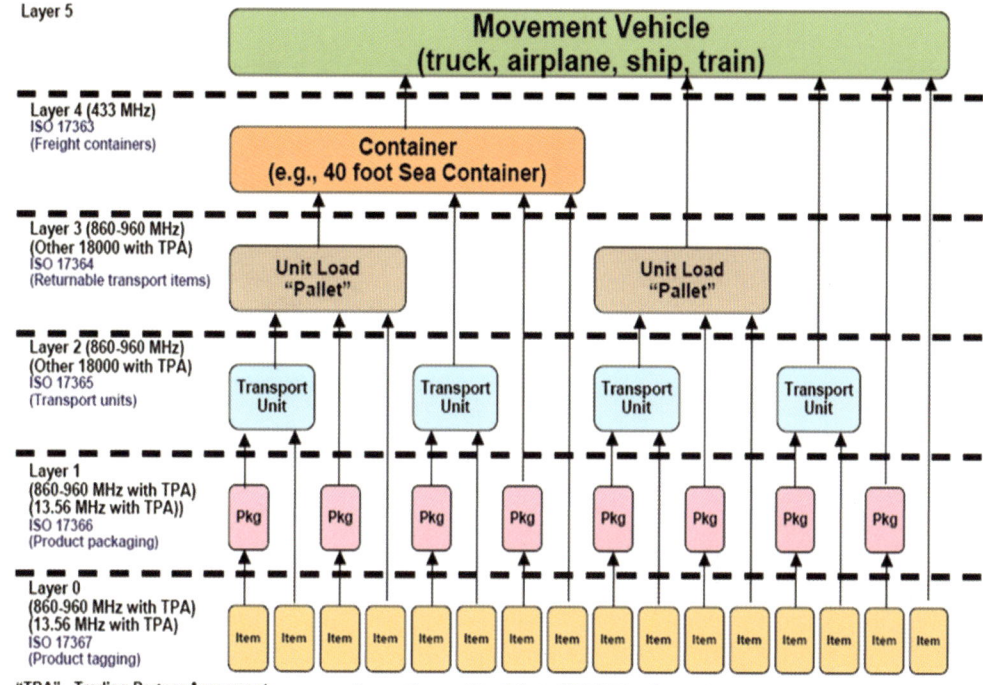

출처: ISO 17364: Supply chain application of RFID – Returnable transport items

[그림 2] ISO 17364 계층구조에서 Layer 4에 해당하는 순환물류용기

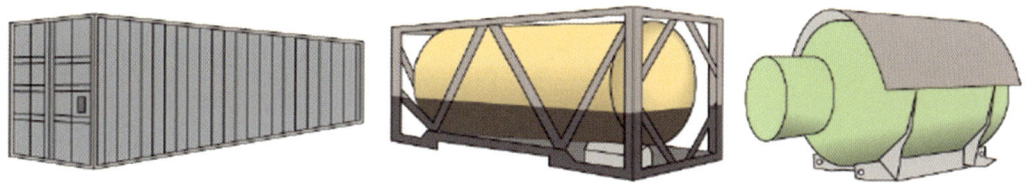

출처: Global Guideline for Returnable Transport Items Identification, Joint Automotive Industry Forum (JAIF), 2010

하다. 국제표준화기구에서는 국제표준 ISO 17364[1]를 제정하여 [그림 1]에 나타난 바와 같이 계층적인 구조로 회수용 물류용기를 단계별로 정의하고 있다. 최상부인 Layer 5에는 트럭, 항공기, 선박, 화차가 있고 Layer 4에는 해상용 컨테이너가 있다. 대표적인 회수용 물류용기인 파렛트는 3번째 단계인 Layer 3에 있으며, 그 하부인 Layer 2에도 주로 플라스틱 및

---

1) ISO 17364: Supply chain of applications of RFID – Returnable transport items 표준은 RFID 기술을 공급망에 적용하기 위해 정의한 "회수용 물류용기 – Returnable Transport Items" 의 표준 구조를 정의하기 위한 표준. 파렛트와 플라스틱용기, 화물컨테이너 등의 물류용기가 포함

[그림 3] ISO 17364 계층구조에서 Layer 3에 해당하는 파렛트와 롤컨테이너

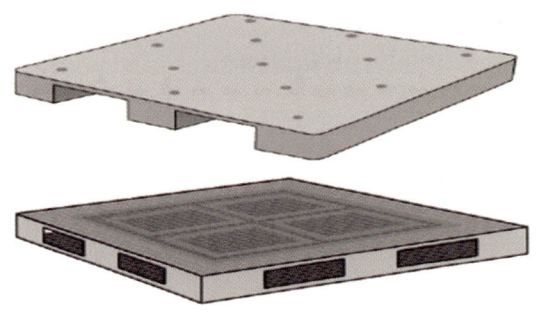 

[그림 4] Layer 3에 해당하는 상자형 파렛트

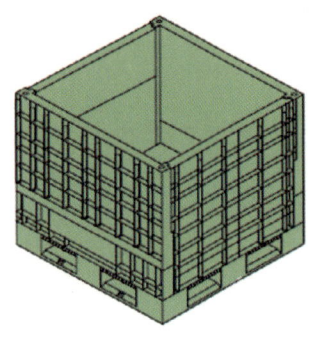 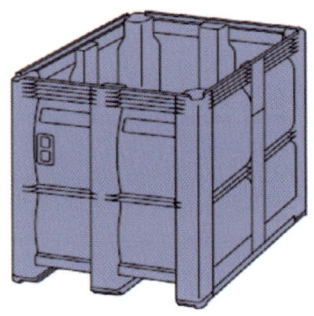 

출처: KS T 2001 파렛트 용어

골판지 상자가 해당된다. 마지막 Layer 1은 일반적인 상품의 겉포장 혹은 1차 포장단위를 의미한다.

ISO 17364 계층구조에서 Layer 4에 표시된 수송 단위의 대표적인 수송용기는 [그림 2]와 같이 항공기 카고, 화차 컨테이너 등과 같으며, 이들 수송용기는 주로 액상, 석유, 분말 등을 벌크로 운반하는 데 주로 사용하고 있다.

ISO 17364 계층구조에서 Layer 3에 표시된 수송 단위의 대표적인 수송용기는 [그림 3]과 같이 파렛트, 롤컨테이너(국내 산업현장에서는 롤테이너, 유럽에서는 Roll Cage라고 일컬음) 등과 같다. [그림 4]와 같이 상자형 파렛트도 널리 사용되고 늘어나고 있다.

ISO 17464의 Layer 2에 해당되는 용기는 플라스틱 상자, 골판지 상자 등이 있다.

Layer 2에 해당되는 플라스틱 상자를 사용하여 [그림 5]와 같은 농산물을 담아 운반하고 그 상자를 일관되게 돌리 파렛트(바퀴달린 파렛트)를 이용하여 트럭에 싣고 매장까지 운반을 용이하게 사용하는 것도 유닛로드시스템을 구현하는 하나의 좋은 방법이다. 여기서도 중요한 것은 중간에 화물을 해체하지 않고 그대로 일관되게 상하역을 하고 운송하여 진열까지 할 수 있다는 사실이다.

3) 유닛로드시스템의 필요성 및 목적

유닛로드시스템의 필요성은 우리 기업의 물

[그림 5] 플라스틱 상자 단위와 돌리파렛트와의 결합으로 이루어진 유닛로드 구성 사례

류 경쟁력을 강화해야 하기 때문이다. 우리 기업의 물류 경쟁력은 세계적 선진 기업에 비하여 아직도 취약한 수준이며, 세계 시장에서 경쟁하기 위하여 시급히 개선되어야 하는 문제 중의 하나이다. 우리 기업의 물류 경쟁력을 향상시키기 위해서는 유닛로드시스템을 도입해야 한다.

물류 처리 과정에서 수많은 하역 작업이 이루어져야 하며, 유닛로드 개념을 적용하면 비중이 큰 하역 작업의 생산성을 획기적으로 개선할 수 있다. 제품이 생산되어 소비되기까지 7~8번 이상의 하역 작업이 이루어진다고 한다. 화물의 물류 처리 과정에서는 피킹, 출고, 정돈, 상차, 환적, 하차, 수령, 분류, 입고 등 수많은 하역 작업이 이루어지고, 검품, 이송 등의 부수 작업 또한 빈번하게 행해진다. 이러한 과정에서 낱개 물품을 하나씩 취급한다면 하역 작업이 매우 어려울 뿐만 아니라 파손이나 실수를 초래하기 쉽다. 유닛로드 개념을 도입하면 위와 같은 문제들이 쉽게 해결된다.

유닛로드시스템의 목적은 일차적으로는 하역 기계화를 통하여 하역 생산성을 획기적으로 개선하고, 이를 통하여 개별 물류 기능의 연계 효율을 향상하고, 궁극적으로는 전체 물류 과정을 합리화하는 것이다. 화물 취급단위에 대한 단순화와 표준화를 통하여 하역 기계화를 가능하게 하여 하역 생산성을 향상하는 것은 일차적 목적이다.

물류가 수행하는 여러 기능 중에서 하역은 수송과 보관이라는 개별 물류 기능을 원활히 연계하기 위한 활동이다. 유닛로드시스템 도입에 의하여 하역 생산성을 획기적으로 개선할 수 있으며, 이를 통해서 수송과 보관이라는 개별 물류 기능이 원활히 연계되면 물류 전반의 효율성을 크게 개선할 수 있다. 유닛로드시스템은 하역 혁신을 통하여 물류 전반의 효율을 합리화하려는 것이다.

4) 유닛로드 구성 방식 및 요건

유닛로드를 구성하는 기준 용기에는 다양한

변형이 있을 수 있다. 앞에서 설명한 파렛트 방식 유닛로드시스템에서는 일반적인 파렛트(평 파렛트, Flat pallet) 외에도 시트 파렛트(Sheet pallet), 스키드 파렛트(Skid pallet), 상자형 파렛트(Box pallet), 기둥형 파렛트(Post pallet) 등을 모두 적용할 수 있다. 중요한 것은 기준이 되는 유닛로드가 파렛트 단위로 구성된 화물이라는 점이다.

마찬가지로 컨테이너에 대해서도 일반적인 화물 컨테이너(Freight Container)뿐만이 아니라 소매유통에서 활용하고 있는 다양한 형태의 플라스틱 용기가 모두 컨테이너라는 유닛로드의 기준 역할을 할 수 있다고 보아야 한다.

[그림 6]과 같이 파렛트는 유닛로드 구성을 위해 보편적으로 사용하는 장비이다. 다양한 형태 및 크기의 유닛로드가 존재하겠지만, 가장 보편적인 것은 파렛트 단위이다. 파렛트를 사용하면 처음 물품이 적재되는 때로부터 물품이 파렛트 단위에서 해체되어 분리되는 순간까지 파렛트에 적재된 유닛로드 상태로 취급할 수 있다.

일관 파렛트 체계 및 일관 컨테이너 체계의 개념은 유닛로드 기준 용기의 사용 영역을 확장한 결과이다. 파렛트는 원래 사업장 내부에만 국한되어 사용하던 것이었으나, 기왕에 힘들여 파렛트에 적재한 것이라면 이를 수송하는 경우에도 파렛트에 적재한 상태대로 수송하는 것이 어떻겠느냐는 생각을 하게 되었다. 이러한 발상을 수송 및 보관의 영역에까지 확대하면서 일관 파렛트 체계가 태동하였다. 일관 컨테이너 체계의 개념도 이와 유사한 방식으로 형성되었다.

가) 파렛트 단위 유닛로드 구성

파렛트 단위 유닛로드 구성 방법은 1940년경 미국에서 처음 개발되었으며, 현재 전 세계적으로 널리 활용되고 있다. 초기에는 공장 등 구내 운반을 합리화하기 위한 수단으로 시도되었으며, 개별 화물을 단품 단위로 인력에 의하여 하역하지 않고 지게차를 활용하여 파렛트 단위로 하역하는 방식이었다. 그러나 파렛트 단위의 하역에 그치지 않고, 파렛트 단위 화물 상태로 일관하여 수송하는 파렛트 단위 일관 수송의 개념으로 발전하게 되었다.

[그림 6] 파렛트 단위의 유닛로드 구성 사례

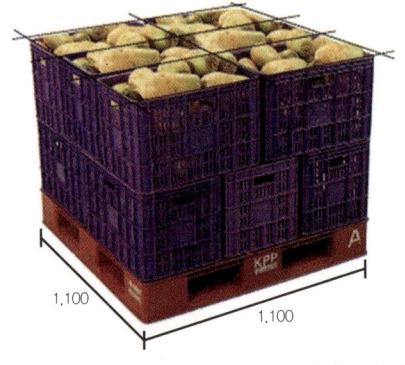

출처: 로지스올 자료

[그림 7] 파렛트 단위가 공급망을 거치면서 생산라인에서 상자단위로 변하는 과정

일관 파렛트 체계에 의한 수송은 하역에서 수송에 이르기까지 화물 취급단위를 파렛트 단위로 일관하는 방식이다. 지게차를 활용한 기계화 하역은 하역 시간 및 비용의 단축, 포장 표준화에 따른 포장비의 절감 및 화물 파손의 감소 등 물리적, 경제적 측면에서 상당한 효과를 발휘하였다. 또한 파렛트 단위 일관 수송의 개념을 적용함으로써 이러한 효율 향상 효과를 구내에만 국한하지 않고, 공급망 전체에 확산할 수 있다.

일관 파렛트 체계에 의한 물류는 [그림 7]과 같이 하역과 수송에 머물지 않고 보관과 생산 영역으로 확대되고 있다. 파렛트 단위의 화물이 해체되어 플라스틱 상자 단위로 조립라인에서 운반하고 보관하는 일련의 과정을 그림에서 보여주고 있다. 최근에는 컨베이어 및 자동운반차 등의 파렛트 운반기로 생산라인 말단과 보관 창고를 직접 연결하여 생산 완료된 제품을 파렛트에 적재한 상태로 자동창고에 입고 보관하여 보관 합리화에도 활용하고 있다. 이렇게 되면 보관-하역-수송 전체 물류 과정에서 화물을 파렛트 단위로 취급할 수 있다.

나) 컨테이너 단위 유닛로드 구성

컨테이너 활용은 1920년대 미국 철도회사들이 육상수송에서 시작하였으며, 이는 파렛트 활용보다 시기적으로 앞선 것이다. 해상컨테이너의 사용은 1956년도 미국 Sealand 서비스사에서 미국 국내 화물의 연안 수송에 이용한 것이 시초이다. 그 후 계속 발전하여 항공 영역으로 확대되고 국제 화물 수송의 주류를 형성하게 되면서 해상 컨테이너로 인한 무역량이 세계 경제량의 50% 이상을 차지하고 있다. 해상컨테이너가 발달하지 않았으면 세계 경제가 글로벌화 되지도 못했을 뿐만 아니라 오늘날과 같은 경제성장률을 달성할 수 없었을 것이다.

해상컨테이너가 성공하게 된 이유는 [그림 8] 오른쪽에 보이는 맬컴 매클레인(Malcom

[그림 8] 해상컨테이너가 국제무역 활성화의 결정적인 촉진제

출처: The simple steel box that transformed global trade, BBC World Service 2017

Mclean)이라는 영웅이 있었기 때문이다. 24세의 젊은 나이에 그는 트럭을 운전하면서 미국 동남부의 물자를 뉴저지 항구로 운반하는 작업을 하였다. 당시에는 상품을 배에 싣는 선적작업을 모두 인력을 이용하기 때문에 상하역하는 시간을 낭비하여 빨리 되돌아가면서 물동량을 운송하여 벌어들일 수 있는 기회를 놓치고 있다는 생각을 하였다. 수없이 많은 시행착오를 겪고 난 후, 시티은행으로부터 자금을 받아 1956년 최초로 Sealand 회사를 설립하였다.

[그림 8]과 같이 최초로 해상컨테이너를 개발하여 미국과 유럽 해상로를 이용하여 물동량을 운반하였다. 그 과정에서 항만노조와의 대립과 정부의 관료주의로 인해 실패를 거듭했다. 그러나 베트남 전쟁을 통해 해상컨테이너의 효용성을 극적으로 보여주면서 성공하게 되었다. 예전에는 하루 걸려 선적해야 할 물량을 1시간 만에 처리할 수 있었기 때문이다. 전쟁을 통해 생산성 효과를 극적으로 증명할 수 있었다.

이를 통해 예전에는 워낙 비싸 먹을 엄두를 내지 못했던 바나나, 파인애플, 망고뿐만 아니라 의류 및 가전제품까지를 필리핀, 베트남, 남아프리카, 브라질 등 세계 각지로부터 저렴하게 공급받아 싼 가격으로 즐길 수 있게 되었다. 물류의 유닛로드시스템을 구축하기 위한 그의 기업가 정신은 지금도 우리에게 깊은 공감을 주고 있다.

화물 컨테이너는 본래 수송기관을 위한 용기로 개발되었기 때문에 수송 작업이 능률적으로 이루어지도록 수송 도중 외부 충격에도 충분히 견딜 수 있는 구조로 제작되었다. 컨테이너 사용의 장점은 수송 능률을 향상할 수 있고, 다른 수송기관과 원활하게 연계하여 수송할 수 있으며, 컨테이너 단위 화물로 일관 수송이 가능하므로 각 수송 기관의 장점을 최대한 활용할 수 있다는 점이다.

컨테이너 운송에는 육로에서는 트레일러와 같은 대형트럭, 철도에서는 컨테이너 전용화차, 해상에서는 세미 컨테이너 선박(Semi Container Ship) 또는 풀 컨테이너 선박(Full Container Ship), 항공에서는 보잉 747과 같은 대형 화물전용 항공기가 사용되고 있다. 이

들 수송 기관은 컨테이너 적재를 위한 특수 구조를 갖추고 있어 컨테이너의 규격과 강도, 하역 장비 등에 관해 엄격한 국제규격이 요구되고 있다.

다) 유닛로드의 요건

유닛로드의 요건은 규격화된 화물이어야 한다는 것이고, 실질적인 형태는 매우 다양할 수 있다. 파렛트나 컨테이너를 이용하여 적입한 형태, 또는 물품을 밴드로 묶거나 집합포장으로 처리한 형태가 모두 일반적인 유닛로드에 해당한다. 경우에 따라서는 트럭, 트레일러, 스왑 바디 또는 화물열차나 거룻배 등을 그 자체로 하나의 유닛로드로 취급하여 더 큰 규모의 수송기관에 이들을 적재해서 수송하는 형태도 있다. 형태는 이렇게 다양하지만, 유닛로드는 규격화된 화물이어야 한다.

유럽의 유가공업체에서는 [그림 9]와 같이 롤컨테이너 단위의 유닛로드를 구성하여 유제품을 생산라인에서부터 단위화물로 만들어 보관, 운송 및 매장에 진열까지 일관되게 수행할 수 있도록 만들었다. 매장에서 판매가 되면 빈 롤컨테이너는 회수되어 다시 생산의 마지막 라인에 투입되어 반복 사용한다.

유닛로드는 기계하역에 적합하도록 표준화된 형태이어야 하며, 그러한 의미에서 유닛로드는 어떠한 모습으로든 규격화된 화물이어야 한다. 내용물은 다르더라도 동일 규격의 파렛트나 컨테이너에 적재함으로서 동일한 크기와 모습의 화물로 취급할 수 있어야 한다. 그렇지만 오로지 하나의 규격으로만 한정되어야 하는 것은 아니며 필요에 따라서는 여러 개의 규격이 존재하여도 무방하다. 다만, 뒤에서 설명하게 될 기준 규격 정합성이 확보되어야 유닛로드 일관성 취지를 살릴 수 있다.

5) 유닛로드시스템 적용 범위의 다양성

유닛로드시스템의 적용 대상 범위는 생산에서 소비에 이르는 전체 물류 과정일 수도 있으나, 이는 매우 이상적인 경우이며, 현실적으로는 전체 물류 과정에서 특정 구간에 대하여 부분적으로 적용하는 경우가 더 많은 것이다. 극

[그림 9] 롤컨테이너 단위의 유닛로드

출처: 스웨덴 유가공업체 출하 대기장소

단적인 경우, 하역의 편의성만을 고려하여 차량 적재함에서 하역 장소까지 구간에만 적용되는 유닛로드시스템을 생각할 수도 있다. 이 경우에 차량에서 하역 장소까지는 지게차나 컨베이어 장치에 의하여 유닛로드시스템이 부분적으로 구현될 수 있다. 이후 하역 장소에서는 유닛로드를 해체하여 낱개 물품으로 후속 물류를 처리하는 모습을 실제로 흔히 목격할 수 있다.

이상적인 유닛로드시스템의 적용 대상 범위는 생산에서 소비에 이르는 전체 물류 영역이다. 생산된 제품을 생산 공정 말단에서 파렛트 화물적재기(Palletizer)가 자동적으로 파렛트 단위로 유닛로드를 구성한 후, 파렛트 단위로 컨베이어를 통하여 이송하여 자동창고에 입고, 파렛트 적재 상태로 보관한다. 출하 시점에서는 무인반송차 등에 의하여 파렛트 단위로 인출되어 지게차 등을 통하여 파렛트 적재 상태를 유지하여 차량에 적재한 후, 소비지에 도착할 때까지 유닛로드 상태를 유지한다면 이러한 모습은 유닛로드시스템의 적용 범위에 있어서 이상적인 경우라고 할 수 있다.

국제복합일관수송(International Intermodal Transportation)은 유닛로드시스템 적용 범위가 국제적으로 확장된 형태로 볼 수 있다. 복합수송(Intermodal transportation)은 여러 형태의 수송 기관을 복합적으로 사용하는 수송이다. 수송 구간에 따라서 트럭, 열차, 선박, 항공기 등의 다양한 수송 기관을 사용하되, 구간과 구간의 연결점에서 다른 수송 기관으로 연계하는 형태의 수송이다. 이러한 복합수송의 개념을 국제 수송에 적용한 것이 국제복합수송이다. 여기서 일관수송이란 의미는 전체 수송 과정에서 유닛로드 상태를 일관되게 유지한다는 것이다. 이때 기준이 되는 유닛로드는 일반적으로 화물 컨테이너이다. 최초 출발지로부터 최종 도착지까지 수송되는 과정에서 다양한 수송 기관을 복합적으로 활용하지만, 최초에 구성한 화물 컨테이너 단위를 계속적으로 일관되게 유지한다는 점이 중요하다. 수송 기관이 바뀌어도, 국경을 넘어서도, 유닛로드 상태를 일관되게 유지하는 것이다.

6) 유닛로드시스템의 장점 및 단점

지금까지 유닛로드시스템의 구성 요소인 유닛로드와 그 유닛로드가 물류 산업에서 물류용기로서 어떻게 실현되고 있는지를 살펴보았다. 유닛로드시스템의 장점을 보면 누구나 이해할 수 있는 내용이지만 현실에서 어려운 이유는 사람이 원초적으로 새로운 것에 대한 심리적인 저항을 갖고 때문이다. 또한 투자비가 들어가기 때문에 투자 효과가 언제 나타나느냐에 따라 투자결과에 따른 책임까지 감수해야 한다. 그래서 투자결정이 어려운 경우가 많다. 이러한 측면을 함께 고려하면서 유닛로드시스템의 장점을 살펴본다.

① 하역비 절감: 유닛로드 화물 구성에 의하여 하역 작업 기계화가 가능하므로 하역에 필요한 노동력을 대폭 줄일 수 있고, 하역 인건비를 절감할 수 있다.

② 수송비 절감: 유닛로드로 구성한 화물을 기계 장비에 의해 하역하므로 하역 소요 시간과 수송 기관의 하역 대기 시간을 대폭 단축할 수 있다. 이에 따라 수송 기관의 회전율이 향상되므로 수송비를 절감할 수 있다. 컨테이너 단위 화물의 경우는 유닛로드 상태를 일관되게 유지하면서 다양한 수송 기관이 연계하여 수송할 수 있기

때문에 신속하고 저렴한 수송이 가능하다. 또한 재래식 수송에 비하여 정박 기간을 대폭 줄일 수 있으므로, 수송비 절감이 가능하다.

③ 보관비 절감: 파렛트 단위 화물을 다단 적재하면 제한된 보관 공간을 최대한 활용할 수 있으므로, 보관비를 절감할 수 있다. 또한 컨테이너는 별개의 독립된 창고 역할을 수행할 수 있으므로 부두의 유료 창고에 보관할 필요가 없어 보관비를 절감할 수 있다.

④ 포장비 절감: 낱품 단위로 취급하는 경우에 비하여 파렛트 단위로 취급할 때 외부 충격에 대비한 외부포장의 강도를 완화할 수 있으며, 포장 작업을 간소화할 수 있어 포장비를 절감할 수 있다. 또한 화물 컨테이너는 수송 도중 외부 충격에도 충분히 견딜 수 있는 구조로 제작되어 화물의 안정성을 높일 수 있기 때문에 불필요한 과잉 포장을 줄일 수 있다.

⑤ 재고 조사 용이성: 유닛로드 구성 방법이 표준화되면 유닛로드 당 적재 화물 개수가 통일되어 재고 조사 작업을 간편하게 처리할 수 있다.

⑥ 창고 환경 개선: 창고 작업이 간편해지므로 재래식의 복잡성을 배제할 수 있어 창고 내부 환경을 개선할 수 있다.

⑦ 도난 및 파손 비율 감소: 단위 로트가 크고 기계화 장비에 의해서 운반되므로 도난과 파손을 최대한 억제할 수 있다.

⑧ 습기 침투 억제: 화물을 파렛트 위에 적재하거나, 화물컨테이너 내부에 적입하기 때문에 제품이 지면과 직접 밀착되지 않아 습기 침투를 억제할 수 있다.

장점이 있으면 문제점 또한 항상 존재한다. 문제점을 극복하는 방법을 찾기 위해 해상컨테이너를 최초로 개발한 기업가인 맬컴 맥클레인이 시도한 과정을 살펴볼 필요가 있다. 새로운 방법을 도입하면 기존 시스템 하에서 습관화되었거나 혹은 이익을 누려왔던 집단의 반발이 존재했다. 또한 시스템 전체로 보면 유리하지만, 개별 사업주체별로는 오히려 비용이 증가할 수도 있기 때문에 그러한 이해관계를 어떻게 조정할 것인지 또한 중요하다. 이러한 맥락을 이해하면서 아래의 문제들과 단점을 이해하고 효과적으로 대응하는 것 또한 중요하다. 유닛로드시스템을 보급을 추진할 때의 단점을 요약하면 다음과 같다.

① 초기 투자비 및 운영비 부담: 파렛트 및 컨테이너 확보 비용, 하역 기계화 및 보관 창고 시설 도입을 위한 다양한 초기 투자 비용을 감수해야 한다. 또한 파렛트 및 컨테이너의 회수·유지·보수 비용을 부담해야 한다.

② 표준화 부담: 유닛로드시스템을 도입하기 위해서는 물류 표준화가 선행되어야 한다. 국가표준 및 국제표준이 존재하지만, 완전히 통일된 표준 규격이 없어 문제가 될 수 있다. 업계 고유의 비표준 규격이 표준 규격보다 일반화되어 있는 경우도 있다. 업종에 따라서는 유닛로드 표준 규격이 제품에 적합하지 않은 경우도 있다. 최근에 급격히 대형화하고 있는 가전제품의 경우 및 건축용 유리의 경우가 이에 해당한다.

③ 거래 관행의 정비 부담: 거래처에서도 파렛트 및 컨테이너 단위 하역이 가능해야

일관 유닛로드 수송이 가능하다. 거래처의 사전 양해와 협조가 필요하며, 거래 관행의 변경 및 조정이 필요하다. 또한 파렛트 및 컨테이너 단위로 물류 작업을 수행하려면 거래 단위를 대형화하여야 한다. 물류 영역에서 소매 분야로 갈수록 다품종 소량 거래 현상이 심화되기 때문에 이에 대한 유닛로드 기준의 유연성과 표준 정합성의 상충 문제를 해결해야 한다. 또한 상거래 관행을 변경해야 하는 경우도 있을 수 있다.

④ 교육·훈련 부담: 유닛로드 구성 및 취급 방법에 대한 물류 작업 표준을 하역 작업자에게 교육하고 훈련하기 위한 비용 투자가 필요하다.

⑤ 물류비 상승: 파렛트 단위로 수송 차량에 적재할 경우, 적재함 바닥 면적의 활용 효율이 낱품 단위로 적재하는 경우보다 나빠질 수 있으므로, 수송비 상승 요인이 될 수 있다. 또한 파렛트 단위로 보관 장소에 적재할 경우, 바닥 면적의 활용률은 낱품 단위로 적재할 경우에 비하여 나빠질 수 있어, 보관비 상승 요인이 될 수 있다.

2. 기대 효과 및 장애 요인

유닛로드시스템 구축의 효과는 매우 크지만, 수많은 장애 요인을 극복해야만 가능하다. 유닛로드시스템 구축의 기대 효과는 하역 기계화에 따른 인력 절감, 작업 시간 단축, 하역·수송·보관 사고의 감소, 작업의 단순화에 따른 공수 절감 및 불필요한 과잉 포장비용의 절감 등으로 다양하면서도 막대하다. 그러나 유닛로드시스템을 실현하기 위해서는 수많은 장애 요인을 극복해야만 한다. 장애 요인은 수송기관, 하역 장비, 적재 효율, 보관 효율, 거래 단위, 정보 매체, 비용 분담 및 이득 배분 등을 망라한 여러 부문에서 출현하게 되며, 종래의 수작업 하역 체계와는 차원이 다른 여러 가지 어려운 문제가 발생하게 된다.

맬컴 맥클레인이 성공한 이유를 다시 살펴보면 일사불란하게 전쟁 물자를 전장에 빠르게 배치시키는 것이 전쟁을 성공시키는 길이다. 현대 기업물류도 이를 동일하게 적용할 수 있다.

결국 이러한 제반 문제점을 극복하고 기대하는 효과를 거두기 위해서는 유닛로드의 개념을 물류시스템 전체 과정에 어떻게 접목시킬 것인가를 고민하고 해결해야만 한다. 또한 이러한 요소들이 복잡한 상충 관계를 이루고 있기 때문에, 최적 절충이 쉽지 않다는 점을 염두에 두어야 한다. 유닛로드시스템을 성공적으로 구축하기 위해서는 이러한 상충 관계에서 어떻게 균형을 유지하면서 전체적 최적화를 달성하느냐가 중요한 관건이 된다.

제3절 유닛로드시스템 기초 원리

1. 일관성의 개념

'일관성(Consistency)'은 유닛로드시스템의 기본 개념이다. 유닛로드시스템의 정의에서 '일관 처리'라는 개념은 일관 하역, 수송 및 보관을 의미하는데, 일관성은 '하나의 방법이나 태도로써 처음부터 끝까지 한결같은 특성'이란 뜻이다. 따라서 '일관 하역, 수송 및 보관'이란 표현은 화물의 하역, 수송 및 보관 과정에서 유닛로드로 구성한 상태를 계속 유지한다는 의미이다. '유닛로드 일관성'은 유닛로드시스템에서 가장 중요한 개념이며, 이로 인하여 물류의 전체 과정이 합리화될 수 있고, 막대한 경제적 효과를 기대할 수 있다.

'유닛로드 일관성'은 물류의 모든 영역에 적용되어야 하는 기본 개념이다. 조달, 생산 및 물류의 모든 물류 영역에서 유닛로드 상태를 일관적으로 유지해야 완벽한 유닛로드시스템이다. 이상적인 유닛로드시스템에서는 화물 발송 사업장 내부에서 이루어지는 물류 과정에서나, 수송 과정에서나, 인수 사업장 내부에서 이루어지는 후속 물류 과정에서도 유닛로드 형태를 일관되게 유지한 상태로 물류 과정이 수행되어야 한다.

2. 유닛로드시스템 원리

기기와 규격의 다양성은 유닛로드시스템 구축을 어렵게 한다. 유닛로드시스템의 기본 개념은 유닛로드 일관성이다. 기기와 규격의 다양성은 유닛로드 일관성이란 기본 개념을 구현하기 어렵게 만든다. 유닛로드시스템에서는 이러한 기기와 규격의 다양성 문제를 해결하기 위하여 '정합성 원리(The principle of compatibility)'를 활용한다. 정합성에 관한 2대 원리는 기준 규격 정합성 및 기기 규격 정합성이다.

1) 기기와 규격의 다양성

기기의 다양성은 유닛로드시스템 구축을 어렵게 만드는 요인이다. 유닛로드시스템 개념도 [그림 1]에서 볼 수 있듯이 물류 영역에 따라서 다양한 물류 기기가 활용되고 있음을 알 수 있다. 유닛로드시스템을 구축해야 하는 대상 물류 영역은 조달물류, 생산물류, 판매물류의 모든 분야를 포함하여 판매점까지를 망라한다. 그러나 [그림 1]과 같이 물류 영역에 따라서 활용하는 하역 장비, 수송 기관, 보관 설비는 달라질 수 있다. 다양한 물류기기를 활용하면서 유닛로드의 일관성을 실현하기 위해서는 앞으로 설명할 기기 규격 정합성 원리에 의존해야 한다.

규격의 다양성은 유닛로드시스템 구축을 어

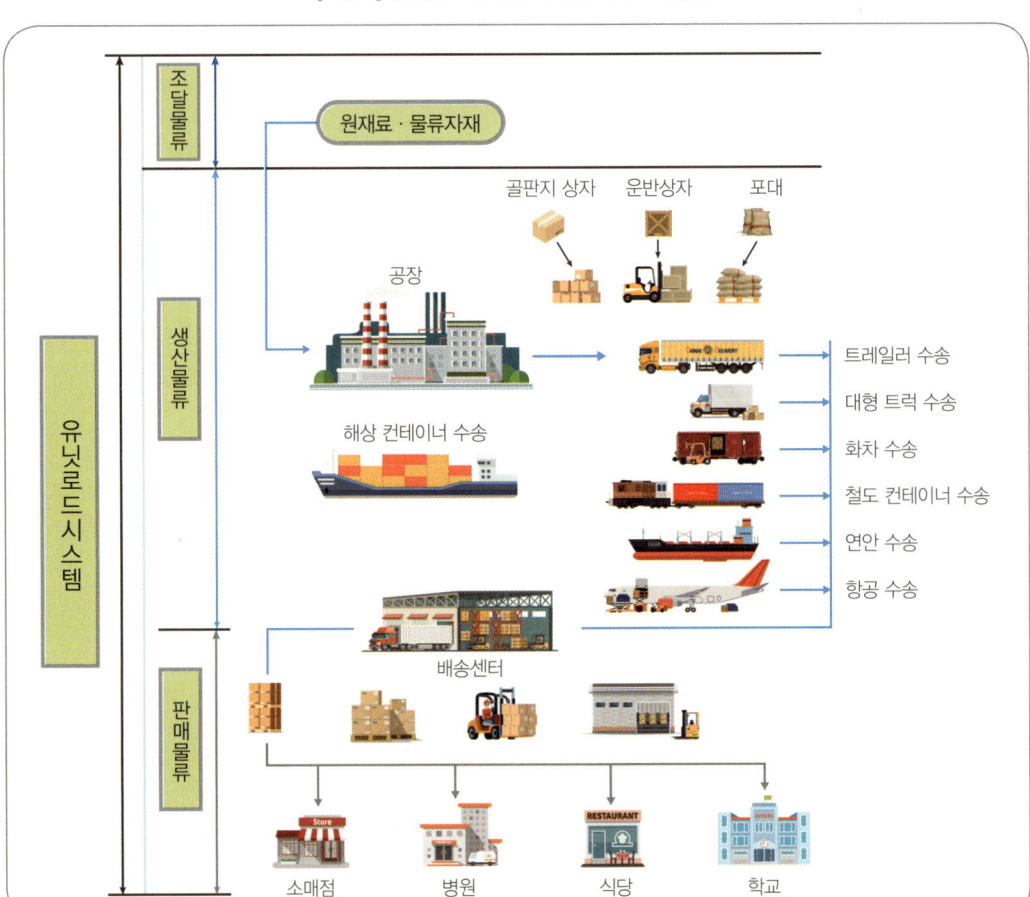

[그림 1] 유닛로드시스템에서 물류기기의 다양성

렵게 만드는 또 다른 요인이다. 물류 영역에 따라서 적합한 유닛로드 기준 규격이 다를 수 있다. 조달물류에 적합한 유닛로드 규격과 생산물류에 적합한 유닛로드 규격은 서로 다를 수 있으며, 이는 판매물류에 대해서도 마찬가지이다. 더욱이 판매물류에서는 도매 영역과 소매 영역에서 적합한 유닛로드의 규격이 다를 수 있다. 일반적으로 조달물류 영역에서 판매물류 영역으로 갈수록 적합한 유닛로드의 규격은 소형화되는데, 이는 다품종 소량 소비 행태가 심화되기 때문이다.

이상에서 설명한 바와 같이 기기와 규격의 다양성은 유닛로드시스템 구축을 어렵게 만든다. 이렇게 활용하는 장비, 기관, 설비의 다양하며, 물류 영역마다 적합한 유닛로드의 규격이 달라져야 하는 상황에서 기본 개념인 유닛로드의 일관성을 확보함으로써 유닛로드시스템을 성공적으로 구축하기 위해서는 정합성의 2가지 원리를 준수해야 한다.

2) 정합성 원리

정합성(Compatibility)은 유닛로드의 일관성을 확보하기 위해서 준수해야 하는 원리이다. 여기서 정합성이란 시스템 내부에 존재하는 두 대상물의 규격이 일치하여 자연스레 들어맞는다는 의미이다. 정합성 원리는 기기와 규격의 다양성에 대항하여 기본 개념인 유닛로드 일관성을 지키기 위한 방법이다. 유닛로드시스템에 필요한 정합성 2대 원칙은 기준 규격 정합성과 설비 규격 정합성이다.

가) 기준 규격 정합성 원리

정합성 제1 원리는 기준 규격 정합성이다. 이는 물류 영역마다 달라져야 하는 유닛로드의 기준이 되는 규격에 대한 대응책이다. 물류 영역에 따라서 적합한 유닛로드 기준 규격은 다를 수밖에 없다. 다만 상이한 유닛로드 기준 규격 간의 조합 정합성은 확보되어야 한다.

서로 다른 규격이더라도 서로 일치하는 규격으로 조합이 가능하다면 문제를 해결할 수 있다. 예를 들어 낱개 물품을 특정 방법으로 조합하여 적재하면 유닛로드 기준 치수와 일치시킬 수 있다. 그 대표적인 것이 1장 1절의 [그림 8]에 나타난 'ULS 물류모듈'이다. 일반적으로 도매 영역에 적합한 유닛로드 기준 규격은 소매 영역의 규격보다 커야 한다. 이런 경우에도 소매 영역의 유닛로드 기준 규격을 특정 방법으로 조합함으로써 도매 영역의 유닛로드 기준 규격과 일치하도록 해야 유닛로드시스템 정합성을 확보할 수 있다. 모든 물류 영역에서 유닛로드 기준 규격들은 상호간에 기준 규격 정합성 원리를 준수해야 한다.

나) 기기 규격 정합성 원리

정합성 제2 원리는 기기 규격 정합성이다. 이는 물류에서 활용하는 장비, 기관, 설비의 다양성에 대한 대응책이다. 다양한 하역 장비, 수송 기관, 보관 설비를 획일적 규격으로 통일할 수는 없다. 다만 이들 기기의 규격은 1장 1절의 [그림 8]과 같이 '배수모듈'로 유닛로드의 규격과 정합성을 가져야 한다.

하역 장비의 취급 규격이 유닛로드 규격과 맞지 않으면 해당 유닛로드 단위로 하역 작업을 수행 할 수 없거나 작업 효율이 저하될 것이다. 수송 기관 적재함 규격이 유닛로드 규격과 맞지 않으면 적재 효율이 나빠서 운송비가 상승하거나 유닛로드 수송을 포기해야 할 것이다. 보관 설비 취급 규격이 유닛로드 규격과 맞지 않으면 보관 효율이 낮아서 보관비가 상승하거나 유닛로드 보관을 포기해야 할 것이다. 하역 장비의 취급 가능 규격이나, 수송 기관의 적재함 규격, 보관 설비의 적입 가능 규격은 유닛로드 규격과 정합해야 한다. 모든 물류 기기는 기기 규격 정합성 원리를 준수해야 한다.

3. 유닛로드시스템 원칙

유닛로드시스템 3대 원칙은 기계화, 표준화 및 하역 최소화이다. 앞에서 설명했듯, 유닛로드시스템의 기본 개념은 유닛로드 일관성이다. 유닛로드 일관성이라는 기본 개념을 실현하기 위한 2대 핵심 원리는 유닛로드 기준 규격 정합성 및 물류 관련 설비 규격 정합성 원리이다. 유닛로드의 일관성이라는 기본 개념과 이를 실현하기 위한 정합성에 관한 두 가지 원리에 입각하여 유닛로드시스템이 추구해야 하는 3대 원칙은 기계화, 표준화 및 하역 최소화이다.

① 기계화 원칙: 기계로 일회 취급이 가능하도록 일정 수량의 화물을 유닛로드로 구성하여 하역 작업을 기계화한다.

② 표준화 원칙: 앞에서 언급한 정합성 원칙에 부합하도록 유닛로드 규격, 화물 포장 규격 및 하역·수송·보관 관련 장비의 규격을 표준화한다.

③ 하역 최소화 원칙: 출발지에서 목적지까지 유닛로드를 운송 완료하는 과정에서 필요한 하역 횟수를 최소화한다.

4. 물류 모듈치수 체계

1) 물류 모듈의 구성 체계

물류 모듈이란 물류 시스템을 구성하는 각종 요소를 의미하며, 물류 모듈 구성 체계는 [그림 2]와 같다. 물류 모듈은 화물 계열과 기기 계열로 대별할 수 있다. 화물 계열은 1장 2절의 [그림 1]에서 보듯 Layer 1의 낱개 화물, Layer 2의 낱개 화물을 적입할 수 있는 용기, Layer 3의 낱개 화물이나 용기를 적재할 수 있는 파렛트로 구성된다. 기기 계열은 하역 장비, 보관 설비 및 수송 기관으로 구성된다. 하역 장비는 지게차, 파렛트 트럭, 컨베이어, 파렛타이저, 크레인용 파렛트 행거, 무인운반차로 구성된다. 보관 설비는 유닛로드 상태로 저장하기 위한 각종 랙(Rack)과 자동창고로 구성된다. 수

---

1) 트럭 또는 트랙터의 뒷부분에 연결되어 견인되는 차량을 의미하여, 트레일러에는 화물 컨테이너가 적재된다.

[그림 2] 물류 모듈 구성 체계

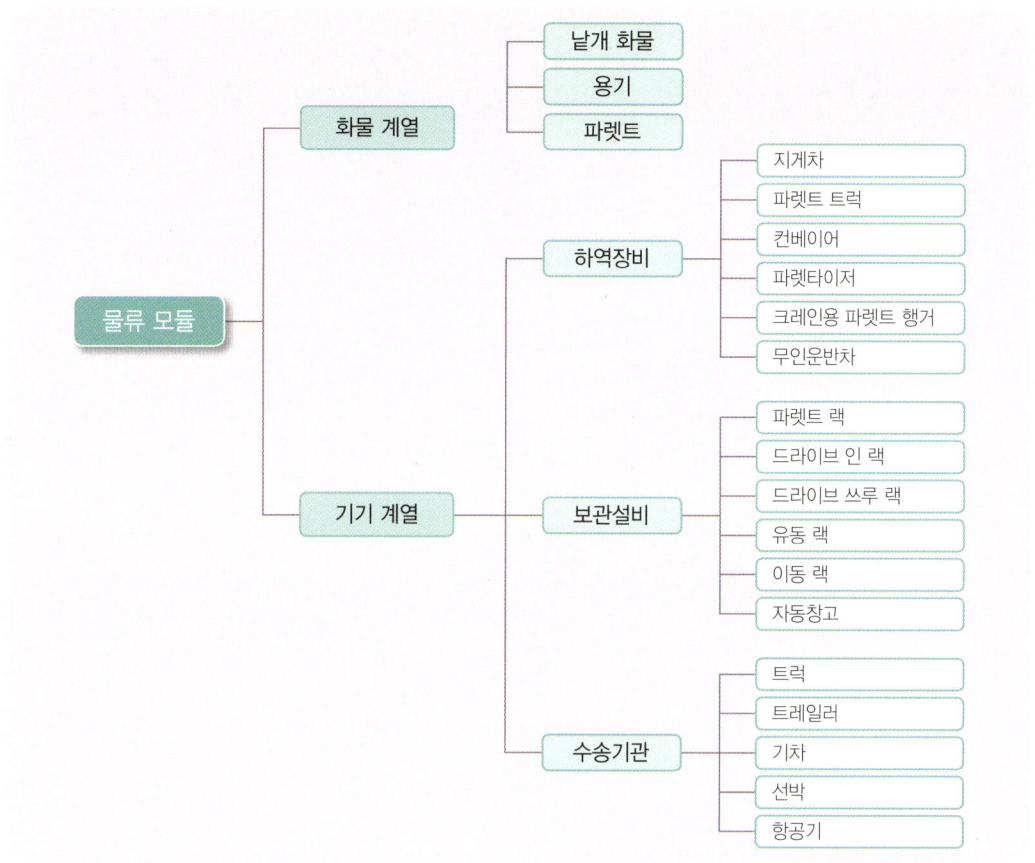

출처: KS T 0005 – "물류 모듈의 체계"의 설비와 수송기관의 사례

송 기관은 트럭, 트레일러[1], 기차, 선박, 항공기 등으로 구성된다.

2) 물류 모듈 치수 체계의 접근 방법

물류 모듈 치수 체계를 설정하려면 [그림 2]에 나열된 화물 계열과 기기 계열에서 화물 계열의 낱개 화물이 가장 소형이고 용기와 파렛트로 갈수록 대형화되며, 기기 계열로 갈수록 크기가 더욱 커진다는 점에 주목할 필요가 있다. 이 중에서 특정 모듈 치수를 기준 치수로 결정한 후, 이 기준 치수와 정합하도록 소형에 해당하는 화물 계열 치수와 대형에 해당하는 기기 계열 치수를 결정하면 된다. 소형 모듈을 조합하여 대형 모듈의 치수와 일치하도록 치수 계열을 결정하면 정합성 문제를 해결할 수 있다.

물류 모듈 기준 치수는 1장 1절의 [그림 8]에 나타난 파렛트 치수로 볼 수 있다. 물류 모듈 기준 치수란 물류 모듈 계열 중에서 기준이 되는 물류 모듈의 치수를 의미한다. 따라서 기준이 되는 파렛트 치수를 우선 결정하고, 나머지 계열 치수는 모두 이 기준 치수에 근거하여 정합성이 확보되도록 결정하면 된다. 물류 모듈

치수 체계의 설정 방법은 [그림 3]과 같이 정리할 수 있다.

우리나라 산업 표준에서는 기준이 되는 물류 모듈 치수를 물류 모듈의 체계(KS T 0005)[2]에서 규정하고 있으며, 이에 정합하는 화물 계열의 치수는 수송 포장 계열 치수(KS T 1002)에서, 기기 계열의 치수는 유닛로드시스템 통칙(KS T 0006)에서 각각 규정하고 있다.

물류 모듈의 체계(KS T 0005)에서는 [그림 4]와 같이 구성 체계를 정리하고 있다. 여기에서 포장 모듈화는 화물 계열의 치수에 관한 내용이며, 물류 모듈화는 기기 계열의 치수에 관한 내용을 의미한다.

3) 물류 모듈의 기준 치수 결정

물류 모듈의 기준 치수 결정은 [그림 5]와 같은 과정을 따르고 있는데, 이에 대해서는 물류 모듈의 체계에서 규정하고 있다. 물류 모듈 계열에서 기준이 되는 치수는 파렛트 치수이다. 따라서 물류 모듈의 기준 치수를 결정한다는

[그림 3] 물류 모듈 치수 체계의 접근 방법

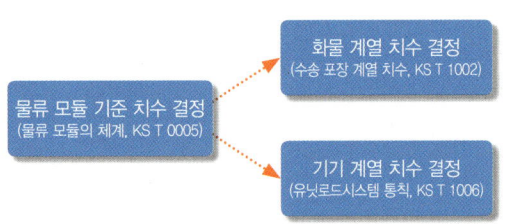

[그림 4] 물류 모듈의 체계(KS T 0005)에서 규정한 구성 체계

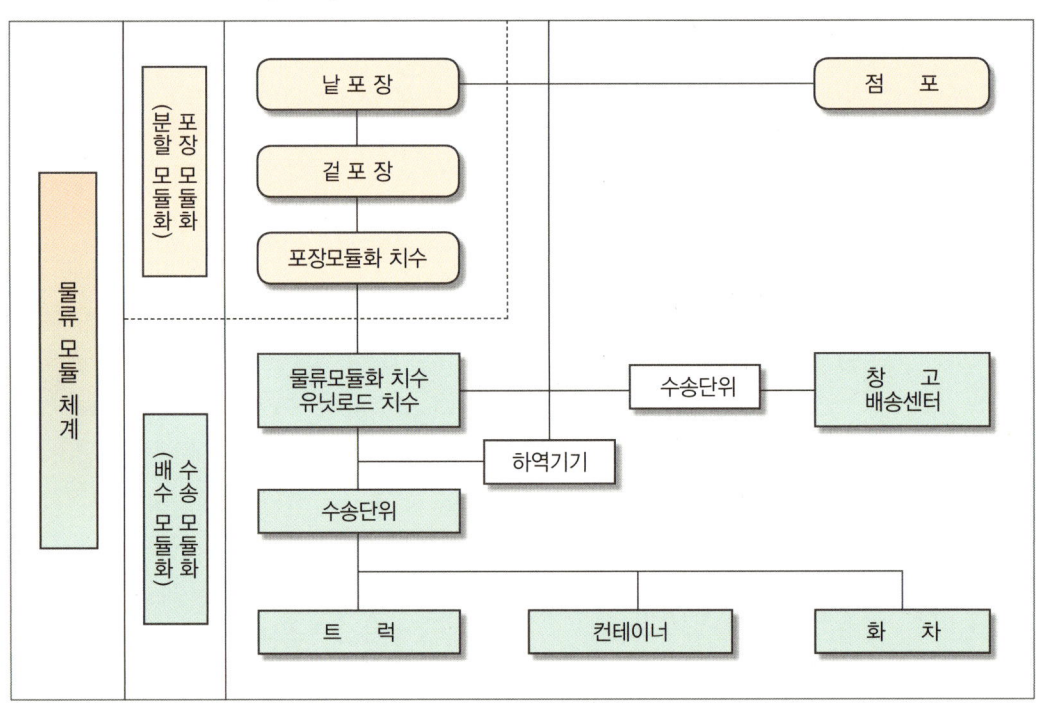

---

2) 치수 정합성에 관한 규격이므로 '물류 모듈 치수 체계'라는 명칭이 현행 명칭보다 더 적합하다.

[그림 5] 물류 모듈 기준 치수의 산출 과정

것은 파렛트 치수를 결정한다는 의미이다.

물류 모듈의 기준 치수 결정 과정은 트럭 적재함 치수에 대한 분석에서 시작한다. 트럭 적재함의 외부 폭은 2,500mm인데, 여기에서 적재함 두께 150mm를 차감한 트럭 적재함의 내부 폭은 2,350mm이다. 이 치수에서 적재 작업에 필요한 여유 치수 60mm를 차감하면 2,290mm가 되는데, 이 치수에 유닛로드를 2열로 적재한다고 가정하면, 유닛로드의 폭은 1,145mm가 된다. 물류 모듈의 기준 치수는 이 치수를 1.04로 나눈 근사치인 1,100mm로 결정하고 있다. 여기서 45mm의 차이는 유닛로드 상태로 일관 수송할 때 발생할 수 있는, 유닛로드의 이론적 치수인 순 유닛로드 치수(NULS: Net Unit Load Size)와 실제로 측정한 평면 치수(PVS: Plan View Size)의 차이에 대한 여유를 설정한 것으로 볼 수 있다.[3]

결론적으로 물류 모듈의 기준 치수는 1,100mm×1,100mm(T-11형)과 1,200mm×1,000mm(T-12형) 두 가지이다. 기준 치수가 두 가지가 된 이유는 유럽과 미국과의 무역량이 많은 상황에서 상대국이 많이 사용하고 있는 T-12형을 도입하지 않을 수 없기 때문이다. 이 치수는 우리나라에서 채택한 표준 파렛트 규격이다. 이렇게 결정된 기준 치수에 근거하여 기준보다 소형인 화물 계열과 기준보다 대형인 기기 계열의 치수를 결정할 수 있다. 화물 계열에서 치수 결정이 필요한 모듈은 파렛트에 적재될 낱개 화물이나 용기이다. 기기 계열에서 치수 결정이 필요한 모듈은 [그림 5]에서 기기 계열로 분류한 하역 장비, 보관설비 및 수송기관을 모두 포함한다.

4) 화물 계열의 치수 결정

화물 계열의 치수는 수송 포장 계열 치수(KS T 1002) 규격에 의하여 결정할 수 있으며, 이

---

3) 이에 대하여 유닛로드 치수(KS T 0003) 규격에서는 평면 치수를 1,140mm로, 허용 치수를 1,100mm로 규정하여 40mm를 유닛로드 상태로 일관 수송하는 과정에서 발생할 수 있는 차이로 인정하고 있다. 우리나라 표준 규격 간에도 약간의 불일치가 존재함을 알 수 있다.

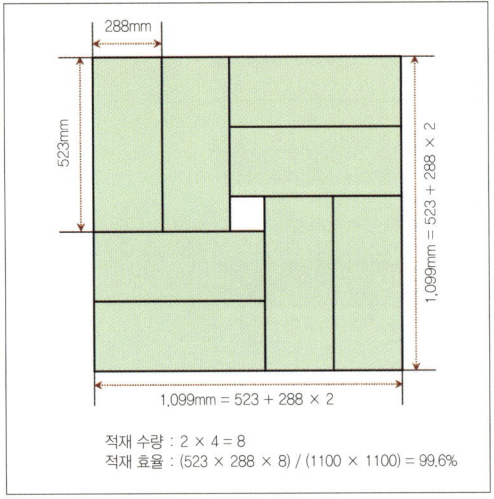

[그림 6] 수송 포장 계열 치수의 예(11-28 번 치수)

적재 수량 : 2 × 4 = 8
적재 효율 : (523 × 288 × 8) / (1100 × 1100) = 99.6%

출처: KS T 1002 – 수송포장 계열치수, 2019년

적재 효율이 우수한 치수 조합을 선별하여 수송 포장 계열 치수를 산출한다. 사용 가능한 적재 방식은 블록 적재, 교대 배열 적재, 벽돌 적재, 풍차형 적재, 스플릿 적재 방식이다.

이러한 절차에 의하여 산출된 치수를 예를 들어 설명하면 [그림 6]과 같다. 수송 포장 계열 치수 규격에 포함된 치수 계열 중에서 11-28번은 [그림 6]에 표시한 바와 같이, 치수가 523mm×288mm인데, 풍차형 적재 방식을 쓰는 경우 물류 모듈 기준 치수인 1,100mm×1,100mm 표준 파렛트에 8개 적재되며, 적재 효율은 99.6%로 매우 높다. 이 규격에서 1,100mm×1,100mm 표준 파렛트에 적합한 치수 계열로 규정한 69종에 달하는 치수 계열 중 적재 효율이 가장 낮은 경우는 733mm×366mm인데, 이 경우에도 적재 효율이 88.7%로 나쁘지는 않다.

수송 포장 계열 치수(KS T 1002) 규격에서는 두 종류의 계열 치수를 규정하고 있다. 하나는 표준 파렛트 규격인 1,100mm×1,100mm에 대한 계열 치수 69종이며, 다른 하나는 1,200mm×1,000mm에 대한 계열 치수 40종이다. 이 규격은 현재 표준 파렛트 규격으로서 업계에서 많이 활용되고 있다.

에 대해서는 [그림 3]에서 이미 설명하였다. 이 규격에서는 앞에서 이미 결정한 물류 모듈의 기준 치수, 즉 파렛트 치수에 근거하여 낱개 화물이나 용기의 치수 결정에 활용할 수 있는 다양한 치수 계열을 제시하고 있다. 낱개 화물이나 용기의 치수를 결정할 때 이 규격에서 제시하고 있는 치수 계열 중에서 적절한 치수를 선정하여 적용하면 물류 모듈의 기준 치수에 대한 정합성을 높은 수준으로 보장할 수 있다.

수송 포장 계열 치수의 산출 절차는 다음과 같다.

① 물류 모듈 기준 치수인 표준 파렛트 치수 1,100mm를 정수 분할하여 다양한 치수 계열을 산출한다.
② 산출된 치수 계열을 조합하여 길이/너비 비율이 1.1~2.0 범위에 해당하는 다양한 (길이×너비) 치수 계열을 선별한다.
③ 선별한 치수 계열을 대상으로, 표준 파렛트에 다양한 방식으로 적재를 시도하여

5) 기기 계열의 치수 결정

기기 계열의 치수는 유닛로드시스템 통칙(KS T 0006) 규격에 의하여 결정할 수 있으며, 이에 대해서는 [그림 3]에서 이미 설명하였다. 이 규격에서는 기기 계열에 속하는 여러 물류 모듈의 치수에 대한 표준을 제시하고 있다. 기기 계열의 취급 치수를 결정할 때에는 이 규격

에서 제시하는 표준 치수를 준용하여 물류 모듈의 기준 치수인 파렛트 치수와 정합하도록 주의해야 한다.

이 규격에서는 기기 계열에 속하는 하역 장비, 보관 설비 및 수송 기관의 취급 치수에 대한 표준을 규정하고 있다. 하역 장비 치수에 대하여 이 규격에서는 지게차(Fork lift truck), 파렛 트럭(Pallet truck), 컨베이어(Conveyor), 파렛타이저(Palletizer), 크레인용 행거(Pallets hanger for crane) 및 무인운반차(Automated guided vehicle) 등의 취급 치수 표준을 제시하고 있다. 또한 이 규격에서는 보관 설비용 랙(Rack)의 표준 치수와 함께 수송 기관인 트럭(Truck) 및 트레일러(Trailer), 화물 컨테이너(Freight Container) 및 철도 화차(Freight car)의 적재함 치수 표준을 제시하고 있다.

유닛로드시스템 통칙 규격에서 규정하고 있는 기기 계열의 치수 표준을 요약하여 정리하면 〈표 1〉 및 〈표 2〉와 같다. 〈표 1〉은 기기 계열 중에서 하역 장비 및 보관 설비에 관한 계열 치수의 표준이다. 〈표 2〉는 기기 계열 중에서 수송 기관에 관한 계열 치수의 표준이다.

하역 장비, 보관 설비 및 수송 기관의 취급 치수를 결정할 때 유닛로드시스템 통칙 규격에서 제시하고 있는 표준 치수를 준용하면 물류 모듈의 기준 치수에 대한 정합성을 보장할 수 있다.

유닛로드시스템 통칙에서는 기기 계열뿐만이 아니라, 화물 계열에 관한 치수 표준도 규정하고 있으며, 〈표 3〉은 이를 정리한 것이다. 여기에는 파렛트 치수, 파렛트 적재 화물의 치수와 파렛트 규격보다 소형 단위인 수송 포장 화물의 치수에 대한 표준도 함께 규정하고 있다.

〈표 1〉 유닛로드시스템 통칙(KS T 0006)에 따른 하역 및 보관 기기 계열 치수 표준

구 분	물류 모듈	치수 종류	치수 표준
파렛트 적재 화물용 하역·운반 기기	지게차	정격 하중	• 1.5t – 파렛트 적재 화물 총 무게가 850kg 이하이면 1t 사용 가능 • 푸시 풀 어태치먼트 장착 지게차는 2t
		포크 길이	• 원칙적으로 1,070mm
		푸시 풀 어태치먼트	• 포크 평면 유효 길이 1.50mm 이상 • 포크 평면 바깥 너비 850~1,220mm • 푸시 길이 1,120mm 이상 • 전면판 너비 900mm 이상, 높이 충분하게
		통로 너비	• 3.9m (4륜식 카운터 밸런스형 지게차(내연기관식)) • 3.7m (4륜식 카운터 밸런스형 지게차(축전지식)) • 3.3m (3륜식 카운터 밸런스형 지게차) • 2.7m (리치형 지게차)
	파렛 트럭	적재 무게	• 원칙적으로 최대 1.5t
		포크 길이	• 원칙적으로 1,070mm 또는 1,220mm
		포크 너비	• 원칙적으로 520mm 또는 685mm
		포크 최저 높이	• 65mm 및 80mm

구분	물류 모듈	치수 종류	치수 표준
파렛트 적재 화물용 하역·운반 기기	컨베이어	치수	• 파렛트 적재 화물에 대해 T-11형과 T-12형 파렛트에 부합 • 포장 화물 용기에 대해 포장 모듈 치수에 부합
	파렛타이저	치수	• 파렛트 적재 화물에 대해 1,100mm x 1,100mm에 부합 • 포장 화물 용기에 대해 1,100mm 포장 모듈 치수에 부합
	크레인용 파렛트 행거	포크 치수	• 길이 1,100mm, 두께 최대 40mm. • 포크 1개의 너비 최대 150mm, 포크 안쪽 간격 390~690mm. • 포크 윗부분 공간 높이 최소 1,700mm
	무인운반차	치수	• 포크 차입구 높이 70mm 이상 • 파렛트 적재 화물에 대해 1,100mm x 1,100mm에 부합 • 포장 화물 용기에 대해 1,100mm 포장 모듈 치수에 부합
보관용 랙	랙(rack)	치수	• 파렛트 적재 화물에 대해 T-11형과 T-12형 파렛트에 부합

〈표 2〉 유닛로드시스템 통칙(KS T 0006)에 따른 수송 기관 계열 치수 표준

구분	물류 모듈	치수 종류	치수 표준
수송 기관	트럭 및 트레일러	적재함 너비	• 보통 적재함: 최소 2,280mm • 밴형 보디: 최소 2,300mm
		적재함 길이	• 최소 4,560mm, 5,700mm, 6,840mm, 7,980mm, 9,120mm, 10,260mm의 6종
		일반 적재함 입구 길이	• 측면 입구 길이: 적재함 안쪽 치수 길이 • 뒤쪽 입구 길이: 최소 2,280mm
		밴형 보디	• 측면 개방 밴형 보디의 측면 입구 길이는 적재함 안쪽 치수 길이보다 200mm 작게 • 드라이 밴형 보디 및 측면 개방 밴형 보디의 뒤쪽 입구 길이는 최소 2,300mm
	트럭 및 트레일러 부속 하역기기	테일 게이트 리프터	• 리프터 판 최소 길이 1,450mm • 리프터 적재 최소 무게 600kg
		파렛트 로더	• 적재 무게(2개 1조) 최소 1,050kg • 적재부 길이 최소 1,070mm
		리프트식 롤러 컨베이어	• 적재 무게(2개 1조) 최소 500kg
		슬랫 컨베이어 및 벨트 컨베이어	• 적재함 내하중 1m^{2}당 최소 1,000kg
	화물 컨테이너	안쪽 치수	• 최소 2,280mm
	철도 화차	안쪽 치수	• 길이 : 14,010mm, 14,210mm, 14,600mm • 폭 : 2,350mm • 높이 : 2,700mm

〈표 3〉 유닛로드시스템 통칙(KS T 0006)에 따른 물류용기 계열 치수

구 분	물류 모듈	치수 종류	치수 표준	비 고
파렛트	풀(pool) 파렛트	크기	1,100mm×1,100mm 1,200mm×1,000mm	T-11형과 T-12형 파렛트
		높이	144mm	
		차입구 높이	100mm	플라스틱제는 최소 89mm
		적재 무게	최대 1t	
	평 파렛트	크기	1,100mm×1,100mm 1,200mm×1,000mm	
		높이	최대 144mm	플라스틱제는 최대 150mm
		차입구 높이	최소 90mm	플라스틱제는 최소 89mm
		적재 무게	최대 1t	
	상자형 파렛트	크기	600mm×500mm 1,100mm×1,100mm 1,200mm×1,000mm	
		높이	2,200mm 이하	
		적재 무게	최대 1t	
	롤 상자형 파렛트	크기	930mm×710mm 850mm×650mm 1,050mm×650mm	
		높이	1,800mm 이하	
		적재 무게	최대 0.5t, 1t, 1.5t, 2.5t	
	시트 파렛트	크기	1,100mm×1,100mm 1,200mm×1,000mm	적재물에 따라 1,140mm×1,140mm 허용
		적재 무게	최대 1t	
파렛트 적재	네트 유닛 로드 치수 (NULS)	크기	1,100mm×1,100mm 1,200mm×1,000mm 초과 금지	유통 과정에서 평면 치수가 1,140mm×1,140mm 초과하지 않으면 적용 제외
	평면 치수 (PVS)	크기	유통 과정에서 1,140mm×1,140mm 초과 금지	1,240mm×1,040mm 포함
	파렛트 적재 화물	높이	2,200mm 이하	파렛트 높이 포함
수송 포장	수송 포장	치수	1,100mm×1,100mm 1,200mm×1,000mm	
	플라스틱제 운반 용기	크기	660mm×440mm 600mm×500mm 550mm×366mm 500mm×300mm 440mm×330mm	366mm×275mm 523mm×366mm 600mm×400mm 포함
		총 무게	최대 30kg	인력에 의한 하역인 경우 원칙적으로 최대 15kg

제4절 유닛로드시스템 운용 방법

1. 유닛로드시스템의 운용 형태

　유닛로드시스템의 운용 형태는 '유닛로드의 일관성'을 준수하는 범위를 기준으로 분류할 수 있다. 여기서 유닛로드의 일관성이란 파렛트 적재 상태를 일관되게 유지하는 수준을 의미한다. 유닛로드시스템의 운용 대상 범위는 [그림 1]에서 볼 수 있듯이 집하, 수송, 배송 영역으로 구분할 수 있다. 이러한 운용 대상 범위에서 파렛트 적재 상태의 '유닛로드 일관성'을 적용하는 범위를 기준으로 유닛로드시스템의 운용 형태를 다음과 같이 네 가지 기본 형태로 분류할 수 있다.

　① 내부 운용 형태: 집하 거점, 배송 거점, 공장창고, 트럭 터미널 등 물류 시설 내부에서만 유닛로드 일관성이 유지되는 운용 형태

　② 집배[1] 운용 형태: 집하[2] 물류 영역이나 배송[3] 물류 영역의 범위에 국한하여 유닛로드 일관성이 유지되는 운용 형태

　③ 수송 운용 형태: 집하 거점에서 배송 거점에 이르는 간선 수송 구간에 국한하여 유닛로드 일관성이 유지되는 운용 형태

　④ 일관 운용 형태: 집하, 수송, 배송 전체 영역에서 유닛로드 일관성이 유지되는 운용 형태

　일관 파렛트 체계는 이러한 네 가지 운용 형태 중에서 네 번째에 해당하는 일관 운용 형태다. 일관 파렛트 체계는 유닛로드 일관성을 파렛트 단위 화물로 준수하는 경우에 해당한다.

---

1) 집배(pick up and delivery)는 집하와 배송을 함께 지칭하는 용어이다.
2) 집하(pick up)는 화물을 발송지에 있는 물류 거점에 모으는 물류 작업이다.
3) 배송(delivery)은 화물을 물류 거점에서 화물 수취인에게 보내는 물류 작업이다.

[그림 1] 유닛로드시스템 운용 대상 범위(집하, 수송, 배송)

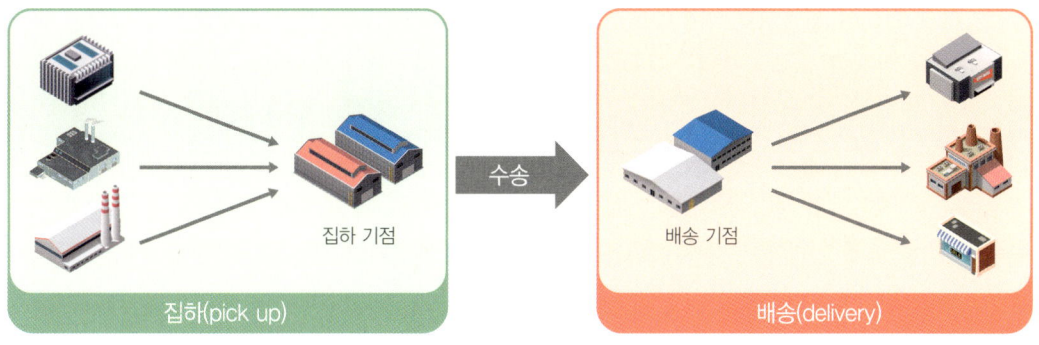

일관 파렛트 체계에서는 집하 거래처에서 집하 거점까지 운반하는 과정, 집하 거점에서 배송 거점까지 수송하는 과정, 그리고 배송 거점에서 배송 거래처까지 배송하는 과정 전체에서 파렛트 단위로 화물을 취급하는 유닛로드 일관성을 준수하는 유닛로드시스템의 이상적 형태이다. 복합일관수송은 복수의 수송 기관 즉, 트럭과 해상컨테이너선을 이용하여 파렛트 화물을 환적하여 연계 수송하는 경우로, 환적 및 연계 수송의 과정에서 일관되게 파렛트 적재 단위를 유지하는 방식이다.

일관 컨테이너 체계는 기본적으로 일관 파렛트 체계와 동일한 형태이다. 유닛로드 일관성을 컨테이너 단위 화물로 준수하는 방식의 일관 운용 형태로 볼 수 있다. 국제복합일관수송은 앞에서 설명한 복합일관수송 방식을 국제 수송 범위까지 확장하여 운용하는 방식으로, 국경을 넘어 수송하는 과정에서도 화물 컨테이너 단위를 일관되게 유지함으로써 유닛로드 일관성을 준수한다.

2. 일관 파렛트 체계

일관 파렛트 체계는 최초 발송지로부터 최종 도착지까지 파렛트에 적재된 화물을 하역, 수송, 보관하는 물류 작업의 과정에서 이를 환적(옮겨 쌓기)하지 않고 파렛트 단위를 일관되게 유지한 상태로 취급하는 물류 처리 방식을 말한다.

일관 파렛트 체계에서는 전체 물류 과정에서 파렛트 적재 상태를 일관되게 유지한다. 일관 파렛트 체계에서는 발송 시점에서 화물을 파렛트 단위로 구성하고, 이후에 이루어지는 모든 후속 물류 과정에서 최초에 구성한 파렛트 단위를 일관되게 유지한 상태로 하역하고, 수송, 보관한다.

1) 일관 파렛트 체계 필요성

파렛트를 구내 하역에서만 사용하면 많은 낭비가 발생한다. 파렛트 사용 범위가 구내 하역으로 한정되어 있는 경우에는, 출발지에서 파렛 적재 상태의 화물을 낱개 단위로 해체한 후, 인력에 의하여 상차하여 수송하므로 과다한 인건비가 발생함은 물론 트럭들의 대기시간이 길어진다. 이러한 현상은 도착지에서도 동일하게 발생하여 유통과정이 다단계인 화물의 경우에는 이러한 낭비 현상이 반복적으로 발생한다. 이러한 낭비는 파렛트 사용 범위가 구내 하역에만 한정되어 있기 때문에 발생하는 현상이며, 이러한 문제를 해결하려면 수송 과정에서도 일관되게 파렛트를 사용하는 일관 파렛트 체계를 확립해야 한다.

일관 파렛트 체계의 필요성을 정리하면 다음과 같다.

① 상·하차 작업을 기계화하면 하역에 필요한 인원과 시간을 90% 감축할 수 있다.
② 하역 시간의 90% 단축은 트럭의 대기시간을 대폭 단축시켜주므로, 트럭의 운행 효율을 크게 향상시킬 수 있다.
③ 낱개 단위로 인력에 의하여 하역할 때보다 포장을 간소화할 수 있으므로 포장비가 절감된다.
④ 고단 적재에 의한 보관 효율화 및 전반적인 물류 작업의 신속화로 보관 능력 향상과 재고 회전율 향상을 기대할 수 있어 보관비가 절감된다.

2) 일관 파렛트 체계 개념

일관 파렛트 체계의 개념을 배송 과정을 중심으로 설명한 [그림 2]에서는 화물이 집하 거점에서 배송 거점까지 수송되는 과정, 배송 거점에서 소매점으로 배송되는 과정, 그리고 소매점에서 진열 선반에 배열되는 과정을 보여주고 있다. 집하 거점에서 파렛트 단위로 구성한 화물을 수송하여 배송 거점에 보관한다. 이 과정에서 화물의 파렛트 단위를 일관되게 유지해야 한다. 소매점으로 배송하기 위해서는 유닛로드 단위를 소형화해야 하기 때문에 배송 거점에서 파렛트 단위를 분할하여 운반 상자, 롤 상자 파렛트 등의 소형 용기로 유닛로드를 재구성한다. 이 과정에서 사용하는 소형 용기는 표준 파렛트와 정합성을 가져야 한다.

이렇게 표준 파렛트와 정합성을 가지는 소형 용기로 재구성한 유닛로드 상태로 소매점으로 배송하여 진열 선반에 배송 과정에서 사용한 유닛로드 상태 그대로 배열된다. 이러한 일관 파렛트 체계의 개념은 매우 이상적이며, 유닛로드시스템이 추구해야 하는 최선의 모습이다.

[그림 2]는 배송 과정을 중심으로 일관 파렛트 체계를 설명하고 있지만, 집하 과정에서도 유사한 일관 파렛트 체계를 구현할 수 있다. 집하 과정에서도 집하 거래처로부터 집하 거점으로 집결되는 화물의 물량 단위가 소형이라면 배송 과정에서 사용한 소형 용기를 활용하여 집하한 후, 파렛트 단위로 재구성해야 한다. 배송 과정에서와 마찬가지로 집하용 소형 용기와 파렛트는 정합성을 가지도록 유의해야 할 것이다.

최근에는 일관 파렛트 체계를 공급망 전체 범위로 확대하여 구축하려는 추세가 확대되고 있다. 과거에는 단일 기업 내부 범위에 국한하여 일관 파렛트 체계를 구축하고자 노력하였다. 그러나 최근에는 노동력 부족에 대한 대책과 작업 환경 개선의 차원에서 공급망을 구성하고 있는 기업 간에도 일관 파렛트 체계를 확대 구축하려는 노력이 시도되고 있다. 이렇게 일관 파렛트 체계의 적용 범위를 확대할 수 있게 된 이유는 앞으로 설명할 예정인 파렛트 풀(Pallet Pool)을 활용할 수 있게 되었기 때문이다.

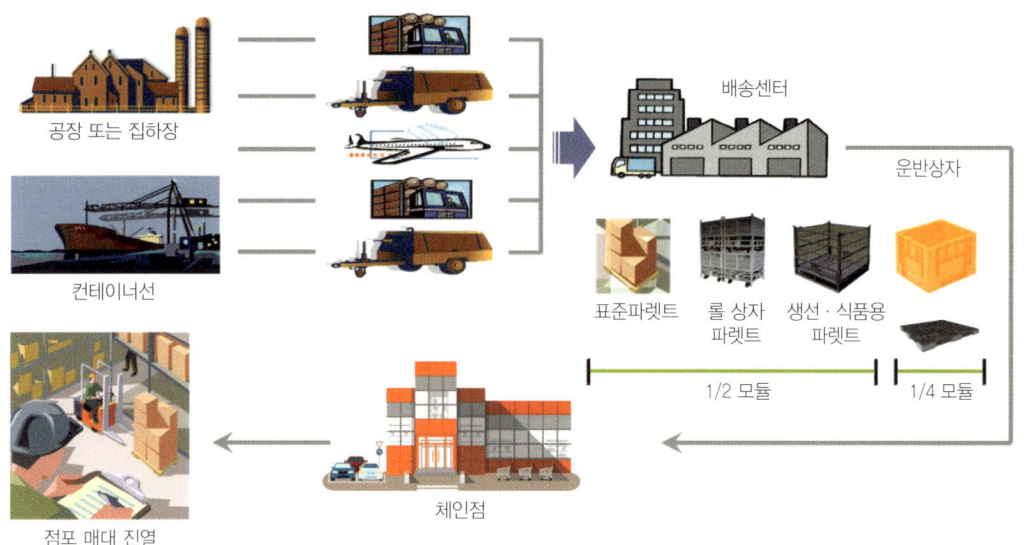

[그림 2] 일관 파렛트 체계 개념도

출처: 일관수송시스템 기술 및 표준화 동향, 엄재균, 국가기술표준원 기술보고서, 2010년

3) 일관 파렛트 체계 도입의 장애 요인

일관 파렛트 체계를 도입하기 위해서 극복해야 하는 장애 요인은 다음과 같다. 앞에서 설명한 바와 같은 이유에서 일관 파렛트 체계를 도입해야 하지만, 막상 추진하려면 다음과 같은 장애 요인이 도입을 방해하게 된다.

① 물류기기 규격과 정합되지 않으면 효율이 저하된다.

일관 파렛트 체계에서는 다양한 하역 장비, 수송 기관, 보관 설비를 이용하여 화물을 파렛트 단위로 취급하게 된다. 물류기기의 취급 규격과 파렛트 단위 화물 규격의 정합성이 보장되지 않으면 오히려 물류 작업 효율이 저하된다. 예를 들어 수송 기관 적재 공간 규격과 파렛트 규격이 정합하지 않으면 적재 효율이 저하될 것이다. 하역 장비 및 보관 설비의 적정 취급 규격과 파렛트 규격이 맞지 않으면 하역 효율이 저하될 것이다.

② 수송에 투입한 파렛트를 회수해야 한다.

일관 파렛트 체계에 의하여 화물과 함께 출하되어 수송된 파렛트를 수송이 종료된 후에는 회수해야 한다. 일단 공장을 떠난 파렛트를 회수하려면 빈 파렛트를 수송하기 위한 비용과 노력을 투입해야 하며, 제대로 관리하지 못하면 망실될 수도 있어 파렛트 회전율이 나빠지게 된다. 이에 따라서 파렛트의 필요 매수가 늘어나게 되며 파렛트 관련 비용이 증가한다.

③ 파렛트 단위 화물은 붕괴할 수 있다.

파렛트 단위로 구성한 화물은 수송 및 하역 과정에서 진동이나 충격에 의하여 붕괴되기 쉽고, 화물의 품질이 손상될 수 있다. 붕괴 현상이 자주 발생한다면 하역을 기계화할 수 없고, 수송 과정에서 화물의 안정성을 보장할 수 없다.

④ 비용과 이득을 공정하게 배분하기 어렵다.

일관 파렛트 체계를 도입하면 발송 화주, 수송 업체, 수취 화주 모두에게 이득이 발생하지만, 경제적 부담은 일반적으로 발송 화주에게 집중된다. 따라서 일관 파렛트 체계에 따른 부담과 이득의 공정한 배분 문제가 발생하게 된다.

4) 일관 파렛트 체계의 추진 방향

앞서 지적한 일관 파렛트 체계 도입을 방해하는 문제점을 중심으로 일관 파렛트 체계의 추진 방향을 제시하면 다음과 같다.

① 일관 수송용 표준 파렛트(KS T 1372)를 채택한다.

구내 하역에만 사용하는 파렛트 규격은 수송 기관의 적재함 규격과 맞지 않아도 무방하지만, 일관 파렛트 체계를 추진하려면 1,100mm×1,100mm 혹은 1,200mm×1,000mm규격의 일관 수송용 표준 파렛트를 반드시 채택해야 한다.

② 포장 치수 표준화를 추진한다.

포장 화물의 규격이 수송 용기 및 파렛트 규격과 정합하도록 화물 계열의 포장 치수 표준화를 추진해야 한다. 수송 포장 계열 치수(KS T 1002) 규격에서 제시하고 있는 T-11형 파렛트에 적합한 69종 치수 계열을 기준으로 모든 포장 화물의 치수를 표준화하여 화물 계열의 치수 정합성을 확보한다. 이 과정에서 포장 화물에 대한 파렛트 적재 방식도 표준화해야 한다.

③ 물류 기기 계열의 정합성을 점검한다.

일관 파렛트 체계에서 사용할 모든 물류 기기를 대상으로 정합성을 점검한다. 유닛로드시스템 통칙(KS T 0006)에서 규정하고 있는 표준 취급 규격을 기준으로 사용할 모든 하역 장비, 보관 설비 및 운송 기관의 규격 정합성을 검토한다. 만일 정합하지 않는 물류 기기가 있다면 정합성을 확보할 수 있도록 개조하거나 혹은 교체해야 한다.

④ 파렛타이저 도입을 검토한다.

앞에서 제시한 ①~③의 작업을 통하여 유닛로드시스템의 규격 정합성 문제는 해결되었다고 할 수 있다. 이제는 파렛트 단위 화물 구성을 현장에서 실행하기 위한 파렛타이저 도입을 추진해야 한다. 물론 수작업으로도 파렛트 단위 구성이 가능하지만 일관 파렛트 체계는 하역 기계화를 전제로 추진하는 방식이므로 파렛타이저 도입의 타당성 검토와 적정 기종의 선정 작업 등을 통하여 파렛타이저를 도입하고 사용 방법에 대한 교육 및 훈련을 실시해야 한다.

⑤ 화물 붕괴 방지 대책을 수립한다.

파렛트 단위로 구성된 화물이 하역, 수송 및 보관 과정에서 붕괴하지 않도록 파렛트와 수송 기관에 대한 화물 붕괴 방지 대책을 유닛로드시스템 통칙에 근거하여 마련한다.

⑥ 출하 방식 및 단위를 조정한다.

일관 파렛트 체계에서는 생산지로부터 소비지에 이르는 전체 물류 영역에서 일관되게 파렛트 단위로 화물을 취급하는 것이 원칙이다. 파렛트 단위를 지켜서 출하하면 출하 수량 단위가 기존의 거래 단위와 일치하지 않을 수 있으므로 거래처와 출하 단위에 대한 조정 작업이 필요하다. 또한 모든 출하 방식을 파렛트 단위로 진행하는 것이 원칙이겠지만, 고객에게 직송 출하하는 경우나 다품종 소량 주문에 대한 출하의 경우에는 유연하게 대처할 수 있도록 출하 방식에 따른 출하 단위의 조정과 원칙

마련이 필요하다.

　⑦ 일관 파렛 체계 도입에 따른 관계자 간 이해관계를 협의한다.

　투자비용을 부담해야 일관 파렛 체계 도입에 따른 이득을 실현할 수 있다. 투자된 비용과 이득의 공정한 배분을 위한 관계자 간 협의를 통하여 부담과 이득의 분담 관계 정립이 필수적이다.

3. 파렛 풀 체계

1) 파렛 풀 체계

파렛 풀 체계(Pallet Pool System)는 유닛로드시스템을 도입하여 일관 파렛 체계를 구축하기 위한 전제 조건이다. 개별 업체가 단독으로 시도하는 파렛 활용은 업체 내부 범위에서는 가능할 수 있지만, 일관 파렛 체계와 같이 적용 범위가 기업 외부로 확대되는 경우 파렛 회수 및 보수 문제 등의 어려운 점이 발생한다. 이를 해결하기 위해서는 표준화를 통하여 파렛 규격의 호환성을 확보한 후, 파렛트를 공동으로 활용하는 방식인 파렛 풀 체계를 구축해야 한다.

파렛 풀 체계의 유형은 구현 범위에 따라서 기업 단위 파렛 풀 체계, 업종 단위 파렛 풀 체계, 국가 단위 파렛 풀 체계 및 국제 단위 파렛 풀 체계로 분류할 수 있다. 국제 단위 파렛 풀 체계의 사례로는 유럽 국가들이 참여하고 있는 'EPAL' 풀 체계가 있다.

파렛 풀 체계의 운영 방식은 유럽 지역에서 활용하고 있는 교환 방식과 한국, 일본, 호주 등지에서 활용하고 있는 임대 방식으로 분류할 수 있다. 교환 방식은 불량 파렛이 유통되는 경향이 있고, 파렛 교환에 대비하기 위하여 실제 소요량의 2배 이상에 해당하는 빈 파렛을 확보해야 하는 단점이 있다. 반면에 임대 방식에서는 파렛 임대 비용의 부담이 발생한다.

파렛 풀 체계의 장점은 다음과 같다. 파렛 풀 체계를 활용하면 파렛 회수율 및 회전율 저하, 가용 파렛 수량 부족 등의 문제에 대한 고충을 쉽게 해결할 수 있다.

　① 일관 파렛 수송 후, 빈 파렛 회수를 위한 수송이 필요 없다.
　② 최소한의 파렛으로 업종 경계를 넘는 일관 파렛 수송이 가능하다.
　③ 최소한의 파렛으로 물동량 변동에 따른 파렛 수요에 대처할 수 있다.
　④ 빈 파렛의 관리 부담을 경감한다.
　⑤ 전국적인 파렛 유통망을 통하여 소량 단위 파렛 회수도 가능하다.
　⑥ 파렛의 보수는 풀 운영 조직이 전담하므로 부담이 경감된다.
　⑦ 파렛가 필요하면 언제, 어디서나 이용할 수 있다.
　⑧ 파렛 품질이 좋아서 기업 이미지 향상에 도움이 된다.

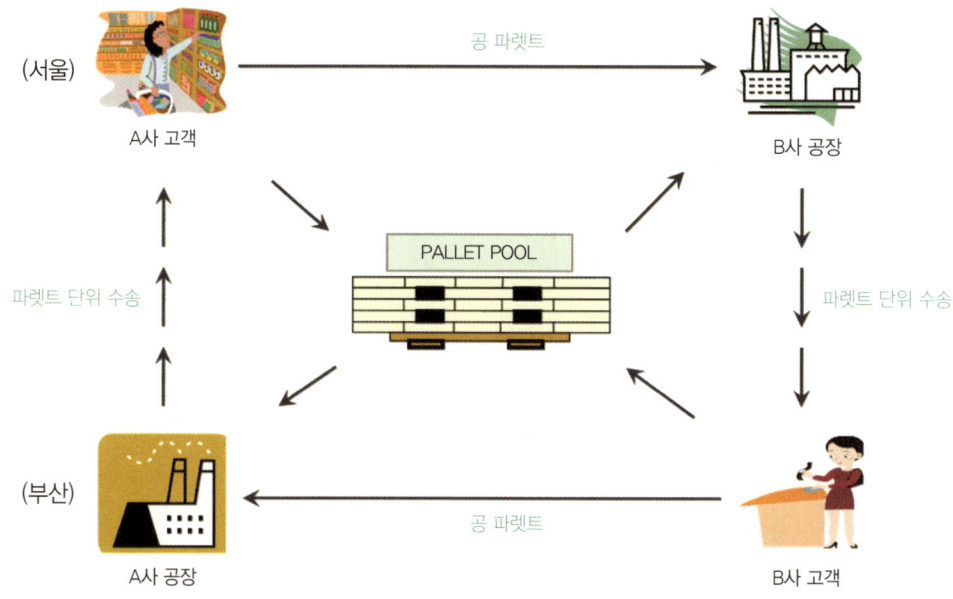

[그림 3] 파렛트 풀 시스템 임대 방식 사례

출처: 로지스올, 한국파렛트풀 소개 자료

파렛트 풀 체계의 운영 사례를 예를 들어 설명하면 다음과 같다.

① 단기대여는 계약 기간이 하루 이상 1년까지이며, 연장이 가능하다.
② 풀 파렛트로는 T-11형을 주로 사용하고 있다.
③ 대여 방식에는 일반 대여 방식과 풀 이용 방식이 있다. 일반 대여 방식은 사전에 협정한 파렛트 풀 창고에서 대여하고 다시 그곳에 반환하는 방식이다. 풀 이용 방식은 출발지에서 가장 가까운 창고에서 대여하고, 도착지에서 가장 가까운 창고에 반환하는 방식이다.
④ 파렛트 보수는 파렛트 풀 회사가 담당하며, 보수비용은 대여료에 포함되어 처리된다.

2) 국가별 파렛트 풀 체계

현재 우리나라에는 파렛트 렌탈 전문업체로서 한국파렛트풀과 아주렌탈이 있으며, 파렛트의 장기임대인 리스 파렛트와 단기임대인 렌탈 파렛트를 실시하여 파렛트 풀에 해당하는 역할을 담당하고 있다. KS 표준 파렛트를 공급하고 있기 때문에 기업이나 업계에서 공동으로 활용할 수 있으며, 전국적으로 풀 파렛트를 관리하는 거점을 운영하고 있어 파렛트의 공급, 회수, 집배에 관한 서비스를 제공하고 있다.

미국에서는 1963년 General Foods라는 업체를 중심으로 식품업계 파렛트 풀이 구축되었다. 이를 주관하는 철도회사에서는 1,900만 달러를 투자하여 전용 화차 1,000량을 정비하였다. 고객은 화차 단위 발주량의 95%를 파렛트 적재 상태로 수령하게 되었다. General Foods

의 11개 제조 공장으로부터 20개 배송 센터를 거쳐, 600개에 달하는 전국의 고객 창고에 이르는 전체 수송 과정을 일관 파렛트 체계에 의하여 수송할 수 있게 되었다. 이러한 파렛트 풀 체계의 도입으로 인하여 화차 및 트럭에 적재하는 시간의 80%를 단축하고, 철도는 화차 왕복 운행 시간을 50% 단축할 수 있었으며, 화물 사고 클레임은 65% 수준으로 감소하였다.

유럽에는 유럽 파렛트 풀(EPAL)이라는 조직이 있다. 유럽 파렛트 풀은 참여 업체가 각기 자사 소유의 파렛트를 다른 업체와 공유하는 파렛트 교환 방식으로 운영하고 있다. 유럽 각국의 철도 관련 업체가 모인 철도 연맹이 유럽 파렛트 풀의 중심 조직을 이루고 있다. 유럽 각국의 국철이 협력하여 유럽 파렛트 풀 체계를 운영하고 있다. 유럽 파렛트 풀은 철도가 주체가 되어 시작하였지만, 지금은 트럭 수송에도 많이 관여하고 있다. 단지 트럭 수송에서는 국가가 아닌 각 사업자 단위로 시행하고 있는데, 등록제로 대부분의 트럭 회사가 참여하고 있다.

호주에서 브랜블즈사가 실시하고 있는 파렛트 풀 체계에서는 브랜블즈사가 파렛트를 전부 보유하고 이용하려는 고객사에 대여해 주는 형식으로 운영하고 있다. 파렛트를 대여한 업체(A)에서 파렛트를 다른 업체(B)로 보냈을 때 이 사실을 브랜블즈사에 통지하면 브랜블즈사에서는 해당 파렛트에 대한 대여 주체를 (A에서 B로) 갱신한다. 또한 모든 파렛트는 브랜블즈사가 소유한 자산으로 관리되기 때문에 보수 상태가 매우 양호하고, 파렛트가 손상되어 수리가 필요한 경우 대여받은 회사에 수리비용이 반드시 청구되므로 파렛트를 함부로 취급하지 않는다. 따라서 파렛트의 관리가 정확히 이루어지고 있다.

일본에는 일본파렛트풀(주), 일본파렛트렌탈(주), 일본파렛트사업협동조합 및 일본파렛트시스템(주)라는 회사가 파렛트 풀 체계를 운영하고 있다. 이러한 파렛트 풀 운영 전문업체 외에도 업계마다 다양한 형태로 파렛트 풀 체계가 운영되고 있다.

일본 맥주업계에서는 특정 파렛트 렌탈 전담 업체를 운용하지는 않고 있지만, 파렛트는 공동으로 이용하고 있다. 맥주업계 내부에서 스스로 파렛트 풀 체계를 운용하고 있다. 파렛트는 각 맥주 제조업체의 소유이지만 빈병 회수가 중요한 사안이기 때문에 파렛트 회전이 잘 이루어지고 있다.

일본 제지업계에서는 파렛트를 회수하기 위한 전담 회사를 설립하고, 제지공장은 종이를 파렛트에 적재한 상태로 출하하여 수송하고 판매한다. 유통망 말단까지 파렛트가 효과적으로 사용되고 있다. 그러나 유통망 어디에선가는 파렛트가 필요 없게 될 것이고, 이 필요 없게 된 파렛트를 구입하여 회수하는 전담 회사가 존재한다. 회수 전담 회사가 구입한 파렛트는 원래의 공장으로 저렴한 비용으로 되돌아온다. 이러한 방식도 훌륭한 파렛트 풀 체계라고 할 수 있다.

또한 일본 자동차 부품업계에서는 부품을 자동차 제조업체에 납품하는 데 파렛트를 사용하고 있다. 종래는 개별적으로 파렛트를 회수하였지만, 파렛트 풀 체계를 활용하는 것이 합리적이고 효과적이라는 것이 이미 증명되었으므로 일단 자동차 제조업계에서 파렛트를 운용하는 전담 회사를 설립하였다. 여기서 사용하고 있는 파렛트는 1,100mm×1,100mm 규격인데, 일반적인 평 파렛트가 아니라 변형된 특수한 파렛트이다.

3) 파렛트 풀 체계에서 유의할 사항

파렛트 풀 체계에서 파렛트 보수 문제는 중요한 사항이다. 파렛트 풀 운영 조직에서 파렛트 보수 관리를 해주면 편리하지만, 파렛트 교환 방식이 되면 파렛트가 손상되었을 때 양심적으로 잘못을 시인하지 않고 손상된 파렛트를 그냥 보내 버리는 경우가 발생하게 되어, 최종적으로는 전체 파렛트 손상 정도가 매우 심각하게 된다.

유럽 파렛트 풀에는 파렛트 보수 문제에 관한 약점이 있다. 유럽 파렛트 풀은 파렛트 교환 방식으로 운영되고 있는데, 파렛트에는 해당 업체의 이름이 등록되어 있고, 파렛트는 해당 업체의 소유 자산이다. 그러나 이런 파렛트 교환 방식에서는 품질이 좋은 파렛트를 내보냈으나 되돌아오는 파렛트는 품질이 좋지 않은 경우가 있기 때문에 될 수 있는 한 저렴한 파렛트를 내보내려 하게 된다.

이 때문인지 유럽의 풀 파렛트는 일반적으로 거칠다. 4방향에서 포크를 사용할 수 있는 방식으로 못을 박은 형태이다. 못이 옆으로 튀어나와 있어도 신품으로 송출되고 있다. 또한 규정에는 파렛트가 손상되면 손상시킨 업체가 보수해야 한다고는 되어 있지만 이 규정은 대체로 지켜지지 않고 있다.

이러한 이유 때문에 부분적으로는 실패했다고 볼 수도 있다. 그러나 이러한 부분적 문제점을 상쇄하고도 남는 정도로 유효한 방법이어서 크게 보급되어 지금도 실시되고 있는 것이다.

각국의 파렛트 풀 체계 운영 사례를 종합하면, 각기 장단점이 있기는 하지만 아무래도 호주의 방법이 좋은 사례라고 생각한다. 궁극적으로는 민간 업체가 주도하는 형태가 바람직하겠지만, 과도기에는 정부의 보조가 필요하다. 호주가 이런 사례에 해당하는데, 초기에는 정부 조직으로 설립되어 파렛트 뿐만 아니라 하역 장비도 대여해 주었다. 이후 어느 정도 채산성이 확보되자 민간 업체인 브랜즈블즈사에 불하하였다.

일본의 일본파렛트풀(주), 일본파렛트렌탈(주)도 설립 초기에는 어려운 상황이었지만, 민간 기업이기 때문에 적극적으로 이익 실현에 매진하여 조금씩 경영 수지가 개선되고 있다. 민간 기업이 주도한다는 측면에서 건전한 방식이라고는 할 수 있지만, 이로 인하여 일본에서 파렛트 풀 체계의 확산이 늦어지고 있는 것이다. 신속한 보급 확산을 위해서는 역시 정부의 출자나 원조가 필요할 것이다.

 참고 문헌

- 신해웅 (2011), 정합성과 일관성 원리에 근거한 단위화물체계의 효율성 평가 모형, 한국물류학회지, 21(5), 5~24.
- 엄재균 (2010), 기술표준원 기술보고서, "일관수송시스템 기술 및 표준화 동향", 2010. 5. 31, 제19호, pp. 3~17.

II장
유닛로드시스템 운용 현황 및 과제

제1절 국내 유닛로드시스템 운용 현황

제2절 국내 파렛트·컨테이너 실태 분석

제3절 해외 유닛로드시스템 운용 현황

제4절 유닛로드와 물리적 인터넷

제5절 유닛로드시스템 효율화를 위한 과제

"유연한 표준화"
Standardization with Flexibility

우리가 교직의 선생으로부터 최선의 결과를
원한다면 강제성을 띤 표준화가 아닌 유연성을
가진 표준이 필요하다. — 앤디 하그리브즈 —

We need standards with flexibility, not standardization with
force if we are to get the best from our teachers.
- Andy Hargreaves -

제1절 국내 유닛로드시스템 운용 현황

1. 국내 ULS(Unit Load System) 운용 현황

파렛트 규격이 표준화되면 이에 맞추어서 수송기관의 적재함 크기를 표준화할 수 있고, 포장 단위치수의 표준화와 운반·하역장비의 표준화, 창고 및 보관시설의 표준화를 함께 이룰 수 있어 매우 바람직하다. 또한 이에 수반되는 각종 거래 단위도 함께 표준화할 수 있다. 표준화된 파렛트의 사용률이 유럽이나 미국은 각각 90%와 40~50%에 이르고 있으며, 우리나라도 지금까지 국가기술표준원을 중심으로 한 업체의 노력에 힘입어 2018년 기준 표준 파렛트 사용률이 57.2%로 우수한 수준이다. 상세한 내용은 다음 2절의 "국내 파렛트·컨테이너 실태 분석"에 자세히 나와 있다.

표준 파렛트가 산업계에서의 사용이 아직 유럽과 비교하여 상대적으로 저조한 이유는 다음과 같은 세 가지로 조사되었다.

첫째, 기준 파렛트 및 표준 파렛트를 사용하기가 불가능하다는 것인데, 이는 표준 파렛트와 물류 설비 간에 정합화가 이루어지지 않고 있음을 나타낸다. 둘째, 화물의 형태가 다양하여 KS 표준 파렛트를 사용하기가 곤란하다는 것이다. 이는 표준 파렛트 사용을 위하여 화물의 특성과 성격을 반영하는 포장 규격 개발이 미진함을 보여주는 것이다. 셋째, KS 표준 파렛트를 이용하면 제품 적재효율이 떨어진다. 이는 수송차량, 창고시설 등이 T-11형 및 T-12형 표준 파렛트와 정합되지 않는 경우가 많기 때문이다.

〈국내 파렛트·컨테이너 실태 분석〉에 따르면 국내 표준 파렛트를 사용할 때 발생하는 문제점으로 생산라인의 시설문제(15.3%), 출하작업에의 영향(29.3%), 포장 변경 사유 발생(15.3%) 등을 꼽고 있는데, 공통적으로 비용 지출이 많다는 것을 지적하고 있다. 이를 통하여 표준 파렛트 보급을 위해서는 화물의 특성과 기존 설비와의 정합성을 고려한 파렛트가 필요함을 알 수 있다.

T-11형 파렛트를 사용할 때, 8톤 미만 트럭의 적재함 폭은 1,550mm~2,100mm이므로 중소형 트럭의 경우 2열 적재가 불가능하다. 각 사의 주요 운송 수단은 8톤 이상 트럭이 25.5%이고, 8톤 미만 트럭이 62.2%로 다수를 차지하고 있다. 결과적으로 국내 기업들은 적재 효율 문제 때문이라도 1,200mm × 1,000mm 규격 파렛트를 많이 사용하게 되어 있는 실정이다. 국토부와 국가기술표준원이 중심이 되어 T-11형을 사용하기 위해 중소형 트럭의 광폭화 사업을 일찍이 추진했다. 트럭 적재함의 광폭화에는 추가비용이 소요된다.

현실적으로 기업 입장에서 보면 하청 업체를 비롯한 거래 기업의 비표준 파렛트 규격을 무시하고 단일 표준 규격만을 사용한다는 것이 어려운 상황이다. 예를 들어 현재 현장에서 사용하고 있는 3종의 파렛트를 하나로 단일화하는 것이 표준화 작업인가 하는 의문도 제기할 수 있다. 또한 파렛트가 국내에서만 통용되는 것이 아니어서 해외 거래 시장도 고려해야 하는데, 표준 규격 파렛트 외에도 화물의 형태에 따라 다른 규격의 파렛트가 해외 시장에서 사용되고 있음을 감안할 때, 현실적으로 표준 파렛트 규격의 단일화는 불가능하다. 따라서 복수의 파렛트 규격을 통하여 점차적으로 해외물류 규격과의 부합화를 꾀하는 방안을 고려할 필요가 있어 2013년에 T-12형 파렛트를 표준으로 추가 채택하였다. 복수 파렛트 규격 제도는 현재 유럽 국가들도 채택하고 있다.

복수 규격 파렛트를 사용할 경우 차종에 따라 다른 적재 방식을 적용하여야 하므로 적재 작업 효율을 떨어뜨리고 이중의 비용 지출을 유발할 수도 있다는 점을 고려하여야 한다. 반면에 단일 파렛트 규격은 보관시설이나 차량 적재함의 치수 결정 등에서 유리할 수 있다.

우리나라 철도 유개차에는 T-11형과 T-12형 파렛트가 공히 48매(표준 파렛트 12매 × 2열 × 2단)를 적재할 수 있으며(제3장 5절 참조), 해상용 화물 컨테이너 규격은 ISO 규격과 동일하게 내부 안쪽치수 2,330mm를 적용하여 2열 적재가 가능하게 되어 있다.

다른 나라의 경우, 파렛트 치수를 정함에 있어서 철도 화차의 내부치수를 기본으로 하는 경우가 있었으나, 우리나라는 화차규격과 무관하게 규정되었다.

T-11형 파렛트는 전 세계에서 사용하고 있는 ISO 컨테이너에 적합하며, 일본과 대만에서도 T-11형을 표준 규격으로 사용하고 있기 때문에 3국간에 아시아 파렛트 풀 체계가 이용되고 있는 등의 장점을 가진다.

그러나 현재 ISO의 2 Way-4 방향 적재형의 1,200mm×1,000mm 파렛트 규격은 중국, 태국, 필리핀, 싱가포르, 인도네시아 등 동남아 국가는 물론, 북유럽과도 일치하므로, 이들 지역의 수출입 물량이 크게 증가하는 점을 고려하여 두 개의 규격인 T-11형과 T-12형을 국가표준으로 결정했다.

기존 파렛트를 표준 파렛트로 변경할 경우 소요되는 비용을 어떤 방법으로 해결할 것인지에 대한 대책도 필요하다. 현실적으로 표준 파렛트로 교체할 경우 얻을 수 있는 실제적인 이득은 그리 크지 않다. 파렛트는 업체 간 공동 사용을 전제로 하는 경우 가장 효율성을 발휘할 수 있기 때문이다.

거래 업체가 표준 파렛트를 사용하지 않는 상황에서 파렛트를 교체해 사용하는 것은 불가능하며, 제품의 형태에 따라 적합한 파렛트 규격이 변경될 수 있는 것이다.

산업계에 충분한 실태조사가 선행되어 표준 파렛트가 마련되어야 하지만, 초기에 다양한 업계에서 보유하고 사용 중인 파렛트를 전부 표준화 대상으로 포함시켰기 때문에 파렛트 표준화의 발전이 늦춰진 것이다.

현재 파렛트 규격은 유럽과 미국 등 지역과 국가를 중심으로 이해와 실리에 부합하는 규격으로 지정되었거나, 국제표준 규격으로의 지정을 적극 추구하고 있는 추세이다. 따라서 우리도 주변국들과의 표준화에 대한 긴밀한 협조체제를 구축하는 것이 매우 중요하다.

2. 국내 분야별 표준화 현황

1) 일관수송 표준화

우리나라의 물류표준화는 일관수송시스템 구축을 통한 물류의 효율화 및 물류비 절감을 도모하고 있다. 1,100mm×1,100mm(T-11형)와 1,200mm×1,000mm(T-12형) 파렛트를 일관수송용 파렛트로 지정하고 여기에 맞는 일관수송 체계 확립을 추진하였다.

일관수송용 파렛트 보급에는 괄목할만한 성과를 거두었으나 포장, 수송, 보관, 운반·하역, 정보화 등의 분야에 대해서는 상대적으로 표준화 추진이 미흡하다. 일관수송에 필요한 산업용 트럭의 경우는 국내 물류 관련 업체의 인식부족으로 인하여 표준화 기술력과 협력 수준은 미흡하다. 수송과 화물취급 뿐만 아니라 사용자의 안전성 요소 중 산업용 트럭의 성능은 매우 중요하다. 따라서 이러한 트럭의 특징과 성능에 대해서는 시장의 수요조건을 만족할 수 있도록 정확한 시방서를 제공해야 한다.

산업용 트럭은 기업에 의해 전 세계로 판매되고 있다. 주요고객은 모든 산업분야로, 금속, 건설, 항구, 공장 내, 농업, 유통단지, 물류 단지 등에서 사용하고 있다. 공급자의 활동은 고객의 요구에서 오는데, 고객의 요구란, 예를 들면 기술과 제품의 혁신과 변화에 대한 요구, 산업용 트럭이 사용되는 공간에 대한 환경과 고객인 운전자를 위한 인간공학적인 측면의 요구 등이다.

2) 파렛트 표준화

파렛트 규격이 표준화되면 수송장비의 적재함 크기를 표준화할 수 있고, 포장단위치수의 표준화와 운반, 하역장비의 표준화, 창고 및 보관시설의 표준화를 이룰 수 있다. 또한 이에 수반되는 각종 거래단위도 함께 표준화된다. 국내 파렛트 표준화 현황은 2장 2절에서 상세하게 설명하겠지만 여기서는 간단하게 다음과 같이 정리할 수 있다.

① 표준화된 파렛트의 사용이 유럽 90%(4종류 파렛트를 기준), 미국 40~50%(8종류 파렛트 기준)에 이르고 있으며, 우리나라는 62%(2종류 파렛트, 2018년 생산량 기

② 표준파렛트 사용할 때의 문제점은 생산라인 시설문제(15.3%), 출하활동에의 영향(29.3%), 포장변경(15.3%) 등이 지적되고 있으며, 이에 따라 비용 지출이 많다고 함. 따라서 표준 파렛트 보급을 위해서는 화물의 특성과 기존 설비와의 정합성을 고려한 파렛트가 필요함.

③ T-11형과 T-12형의 복수 파렛트를 사용할 경우 국제운송 부문, 교통망 간의 연계성, 파렛트 교체비용 등에서 효과를 볼 수 있음. 그러나 차량의 적재효율을 떨어뜨리고 이중의 비용 지출을 유발할 수도 있음. 반면 단일 파렛트는 보관시설, 차량적재함 등에 적합함.

④ 우리나라 컨테이너 철도화차의 내치수 폭은 2,560mm를 넘고 있어 1,100mm×1,100mm뿐 아니라 1,200mm 시리즈 파렛트도 적재하는 데 별 문제가 없음. 우리나라 해상용 컨테이너의 최소안쪽치수 폭도 ISO규격(2,330mm)과 일치하여 T-11형과 T-12형 파렛트의 2열 적재가 가능함.

⑤ 사실 다른 나라의 경우 파렛트의 규격을 정하는 기준으로 화차의 내치수를 기본으로 하는 경우가 많으나 우리나라의 T-11형은 우리나라 화차구조와는 무관하게 규정되었음.

⑥ T-11형 파렛트는 전 세계에서 사용하고 있는 ISO 컨테이너에 적합하고, 일본, 대만에서 T-11을 표준규격으로 사용하므로 3국간에 아시아 파렛트 풀 체계가 이용되고 있는 등의 장점이 있음.

현재 ISO의 4방향 적재형의 1,200mm×1,000mm 파렛트 규격은 중국, 태국, 필리핀, 싱가포르, 인도네시아 등 동남아국가는 물론, 북유럽과도 일치하므로 수출입물량이 크게 증가하여 표준 파렛트로 채택할 수밖에 없는 상황이었다. 기존 파렛트를 표준 파렛트로 변경할 경우 소요되는 비용을 어떤 방법으로 해결할 것인지에 대한 대책이 필요하다.

현실적으로 표준 파렛트로 교체할 경우 얻을 수 있는 실제적인 이득은 그리 크지 않다. 파렛트는 업체간 공동사용을 전제로 사용될 경우 가장 효율성을 발휘할 수 있기 때문이다. 거래업체가 표준파렛트를 사용하지 않는 상황에서 파렛트를 교체해 사용하는 것은 불가능하며, 제품의 형태에 따라 파렛트 규격이 변경될 수 있다.

파렛트 표준화가 진전되지 않는 이유는 업체 상황을 고려하지 않고 표준 파렛트를 지정했고, 이를 시행하면서 예외 규정 없이 모든 업체가 보유한 파렛트를 대상에 포함시켰기 때문이다.

유럽과 미국을 중심으로 하는 국제파렛트 표준은 각 지역의 산업현실을 고려하여 적용하고 있다. 한국, 중국, 일본을 포함한 아시아 국가도 지역 실정에 맞는 표준체계를 구축하는 것이 중요하다.

3) 수송보안 표준화

해상 컨테이너 전자봉인을 포함한 보안장치 표준화와 관련하여 분야별 표준작업 가능성을 타진하고 우리의 입장을 정리하여 국제표준 가능성이 있는 분야를 선별하고 민간기업과 정부의 협력창구 마련이 선행되어야 할 것이다. 이를 바탕으로 ISO 중심의 표준 제정 작업에 적극적으로 참여해야 한다.

3. 관련기업 현황조사

1) 일관수송기술

물류기기, 설비 및 운송수단 간 호환성과 각 물류단계에서의 연계성을 확보하여 일관수송시스템(ULS)을 구축하기 위하여 T-11형(1,100mm×1,100mm)과 T-12형(1,200mm×1,000mm) 파렛트를 표준으로 지정하고 이에 맞는 일관수송체계를 확립을 추진하는 등 물류의 효율화 및 물류비 절감을 도모하고 있다. 파렛트 뿐만 아니라 플라스틱 컨테이너를 이용하여 [그림 1]처럼 일관수송의 풀시스템을 가동하여 고객 서비스를 제공하고 있다.

최근 많이 사용되고 있는 윙바디 차량의 하중강도, 적재함 길이, 바닥의 수평도 등에 대한 구체적인 표준이 규정되지 않는 등 수송분야의 표준화가 미흡한 상황이다. 또한 국내 운반·하역 관련 기기 및 설비들이 대부분 사용자들의 주문에 의해 생산 보급되고 있는 실정이어서 기기와 설비 간 규격이 상이한 실정이다. KS에 지게차에 대한 표준규격이 규정되어 있으며, 파렛트 랙의 높이가 높아지고 윙바디 차량이 증가하면서 정격하중이나 포크 길이의 표준에 대한 개정 필요성이 제기되고 있다.

대다수의 기업들이 자사제품을 포장치수의 결정기준으로 채택하고 있으며, 현재 규정된 포장치수 외에 1,100mm×1,100mm 및 1,200mm×1,000mm 파렛트 등 서로 다른 규격의 파렛트에 공통적으로 사용 가능한 포장치수에 대한 표준화 작업도 수행하였다.

한국컨테이너풀(주)는 1회성 포장재 사용을 대체할 수 있는 포장물류기기 공동사용 사업을 통해 자원을 효율적으로 이용하고 포장 폐기물을 최소화하고 있다. 유통단계 포장에 사용되는 1회성 포장재 소비량은 연간 약 560만 톤으

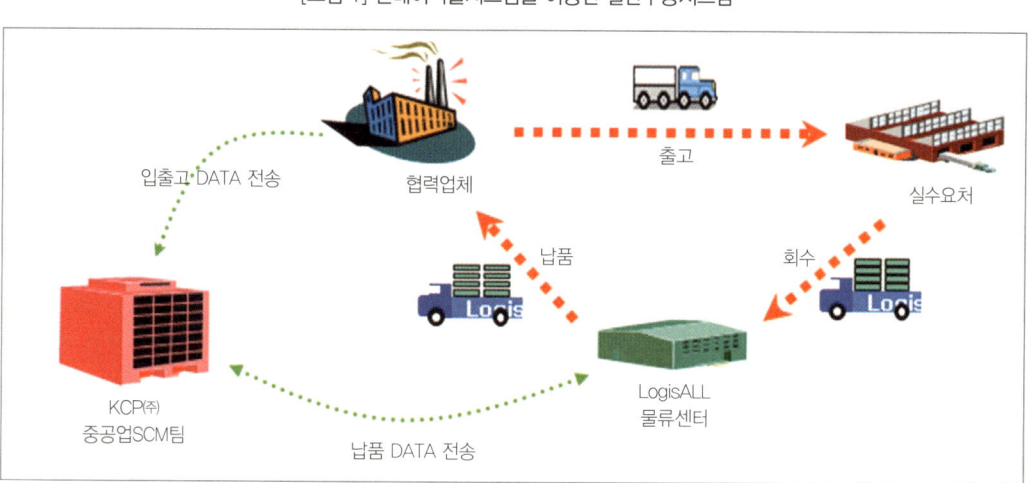

[그림 1] 컨테이너풀시스템을 이용한 일관수송시스템

출처 : 한국컨테이너풀(주) KCP 풀시스템 자료

로, 환경오염의 주된 요인이므로 포장물류기기 공동사용으로 연간 150만 톤 정도의 포장 폐기물 발생 방지효과 및 포장물류비 절감효과를 거둘 것으로 기대한다.

2) 산업용 트럭
가) 해외 5 개사 – 국가별 표준 주도
① TOYOTA GROUP(일본, 미국)

도요타는 1926년에 시작하여 자동차 산업으로 성장하였다. 2000년에 BT industries(스웨덴 지게차)를 인수하여 유럽에 판매라인을 구축하고 글로벌 생산기지를 구축하기 위해 현재 85년 된 Raymond(미국)와 60년 역사의 CESAB(이탈리아)를 인수하며 세계 최대의 산업용 트럭 제조사로 성장하였다.

② KION GROUP(독일)

KION group은 본래 Linde AG(산업용 가스)의 산업용 트럭 사업부에서 출발하였다. 2006년 LINDE의 산업용 트럭부문과 STILL, OM 물류회사를 KION group에서 운영하면서 LINDE(브랜드 명) 산업용 트럭은 유럽 내 최대 산업용 트럭 제조사로 성장하였다.

③ Jungheinrich-lift trucks(미국)

1957년 10명의 직원으로 파렛트 트럭을 생산하기 시작하여 현재 단일 브랜드로 유럽 및 북미지역에 10%의 Market Share를 유지하고 있는 산업용 트럭 제조사이다. 국적은 독일로, 창립자의 이름을 딴 브랜드를 유지하고 있다.

④ NACCO group(미국)

NACCO group은 1925년 미국 클리브랜드와 웨스턴의 석탄회사를 합병하여 만든 기업으로 North American Coal Corporation(NACCO)이다. 석탄회사로서는 이례적으로 Yale물류회사를 1985년에 인수하고 1989년에 Hyster를 인수했다.

나) 국내 현황
① 두산인프라코어(주)

1937년 조선기계 제작소로 출범, 대우종합기계를 인수(2005)하여 성장하였다. 1967년 이후 지게차, 스키드로더 등 산업용 트럭을 생산하고 있으며, 생산품목은 건설기계, 산업용 트럭, 공작기계, 엔진, 방산 등이 있다.

② 현대건설기계(주)

1985년 현대중공업內 중기사업부에서 출발하여 지게차, 스키드 로더 등 산업용 트럭을 생산하고 있으며, 중국 현대 북경 공장을 통한 중국 내 산업용 트럭 공급하고 생산품목은 건설기계, 산업용 트럭, 조선, 플랜트 등이 있다.

③ 클라크 아시아

1903 미국에서 자동차산업용 부품회사로 설립되었으며, 1917년 세계 최초의 지게차 모델을 개발했다. 2003년 영안모자(주)에서 클라크와 대우버스를 인수하였고, 생산품목은 산업용 트럭(지게차) 등이 있다.

④ 두산모트롤(주)

1974년 동명산업으로 출범해 1977년 전동지게차 생산을 시작하였다. 2007년 동명모트롤(주)로 사명을 변경하였으며, 2008년 두산에서 인수하면서 두산모트롤(주)로 사명을 변경하였다. 생산품목은 유압기기, 전동지게차, 방위산업 등이 있다.

⑤ 에스엠 중공업

2005년 법인을 설립하였으며, 2006년 디젤식엔진 지게차을 양산, 호주에 수출하였다. 2007년부터 전동식. LPG지게차를 개발하였으며, 생산품목은 디젤식 엔진 지게차가 있다.

⑥ (주)수성운반기계

1973년 수성공작소로 창립하였으며, 2008년 11개 품목의 물류 운반 장비 전문회사로 성장하였으며, 생산품목은 전동지게차, 고소작업대, 견인차 등이 있다.

제2절 국내 파렛트·컨테이너 실태 분석

1. 국내 파렛트의 시계열 실태 분석

1995년 유닛로드시스템통칙(ULS)이 제정되어 고시되기 전까지는 기업마다 각각 다양한 규격의 파렛트를 사용하였다. 기업도 국가에서 정한 특정의 표준이 없었으므로 파렛트를 해상용 컨테이너 및 트럭, 또는 제품 포장치수에 맞추거나, 외국에서 유입된 일회용 목재 파렛트를 그대로 사용하였다. 파렛트 표준화는 ULS 통칙의 제정으로 물류표준화에 대한 정부의 지원과 관심이 확대되고, 88올림픽 이후 하역 및 인건비의 상승에 따라 표준화의 필요성에 대한 인식이 확산되는 한편, 파렛트 풀링시스템의 도입에 따른 반복사용파렛트(Returnable)의 사용이 확대되면서 본격적으로 시작되었다.

1995년에 제정된 ULS 통칙은 T-11형을 국가 일관수송용 단일 규격으로 채택하여 국가표준화를 추진하는 바탕이 되었으며, 2013년 개정을 통해 T-12형이 추가되어 2종의 일관 수송규격을 채택하고 있다.

파렛트의 실태조사는 (사)한국파렛트협회 주관으로 1997년부터 2018년까지 생산 및 사용부문에 대한 6회 조사, 한국철도기술연구원의 2009년 파렛트 사용부문 1회 조사를 포함, 총 7회가 시행되었다. 이를 토대로 하여 그동안의 조사결과에 대하여 시계열적 분석을 하였다.(표1)

1) 파렛트의 생산량 규모

2018년 조사한 우리나라 파렛트 생산 규모는 3,235만 6천 매로 집계되었으며, 1997년 조사한 739만 3천 매 대비 약 4.4배이다. 동일 기간 동안 산업연구원에서 제공한 국내 제조업 생산액의 증가율은 약 4배이다.(http://www.istans.or.kr)

파렛트 생산량은 경제의 상황에 따라 비례적으로 변동하지만, 파렛트를 사용하지 않는 제품이 있다는 점을 고려하면 비교적 유의미한

<표 1> 시계열 분석 대상에 포함된 실태조사 목록

연도	실태조사 보고서	조사 기관	비고
1997	파렛트 생산 및 사용 실태조사 보고서 (전만술 외 5인)	(사)한국파렛트협회	생산 및 사용
2001	파렛트생산 및 사용 실태조사 보고서 (전만술 외 5인)	(사)한국파렛트협회	생산 및 사용
2003	파렛트 생산 및 사용 실태조사 보고서 (전만술 외 5인)	(사)한국파렛트협회	생산 및 사용
2006	파렛트 생산 및 사용 실태조사 보고서 (전만술 외 5인)	(사)한국파렛트컨테이너협회	생산 및 사용
2009	우리나라 파렛트 사용량에 대한 실증적 분석 (물류학회지, 제18권 제2호, pp. 213-236. 김경태 외 3인)	한국철도기술연구원	사용
2011	파렛트·컨테이너 생산 및 사용 실태조사 보고서 (신해웅 외 3인)	(사)한국파렛트컨테이너협회	생산 및 사용
2018	파렛트·컨테이너 생산 및 사용 실태조사 보고서 (김덕열 외 4인)	(사)한국파렛트컨테이너협회	생산 및 사용

주) 신해웅(2013)의 시계열 분석 보고서에 김덕열 외 4인(2018)의 조사 결과 자료를 반영하여 재작성한 것을 인용함

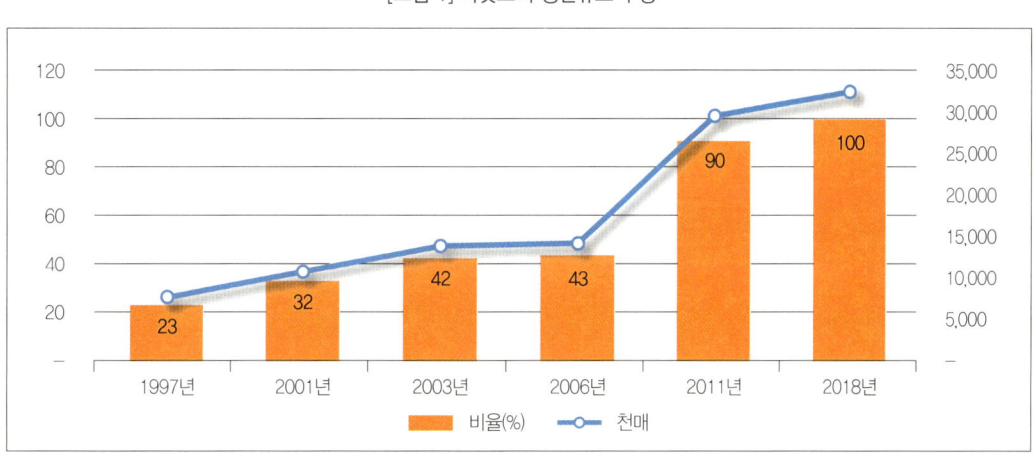

[그림 1] 파렛트의 생산규모 추정

비율이다. 생산액은 7억 1,843만 7,013달러로 산출되었으며, 이는 재질별 생산량에 평균단가를 적용한 것이다.(그림1)

2) 파렛트의 치수별 생산 현황 분석

우리나라에서 생산되는 파렛트의 치수는 [그림 2]에서 보는 바와 같이 1997년도 최초로 조사할 당시 T-11형이 17.3%, T-12형이 11.1%였으며, 두 규격을 제외한 비규격이 71.6%이다. 표준파렛트 생산 비율은 점차 증가하여 2018년에 T-11형은 48.5%, T-12형은 13.7%로 집계되었으며, 이 두 치수를 제외한 비규격의 비율은 37.8%이다.

2013년에 T-12형이 일관수송용규격으로 추가 되었지만 그 비율은 크게 증가하지 않고 있다. 이는 2013년까지 T-11형이 단일 규격으로서 일관수송표준화가 이미 이루어진 것에 영향을 받았거나, T-12형이 특수한 냉동 및 냉장

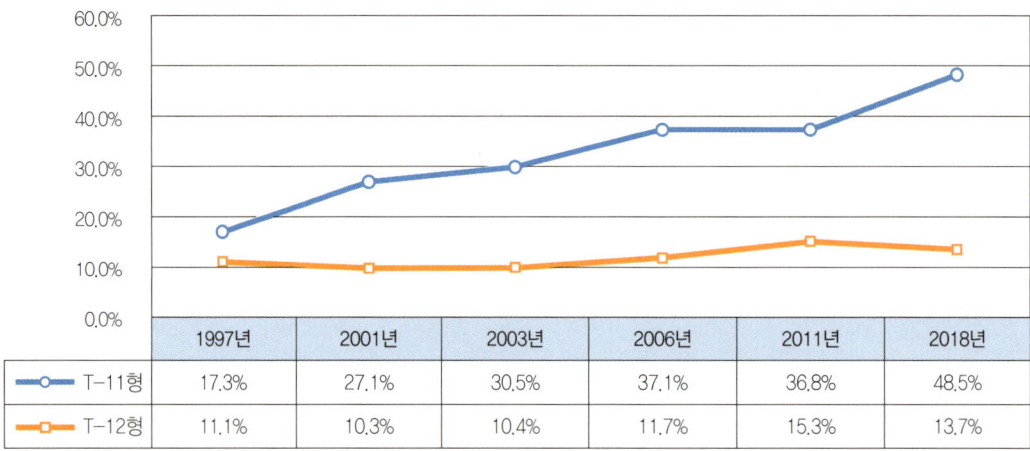

[그림 2] 치수별 파렛트 생산 비중 (단위 : %)

	1997년	2001년	2003년	2006년	2011년	2018년
T-11형	17.3%	27.1%	30.5%	37.1%	36.8%	48.5%
T-12형	11.1%	10.3%	10.4%	11.7%	15.3%	13.7%

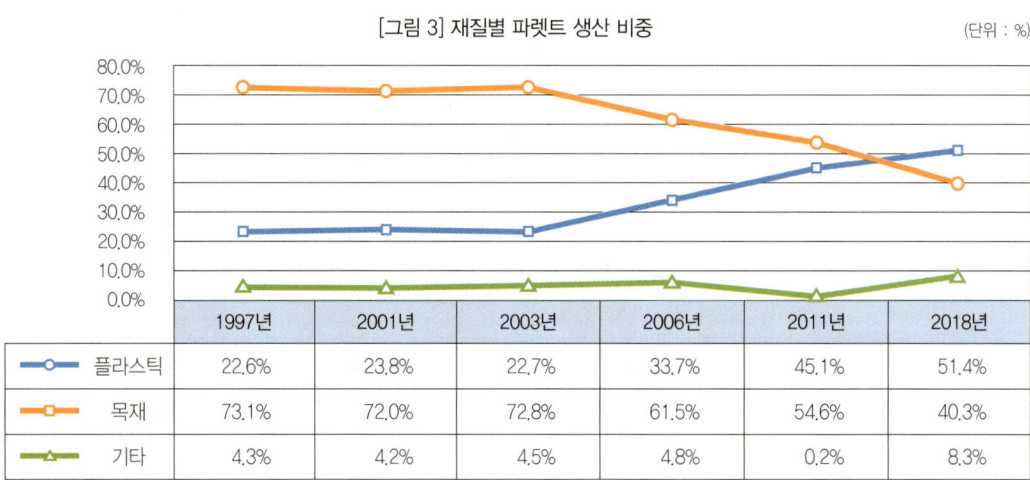

[그림 3] 재질별 파렛트 생산 비중 (단위 : %)

	1997년	2001년	2003년	2006년	2011년	2018년
플라스틱	22.6%	23.8%	22.7%	33.7%	45.1%	51.4%
목재	73.1%	72.0%	72.8%	61.5%	54.6%	40.3%
기타	4.3%	4.2%	4.5%	4.8%	0.2%	8.3%

제품에 국한되어 나타난 현상으로 보인다.

2018년 일관수송용파렛트(T-11형, T-12형)의 생산비율은 62.2%를 차지하고 있으며, 1997년 대비 약 2배 이상 표준화율이 증가한 것으로 집계되었다.

3) 파렛트의 재질별 생산 현황 분석

[그림 3]에서와 같이 1997년도 조사 당시 파렛트는 일회용의 목재 재질 중심이었으나, 내구성이 강하고 사용수명이 오래가는 플라스틱 파렛트의 개발과 파렛트풀 시스템의 도입으로 2018년도는 플라스틱의 비중이 절반을 차지하고 있다. 2018년 조사를 보면 플라스틱, 목재 재질의 비중이 각각 51.4%와 40.3%로 조사되었으며, 기타 재질은 약 8.3%로 철재가 대부분이다. 플라스틱 파렛트의 연도별 생산 비중은 1997년 22.6%에서 2001년 23.8%로 증가하다 2003년에 22.7%로 감소하였다. 2006년과

2011년에는 각각 33.7%, 45.1로 증가하였으며, 2018년도에 51.4%로 증가하였다.

이러한 추세는 파렛트 풀링(Pooling)시스템의 구축이 확대되고, 자원순환물류시스템에 적합한 리터너블(Returnable) 반복 회수사용 파렛트가 경제적, 사회적, 환경적 상황에 절대적으로 부합하였기 때문으로 보인다.

우리나라의 식품제조 및 유통기업, 외식업체는 HACCP(Hazard Analysis Critical Control Point, 위해요소분석과 중요관리점, 식품안전관리인증) 인증제도를 도입하고 있어, 위생적이고 오염이 적은 플라스틱 파렛트를 상대적으로 더 많이 선호하고 있다.

목재 파렛트는 1997년부터 2003년까지 70% 수준의 비중을 보이다가 2006년부터 61.5%로 내림세가 시작되었으며, 2011년과 2018년에 각각 54.6%, 40.3%로 감소세를 유지하였는데, 이러한 추세는 계속될 것으로 보인다.

4) 파렛트의 치수별 사용 현황 분석

파렛트를 구매 또는 렌트하여 사용하는 사용자의 치수별 비중은 [그림 4]에 나타나듯 2018년 T-11형 41.6%, T-12형 15.6로 나타났으며, 이는 2011년 대비 T-11형은 6.3%, T-12형은 1.2%가 증가한 것이다.

T-11형은 1997년 30.5%에서 2001년에 26.7%, 2006년에 39.4%, 2009년에 26.0%로 증가와 감소를 반복하다 그 이후로 2011년과 2018년에 각각 35.3%, 41.6%의 증가 추세를 보이고 있다.

T-12형도 1997년 14.8%에서 조금씩 증가와 감소를 반복하다 2018년 15.6%의 비중을 보이는 등 사용 비중이 정체되어 있는데, 이는 2013년까지는 T-11형 단일 규격으로 물류표준화가 구축된 데다, T-12형에 대한 사용자의 인식 및 홍보의 부족으로 활성화가 되지 않은 때문으로 추정된다.

5) 파렛트의 재질별 사용 현황 분석

2018년도 사용자의 재질별 파렛트 사용 비중을 보면, [그림 5]와 같이 플라스틱과 목재 재질 파렛트 사용 비중이 각각 52.3%와 44.7%,

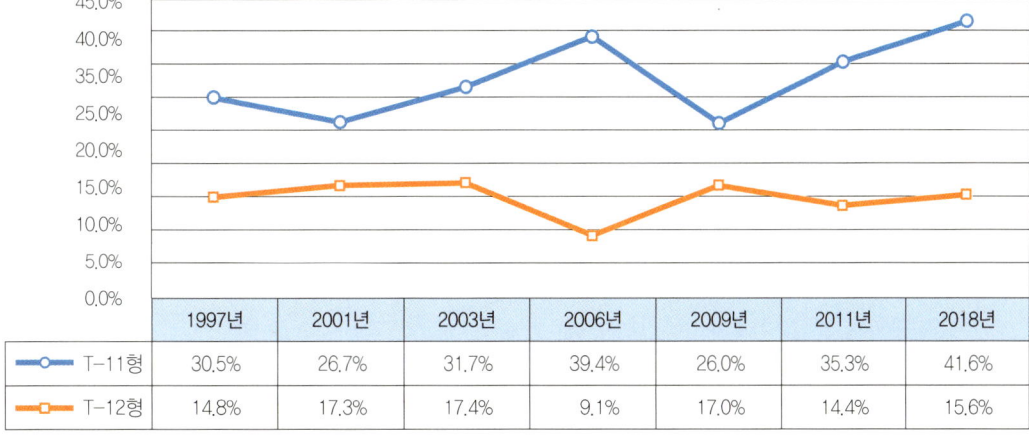

[그림 4] 치수별 파렛트 사용 비중   (단위 : %)

	1997년	2001년	2003년	2006년	2009년	2011년	2018년
T-11형	30.5%	26.7%	31.7%	39.4%	26.0%	35.3%	41.6%
T-12형	14.8%	17.3%	17.4%	9.1%	17.0%	14.4%	15.6%

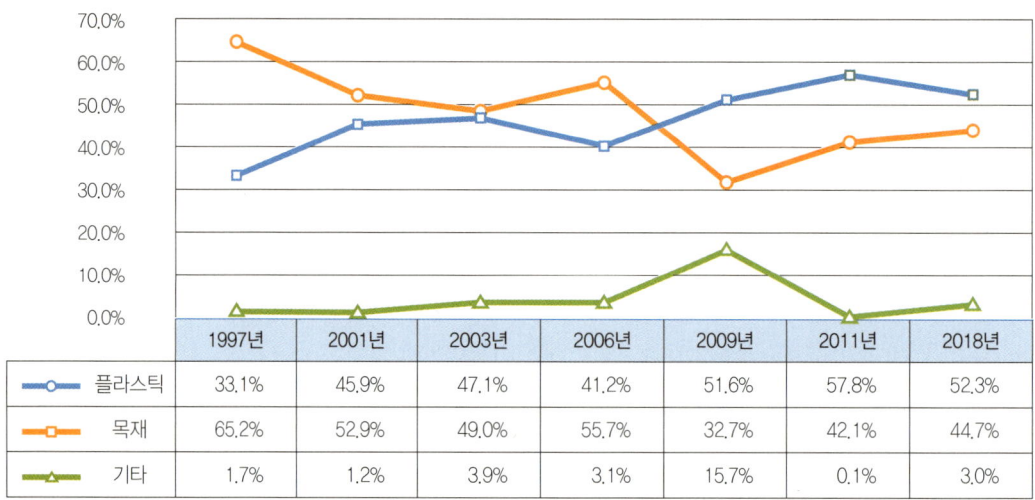

[그림 5] 재질별 파렛트 사용 비중 (단위 : %)

	1997년	2001년	2003년	2006년	2009년	2011년	2018년
플라스틱	33.1%	45.9%	47.1%	41.2%	51.6%	57.8%	52.3%
목재	65.2%	52.9%	49.0%	55.7%	32.7%	42.1%	44.7%
기타	1.7%	1.2%	3.9%	3.1%	15.7%	0.1%	3.0%

기타 재질은 3%로 집계되었다. 플라스틱 사용 비중은 1997년, 2001년 각각 33.1%, 45.9%를 차지하다 2009년부터 절반이 넘는 수준을 보이고 있다.

목재 파렛트 사용 비중은 1997년 65.2%로 시작하여 2003년 49%, 2006년 55.7%, 2009년 32.7%로 감소와 증가를 반복하다 2018년에 약 40% 수준에 머무르고 있다.

파렛트 전체 사용량의 약 50%를 차지하고 있는 플라스틱 파렛트의 비중은 앞으로도 국내 식품산업 및 외식, 단체급식 업종의 HACCP 인증 확대와 파렛트 풀링시스템 및 친환경 반복사용 물류용기의 확대로 계속해서 증가할 것으로 보인다.

2. 국내 파렛트 및 컨테이너의 생산 사용 실태조사 (2018년)

1) 조사개요 및 설계

가) 조사 배경 및 목적

2018년에 실시한 파렛트·컨테이너 생산 및 사용 실태조사는 1997년 최초 조사 이후 2, 3년 간격으로 실시되다 2011년에 이어 7년 만에 이루어진 여섯 번째 조사이다. 2018년 조사는 2017년도 파렛트·컨테이너 생산 및 사용 실적을 기준으로 조사하였다. 국내 유닛로드시스템 정비와 국가 물류 표준화율 향상, 파렛트 및 컨테이너 물류산업의 발전과 국가 차원의 물류 경쟁력 향상의 기초자료로 활용하고자 하는 것이 조사의 목적이다. 또 지속적인 물류 표준화의 보급 및 확산을 통하여 국내뿐만 아니라 국가 간에도 단위화물 정합성과 일관화를

이루어 단절이 없고 막힘없는 일관물류시스템을 구축하는 데 목적이 있다.(그림6)

나) 조사 설계

조사 대상에 해당되는 생산업체와 사용업체의 범위는 우리나라 산업현장에서 파렛트 및 컨테이너를 생산하거나, 이를 구매 또는 렌트하여 사용하는 모든 사용업체이다.

① 생산자 모집단 기준

생산자 모집단은 〈표 2〉와 같이 표준산업분류 코드(KSIC: Korean Standard Industrial Classification)에 근거하여 설정하였다. 조사 업체의 규모는 실제 근무자 수를 기준으로 하되 파렛트 및 컨테이너 생산업체의 규모를 고려하여 분류하였으며, 소재지는 수도권(서울 · 인천 · 경기), 충청권(대전 · 세종 · 충북 · 충남), 경상권(대구 · 경북 · 부산 · 울산 · 경남), 전라권(광주 · 전북 · 전남), 강원 · 제주로 구분하였다.

② 사용자 모집단 기준

사용자 모집단은 〈표 3〉과 같이 우리나라 표준산업분류 코드 (KSIC: Korean Standard Industrial Classification)를 근거로 분류하였으며, 모집단 설정 시, 건설업체와 풀링(Pooling)회사는 제외하였다. 조사 업체의 규모는 실제 근무자 수를 기준으로 파렛트 및 컨

[그림 6] 조사 배경 및 목적

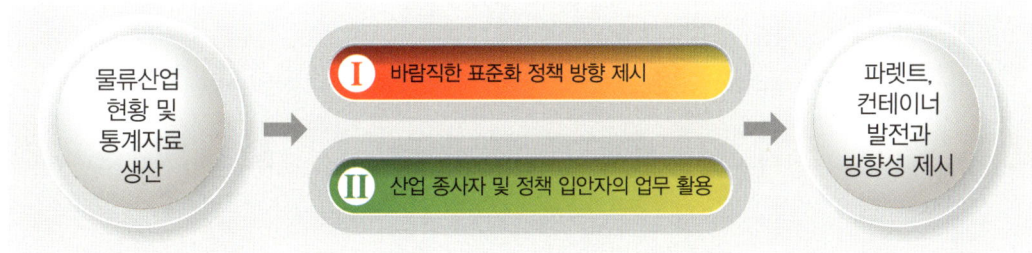

〈표 2〉 생산자 조사 대상 업종

표준산업분류 코드(KSIC) 업종
16231 목재 깔판류 및 기타 적재판 제조업
16232 목재 포장용 상자, 드럼 및 유사용기 제조업
17123 크라프트지 및 상자용 판지 제조업
17210 골판지 및 골판지상자 제조업
22232 포장용 플라스틱 성형용기 제조업
22250 플라스틱 발포 성형제품 제조업
25991 금속캔 및 기타 포장용기 제조업
25999 그외 기타 분류안된 금속가공제품 제조업

〈표 3〉 사용자 조사 대상 업종

표준산업분류 코드(KSIC) 업종			
(01) 농업	(15) 가죽, 가방 및 신발 제조업	(24) 1차금속	(46) 도매 및 상품중개업
(02) 임업	(17) 펄프, 종이 및 종이제품 제조업	(25) 금속가공제품 제조업; 기계 및 가구 제외	(47) 소매업; 자동차 제외
(03) 어업	(18) 인쇄 및 기록매체 복제업	(26) 전자부품, 컴퓨터, 영상, 음향 및 통신장비 제조업	(49) 육상운송 및 파이프라인 운송업
(10) 식료품 제조업	(20) 화학물질 및 화학제품 제조업; 의약품 제외	(28) 전기장비 제조업	(50) 수상 운송업
(11) 음료 제조업	(21) 의료용 물질 및 의약품 제조업	(30) 자동차 및 트레일러 제조업	(51) 항공 운송업
(12) 담배 제조업	(22) 고무제품 및 플라스틱제품 제조업	(32) 가구 제조업	(52) 창고 및 운송관련 서비스업
(14) 의복, 의복액세서리 및 모피제품 제조업	(23) 비금속 광물제품 제조업	(45) 자동차 및 부품 판매업	

[그림 7] 생산자 표본추출 흐름

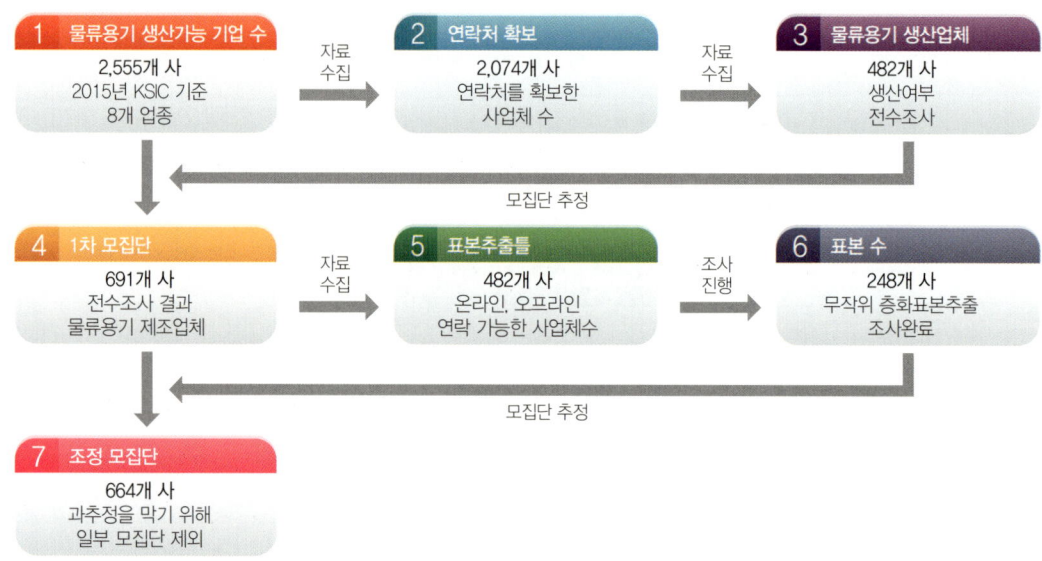

테이너 사용업체의 규모를 고려하여 분류하였으며, 모집단 소재지는 수도권(서울·인천·경기), 충청권(대전·세종·충북·충남), 경상권(대구·경북·부산·울산·경남), 전라권(광주·전북·전남), 강원·제주로 구분하였다.

다) 표본 추출

① 생산자 표본

생산자 표본은 [그림 7]의 과정을 통해 추출하였다.

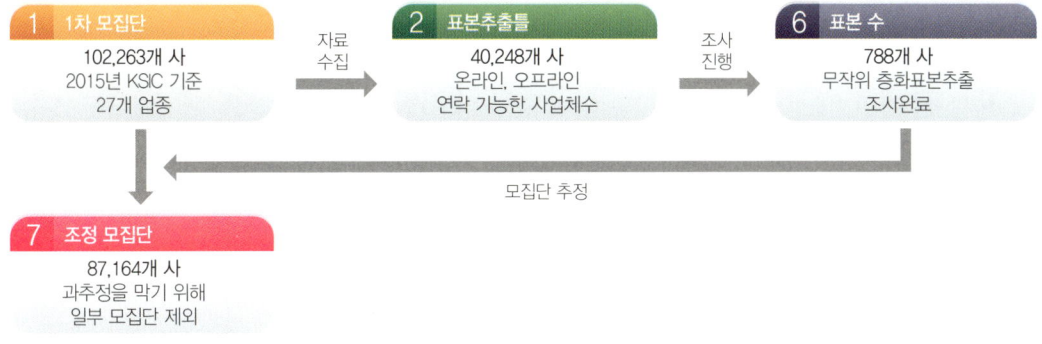

[그림 8] 사용자 표본추출 흐름도

② 사용자 표본

사용자 표본은 [그림 8]의 과정을 통해 추출하였다.

라) 조사 방법

① 기본 조사

온라인 조사와 오프라인 조사를 병행하였다. 외주회사의 조사 솔루션을 통해 생산 및 사용 표본리스트를 대상으로 이메일 정보를 이용하여 2일 간격으로 발송, 질문에 응답하도록 참여를 유도하였다. 온라인 조사 특징으로는 결측(무응답) 및 불성실 응답을 사전 방지할 수 있다는 장점을 활용하여 PC 및 모바일을 사용하여 진행되었다.

또한, 면접조사 및 전화조사의 경우 생산 및 사용 기업체 조사대상 목록 정리 후 면접원 교육(OT)을 충분히 진행하였으며, 전화 및 면접 조사 진행에 차질이 없도록 즉각 연락 및 대응 체계를 구축하여 시행하였다.

② 조사 자료의 검증

조사된 자료의 신뢰성 검증하기 위해 매주 집계하여 조사된 설문지를 검토하였으며, 결측 및 연결된 설문 문항을 확인하여 불성실 자료는 재조사를 진행하였다.

2) 조사 결과

가) 파렛트 생산 부문

① 평파렛트 생산량 (종이 재질 제외)

종이 재질을 제외한 연간 평파렛트 생산량은 3,235만 5,878매로 조사되었으며, 재질별로는 플라스틱이 1,660만 9,150매(51.4%), 목재 1,304만 7,728매(40.3%), 금속재 269만 9,000매(8.3%) 순으로 나타났다.(표4)

② 평파렛트 치수별, 재질별 생산량 (종이 재질 포함)

종이 재질을 포함한 평파렛트의 치수별 비율은 T-11형 48.5%, T-12형 13.7%, 기타 17.4% 순으로 조사되었다. 평파렛트 재질별 비율은 플라스틱 50.8%, 목재 39.9%, 금속재 8.2%, 종이 1.1%, 합성재질 0.0% 순이며, 종이를 포함한 연간 총생산량은 3,271만 8,853매로 집계되었다.(표5)

③ 생산제품의 업종별 납품실적 비율

생산 파렛트 납품실적 상위 5개 업종의 납품비중을 보면 펄프, 종이 및 종이제품 제조

〈표 4〉 국내 파렛트 생산량 추정 (종이재질 제외)   (단위 : 빈도, 매, %)

구 분	표본 조사			모집단 추정		
	사업체 수	생산량(매)	비율(%)	사업체 수	생산량(매)	비율(%)
플라스틱	9	5,772,300	51.8	24	16,609,150	51.4
목 재	33	4,572,130	41.0	151	13,047,728	40.3
금속재	6	801,000	7.2	11	2,699,000	8.3
합 계	48	11,145,430	100.0	186	32,355,878	100.0

〈표 5〉 평파렛트의 치수별, 재질별 생산 현황   (단위 : 매)

치수(mm)	평파렛트 재질						
	플라스틱	목재	금속재	종이	합성재질	합계	비율
1,100×1,100	9,178,000	6,455,459	163,000	86,975	–	15,883,434	48.5%
1,200×1,000	2,404,500	1,993,308	90,000	–	–	4,487,808	13.7%
1,100×800	527,400	516,769	–	–	–	1,044,169	3.2%
1,100×900	382,500	76,937	–	–	–	459,437	1.4%
1,100×1,300	1,322,400	385,844	–	–	–	1,708,244	5.2%
1,100×1,400	953,750	414,286	–	–	–	1,368,036	4.2%
1,200×800	918,000	1,171,500	–	–	–	2,089,500	6.4%
기 타	922,600	2,033,625	2,446,000	276,000	–	5,678,225	17.4%
합 계	16,609,150	13,047,728	2,699,000	362,975	0	32,718,853	100.0%
비율(%)	50.8%	39.9%	8.2%	1.1%	0.0%	100.0%	

업 21.2%, 가구 제조업, 도매 및 상품중개업이 각각 8.6%, 고무제품 및 플라스틱제품 제조업 8.0%, 식료품 제조업 7.2% 순으로 나타났다.(그림9)

나) 컨테이너 생산 부문

① 종이 재질 제외한 생산량

종이 재질을 제외한 컨테이너 생산량은 3,369만 8,817매로 조사되었으며, 재질별로는 플라스틱이 2,072만 9,220매(61.5%), 목재가 1,092만 9,597매(32.4%), 금속재는 204만 매 (6.1%) 순으로 나타났다.(표6)

② 종이 재질 포함한 생산량

종이 재질을 포함한 컨테이너 생산량은 5억 4,326만 4,744매로 조사되었으며, 재질별로는 종이가 5억 956만 5,927매(93.8%), 플라스틱 2,072만 9,220매(3.8%), 목재 1,092만 9,597매(2%), 금속재 204만 매(0.4%) 순으로 나타났다.(표7)

③ 컨테이너 치수별, 재질별 생산 현황

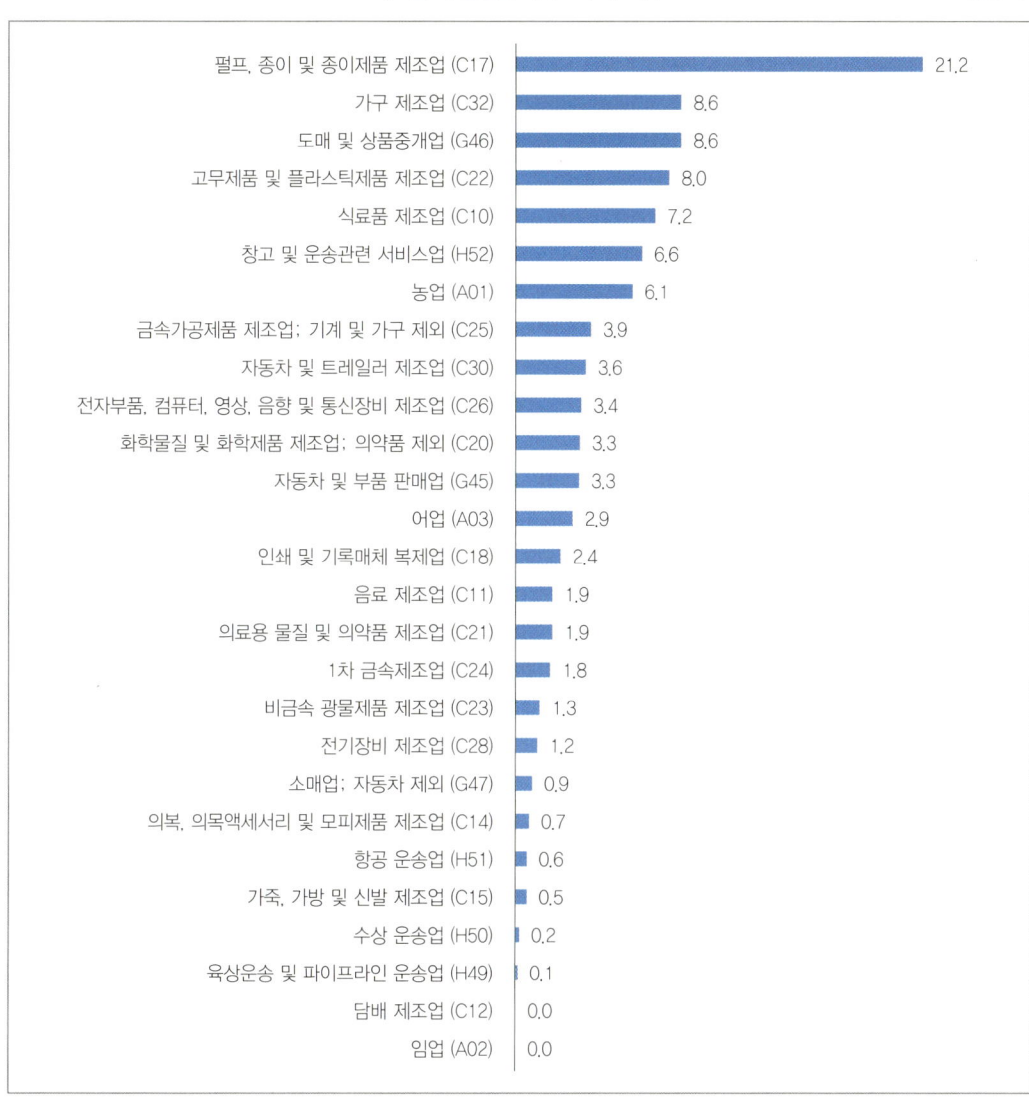

[그림 9] 업종별 파렛트 구매 비율 (단위 : %)

- 펄프, 종이 및 종이제품 제조업 (C17) 21.2
- 가구 제조업 (C32) 8.6
- 도매 및 상품중개업 (G46) 8.6
- 고무제품 및 플라스틱제품 제조업 (C22) 8.0
- 식료품 제조업 (C10) 7.2
- 창고 및 운송관련 서비스업 (H52) 6.6
- 농업 (A01) 6.1
- 금속가공제품 제조업; 기계 및 가구 제외 (C25) 3.9
- 자동차 및 트레일러 제조업 (C30) 3.6
- 전자부품, 컴퓨터, 영상, 음향 및 통신장비 제조업 (C26) 3.4
- 화학물질 및 화학제품 제조업; 의약품 제외 (C20) 3.3
- 자동차 및 부품 판매업 (G45) 3.3
- 어업 (A03) 2.9
- 인쇄 및 기록매체 복제업 (C18) 2.4
- 음료 제조업 (C11) 1.9
- 의료용 물질 및 의약품 제조업 (C21) 1.9
- 1차 금속제조업 (C24) 1.8
- 비금속 광물제품 제조업 (C23) 1.3
- 전기장비 제조업 (C28) 1.2
- 소매업; 자동차 제외 (G47) 0.9
- 의복, 의복액세서리 및 모피제품 제조업 (C14) 0.7
- 항공 운송업 (H51) 0.6
- 가죽, 가방 및 신발 제조업 (C15) 0.5
- 수상 운송업 (H50) 0.2
- 육상운송 및 파이프라인 운송업 (H49) 0.1
- 담배 제조업 (C12) 0.0
- 임업 (A02) 0.0

〈표 6〉 국내 컨테이너 생산량 추정 (종이 재질 제외) (단위 : 빈도, 매, %)

구 분	표본 조사			모집단 추정		
	사업체 수	생산량(매)	비율(%)	사업체 수	생산량(매)	비율(%)
플라스틱	29	7,529,180	70.4	77	20,729,220	61.5
목 재	15	2,872,015	26.8	66	10,929,597	32.4
금속재	5	300,000	2.8	21	2,040,000	6.1
합 계	49	10,701,195	100.0	164	33,698,817	100.0

컨테이너의 치수는 440㎜×330㎜와 366㎜×275㎜를 가장 많이 사용하고 있으며, 종이 재질을 제외한 컨테이너 생산량은 약 3,369만 9,000매로, 2011년 2,366만 8,000매보다 약 1.4배가 증가하였다. 치수별, 재질별 국내 컨테이너 생산량은 〈표 8〉에 정리하였다.

다) 파렛트 사용자 부문

① 평파렛트 사용률 및 보유량 (종이 재질 포함)
종이 재질을 포함한 연간 평파렛트 사용

〈표 7〉 국내 컨테이너 생산량 추정

(단위 : 빈도, 매, %)

구분	표본 조사			모집단 추정		
	사업체 수	생산량(매)	비율(%)	사업체 수	생산량(매)	비율(%)
종이	155	213,398,800	95.2	354	509,565,927	93.8
플라스틱	29	7,529,180	3.4	77	20,729,220	3.8
목재	15	2,872,015	1.3	66	10,929,597	2.0
금속재	5	300,000	0.1	21	2,040,000	0.4
합계	204	224,099,995	100.0	518	543,264,744	100.0

〈표 8〉 국내 컨테이너의 치수별, 재질별 생산 현황

(단위 : 매)

구분	치수 (㎜)	컨테이너 치수별, 재질별 생산실태 집계						
		종이	플라스틱	목재	금속재	합성 재질	합계	비율
컨테이너 (박스)	366×275	111,193,844	3,072,000	6,884,615	1,000,000	−	122,150,459	22.48%
	440×330	152,646,156	4,383,963	2,230,769	−	−	159,260,888	29.3%
	500×300	61,596,488	3,453,667	769,231	1,008,000	−	66,827,386	12.3%
	523×366	29,372,967	4,983,167	700,462	8,000	−	35,064,596	6.4%
	550×366	24,304,716	3,144,633	107,692	6,000	−	27,563,041	5.1%
	600×400	10,914,698	910,167	43,645	−	−	11,868,510	2.2%
	600×500	3,500,577	3,500	50,564	−	−	3,554,641	0.7%
	660×440	2,540,375	7,000	1,125	−	−	2,548,500	0.5%
	기타	113,496,106	771,123	−	−	−	114,267,229	21.0%
	소계	509,565,927	20,729,220	10,788,103	2,022,000	−	543,105,250	99.97%
우든 칼라	1,200×1,000	−	−	8,615	−	−	8,615	0.01%
	1,100×1,100	−	−	−	−	−	−	−
	기타	−	−	132,879	−	−	132,879	0.02%
	소계			141,494			141,494	0.027%

구분	치수 (mm)	컨테이너 치수별, 재질별 생산실태 집계						
		종이	플라스틱	목재	금속재	합성재질	합계	비율
롤 컨테이너	930×710	–	–	–	–	–	–	–
	850×650	–	–	–	–	–	–	–
	1,050×650	–	–	–	–	–	–	–
	900×600	–	–	–	–	–	–	–
	1,100×800	–	–	–	6,000	–	6,000	0.001%
	기타	–	–	–	–	–	–	–
	소계				6,000		6,000	0.001%
메시 컨테이너	1,000×800	–	–	–	6,000	–	6,000	0.001%
	1,100×1,100	–	–	–	6,000	–	6,000	0.001%
	1,200×1,000	–	–	–	–	–	–	–
	기타	–	–	–	–	–	–	–
	소계				12,000		12,000	0.002%
합계		509,565,927	20,729,220	10,929,597	2,040,000	–	543,264,744	100.0%
비율		93.8%	3.8%	2.0%	0.4%	–	100.0%	

〈표 9〉 국내 평파렛트 사용 비율 및 보유 현황 (단위 : 빈도, %)

구 분	사용률(%)	보유량	
		빈도(매)	비율(%)
플라스틱	54.04%	97,906,573	87.15
목 재	43.16%	13,898,147	12.37
금속재	2.68%	432,943	0.39
종 이	0.09%	51,733	0.05
합성재질	0.03%	48,447	0.04
합 계	100.0%	112,337,843	100.0

〈표 10〉 국내 평파렛트 치수별 사용 비율 추이 (단위 : %)

구 분	1997년도	2000년도	2003년도	2006년도	2011년도	2018년도
T-11	30.8	26.7	31.7	39.4	35.3	41.6
T-12	14.8	17.3	17.4	9.1	14.4	15.6
KS 기타	27.8	29.9	29.5	22.8	7.1	23.1
비표준	26.6	26.1	21.4	28.7	43.2	19.7

량의 재질별 비율은 플라스틱 54.04%, 목재 43.16%, 금속재 2.68%, 종이 0.09%, 합성재질 0.03% 순으로 나타났다. 또 일평균 평파렛트 보유량의 재질별 비율은 플라스틱 87.15%, 목재 12.37%, 금속재 0.39%, 종이 0.05%, 합성재질 0.04% 순으로 나타났다. 보유량은 1억 1,233만 7,843매로 집계되었다. 이 수치에는 건설업체 및 풀링(Pooling)회사의 수량이 제외되었다.(표9)

② 평파렛트 치수별 사용 비율(연도별)
평파렛트 표준규격 사용 비율은 T-11형이 41.6%, T-12형은 15.6%, KS 기타 23.1%, 비표준 치수 19.7%로 집계되었으며, 2011년 대비 일관수송용 표준화율(T-11, T-12형)은 계속 증가하고 있다.(표10)

라) 컨테이너 사용자 부문
① 컨테이너 사용률 및 보유량 (종이 재질 포함)

〈표 11〉 국내 컨테이너 사용 비율 및 보유 현황 (단위 : 빈도, %)

구 분	사용률(%)	보유량	
		빈도(매)	비율(%)
플라스틱	73.3%	51,058,964	66.45
종 이	19.4%	23,495,150	30.58
목 재	3.0%	1,419,907	1.85
금속재	4.2%	845,183	1.10
합성재질	0.1%	11,987	0.02
합 계	100.0%	76,831,191	100.00

〈표 12〉 국내 컨테이너 치수별, 재질별 연간 사용 현황 (단위 : 매)

구분	치수(mm)	목재	플라스틱	금속재	종이	합성재질	합계	비율
컨테이너	366×275	3,113,431	58,734,162	2,850,089	10,740,079	94,945	75,532,706	22.6%
	440×330	3,726,492	5,789,285	6,991	3,785,476	22,595	13,330,839	4.0%
	500×300	122,470	27,727,656	19,796	6,459,435	–	34,329,357	10.3%
	523×366	507,640	63,337,963	52,368	5,142	–	63,903,113	19.1%
	550×366	1,183,789	80,643,424	4,353	2,553,649	2,433	84,387,648	25.3%
	600×400	41,984	5,613,708	28,500	390,333	3,000	6,077,525	1.8%
	600×500	103,639	82,503	–	1,678,744	–	1,864,886	0.6%
	660×440	33,377	5,911,281	5,761	9,034,114	–	14,984,533	4.5%
	기타	1,041,631	5,666,259	252,667	32,669,434	156,758	39,786,749	11.9%
	합계	9,874,453	253,506,241	3,220,525	67,316,406	279,731	334,197,356	100.%
	비율	3.0%	75.9%	1.0%	20.1%	0.1%	100.0%	

연간 사용하는 컨테이너 사용량의 재질별 비율은 플라스틱 73.3%, 종이 19.4%, 금속재 4.2%, 목재 3.0%, 합성재질 0.1% 순으로 집계되었으며, 일평균 컨테이너 보유량은 7,683만 1,191매로 조사되었다. 재질별 컨테이너 보유량 비율은 플라스틱 66.45%, 종이 30.58%, 목재 1.85%, 금속재 1.1%, 합성재질 0.02% 순으로 나타났으며, 플라스틱 컨테이너는 반복 사용하므로 일회용 종이상자보다 사용률이 많이 집계되었다. 이 수치에는 건설업체 및 풀링(Pooling)회사의 수량이 제외되었다.(표11)

② 컨테이너 사용 현황 (종이 재질 포함)

연간 컨테이너 사용량의 재질별 비율은 플라스틱 75.9%, 종이 20.1%, 목재 3.0%, 금속재 1.0%, 합성재질 0.1% 순으로 나타났으며, 치수는 T-11형의 분할치수인 550×366㎜가 25.3%로 가장 높게 집계되었다. 플라스틱 컨테이너는 반복 재사용량이 많아서 사용빈도가 높음을 알 수가 있으며, 이 수치에는 건설업체 및 풀링회사의 수량이 제외되었다.(표12)

제3절 해외 유닛로드시스템 운용 현황

1. 미국

미국표준협회(ANSI; American National Standard Institute)가 규정하고 있는 파렛트 표준규격은 12종이다. 미국 파렛트 규격이 복잡하게 분화된 이유는 철도수송, 육상 트레일러 수송, 항공수송 등에서 채택하고 있는 하역 및 보관 기기의 내부 치수와 폭이 각기 다르기 때문이다.

미국의 파렛트 표준 규격 1,016㎜×1,219㎜는 세계 대전 이전부터 사용되던 지붕이 덮인 형태의 유개화차 내부 폭 치수에 적합한 것이다. 현재는 화차 폭이 2,750㎜로 커져 대형화된 화차 규격에 맞추기 위해 파렛트 표준 규격을 재정비해야 한다는 의견이 있으나, 철도수송보다는 공장 하역이나 창고보관의 방식을 더욱 중시해야 한다는 반대 의견이 있어 서로 대립 상태에 있다.

이러한 상황으로 본다면 파렛트 규격 통일이 미국에서는 쉽게 시행되기 어려운 형편이다. 이에 따라 유럽 여러 나라와 같이 전국적인 파렛트 공동이용 체제(Pallet Pool System), 특히 국제적인 연대성을 가진 파렛트 공동이용 체제는 아직 실시되기 어렵다고 보아야 한다. 미국에서 전국적인 규모의 파렛트 공동이용 체제는 존재하고 있으며, 특정 산업이나 기업 계열 차원에서 부분적으로 시행되고 있는 파렛트 공동이용 체제도 다양하게 운용하고 있다.

2. 유럽

유럽의 경우, 1957년경에는 두 종류의 파렛트 규격이 혼용되고 있었다. 서독, 네덜란드, 영국에서는 1,200㎜×1,000㎜ 규격을 표준 파렛트로 사용하고 있었다. 한편 스위스, 프랑스, 노르웨이, 스웨덴은 1,200㎜×800㎜ 규격을 표준 파렛트로 채용하고 있었다. 이들 나라들은 각기 자국에 파렛트 공용 이용을 위한 파렛트 풀(Pallet Pool) 조직을 정비하기 위해 독자적으로 노력하고 있었다. 그러던 중 유럽철도연합에서 파렛트 풀 추진을 위하여 파렛트 규격 통일을 주장함에 따라 의견 조정 회의를 통하여 결국 1,200㎜×800㎜ 규격으로 결정하게 되었다. 다른 규격을 채용하고 있던 세 나라 중에서 네덜란드와 독일은 결국 동조하였으나, 영국은 끝까지 이에 따르지 않고 1961년 7월에 발족한 유럽 파렛트 풀 기구에도 가입하지 않았다.

그 후, 여러 차례 혼란을 겪으면서 결국 1,200㎜×800㎜와 1,200㎜×1,000㎜ 복수 규격으로 통일되었다. 현재 이 기구에는 영국을 포함한 대부분의 EU 국가가 가입해 있다. 1,200㎜×800㎜ 규격이 결정된 이유는 유럽 철도 화차 폭에 가장 적합하기 때문이었다. 유럽의 표준형 화차는 화차 내부 폭의 치수가 2,700㎜이기 때문에 1,200㎜×800㎜ 규격 파렛트가 적절하고, 화차에 2열 또는 3열로 적재할 수 있다. 즉, 1,200㎜ 변을 2열로 나열해도 2,400㎜이고, 800㎜ 변을 3열로 나열해도 2,400㎜이다. 유럽의 화차에 1,200㎜×1,000㎜ 규격 파렛트를 쌓는다면 16매가 적재 가능하지만, 1,200㎜×800㎜ 규격 파렛트로는 22매를 적재할 수 있어 적재 효율 측면에서 더 유리하다.

현재 유럽파렛트협회에서 지정한 파렛트는 〈표 1〉과 같이 4가지 형식이 있으며, ISO 국제표준과 비교하여 표시하였다.

〈표 1〉 유럽 EUR 파렛트 4가지 종류와 ISO 파렛트와의 관련성

EUR-pallet type	Dimensions (W ×L)	ISO pallet alternative
EUR, EUR 1	800㎜×1,200㎜	ISO, same size as EUR
EUR 2	1,200㎜×1,000㎜	ISO
EUR 3	1,000㎜×1,200㎜	ISO
EUR 6	800㎜×600㎜	ISO, half the size of EUR

출처: Pallet, Wikipedia, 2020

3. 일본

1970년대 초기 일본 통산성은 1,100㎜×1,100㎜과 1,100㎜×800㎜의 규격을 일본공업규격(JIS; Japan Industrial Standard)의 일관수송용 평 파렛트 기준 치수로 채용하였다. 이는 철도 궤도 폭의 협궤에 수반되는 화차의 내부 치수와 그 당시부터 국제적으로 보급되기 시작한 해상 컨테이너의 내부치수 적합성을 고려하여 결정한 것이었다.

철도운송이 발달한 일본의 15톤 철도 화차 내부 치수 폭은 2,300㎜로, 1,100㎜×1,100㎜ 규격 파렛트를 사용할 때 2열 적재가 가능하다. 일본의 트럭 적재함 규격도 그 폭이 화차와 유사하기 때문에 역시 2열 형태로 적재가 가능하다. 1995년 일본공업규격 JIS Z 0650(유닛로드시스템 통칙)을 제정하여 1,100㎜×1,100㎜ 파렛트를 유일한 일관수송용 파렛트로 규정하였다.

일본의 1,100㎜×1,100㎜ 규격 파렛트는 유럽 대륙의 여러 나라가 사용해 왔던 1,200㎜×800㎜ 또는 1,200㎜×1,000㎜ 규격과 다르기 때문에 ISO에서 오랜 기간 논의가 되풀이되어 오다가 1988년에야 비로소 ISO 표준 파렛트 규격의 일종인 1,140㎜×1,140㎜에서 −40㎜ 오차를 허용하는 간접적 방식에 의하여 국제표준으로 인정되었다.

일본의 표준 파렛트 보급률은 저조한 편이며, 비표준 규격의 파렛트가 산업계에서 널리 사용되고 있다. 일본 물류 업계에서는 1980년대에 들어오면서 시장 환경이 변화하여 일관 파렛트 체계 및 유닛로드시스템을 활용하기가 더욱 어려워졌다. 다품종 소량 체제라는 고객 요구의 다변화, 거래조건의 제약 등으로 인하여 일관 파렛트 체계를 도입하기 어려워졌다.

이에 따라 최종 도착지까지 단위화물 형식을 유지한 상태로 운송하기가 어려워지고, 겨우 중간 유통센터 수준까지만 일관 파렛트 체계가 활용되고 있다. 특히 1,100㎜×900㎜ 또는 1,100㎜×1,400㎜ 규격의 파렛트가 물류 효율이 좋다는 주장이 산업계에서 등장하여 1,100㎜×1,100㎜의 파렛트의 보급률은 30~40% 수준에 머무르고 있다.

일본에서는 국가 전체적으로 파렛트 표준화를 추진하기가 대단히 어려운 형편이다. 왜냐면 국가 차원의 표준화 정책 추진에 앞서 일본의 각 기업이 자사만의 임의 규격 파렛트에 맞추어서 공장 내부 설비나 화물 형태를 이미 결정해 버렸기 때문이다. 설비 변경 비용이 막대하고 종래의 화물 형태와 주된 거래단위의 관행을 바꾸기가 어렵기 때문에 일본의 파렛트 표준화 추진은 상당히 어려운 현실이다.

한국은 초기 산업화 과정에서 일본의 제조시스템을 그대로 도입했기 때문에 표준 파렛트도 일본과 동일하게 1,100㎜×1,100㎜ 파렛트를 일관수송용 파렛트로 제정하였다. 그러나 유럽과 미국을 포함한 지역으로 무역이 확대되면서 상대 국가와 파렛트의 호환성을 위해 1,200㎜×1,000㎜ 파렛트도 일관수송용 파렛트로 추가로 채택하였다.

제4절 유닛로드와 물리적 인터넷

1. 물리적 인터넷 개요

그동안 저출산과 고령화에 따라 노동인구는 추세적으로 감소하고 있는 가운데 기업물류의 소형 로트화·다빈도화 경향에 더하여 이커머스화의 진전으로 익일·당일 배송 등이 보편화되면서 물동량은 증가하고 운송 빈도는 잦아지는 등 물류 수요는 지속적으로 증가하여 왔다.

한편 열악한 근무조건으로 물류 현장은 극심한 인력난을 겪고 있었다. 그러던 중 최근 코로나19의 세계적 대유행으로 인하여 비대면 거래가 선호됨으로써 택배를 중심으로 한 물류 수요는 폭발적으로 증가하게 되었고, 국경을 넘나드는 글로벌 기업 간의 물류 공급사슬은 붕괴의 위험에 처하게 되었다.

이렇게 심화 일로에 있는 글로벌 물류의 위기를 극복하기 위한 대안의 하나로 선진국의 물류업계에서는 '물리적 인터넷(PI: Physical Internet)'[1]을 도입하고자 하는 논의가 활발해지고 있다.

물리적 인터넷이란 인터넷의 작동 원리를 물류 현장에 적용함으로써 자사 또는 일부 소수 기업들만이 이용하던 물류창고와 설비 같은 물류자원을 다른 기업들과 공유할 수 있도록 개방하는 모델이다. 즉 폐쇄적으로 사용하던 물류자원을 관련 업계가 공유함으로써 운송거리 단축, 설비 가동률 향상, 트럭 적재율 향상 등의 효과를 기대하고 있다.

1) 물리적 인터넷의 등장 배경

물리적 인터넷(PI)은 인터넷 통신 시스템이 적용된 신개념 물류체제로, 통신세계에서 인터

---

[1] 물리적 인터넷은 끊임없는 물류 흐름을 가능하게 하는, 상호 연결된 글로벌 물류 시스템을 의미한다. 이것은 표준 공개 프로토콜과 캡슐화, 인증, 역량 평가, 모니터링을 통해 물리적이고 디지털적으로 형성되는 비즈니스 측면과 법적 측면에서 형성되는 상호 연계성을 의미한다. (B. Montreuil, R. D. Meller & E. Ballot(2011), What is Physical Internet? Potentials of interconnected logistics services)

[그림 1] 트럭의 운송 적재율 추이 - 일본

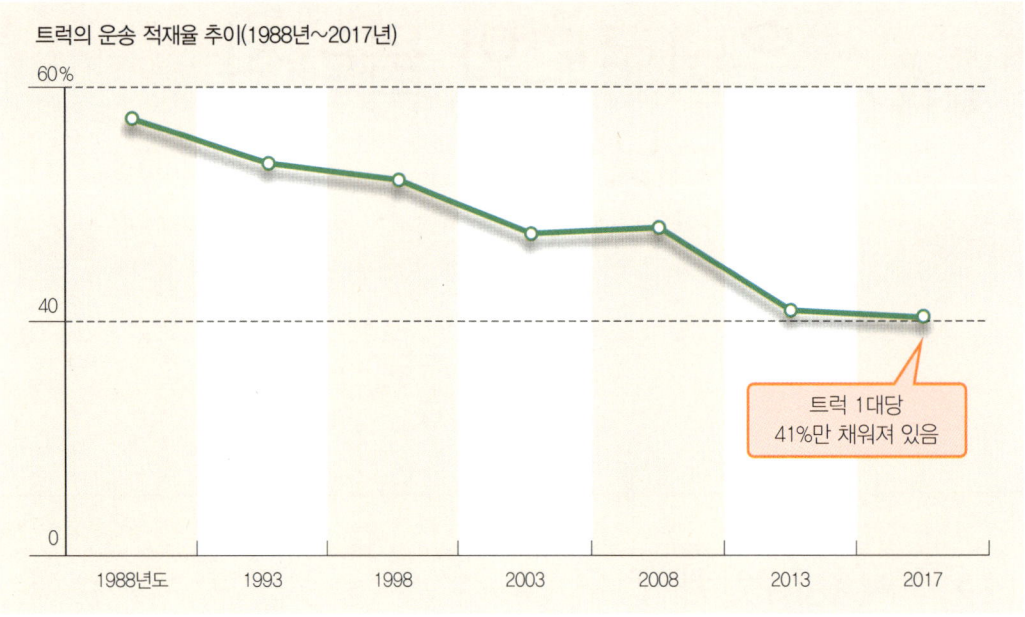

출처: 일본국토교통성, KOTRA 해외시장뉴스에서 인용

넷이 혁명을 이룬 것처럼 창고와 설비 같은 물리적 자원을 공유함으로써 차세대 물류망을 구축하려는 새로운 개념이며 시도라고 말할 수 있다.

가) '허브 앤 스포크(Hub & Spoke)' 물류시스템에 대한 반성

허브 앤 스포크 물류시스템은 현재 전 세계 물류업계가 사용하고 있는 주된 물류인프라 방식이다. 이것은 발송지로부터 발생한 화물을 집하한 후 이를 대형 트럭을 이용한 간선수송을 통해 소수의 대형 물류창고(Hub)로 운송하고, 여기서 화물을 분류한 다음, 각 거점에 있는 소형 창고(Spoke)로 수송하고, 이를 다시 분류하여 소형 트럭으로 최종 도착지(소비자)에 배송하는 방식이다.

이 시스템은 화물을 한 번에 대량으로 수송할 수 있는 장점이 있는 반면에 아무리 가까운 지역에 배송하더라도 최소 한 번은 허브를 거쳐 분류되어야 하므로 전체 이동거리는 길어진다는 단점이 있었으나, 지금까지는 대량 운송의 장점이 커서 가장 효율적인 물류 방식으로 여겨져 왔다.

그러나 최근 전자상거래 이용자가 대폭으로 증가하고, 원하는 시간대에 배달받기를 원하는 고객이 늘면서 트럭의 적재율은 급격히 저하되어 왔다.

예를 들어 일본의 경우, 일본국토교통성 조사에 따르면 트럭 1대 당 운송 적재율(운송량을 트럭 최대 적재량으로 나눈 수치)은 지속적으로 하락하여 2017년 9월 기준으로 역대 최저인 41%를 기록하였다.(그림1)

나) 인터넷에 대한 재조명과 물류자원 공유에의 원용

인터넷은 통신서비스 사업자가 자신들의 네트워크를 상호 접속함으로써 전 세계의 컴퓨터들이 상호 연결된 통신망이며, 데이터를 패킷(Packet)이라는 통신 단위로 세분화하고, 이를 회선 상황에 따라 송신처와 수신처 간을 최적 경로로 전달한다. 이러한 개념을 물류시스템에도 적용하고자 구상한 것이 물리적 인터넷이다.

기존의 물류시스템은 각 물류사업자들이 독자적으로 물류네트워크를 구축하였고, 고객과의 계약조건 등의 이유로 폐쇄적인 공급사슬 내에서 사용되어야 하였으며, 동일한 공급처에도 배송 조건 등이 상이한 경우 어떤 물류자원을 활용하지 못하거나, 재해 발생이나 감염증 등으로 인해 특정 거점 이용이 불가하여 공급사슬의 일부가 끊기고 전체 물류 흐름이 멈추기도 하는 등 비효율성이 상존하였다.

물리적 인터넷은 인터넷 시스템을 물류에 접목하고자 노력한 결과로, 폐쇄적인 물류자원을 개방화하고, 서로 공유하면서 표준화된 컨테이너로 포장을 통일하여, 효율성과 회복력을 양립시키는 차세대 물류체제를 말하며, 오픈 셰어링(Open Sharing)을 연대하는 것이 그 실현의 열쇠가 된다.

요약하면 각 기업이 물류자원을 소유하고 단독적으로 또는 관련 소수의 기업만이 이용하고 있다면, 향후의 물리적 인터넷은 통신용 인터넷과 같이 촘촘한 물류네트워크를 물리적으로 구축해야 한다. 이들 시설을 개방하고 공유하여 자원의 활용률을 최대로 끌어올려 물류의 효율성을 제고하고자 하는 새로운 물류 체계라고 말할 수 있다. 이를 통해 하역의 기계화를 통한 비용 절감, 효과적인 물류자원의 활용에 의한 생산성 제고, 위기에 직면한 공급사슬의 회복력 복원 등 효과를 창출할 수 있을 것으로 기대되고 있다.

2. 물리적 인터넷 모델과 추진방향

1) 물리적 인터넷 모델의 개발

이러한 물류위기를 극복할 수 있는 대안으로 물리적 인터넷의 중요성이 대두되었고, 인터넷의 작동 원리를 현실 물류에 적용하고자 규격화, IoT[2] 기술의 활용 등을 연구하게 되었다. 특히 유럽에서는 일찍부터 유럽 전체에 적용할 수 있는 ALICE와 같은 물류기술 플랫폼을 장기간에 걸쳐 협력하여 개발 중에 있다.

가) 유럽 ALICE 프로젝트

유럽의 공통 물류기술 플랫폼인 ALICE (Alliance for Logistics Innovation through

---

2) IoT: Internet of Things의 약자로서 사물인터넷이라고 불리며, 스마트폰, 컴퓨터뿐만 아니라 자동차, 냉장고, 세탁기, 시계 등 모든 사물이 인터넷에 연결되는 것을 말한다.

Collaboration in Europe)는 2013년 7월에 '탄소배출 제로 물류(Zero Emission Logistics)'를 목표로 상호 연결된 물류시스템의 구축을 위한 '물리적 인터넷'을 2050년 완성한다는 목표를 정하고, 2020년부터 10년을 단위로 한 3단계 로드맵을 발표하였다.

여기서 물리적 인터넷이란 상품과 표준 인터페이스, 프로토콜의 캡슐화를 통해 물리적 시스템과 디지털 시스템의 상호 연결성을 확보하는 개방형 글로벌 물류 시스템을 말하며, 실제 화물의 이동, 구매, 생산, 공급이 세계적으로 표준화되어 경제적, 환경적, 사회적 효율성과 지속가능성을 지니는 것을 비전으로 하고 있다.

[그림 2]는 ALICE 로드맵을 도시화한 것으로, (1)상호 연결된 물류를 위한 정보시스템, (2)지속가능하고 안전한 공급망, (3)공급망 동기화, (4)공급망의 조정과 협력, (5)도시 물류라고 하는 다섯 가지 테마로 구성되어 있으며, 실제 산업에서 물류와 정보시스템을 연결시켜 창출되는 가치를 사람(People)과 자연(Planet)에 전달하고, 이익(Profit)을 공유하는 것을 목적으로 하고 있다.

ALICE 로드맵은 주로 정보통신기술(ICT)을

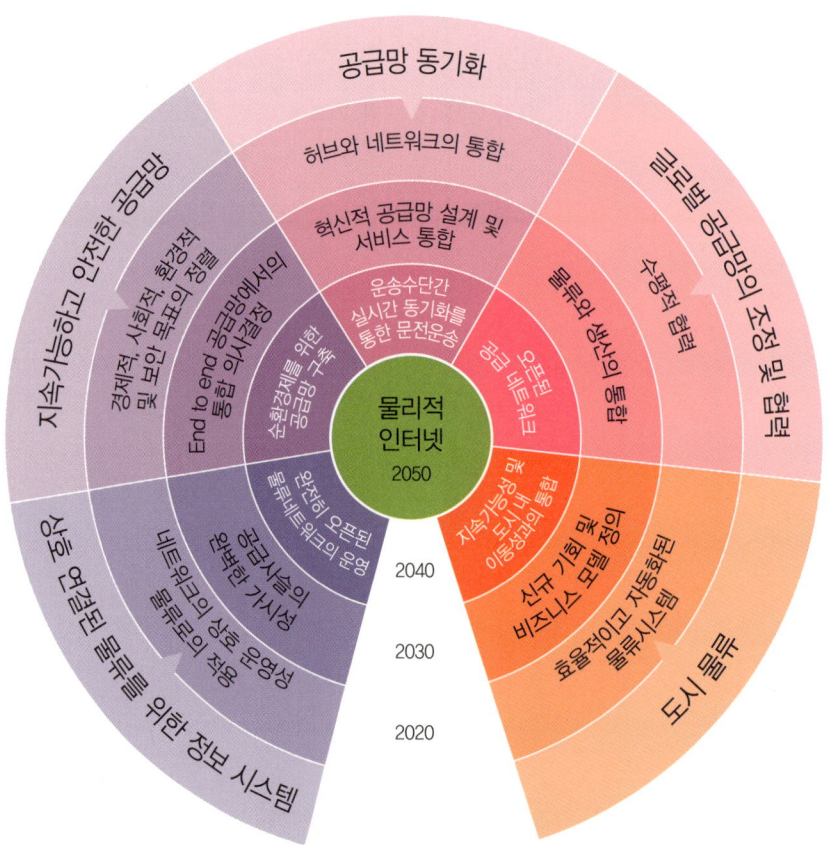

[그림 2] 유럽의 미래 물류기술 플랫폼 ALICE 로드맵

출처: LoTIS 분석리포트 ALICE 로드맵(2016-06-10, 인천대 송상화, 임옥경)

기반으로 더욱 스마트하고 효율적인 물류 환경을 조성하는 기술개발에 초점을 두고 있으며, EU의 연구 프로그램인 'Horizon 2020'의 지원 아래 여러 프로젝트를 진행하고 있다.

대표적인 프로젝트로는 컨테이너 관리를 위한 협력적 정보서비스 기술개발, 글로벌 공급망에서의 리스크 분석 및 평가, 복합운송에서의 컨테이너 공급망 가시성 확보를 위한 기술개발, 스마트 컨테이너 기술개발, 운송 및 이동성에서의 IoT 기술 적용 등이 있는데, 근간이 되는 기술은 물리적 인터넷 환경을 구축하여 다양한 시스템 간의 자유로운 통신을 기반으로 공급망 전체를 최적화하는 것이라고 요약할 수 있다.

이를 가능하게 할 대표적인 ICT 기술로는 IoT 기술을 보급하여 디바이스들을 스마트화하고, 이들 스마트 디바이스들을 연결함으로써 물류 흐름을 지속적으로 모니터링하여 공급망의 가시성을 효율적으로 개선하는 기술을 들 수 있다. 현재 기술개발이 매우 활발한 자동화·무인화 기술을 적용한 물류 운영의 자동화·로봇화는 자원운영의 효율성을 증가시켜 비용적 측면에서도 효과를 얻으며, 고객에게도 일관성 있는 서비스를 제공할 수 있다는 점에서 지속적으로 연구개발에 투자하고 있다.

그리고 ICT로 얻어지는 데이터의 가용성, 유용성, 통합성, 보안성을 관리하기 위한 데이터 거버넌스 체제는 더욱 중요해지므로, 데이터 보안 및 개인정보 보호 강화, 자산으로서의 데이터의 소유권과 합법적인 공유 등을 다룰 정책과 프로세스도 명확해져야 한다.

새로운 비즈니스 모델 개발과 관련하여서는 공유경제 모델을 활용한 물류 자산의 운영을 효율화하는 다양화 모델들이 개발되고 있는데, 이는 ICT 기술을 적용하여 물류 자산의 가동에 대해 실시간으로 모니터링하고 관련 프로세스 간을 동기화할 수 있기 때문이다.

이상과 같이 ALICE 물리적 인터넷은 '상호 연결된 물류를 위한 정보시스템', '지속가능하고 안전한 공급망', '공급망 동기화', '글로벌 공급망의 조정 및 협력', '효율적이고 지속적인 도시 물류'라는 5개 목표를 지향하고 있다.

또한 데이터 통합 측면에서는 2020년 12월까지를 목표로 유럽 통합데이터 기반의 개발 프로젝트인 GAIA-X 프로젝트를 추진하고 있다. 유럽 GAIA-X 프로젝트는 다음과 같은 7가지 원칙을 표명하고 있다.

- 유럽의 데이터 보호
- 공개성과 투명성 지향
- 정확성과 신뢰성
- 데이터 주권과 자기 결정
- 사용자 편의성
- 모듈성과 상호운용성
- 자유로운 시장 접근과 유럽의 새로운 가치 창조

나) 미국 조지아공과대학 사례

미국 조지아공과대학 Montreuil 교수는 디지털 인터넷에서 데이터 패킷을 다수의 라우터와 네트워크를 통해 전송하는 것과 비슷한 원리를 적용하여 물리적 인터넷을 설명하고 있다. 즉 스마트 태그를 장착한 물리적 인터넷 컨테이너라 불리는 범용 규격의 화물들이 여러 물리적 인터넷 허브를 통해 수송되는 운송체계를 그리고 있다.

여기서 스마트 태그란 RFID로 대표되는 자동인식기술을 활용하여 화물을 관리하는 디바이스로, 이를 치수·기능·비품이 표준화된 국제표준 컨테이너에 장착하여 물리적 인터넷 컨테이너라고 부르는 유닛로드로 만들고, 이 유닛로드 단위로 각종 정보의 취득과 활용을 도모하고 있다. 이러한 물리적 인터넷 컨테이너는 복수의 공급사슬과 네트워크에서 사용될 수 있는 개방적이고 상호 운용 가능한 물류센터, 즉 물리적 인터넷 허브를 경유하여 최종 목적지로 운송된다.

물리적 인터넷 컨테이너의 개념을 도시하면 [그림 3]과 같다.

이러한 물리적 인터넷 컨테이너를 활용한 운송체계에 대해 Montreuil 교수는 '멀티세그먼트 인터모달 운송방식'[3]이라고 표현하였는데, 이 방식을 기존의 허브 앤 스포크 운송방식과 비교하면 다음 〈표 1〉과 같다.

또한 향후 물리적 인터넷으로부터 기대할 수 있는 효과로서 경제적 측면에서는 획기적인 수익성 확보가 가능할 뿐 아니라 사회적 측면에서는 에너지 소비와 환경오염 감소, 물류 근로자의 삶의 질 향상과 물류의 사회적 가치의 제고 등과 같은 기대효과를 들고 있다.

다) 일본의 스마트 물류 연구개발 프로젝트

운송기사 부족이라는 만성적인 문제를 안고 있는 일본 물류업계는 물리적 인터넷의 잠재적 가치에 대해 높은 관심을 보이고 있는 가운데, 일본 정부는 물류 디지털 혁신을 실현하기 위해 물리적 인터넷 구현에 의해 물류과제를 해

[그림 3] 물리적 인터넷 컨테이너(PI Container)

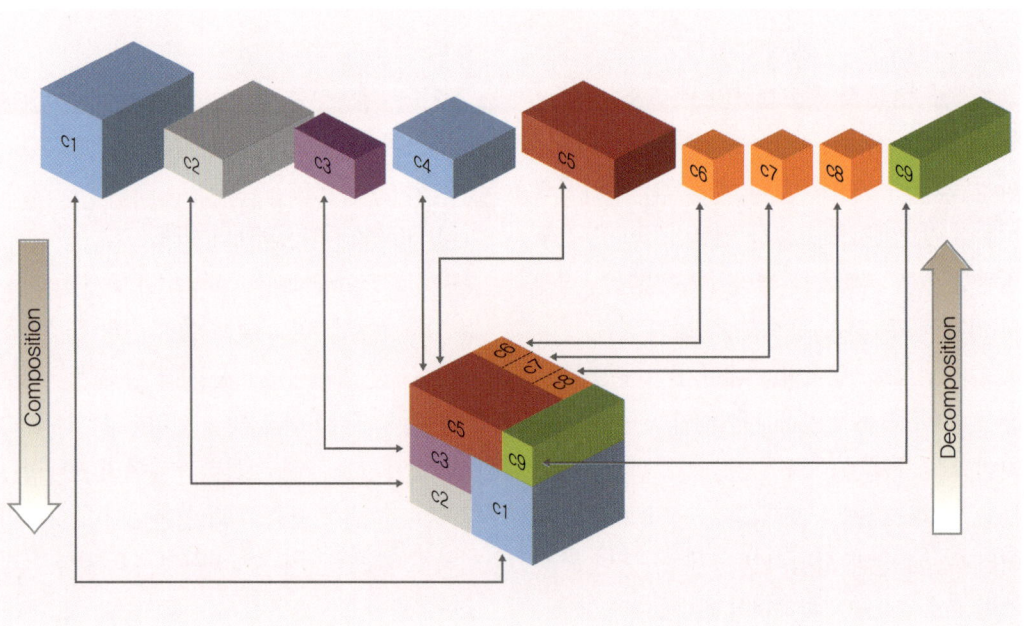

---

3) 멀티세그먼트 인터모달 운송방식이란 각지에 분산되어 있는 운송수단과 운송 기사를 각 지역에 산재되어 있는 화물거점과 사슬처럼 연계하여 운송방법을 연결 또는 변경하면서 목적지까지 운송하는 수단이라고 설명하고 있다.

〈표 1〉 멀티세그먼트 수송방식과 허브&스포크 방식 비교

	멀티세그먼트 운송방식	허브&스포크 운송방식
운송 노드	화물 환적 거점이 다수 존재하여 노드 수를 분산시킨다.	허브 물류센터에 집하되기 때문에 노드 수는 제한된다.
운송 링크	여러 대의 트럭으로 운송하기 때문에 링크간 거리가 짧다. 라스트마일에서 링크 수가 한정된다.	트럭 한 대로 배송하기 때문에 링크간 거리가 멀다. 라스트마일에서 링크 수가 분산된다.
운송 모드	여러 대의 운송모드를 이용한다. 각 지역에 산재하는 모드를 활용한다.	한 대의 운송 모드만을 이용한다. 집하지점에 존재하는 모드를 활용한다.

출처: 김도형, 일본 국립해상 · 항만 · 공항기술연구소, 코트라 해외시장뉴스(2020)

결한다는 방침을 설정하고 그것을 실현하기 위한 구체적인 노력을 경주하고 있다.

일본정부는 2013년 6월 전략적 창조 프로그램(SIP: Strategical Innovation Program)[4]을 발족시키고, 일본의 물류 서플라이 체인은 지금까지 개별 최적의 방식을 고수하였고, 또 발전되어 왔지만, 최근의 물류 위기를 극복하는 데에는 한계가 있다고 인식하고 물류 분야의 국가적 과제로 '스마트 물류 서비스'를 선정하였다.

현재 스마트 물류 서비스 프로젝트는 물류 · 상류 데이터 기반 구축, 자동 데이터 수집 기술개발이라는 두 프로젝트를 축으로 하여 연구개발이 진행되고 있다. [그림 4]는 스마트 물류 서비스의 개념과 일본 내각부가 물류시스템 혁신을 통해 실현하고자 하는 사회적 모습을 도시하고 있다.

① 물류 · 상류 데이터 기반 구축

현재 물류 데이터는 대부분 비공개 데이터로서 각 물류 주체들이 소유하고 있고, 이를 공유 · 통합하여 빅데이터로 활용되지 못하고 있다. 물류 데이터를 공유할 수 있게 된다면, 물량에 따라 차량이나 작업자를 적정하게 배치할 수 있고, 공동배송을 실시하여 물류자원들을 보다 효율적으로 활용할 수 있으며, 태풍이나 지진 등의 자연재해나 바이러스 유행과 같은 위급사태 발생 시에도 원활하게 대처할 수 있게 된다.

물리적 인터넷을 구축하면 물류 데이터뿐 아니라 관련된 상류 데이터도 공유 · 통합하여 빅데이터로 활용할 수 있는 기반이 마련된다. 물류사업자(창고사업자, 운송사업자, 통관사업자 등) 뿐만 아니라 물류사업자에게 화물의 운송 · 보관 · 분류 · 포장 등의 물류 업무를 위탁하는 송화주, 화물을 수령하는 수화주(기업, 소비자), 그리고 도로 · 항만 · 공항 등의 물류 인프라로부터 물류와 상류 데이터를 수집하는 것이다.

그렇게 되면 모든 물류 주체들이 자신이 어

---

4) 일본 정부는 국가의 핵심 과학기술 개발 로드맵을 바탕으로, 기초연구부터 실용 · 사업화까지 중장기에 걸쳐 연구개발을 추진함으로써 과학기술 혁신과 4차 산업혁명 시대(Society 5.0)의 실현을 목표로 하고 있다.

[그림 4] 스마트 물류시스템의 과제와 최종 목표

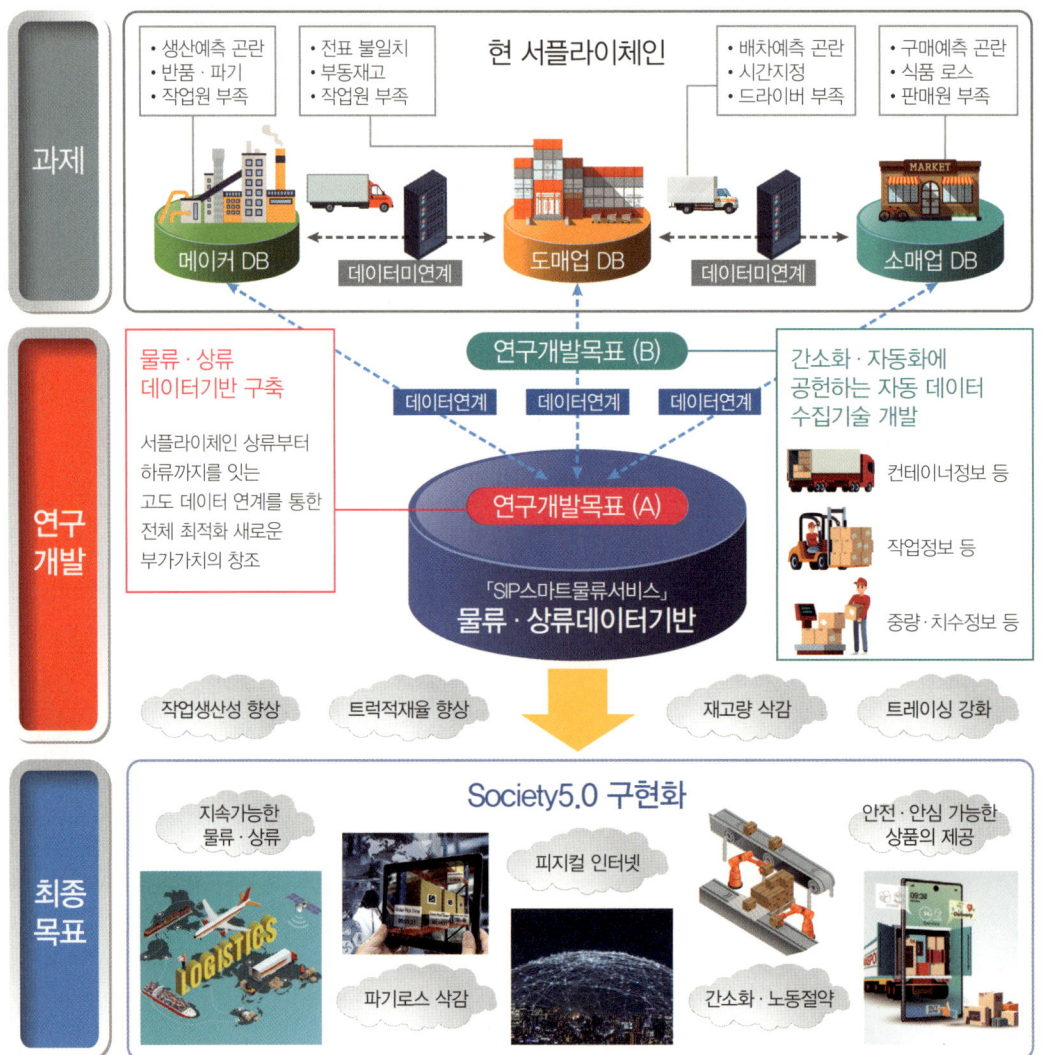

출처: 일본 내각부 SIP(2020), 상동

떤 경영자원을 불필요하게 소모하고 있는지를 실시간으로 정확하게 파악할 수 있게 된다. 또한 공급망 전체에 대한 가시성도 확보되어 서로 협업함으로써 공급망 구성원들의 생산성을 획기적으로 향상시킬 수 있고, 정부의 입장에서도 생산, 유통, 판매, 소비까지 이어지는 제반 데이터를 활용해 국가적인 생산·물류·유통 시스템을 최적화할 수 있게 될 것이다.

한편 이를 위해서는 각 물류 주체가 생산하는 데이터(전표, 코드 등)에 대한 표준화와 데이터 거버넌스 체제의 구축이 선결 과제로 대두된다. 일본 스마트 물류 시스템 프로젝트에서는 일용잡화, 편의점·드럭스토어, 의약품·의료기기, 지역물류의 4개 업종을 유스케이스로 하여 프로토타입을 만들고 있으며, 오픈데이터의 기반을 구축하고 적절한 데이터 접근 권한의 확립 추진하고 있다.

② 자동 데이터수집 기술개발

최근 물류업계에도 IoT, AI 등 첨단 기술이 도입되면서 창고로봇의 도입, 자율주행 등과 같은 물류 자동화·무인화가 추진되고 있고, 이를 지원하는 물류 시스템의 표준화 등도 전개됨에 따라 물류 데이터를 자동으로 수집할 수 있는 여건이 마련되고 있다. 그러나 여전히 대부분의 물류 현장에서는 많은 작업과 절차가 수기 전표 작성과 같은 수작업 방식으로 처리되고 있거나 아예 데이터로 보고되고 있지 않다.

물류 현장에서의 데이터 수집은 자동화 내지는 간소화된 데이터 처리작업이 필요하다. 최근 자동인식기술의 보편화가 이루어졌다. 예를 들면 이차원 바코드 또는 RFID 기술 등을 활용하여 각 개체에게 식별정보가 들어있는 라벨 등을 부착하고, 이를 읽는 장치를 사용하여 인식함으로써 데이터를 수집하고 처리하여 개체 단위의 추적관리와 이력관리를 용이하게 할 수 있다.

제조업의 경우에는 구입한 자재와 생산한 반제품이나 제품에 대해 개별 개체 단위의 이력관리와 공급망에서의 추적관리가 가능해지고, 공장 내에 소재한 금형, 설비, 파렛트 등과 같은 물류자산 등의 엄밀한 자산관리 등을 행할 수 있게 된다.

물리적 인터넷은 이러한 자동 데이터수집 기술개발을 통해, 물류 공급망을 연결함으로써 전체 물류 프로세스를 최적화할 수 있고, 향후 그 적용범위를 국가 간 협업을 통해 전 세계적인 범위로 확대할 수 있게 해 준다.

일본에서의 스마트 물류 서비스 프로젝트는 정부 주도라는 특징을 가지고 있다. 정보는 기업의 경쟁력의 원천이기 때문에, 산업계가 정보를 공유하고 또 활용하기 위해서는 이해관계자들 간의 충분한 논의와 동의가 선행되어야 한다. 만성적인 물류인력 부족과 전대미문의 코로나19 팬데믹으로 인하여 물류기업들에게도 스마트화, 디지털화, 무인화는 더 이상 미룰 수 없는 과제로서 향후 기업 간의 정보 공유와 활용에 대한 논의는 급격하게 추진될 것으로 기대되고 있다.

2) 물리적 인터넷 추진 방향

물리적 인터넷을 도입하기 위해서는 국제적인 포장 표준화에 대한 새로운 합의가 필요하고, 개방화로 인해서 물류서비스 품질이 저하되지 않도록 시스템을 갖추며, 창의적인 물류 제안 능력을 전략적으로 강화하는 것이 중요하다.

가) 새로운 형태의 포장 표준화의 추진

다차원적인 공급망을 운용하기 위해서는 현재의 물류산업 규격을 전면적으로 재검토할 필요가 있다. 현재 물류산업에서 가장 많이 사용하는 화물컨테이너 규격은 40×8 피트의 고정된 형태로서, 국제 화물운송을 위한 대부분의 기반시설들은 이 규격을 기준으로 구비되어 있다.

미래의 물류는 데이터를 종합적으로 처리하는 화물 거래 플랫폼이 복합운송 물류를 계획하고 조정하는 역할을 담당할 것이며, 물류센터는 화물을 보관하는 공간으로서의 기능보다는 운송트럭 간에 직접 화물을 옮겨 싣는 크로스도킹 기능을 중심으로 재편되고, 복합운송의

[그림 5] 물리적 인터넷 컨테이너 사양

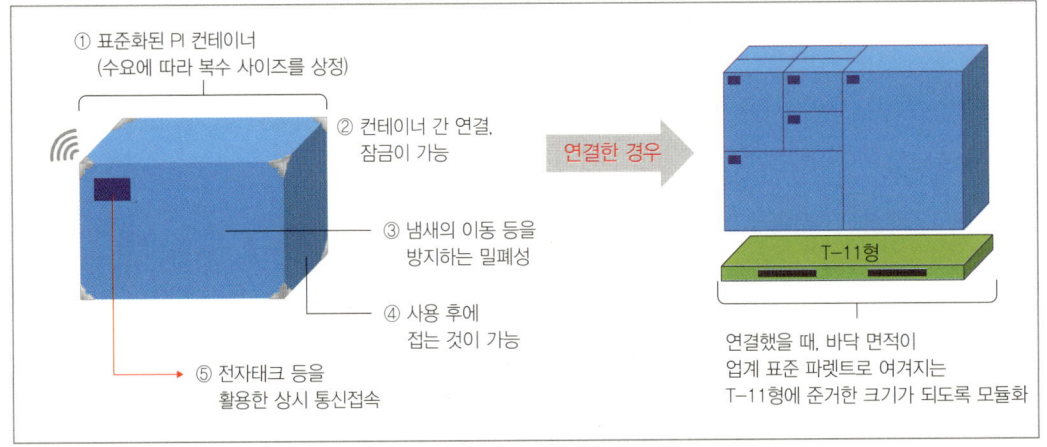

출처: 미즈호은행, '물리적 인터넷에 따른 물류의 변화: 3PL사업자가 지향하는 방향성'

가시성을 보유한 정보를 상호 교환 가능하게 할 것이다.

따라서 화물컨테이너는 지금의 고정형 형태를 지양하고, 모듈식 혹은 조립식 컨테이너 형태로써, 또 지능을 갖춘 스마트 컨테이너로 변화하고, 스마트 크로스도킹을 주 기능으로 하는 새로운 형태의 물류센터와 구조적으로 통합될 수 있도록 진화될 것이다. 예를 들어 수송트럭이 목적지에 도착하면 스마트 컨테이너는 화물의 내용과 상태를 실시간으로 통합 물류 플랫폼에 보고하고, 자신은 다음 화물 하역을 위해 화물의 특성에 맞게 재사용이 가능하도록 즉시 재조립될 것이다.

한편 화물 거래 플랫폼은 '통합적인 데이터 연결'을 지원함으로써 여러 기업이 스마트 컨테이너를 공유하여 사용할 수 있도록 하고, 컨테이너와 운송트럭의 적재 용량을 최대로 활용하게 하여 모두의 운송비를 절감할 수 있게 한다.

이와 같이 상호 연결된 협력적 물류 플랫폼에 기초한 물리적 인터넷(Physical Internet)이 확산되기 위해서는 새로운 물류 방식의 도입을 가능하게 하는 새로운 형태의 화물컨테이너의 도입이 우선적으로 필요하다고 지적되고 있다.

현재 화물의 포장은 개별 업체별로 상이하나, 취급하는 상품의 크기와 무게가 어느 정도 동일한 업계를 대상으로 포장 표준화를 합의하고 유사한 화물을 취급하는 타 업체를 설득하여 물리적 인터넷 적용범위를 확대해 나가는 단계적 대응이 시도되고 있다. [그림 5]는 물리적 인터넷을 위한 컨테이너 사양의 개념을 도시한 것이다.

나) 물류자원에 대한 장기적·순차적 투자

물리적 인터넷을 구축하기 위해서는 각 사업자의 공장과 물류거점에 산재한 기존 설비를 교체해야 하므로 이들 설비들이 낙후되어 교체가 필요한 시점에 순차적으로 이루어질 것으로 예상된다.

ALICE 모델에서는 2040년경에 물리적 인터넷이 실현될 수 있을 것으로 가정하고 있는데,

물리적 인터넷 컨테이너가 부분적으로 도입이 시작되어 20년쯤 경과 한 후에는 전 산업으로 확산되어 스마트 컨테이너 사용이 보편화 될 것으로 예상되고, 자동화·무인화된 물류센터에서 자율 주행하는 차량에 의해 취급될 것으로 전망된다.

이러한 물리적 인터넷을 구현하여 화물 공급 사슬의 혁명을 이루기 위해서 정부와 민간, 공공 부문 간의 긴밀한 협력에 기초한 대규모 인프라 투자가 필요하다. 정부는 관련 법안의 간소화와 갈등을 야기하는 여러 법적 규제의 정비, 사회적 기반시설의 개선과 보수에 적극 나서야 한다. 통합 데이터에 의한 협력적 물류 플랫폼은 여러 산업에 걸친 효율성을 증가시키고 트럭 운전사의 삶의 질 개선과 같은 사회적 문제 해결에도 기여하므로 정부의 지원이 필요하다.

다) 화주기업과의 협력적 물류체제 구축

물리적 인터넷의 실현을 위해서는 물류사업자뿐 아니라 제조업체와 도소매 기업 등 공급망의 구성원들이 긴밀하게 협력하여 디지털 기술과 공유 비즈니스 모델을 활용하여 표준화와 개방화를 추진하여야 한다.

제조업체의 입장에서 보면 개별 고객 맞춤화는 시대적 대세이며, 유통업의 경우에는 가속화되고 있는 옴니 채널화와 O2O(Online to Offline) 거래 확산 등으로 인해 그들의 물류 파트너에게 이 같은 변화를 수용해 줄 것을 요구해 왔지만 물류기업들의 대응 속도는 화주기업의 기대에 부응하지 못하고 있다.

현재 물류기업도 대량 수송체제에서 개별 고객 맞춤형 수송체제로 어느 정도는 변화되어 왔다고 볼 수 있지만, 기본적인 틀은 전체 작업 프로세스를 기능별로 나누어 분업화한 것으로, 고객 수요에 따라 동적으로 기업 간 협력을 이루는 단계까지는 이르지 못한 상황이다. 기업 간 협력을 저해하는 주요한 요소로는 다양한 화물의 크기와 화물 라벨링 표기의 불일치, 운송수단 간의 연계 미흡, IT 시스템 간의 호환성 부족 등을 들 수 있다.

따라서 물리적 인터넷을 추진함으로써 공급망의 모든 구성원이 하드웨어 및 소프트웨어 측면에서 표준화 과정을 거친 물류 네트워크를 공유하게 되며, 빅데이터 분석, 블록체인이나 클라우드 컴퓨팅 등 새로운 디지털 기술을 활용한 정보시스템을 공유하는 혁신을 이룰 수 있다.

라) 물류 사업자의 운영 능력 제고와 전략적 역량 강화

기존의 폐쇄적인 독자적 물류망에서는 특정 화주가 요구하는 고품질 물류서비스를 우선적으로 제공할 수 있지만, 개방적인 물리적 인터넷에서는 물류자원의 유효 활용을 위한 공동 보관과 수배송을 목표로 하므로 공급 경로를 최단 경로가 아니라 우회 경로를 사용하는 경우도 있으므로 때로는 리드타임이 길어지게 된다.

물류 리드타임은 물류서비스의 품질을 평가하는 일반적인 척도 중 하나로써 반드시 최단 리드타임 옵션을 사용하지 않는 물리적 인터넷에서는 물류서비스 품질 저하로 애로를 당할 수도 있다. 개방화로 인한 물류서비스 품질 저하 문제를 해결하기 위해 비용과 규모 측면에서 물리적 인터넷 도입이 용이한 동종 업계가 재고를 분산 배치함으로써 소비자와 근접한 장소에 화물을 보관하여 물류서비스 품질을 일정

수준으로 유지하는 방안을 강구할 필요가 있다.[5]

물리적 인터넷 환경 하에서 물류사업자의 경쟁력 요소가 지금과는 많이 다를 것으로 쉽게 짐작할 수 있다. 고객의 물류 전체를 최적화하기 위한 고도의 물류전략을 제안하고 실행하는 능력이 지금보다 훨씬 더 중요한 차별화 요인이 될 것이다.

따라서 물류사업자는 기존의 물류현장 운영 능력에 더하여 고도의 물류 지식과 데이터 분석과 같은 물류기술 활용 능력을 강화하여 고객과 전략적 협력 체제를 주도적으로 만들어야 하므로 이를 위한 인력 육성과 시스템에 대한 투자도 확대하여야 한다. 이 같은 물류사업자의 역량은 급변하는 환경과 갈등 관계 속에서도 다수의 이해관계자와의 협업을 통해 새로운 가치를 창출할 수 있을 것이다.

미래의 물류시장에서는 변화에 신속하게 대응하여 새로운 기술과 새로운 비즈니스 모델로 새로운 고객을 끊임없이 만들어내는 물류기업만이 지속적인 생존과 번영이 가능할 것으로 전망되며, 이러한 경쟁력 확보는 자사만의 네트워크를 가지고 경쟁하는 폐쇄적 성장 전략에서 벗어나 과감한 전략적 제휴를 통해 타 기업들과 보다 유연하고 대담한 협력을 이끌어내는 기업 역량에 의존할 것이다.

3. 물리적 인터넷 기대효과

물리적 인터넷은 정보통신 분야에서의 인터넷처럼 글로벌 물류산업을 파괴하고 재창조하는 영향력을 가질 것으로 예견된다. 지금도 새로운 기업들이 나타나 물류업계의 기존 상식을 무너뜨리는 새로운 비즈니스 모델들이 나타나서 시장에서 기존 업계와 치열한 경합을 벌이는 경우가 잦아지고 있지만, 물리적 인터넷 시대에서는 혁명적인 비즈니스 모델이 수시로 등장하고 또 기존의 사업자들과 치열하게 경쟁하는 일이 빈번해질 것이다.

물리적 인터넷 도입 시 기대되는 일반적인 기대효과로는 다음과 같은 사항들을 들 수 있다.

1) 물류 프로세스의 기계화·자동화를 통한 비용 절감

과거 해상용 컨테이너가 표준화되어 항만 하역 작업이 기계화되고 물류비를 절감했던 것과 같이, 물리적 인터넷 컨테이너에 의해 다양한 종류의 화물의 크기와 형태가 유닛로드 단위부터 해상용 컨테이너까지 표준화됨에 따라 전체 물류 프로세스에서의 화물 취급 업무가 기계화·자동화되어 신속·정확하고 효율적인 물류 작업은 기업의 물류비를 절감할 수 있게 해준다.

또한 유닛로드의 표준화는 상품 포장 규격의

---

[5] 일본의 경우, 가공식품 업계가 생산자, 유통업체, 물류사업자 간에 리드타임 연장을 합의한 것을 대표적인 사례로 들고 있다.

통일을 촉진하고, 공장 내의 화물 취급 기계들의 사양 표준화로 이어져 제조업체의 설비투자 부담도 경감될 수 있다. 화물을 집고, 분류하는 일들도 대부분 물류로봇들이 담당하게 된다.

대부분의 화물 취급 작업들이 자동화됨으로써 인력에 의한 노동은 최소화되고, 사람은 보다 질 좋은 근로 활동에 종사함으로써 안전사고의 위험이 없는 근무 환경을 제공할 수 있다.

2) 공동 운송, 혼재 운송, 온디맨드 운송 등에 의한 협업 활동 증가

물리적 인터넷에서는 화물이 규격화된 유닛로드 단위로 수배송 되기 때문에, 하역은 물론이고 환적 업무도 파렛트 단위로 기계화·자동화할 수 있게 되어 공동 운송과 혼재 운송이 가능하게 된다. 여러 화주들의 화물을 하나의 트럭에 혼재할 수 있어 운송차량의 적재효율은 높아지고, 환적의 기계화는 환적 작업시간을 대폭 단축시킨다.

또한 최근의 온디맨드 소비 추세에 대응할 수 있도록 각 지역의 운송사업자가 온디맨드로 단거리 배송을 연결하면서 최종 소비자에게 약속된 시간에 배송하는 물류서비스를 가능하게 함으로써, 현재와 같이 한 운송사업자가 수일에 걸쳐 장거리 운송을 해야 하는 부담을 제거하여 갈수록 심각해지는 운송기사 부족에 효과적으로 대응하고, 가혹한 운송기사 노동조건을 개선하여 그들의 삶의 질을 향상시킬 수 있다.

3) 효과적 물류자원 활용에 의한 생산성 제고

스마트 컨테이너는 컨테이너 자체뿐 아니라 차량과 화물의 위치 정보와 상태 정보를 실시간 관리할 수 있게 해 준다. 컨테이너 즉 화물과 차량에 대한 정보를 실시간 관리할 수 있게 되면 물류사업자는 보유하고 있는 물류거점, 수송차량, 운전자 등의 정보를 타사와 공유할 수 있게 되고, 각 물류거점과 수송 차량의 유휴 공간 및 비 가동시간을 줄이고 생산성을 크게 높일 수 있게 된다.

물류센터, 수배송 차량, 화물 취급 장비, 운전기사 등과 같은 물류 자산의 공유는 물류 네트워크상에 산재한 각 지역의 자원을 최대한 유효하게 활용할 수 있게 하고, 물류거점의 집약화를 가능하게 하여 물류자산의 투자수익률을 높일 뿐 아니라 자산 보유에 필요한 투자의 필요성을 감소시켜 경영자금의 원활한 운영을 가능하게 한다.

4) 협력적 물류 플랫폼 활용으로 공급사슬의 회복력을 복원

물리적 인터넷은 상호 연결된 협력적인 물류 플랫폼으로, 이 새로운 물류 플랫폼은 보다 효율적이고 지속가능한 물류 공급망을 구축하고 또 운영할 수 있게 해 준다.

물리적 인터넷 컨테이너에 의한 포장 표준화는 물류거점과 수배송의 개방화를 가능하게 하고, 재고를 소비자에 가까운 거점으로 분산 배치시키고, 다양한 수배송 경로를 유연하게 선택하는 환경을 제공한다.

따라서 어떤 자연재해나 감염증 등으로 특정 거점을 활용할 수 없게 될 경우, 독자적인 물류 네트워크를 정상적인 상태로 복구하는 데에는 많은 시간과 노력이 소요되는 것에 반하여, 물리적 인터넷 환경 하에서는 상호 이용이 가능한 개방화 된 물류네트워크상에 재고를 분산시켜 두었으므로 공급사슬을 신속하게 회복력 시킬 수 있다.

4. 물리적 인터넷 추진 사례

1) 아마존

가치사슬의 핵심 중 하나인 물류를 수직 통합하기 위해 노력하고 있는 미국의 아마존은 여러 가지 프로그램들을 추진하고 있다. 자체적인 공항을 설치하고, 라스트 마일 배송을 담당하는 매우 작은 협력회사들과 우버화(Uberization)와 같은 서비스 생태계를 만들고 있으며, 물류로봇 도입과 무인매장과 같은 자동화에 대한 막대한 투자를 하고 있다. 또한, 식자재 문전배달 사업을 위해 미국 지역기반 배달 스타트업인 Deliveroo에 대해 전략적인 투자를 행하였으며, 물류 운영 시에 배기가스와 탄소발자국를 줄이기 위한 각종 노력들도 경주하고 있다.

물류를 수익성 있는 서비스이며 많은 주요 고객에게 줄 수 있는 혜택으로 간주한 아마존은 그간 자신의 가치 제안의 핵심이었던 UPS나 FedEx와 같은 거대 물류기업들에 대한 의존도를 줄이고 물류 비즈니스에서의 전문성을 키우고 있는데, 이는 기존 물류 대기업들과의 경쟁을 시작한 것을 의미한다.

아마존은 기존 기업과의 경쟁에서 우위를 점하기 위한 핵심 전략으로 물리적 인터넷 구축을 표명하였다. 지난 1세기 이상 물류 현장을 지배해 온 전통적인 플레이어들이 의존해 온 물류 비즈니스를 바꾸고, 새로운 게임의 룰을 만들어 그들의 통제권을 아마존과 소수의 대체적 수익 창출자들이 넘겨받는 미래를 물리적 인터넷에서 찾았다고 볼 수 있다.

아마존은 많은 소비자 기업을 위해 보관과 재고관리 서비스를 개발하였고, 그 서비스를 물류 분야로까지 확장하였다. 아마존의 시스템을 사용하여 상품을 판매하는 회사들은 아마존 시스템상에서 자신의 데이터를 사용하여 자신의 사업을 관리할 수 있고, 비즈니스를 개선할 수도 있으며, 자신의 고객 풀필먼트 프로세스를 아마존에 일임하는 것도 가능하다.

아마존을 이용하는 전자상거래 화물은 계속 늘어나고 있으며, 광대한 미국 안에서도 익일 배송은 물론이고 시간 지정과 같은 서비스 제공도 확산되고 있다. 보다 빨리, 보다 정확한 시간에 화물이 도착하기를 원하는 구매자의 요구에 능동적으로 대응하기 위해 아마존은 첨단의 ICT 기술을 활용하고 있다.

자사가 만든 서비스를 외부도 이용할 수 있게 하는 전략은 클라우드 서비스를 사업화한 아마존 웹 서비스(AWS)에서 볼 수 있다. 인터넷과 같이 촘촘한 물류 네트워크를 물리적으로 구축하여 혁신적인 배송 시스템을 만들어가고 있는 아마존이 물리적 인터넷 분야에서도 이니셔티브를 가지고자 하는 본 싸움에서도 승리를 거둘지 곧 알 수 있을 것 같다.

2) 야마토 운송

일본의 택배 대기업인 야마토 운송은 비효율적인 물류 업무방식과 노동력 부족으로 어려움을 겪고 있는 일본 물류업계야말로 물리적 인터넷은 필요한 사고방식이며 시스템이라고 인지하고, 2019년 9월 미국 조지아공과대학과 물리적 인터넷의 공동연구를 시작하였다.

야마토 운송은 1929년에 일본 최초로 정기편 노선사업을 개시한 이래 1976년에는 택배

사업을 시작하여 전국적인 택배망을 구축해 온 일본의 대표적인 택배 사업자로 그 위치를 공고히 해 왔으나, 2017년 운송기사의 장시간 노동과 야근수당 미지급 문제가 표면화되면서 한계에 부딪히고 있었다. 최대 고객이었던 아마존재팬 등 법인 고객에게 운송기사 부족을 이유로 대폭적인 가격 인상을 제시하여 운송 화물량을 줄이는 등의 대책을 시도하였으나 상당한 영업 매출 감소로 인하여 경영 기반 자체가 크게 흔들리고 있었다.

이에 야마토는 미국 조지아공과대학과의 협력을 통해 물리적 인터넷을 실현하고자, 그 주요 개념인 '오픈 셰어링'의 적극적인 도입을 시도하게 되었다. 야마토 그룹의 총합연구이사장을 맡고 있던 기카와 씨는 "경쟁업체인 사가와 택배에게 우리 창고를 사용하게 하여도 좋다. 업계 전체가 효율화에 나서지 않으면 안 된다"라고 업계의 기존 상식에서 벗어나 타사와 함께 새로운 물류망을 만들어나가겠다는 각오를 밝혔다.

일본 물류 대기업 중에서 최초로 물리적 인터넷 도입을 선언한 야마토 운수가 개방적인 공유체제가 아직 정착되지 않은 일본의 기업 풍토 속에서 어떻게 협업을 일구어낼지 주목하고 있다. 현재 일본에서는 식품업계를 중심으로 대형 경쟁업체끼리의 협업이 빠르게 추진되고 있는데, 그 성공과 확산의 속도를 지켜볼 필요가 있다.

3) 아스클 물류센터

일본 물류업계에서도 디지털 기술에 능한 '신참자'가 생겨나고 있고, 그들이 물리적 인터넷 세계를 선도할 수 있는 가능성을 보이고 있다.

일본 사무용품 유통의 최대기업인 아스클(ASKUL)은 법인에게는 문구 및 사무용품을, 개인에게는 냉동 빵이나 일용품, 화장품 등 폭넓은 제품을 인터넷을 통해 판매하는 기업이다. 2017년 야마토의 물류 위기가 표면화되면서 자체적인 물류 인프라를 구축하기 시작하였다. 지금은 자체적으로 상품을 고객에게 배송하는 것은 물론이고, 네슬레 일본 등의 기업에게 시설을 개방하였다. 즉 개방적인 물류 인프라를 목표로 하고 있다는 점에서 물리적 인터넷을 구성하는 물류센터라고 말할 수 있다.

오사카 부 스이타 시에 있는 간사이 물류센터는 2018년 2월에 가동을 시작한 간사이권 물류의 허브로, 총면적이 16만㎡에 달하고, 폭 83cm, 길이 1m, 적재능력 1톤인 타원형 로봇이 대부분의 작업을 처리하는 자동화된 물류센터이다.

제5절 유닛로드시스템 효율화를 위한 과제

1. 유닛로드 표준의 경제성 검증

독일의 표준화 정부기관인 독일표준협회 DNA(Deutsche Normenausschuss)에서 2000년 발표한 바에 따르면 '표준의 경제성 효과'는 GDP의 1%(독일의 경우 315억 DM) 수준으로 밝혀졌다. 독일과 오스트리아 및 스위스의 4,000개 이상의 기업을 대상으로 설문조사와 전문가 면담을 통하여 나온 결과이다.

기업의 84%가 수출전략의 일환으로 국제표준을 활용하고 있으며, 25%의 기업이 임의표준 제정 작업에 참여하여 향후 임의표준이 강제 기술규정으로 바뀌었을 때를 대비하고 있다. 독일의 많은 기업에서는 표준화의 중요성에 대해서는 잘 알지 못하지만 표준화의 전략적 중요성과 기대이익에 대해서는 잘 알고 있다.

일반적으로 정부에서 규제가 필요한 경우 규제를 위해 기술규정(Technical Regulation)이 필요하다. 이때 국제표준 혹은 국가표준을 규제를 위한 지침으로 사용하게 된다. 이에 따라 표준화 작업에 적극적으로 참여하고 있는 기업은 그 표준이 기술규정으로 채택되기 전에 이미 표준을 사용해 왔기 때문에 많은 비용을 절감할 수 있다. 그러므로 많은 선진국의 기업에서는 표준을 제정할 때 자사가 원하지 않는 내용은 최대한 배제하고 기업이 원하는 내용이 포함되도록 노력하고 있다.

1) 비용 절감

표준화는 개별 기업에게 이익을 가져다줄 뿐만 아니라 경제 전반에 걸쳐 발생하는 거래비용인 정보수집, 협상, 시장 배치 등을 효과적으로 할 수 있어 그에 따르는 비용을 줄일 수 있다.

이는 표준화로 인하여 이용할 수 있는 정보가 증가하고, 기업 내 타부서 간, 혹은 기업 간의 의사소통에도 효과가 있기 때문에 비용효과가 크다는 것을 알 수 있다.

2) 표준의 효과

보험회사들은 표준이 위험요소를 낮추는 데 가장 큰 역할을 한다고 생각하며, 소비자 단체는 제품의 안전에 문제가 있다고 판단, 표준화 제정 작업에 참여함으로써 제조업체가 제품의 안전에 관하여 더 유의할 것으로 조사되었다.

현행 규제조항은 독일표준의 약 20%를 인용하고 있으며 이는 표준이 많은 전문가들의 참여로 제정되었고, 독일 내의 많은 기업이 표준을 사용하고 있기 때문에 규제규격에 인용하게 되었다.

3) 유닛로드 표준화에 따른 이익 추정

일반적으로 물류표준화에 따른 경제성 분석은 소프트웨어 인프라 요소를 가지기 때문에 표준화 사업을 추진하는 데 투입되는 비용과 편익 분석을 하기가 쉽지 않다. 왜냐하면 비용을 투입하는 측과 그 혜택을 받는 측이 서로 달라서 편익에 대한 추정이 어렵기 때문이다.

유럽에서는 일찍이 효율적인 고객 대응(ECR: Efficient Customer Response)이라는 프로그램을 도입하여 식료품 업계에서 실행하고 있었다. ECR 프로그램을 위해 유닛로드를 구축함으로써 물류시스템이 효율적으로 운영할 수 있다는 사실을 알고 그에 대한 경제성 분석을 하였다.

1996년 AT Kearney 컨설팅 회사가 공급망에 걸친 효율적인 유닛로드시스템을 구축하는

〈표 1〉 안전을 위한 표준화의 비용과 이익

(단위: 백만 달러)

비 용		이 익	
표준제정	440	치명적 사고 예방	6,000
연구 및 개정	760	비치명 사고 예방	7,200
실행, 감독 및 사후관리	12,000		
총 계	13,000	총계	13,500

출처: 독일 책임보험협회(The Liability Association)

〈표 2〉 유닛로드시스템의 편익 추정

편익 요소[1]	제조사 (%)	유통업 (%)	합계 (%)
수송기관의 적재효율	0.08	0.17	0.25
창고보관 및 운반 영역 확대	0.05	0.17	0.22
매장내의 운반과 보충작업	–	0.47	0.47
포장과 자재 관리	0.17	–	0.17
기타[2]	0.03	0.06	0.09
총 유닛로드 효율성	0.33	0.87	1.20

주) 1 매출액 대비 퍼센트, 부가세 별도
    2 손망실, 자본비용, 관리비용 등

출처: AT Kearney Survey, Efficient Unit Loads Project

데 필요한 경제성 분석을 한 결과는 다음과 같다. 제조사 0.33%와 유통업 0.87%를 합하면 1.20%의 매출액 대비 비용절감 효과를 볼 수 있다. 국내 주력산업인 제조업의 평균 영업이익률이 5.4%인 것을 고려하면 유닛로드시스템을 구축함으로써 1.20% 물류비용을 절감한다면 영업이익률이 6.7%로 증가할 수 있다는 사실이다. 글로벌 공급망의 확대로 인해 물류비용이 증가하고 있기 때문에 유닛로드시스템에 의한 비용절감 효과는 상당히 효과적이고 현실적이 되었다.

비용절감의 내용을 구체적으로 살펴보면 수송기관의 적재효율성(0.17%)도 중요하게 나타나지만 공급망에 걸쳐있는 창고 내의 운반의 효율성이 보다 비중이 높게 나왔다. 특히 소비지에 가장 밀접하게 위치한 장소인 매장과 선반 영역에서 운반과 보충작업을 위한 효율성(0.47%)에서 가장 이익을 많이 제공할 수 있다는 사실이다.

효율적인 유닛로드시스템의 성과에 대한 효율성은 제조업과 유통업에 고르게 나타나지 않고 유통업에서 그 이익의 90%인 매출액 대비 0.9%를 차지한다. 제조업은 포장, 수송, 창고를 합하여 매출액 대비 0.3% 이익을 실현할 수 있다. 유통업에서의 비용절감의 효과가 상대적으로 높다는 의미는 그만큼 현실에서 개선할 요소가 많다는 뜻이다. 특히 유통업의 배송센터에서 각 대리점 혹은 매장으로 배송하면서 다양하고 효과적인 유닛로드 용기의 도입이 필요한 이유이기도 하다.

우리나라에서도 공급망에 걸쳐서 유닛로드시스템의 효과를 정량적으로 분석하여 그 결과를 검증할 필요가 있다. 경제적 효과의 객관적인 검증을 통해 기업들은 유닛로드시스템에 대한 중요성을 인식하여 구체적으로 실행할 동기를 부여할 수 있기 때문이다.

2. 선진물류를 위한 표준화 전략

선진물류를 위해 어떠한 창의적인 전략을 수립해야 하는가? 문제의 본질은 표준화가 아니라 공동사용을 통한 물류비 절감 물류서비스 개선이라는 것을 잊어서는 안 된다. 유럽의 경우를 살펴보면 국제철도연맹(UIC)을 이용한 파렛트풀시스템이 구축되어 물류합리화를 실현하고 있다. UIC(제3장 5절 참조)라는 국제기구가 민간협회인 유럽파렛트협회(EPAL)에 위임하여 파렛트와 관련하여 교환방식으로 공동으로 파렛트를 사용하여 물류생산성을 높이고 있

다. 미국의 경우를 보더라도 〈표 3〉과 같이 산업별 민간단체에서 파렛트 표준을 개발하여 산업별로 공동사용을 함으로써 물류비를 절감하여 물류생산성과 물류서비스를 개선할 수 있었다. 국내도 파렛트와 플라스틱 회수용기를 포함하여 관련 물류기기 및 시설의 공동사용시스템을 활성화해야 한다.

국내 물류표준의 근간이 되는 파렛트를 포함하여 관련 물류기기의 표준화도 민간 산업단체에게 위임하여 그 산업체에서 표준 파렛트와

〈표 3〉 미국의 산업별 파렛트 표준단체

U.S. industry standard for wood pallets (general)	"Pallets, Slip Sheets, and Other Bases for Unit Loads" ASME/ANSI MH1 Parts 1 to 10 www.asme.org
Electronics Industry	Electronics Industry Pallet Standard "EIPS-2000" 1,200mm×1,000mm and 800mm×1,200mm http://packaging.hp.com/eips
Chemical Industry	"Chemical Industry shipping Pallet Guidelines" 1,200mm×1,000mm, 1,300mm×1,100mm, 1,140mm×1,140mm International Association of Packaging Professionals www.iopp.org
Automotive Industry	Automotive Industry Action Group(AIAG) RC-8 "Single and Multiple Use Container System Guidelines" www.aiag.org

물류기기를 제정하도록 해야 할 것이다.

물류 표준화의 핵심은 궁극적으로 공동사용을 유도하기 위한 인프라 구축이다. 특히 제조업의 탄소배출량을 줄이기 위해서는 일회용이 아닌 재사용이 적극적으로 권장되는 시점에 파렛트를 비롯하여 물류기기의 재사용을 위한 풀시스템 도입의 확대는 중요한 과제라 할 수 있다.

실질적으로 국내에서도 동일한 산업군에서도 여러 종류의 파렛트를 사용하고 있어 물류효율이 저하되었기 때문에, 산업군을 대상으로 표준화 개발과 보급을 해야 한다.

3. 물류 표준화 성과 측정방법의 개선

파렛트화율은 물류효율화를 촉진시키는 하나의 지표로서 중요한 역할을 하였으나 앞으로는 표준 파렛트의 사용률보다는 산업별로 유닛로드시스템 구축 비율을 물류 표준화 성과 지표로 활용해야 한다.

더 나아가 파렛트 가능 물량에 대한 파렛트화 실현비율이 유닛로드시스템 구축의 중요한 지표 중 하나가 될 것이다.

파렛트화율이 낮은 업체는 파렛트 뿐만 아니라 롤컨테이너 및 회수용 용기를 포함하는 각종 효율적인 운반기기를 이용하여 유닛로드시스템을 실현하고 있다. 따라서 앞으로의 유닛로드 보급조사에서는 이러한 점을 고려하여 파렛트 효율화 대신 물류효율화를 촉진시키기 위한 새로운 지표(예: 유닛로드화율)를 개발하는 것이 필요하다.

유닛로드시스템 운용 모형을 적극적으로 활용해서 유닛로드시스템 운용 형태에 대한 개선

〈표 4〉 현행(as-is) 유닛로드시스템 운용 모형 (예시)

구분	생산 라인	공장 창고	수송망	배송 거점	배송망	거래 매장
하차				PL/FL		BX/MP
입고		PL/FL		PL/FL		
보관		PL/PR		PL/PR		
출고	BX/MP	PL/FL		PL/FL		
상차	PL/FL	PL/FL		BX/MP		
수송			PL/TR25		PL/TR11	BX/TR25

범례

U/M: 물류 기기 M을 활용하여 취급 단위가 U인 화물을 취급하는 물류 작업을 의미한다.
　　예를 들어 PL/FL는 물류 기기 FL(지게차)을 활용하여 취급 단위가 PL(파렛트)인 화물을 취급하는 물류 작업을 의미한다.
M_1-M_2: 물류 기기 M_1과 M_2를 모두 활용하는 물류 작업을 의미한다.
　　예를 들어 SC-AGV는 SC(스태커 크레인)와 AGV(무인 운반차)를 모두 활용하는 물류 작업을 의미한다.
$U_1|U_2$: 화물 취급 단위가 U_1 또는 U_2라는 의미로서, 상황에 따라서 두 취급 단위를 혼용한다는 의미이다.
$M_1|M_2$: 물류 기기 M_1 또는 M_2라는 의미로서, 상황에 따라서 두 물류 기기를 혼용한다는 의미이다.

BX: 낱개 단위
TC: 수송 포장 용기 단위
PL: 파렛트 단위
FC: 화물 컨테이너 단위

MP: 수작업
PZR: 파렛타이저
ALD: 자동 적재기
CV: 컨베이어
SC: 스태커 크레인
FL: 지게차
PT: 파렛트 트럭
AGV: 무인운반차

AW: 자동 창고
PR: 파렛트 랙

TR11: 11톤 트럭
TR05: 5톤 트럭
TR25: 2.5톤 트럭

〈표 5〉 향후(to-be) 유닛로드시스템 운용 모형 (예시)

구분	생산 라인	공장 창고	수송망	배송 거점	배송망	거래 매장
하차				PL/FL		(PL|TC)/(FL|PT)
입고		PL/SC		PL/FL		
보관		PL/AW		PL/PR		
출고	BX/PZR	PL/(SC-AGV)		PL/FL		
상차	PL/ALD	PL/FL		(PL|TC)/FL		
수송	PL/CV		PL/TR11		(PL|TC)/(TR05|TR25)	

방향을 설정해야 한다.

이 모형에서 수작업으로 이루어지는 부분에 대한 기계화 및 자동화 가능성, 화물 취급 단위의 일관성 강화 가능성, 화물 취급 용기의 정합성 강화 가능성, 더 효율적인 물류 기기의 신규 도입 가능성 등을 검토함으로써 유닛로드시스템의 개선안을 설계할 수 있다.(표4, 표5)

4. 일관수송용 파렛트 보급 추진전략

1) 물류표준설비 인증사업

'물류표준설비 인증(LS: Logistics Standard)' 사업은 전반적으로 국내 물류표준화의 수준을 향상시킨 대표적인 사업이라 판단되며, 아래 소개하는 바와 같은 우수한 성과를 올렸다. 또한 본 사업을 확대한 '물류경영시스템 인증'제도의 시범사업을 통하여 기업들이 향후 물류표준화의 구체적인 성과인 물류서비스와 경영능력 강화를 통해 해외 물류시장에서의 경쟁력도 확보할 수 있는 계기가 되었다고 판단된다.

다만 실행과정에서 인증받은 기업체에게 실제적인 세제감면 등의 혜택을 통해 체계적이고 지속적인 정부 지원이 이루어져야 본 사업이 정착되리라 판단된다. 다음은 물류표준설비 인증사업에 대한 구제적인 평가 내용이다.

가) 배경

물류표준설비 인증이란 T-11형(1,100㎜×1,100㎜)과 T-12형(1,200㎜×1,000㎜) 파렛트와 정합되는 상자, 컨베이어, 컨테이너 등의 물류설비를 표준물류설비로 인증하여 효율적인 일관수송시스템을 구축, 물류비를 절감하기 위한 제도이다.

물류표준화를 통하여 물류시스템을 효율화하고 물류비를 절감함으로써 국가경쟁력을 확보하기 위해서는 포장, 운반, 하역 및 보관에 이르는 일관수송시스템의 구축이 필요하며, 물류표준설비인증은 표준설비의 사용 확산을 통한 유닛로드시스템의 조기구축에 기여하게 된다. 따라서 물류표준설비 인증제도는 유닛로드시스템 구축에 필요한 물류 인프라를 구축하는 역할을 한다.

나) 성과

물류표준설비 인증제도의 도입으로 인하여 기업들이 표준화된 물류기기를 적극적으로 사용하고 있다는 것을 기업방문과 조사 분석을 통해 확인할 수 있었다.

물류표준설비 인증제도가 도입된 2004년 7월 이후 2005년 11월 말까지 표준인증을 받은 품목 수는 197개에 이르고 인증 물류설비 종류를 보면 파렛트, 포장기, 컨베이어, 지게차 등 다양하다. 인증제도의 도입이 된 현재 시점에서 많은 대기업과 중소기업이 참여하여 인증을 받음으로써 물류표준설비 인증제도가 정착되고 있음을 확인할 수 있다.

다) 제안

현재는 물류표준설비 인증제가 한국산업표준(KS) 인증제에 포함되어 운영되고 있다. 국가, 지방자치단체, 정부투자기관 및 공공단체 물품 구매에 대한 우선 구매(산업표준화법 제25조)를 할 수 있는 우대를 주고 있다. 또한 KS 인증제도를 더욱 활성화하기 위해서는 인증받은 물류표준시설에 대한 구매대금의 20% 이상 대폭적으로 세액감면을 함으로써 사용업체가 적극적으로 표준물류설비를 사용할 수 있도록 획기적인 개선이 필요하다.

현재 농림부에서 지원하는 농산물 물류설비표준화 보조금 제도를 확대하여 수산물 관련 물류설비 표준화 자금도 지원할 수 있도록 관계부처와 협의하여 대상품목과 지원제도를 확대해야 할 것이다. 국내 파렛트 표준화율은 2018년 생산량 기준으로 T-11형이 48.5%, T-12형이 13.7%로, 합계 62.2%를 기록하여 미국 수준인 40%~50%을 훨씬 상회하고 있다.

2) 동북아물류협력 사업

한·중·일 동북아 물류표준화 및 아시아 파렛트 표준화사업의 일환으로 2000년부터 추진 중인 한·중·일 동북아 물류표준화 사업을 성공적으로 진행하고, 2005년 국제민간기구인 APSF(Asia Pallet System Federation)를 창설하는 데 기여함으로써 한·중·일 3국뿐만 아니라 아세안 국가들의 물류산업에 기여하고 있다고 판단된다. 이러한 국가 간의 협력이 구체적인 성과를 보려면 정부기관의 물류표준화 협의체(예를 들어 '아시아 ISO 물류소위원회')를 구성하여 정례적으로 물류표준화의 성과를 평가하고 문제점을 해결할 수 있도록 지원할 필요가 있다.

국제표준화기구인 ISO 활동을 강화하여 아시아의 물류표준규격을 국제물류표준규격(ISO 규격)으로 채택될 수 있도록 물류분야별로 '아시아 ISO물류소위원회'(예를 들어 파렛트, 물류포장, 물류정보 등)를 구성하여 표준화 개발을 적극적으로 지원해야 한다. 국제기구인 APSF가 현재 발전과 도약 단계이기 때문에 이러한 민간 국제기구를 활성화할 수 있도록 정부기관에서 적극적으로 지원해야 한다.

3) ISO 국제표준화 사업

물류관련 규격의 국제부합화 사업을 통하여 국내규격들이 ISO 국제규격과 일관성을 가짐으로써 국제물류의 활성화에 많은 도움이 되었다고 판단된다.

다만 아직 물류포장모듈과 같은 특별한 분야는 국내규격이 ISO국제규격과 정합성이 없어 국제일관수송에 어려움이 있기 때문에 국내규격이 ISO규격에 반영되도록 노력할 필요가 있다. 국제표준화 작업에 참여하고 있는 민간전문가(의장, 간사, 컨비너)에게 회의와 프로젝트를 원활하게 수행할 수 있도록 필요한 지원을 적극적으로 해야 한다.

참고 문헌

- 고상필, 김대수 (2008). 국내 물류산업 시장규모와 성장요인에 관한 시계열 인과관계 분석. 로지스틱스연구, 161, 1-16
- 국가기술표준원 (2017). KS T 1355, 순환물류 포장 – 취급 및 운용체계 가이드라인. 국가기술표준원 고시 제 2015-0294호
- 국가기술표준원 (2017). KS T 0006, 유닛로드시스템 통칙. 국가기술표준원 고시 제2015-0294호
- 권오경 (1997). 제1차 전국 물류현황 조사(GOVP working paper, No.1200132687). 서울: 교통개발연구원, 1-506
- 김경태, 권용장, 이석, 김영주 (2009). 우리나라 파렛트 사용량에 대한 실증적 분석. 한국물류학회지, 19(2), 213-236
- 김덕열, 윤의식, 김원표, 이창선, 권혁 (2018). 2018년도 파렛트·컨테이너 생산 및 사용 실태조사 보고서. 서울: 한국파렛트컨테이너협회
- 김영주, 이석, 김경태 (2009.11). 기업의 일관수송용 파렛트 사용 실태 분석. 2009년도 추계학술대회 논문집(pp. 2662-2665), 서울
- 김정환, 윤문규, 전만술, 홍상태, 김경자 (2001). 한국기업의 물류표준화 실태조사 최종보고서. 서울:한국표준협회.
- 김형준 외 (2008). 혁신생산관리론. 파주:형설출판사
- 박은규, 김정환, 엄재균, 이승희, 황선진 (2005). 유닛로드시스템 보급실태조사 보고서. 서울:한국파렛트컨테이너협회
- 신해웅, 손기주, 이유석, 김윤회 (2011). 2011년도 파렛트·컨테이너 생산 및 사용 실태조사 보고서. 서울:한국파렛트컨테이너협회
- 신해웅 (2013). 국내 T-11형 및 T-12형 파렛트 생산/사용 실태조사에 대한 시계열적 분석. 한국물류학회지, 23(5), 297-310
- 엄재균(2010), "아시아 리터너블 파렛트 시스템 구축의 필요성과 전략". 한국물류학회 동계발표대회
- 엄재균, 김성태 (2011) "한 · 중 · 일 무역 활성화를 위한 리터너블 파렛트 공동표준 및 상호인증제 개발". 한국물류학회지 21권 4호.
- 유닛로드시스템 교육자료 (2004), "Education material for Building Unit load system", Center for Unit Load at Virginia Tech, 2004, pp. 20-25.
- 이순룡 (2010). 제품·서비스 생산관리론. 파주:법문사
- 이순철, 방연근, 민재홍 (2003.10). 실태조사를 통한 국가 물류표준화 기술체계 우선순위 분석. 한국철도학회 학술대회 발표대회 논문집(pp. 347-353), 서울
- 이순철·홍성욱·문대섭, "물류표준화의 경제적 효과 분석", '한국철도학회 2004년도 추계학술대회논문집', 한국철도학회, 2004, pp65-70

- 전만술, 김정환, 허보용, 차일근, 홍상태, 김명완 (1997). 파렛트 생산 및 사용 실태조사 보고서, 서울:한국파렛트협회
- 전만술, 박은규, 송성헌, 박종은, 이상보, 홍상태 (2001). 파렛트 생산 및 사용 실태조사 보고서, 서울:한국파렛트협회
- 전만술, 박은규, 홍상태, 엄재균, 이승희, 황선진 (2003). 파렛트 생산 및 사용 실태조사 보고서, 서울:한국파렛트협회
- 전만술, 박은규, 홍상태, 엄재균, 이승희, 황선진 (2006). 제4차 파렛트·컨테이너 생산 및 사용 실태조사 보고서, 서울:한국파렛트컨테이너협회
- 홍성욱, 이순철 (2005). 기업 물류표준화에 대한 조사 분석 및 시사점, 한국물류학회지, 15(2), 87-107
- 코트라 해외시장뉴스, 2020. 10. 02. '일본의 물류위기의 현재와 물리적 인터넷을 통한 물류 과제 해결', 글: 김도형, 프로젝트 매니저/일본 국립해상·항만·공항기술연구소
- 코트라 해외시장뉴스, 2019. 11. 18. '비명 지르는 일본 물류업계, '피지컬 인터넷'에서 답을 찾다.', 글: 김현희/일본나고야무역관
- 대덕넷(HelloDD.com), 2019. 11. 14. '물리적 인터넷, 조용히 확대되는 물류혁명', 글: 해동일본기술정보센터
- 글로벌물류기술통합정보시스템(LoTIS), 2016. 6. 10. 분석리포트 ALICE 로드맵, 글: 인천대학교 동북아물류대학원 송상화 교수, 임옥경 박사과정
- Box, G. E. P. & Jekins, G. M. (1976). Time Series Analysis : Forecasting and Control, San Francisco : Holden-Day
- ALICE 홈페이지 https://www.etp-logistics.eu/
- Material Handling & Logistics, 2018. 1. 22. 'Collaborative Logistics' Role in the Emergence of the Physical Internet'
- Forbes, 2019. 5. 1. Leadership Strategy "The Battle For The Physical Internet", Wriiten by Enrique Dans/Senior Contributor
- B. Montreuil, R. D. Meller & E. Ballot(2011), 'What is Physical Internet? Potentials of interconnected logistics services'
- Yoo, Taewoo, EOM, Jae Kyun, "Regression-Based Stiffness Test for Pallets Based on Sample Period Reduction by Trimming", Vol. 43, No. 3, May 2015, Journal of Testing and Evaluation, ASTM
- Yoo, Taewoo, EOM, Jae Kyun, "A simple regression approach to the shortened stiffness tests for pallets", Vol. 3, Nos. 1,2, pp. 55,74, International Journal of Advanced Logistics
- みずほ銀行, 'フィジカルインターネットによる物流の変化: 3PL事業者が目指すべき方向性'

III장

유닛로드시스템 관련 표준화 현황과 과제

제1절 물류포장 표준화
제2절 트럭운송 표준화
제3절 물류시설(보관·하역) 표준화
제4절 정보 표준화
제5절 철도화차 표준화
제6절 화물 컨테이너와 트레일러의 이해

"모듈화와 호환성"
Modularity and Compatibility

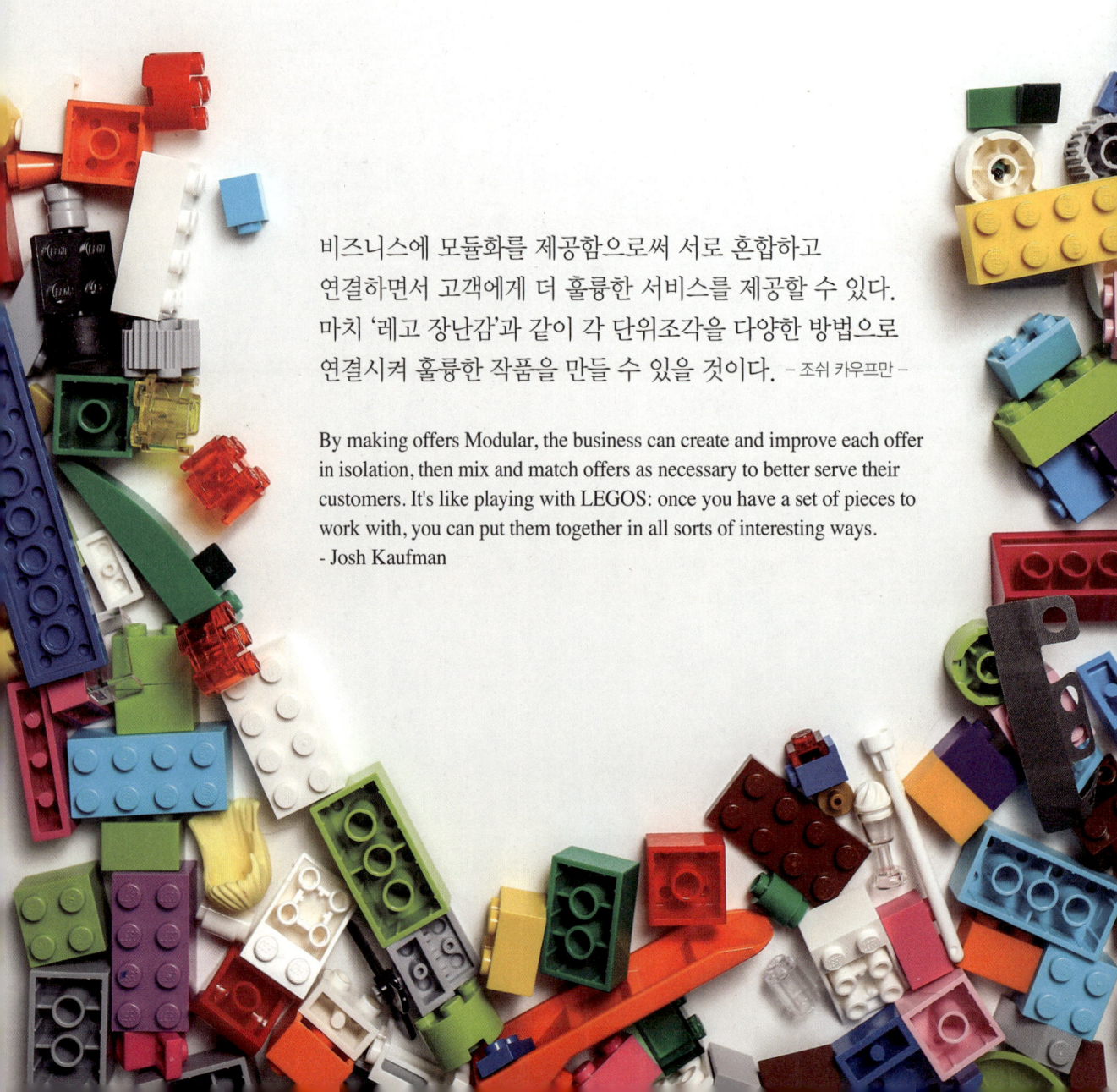

비즈니스에 모듈화를 제공함으로써 서로 혼합하고
연결하면서 고객에게 더 훌륭한 서비스를 제공할 수 있다.
마치 '레고 장난감'과 같이 각 단위조각을 다양한 방법으로
연결시켜 훌륭한 작품을 만들 수 있을 것이다. - 조쉬 카우프만 -

By making offers Modular, the business can create and improve each offer
in isolation, then mix and match offers as necessary to better serve their
customers. It's like playing with LEGOS: once you have a set of pieces to
work with, you can put them together in all sorts of interesting ways.
- Josh Kaufman

제1절 물류포장 표준화

1. 물류포장 표준화 개요

1) 물류포장 개념과 중요성

가) 개념

포장은 생산라인에서 제조된 제품이 외부로부터 수분, 공기, 햇볕 등으로부터 영향을 받지 않도록 차단하거나 유통 중 낙하, 진동, 압축 등의 충격으로부터 보호하는 역할을 담당한다. 또한 취급을 편리하게 하고 팔리는 상품이 되게 하는 판촉성까지 담당하고 있다. 생산성의 극대화에 따라 생산비는 낮아지고 상대적으로 물류비의 비중이 더 커진 현대에서는 물류비 절감이 가격 경쟁력 확보의 핵심사항이다. 따라서 물류비를 절감하기 위하여 물류 전반을 고려하는 포장을 물류포장이라 정의하고 있다.

[그림 1]과 같이 포장은 생산의 끝이자 유통의 시작이므로 물적유통 전 과정을 일관하는 매체로서 포장을 표준화 하는 것이 물류표준화의 기본이라고 할 수 있다.

물류표준화는 생산과 소비를 이어주는 물자의 유통에 있어서 비용이 최소화되는 방향으로 각 물류기기의 연계 효율을 극대화하는 것이다. 기본 물류기기인 파렛트 규격 통일화를 핵심으로 하고 트럭, 화차 등의 수송기기와 보관창고, 지게차, 컨베이어, 유통정보 등의 제반과정을 정합화하여야 한다.

물류 제반과정을 정합화하여 효율성을 극대화하려면 파렛트 규격을 1, 2개 표준규격으로 통일하고 컨테이너, 트럭, 화차, 보관창고 등의 규격이 표준파렛트 규격과 일치하도록 설계되어야 한다.

파렛트 규격 표준화가 이루어지기 위해서는 파렛트 위에 적재되는 단위화물포장의 적재효율을 최대한 높이는 방향으로 포장설계가 이루어져야 한다.

과거에는 제품 보호성만을 고려한 포장설계가 이루어져서 포장이 물류 효율화를 달성하는 데 많은 지장을 주었다. 향후에는 물류표준화

[그림 1] 제품의 물적유통 사이클

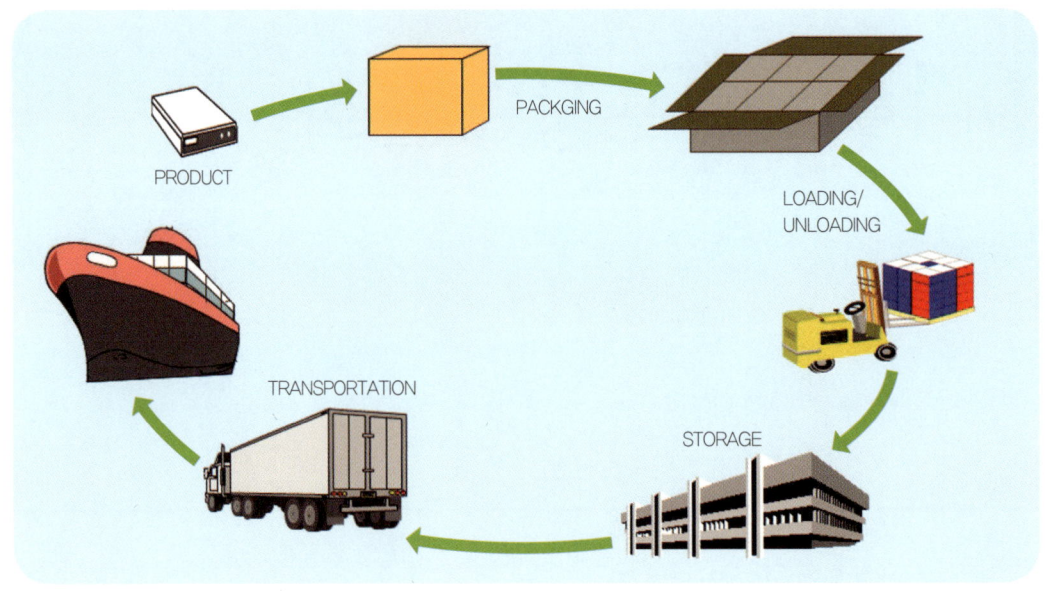

[그림 2] 물류표준화 주요 요소

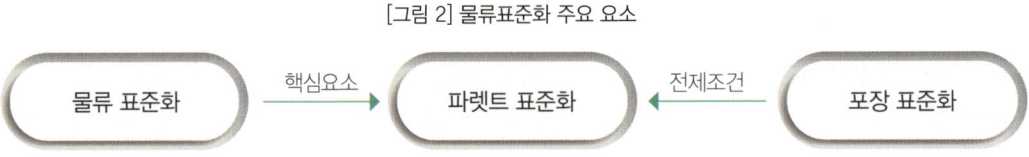

달성을 위해서는 [그림 2]와 같이 파렛트 표준화가 핵심요소가 되어야 한다. 파렛트 표준화는 포장표준화가 전제조건이 되어야 하기 때문에 결국 제품 설계 시점부터 물류비 절감을 염두에 두어야 한다. 포장표준치수 규격은 표준 파렛트 규격을 정수 분할하는 모듈체계를 설정하고, 이에 제품 포장규격을 일치시키는 방향으로 설계가 이루어져야 한다.

나) 중요성

① 물류비 절감으로 가격 경쟁력 확보

운송수단, 각종 기기 및 시설의 규격(치수), 강도, 재질 등을 국가 전체적인 효율성 차원에서 표준화, 규격화하는 물류표준화가 적극적으로 이루어져야 물류비를 최소화할 수 있다. 물류표준화의 시발점이 물류포장 표준화이므로 물류 전 과정을 일관하는 매체로서 물류비 절감의 가장 중요한 요소가 되고 있다.

② 유통기술 향상으로 제품 보호성 및 안전성 제고

파렛트, 컨테이너 등을 이용한 일관수송체계가 일반화되려면 물류포장 개념이 도입되어야 한다. 그래야 일관 운송 및 하역작업의 기계화, 자동화가 자연스럽게 이루어지게 된다. 이를 통하여 화물운반 시 취급 부주의에 의한 내용물 파손 위험성이 감소할 뿐만 아니라 작업자의 산재 위험성도 크게 줄어들게 된다.

③ 생산 및 소비 예측 계량화로 물류기기 이용 효율 극대화

물류포장 표준화는 대부분 집합포장을 이루게 되어 단위화물(Unit Load)로 이어지기 때문에 생산량 및 물동량이 미리 산출되며, 투입되는 물류기기의 이용시기 및 이용대수 등도 예측 가능하므로 물류기기 이용효율을 크게 높일 수 있다.

2) 물류포장 표준화 범위 및 요소

가) 범위

물류포장 표준화의 범위는 [그림 3]과 같이 사내표준화, 업계표준화, 국가표준화, 국제표준화로 구분된다.

① 사내 표준화

가장 최소단위의 표준화로서, 제품생산을 하는 기업에서 자사 제품의 제품특성 및 물류환경에 맞추어 포장강도, 포장치수 등을 중심으로 일정한 표준을 설정하고 이를 사내 규정으로 제정한다.

② 업계 표준화

동종 제품을 생산하는 업계 간에 포장규격을 공유함으로써 물류시설을 교환사용하거나 과도경쟁을 지향할 수 있는 기준을 마련하여야 한다. 업계마다 각각 다른 포장표준을 유지할 가능성이 크기 때문에 국가 표준화에는 걸림돌이 될 수 있다.

③ 국가 표준화

국가마다 그 나라를 대표하는 표준을 유지하고 있다. 우리나라의 한국산업규격(KS), 일본의 JIS, 영국의 BS, 독일의 DIN, 미국의 ANSI가 인증한 표준(예를 들어 ASTM, ASME, IEEE 등)이 이에 해당된다. 우리나라는 국가기

[그림 3] 형태별 포장 표준화 범위

사내 표준화
- 기업의 물류환경, 제품 특성을 고려한 가장 유리한 단일 파렛트 치수 선정
- 제품 포장규격을 단일 파렛트에 적재효율이 높은 표준 치수로 설정
- 표준치수에 적합한 표준 포장강도 규격 설정
- 표준치수와 강도 규격을 사내 규격으로 제정

업계 표준화
- 동종 제품 생산업계 간의 포장규격 통일
  - 1,100mm×900mm : 음료업계
  - 1,300mm×1,100mm : 비료, 시멘트, 곡물업계
- 동종 업계 간 물류시설 교환 사용 가능
- 동종 업계 간 과도 경쟁 방지 기능
- 국가 표준화에 방해요소로 작용 가능

국가 표준화
- 국가 전체의 표준규격으로 한국의 KS를 비롯하여 일본의 JIS, 영국의 BS, 독일의 DIN, 미국의 ASTM 등이 있음
- 우리나라의 포장 관련 표준 국가규격
  - KS T 1002 (수송 포장 계열 치수)
  - KS T 1034 (외부 포장용 골판지)
  - KS T 1061 (외부 포장용 골판지 상자)

국제 표준화
- ISO 표준 파렛트 현황
  1,067×1,067, 1,100×1,100, 1,140×1,140, 1,219×1,016, 1,200×800, 1,200×1,000mm
- 지역별 일관 수송용 평 파렛트의 규격
  - 1,200mm×1,000mm : 미주지역
  - 1,200mm×800mm : 유럽지역
  - 1,100mm×1,100mm : 한국, 일본, 대만 등

술표준원(KATS)에서 관장하고 있다.

④ 국제 표준화

국가 간의 교역이 활발해지고 국제 물동량이 날로 커짐에 따라 국제적으로 통용될 수 있는 표준의 필요성이 절실하게 제기되어 국제표준이 탄생하였다. 전기전자 분야 이외의 대부분의 분야를 관장하는 국제표준화기구(ISO)가 국제표준을 담당하고 있다. 오늘날과 같은 글로벌 시대에는 모든 기술의 개발과 적용은 국제표준으로 수렴되고 있어 국제표준에 자국의 기준을 포함시키려는 국가 간의 경쟁이 치열하게 벌어지고 있다.

나) 요소

물류포장 표준화는 기능별, 방법별로 구분하면 [그림 4]와 같이 치수 표준화, 강도 표준화, 기법 표준화, 재료 표준화, 그리고 관리 표준화의 5가지 요소로 구분된다. 치수 표준화와 강도 표준화가 주요 요소이다. 기법 표준화는 치수 표준화와, 그리고 강도 표준화는 재료 표준화와 각각 관련이 있다.

① 치수 표준화

포장용기의 장, 폭, 고를 결정하는 포장치수를 표준화하는 것으로, 물류포장 표준화의 가장 핵심적인 기능이다. 새로운 제품이 탄생하려면 사용되는 물류기기의 치수 규격을 먼저 고려하고 기본 이송 수단인 표준 파렛트를 결정한 다음 파렛트 적재효율이 좋은 포장치수를 선정하게 된다. 운반용 포장치수 규격이 결정되면 포장용기 내에 적입되는 제품의 개수가 결정된다. 기존 포장 설계개념과 다른 접근방법이지만 물류비 절감을 위해서는 이 방법이 올바른 방법이다.

② 강도 표준화

포장용기의 강도는 유통환경에 따라 달라지

[그림 4] 기능별 포장 표준화 범위

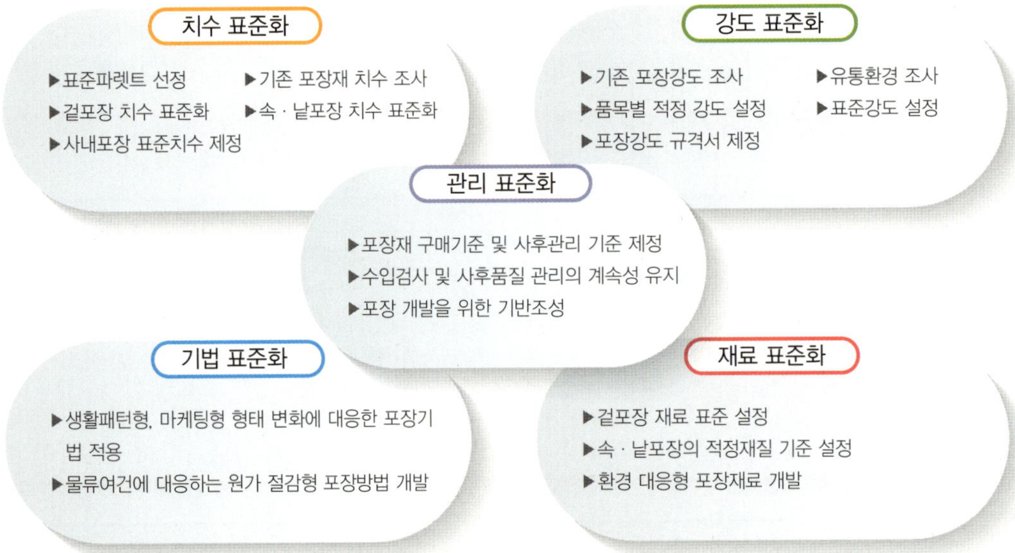

치수 표준화
- ▶표준파렛트 선정
- ▶기존 포장재 치수 조사
- ▶겉포장 치수 표준화
- ▶속·낱포장 치수 표준화
- ▶사내포장 표준치수 제정

강도 표준화
- ▶기존 포장강도 조사
- ▶유통환경 조사
- ▶품목별 적정 강도 설정
- ▶표준강도 설정
- ▶포장강도 규격서 제정

관리 표준화
- ▶포장재 구매기준 및 사후관리 기준 제정
- ▶수입검사 및 사후품질 관리의 계속성 유지
- ▶포장 개발을 위한 기반조성

기법 표준화
- ▶생활패턴형, 마케팅형 형태 변화에 대응한 포장기법 적용
- ▶물류여건에 대응하는 원가 절감형 포장방법 개발

재료 표준화
- ▶겉포장 재료 표준 설정
- ▶속·낱포장의 적정재질 기준 설정
- ▶환경 대응형 포장재료 개발

기 때문에 최적의 강도를 유지하여야 한다. 제품마다 각각 다른 강도의 포장용기를 설계하면 오히려 포장비용이 올라갈 수 있기 때문에 일정한 간격으로 포장강도 기준을 설정하게 되며 이를 강도 표준화라고 한다. 일반적인 운반용기인 골판지상자의 경우, 포장제품을 최대 몇 단을 쌓게 되는지와 유통환경에 따른 안전요소를 복합적으로 고려하여 내용물이 안전하게 보호될 수 있는 압축강도를 산출하게 되고 이에 따라 일정 종류의 표준강도를 설정한다.

③ 기법 표준화

물류포장 용기를 개발하기 위하여 라이프 스타일의 변화나 마켓팅 형태의 변화에 대응하고 원가절감형으로 설계할 수 있는 일정한 기준을 설정한다. 포장치수 규격의 변화에 대응하게 되는 경우가 일반적이어서 치수 표준화와 높은 상관관계를 가진다.

④ 재료 표준화

강도 표준화가 이루어지게 되면 이에 대응하는 포장재료를 선정하게 되는데, 겉포장 재료뿐만 아니라 속포장, 낱포장까지 연계하여 재료 선정이 이루어지게 된다. 재질 원가가 최소화될 수 있는 조합이어야 하며, 무엇보다도 친환경적인 포장재료를 고려하여야 한다.

⑤ 관리 표준화

포장 치수, 강도, 기법, 재료 표준화가 잘 되어 있다고 하더라도 이를 운용하고 유지하는 체제가 갖추어져 있지 않으면 실무적인 효용성이 떨어지게 된다. 따라서 품목별로 포장제원표를 작성하는 것을 기본으로 하고, 이에 의거하여 포장재 구매 및 검수기준을 설정하여야 한다. 또한 포장재 품질관리 시기 및 방법에 관한 기준 등도 설정하여 지속적인 관리가 이루어지도록 하여야 한다. 이러한 관리방법은 사

[그림 5] 포장 표준화 추진방법

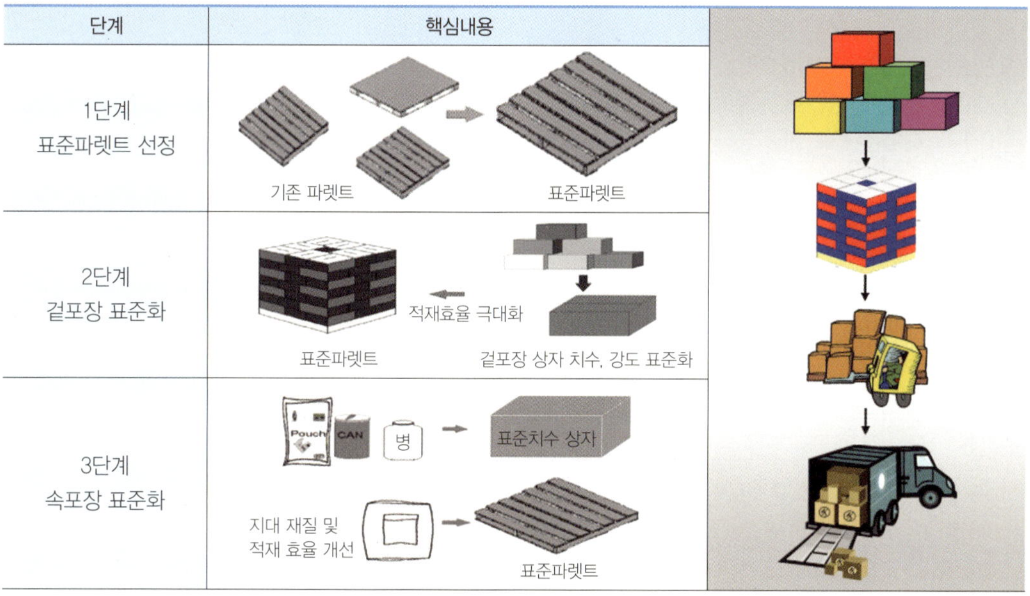

단계	핵심내용	
1단계 표준파렛트 선정	기존 파렛트 → 표준파렛트	
2단계 겉포장 표준화	표준파렛트 ← 적재효율 극대화 겉포장 상자 치수. 강도 표준화	
3단계 속포장 표준화	Pouch CAN 병 → 표준치수 상자 지대 재질 및 적재 효율 개선 → 표준파렛트	

내규정으로 제정되어서 효율적으로 관리 운영되어야 한다.

3) 물류포장 표준화 추진 방법

물류포장 표준화를 시행하려면 [그림 5]와 같이 유통환경에 따라 단계적으로 추진하여야 한다. 우선 물류기기에 정합하는 표준 파렛트 규격을 결정하고 이에 맞는 운반용 겉포장용기 규격을 설정한 다음 겉포장용기에 적입효율이 좋은 속포장용기 규격을 산출한다. 일반적으로 속포장은 소비자가 구매하는 단위포장이기 때문에 운송용 겉포장에 앞에서 언급한 5가지의 물류포장 표준화 요소 개념을 적용하게 된다.

핵심요소인 치수표준화, 강도표준화, 관리표준화에 대하여 구체적인 사례를 중심으로 한 추진방법은 다음과 같다.

가) 표준파렛트 선정

이론적인 측면에서 표준파렛트 선정은 2종류 국가표준 파렛트 중의 하나를 선정한다. 즉, T-11형(1,100mm×1,100mm) 혹은 T-12형(1,200mm×1,000mm) 중에서 하나를 선택한다. 하지만 실무차원에서는 현재의 물류환경을 고려하여야 하기 때문에 〈표 1〉과 같은 평가항목과 배점을 부여하고 객관적인 평가에 의하여 표준파렛트를 결정하게 된다. 몇 종류 안되는 비표준파렛트만 쓰고 있는 경우에는 표준파렛트도 평가대상에 포함시키는 것이 좋다.

〈표 1〉에서 평가항목으로서 수송장비와의 정합성, 하역작업성, 포장모듈치수와의 정합성, 기존 장비 및 시설 활용도 등 크게 4개 항목으로 구분하고 동일한 배점 기준을 설정하였다. 각자 물류여건에 따라 세부 평가항목을 추가하거나 배점 기준을 조정하여 달리 적용할 수 있다.

〈표 2〉는 종합식품업체 A사에서 수백 종 생산품목에 대한 포장표준화 추진 1단계 작업으로 표준파렛트 선정을 위해 기존 파렛트별 정합성을 평가한 내용이다. A사는 국가 표준파렛트 2종을 포함하여 총 5종의 파렛트 규격을 유지하고 있는데, 〈표 2〉에서 보는 바와 같이 T-11형이 가장 효율이 높은 것으로 나타났다. 특히 하역 작업성에서 가장 높은 평가를 받았는데, 비표준파렛트 3종은 쌀, 밀가루 등 지대 및 포대를 사용하는 품목들에 많이 사용되었으며, 1,100mm×900mm규격 파렛트는 음료수 포장용기인 병과 캔 제품 등에 많이 사용되어 골판지상자 포장 품목에 많이 사용되는 표준파렛트에 비해 하역 작업성이 떨어질 수밖에 없었다고 분석된다.

〈표 1〉 파렛트 규격 선정기준 항목 및 배점표 (예시)

평가항목	채점기준
▶수송장비와의 정합성	25
- 트럭과의 정합성	(15)
- 컨테이너와의 정합성	(10)
▶하역 작업성	25
- 중량, 체적	(10)
- 작업횟수, Cycle time	(5)
- 작업의 난이도	(5)
- 안정성	(5)
▶포장 Module 치수와의 정합성	25
- 적재 패턴	(10)
- 적재 효율	(10)
- 강도 및 붕괴 방지	(5)
▶기존 장비 시설 활용도	25
- 파렛트	(10)
- Rack	(5)
- Palletizer	(5)
- 포장	(5)
합 계	100

〈표 2〉 A사의 파렛트 규격별 정합성 평가 사례 (단위 : mm)

구분	배점	1,350×1,100	1,300×1,100	1,200×1,000	1,100×1,100	1,100×900
수송장비와의 정합성	25	12	10	17	18	21
하역의 작업성	25	10.4	13	17.1	22.2	12.3
포장치수와의 정합성	25	21.5	11	11	21	10.5
기존장비와의 활용도	25	17.5	15.5	9	17	16
계	100	61.4	49.5	54.1	78.2	59.8
순위		2	5	4	1	3

〈표 3〉 A사 기존포장 실태분석표(예시)

No.	Code No.	품목명	겉포장치수 (mm)	입수량 (개/box)	중량 (Kg/box)	배열방법 (장×폭×고)	적재단수 (단/P)	효율 (%)
1	MA-001	XX조미료	350×262×180	60	6	1×3×20	7	90.9
2	JA-005	YY다시다	390×240×195	15	6.5	5×3	8	77.4
3	NS-007	ZZ라면	475×260×155	20	5.5	2×10	6	81.7

나) 겉포장 표준화

물류포장 표준화의 핵심은 겉포장 치수표준화에 있다. 물류표준화 개념을 전혀 고려하지 않고 제품 규격에 맞춘 겉포장 규격을 표준파렛트 적재효율이 좋은 규격으로 조정하는 것은 그리 쉬운 작업이 아니다. 따라서 실태조사부터 순차적으로 포장치수 표준화 작업을 시행한다.

다) 기존포장 실태 조사

〈표 3〉은 A사의 수백 개 생산제품 포장실태를 분석한 것이다. 품목별로 겉포장치수를 측정하고 겉포장상자 입수량과 총중량, 상자 내 배열방법, 상자의 최대 적재단수, 그리고 선정된 표준파렛트 적재효율을 조사 분석한다. 필요시 화물 컨테이너 적재효율도 분석하게 되는데, [그림 6]과 같이 물류효율분석 프로그램이 유용하게 사용된다.

라) ABC 분석

〈표 3〉의 양식으로 산출된 적재효율에 의거하여 포장 재설계 불필요 품목, 재설계 대상품목, 재설계 불가능 품목으로 구분한다. 〈표 4〉와 같이 표준파렛트 적재효율이 90%를 상회하는 품목(S품목)은 굳이 재설계가 필요치 않다. 재설계가 필요한 품목은 다시 제품배열 재조정 혹은 유동성 조정 품목(A품목)과 적입개수 조정 품목(B품목)으로 나눈다. 혹은 병 제품 등 포장규격 변경 불가 품목(C품목)은 포장치수 표준화 예외 품목으로 한다. 포장치수 표준화는 A, B 품목에 대하여 표준파렛트 적재효율이 90% 이상이 되도록 포장규격 재설계를 시행한다. C품목은 해당 품목이 시장에서 소멸되

[그림 6] 물류효율 분석 프로그램에 의한 표준 파렛트 및 컨테이너 적재효율 분석

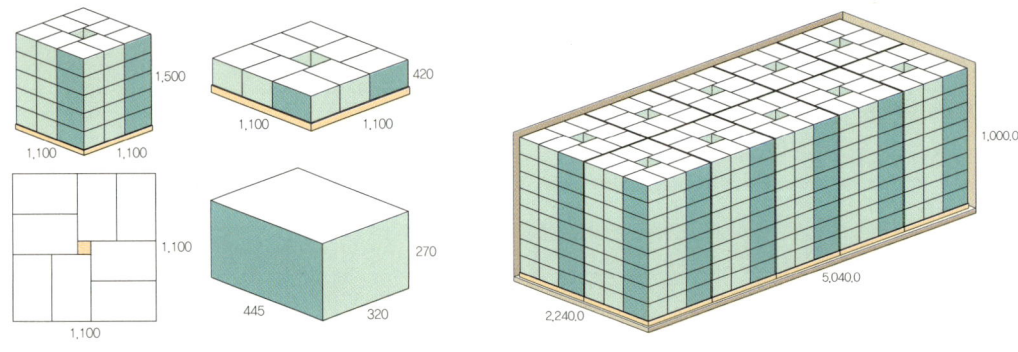

〈표 4〉 포장치수 표준화를 위한 ABC 분석

품목구분	구 분 내 용
S 품목	표준 파렛트에 대한 기존포장 적재효율 90% 이상으로 규격변경 불필요 품목
A 품목	제품배열 재조정 혹은 상자 내 제품 유동성 축소로 표준포장 규격으로 변경 가능 품목
B 품목	상자 내 제품 적입 개수 조정에 의해 표준포장 규격으로 변경 가능 품목
C 품목	제품 자체의 규격 변경 없이는 표준포장 규격 도출 불가능 품목

어 더 이상 생산 하지 않을 때까지 표준화 예외 품목으로 둔다.

마) 포장 표준치수 설정에 의한 치수 표준화

ABC 분석에 의해 포장 재설계 품목으로 구분된 품목은 수정포장 시제품을 제작하여 실제로 적입해보고 문제점이 있으면 또 다시 수정하여 샘플을 제작하고, 적입작업 실시 과정을 반복하여 최적의 포장을 도출한다. 이 과정에 가장 많은 시간이 소요되고 수행자의 노하우가 필요하다. 이 과정을 거쳐 S, A, B 품목들의 포장치수 규격은 표준파렛트 적재효율 90% 이상이 된다. 이것들은 치수가 비슷한 품목들끼리 일정한 그룹으로 분류하고 대표규격을 정하게 된다. 대표규격들을 순서대로 나열하여 해당업체의 포장치수 표준규격으로 설정한다.

〈표 5〉는 종합식품업체인 D사에서 약 500여 개의 생산제품에 대한 포장치수 표준화 작업을 시행한 후 포장치수 표준규격을 설정한 사례이다. 이 업체는 국가표준 파렛트 2종을 모두 채택하여 이에 상응하는 표준치수 규격을 설정한 것이 특징이다.

표준화는 단순화와도 일맥상통하므로 실제 유통되고 있는 품목을 고려하여 설정된 〈표 5〉의 28개 치수는 꾸준히 줄여나가야 한다. 구체적인 표준치수 선택은 KS T 1002 수송포장 계열 치수를 참고하면 된다. 수출제품의 경우에는 ISO 3394에 규정된 600mm×400mm, 550mm×366mm, 600mm×500mm의 3개 모듈치수군을 참고하는 것이 바람직하다.

<표 5> D사의 포장 표준치수 규격(예시)

No.	표준치수계열			1차 표준치수			적재효율(%)	
	Code No.	표준치수(mm)		Code No.	표준치수(mm)		T-11	T-12
		장	폭		장	폭		
1	DSD-01	550	350	DSD-011	550	350	95.5	
2	DSD-02	475	320	DSD-021	475	320	100.0	
3	DSD-03	475	295	DSD-031	470	290	92.6	
4	DSD-04	470	380	DSD-041	470	380		89.3
5	DSD-05	465	240	DSD-051	465	240		93.0
6	DSD-06	455	310	DSD-061	460	330		88.6
7	DSD-07	440	280	DSD-071	440	280		92.4
8	DSD-08	435	220	DSD-081	435	220	94.9	
9	DSD-09	430	330	DSD-091	440	330	96.0	
10	DSD-10	410	345	DSD-101	410	345	93.5	
11	DSD-11	400	300	DSD-111	400	300		100.0
12	DSD-12	400	275	DSD-121	410	275	93.2	
13	DSD-13	385	320	DSD-131	395	310	91.1	
14	DSD-14	385	290	DSD-141	385	290		93.0
15	DSD-15	370	240	DSD-151	385	235	89.7	
16	DSD-16	365	275	DSD-161	365	275	99.5	92.0
17	DSD-17	360	170	DSD-171	360	170	92.1	
18	DSD-18	355	265	DSD-181	365	220	99.5	
19	DSD-19	353	193	DSD-191	353	193	90.1	
20	DSD-20	330	275	DSD-201	330	275	90.0	
21	DSD-21	330	240	DSD-211	340	245	89.5	
22	DSD-22	315	230	DSD-221	315	230	95.8	
23	DSD-23	300	175	DSD-231	300	175	91.1	
24	DSD-24	283	260	DSD-241	283	260	97.3	
25	DSD-25	275	240	DSD-251	275	240		93.5
26	DSD-26	435	255	DSD-261	435	255		83.2
27	DSD-27	520	360	DSD-271	520	360		78.0
28	DSD-28	410	400	DSD-281	410	400		82.0

바) 포장 표준강도 설정에 의한 강도 표준화

친환경포장이 강조되는 시대의 흐름에 따라 겉포장 용기는 회수재사용이 가능한 플라스틱 상자의 사용량이 점차 증가하고 있지만 아직까지는 골판지상자가 대세이다.

모든 1회용 제품의 배제 추세에도 불구하고 회수가 용이하지 않은 수출품 포장과 크게 증가하고 있는 택배포장으로 인해 골판지상자는 상당 기간 물류포장 기본용기의 위치를 유지할 것이다. 따라서 포장강도 표준화는 골판지상자 강도 표준화를 의미하며, 보관 중 혹은 운송 중에 골판지상자가 받는 압축하중을 산출하여 이에 견딜 수 있는 골판지상자의 강도를 세분하여 명시하는 것이 포장강도 표준화의 핵심내용이다.

좀 더 구체적으로 설명하자면, 제품 중량이나 물류여건이 각각 다르므로 필요로 하는 압축강도도 품목마다 달라질 수밖에 없고, 골판지상자도 구성재료를 달리하여 적절하게 대응함으로써 내용물도 안전하게 보호할 수 있고 포장재료비도 절감할 수 있다.

유통시 필요로 하는 골판지상자의 압축강도는 다음과 같이 산출된다.

> 필요압축강도(P) = 상자 중량(W)×{최대적재단수(H) − 1}×안전계수(SF)
>
> ● 필요압축강도: 내용물을 안전하게 보호하기 위해 상자가 가져야 할 최소한의 압축하중
> ● 상자 중량: 내용물을 포함한 상자 1개의 무게(Kg)
> ● 최대적재단수: 보관, 운송 중에 상자가 높이 방향으로 적재되는 최대 개수
> ● 안전계수: Safety Factor, 높은 온습도, 중장비 보관, 거친 도로 여건 등 열악한 유통환경을 고려한 안전 수치로서 대개 2~7까지 부여한다.

일단 필요 압축강도가 산출되면 이에 상응하는 골판지상자의 구성재료를 결정한다. 골판지상자의 압축강도는 압축시험기(Compression Tester)로 쉽게 알 수 있지만 이론적으로도 산출가능하다. 골판지는 3개의 원지로 구성된 양면골판지(SW)와 5개의 원지로 구성된 이중양면골판지(DW)가 주로 사용된다. 일정한 간격으로 골판지상자 강도를 조정하려면 원지의 구성을 바꾸어가면서 이론적인 계산방법을 통하

〈표 6〉 D사의 포장 표준강도 규격 일람(예시)

규격명		표준원지구성	품질기준		
			파열강도 (kg/cm²)	상자압축강도(kg)	
				A골	B골
SW	DSW 1	A200/S120/K200	6.5	165	130
	DSW 2	SK180/S120/K200	7.5	175	140
	DSW 3	WK200/K200/K200	6.6	230	180
	DSW 4	SK180/K200/K200	7.5	235	185
	DSW 5	KA210/K200/K210	10.7	270	210
DW	DDW 1	WK200/S120/S120/S120/K200	7.7	300	
	DDW 2	SK180/S120/S120/S120/K200	8.7	310	
	DDW 3	SK180/S120/K200/K200/K200	11.3	435	
	DDW 4	KA210/S120/K200/K200/K200	12.9	460	

<표 7> 포장재료 검수 표준(예시)

포장재료	검수항목	검수기준	위반시 조치사항
골판지 상자류	치수규격	외치수 기준으로 장·폭·고의 오차 각각 5mm 미만	5mm 이상 오차시 반품
	강도규격	– Kellicutt식에 의한 이론강도 산출 – 실측강도는 이론강도의 85% 이상	– 강도미달 10% 이상 : 반품 – 강도미달 10% 미만 : 경고조치
	인쇄상태	– 색상 – 위치 – 크기 – 표기사항 누락 여부	정도에 따라 경고 또는 반품
플라스틱 상자류	치수규격	표준규격 대비 오차 2mm 미만	2mm 이상 오차시 반품

	강도규격	– 재질 구성
		– 두께
		– 열봉함 강도(Heat Seal Strength)
		  • NY/PE/LLDPE, PET/PE/LLDPE : 200g/15mm 이상
		  • OPP/PE/LLDPE : 100g/15mm 이상
			정도에 따라 경고, 반품, 발주량 조정

	인쇄상태	골판지 상자와 동일	경고 또는 반품
기타 포장재		별도 규정에 의함	

[그림 7] 포장제원표 양식(예시)

업체명	품목별 포장 제원표								제정일자	
	번호			장비코드					개정일자	
	품명			특정서술						
구 분	포장 형태	포장 재료	치수(mm)			포장 단위	입수	배열 방법	중량	
			장	폭	고					
낱포장										
속포장										
겉포장										
표준파렛트	1100 × 1100 mm 1200 × 1000 mm		적재	단위	수량	포장/치수규격				
적재효율(%)						포장/강도규격				
참고 기술 사항					파렛트 적재방법					
적재하중과 치수는 표준을 적용										
상자 입체도					상자 전개도 및 치수					
날개(F)= 폭/2=(W/2)										

여 산출한 결과를 적용한다. 이론적인 압축강도 산출에는 Kellicutt식이 일반적이지만 국내에서는 Lee식이 더욱 효과적이다. 구체적인 내용은 기술적으로 복잡하고 전문적인 영역이므로 생략한다. 〈표 6〉은 종합식품업체인 D사의 포장강도 표준 규격을 예시한 것이다.

사) 포장 실무를 위한 포장관리 표준화

많은 기업에서 물류비 절감을 위한 노력의 일환으로 자체적으로 혹은 전문가의 도움으로 포장 표준화 작업을 수행하고 사내규정으로 제정하고 있으나 계속 유지하지 못하고 있다. 이는 실행과 유지를 위한 구체적인 관리방법을 규정하지 않았기 때문이다. 효율적인 포장관리를 위해서 포장관리 조직의 구성과 역할, 포장재 입고 검수 표준 설정, 포장재 품질검사 종류 및 시기, 포장재 구매단가 산출 표준 등 구체적인 관리 표준을 사내규정으로 제정하여야 한다. 〈표 7〉은 포장재 검수표준을 예시한 것이다.

관리표준을 구체화하려면 무엇보다도 품목별로 포장제원표가 작성되어야 한다. 포장치수 뿐만 아니라 강도, 재료, 기법 등 표준화의 주요 요소가 모두 포함된 포장제원표는 포장재 구매, 검수, 품질관리 등의 근거가 된다. 포장재 구매는 포장제원표를 근거로 주문하게 되며, 입고 시 제원표에 명시된 포장치수 규격 및 압축강도를 입고검사 기준에 의하여 측정하고 처리하게 된다. [그림 7]은 포장제원표 예시 양식이다.

2. 물류포장 표준화 현황

1) 해외 물류포장 표준화 실태
가) ISO 국제 물류포장 표준화 실태

물류표준화의 핵심은 파렛트 표준화에 있고 포장 표준화와도 직접적인 관련이 있다. 표준파렛트에 관한 ISO 규격은 ISO 6780(대륙간 물류용 평파렛트)에 〈표 8〉과 같이 6개의 표준파렛트를 규정하고 있는데, 3개의 정사각형과 3개의 직사각형 파렛트로 구성되어 있다. 이 중에서 각각 유럽, 미주, 아시아의 3개 대륙을 대표하는 1,200mm×800mm(EU), 1,200mm×1,000mm(미국), 1,100mm×1,100mm(아시아)의 3개 규격이 주류를 이루고 있다. 미국의 국가표준은 48inch×40inch인데, 미터법 전환을 계기로 T-12형(1,200mm×1,000mm)을 전 세계 단일표준으로 내세우자고 주장하였지만 내부 반발로 인해 아직 기존 규격을 유지하

〈표 8〉 ISO 표준파렛트 현황(ISO 6780)

직사각형	1,200mm×800mm, 1,200mm×1,000mm, 1,219mm×1,016mm(48inch×40inch)
정사각형	1,100mm×1,100mm, 1,140mm×1,140mm, 1,067mm×1,067mm(42inch×42inch)

<표 9> ISO 표준포장모듈(좌) 및 일본이 제안한 추가 표준포장모듈(우)

Module			
mm	inch	mm	Inch
600×400	23.62×15.75	550×366	21.65×14.41
Submultiples			
mm	inch	mm	Inch
600×400	23.62×15.75	550×366	21.65×14.41
300×400	11.81×15.75	275×366	10.83×14.41
200×400	7.88×15.75	183×366	7.20×14.41
150×400	5.90×15.75	137×366	5.39×14.41
120×400	4.72×15.75	110×366	4.33×14.41
600×200	23.62×7.75	550×183	21.65×7.20
300×200	11.81×7.75	275×183	10.83×7.20
200×200	7.88×7.75	183×183	7.20×7.20
150×200	5.90×7.75	137×183	5.39×7.20
120×200	4.72×7.75	110×183	4.33×7.20
600×133	23.62×5.75	550×122	21.65×4.80
300×133	11.81×5.25	275×122	10.83×4.80
200×133	7.88×5.25	183×122	7.20×4.80
150×133	5.90×5.25	137×122	5.39×4.80
120×133	4.72×5.25	110×122	4.33×4.80
600×100	23.62×3.93		
300×100	11.81×3.93		
200×100	7.88×3.93		
150×100	5.90×3.93		
120×100	4.72×3.93		
Multiples			
mm	inch	mm	Inch
1,200×1,000	47.25×39.37	1,100×1,100	43.31×43.31
1,200×800	47.25×31.50	1,100×733	43.31×28.86
1,200×600	47.25×23.62	1,100×550	43.31×21.65
1,200×400	47.25×15.75	1,100×366	43.31×14.41
800×600	31.50×23.62	733×550	28.86×21.65

고 있는 상황이다.

이와 관련하여 ISO 3676(Packaging - Unit load dimensions)와 ISO 3394(Packaging - Dimensions of rigid rectangular packages)이 제정되었으며, 일본은 TC 122(Packaging) 간사국이 되면서 2006년에 이 두 규격의 개정안을 제시하였다. 즉, 1,200mm×800mm와 1,200mm×1,000mm의 2개 표준파렛트 규격만 명시되어 있는 ISO 3676에 T-11형(1,100mm×1,100mm)을 포함시키고, 600mm×400mm 포장모듈 계열치수만 명시되어 있는 ISO 3394에 T-11형 파렛트의 포장모듈치수인 550mm×366mm 계열치수를 포함시키는 개정안을 제시하였다. 〈표 9〉는 일본이 2006년에 제안한 ISO 3394 주요 개정내용이다.

일본의 제안은 공식적인 논의과정을 거쳐서 받아들여졌으나 미국이 ISO 3676에 자국의 48inch×40inch 규격을 포함시킬 것을 제안하고 한국도 T-11형과 T-12형에 모두 정합하는 600mm×500mm 포장모듈치수를 ISO 3394에 포함시키자는 제안이 동시에 승인되어 두 개의 표준규격은 또 한번의 개정이 이루어지게 되었다. 자세한 내용은 뒤의 국내 표준화 실태 부분에 설명되어 있다.

나) EU의 물류포장 표준화 실태

유럽의 포장모듈은 EURO 파렛트규격인 1,200mm×800mm을 표준으로 하고 있으며, 이를 기초로 분할모듈규격을 설정하고 있다.

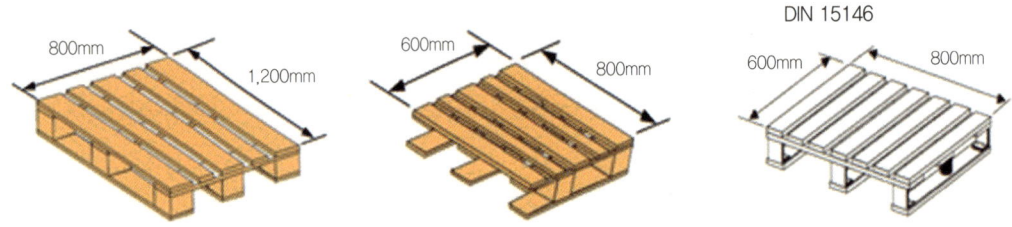

[그림 8] EURO 파렛트와 EURO half-pallet

[그림 9] EU 롤컨테이너 형태 및 규격

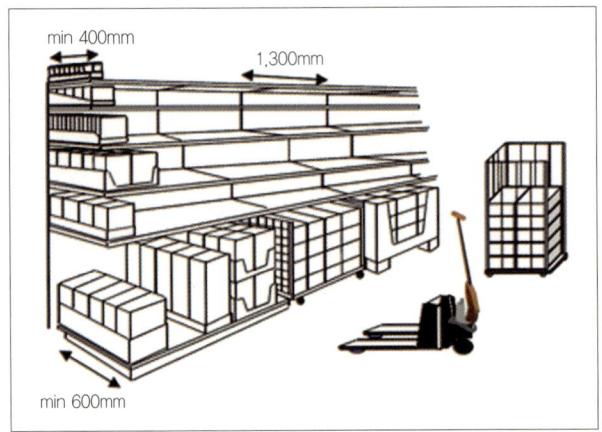

[그림 10] 모듈화된 포장 및 물류 인터페이스

〈표 10〉 EU의 포장 모듈치수 일람

	Pallet size 800mm×1,200mm			
Package size [mm]	600×100	600×133	600×200	600×400
	300×100	300×133	300×200	300×400
	200×100	200×133	200×200	200×400
	150×100	150×133	150×200	150×400
	120×100	120×133	120×200	120×400
	Pallet size 1,000mm×1,200mm			
Package size [mm]	600×100	600×133	600×200	600×400
	300×100	300×133	300×200	300×400
	200×100	200×133	200×200	200×400
	150×100	150×133	150×200	150×400
	120×100	120×133	120×200	120×400

〈표 11〉 EU 표준파렛트 1,200mm×800mm에 대한 포장 모듈치수 및 적재패턴(일부)

200×200	24	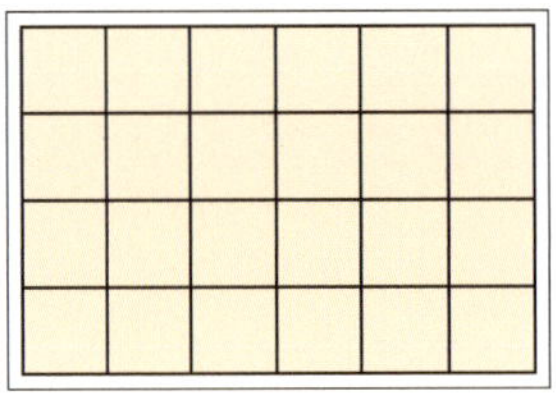	
200×150	40	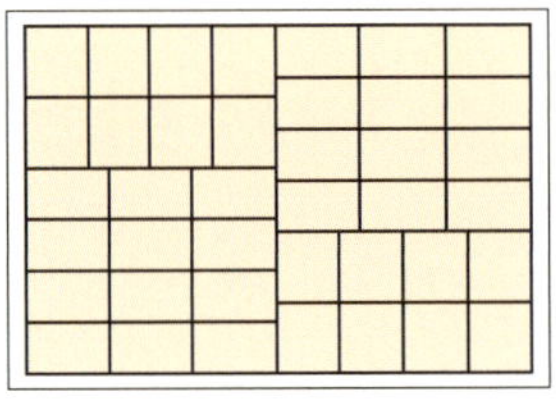	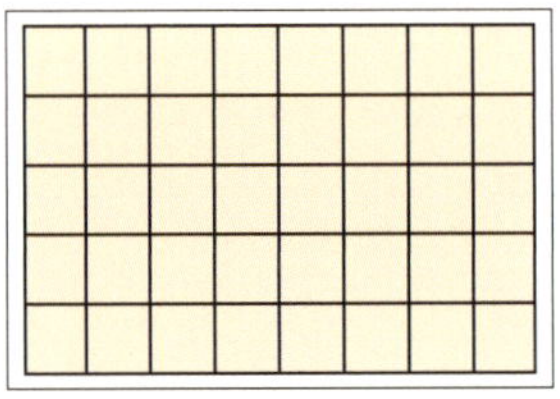

<표12> EU의 권장 포장모듈치수

Package size (mm)	1,200×800	800×600	600×400	400×300
	400×200	300×200	300×100	

[그림 8]은 유로 파렛트를 나타낸 것이다.

다품종 소량유통의 세계적인 추세로 유럽뿐만 아니라 국내에서도 대형할인점 및 슈퍼마켓, 혹은 택배업계에서 많이 활용하고 있는 [그림 9]와 같은 롤컨테이너는 유로파렛트에서 분할하여 모듈화된 유통시스템을 가능하게 하고 있다.

이렇게 모듈화된 포장은 [그림 10]과 같이 선반이나 각종 물류기기와도 호환성을 가지게 되어 전체 물류시스템 효율 향상과 물류비 절감을 이끌게 된다.

EU의 물류표준을 선도하는 국가는 독일이다. 독일은 EU 표준파렛트 800mm×1,200mm를 기준으로 하고 미국 표준 1,000mm×1,200mm를 참고로 하여 <표 10>과 같이 표준 파렛트에 정합하는 표준 포장모듈 치수군을 개발하였다. 이를 일부 유럽국가에서 포장 모듈 치수군으로 제정하여 사용하게 되었고, 결국 ISO 3676과 ISO 3394를 제정하기에 이르렀다. 실제로 초기에는 ISO 3676에 <표 10>의 2개 파렛트만 있었고, ISO 3394에는 <표 11>과 같이 분할모듈로서 600mm×400mm와 그 계열치수만 있었다.

<표 11>은 주요 포장모듈치수에 대하여 1단 적재 개수와 적재패턴을 분석한 것으로, 일부만 나타낸 것이다.

상기 분할모듈치수의 경우 각각 20종으로 너무 많아 실제 물류모듈로 활용 시 효율측면에서 문제가 있다. 스페인 등 일부 유럽국가에서는 <표 12>와 같이 반드시 필요한 포장모듈치수를 표준으로 권장하고 있다.

2) 국내 물류포장 표준화 실태

가) 국내 물류포장 표준화 추진 경과

① 도입기(1992 ~ 2006)

국내에서 물류표준화에 관한 논의가 본격적

으로 이루어진 것은 1990년대 초이다. 선진국과 현격한 차이를 보이고 있는 물류비를 획기적으로 줄이기 위하여 물류 인프라 확충에 국가 예산을 대량 투입하던 시기이다. 산업도로 확충, 복합화물터미널 개설, 주요 항만 시설 확충 등 물류 하드웨어 확대에 대규모 투자가 이루어지고 동시에 소프트웨어에 해당하는 물류 표준화를 추진하였다. 이 시기에 제품원가에 있어서 선진국이 9~10%의 물류비 비중을 보이는 반면 우리나라는 18% 정도 비중을 차지하고 있어서 가격 경쟁력 확보에 많은 걸림돌이 되었다.

물류표준화 추진의 핵심내용은 일관수송용 표준파렛트의 선택과 보급 확산에 있다. 기존의 T-11형과 T-12형 2종류 표준파렛트가 치열한 경합을 벌인 끝에 1994년 국가표준 파렛트 규격을 T-11형(1,100mm×1,100mm)으로 단일화 하였다. 미래를 내다보지 못한 아쉬운 결정이었지만 이후 10여 년 이상 표준파렛트의 보급 확대에 거국적인 노력이 진행되었다. 세금감면, 금융융자 등이 표준파렛트 사용률을 높이는 수단으로 사용되기도 하였다. 덕분에 2018년도에는 관련 협회에서 T-11형 표준파렛트 사용률이 40%를 넘어섰다고 발표하였다.

이러한 노력은 국내에만 한정하지 않았다. T-11형 파렛트를 아시아 지역의 표준파렛트로 만들기 위해서 한국과 일본 양국이 적극적으로 나섰다. 다분히 유럽표준 1,200mm×800mm 규격과 미주표준 1,200mm×1,000mm 규격을 의식한 결과이다. 특히 중국을 집중적으로 공략하였다. 한, 중, 일 3국의 물류표준화가 향후 극동아시아 시대의 개막을 앞당기는 초석 역할을 할 것이라는 점을 집중 부각하였다. 결과는 중국의 요구를 감안하여 T-11형과 T-12형(1,200mm×1,000mm)을 아시아 ULS 표준파렛트로 결정하였다. 이 내용은 이미 2008년도에 KS규격화 된 바 있다.

이 무렵에 미국은 자국의 표준파렛트 규격 48inch×40inch(1,219mm×1,016mm)를 미터법 체계 완성시기인 2015년까지 유사한 표준 규격 1,200mm×1,000mm 파렛트로 대체한다고 결정하였다. 전 세계에 이 규격으로 단일화하자고 압력을 가하기 시작하였다. 유일한 초강대국 미국의 압박으로 인해 T-12형 파렛트는 빠른 속도로 점유율을 높여가는 반면 우리의 표준인 T-11형은 아시아 지역에서도 확산되지 못하는 양상을 보이게 되었다. 수출 확대 위주의 경제성장 구조를 가진 우리에게는 표준파렛트의 미스매치가 점차 부담으로 다가오게 되었다.

T-11형 파렛트 적재효율이 좋은 포장치수가 KS T 1002(수송포장 계열치수)에 69종이 규정되어 있는데, 업계에서 이를 채택하면 표준파렛트의 경우와 마찬가지로 각종 혜택이 주어졌다. 특히 농수산물 분야에서는 표준치수 포장을 채택할 경우 포장재비 국가 지원까지 이루어졌다. 그럼에도 불구하고 T-11형 표준파렛트의 확산은 한계에 봉착하였다.

② 성장기 (2007 ~ 2013)

국토해양부는 중장기 국가물류 비전을 수립하기 위하여 2007년에 국가물류표준화연구단을 발족하였다. 연구단에서는 첫 번째 과제의 하나로서 표준파렛트에 대한 현황조사와 분석 연구에 착수하였다. 그 결과, 국가표준 파렛트를 아시아 표준파렛트와 같이 이원화하는 것이 타당하다고 결론지었다. 이 내용은 공청회 및 관련 세미나 등을 통하여 수차례 공개적으로 발표되었다. 국가표준은 하나여야 한다는 원칙론과 현실론이 팽팽하게 맞섰으나 국익 우선 차원에서 이원화를 택하여야 한다는 현실론이 점차 우세해졌다.

물류포장분야는 이 문제에 대한 대안을 이미 마련하고 있었다. T-11형 단일규격이 유지된다면 KS T 1002(수송포장 계열치수)를 따르되, 현재의 69종 치수를 30종 이내로 단순화를 유도한다. 이원화의 경우, 두 파렛트 규격에 모두 잘 맞는 600mm×500mm 계열치수를 포함시키는 것이다. 2009년 초 국토해양부에서 2원화를 결정하고, 표준담당기관인 기술표준원에 관련 KS 규격 개정을 요청하였다. 기술표준원에서는 오랜 시간 동안 업계의 의견 수렴과 공청회를 개최하였다. 관련 전문위원회의 검토를 거치고 물류기술심의회의 최종적인 의결에 의해 2013년 국가표준 파렛트 2원화가 정식으로 이루어졌다. 이에 따라 물류포장 표준치수 규격도 KS T 1002에 T-12형 표준규격 40종을 추가하여 총 109종(중복 7종 포함)의 물류포장 표준치수를 확정하였다. 1994년 단일화 이전으로 돌아간 모양새가 되었고 너무 많은 포장표준치수를 단순화 차원에서 정리해야 한다는 숙제가 남게 되었다.

③ 확장기(2014 ~)

수출 위주의 경제성장 구조를 가지고 있는 우리나라의 경우 물류표준화의 근간이 되는 파렛트 표준화와 물류포장 표준화는 결코 내부적인 일로만 끝날 사안이 아니다. 국가물류표준화연구단은 단위화물체계(Unit Load System)에 정합하는 국가표준파렛트의 체계를 2008년에 T-11형(1,100mm×1,100mm) 단일 체계에서 T-12형(1,200mm×1,000mm)을 포함한 이원체계로 전환하는 것이 바람직하다는 결론을 내린 바 있다. 물류포장 전문가 그룹에서는 위 2개 규격의 파렛트에 동시에 적용할 수 있는 포장모듈이 600mm×500mm 계열이라는 연구결과를 도출하고 이를 국제표준규격에 포함시키는 노력을 전개하기로 결정하였다.

한편, 일본은 2006년에 T-11형 파렛트와 550mm×366mm계열 포장모듈을 각각 국제표준 파렛트 규격(ISO 3676)과 표준 포장모듈 규격(ISO 3394)에 포함시키고자 개정안을 제시하였다. 이후 규격개정특별위원회(AHG1)가 설치되어 ISO 규격 개정절차에 의한 개정작업이 진행되었다.

한국은 2008년 9월 동경회의에서 600mm×500mm 포장표준모듈을 ISO 3394 개정안에

[그림 11] 2011. 11. 15 워싱턴 ANSI ISO TC122/AHG1

[그림 12] 2011. 11. 16 600×500mm ISO 3394 삽입 결의

포함시킬 것을 공식 제안하였으나, 일본 제안 내용에 대한 개정작업이 이미 진행되고 있어서 ISO 회의 공식기록으로만 포함되었다. 이후, 한국은 제안내용에 대해서 간사국 일본과 주요 국들을 꾸준히 설득하였으나 기존의 개정안 완료 후 재개정 절차를 밟으라는 일본의 완강한 반대에 부딪혀 시간이 흐르기만 기다리게 되었다. 그 과정에서 ISO 3676과 3394 개정안 최종 심의(FDIS)를 주내용으로 하는 ISO TC 122 Advisory Group 회의가 2011년 11월 16, 17

[그림 13] 600mm×500mm포장모듈을 ISO 3394에 삽입 결의한 워싱톤 회의 Resolutions

ISO/TC 122 – Packaging

**Resolutions of the TC 122 Advisory Group Meeting
16-17 November 2011 – Washington, DC, USA**

Resolution 1.
Recommend that FDIS 3394 and FDIS 3676 be withdrawn.
— Unanimous.

Resolution 2.
Recommend that ISO 3394 and ISO 3676 include the pallet size 1219 mm x 1016 mm as specified in ISO 6780.
— Unanimous.

Resolution 3.
Recommend that the revisions proposed by Korea for inclusion of a 500 mm x 600 mm module size developed by the experts from the National Bodies of Korea and Japan be included in ISO 3394.
— Unanimous.

Resolution 4.
Recommend that the revised ISO 3394 and ISO 3676, including the proposed revisions from the US and Korea, be considered by TC 122 for a two-month DIS ballot.
— Unanimous.

Resolution 5.
Recommend that Japan and the US develop a formal position statement letter to TC 51 and the TC 122 secretariat would submit a Liaison Statement to TC 51 regarding the ongoing inclusion of pallet size 1219 mm x 1016 mm in ISO 6780.
— Unanimous.

Resolution 6.
Recommend that the fast-track 17451-1 be withdrawn, followed by issuance of a New Work Item starting at the NP/CD stage.
— Unanimous.

Resolution 7.
Recommend that the Project Leader for ISO 780 complete a TC 145/SC 3 proposal form and to submit it to the TC 145/SC 3 secretariat, including the Adobe Illustrator-compatible

일 워싱턴 ANSI(미국표준협회)에서 개최되었다(그림 11, 12 참조).

미국은 ISO 3676 개정안에 자국 표준 파렛트(48"×40")를 포함시키고 ISO 3394 개정안에 한국 제안 600mm×500mm를 포함시키자는 내용을 전격 제안하였다. 그 당시 미국은 새로운 표준파렛 T-12형 채택과 동시에 5억 매 이상의 구 표준파렛트를 폐기할 계획이었다. 거대 물류기업을 중심으로 한 내부의 강력한 반발에 굴복하여 48inch×40inch 파렛트를 국제표준으로 정하는 방향으로 전략을 바꾸었다. 일본은 미국의 제안은 국제단위계(SI) 이행 완료 시점이 2015년임을 지적하였다. 또한 한국의 제안은 차기년부터 공식적인 절차를 밟기로 하였음을 들어 2건 모두 강력히 반대하였다. 하지만 한, 미의 연합 대응과 유럽국가들의 찬성으로 결국 2건을 모두 기존 개정안에 포함시키는 방안에 동의하였고, 이 내용을 [그림 13]의 Resolution에 명기하였다.

나) 국내 물류포장 표준화 현황

2013년도에 국가 표준파렛트가 2원화 되면서 국내 물류포장 분야도 새로운 국면을 맞이하게 되었다. 1994년 이래 약 20년 동안 T-11

[그림 14] 파렛트 적재 패턴

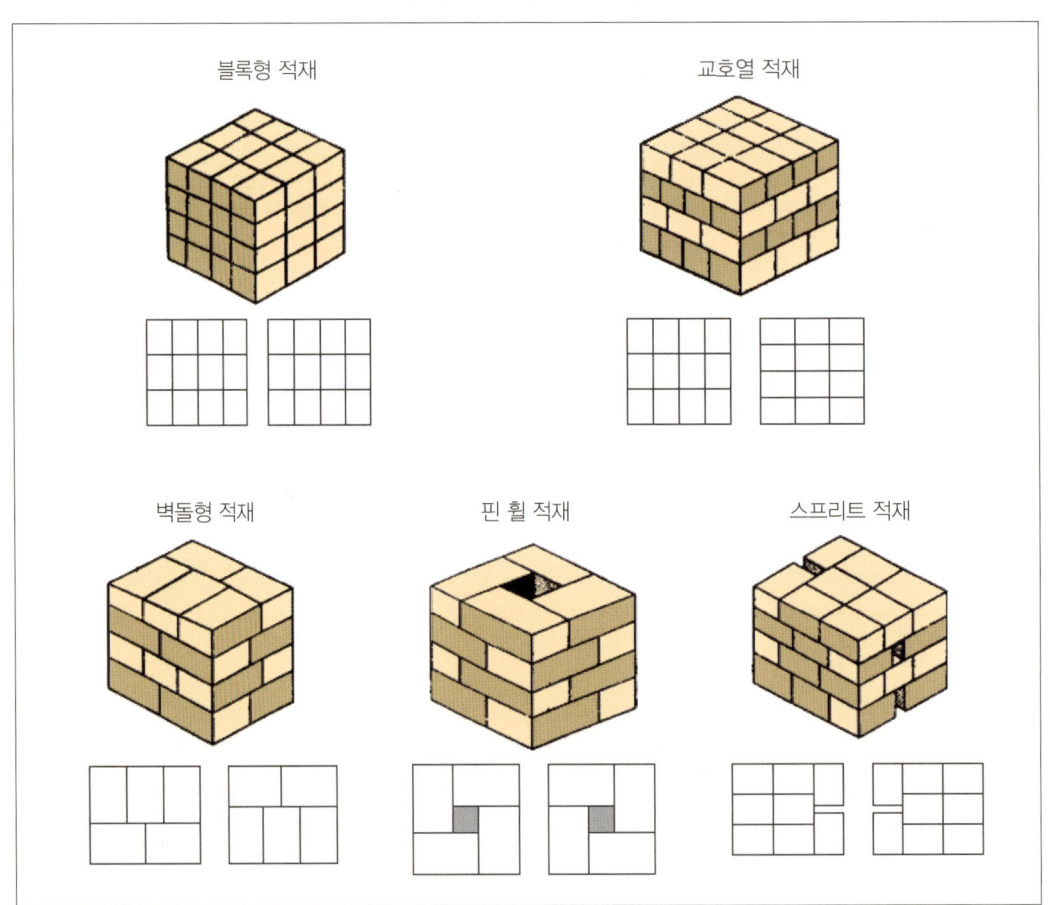

형 파렛트의 보급 확대에 국가적인 역량을 쏟아부었다. 앞에서도 설명한 바와 같이, 물류표준화의 핵심은 파렛트 표준화인데, 포장표준화가 선결조건이므로 자연스럽게 물류포장 분야가 이를 달성하기 위해 선두에 나서게 되었다. 즉, 기업에서 T-11형 파렛트를 채택하려면 T-11형 파렛트 적재효율이 좋도록 자사 제품의 포장규격을 먼저 정비하여야 한다. 이는 결코 쉬운 일이 아니다. KS T 1002에 69종의 포장 표준치수가 규정되어 있어서 이 중에서 선택하면 될 것 같지만 실무작업 측면에서는 더 많은 고려사항이 있다.

[그림 14]에서와 같이 파렛트 적재방법은 여러 가지가 있는데, 정사각형 파렛트의 경우 돌려쌓기 방식(Pin Wheel Style)이 많이 나오게 된다. 69종의 표준치수 중에서 무려 53종이 돌려쌓기 방식이다. 어떤 적재방식이냐에 따라 물류과정에도 어느 정도 영향을 미치게 된다.

2013년에 국가 표준파렛트가 2원화 되면서 이에 상응하여 포장표준치수도 기존 69종과 T-12형의 40종을 합쳐서 109종(중복 7종 포함)으로 KS T1002가 개정되었다. 〈표 13〉과 〈표 14〉는 각각 T-11형과 T-12형 파렛트의 표준 포장치수군을 나타낸 것이다. 중복된 7종의 치수를 제외하더라도 무려 102종의 포장 표준치수가 존재하는데, 장, 폭으로 10mm 이내의 차이를 보이는 유사 규격들이 많아서 대폭 정리하여 단순화할 필요가 있다. 이 문제는 매년 제기되고 있으나 2020년 현재까지 개정되지 않고 숙제로 남아 있다.

〈표 13〉 T-11형(1,100mm×1,100mm) 파렛트의 포장 표준치수 일람표

번호	장×폭(mm)	1단 적재수	적재효율(%)
1	1,100×1,100	1	100
2	1,100×550	2	100
3	1,100×366	3	99.8
4	1,100×275	4	100
5	1,100×220	5	100
6	733×366	4	88.7
7	711×388	4	91.2
8	687×412	4	93.6
9	687×206	2×4	93.6
10	660×440	4	96.6
11	660×220	2×4	96.6
12	650×450	4	96.7
13	650×225	2×4	96.7
14	641×458	4	97.1
15	641×229	2×4	97.1

번호	장×폭(mm)	1단 적재수	적재효율(%)
16	628×471	4	97.8
17	628×235	2×4	97.6
18	611×488	4	98.6
19	611×244	2×4	98.6
20	600×500	4	99.2
21	600×250	2×4	99.2
22	576×523	4	99.6
23	576×261	2×4	99.4
24	550×550	2×2	100
25	550×366	2×3	99.8
26	550×275	2×4	100
27	550×200	2×5	100
28	523×288	2×4	99.6
29	500×300	2×4	99.2
30	500×200	3×4	99.2
31	488×305	2×4	98.4
32	488×203	3×4	98.2
33	471×314	2×4	97.8
34	471×209	3×4	97.6
35	458×320	2×4	96.9
36	458×213	3×4	96.7
37	450×325	2×4	96.7
38	450×216	3×4	96.4
39	440×330	2×4	96.0
40	440×220	3×4, 2×4+2	96.0
41	412×343	2×4	93.4
42	412×275	2×4+2	93.6
43	412×229	3×4	93.6
44	388×355	2×4	91.1
45	388×237	3×4	91.2
46	366×366	3×3	99.6
47	366×220	3×4	99.8
48	366×244	3×4+1, 3×3+4	95.9

번호	장×폭(mm)	1단 적재수	적재효율(%)
49	366×220	3×5	99.8
50	343×206	2×2×4	93.8
51	330×220	2×2×4	96.0
52	325×225	2×2×4	96.7
53	320×229	2×2×4	96.9
54	314×235	2×2×4	97.6
55	305×244	2×2×4	98.4
56	300×250	2×2×4	99.2
57	300×200	(2+3)×4	99.2
58	293×220	3×5+3	95.9
59	288×261	2×2×4	99.4
60	275×275	4×4	100
61	275×220	4×5	100
62	275×206	4×4+5	98.3
63	250×200	2×3×4	99.2
64	244×203	2×3×4	98.2
65	235×209	2×3×4	97.4
66	229×213	2×3×4	96.7
67	229×206	2×3×4+1	97.4
68	225×216	2×3×4	96.4
69	220×220	5×5	100

참고: 적재효율(%) = (화물의 수평투상면적(겉포장의 장×폭)×1단 적재개수)/파렛트 적재부분의 면적×100

〈표 14〉 T-12형(1,200mm×1,000mm) 파렛트의 포장 표준치수 일람표

번호	장×폭(mm)	1단 적재수	적재효율(%)
1	1,200×1,000	1	100
2	1,200×500	2	100
3	1,200×333	3	100
4	1,200×250	4	100
5	1,200×200	5	100
6	1,000×600	2	100
7	1,000×400	3	100

번호	장×폭(mm)	1단 적재수	적재효율(%)
8	1,000×300	4	100
9	1,000×240	5	100
10	1,000×200	6	100
11	600×500	2×2	100
12	600×400	2+3	100
13	600×333	3×2	99.9
14	600×250	4×2	100
15	600×200	2×2+6	100
16	500×400	2×3	100
17	500×300	2×4	100
18	500×240	2×5	100
19	500×233	2×3+4	97.1
20	500×200	2×6	100
21	475×250	4×2+2	99.0
22	433×333	3×2+2	96.1
23	400×333	3×3	99.9
24	400×300	4+3×3	100
25	400×250	4×3	100
26	400×200	6+3×3	100
27	280×240	2×5+3	98.8
28	333×300	3×4	99.9
29	333×240	3×5	99.9
30	333×216	3×4+4	95.9
31	333×200	3×6	99.9
32	316×250	4×4	98.8
33	300×250	3×4+5	100
34	300×233	3×4+5	99.0
35	300×200	2×4+2×6	100
36	266×200	3×6+4	97.5
37	266×240	4×5	100
38	250×200	4×6	100
39	240×200	5×5	100
40	200×200	5×6	100

3. 물류포장 표준화 추진과제

1) 물류포장 표준화 문제점과 대응방안
가) 문제점

원칙적으로 국가표준파렛트는 한 종류이어야 하고 표준 포장치수도 이에 정합하는 규격들로 설정되어야 한다. 따라서 현재의 2원화되어 있는 파렛트 규격은 언젠가는 하나로 통합될 것으로 예측된다. 문제는 두 종류의 표준파렛트가 혼재되어 사용되는 현재, 일정부분 물류효율이 저하될 수 밖에 없다는 점이다.

T-11형은 국내유통에 유리하고 T-12형은 수출제품에 많이 사용된다. 오랫동안 노력한 결과 국내에서는 T-11형 파렛트가 압도적으로 많이 사용되고 있다. 대기업과 파렛트 풀 전문업체들이 T-11형 파렛트를 대량 사용하고 있으며, T-11형에 정합하는 표준 포장용기에는 국가에서 보조금까지 지원하였다. 하지만 나라 밖에서는 T-11형의 사용량이 10%에도 미치지 못한다. 반면에 미국의 꾸준한 노력으로 T-12형의 사용량은 50%를 넘어서서 주류를 이루고 있는 실정이다. 한편 EU에서는 1,200mm×800mm의 표준파렛트가 압도적으로 많이 사용되고 있어서 역내 유통에는 큰 효과를 보고 있다. 중장기적으로 T-12형 파렛트가 글로벌 표준 파렛트로 자리매김할 것으로 예측된다.

이러한 관점에서 보면 포장의 역할이 중요하다. 서로 다른 파렛트가 혼재되어 사용될 경우 적재효율의 저하를 최대한 방지하는 것이 포장에게 주어진 과제이다. [그림 15]에서 보듯이 미국과 유럽은 600mm×400mm라는 적재효율 100%인 포장모듈을 공유하고 있는 반면 우리의 T-11형 파렛트에는 80%에도 못미치는 적재효율을 보이고 있다.

국제적으로 사용되고 있는 표준파렛트와 표준포장모듈은 ISO 3676(Packaging-Unit

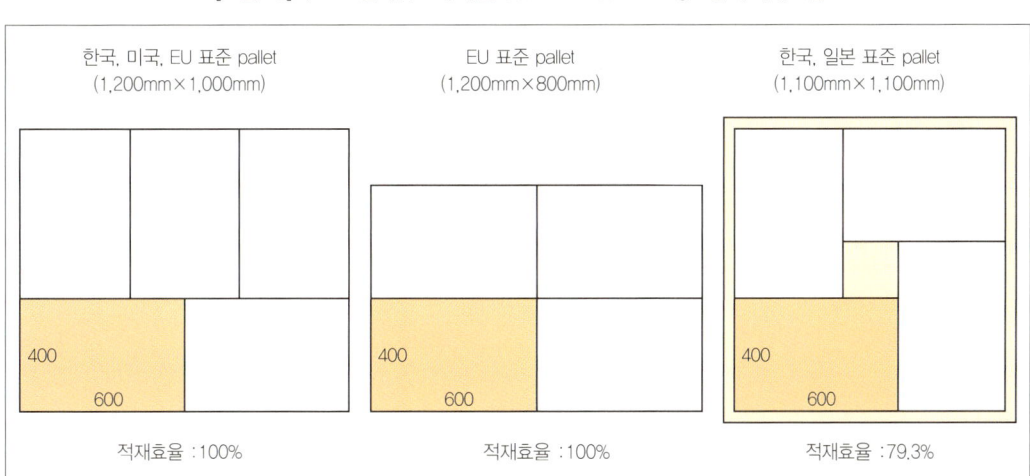

[그림 15] 주요 표준파렛트에 대한 600mm×400mm 포장모듈의 적재효율

load dimensions)과 ISO 3394(Packaging-Dimensions of rigid rectangular packages)에 규정되어 있다. 2010년까지만 해도 ISO 3676에 1,200mm×800mm, 1,200×1,000mm의 2개 파렛트가 규정되어 있었고, ISO 3394에 600mm×400mm 계열치수만이 명시되어 있었다. 이 내용은 앞에서 설명한 바와 같이, 2011년 말에 이르러 ISO 3676에 일본, 미국에 의해 각각 1,100mm×1,100mm와 48inch×40inch가 포함되었고, ISO 3394에 일본, 한국에 의해 각각 550mm×366mm와 600mm×500mm 계열치수가 공식적으로 포

〈표 15〉 한국이 제안한 600mm×500mm 포장모듈과 계열치수

Base Module			
mm		inch	
600×500		23.62×19.69	
package size, mm(inch)		sub-multiple size, mm(inch)	
600×500 (23.62×19.69)	300×500 (11.81×19.69)	200×500 (7.88×19.69)	150×500 (5.90×19.69)
600×250 (23.62×9.84)	300×250 (11.81×9.84)	200×250 (7.88×9.84)	150×250 (5.90×9.84)
600×166 (23.62×6.54)	300×166 (11.81×6.54)	200×166 (7.88×6.54)	150×166 (5.90×6.54)
600×125 (23.62×4.92)	300×125 (11.81×4.92)	200×125 (7.88×4.92)	150×125 (5.90×4.92)

[그림 16] 600mm×500mm 포장모듈의 T-11형 및 T-12형 표준파렛트 적재효율

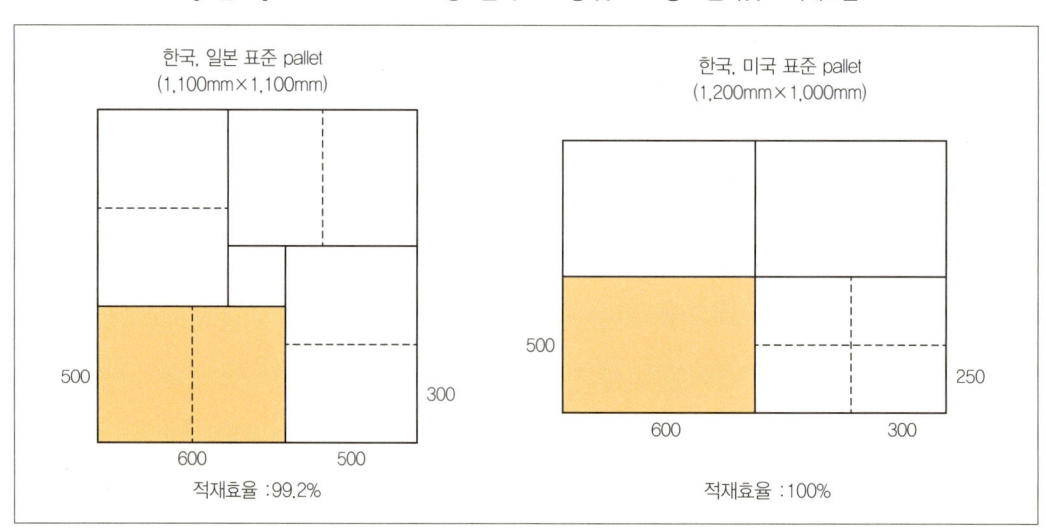

〈표 16〉 ISO 3394의 표준 포장치수 일람

(단위 : mm)

Module				
600×400		600×500		550×366
Recommended pallet sizes for each Module				
1,200×800	1,219×1,016	1,219×1,016	1,100×1,100	1,100×1,100
	1,200×1,000	1,200×1,000		
Multiples				
1,200×800	1,200×1,000	1,200×1,000	1,100×1,100	1,100×1100
1,200×400		1,200×500		1,100×550
800×600		1,000×600		1,100×366
Submultiples				
600×400		600×500		550×366
300×400		300×500		275×366
200×400		200×500		183×366
150×400		150×500		137×366
120×400		600×250		110×366
600×200		300×250		550×183
300×200		200×250		275×183
200×200		150×250		183×183
150×200		600×166		137×183
120×200		300×166		110×183
600×133		200×166		550×122
300×133		150×166		275×122
200×133		600×125		183×122
150×133		300×125		137×122
120×133		200×125		110×122
600×100		150×125		#
300×100		#		#
200×100		#		#
150×100		#		#
120×100		#		#

NOTE 1. The multiples and submultiples are examples calculated from the module 600mm×400mm, 600mm×500mm and 550mm×330mm.
NOTE 2. The sizes below 110mm×122mm are net recommended, being too small and of little practical use.
NOTE 3. Transport unit configurations shown in Table 1, Figure 2, Figure 3 and Figure 4 are illustrative only. Other transport unit configurations which are approved as rigid rectangular packages are available.

<표 17> 표준파렛트 2원화에 따른 표준포장치수 개선안 (단위 : mm)

대표치수	계열치수						
1,100×1,100	1,100×550	550×550	550×366	550×275	550×220	366×366	366×275
	366×220	275×275	275×220	220×220	660×440	660×220	440×330
	440×220	330×220	388×237				
1,200×1,000	1,000×600	600×500	600×250	500×300	500×200	300×250	250×200
	600×400	400×300	300×200				

함되었다. 일본은 T-11형 파렛트와 이의 포장모듈치수인 550mm×366mm를 ISO 규격화하는데 성공하여 만족하였지만 T-12형 파렛트가 이미 글로벌 물류시장에서 대세가 되고 있는 만큼 T-11형 파렛트의 보급확대에 큰 도움이 안 될 것으로 예견되었다. 한국이 600mm×500mm 포장모듈을 ISO 3394에 삽입하려고 집요하게 노력한 이유는 이 때문이다. 이러한 노력과는 별개로, 관련 국가표준인 KS T 1002(수송포장 계열치수)가 2020년 현재까지 1990년대 이전 상태를 유지하고 있어서 개선이 시급하다.

나) 개선 방향

2008년도 10월 ISO TC 122(Packaging) 동경총회에서 한국은 <표 15>와 같이 두 종류의 표준파렛트에 모두 적재효율이 좋은 600mm×500mm 포장모듈치수계열를 제안하였다. 이 규격은 [그림 16]에서 보는 바와 같이 T-11형 파렛트와 T-12형 파렛트에 각각 99.2%와 100%의 적재효율을 보이고 있다. 사용자가 이 계열치수를 제품 포장규격으로 채택하면 파렛트는 두 종류를 자유롭게 선택할 수 있다.

한국의 제안은 일본의 반대에도 불구하고 2013년 말경에 ISO 3394에 반영되어 <표 16>과 같이 3개 계열치수군의 하나로 자리잡게 되었다.

2007년에 발족한 국가물류표준화연구단은 표준파렛트 2원화가 실현되었을 경우를 대비하여 KS T 1002에 대한 개정작업에 착수하였다. 개정방향은 600mm×500mm 기본 모듈치수로 하고 종류 수를 30종 이내로 단순화하여 실무 적용 효율을 높이는데 두었다.

<표 17>은 표준치수를 69종에서 29종으로 단순화한 개선내용이다. 하지만 2013년에 연구단의 의도대로 2원화에 성공하였으나 표준치수는 기존의 T-11형 69종에 T-12,형 40종을 더해 109종으로 더 늘어나는 방향으로 KS T1002가 개정되었다. 이는 단순화하게 되면 포장설계상의 제한도 커지는 불편함이 따른다는 일부 관련 전문가들의 주장이 반영된 결과이다.

물류 전 과정의 효율성을 높이는 측면에서는 현재 109종(중복 7종 포함)의 포장 표준치수는 반드시 단순화되어야 하며, 이에 공감하는 물류 전문가가 대다수여서 조만간 KS T 1002 재개정이 예상된다.

<표 18>은 29종 개정안 포장 표준치수의 평면적에 대한 적재패턴과 적재효율을 분석한 것이다.

〈표 18〉 개정안 모듈치수 적재패턴 분석

호칭번호	길이 × 너비 (mm)	참고 적재 보기는 1단의 적재개수, ( )안은 평면적에 대한 이용률을 표시한다.	호칭번호	길이 × 너비 (mm)	참고 적재 보기는 1단의 적재개수, ( )안은 평면적에 대한 이용률을 표시한다.
1	1,200 × 1,000	1 (100.0)	6	660 × 220	2×4 (96.0)
2	1,100 × 1,100	1 (100.0)	7	600 × 500	4 (99.2)
3	1,100 × 550	2 (100.0)	8	600 × 400	4 (79.3)
4	1,000 × 600	2 (100.0)	9	600 × 250	2×4 (99.2)
5	660 × 440	4 (96.0)	10	550 × 550	2×2 (100.0)

호칭번호	길이 × 너비 (mm)	참고 적재 보기는 1단의 적재개수, ( )안은 평면적에 대한 이용률을 표시한다.	호칭번호	길이 × 너비 (mm)	참고 적재 보기는 1단의 적재개수, ( )안은 평면적에 대한 이용률을 표시한다.
11	550 × 366	2×3 (99.8)	16	440 × 330	2×4 (96.0)
12	550 × 275	2×4 (100.0)	17	440 × 220	3×4 (96.0)
13	550 × 220	2×5 (100.0)	18	400 × 300	2×4+1 (89.3)
14	500 × 300	2×4 (99.2)	19	388 × 237	3×4 (91.2)
15	500 × 200	3×4 (99.2)	20	366 × 366	3×3 (99.6)

호칭번호	길이×너비(mm)	참고 적재 보기는 1단의 적재개수, ( )안은 평면적에 대한 이용률을 표시한다.	호칭번호	길이×너비(mm)	참고 적재 보기는 1단의 적재개수, ( )안은 평면적에 대한 이용률을 표시한다.
21	366×275	3×4 (99.8)	26	275×275	4×4 (100.0)
22	366×220	3×5 (99.8)	27	275×220	4×5 (100.0)
23	330×220	2×2×4 (96.0)	28	250×200	2×3×4 (99.2)
24	300×250	2×2×4 (99.2)	29	220×220	5×5 (100.0)
25	300×200	(4×3)+8 (99.2)			

2) 물류포장 표준화 세부 추진과제

IT의 발전과 친환경 인식 고조 그리고 글로벌 물류 표준화에 대한 주요 경제 블록 간의 치열한 선점 경쟁이 최근의 물류 관련 동향이다. 또한 글로벌 생산 및 무역의 증가는 필연적으로 에너지 및 물류비용의 증가로 이어지고 있다. 이러한 물류 관련 추세의 변화에 대응하여 〈표 19〉와 같이 물류포장 분야가 추진해야 할 과제를 분석하였다.

가) 스마트 패키징 개발

1인 가구의 증가, HMR(Home Meal Replacement) 등 즉석조리식품의 증가, 신선편이 식품의 대중화, 그리고 팬데믹 상황에서의 택배 주문의 확대 등은 포장분야의 적극적인 대응을 불러오게 되었다.

Active 패키징, Intelligent 패키징 등의 포장 기법이 식품포장을 중심으로 발전해 왔으며, 바코드 및 QR코드로 대변되는 2차원 심볼을 넘어서 RF 태깅에 의해 물류포장 분야도 스마트 물류의 개시자 역할을 수행할 수 있게 되었다. RF Tag이 소비자포장부터 부착되어 운반용 겉포장, 일관수송용 파렛트, 해상컨테이너, 트럭, 화차 및 물류창고에 이르기까지 상호 교신하고 연동되는 시스템이 구축되고 있다. 태깅비용의 최소화, 모든 포장재에 적용할 수 있는 기술 개발, 타 물류기기와의 인터페이스 기술 개발 등이 물류 포장 분야의 과제이다.

나) 물류포장 국제표준화

ISO TC 122(Packaging)에서는 물류포장과 관련하여 단위화물 파렛트 표준규격(ISO 3676), 포장 표준치수(ISO 3394), 화물 취급주의 표시(ISO 780) 등을 비롯하여 바코드, 2차원 심볼, RFID 관련 표준을 제정하거나 개정한 바 있다. 또한 친환경과 관련하여 RTI(Returnable Transport Items) 관련 표준을 최근에 제정하였다. 앞으로는 스마트 패키징과 관련된 개발내용이나 물류표준설비 관련 내용 들이 국제표준으로 수렴되어야 한다.

다) 시스템 기반 물류포장 연구

국내 및 글로벌 생산기지 또는 수출국 간의 물류표준 시스템이 정착될 것이며, 이에 따른 물류포장의 표준도 결정되어야 한다. 실무적인 적용을 위해서는 산업별로 물류포장 표준에 대한 적용 가이드가 마련되어야 한다.

라) 회수물류 및 회수포장 표준용기 개발

쓰고 난 포장은 폐기물이 아니고 소중한 순환자원이라는 인식하에서 제품의 생산이나 유통에 있어서 친환경은 피할 수 없는 대세가 되

〈표 19〉 물류포장분야 추진 과제

NO.	물류 관련 동향	물류포장 추진과제
1	물류 정보시스템 발전	스마트 패키징 개발
2	글로벌 생산 및 무역증가	물류포장 국제 표준화
3	에너지 및 물류비용 증가	시스템 기반 물류포장 연구
4	친환경 인식 제고	회수물류 및 회수포장 표준용기 개발

고 있다. ISO 18601~18606의 친환경포장 표준에서도 포장재 재사용을 최우선 순위에 두고 있다. 효율적인 재사용을 위해서는 표준 회수용기 개발과 회수 시스템의 구축이 중요한 과제이다. 작게는 국내 회수 시스템, 크게는 글로벌 회수 시스템의 구축과 이에 정합하는 표준 회수용기를 개발하여야 한다.

 참고 문헌

- 포장기술편람 (2003) (사)한국포장학회, 포장개론 pp 41 – 50
- 국가물류표준화추진사업 연차보고서(2009), 한국포장시스템연구소, 2년차 보고서
- 공업포장교육 교재(2018) 한국공업포장협회, 물류포장 편
- 공업포장교육 교재(2018) 한국공업포장협회, 친환경포장 편
- ISO 18603(2012) ISO TC 122(Packaging) Reuse
- ISO TC122/AHG! 보고서(2011), 워싱턴 ANSI, Final Resolutions.

제2절 트럭운송 표준화

1. ULS와 트럭 운송

1) 트럭운송의 중요성

화물운송은 생산된 재화를 소비자 또는 수요자에게 전달하는 과정으로, 물류의 기능 중 가장 핵심적인 부분을 담당하고 있다.

생산된 제품을 판매할 장소로 이동시킬 뿐만 아니라 구매자가 주문한 상품을 신속, 안전, 정확하게 전달하는 역할을 담당하며, 경쟁이 치열해질수록 운송에 대한 서비스 요구수준은 계속 높아지고 있다.

따라서 운송서비스의 공급형태는 JIT수배송, 택배, 새벽배송, 3시간배송 등 전달시간을 단축하기 위한 다양한 형태들로 시행되고 있으며, 앞으로 드론배송, 로봇배송 등 첨단기술을 이용한 배송방법들이 현실화될 것으로 예상된다. 이렇듯 운송은 상품을 판매하는 데 있어서 중요한 경쟁수단이 되고 있다.

한편 이러한 운송서비스의 질적인 향상은 많은 비용의 증가를 발생시킨다. 한국교통연구원 자료에 의하여 2017년도 국내 총 기업물류비는 164조 3,109억 원으로, GDP의 9.5%를 점하고 있으며, 이중 국내운송비가 67.1%로 110조 3천억 원에 달하고 있다.

이러한 높은 수준의 운송비용은 운송의 소량다빈도 배송 및 택배화에 따라 지속적으로 증가할 것이며, 기업들에게는 수익창출 및 비용절감을 위해 중점적으로 관리해야 할 중요한 대상이 되고 있다.

2) ULS가 트럭운송에 미치는 영향

ULS에 대하여 국토연구원은 "하역 혁신을 통하여 운송의 합리화를 도모하는 체계로서 화물을 일정한 표준의 중량 또는 용적으로 단위화(Units)하여 기계의 힘에 의해 일관적으로 하역·운송하는 방식을 말하며, 이러한 유닛로드 시스템은 물류합리화의 기본적인 요건으로, 하역의 기계화 및 합리화, 화물파손 방지, 신속한 적재, 트럭회전율의 향상 등을 가능하게 하는 협동일관운송(Intermodal Transportation)의 전형적인 운송시스템이다."라고 정의하고 있다.

이렇듯 ULS는 화물운송합리화를 위해 중요한 역할을 하고 있다. 특히 단순 작업인력의 공급이 줄어들고 인건비가 높아지는 현실에서 운송을 위한 하역작업의 기계화와 신속한 작업은 운송의 경제성을 확보하는 데 있어 중요성이 더 커지고 있으며, ULS가 보다 효율적으로 이루어지기 위해서는 운송에 사용되는 다양한 단위 적재용기들과 운송수단 간에 정합이 잘 이루어져야 한다.

[그림 1]에서 보듯 효율적 운송을 위해 트럭이나 컨테이너운송에 이용되는 운송용기들은 파렛트, 롤컨테이너, 상자형파렛트, 톤백 등이 있으며, 이들 대형운송용기들은 트럭의 적재함 및 컨테이너의 내측 폭과 잘 정합[1])되어야 한다. 또한 트럭 및 컨테이너에 적재되는 운송용기에는 다양한 형태의 소형운송용기들이 적재되는 바, 이들도 역시 트럭 적재함에 적재되는 운송용기의 규격과 잘 정합되어야 빈 공간이 발생하지 않고 적재효율이 높아지게 되는 것이다.

한편 운송용 단위용기들은 기본적으로 운송 후 빈 용기를 회수해야 하는 문제점과 용기 자체의 중량과 부피로 인해 총 운송능력을 삭감시키는 역효과도 있기 때문에 규격, 재질, 형태 등을 정밀하게 검토해서 사용하는 것이 필요하다.

> **ULS에서 정합성의 중요성**
>
> 플라스틱 용기에 다양한 상품을 콘솔하여 중소형 탑차를 이용하여 배송한다고 할 경우 단위용기의 실질적인 내부용적 실효율이 80%, 실질적으로 적입되는 화물의 량이 평균 80%, 적재함 내부에 용기가 적재되는 비율이 80%정도라고 한다면 전체적인 실질적인 적재율은 51.2%가 된다.
>
> • 실질적재율 = 80%×80%×80% = 51.2%
>
> 이러한 실질적인 적재율은 중량화물을 주로 배송하는 경우에는 크게 문제되지 않지만 부피화물을 배송해야 하는 경우에는 적재효율에 문제가 된다.

[그림 1] 트럭운송을 위한 ULS 체계

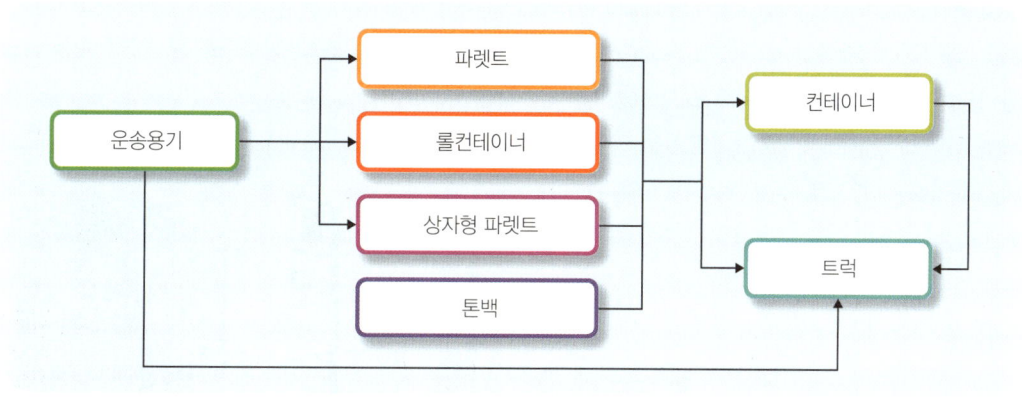

---

1) 서로 다른 물체의 규격이 가지런히 들어맞는 상태를 말한다.

3) 트럭운송에 사용되는 운송용기의 종류와 특징

일반적으로 트럭운송에 이용되는 적재용기의 종류와 특징은 다음과 같다.

가) 파렛트

파렛트는 단위 운송용기의 일관수송을 위해 가장 중요한 역할을 하는 도구이다. 화물을 파렛트에 적재하여 보관 후 그 상태대로 출고 및 트럭에 적재하여 목적지까지 도착하게 하며, 도착된 상태로 물류센터에 보관되도록 할 수 있다. 일반적으로 지게차를 이용하여 적재를 하게 되며, 적재환경에 따라 시설을 보완하거나(예 : 도크레벨러) 적합한 지게차를 이용하기도 한다. 이러한 효율성으로 인하여 많은 공산품들이 파렛트를 이용하여 운송되고 있으며, 점차 농수산물 운송에도 적용되고 있다.

제작되는 재질은 플라스틱, 목재, 알루미늄, 철대, 종이 등 다양하게 이용되고 있으나, 플라스틱 파렛트가 가장 많이 이용되고 있다. 또한 국제 컨테이너운송의 경우에도 한·중간 운송 및 일부 특수화물(예: 육류운송)의 경우를 제외하면 대부분 파렛트에 화물을 적재하여 화물을 적입한 후 운송하고 있다. 일부 국가와는 Reusable & Returnable 표준파렛트를 이용하여 운송하기도 하지만, 많은 경우 표준규격의 차이 및 회수시스템의 미흡으로 인하여 목재, 재생플라스틱, 종이 등 저가의 1회용 파렛트를 이용하여 운송함으로써 운송비 증가의 원인이 되고 있다.

나) 롤컨테이너

롤파렛트라고도 하며 화물적재대 하단에 캐스터(Caster)가 장착되어 있고 적재화물이 붕괴되지 않도록 울타리(Wall)가 설치되어 있다(그림 2). 따라서 지게차를 이용하여 하역할 수도 있고 작업자가 밀어서 적재 또는 하차할 수도 있다. 파렛트는 비교적 정형화된 화물을 적재하여 운송하는 데 이용되지만, 롤컨테이너는 운송 중 붕괴될 우려가 있는 다양한 규격 및 형태의 화물을 적입하여 안전하게 운송할 수 있게 할 뿐만 아니라 신속한 상하역을 통하여 트럭의 회전율을 높이기 위해서 이용된다.

택배와 같이 터미널에서 화물을 행선지별로 분류해야 하는 경우에는 롤컨테이너에 동일목적지의 화물을 적재한 후 롤컨테이너째로 분류함으로써 신속한 분류작업을 할 수 있으며, 화물분류를 위한 분류기 투자를 감소시키는 역할도 한다.

일본의 택배업체들은 대부분 롤컨테이너를 이용하여 운송하고 있으며, 국내에서도 우체국택배 및 한진택배에서 활용하고 있는데, 이는 택배화물은 왕복운송 성격이 강해 용기의 회수부담이 적기 때문이다. 물론 편의점물류 배송트럭과 같이 순회배송을 하고 공차상태로 물류센터로 회귀하는 트럭들의 경우에는 공롤컨테이너 회수를 위한 별도 운송이 필요 없고 신속한 인계인수로 회전율이 높아져 점차 롤컨테이너 이용을 확대하고 있다. 또한 물류센터 내부에서의 피킹 및 운반용도로도 많이 활용되고

[그림 2] 롤컨테이너 형태

출처: 중원산업 홈페이지

있다.

다) 상자형 파렛트

상자형 파렛트는 주로 부품 등을 납품하는 용도로 사용되는 운송용기로, 부품의 크기와 적입되는 중량, 적재함의 크기에 따라 적정한 규격으로 제작된다.

일반적으로 가벼운 화물을 적입하는 상자형 파렛트는 플라스틱으로 제작되며, 철재 부품 등은 중량을 견딜 수 있도록 철재로 제작되기도 한다. 또한 공파렛트를 효율적으로 회수하기 위하여 접이식으로 제작되기도 한다. 이러한 상자형 파렛트는 일반적으로 부품제작사에서 완성품 조립공장으로 납품하기 위해 사용되기 때문에 부품에 대한 포장이 불필요하며 납품량을 일일이 검수하지 않아도 되는 이점이 있다. 또한 여러 단으로 적재할 수 있는 구조로 만들어 적재효율을 높이고 있다.

근래에는 농산물을 운송하는 데도 활용되고 있는데, 산지에서 생산된 포장하기 어려운 농산물, 예를 들어 수박, 무, 배추 등과 같은 농산물을 일반파렛트와 결합한 접이식 상자형 파렛트에 적입하여 운송함으로써 산지에서의 신속한 상차작업과 농산물의 안전한 운송은 물론 하차지에서의 하역작업도 효율적으로 하고 있다.

[그림 3] 상자형 파렛트 형태

출처: 알리바바 온라인쇼핑 홈페이지

라) 톤백(ton bag)

톤백이란 산물(散物)을 단위화물로 취급하기 위하여 [그림 4]와 같이 제작된 대형마대자루로서 일반적으로 폴리프로필렌(PP)을 이용하여 제작되며 500kg~1톤을 담을 수 있다. 곡물, 사료, 모래 등을 화물트럭으로 운송하는 데 사용되며(해상 및 항공운송용으로 사용되기도 함), 규격은 표준화되어 있지 않지만 일반적으로 산화물을 자루에 담았을 때 옆으로 불거져 나오는 문제 때문에 밑면이 파렛트보다는 적은 규격(900mm×900mm 또는 1,000mm×1,000mm)으로 제작되어 사용된다. 자루형태로 되어 있어 용기회수에 대한 부담이 적고 지게차 또는 크레인을 이용하여 2~3단으로 적재할 수 있다.

[그림 4] 톤백 형태

출처: 대성마대 홈페이지

마) 플라스틱 운반용기

다양한 소형화물을 하나의 박스에 적입하여 수송 및 배송을 효율적으로 하기 위해 사용되는 박스이다. 주로 플라스틱으로 제작되며, 적

[그림 5] 다양한 플라스틱 운반용기 형태

출처: 엔피씨(주) 홈페이지

입 되는 상품의 크기에 따라 박스의 규격도 결정된다. 플라스틱 운반용기는 주로 중소형의 배송트럭 적재용으로 많이 활용되며, 적재효율성 향상은 물론 신속한 상하차, 화물의 안전, 상품전달의 오류를 방지할 수 있는 이점이 있다. 회수시의 부피 문제를 완화하기 위하여 접철식 또는 적층식을 활용하기도 한다. 형태는 [그림 5]와 같이 적입 되는 상품의 크기, 특성, 운송 및 작업의 편의성 등을 위하여 다양하게 제작되고 있다.

4) ULS를 이용한 운송 효율화 위한 요건

운송용기를 트럭 또는 트레일러에 의해 효율적으로 운송하기 위해서는 다음과 같은 조건들이 충족되어야 한다. 물론 이 조건이 충족되지 않는다고 해서 운송이 불가능한 것은 아니며, 다만 비효율적으로 운송될 수 있다는 것이다.

가) 트럭의 적재함 규격 조건

운송용기에 적입된 화물을 효율적으로 운송하기에 위해서는 트럭 적재함의 규격이 운송용기의 규격과 적정하게 정합되어야 한다. 즉 적재함의 규격에 맞춰 운송용기의 규격이 결정되어 서로 정합함으로써 적재효율을 높여야 한다.

① 대형트럭의 적재함 크기 조건

대형트럭들은 주로 파렛트, 롤컨테이너, 상자형 파렛트, 컨테이너 등을 이용하여 운송한다. 따라서 적재함의 폭과 길이도 이들 운송용기의 규격과 정합되어야 한다.

② 중소형트럭의 적재함 크기 조건

1~2.5톤의 중소형트럭들은 일반적으로 배송에 사용되는 트럭들이다. 이들 중소형트럭은 주로 낱개화물 또는 콘솔운반용기에 적입된 화물이 적재되기 때문에 적재함 규격이 적재되는 화물의 규격 및 운반용기 규격에 적합해야 한다. 물론 파렛트나 롤컨테이너 등을 이용하여 운송하는 경우도 있으나 적재함의 폭이 좁아 1열 적재만 가능한 상태로 운송하는 경우가 대부분이다. 이러한 비효율성은 이들 중소형트럭들이 폭이 좁은 이면도로를 통하여 배송하는 경우가 많기 때문에 차체 폭과 적재함을 좁게 제작할 수밖에 없는 제약에 따라 어쩔 수 없는 측면이 있다.

나) 운송용기를 안전하게 운송하기 위한 적재함 조건

운송용기를 이용하여 운송할 경우에는 탑차나 윙바디트럭, 컨테이너 등을 이용하여 운송하는 경우가 일반적이다. 때문에 운송용기와 적재함의 측면 또는 후면과 이격이 발생하고, 그대로 운행을 한다면 운송용기의 좌우쏠림과

앞뒤로의 이동이 발생하여 화물 및 용기의 파손이 발생할 수 있다. 따라서 적재함 내부에서의 화물 유동을 방지할 수 있는 화물고정장치의 설치가 필요하다.

다) 적재효율을 높이기 위한 방법

운송용기를 이용하여 운송을 할 경우 운송용기의 규격과 적재함 규격의 불합치에 의해 적재율이 저하될 수 있다. 따라서 적재율 향상을 위한 관리가 필요하다.

① 대형트럭의 적재효율 향상

파렛트에 적재된 화물을 대형트럭으로 운송할 경우 파렛트에 적재되는 화물의 높이는 일반적으로 2,000mm 이하이고, 탑 또는 윙바디 적재함의 최대높이는 2,400mm~2,600mm 이내이기 때문에 적재함 상단부에 많은 공간이 남게 된다(만약 박스단위로 적재했다면 적재할 수 있는 최대의 높이까지 적재되었을 것이다).[2] 따라서 가능하면 높이 쌓을 수 있는 방법을 강구해야 한다(파렛트 높이를 1,200mm 정도로 하여 2단적재를 하는 것도 고려). 최근에는 트레일러의 중간부분을 요철(凹凸)형태로 만들어 중간부분에 파렛트를 2단으로 적재할 수 있도록 하는 트레일러도 개발되어 운영되고 있다.(그림 6)

② 중소형트럭의 적재효율 향상

1~2.5톤급의 중소형트럭에는 파렛트나 롤컨테이너 등을 이용하여 배송을 하기도 하지만 작은 적재공간을 효율적으로 이용하여 배송하기 위하여 일반적으로 플라스틱 운반용기를 이용한다. 이때 가능한 많은 양을 적재하기 위해서는 적재함에 Dead Space가 최소화되도록 적재를 해야 하며, 이렇게 하기 위해서는 적재함의 규격(폭 + 길이 + 높이)에 적합한 플라스틱 운반용기를 이용하거나 채택된 플라스틱 운반용기의 규격에 적합한 적재함을 갖는 트럭을 선택하여 이용하는 것이 필요하다.

라) 운송용기 상·하역을 위한 요건

ULS는 기본적으로 다수의 화물을 하나의 취급단위로 만들어 신속하게 하역을 함으로써 트럭의 운송소요시간을 단축하는 것이 목적이다. 따라서 대형화된 화물을 기계설비를 이용하여 하역할 수 있는 조건이 갖추어져야 한다.

① 지게차

파렛트화물을 상차 또는 하차하기 위해서는 기본적으로 지게차가 필요하다. 지게차의 인양능력은 화물의 무게에 따라 적정한 것이어야 하며, 도크의 높이와 차량 적재함의 높이가 일치하지 않는 경우에는 도크 레벨러와 타이어식 지게차를 사용해야 한다.

[그림 6] 더블데크 트레일러

출처: 알텍 홈페이지

---

2) 일반적으로 이용되고 있는 롤컨테이너의 경우에는 높이가 1,700mm~1,800mm로, 파렛트적재 보다 더 많은 상부공간이 남게 된다.

[그림 7] 도크레벨러 모습

출처: 수성운반기계 홈페이지

[그림 8] 리프트게이트 형태

출처: KL정공 홈페이지

② 도크시설 및 도크레벨러

신속한 하역을 위해서는 가능한 도크형태로 된 물류센터가 필요하며, 도크 바닥과 트럭 적재함 바닥의 단차가 큰 경우에는 [그림 7]과 같은 도크레벨러를 설치하는 것이 필요하다.

③ 리프트게이트

지게차가 없는 하차장소에서 파렛트화된 화물이나 여러 개의 단위화물을 효율적으로 하역하기 위해서는 트럭에 리프트를 설치하는 것이 필요하다.

④ 대차 등

배송을 위한 콘솔박스를 중소형 트럭에 적재할 때는 박스단위로 적재하게 되는 바, 다수의 용기를 트럭 안으로 이동시키기 위한 대차 또는 롤컨테이너 등이 필요하다.

2. 트럭 적재함과 운송용기의 표준

운송용기를 이용한 운송이 효율적으로 이루어지기 위한 가장 중요한 요소는 트럭 적재함의 규격과 운송용기 규격의 정합성이다. 국내의 운송용기 관련 표준규격과 트럭 적재함의 정합성 여부를 분석해 보면 다음과 같다.

1) 트럭의 적재함 표준규격 현황

화물트럭의 적재함 ULS 표준규격은 다음과 같다. KS규격에는 「일관수송용 화물트럭 적재함」(KS T 1374: 2015)과 「유닛로드 시스템 통칙」(KS T 0006: 2015)에서 규정하고 있다. 두 표준은 서로 표준으로서 인용하지 않고 있으며 그 규격도 다르다.[3]

가) 유닛로드시스템 통칙에서의 화물트럭 적재함 규격

기본적으로 파렛트 적재운송을 기준하여 표준을 설정하였으며, 순파렛트 치수가 아닌 파렛트

---

[3] 이하 표들은 「일관수송용 화물트럭 적재함」(KS T 1374 : 2015)과 「유닛로드 시스템 통칙」(KS T 0006:2015)에서 인용하였다.

<표 1> 트럭 적재함의 표준 폭과 길이

적재함 내측 폭	2,280mm (일반트럭)	2,300mm (밴형트럭)
적재함 내측 길이	4,560mm, 5,700mm, 6,840mm, 7,980mm, 9,120mm, 10,260mm	

<표 2> 표준적재함 규격별 표준 파렛트 적재 가능 수량 (단위: mm, 개)

구 분	4,560	5,700	6,840	7,980	9,120	10,260
T-11형	8	10	12	14	16	18
T-12형	6	8	10	12	14	16

에 화물을 적재했을 때의 실질적인 화물의 표준 적재치수인 평면치수를 적용하여 적재함의 내측 폭과 길이 표준을 설정하였으며, 파렛트의 규격은 T-11형 표준파렛트를 적용하였다.

〈표 1〉과 같은 규격을 적용하여 표준파렛트를 적재하면 〈표 2〉와 같은 파렛트가 적재될 수 있다.

T-12형의 경우 파렛트의 길이방향으로 적재해야 하고 평면치수가 1,240mm가 되어 T-11형에 비해 적재 파렛트 수가 2개씩 적게 적재된다. 따라서 이용하고 있는 차량의 적재함 규격에 적합한 파렛트를 선택하거나 이용하는 파렛트의 규격에 맞는 차량을 선택 또는 적재함을 구조변경하여 적재량을 증대시키는 노력도 필요하다.

나) 일관수송용 화물트럭 적재함 표준에서 정한 적재함 규격

「일반수송용 화물트럭 적재함의 표준 규격」은 〈표 3〉에서 보듯이 명칭에 부합되지 않게 효율적인 파렛트 및 플라스틱박스에 의한 일관수송이 되기 어려운 표준을 정하고 있다. 다만 「유닛로드시스템 통칙」에 비해 다양한 규격을 정하고 있고 적재함의 폭에 대하여 하나의 규격(B형)이 평면치수에 정합되나 나머지 규격들은 정합이 이루어지지 않고 있다. 따라서 대형 차량의 경우에는 운송되는 화물의 특성(부피화물 또는 중량화물)에 따라 몇 개의 파렛트를 적재할 것인지를 판단하여 적재함의 길이를 기준으로 트럭을 결정하는 것이 필요하며, 중소형 배송차량의 경우에는 적재되는 용기의 규격과 정합이 잘 이루어지는 트럭을 선택하거나 이용하는 트럭의 적재함과 정합이 이루어지도록 적재용기의 규격을 정해야 한다.

2) 파렛트 표준규격과 정합성 판단

국내의 표준파렛트는 KS T 0003 단위 화물 치수에서 정하고 있으며, 순 유닛로드 치수와 평면치수로 구분하여 규격을 정하고 있다.〈표 4〉 순 유닛로드 치수는 화물을 적재하지 않은 상태에 순수한 파렛트 자체의 규격을 말하며, T-11형과 T-12형으로 구분하고 있다.

평면 치수는 화물을 파렛트에 적재하였을 때 화물이 튀어나온 부분, 또는 잘못 적재하여 화물이 파렛트의 가장자리를 벗어나는 경우를 감안하여 정한 화물적재 시에 허용할 수 있는 치

〈표 3〉 일관수송용 화물트럭 적재함 표준규격   (단위: mm)

구분		A	B	C	D	E	F	G
너비	일반카고	2,340	2,280+40 -20	2,040	1,840	1,600	1,500	1,320
	밴형트럭	2,370	2,150	2,070	1,870	1,580	1,500	1,320
길이구분		9,600						
		9,000						
		8,400						
		7,800						
		7,200	7,200	7,200				
		6,600	6,600	6,600				
		6,000	6,000	6,000				
		5,400	5,400	5,400	5,400			
		4,800	4,800	4,800	4,800			
		4,200	4,200	4,200	4,200			
					3,600			
					3,000	3,000	3,000	
						2,700	2,700	
						2,400	2,400	
								1,900
		보통트럭				소형트럭		경트럭
비고		이 치수는 섀시의 성능, 적재함의 형식, 용도 및 현가장치에 따라 적당한 것을 선택하는 것으로 한다. 그리고 이 치수는 각 구분마다의 최소치수를 나타낸다.						

〈표 4〉 평파렛트 규격(KS T 0003 - 1994)   (단위: mm)

종류	기호	순 유닛로드 치수	평면 치수
정사각형	T-11	1,100×1,100	1,140×1,140
직사각형	T-12	1,200×1,000	1,240×1,040

수이다. 즉, 트럭이나 랙 등 보관시설에 화물을 적재할 때는 평면 치수를 기준하여 길이 및 너비를 확보하는 것이 필요하다. 이 평면치수와 순 유닛로드 치수는 트럭의 적재함을 기준으로 결정되었다.

3) 롤컨테이너 표준규격과 정합성 판단

롤컨테이너의 규격은 KS T 2038 「롤컨테이

〈표 5〉 롤컨테이너의 표준규격

길이×너비	높이
930mm×710mm	1,800mm 이하
850mm×650mm	
1,050mm×650mm	

비고 : 길이, 너비에 대해서는 바깥치수를 말한다. 하역작업에 지장이 없는 돌출부에 대해서는 +10mm까지로 한다.

〈표 6〉 상자형 파렛트의 표준 규격

no	길이×너비	높이
1	600mm×500mm	2,200mm 이하
2	800mm×500mm	
3	1,000mm×800mm	
4	1,100mm×1,100mm	
5	1,200mm×800mm	
6	1,200mm×1,000mm	
7	1,300mm×1,100mm	

비고2 : 1. 길이 및 너비는 바깥 치수를 말한다.
2. 하역작업에 지장이 없는 돌출부에 대해서는 +10mm까지로 한다.

너 제2부 일반형식과 안전기준」에서 정하고 있으며, 표준규격은 〈표 5〉와 같다.

〈표 5〉 롤컨테이너의 규격 역시 파렛트의 표준치수와 정합이 이루어지지 않고 있으며 표준 플라스틱상자를 적입할 수 있도록 내부의 치수를 규정하지 않고 외부치수만을 규정하고 있다. 또한 롤컨테이너가 배송용기로 사용되는 경우도 있지만 트럭의 회전율 향상을 위하여 택배를 비롯하여 대형트럭을 이용한 수송용으로 많이 활용되는 것을 감안한다면 표준파렛트 규격이나 750mm×1,100mm 또는 750mm×1,000mm의 규격으로 표준을 정하는 것이 필요하다고 판단되며, 실제 운송에 적용하기 위해서는 적입 되는 화물의 부피 및 무게, 운송하는 트럭의 적재함의 폭과 길이에 정합 되도록 사용 기업이 적정한 규격의 롤컨테이너를 제작, 활용하는 것이 필요하다.

한편 작업장에서 사용하는 롤컨테이너는 이동 중 안전문제(전도 위험)가 발생할 수도 있기 때문에 적정한 높이로 제작하는 것이 필요하다.

4) 상자형 파렛트의 표준규격과 정합성 판단

상자형 파렛트 규격은 KS T 2029「상자형 파렛트」에서 규정하고 있으며, 〈표 6〉에서 보듯이 파렛트와는 달리 다양한 규격을 정하고 있다.

상자형 파렛트는 다수의 개별 화물을 적입한 후 트럭에 적재하여 운송하는 용도로 이용되기 때문에 1차적으로 적입되는 화물의 규격과 정합이 이루어져야 하며, 이렇게 적입화물과의 정합에 따라 설정된 상자형 파렛트는 2차적으로 운송하는 트럭의 적재함과 정합이 이루어져야 한다.

다만 운송트럭 적재함의 표준치수(폭과 길이)는 파렛트의 기준치수와 평면치수를 적용하여 결정되었으며, 상자형 파렛트는 하나의 용기로서 외부로 불거져 나오는 부분이 없기 때문에 외측치수와 작업 여유 폭을 기준으로 적재함의 규격에 정합하도록 제작하는 것이 필요하다.

〈표 6〉에서 볼 때 1~3번의 치수는 1톤~2.5톤 중소형트럭에 적합하고(2열 또는 3열로 적재), 4~7번은 3톤 이상의 대형트럭에 적합한 치수이다. 높이는 롤컨테이너와 달리 2,200mm 이하로 규정되어 적재함 윗부분의 Dead Space가 적게 발생할 수 있다.

5) 플라스틱 수송용기의 표준규격과 정합성

플라스틱상자는 배송에서 가장 많이 이용되는 운송용기이며, 파렛트, 롤컨테이너, 상자형 파렛트, 배송트럭 등 가장 다양한 운반도구와의 정합성이 필요한 용기이다. 플라스틱 수송용기에 대한 규격은 다음과 같이 2가지의 표준에서 정하고 있다.

가) 수송포장 계열치수 표준에 따른 수송용기 치수

KS T 1002 「수송포장 계열치수」 표준에서 정하고 있는 수송포장용기의 치수기준은 '어떤 규격의 수송포장용기를 제작하여 이용하면 표준파렛트에 가능한 많은 양의 수송용기를 적재할 수 있을 것인가'에 초점을 두고 설정한 표준치수로, 배송트럭 등에 직접 적용하기에는 부적합한 치수가 많다.

① 수송용기 치수의 산출기준

수송용기 표준치수의 결정은 다음과 같은 기준을 적용하여 산출되었다.
- ㉮ 치수는 mm 단위로 표시하고 최대치로 한다.
- ㉯ 길이 및 너비의 크기는 200mm 이상으로 한다.
- ㉰ 치수는 mm 단위까지로 하고 그 이하는 버린다.
- ㉱ 국가 표준파렛트에 대한 적재효율이 90% 이상인 치수를 적용한다.

※ 기준에 포함되지는 않았으나 크기의 기준은 용기의 한쪽 외측에서 반대편 외측까지의 길이로 측정하며, 밑면과 윗면의 길이가 다른 경우에는 큰 면의 길이를 기준하여 표시 하도록 하고 있다.

② 파렛트와의 정합성

KS T 1002 「수송포장 계열 치수」 규정은 표준파렛트의 기준치수를 기반으로 정수분할 하여 도출된 치수와 적재효율을 최대화하기 위한 다양한 변형 치수조합을 제안하고 있다.

㉮ 정수분할[4] 기본 치수기준

정수분할 기본치수란 파렛트의 한 면을 분할했을 때 소수점이 나오지 않도록 분할하는 것을 말하며, 표준에서는 최소 한변의 길이가 200mm 이상이 되도록 분할되어 있다.

정수분할을 하여 규격을 정하면 상자를 파렛트에 적재했을 때 튀어나오는 부분이 없이 기준치수와 평면치수가 일치하게 된다. 〈표 7〉의 기준 중 366mm와 333mm는 엄밀한 의미에서 정수는 아니나 총 길이 및 너비에 근접하므로 정수분할 규격에 포함되었다.

㉯ 파렛트 화물적재방법[5]을 적용한 상자의 치수 조합

기본적으로 상품을 포장하는 상자의 규격은 적입되는 상품의 크기에 따라 결정된다. 그러나 적입상품의 규격에 맞게 물류포장의 규격을 결정하면 파렛트 적재시 Dead Space가 발생하거나 파렛트 치수를 초과하여 트럭 및 컨테이너에 적재가 곤란하거나 운송장비 적재공

---

[4] 특정수를 나누어서 음수나 소수가 아닌 정수가 되도록 분할하는 것. 특정 용기에 다른 화물을 적재했을 때 여분의 폭이나 길이가 남지 않기 위해서는 정수분할한 규격의 화물 규격이 필요하다.
[5] 파렛트에 상자를 적재하는 방법에는 블록쌓기, 교호열쌓기, 핀휠쌓기, 벽돌쌓기, 스플릿쌓기 등 5가지 방법이 있다.

〈표 7〉 표준파렛트 치수기준 정수분할에 따른 상자의 표준규격 (단위 : mm)

T-11형		T-12형	
가로 1,100mm	세로 1,100mm	가로 1,200mm	세로 1,000mm
550	550	600	500
550	366	400	333
550	275	300	250
550	220	240	200
366	366	200	500
366	275	200	333
366	220	200	250
275	275	200	200
275	220		
220	220		

〈표 8〉 T-11형과 T-12형 파렛트에 공통으로 적용 가능한 상자 치수

T-11 호칭	T-12 호칭	치수	적재수	T-11 적재율	T-12 적재율
11-20	12-11	600mm×500mm	4		
11-21	12-14	600mm×250mm	8		
11-29	12-17	500mm×300mm	8		
11-30	12-20	500mm×200mm	12	99.2%	100%
11-56	12-33	300mm×250mm	16		
11-57	12-35	300mm×200mm	20		
11-63	12-38	250mm×200mm	24		

간에서의 Dead Space가 발생할 수 있다. 따라서 KS T 1002 「수송포장 계열 치수」에서는 파렛트 화물적재방법을 이용하여 파렛트 평면적의 90% 이상[6]을 사용할 수 있는 다양한 종류의 상자 치수를 제시하고 있다. 전체적인 종류는 T-11형 파렛트에 적합한 69종, T-12형 파렛트에 적합한 40종이다.

한편 표준은 T-11형과 T-12형의 파렛트에 공통으로 적용할 수 있는 규격으로서 〈표 8〉과 같이 7종의 치수를 제시하고 있다.

〈표 8〉의 치수를 적용하여 T-11형 파렛트를 이용할 때는 핀휠쌓기 방법을 적용하고, T-12

---

[6] 최소 91.1%, 최대 100%

<표 9> 플라스틱 회수용 수송용기의 형식

종류		기호
모양	형식	
중첩형	손잡이식	N
	회전식	S
적층형	일체식	T
	접이식	C

<표 10> 농수산물용 플라스틱 상자 치수 현황

구분	길이 (mm)	너비 (mm)	정합파렛트	비고
1	366	275	T-11	
2	440	330	T-11	
3	500	300	T-11, T-12	
4	523	366	T-11	
5	550	366	T-11	수산물 겸용
6	600	400	T-12	수산물 겸용
7	600	500	T-11, T-12	수산물 겸용
8	660	440	T-11	

형 파렛트를 이용할 때는 블록쌓기와 벽돌쌓기 방법을 적용하여 적재해야 한다. 따라서 적재작업의 편의성과 적재효율성을 고려한다면 T-12형 파렛트가 T-11형에 비해 효율적이라고 할 수 있다.

나) 회수용 운송용기 표준에 따른 수송용기 표준

KS T 1081 「플라스틱제 회수용 운반용기」 표준은 일반배송용도로 사용하는 플라스틱 수송용기 치수 외에 농산물과 수산물에 적용하는 플라스틱 수송용기의 규격을 제시하고 있다.

① 플라스틱 회수용 수송용기의 종류

용기의 형태에 따라 <표 9>와 같이 4가지로 구분하고, 규격은 KS T 1002를 따르도록 하고 있다.

② 농수산물용 수송용기의 규격

표준은 농산물 용기와 수산물 용기를 구분하여 제시하고 있으나 수산물 용기의 치수는 농산물 용기에 포함되어 있으므로 <표 10>에서는 이를 통합하여 제시하였다.

농산물의 경우 총 8종의 표준이 설정되었고, 수산물의 경우에는 3종이 설정되어 있다. 이중 T-11 및 T-12형 파렛트와 정합이 이루어지는 규격은 <표 10>과 같다.

〈표 11〉 적재함 표준 폭 치수에 정합하는 플라스틱 상자 치수 (단위 : mm)

구분	내폭	여유	유효치수	3분할	4분할	5분할	6분할	7분할
D	1,870	50	1,820	607	455	364	303	260
E	1,580	50	1,530	510	383	306	255	219
F	1,520	50	1,470	490	368	294	245	210
G	1,320	50	1,270	423	318	254	212	

〈표 12〉 적재함 표준 길이 치수에 정합하는 플라스틱 상자 치수 (단위 : mm)

구분	내측 길이	여유	유효 치수	9분할	10분할	11분할	12분할	13분할	14분할	15분할	16분할	17분할	18분할
적재함 길이	5,400	100	5,300	589	530	482	442	408	379	353	331	312	294
	4,800	100	4,700	522	470	427	392	362	336	313	294	276	261
	4,200	100	4,100	456	410	373	342	315	293	273	256	241	228
	3,600	100	3,500	389	350	318	292	269	250	233	219		
	3,000	100	2,900	322	290	264	242	223	207				
	2,700	100	2,600	289	260	236	217	200					
	2,400	100	2,300	256	230	209							
	1,900	100	1,800	200									

다) 트럭의 적재함과의 정합성

플라스틱 상자는 주로 배송용도로 사용된다. 식품제조업체에서 직접 거래업체에 동일상품을 적입하여 배송하기도 하고(빵, 두부, 콩나물, 우유 등) 유통업체에서는 거래처에서 주문한 다양한 상품을 콘솔[7]하여 배송하는데 사용하기도 한다. 따라서 주로 1톤~2.5톤의 탑차 또는 냉동·냉장트럭을 이용하여 운송된다.

「일관수송용 화물트럭 적재함」(KS T 1374 : 2015) 기준에서 플라스틱 상자를 이용하여 배송을 하고 있는 트럭은 D~G(표 11 참조)에 해당하는 트럭들이다.

이들 트럭에 파렛트와 플라스틱 상자를 결합하여 지게차로 상하차하는 경우도 있지만, 대부분의 경우 상자단위로 적재하게 된다. 표준이 정하고 있는 적재함의 내폭에서 작업여유폭 50mm[8]를 뺀 나머지 폭을 균등분할하는 방법으로 상자의 길이 또는 폭을 구해보면 〈표 11〉과 같다.

한편 「일관수송용 화물트럭 적재함」 기준에서 정하는 트럭의 적재함 길이를 기준으로 적재될 수 있는 상자의 수와 상자의 길이, 또는

---

7) 여러 개의 화물을 하나의 용기에 넣어 하나의 화물처럼 취급하기 위한 물류활동을 말한다.
8) 상자형이기 때문에 화물이 상자 밖으로 불거져 나올 염려가 없어 전체 소요폭에서 50mm 정도를 확보하면 적재 및 하차작업에 문제가 없을 것으로 판단된다.

[그림 9] 택배상자 종류

0201형 골판지상자

회전식 플라스틱상자

접이식플라스틱상자

〈표 13〉 택배용 포장용기 표준치수 규격

No.	장×폭(mm)	권장높이(mm)	표준 파렛트 적재효율	상자재질	비고
1	550×500	400	90.9%	DW	
2	550×366	250	99.8%	HDPE	플라스틱상자
3	440×330	230	99.8%	DW	
4	366×275	200	99.8%	DW	
5	300×250	180	99.2%	SW-A	
6	250×200	150	99.2%	SW-A	
7	250×150	120	99.2%	SW-A	
8	210×180	100	93.7%	SW-B	
9	165×150	80	98.2%	SW-B	

출처: KS T 1022 택배용 표준규격 포장용기

폭의 치수를 산출한 결과는 〈표 12〉와 같다. 이때 문을 열고 상하역 작업에 소요되는 작업공간은 100mm로 적용하였다.

〈표 12〉의 산출 결과는 KS T 1002「수송포장 계열 치수」에서 제시하는 치수와 일치하지 않는 것을 알 수 있다.

6) 택배용 상자의 표준규격

택배용 상자에 대해서는 KS T 1022「택배용 표준규격 포장용기」에서 종류, 규격, 강도 등에 대하여 정하고 있다.

가) 택배상자의 종류

택배에서 사용하는 상자는 골판지박스와 플라스틱박스로 구분하여 정하고 있고, 골판지형은 KS T 1006「골판지 상자 형식」에서 정하는 0201형을 표준으로 정하고 있으며, 플라스틱박스는 KS T 1081「플라스틱제 회수용 운반용기」에서 정하는 회전식(기호 T)과 접이식(기호 C)을 표준 형식으로 정하고 있다.

나) 택배형 상자의 규격

택배용 상자의 표준규격은 〈표 13〉과 같이 9종으로 정하고 있으며, 치수는 상자의 외측치수로 규정하고 있다. 한편 장×폭×고의 오차는 ±1%로 하지만, 양면골판지상자의 경우에는 ±3mm, 이중양면골판지상자의 경우에는 ±5%를 허용하고 있다. 플라스틱상자의 경우에는 내측치수를 기준하여 510mm×320mm×220mm를 표준으로 하고 있으며, 허용오차는 ±0.7%이다.

다) 활용성

골판지상자의 경우 표준파렛트(T-11형)에 적재했을 때의 적재효율을 감안하여 규격을 정한 것으로 판단된다. 그러나 현실적으로 택배화물은 다양한 규격으로 인하여 파렛트에 적재되어 운송 및 취급되지 않고 있는 것이 현실이며, 상자의 표준규격을 9종으로 정하고 있으나 현실적으로는 적입되는 화물의 규격과 투입되는 완충재의 부피 등을 감안하여 다양한 규격의 상자가 제작 사용되고 있다. 이는 상자의 규격은 택배요금과 상자 구입비용에도 영향을 주기 때문이다. 인터넷에서 판매되는 있는 P업체의 경우 약 500여 종의 택배용 골판지 박스를 제작, 판매하고 있다.

한편 플라스틱상자의 경우 규격의 정합여부를 떠나 배송 후 회수하여 발송자에게 전달해야 하는 문제 때문에 현재의 택배운영시스템에서는 사용이 어려운 것이 현실이다.[9]

그러나 증가되는 택배물량에 따라 많은 양의 골판지박스가 1회 사용 후 폐기되어 자원의 낭비는 물론 환경에 막대한 악영향을 끼치고 있기 때문에 재사용 플라스틱상자를 활용하여 배송하는 방법을 적극적으로 검토해야 한다. 특히 특정업체의 상품만을 전담으로 배송하는 경우에 배송 후 물류센터로 복귀하기 때문에 보다 용기 반납에 큰 어려움이 없다. 따라서 재사용 플라스틱박스를 이용한 배송을 적극 추진해야 할 것이다.[10]

3. 국내 생산 화물트럭 적재함 규격 현황

1) 트럭 제작기준

트럭의 제작은 통행의 안전과 화물 및 인명의 안전을 위하여 「트럭 및 트럭부품 성능과 기준에 관한 규칙」을 통하여 사양에 대하여 규제하고 있다.(아래 표)

기본적으로 화물트럭 적재함의 크기는 법

> **제4조**(길이·너비 및 높이)
> ① 트럭의 길이·너비 및 높이는 다음의 기준을 초과하여서는 아니 된다.
> 1. 길이 : 13미터(연결트럭의 경우에는 16.7미터를 말한다.)
> 2. 너비 : 2.5미터(간접시계장치·환기장치 또는 밖으로 열리는 창의 경우 이들 장치의 너비는 승용트럭에 있어서는 25cm, 기타의 트럭에 있어서는 30cm, 다만, 피견인트럭의 너비가 견인트럭의 너비보다 넓은 경우 그 견인트럭의 간접시계장치에 한하여 피견인트럭의 가장 바깥쪽으로 10cm를 초과할 수 없다.

---

9) 배송완료 후에는 발송화물을 집하하여 운송해야 하며, 수거된 상자를 발송화주에게 전달해야 하기 때문에 반품입고와 같은 Process를 거치고 비용이 발생한다.
10) 쿠팡이나 마켓컬리와 같은 경우 집하활동이 없고 자사의 상품만을 배송하기 때문에 적용이 가능하다.

이 정하고 있는 테두리 내에서 제작되어야 한다. 때문에 적재함 폭의 경우 법적 제한 폭 2,500mm에서 측문이나 탑의 두께를 감안하면 2,440mm 정도가 최대라고 할 수 있다.

2) 트럭의 종류별 적재함 사양 현황과 특징

화물트럭 적재함의 폭과 길이는 화물의 적재 양에 직접적으로 영향을 미친다. 따라서 트럭의 엔진과 차체구조상 문제만 없다면 가능한 많은 양의 화물을 적재할 수 있는 트럭을 확보하는 것이 요구된다. 그러나 소형트럭은 배송지역의 도로상황과 평균적으로 배송되는 화물의 양에 따라 트럭의 폭과 길이의 제약이 발생하며, 대형트럭들은 엔진의 파워 및 차체의 안전성, 축중 제한 및 「트럭관리법」의 안전기준 등의 제약하에서 제작된다.

가) 일반형 화물트럭

일반형 화물트럭은 운송화물에 대한 범용성이 높다. 중량화물, 장대화물 뿐만 아니라 덮개를 씌우고 결박만 안전하게 하면 운송에 문제가 없기 때문에 정형화된 화물도 높게 적재할 수 있어 다양한 화물운송에 이용된다. 특히 상하차 방향이 자유롭고 차체의 무게도 적기 때문에 보다 많은 중량을 적재할 수 있으며 다음과 같이 크기에 따라 3가지로 구분하고 있다.

① 소형화물트럭(최대적재량 1톤 이하)[11]

주로 택배화물이나 거래처에 소량으로 배달되는 화물을 운송하는 데 이용하는 트럭이다. 국내에서는 H사와 K사 2개 트럭 제작사가 1톤급 트럭을 제작하고 있고, D사는 0.5톤급 경량 트럭을 제작하고 있다.

1톤급의 경우 적재함의 폭은 동일하지만 길이는 다양하다.(표 14) T-11형 파렛트를 이용하여 화물을 적재한다면 1열로만 적재할 수 있으며, 길이방향 역시 1개 또는 2개를 적재할 수 있다. 만약 T-12형을 사용하여 적재한다면 3개까지 가능한 사양도 제작되고 있다.

또한 화물을 플라스틱 상자를 이용하여 배송한다면 상자의 규격에 따라 적재함의 폭과 길이를 선택해야 하거나 트럭의 사양에 맞춰 상자의 규격을 결정하는 것이 필요하다.

② 중형화물트럭[12]

비교적 무거운 화물을 적은 양으로 배송할

〈표 14〉 1톤 이하 소형트럭의 적재함 규격 현황

제조사	톤급	폭	길이(mm)					
			유형1	유형2	유형2	유형3	유형4	유형5
D사	0.5	1,330	1,940	2,190				
H사	1톤	1,630	1,860	2,185	2,535	2,785	2,860	3,110
K사		1,630	1,870	2,535	2,810	3,110		

출처: 자동차 제작사 홈페이지 활용 저자 정리

---

11) K사에서는 1.2톤급 트럭을 제작하고 있으나 1톤급과 동일한 엔진을 사용하고 있고 적재함만 다르기 때문에 소형트럭 1톤에 포함시켰다.
12) 트럭관리법상 중형트럭은 적재중량 1톤 초과 5톤 미만의 트럭이나 4.5톤과 5톤이 동일한 엔진을 사용하고 있어 4.5톤을 대형트럭에 포함시켰다.

때 많이 활용하는 트럭이다. 폭이 2,280mm인 3.5톤은 파렛트를 2열로 적재할 수 있고, 최대 8~10개까지의 파렛트를 적재할 수 있다. 그러나 적재함 폭이 1,960mm인 트럭은 표준파렛트 적재에는 부적절하며, 2,060mm인 트럭은 T-12형 파렛트를 사용할 경우에는 2열 적재가 가능하다. 3.5톤의 경우 적재함 폭은 표준에 맞는 트럭이 있지만 길이는 일치되는 트럭이 없다. 현재 2~3.5톤급 트럭은 H사에서만 제작하고 있다.(표15)

③ 대형화물트럭(적재량 5톤 이상)

대형트럭은 5톤급에서 25톤까지 다양한 크기로 제작되고 있다. 특히 4.5톤 및 5톤차량에 후축을 증축하여 축중 제한 문제를 완화할 수 있어 적재함의 길이를 8,800mm까지 확대시키면서[13] 총 11종의 다양한 사양으로 제작되고 있다. 적재함의 폭은 H사의 5톤급 1종만 2,120mm로 표준규격 이하이고 대부분 표준규격보다 크게(2,280mm~2,410mm) 제작되고 있고, 컨테이너를 직접 적재할 수 있는 Pullcargo트럭 및 트레일러는 2,480mm로 제작되고 있다.

나) 윙바디 화물트럭

윙바디 화물트럭은 탑형태의 적재함의 측면을 윗 방향으로 들어 올려 적재함 측면에서 상하역 작업을 할 수 있도록 한 트럭이다.(그림 10) 1990년대 초 국내에 윙바디가 소개될 때는 상하차 양이 많은 대형트럭에 주로 적용되었으나 근래에는 파렛트 단위의 배송도 증가하고 있고, 적재함 길이가 짧은 소형트럭도 측면 작

〈표 15〉 중형 일반화물트럭 적재함 규격 현황

제조사	톤급	폭	길이(mm)			
			유형1	유형2	유형3	유형4
H사	2.5	1,960	3,340	4,340		
	3.5	2,060	4,850			
	3.5	2,280	5,000	5,100	5,200	5,800

출처: 자동차 제작사 홈페이지 활용 저자 정리

〈표 16〉 소형 윙바디 트럭 적재함 규격 현황

제조사	폭(mm)	길이(mm)		
		유형1	유형2	유형3
H사	1,690	2,850		
K사	1,680	2,820	3,090	3,410

출처: 자동차 제작사 홈페이지 활용 저자 정리

13) 구조변경을 통하여 적재함 길이 9,200mm의 5톤 트럭도 많이 운영되고 있다.

[그림 10] 윙바디 트럭 형태

출처: 현대차 홈페이지

업이 효율적인 경우가 많기 때문에 1톤급 소형 트럭에도 윙바디를 많이 적용하고 있다. 다만 1톤급 등 소형트럭에는 윙을 수동으로 개폐하는 방식이 적용되고 있다.

① 소형 윙바디 화물트럭(최대적재량 1톤 이하)

1톤급 소형 윙바디 트럭은 H사와 K사가 제작하고 있다. 적재함의 폭은 일반카고트럭에 비해 50mm~60mm 정도 넓고, 전체적인 길이도 300mm 길게 제작되고 있다.(표16)

② 중형 윙바디 화물트럭

중형 윙바디 화물트럭 역시 H사에서 한 종만 제작하고 있다. 적재함의 폭은 중형차량의 표준보다 좁고 길이도 역시 일치하지 않는다.(표 17)

③ 대형 윙바디 화물트럭

H사나 D사 등 완성차업체에서는 대형 윙바디트럭을 5톤급과 8톤급으로만 제작하고 있는 바, 이는 윙바디트럭으로 운송되는 화물의 대부분이 파렛트에 적재된 부피화물이라는 것이다. 즉 적재함의 폭과 길이가 비슷한데 굳이 배기량이 큰 10톤 이상의 고가의 윙바디트럭의 수요가 없다는 뜻이다. 적재함의 폭은 표준 이상으로 제작되고 있으며 길이는 9,020mm까지 제작된다. 적재함 길이가 9,020mm 이상 필요할 때는 13톤 또는 25톤 일반화물트럭을 구입하여 윙바디로 구조 변경하여 사용하면 된다.(표18)

다) 밴형 트럭(내장탑차)

〈표 17〉 중형 윙바디 트럭 적재함 규격 현황

제조사	톤급	폭(mm)	길이(mm)
H사	3.5	2,130	5,000

출처: 자동차 제작사 홈페이지 활용 저자 정리

〈표 18〉 대형 윙바디 트럭 적재함 규격 현황

제조사	톤급	폭	길이(mm)		
			유형1	유형2	유형3
H사	5	2,280	5,200		
	5	2,350	6,320	7,325	8,200
	8	2,380	7,820	8,320	9,020

출처: 자동차 제작사 홈페이지 활용 저자 정리

[그림 11] 패널밴 및 내장탑차 형태

출처: 현대차 홈페이지

〈표 19〉 소형 밴형 트럭 적재함 규격 현황

제조사	톤급	폭(mm)	길이(mm)					비고
			유형1	유형2	유형3	유형4	유형5	
D사	0.5	1,260	1,750					2인승 밴형
	0.5	1,350	2,075					탑차
		1,385	2,092					탑차
H사	0.6	1,620	1,755					5인승화물 밴
	0.8	1,620	2,375					3인승 밴
	1톤	1,670	2,170	2,830	3,080			
		1,685	2,870					
	1톤	1,700	2,835					
	1톤	1,660	3,000					씨티밴
K사	1톤	1,600	2,830					
		1,606	2,715					
		1,655	2,715					
		1,670	2,820	2,830	3,110	3,120	3,340	
	1톤	1,685	3,000					워크쓰루밴

출처: 자동차 제작사 홈페이지 활용 저자 정리

밴형 트럭이란 적재함이 고정식 덮개로 씌워져 있는 트럭을 말한다. 이 중 승차공간과 적재공간이 동일 차실 내에 설치된 트럭을 패널밴이라고 하고, 별도의 적재함에 고정덮개를 씌운 트럭을 일반적으로 탑차라고 한다.(그림11)

안전하고 신속한 운송을 위해 활용되고 있으며, 적재함 후문과 측면의 작은 문을 통하여 상하역작업을 해야 하기 때문에 비교적 적재함이 작은 1톤~3.5톤급 트럭에 적용된다. 택배트럭과 소형화물을 거래처에 배송하는 B2B배송트

〈표 20〉 중형 밴형 트럭 적재함 규격 현황

제조사	용도	톤급	폭(mm)	길이(mm)
H사	내장탑차	2.5톤	1,960	4,330
	내장탑차	3.5톤	2,100	4,960

출처: 자동차 제작사 홈페이지 활용 저자 정리

럭에 많이 이용되고 있다. 내장탑차라고 칭하는 이유는 적재함 측면 등에 약간의 내장재가 삽입되어 열차단 역할을 하기 때문이다.

① 소형 밴형트럭(내장탑차)

소형 내장탑차는 0.5톤의 경형트럭부터 1톤까지이지만 적재함의 규격은 매우 다양하게 제작되고 있다. D사가 생산하고 있는 0.5톤 밴이나 H사의 0.6~0.8톤 밴은 패널밴으로서 승용과 화물운송용 겸용으로 많이 이용되고 있다. 1톤 탑차에는 플라스틱 상자나 골판지박스 화물을 주로 배송하는 용도로 이용되고 있어 파렛트와의 정합성은 불필요하다. 다만 이러한 소형화물트럭을 이용하는 기업들은 배송하는 화물의 규격에 적합한 트럭을 확보하거나 적재함에 적합한 상자의 규격을 결정해야 한다. 한편 배송화물들의 경우 부피화물이 많기 때문에 적재량을 증가시키기 위해 적재함을 높게 제작한 하이탑차(탑 내축높이 1,800mm)를 이용하기도 한다. 〈표 19〉의 시티밴과 워크쓰루밴은 택배전용트럭으로서 배달속도를 높이기 위해 운전석에서 적재함 내부로 바로 진입할 수 있는 문이 설치되어 있다.

② 중형 내장탑차

중형 내장탑차는 주로 B2B배송트럭에 이용된다. 적재함의 폭은 표준보다 작기 때문에

[그림 12] 냉동·냉장트럭 형태

출처: ㈜골드밴 홈페이지

T-11형 파렛트를 이용하여 운송하기에는 부적합하다. 따라서 파렛트를 이용하여 배송하는 기업들은 적재함을 2,280mm 이상으로 구조변경된 적재함을 설치하여 배송에 투입하기도 한다.(표20)

라) 냉동·냉장트럭

냉동·냉장트럭은 식품 등 저온으로 운송을 해야 하는 화물을 지정된 온도로 운송할 수 있도록 냉동기가 설치되어 있고, 적재함의 구조가 외부의 열을 차단하고 내부의 냉기가 밖으로 누출되지 않도록 단열구조로 제작된 트럭을 말한다.(그림12) 일반적으로 탑차형으로 제작되며, 냉동전용트럭, 냉동·냉장트럭, 냉장트럭, 냉·온장겸용트럭 등으로 용도가 구분된다. 또한 동일 톤급의 트럭이라도 용도에 따라 적재함의 폭이 달라지는데, 냉동전용의 경우

적재함 판낼의 두께가 가장 두껍기 때문에 적재함 내부 폭이 가장 좁다.

냉동·냉장트럭 역시 〈표 21〉에 소개하는 완성차메이커에서 제작되는 사양 외에 특장차업체에서 다양한 규격으로 제작되고 있다. 따라서 적정한 사양의 완성차업체의 트럭이 없을 경우에는 일반화물트럭을 구입한 후 특장차업체에 구조변경을 의뢰하여 필요한 적재함을 확보하는 것을 검토할 필요가 있다.[14] 냉동·식품류의 콜드체인 관리가 중요해지면서 다른 트럭에 비해 증가속도가 높은 상황이다.

① 소형 냉동·냉장트럭

주로 소량으로 거래처에 판매되는 식품류 등을 배달하기 위해 사용되는 트럭으로, 적재되는 화물의 특성에 따라 다양한 사양으로 제작된다. 냉동트럭은 아이스크림과 같이 계속 냉동화물만을 배송하는 용도로 이용되며, 냉동·

〈표 21〉 소형 냉동·냉장트럭 적재함 규격 현황

제조사	용도	폭(mm)	길이(mm)			
			유형1	유형2	유형3	유형4
H사	냉동탑차	1,610	1,610	2,750	3,020	
		1,620	1,620			
		1,765	1,765			
	냉장탑차	1,650	1,650			
K사	냉동탑차	1,590	1,590	2,730	3,020	3,250
		1,610	1,610			
	냉온장탑차	1,590	1,590			
	냉장탑차	1,650	1,650			
	다용도	1,585	1,585			
		1,650	1,650			

출처: 자동차 제작사 홈페이지 활용 저자 정리

〈표 22〉 중형 냉동·냉장트럭 적재함 규격 현황

제조사	용도	톤급	폭(mm)	길이(mm)
H사	냉동탑차	2.5	1,890	4,210
	냉동탑차	2.5	1,900	4,260
	냉동탑차	3.5	2,040	4,730

출처: 자동차 제작사 홈페이지 활용 저자 정리

---

14) 특장업체를 통하여 적재함 제작 시 전체적인 트럭가격도 낮아지는 효과가 있다.

<표 23> 대형 냉동·냉장트럭 적재함 규격 현황

제조사	용도	톤급	폭(mm)	길이(mm)		
				유형1	유형2	유형3
H사	냉동탑차	5	2,280	5,100	6,000	6,200
		5	2,340	6,750	6,950	
		8.5	2,295	7,500		

출처: 자동차 제작사 홈페이지 활용 저자 정리

냉장트럭은 적재함의 내부를 냉동칸과 냉장칸으로 구분하여 이용할 수 있다. 냉장트럭은 과일·채소 등과 같이 항시 0~10℃ 사이로 운송해야 할 화물을 운송할 때 이용된다, 또한 냉온장트럭은 겨울철 냉장화물이 냉동되지 않도록 온도를 영상으로 유지 시켜줄 수 있는 장치가 설치되어 있고, 다용도 트럭은 적재함의 칸을 고정으로 구분하여 적정한 온도유지가 가능하도록 한 냉동트럭이다.

일반적으로 골판지박스 또는 플라스틱상자 화물을 배송하기 때문에 상자를 적재함 규격에 맞추거나 상자 규격에 적합한 적재함 규격과 적정용도의 트럭을 확보하여 운영하는 것이 필요하다.

② 중형 냉동·냉장트럭

중형냉동탑차는 주로 대형 거래처에 대한 배송용으로 많이 이용되고 있으며, T-11형 파렛트 2열 적재가 어렵기 때문에 주로 플라스틱상자나 롤컨테이너 등을 이용하여 배송을 하고 있다. 다만 청과·야채류를 대량으로 배송하는 업체들은 3.5톤의 적재함 폭을 2,280mm 이상으로 제작하여 활용하기도 한다.(표22)

③ 대형 냉동·냉장트럭

국내에서 생산되는 대형 냉동·냉장트럭은 8.5톤이 가장 적재능력이 큰 트럭이다. 장거리 대량운송을 위해 파렛트 2열 적재가 가능하도록 제작되고 있다.(표23) 완성차 메이커에서는 모든 냉동·냉장트럭이 탑차형식으로 제작되지만, 농산물의 선도 유지를 위해 대형 유통업체들은 윙바디 냉장트럭을 특장차업체를 통해 제작, 운송에 투입하기도 한다.

제3절 물류시설(보관·하역) 표준화

1. 물류창고 설계 표준과 표준화 현황

물류창고는 그 사용자의 용도에 따라 다양한 형태로 설계할 수 있다. 특정 업종의 한 기업이 자가용으로 사용하는 경우에는 해당 기업의 취급 품목과 목표 물동량이 정해져 있기 때문에 자사의 설계 조건들에 맞추어 설계하면 된다. 본 편람에서는 자가 사용 창고를 제외하며, 유닛로드시스템과 관련하여 물류시설법[1]에서 규정하고 있는 물류창고업에 해당하는 물류창고 위주로 살펴보기로 한다.

1) 물류창고 설계 표준

가) 건물 설계 표준

물류창고의 주 용도는 화주가 임차하여 원활한 물류업무를 수행하는 데 있다. 따라서 불특정 다수의 화주가 사용하기 때문에 특정 화주에 맞추어 설계하기는 어렵다. 물론 맞춤형 (BTS: Build To Suit)방식으로 특정 화주에 맞추어 물류창고를 설계하는 경우도 있으나 이는 제외하기로 한다. 즉 범용형(Multi Tenant Type)으로 사용 기간이 종료되어 후속 화주가 입주하여도 이용할 때 큰 불편함이 없이 층고, 기둥 간격 등의 공통적인 요소들에 한해서는 어느 정도 표준화를 할 수 있다.

과거에는 경제적인 이유로 기둥 간격을 사무실 건물과 유사하게 6~8m 수준으로 설계를 하는 경우가 있었는데, 보관 랙을 설치하는 데 있어서 기둥이 통로에 위치하게 되어 효율적인 보관 랙 설치가 어려운 사례도 있었다.

최근에는 물류창고의 건립이 증가하면서 지게차 통로를 반영하여 기둥 간격을 설계하고 보관효율을 높이려고 층고도 4단 이상의 파렛트 랙을 설치할 수 있게 설계하는 등 어느 정도

---
[1] 물류시설의 개발 및 운영에 관한 법률

공통적인 설계사항들이 나타나고 있다. 물류창고 설계에는 고려해야 할 사항들이 많으나 본고에서는 핵심이 되는 층고, 기둥 간격, 건물깊이 등을 위주로 검토한다.

① 건물 층고

단층으로 물류창고를 설계할 때에는 통상적인 4단 파렛트랙을 설치하기 보다는 주로 삼방향 지게차를 이용하는 하이스택랙[2]을 많이 설치한다. 즉 보관량을 높이기 위해서는 높은 층고가 필요하다. 일반적으로 하이스택랙은 파렛트를 5~6단 이상으로 적재할 수 있도록 설계한다.

적재 단수는 삼방향 지게차의 최대 인상 높이에 의해 결정되므로 이용하고자 하는 지게차의 인상 높이에 맞추어 하이스택랙 단수를 설계하여야 한다. 즉 파렛트의 화물 적재높이에 의해 랙의 적재 단수는 달라진다고 할 수 있다.

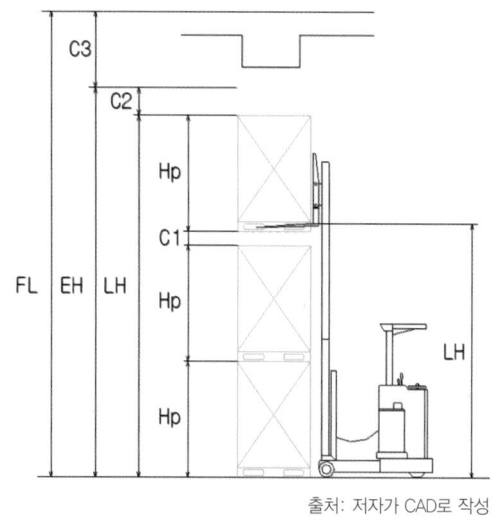

[그림 1] 파렛트 평치 적치 시의 층고

출처: 저자가 CAD로 작성

대체로 다층창고의 층고보다 단층창고의 층고가 더 높은 경우는 하이스택랙을 설치하기 때문이다.

다층으로 물류창고를 설계할 때에는 가능한 전 층에 차량이 접안 하도록 하는데, 이 경우에도 설치하고자 하는 랙과 이용하는 지게차의 종류에 따라 층고가 결정된다. 물류창고 시장에서의 일반적인 경우 일부 층을 하이스택랙으로 설치하는 사례가 있기는 하나 보통 4단 파렛트랙을 설치하는 경우가 대부분이다.

㉮ 파렛트 평치 적재 시

FL = EH + C3
EH = LH + C2
LH = Hp × n + C1

FL: 층고, EH: 유효 층고, LH: 화물 유효 높이, Hp: 적재 파렛트 화물 높이, n: 적재 단수, C1: 지게차 포크 리프팅 높이(150~300mm), C2: 안전을 위한 여유 공간(300~500mm), C3: 전등, 배관 등을 포함하여 보 및 바닥두께 등의 높이(1,500~2,000mm)로 건축설계와 협의 필요

건물의 층고는 [그림 1]과 같이 화물 유효높이(LH)에 안전을 위한 여유 공간(C2)과 전등, 배관 등을 포함하여 보 및 바닥두께 등의 높이(C3)를 더하여 산출한다.

[계산 사례] Hp: 1,750mm, C1: 150mm, C2: 300mm, C3: 1,500mm, 3단 적재인 경우
LH = 1,750×3 + 150 = 5,400mm
EH = 5,400 + 300 = 5,700mm

---

[2] 하이랙이나 VNA(Very Narrow Aisle) Rack으로도 불림.

층고 FL = 5,700 + 1,500 = 7,200mm로 설정할 수 있다.

㈏ 파렛트랙 및 하이스택랙 설치 시
FL = EH + C3
EH = LH + C2
LH = Ha + C1 + Hp
Ha = (Hp + A1) × (n−1)

FL: 층고, EH: 유효 층고, LH: 화물 유효높이, Hp: 파렛트 높이, n: 적재 단수, C1: 지게차 포크 리프팅 높이(150~300mm), C2: 안전을 위한 여유 공간(300~500mm), C3: 전등, 배관 등을 포함하여 보 및 바닥두께 등의 높이(1,300~2,000mm), A1: 파렛트 리프팅 높이 및 로드빔 높이(200~300mm)

건물의 층고는 [그림 2]와 같이 화물 유효 높이(LH)에 안전을 위한 여유 공간(C2)과 구조물(전등, 배관 등)을 포함하여 보 및 바닥두께 등의 높이(C3)를 더하여 산출한다.

[계산 사례] Hp: 1,750mm, 4단 적재인 경우
A1: 250mm, C1: 150mm, C2: 300mm
C3: 1,500mm
Ha = (1,750 + 250) × (4−1) = 6,000mm
LH = 6,000 + 150 + 1,750 = 7,900mm
EH = 7,900 + 300 = 8,200mm
층고 FL = 8,200 + 1,500 = 9,700으로 설정할 수 있다.

㈐ 박스 적층랙 설치 시

KS T 2027 '산업용 랙'에 의하면 적층랙은 [그림 3]과 같이 랙 상단에 '층'이 있어 상부에 화물을 놓거나 작업할 수 있는 랙으로, A형, B형, C형으로 구분하여 정의하고 있다. A형은 랙 통로의 중간 높이에 층 선반을 설치한 것이다. B형은 랙의 상부 전면에 층 선반을 설치한 것이다. C형은 단일 기둥을 지주로 하여 상부 전면에 층 선반을 설치한 것이다.

[그림 3]과 같이 A형은 랙의 기둥과 기둥 사이에 선반을 설치하여 통로로 사용한다. B형과 C형은 하부층과 상부층이 층 선반으로 구분되어 하부층과 관계없이 자유로이 랙 배치를 할 수 있는 장점이 있다. 그러나 투자금액이 A형에 비해서 높고 보관효율이 낮아진다는 단점도 있다.

'KS T 2037 산업용 랙'에서는 랙의 유효입구 치수에 대한 규정을 모두 파렛트를 기준으로 설정하고 있어 박스 단위를 보관하는 랙은 제외되어 있다. 현장에서는 박스 단위 물품들의 보관에 파렛트가 아닌 랙에 직접 보관하는 경우도 있다.

[그림 2] 파렛트랙 및 하이스택랙 설치 시의 층고

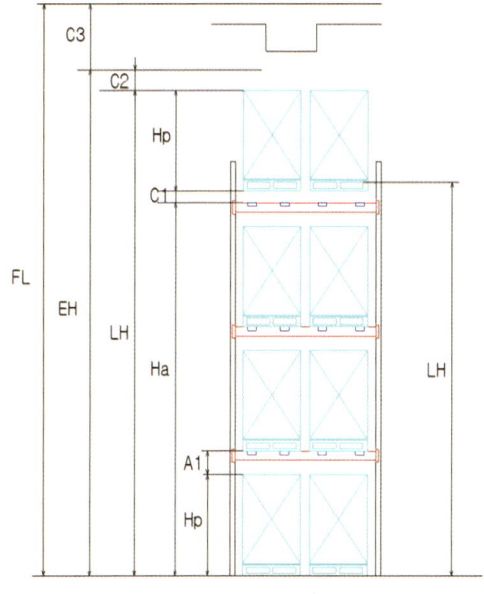

출처: 저자가 CAD로 작성

[그림 3] KS T 2027에서 정의하는 적층 랙 종류

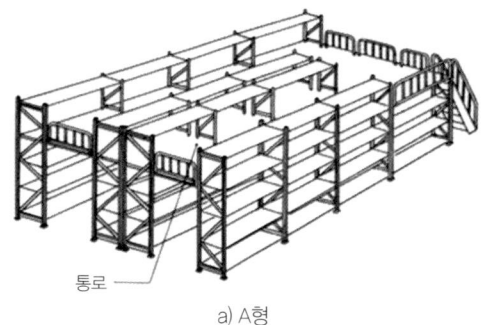

a) A형

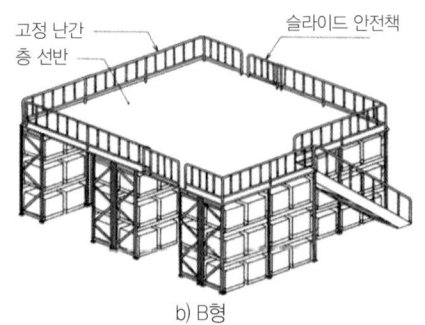

b) B형

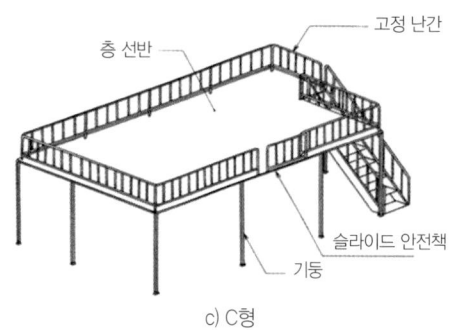

c) C형

출처: KS T 2037 '산업용 랙'

일반적인 물류창고의 층고가 대부분 10m이므로 층고를 최대한 활용할 수 있도록 랙의 기둥을 이용하여 3층으로 구성된 박스 단위 3층 적층랙 형태로 사용하는 경우가 많이 있다.

따라서 파렛트 단위 적층랙은 KS T 2027에서 이미 규정하고 있으므로 파렛트 단위가 아닌 박스 단위 적층랙에 대하여 검토하기로 한다.

박스 단위 3층 적층랙은 별도의 기둥이 필요 없고 랙의 기둥을 지지대로 이용하므로 설치가 용이하다. 또한 통로 역할을 하는 층 선반도 기둥 사이에 설치하므로 전체적인 구조도 보다 간단하다.

박스 단위 3층 적층랙 설치 시 건물의 층고는 [그림 4]와 같이 3층 적층랙 높이에 안전을 위한 여유 공간과 전등, 배관 등을 포함하여 보 및 바닥두께 등의 높이를 더하여 산출한다.

[그림 4]는 박스 단위 3층 적층랙 안에 보관 박스를 5단으로 적재하는 모양이다. 박스 높이와 박스 내의 물품 피킹을 위한 여유 공간을 고려하여 단수는 조절하여 설계한다.

$FL = EH + B5$

$EH = LH + B4$

$LH = ML1 + ML2 + ML3$

$ML1 = RH1 + B1$

$ML2 = RH2 + B2$

$ML3 = RH3 + B3$

RH1, RH2, RH3: 1단높이 + (박스높이+여유높이) × (단수 − 1) + 박스높이

FL: 층고, EH: 유효 층고, LH: 랙 높이, ML1: 1층 적층랙 높이, ML2: 2층 적층랙 높이, ML3: 3층 적층랙 높이, B1: 1층 여유공간(300~500mm), B2: 2층 여유 공간(200~500mm), B3: 3층 여유공간(200~500mm), B4: 안전을 위한 여유 공간(300~500mm), B5: 전등, 배관 등을 포함하여 보 및 바닥 두께 등의 높이(1,300~2,000mm), 일반적으로 ML1은 3,000mm 전후, ML2은 2,700mm 전후, ML3은 2,500mm 전후로 설정한다.

[계산 사례] 적재 박스 높이 350mm, 박스 5단 적재인 경우

[그림 4] 박스 단위 3층 적층랙 설치 시의 층고

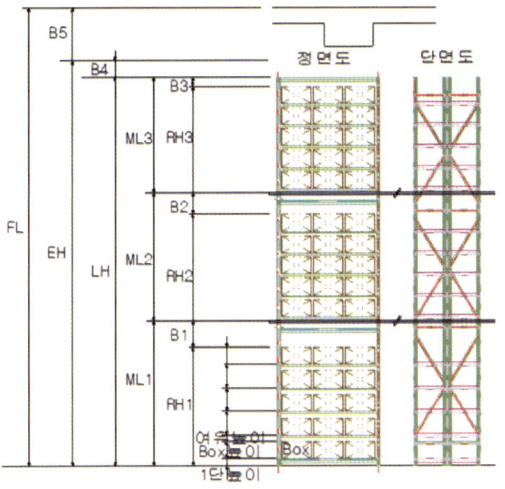

출처: 저자가 CAD로 작성

RH1 : 1단높이 + (박스높이+여유높이) × (단수-1) + 박스높이 = 150 + (350+150) × (5-1) + 350 = 2,500mm, B1 : 400mm, ML1 = 2,500mm + 400 = 2,900mm
RH2 : 1단높이 + (박스높이+여유높이) × (단수-1) + 박스높이 = 150 + (350+140) × (5-1) + 350 = 2,460mm, B2 : 300mm, ML2 = 2,460mm + 300 = 2,760mm
RH3 : 1단높이 + (박스높이+여유높이) × (단수-1) + 박스높이 = 150 + (350+130) × (5-1) + 350 = 2,420mm, B3 : 200mm, ML3 = 2,420mm + 200 = 2,620mm
LH = 2,900 + 2,760 + 2,620 = 8,280mm, EH = 8,280 + 300 = 8,580mm
FL = 8,580 + 1,500 = 10,080이므로 이 경우 10,000mm로 설정할 수 있다.

② 기둥 간격

물류창고의 기둥 간격은 설치되는 보관 설비와 입출고를 담당하는 장비(지게차 등)의 종류에 따라 달라질 수 있다. 리치형 지게차를 사용하는 경우에는 지게차의 회전반경, 인상 하중 및 인상 높이에 따라 달라질 수 있으나 일반적인 파렛트 무게 1톤 기준으로 4단 랙의 경우에는 약 2,800~3,500mm 사이의 통로가 주로 설계되고 있다.

지게차의 성능이 좋을수록 통로는 상대적으로 작아질 수 있다. 협통로용 지게차(삼방향 지게차)[3]를 사용하는 경우에도 회전반경, 인상 하중 및 인상 높이에 따라 달라질 수 있으나 일반적으로 약 1,800~2,500mm 사이의 통로가 주로 설계되고 있다.

삼방향 지게차를 사용하는 경우에도 지게차의 제품별로 규정하고 있는 통로 폭이 정해져 있으므로 이를 참고하여 통로 폭을 정해야 한다. 기둥 간격은 [그림 5]와 같이 지게차 통로에 기둥이 설치되지 않도록 하여야 하며, 사용 지게차의 원활한 입출고 작업을 할 수 있는 통로를 확보하여 산출한다.

㉮ 리치형 지게차 사용 파렛트랙 설치 시

공간 효율을 높이기 위하여 랙의 보관셀 안에 기둥을 넣어 배치하는 경우와 랙과 랙 사이에 기둥을 배치하는 경우로 나누어 검토하기로 한다.

먼저 랙의 보관셀 안에 기둥을 넣어 배치하는 경우에는 [그림 5]와 같이 설정할 수 있다. 기둥의 크기가 보관랙 셀의 크기보다 작은 경우에는 랙 안에 있으므로 상관없으나, 기둥의

---

3) 일명 VNA(Very Narrow Aisle) Fork Lift Truck

[그림 5] 기둥을 랙 안에 배치 시 파렛트랙
(리치형 지게차 사용 시)의 기둥 간격

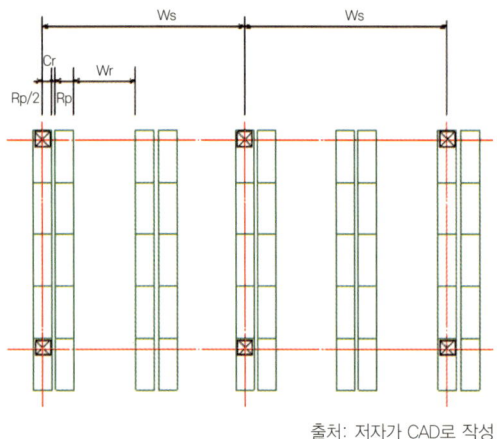

출처: 저자가 CAD로 작성

[그림 6] 기둥을 랙과 랙 사이에 배치 시 파렛트랙
(리치형 지게차 사용 시)의 기둥 간격

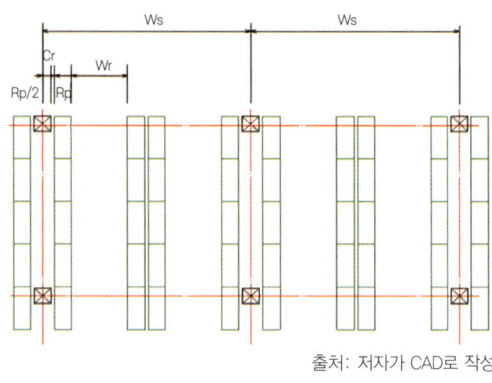

출처: 저자가 CAD로 작성

크기가 보관랙 셀의 크기보다 클 경우에는 파렛트랙 간격(Cr)을 키워서 적용하면 된다. 또한 랙의 파렛트의 크기가 랙의 크기보다 큰 경우의 오버행(Overhang)도 파렛트랙 간격(Cr)을 키워서 적용하면 된다.

Ws: 기둥 간격, Wr: 통로 폭(Rack To Rack), Rp: 파렛트랙 폭, Cr: 파렛트랙 간격(최소 200~400 mm 사이)으로 설정한다.

따라서 Ws = 2Wr + 4Rp + 2Cr = 2(Wr + 2Rp + Cr)으로 계산할 수 있다.

[계산 사례] 리치형 지게차 통로 2개, 지게차 통로 폭: 3,300mm, 랙 폭: 1,000mm, Cr : 200mm인 경우
기둥 간격 Ws = (3,300 + 2×1,000 + 200) × 2 = 11,000mm로 설정할 수 있다.

랙의 보관셀 안에 기둥을 넣지 않고 랙과 랙 사이에 배치하는 경우에는 기둥이 배치되는 랙과 랙 사이의 면적이 크기 때문에 면적 효율이 낮아지는 단점이 있다. 일반적으로 기둥의 크기가 1m 전후이므로 기둥의 수가 많아지면 그만큼 면적 손실이 발생하게 된다. 따라서 일반적으로는 많이 적용되지는 않으나 면적이 넓은 경우 심플한 랙 배치를 위해 적용하는 경우가 있다.

[그림 6]과 같이 Ws: 기둥 간격, Wc: 기둥 크기(폭), Wr: 통로 폭(Rack To Rack), Rp: 파렛트랙 폭, Cr: 파렛트랙 간격(최소 200~400mm 사이)으로 설정한다.

따라서 Ws = Wc + 2Wr + 4Rp + 3Cr로 계산할 수 있다.

[계산 사례] 리치형 지게차 통로 2개, 기둥 크기: 1,000mm, 지게차 통로 폭: 3,300mm, 랙 폭: 1,000mm, Cr: 200mm인 경우
기둥 간격 Ws = 1,000 + 2×3,300 + 4×1,000 + 3×200 = 12,200mm로 설정할 수 있다.

이 경우에는 기둥간격을 심플하게 조정

하기 위해 지게차의 제원이 수용한다면 통로 폭을 100mm 줄인 3,200mm로 수정하여 12,000mm로 설정할 수 있다.

㉯ 삼방향 지게차 사용 하이스택랙 설치 시

삼방향 지게차의 경우에도 제조사별로 제원이 다르므로 사용하는 제품 제원에 맞는 통로 폭을 먼저 검토하고 통로 폭을 선정한다. [그림 7]과 같이 지게차 통로에 기둥이 설치되지 않도록 하여야 하며, 사용 지게차의 원활한 입출고 작업을 할 수 있는 통로를 확보하여 산출한다.

Ws: 기둥 간격, Wr: 통로 폭(Rack To Rack), Rp: 하이스택랙 폭, Cr: 하이스택랙 간격(최소 보통 200~400mm) 사이로 설정할 수 있다. 기둥의 크기가 랙 폭보다 클 경우에는 기둥이 있는 통로 폭에 큰 만큼 더해주면 된다.

따라서 기둥 간격 Ws = 3Wr + 5Rp + 2Cr로 설정할 수 있다.

[계산 사례] 삼방향 지게차 통로 3개로 폭(Wr): 1,850mm, 랙 폭(Rp): 1,000mm, 랙 간격(Cr): 225mm인 경우

기둥 간격 Ws = 3×1,850 + 5×1,000 + 2×225 = 11,000mm로 설정할 수 있다.

③ 건물 깊이

물류창고의 건물 깊이는 부지 모양과 법정 건폐율 등의 제약 조건에도 영향을 받지만 그렇지 않을 경우에는 물류창고의 용도에 따른 입출고 설비나 장비에 영향을 받는다. 보관형 위주 창고에서는 그 깊이가 깊어도 되지만 유통형 위주 창고에서는 깊이가 깊을수록 입출고 시간은 그만큼 증가하게 된다.

그러나 영업용 물류창고에서도 화주가 바뀌는 경우에는 사용 용도도 바뀌기 때문에 특정 형태에 맞추어 설계하기가 어렵다. 따라서 일반적으로 입출고 장비로 가장 많이 사용하는 지게차를 기준으로 검토하기로 한다.

[그림 8]과 같이 창고 깊이의 평균 왕복 시간을 기준으로 검토한다면 깊이의 평균인 절반 길이 $D_p/2 = V \times T$, 즉 $D_p = 2 \times V \times T$

D_p: 물류창고 깊이, V: 지게차 평균 이동작업 속도, T: 창고 평균 깊이의 지게차 1회 평균 왕복 소요 시간, 단 횡방향 이동은 제외한다.

깊이 방향으로 지게차가 1회 평균 깊이의 평균 이동하는 데 소요 시간을 설정하고 지게차의 평균 이동작업 속도를 결정하면 물류창고의 깊이를 계산할 수 있다.

[계산 사례] 지게차의 깊이 방향 평균 이동 속도 3km/h, 지게차의 평균 깊이 기준 1회 평균 이동 소요 시간 1min로 설정할 경우 물류창고 깊이는 다음과 같다.

물류창고 깊이 $D_p = 2 \times 3000/60 \times 1 =$

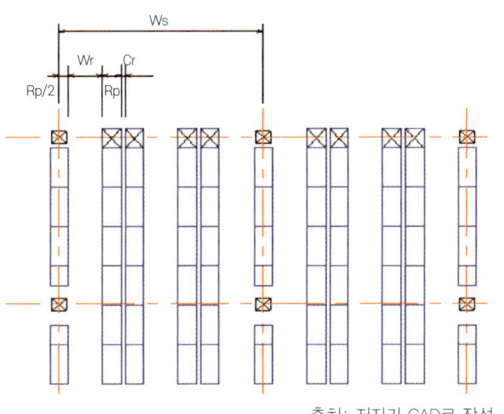

[그림 7] 하이스택랙 설치 시(삼방향 지게차 사용 시)의 기둥 간격

출처: 저자가 CAD로 작성

[그림 8] 지게차 사용 시의 건물 깊이

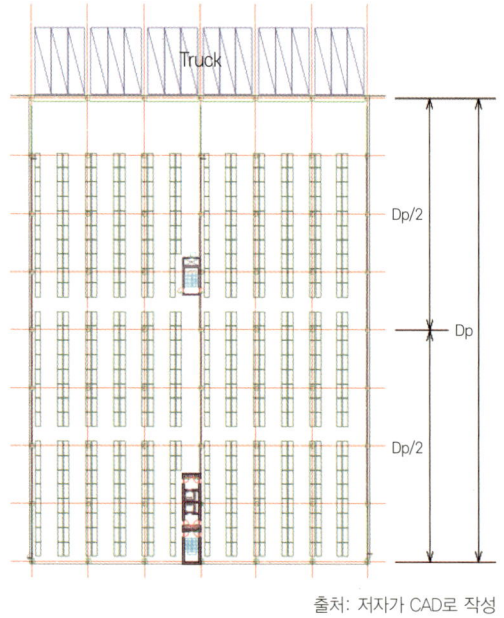

출처: 저자가 CAD로 작성

[그림 9] 파렛트랙 설계 참고도

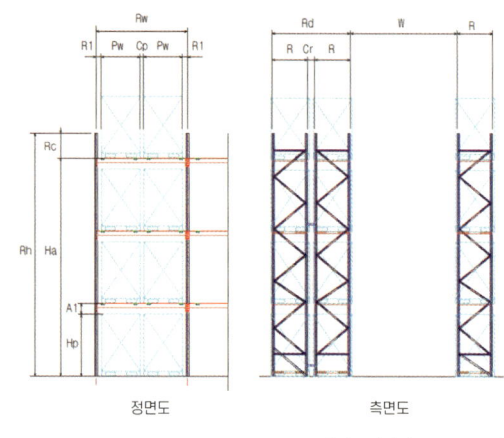

출처: 저자가 CAD로 작성

100m로 설정할 수 있다.

나) 설비 설계 표준

본 물류 설비 표준에서는 설비의 자재 규격은 제외하고 적재 화물과 설비의 간격 위주로 검토하며, 상세 자재 규격은 각 제작사의 설계 규격을 참고하도록 한다.

① 설비 분류

물류창고 높이와 넓이에 가장 큰 영향을 미치는 설비가 보관설비이다. 물류창고의 보관량을 충족시킨 후에 운반, 피킹, 분류, 포장, 하역 등의 물류 기능이 이루어지기 때문이다. 또한 자동창고를 도입하게 되면 건물 전체의 모양과 배치도 다양하게 구성할 수 있어 물류창고의 형태가 여러 가지로 크게 바뀔 수 있다. 따라서 본 고에서는 〈표 1〉과 같이 보관설비를 분류하기로 한다.

② 파렛트랙

물류창고에서 가장 많이 사용되는 설비 중의 하나가 보통 4~5단을 적재하는 파렛트랙이다. 그런데 파렛트랙의 각 치수는 적재하는 파렛트의 화물크기와 중량에 따라 따르므로 파렛트랙 자재의 규격은 서로 달라질 수 있다. 따라서 물류업계에서 일반적으로 통용되고 있는 파렛트랙과 적재 파렛트 관련 간격을 규정하며, 기본적으로는 'KS T 2027:2020 산업용랙' 규격을 바탕으로 검토 한다.

[그림 9]와 같이 Ha(n-1단 랙 적재높이) = $(Hp + A1) \times (n-1)$, Hp: 파렛트 화물 높이, n: 적재 단수, $A1$: 파렛트 리프팅 높이 및 로드빔 높이(200~300mm), Rc: (n-1)단에서 지주 끝의 높이, Rh: 파렛트랙 기둥(지주) 높이로 설정한다.

Rw(랙 폭의 지주 센터 간 거리) = $2 \times (R1 + Pw) + Cp$, $R1$: 지주 센터와 파렛트 화물 간격으로 일반적으로 150~300mm, Pw: 파렛트 화물 폭, Cp: 파렛트 화물 간격(100~200mm)

<표 1> 보관 설비의 분류

구분			보관 설비	비고
보관 설비	동적 보관 설비	유닛로드 보관설비	스태커크레인 형 자동창고	파렛트 또는 롤컨테이너[4] 형
			셔틀 형 자동창고	
			회전랙 (Carousel Type) 형 자동창고	
			이동랙 (Mobile Rack) 형 자동창고	
			유동랙 (Pallet Flow Rack)	
		비 유닛로드 보관설비	스태커크레인 형 자동창고	토트(Tote) 박스 또는 카톤 박스 형
			셔틀 형 자동창고	
			회전랙 (Carousel Type) 형 자동창고	
			이동랙 (Mobile Rack) 자동창고	
			오토스토어 자동창고	
	정적 보관 설비	유닛로드 보관설비	파렛트랙/더블딥파렛트랙	파렛트 형
			하이스택랙(VNA랙)	
			유동랙 (Pallet Flow Rack)[5]	
			드라이브인랙 (Drive In Rack)	
			푸시백랙 (Push Back Rack)	
			인테이너 (Intainner)	
		비 유닛로드 보관설비	암랙 (Arm Rack)	벌크(Bulk), 토트(Tote) 박스 또는 카톤 박스 형
			린랙 (Lean Rack)	
			중경량랙 (Middle Weight Rack)	
			박스 적층랙 (Mezzanine Rack)	
			박스 유동랙 (Box Flow Rack)[6]	
			행거랙(Hanger Rack)	
			탱크 (Tank)	
			호퍼 (Hopper)	

으로 계산한다.

Rd(복열형 랙 깊이) = 2×R + Cr, Rd: 단열형 깊이 방향 랙 외부 길이, Cr: 랙 간격으로 보통 100~200mm 사이, Wr: 랙과 랙 사이 통로 폭(Rack to Rack)으로 계산한다.

③ 하이스택랙

주로 단층 물류창고에서 많이 사용되는 설비

---

[4] 롤테이너라고도 불림
[5] 무구동 타입
[6] 무구동 타입

중의 하나가 삼방향 지게차를 이용하여 파렛트를 5~6단을 이상으로 적재하는 하이스택랙이다. 그런데 하이스택랙의 각 치수도 적재하는 파렛트의 화물크기와 중량에 따라 따르므로 하이스택랙 자재의 규격은 서로 달라질 수 있다. 따라서 KS 규격에서 파렛트랙을 규정하는 것과 같이 파렛트와 랙 사이의 간격을 규정하는 것처럼 파렛트와 하이스택랙 사이의 간격을 규정하도록 한다.

[그림 10]에서와 같이 Hp: 파렛트 화물 높이, n: 적재 단수, A1: 파렛트 리프팅 높이 및 로드빔 높이(200~300mm), Rv: 파렛트랙 높이로 정하고 Rv = Hb×n으로 설정할 수 있다.

Rw(랙 폭의 지주 센터 간 거리) = 2×(R1+ Pw) + Cp, R1: 지주 센터와 파렛트 화물 간격으로, 일반적으로 150~300mm, Pw: 파렛트 화물 폭, Cp: 파렛트 화물 간격(100~200mm)으로 계산한다.

Rd(복열형 랙 깊이) = 2×R + Cr, Rd: 단열형 깊이 방향 랙 외부 길이, Cr: 랙 간격으로, 보통 100~200mm 사이, Wr: 랙과 랙 사이 통로 폭으로 계산한다. Wr은 제작사별로 상이하여 파렛트 중량과 적재 높이에 따라 다르나 일반적으로 1,600~2,100사이를 주로 설정한다.

④ 적층랙

물류창고에서 파렛트 단위 화물이 아닌 박스나 낱개 단위 물품을 보관하는 데 주로 사용하는 랙이 적층랙이다. 적층랙은 일반 중량랙(Middle Weight Rack)을 층층이 쌓아 구성하는 랙이다. 물론 파렛트 형태의 적층랙도 있기는 하나 일반 파렛트랙에 비해 보관효율이

[그림 10] 하이스택랙 설계 참고도

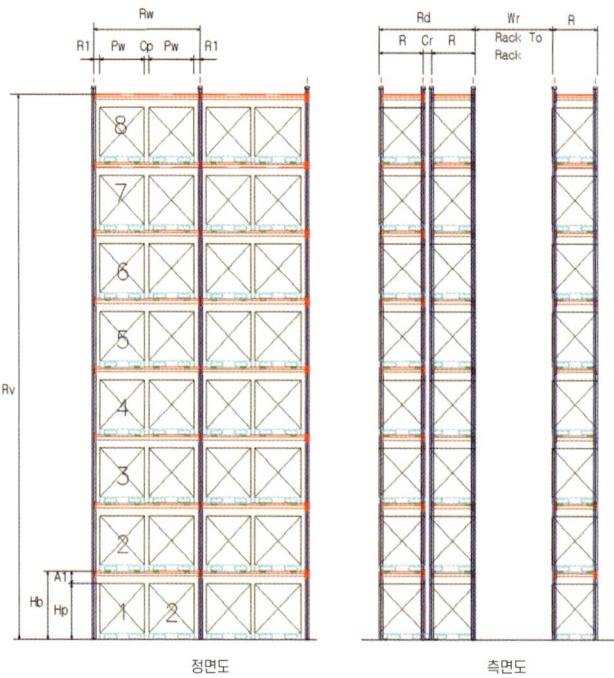

출처: 저자가 CAD로 작성

낮으므로 잘 사용되지 않는 설비이다. 'KS T 2037 산업용 랙'에서는 랙의 유효입구 치수에 대한 규정을 모두 파렛트를 기준으로 설정되어 있으며, 박스 단위를 보관하는 랙은 제외되어 있다.

본 고에서는 앞에서 층고 검토에서 언급한 바와 같이 박스 단위 3층 적층랙에 대하여 검토하기로 한다.

박스 단위 3층 적층랙 구성 형식은 [그림 11]과 같이 적층랙의 기둥을 이용하여 층을 형성하는 원포스트 형 적층랙이다.

박스 단위 3층 적층랙의 각 치수는 적재하는 박스의 물품의 크기와 중량에 따라 다르므로 적층랙 자재의 규격은 서로 달라질 수 있다. 따라서 박스와 랙 사이의 간격을 규정하도록 한다.

박스 단위 적층랙의 높이 관련 수치는 [그림 11]과 같이 LH = ML1 + ML2 + ML3, ML1 = RH1 + B1, ML2 = RH2 + B2, ML3 = RH3 + B3이다.

LH: 랙 높이, ML1: 적층랙 1단 높이, ML2: 적층랙 2단 높이, ML3: 적층랙 3단 높이, B1: 1단 여유공간(300~500mm), B2: 2단 여유 공간(200~500mm), B3: 3단 여유공간(200~500mm), B4: 구조물(전등, 배관 등)과 사이 여유 공간(300~500mm), B5: 구조물(전등, 배관 등)을 포함하여 보 및 바닥두께 등의 높이(1,300~2,000mm), 일반적으로 ML1은 3,000mm 전후, ML2는 2,700mm 전후, ML3은 2,500mm 전후로 설정한다.

또한 Rw(랙 폭의 지주 센터 간 거리) = 2× (R1+Bw+Cb), R1: 지주 센터와 파렛트 화물

[그림 11] 박스 단위 3층 적층랙 설계 참고도

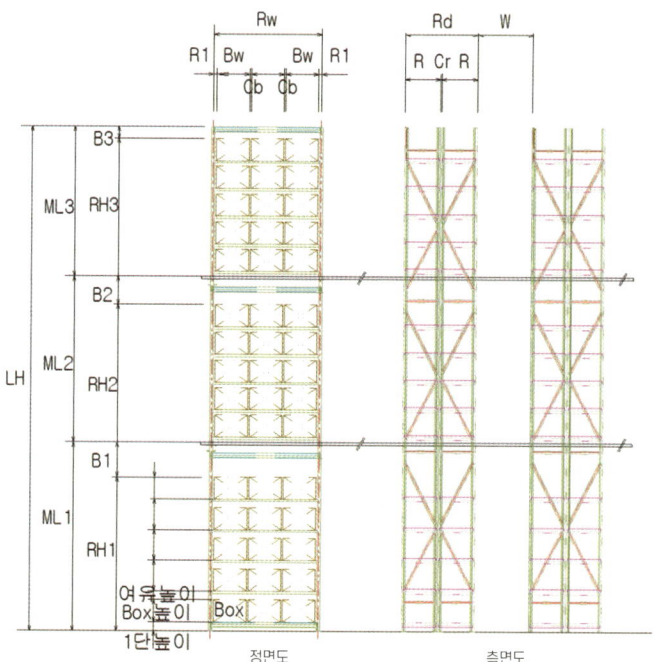

출처: 저자가 CAD로 작성

간격으로 일반적으로 50~100mm, Bw: 적재 박스 폭, Cb: 적재 박스 간격(50mm)으로 계산한다.

Rd(복열형 랙 깊이) = 2×R + Cr, Rd: 단열형 깊이 방향 랙 외부 길이, Cr: 랙 간격으로 보통 20~50mm 사이, Wr: 랙과 랙 사이 통로 폭으로 계산한다. Wr은 입출고 대차의 크기와 통행 방법에 따라 다르나 일반적으로 편측 통행의 경우 900~1200mm, 양측 통행의 경우 1,800~2,000mm 사이를 주로 설정한다.

2) 물류창고 설계 표준화 현황

가) 건물 설계 표준화 현황

① 건물 층고

'KS T 2010 물류센터의 시설 기준'에서는 층고와 관련하여 보의 높이로 물류창고 바닥에서 보 밑까지의 높이를 단층 물류창고 9~13m, 다층 물류창고 7~9m로 규정하고 있다. 즉, 이러한 높이 규정은 최근에 건축되고 있는 물류창고의 사례를 보면 다소 낮은 편이라고 볼 수 있다.

과거의 물류창고 건물 층고는 대체로 10m 미만으로 많이 건축되었다. 실제로 한국물류창고업협회가 2009년 7월 발표한 '보관시설의 표준정합시스템 개발'에서 총 81개의 보관시설 중 46개(약 57%)의 보 높이가 8.5m 이하로 조사되었다. 그러나 최근에는 대부분의 물류창고의 층고는 〈표 2〉와 같이 평균 10m를 초과하고 있다.

이러한 물류창고 층고 변화는 단위 면적당 보관량을 늘리고 적층랙 등의 설비를 설치하여 면적 증가 없이 동일한 공간에서 중층을 형성하여 넓은 면적을 창출할 수 있기 때문이다.

저온창고의 경우에도 과거에는 파렛트 자체를 바닥에서 2~3단 빼곡하게 적재하고 단열효과를 높이기 위해 층고를 4~5m로 낮게 설계하였으나, 최근에는 냉동기의 발전과 보관효율을 중시하여 층고도 상온창고와 유사하게 10m로 설계하는 경우가 대부분이다.

② 기둥 간격

물류창고의 기둥 간격은 보관설비의 종류, 통로 효율 및 투자비에 따라 많이 다를 수 있다. 과거에는 물류설비 효율보다 물류창고 건축비를 절감하기 위하여 기둥 간격을 좁게 설계하는 경우가 많았다. 실제로 한국물류창고업협회가 2009년 7월 발표한 '보관시설의 표준정합시스템 개발'에서 총 81개의 보관시설 중 55개(약 77%)의 기둥 간격이 10m 미만으로 조사되었다.

그러나 점진적으로 보관효율 및 통로 효율을 고려한 설계 능력 발전과 함께 최근에는 〈표 3〉에서 보듯 대부분이 10~12m 사이의 기둥 간격으로 건축되고 있다.

③ 건물 깊이

물류창고의 건물 깊이는 부지 모양과 건폐율 조건에 따라 대부분 결정되어 대부분의 영업용 물류창고의 경우 50~100m 사이로 건축되고 있다. 깊이가 깊을수록 입출고 처리 속도가 늦어지므로 사용자 입장에서는 너무 깊은 건물은 선호하지 않는 경우도 있다.(표 4)

나) 설비 설계 표준화 현황

① 파렛트랙

〈표 5〉와 같이 'KS T 일관 수송용 산업용 랙'에서는 표준 파렛트의 폭 + 100mm×n(적재 파렛트의 수)으로 랙의 유효 입구 치수를 정하

〈표 2〉 물류창고 건물 층고 사례

물류창고	층고(m)	층수	연면적(㎡)	준공	위치	비고
I사 의왕물류창고	10.0	7	84,295	2020.02	경기도 의왕시	사무실은 각층 분산
S사 양지물류창고	10.0	5	115,085	2019.03	경기도 용인시	사무실층 제외
Y사 양지물류창고	10.0	5	345,348	2018.11	경기도 용인시	사무실층 제외
H사 동탄물류창고	9.6	6	486,621	2018.10	경기도 화성시	사무실층 제외

〈표 3〉 물류창고 기둥 간격 사례

물류창고	기둥 간격(m)	층수	연면적(㎡)	준공	위치	비고
I사 의왕물류창고	11.0	7	84,295	2020.02	경기도 의왕시	사무실은 각층 분산
S사 양지물류창고	11.0	5	115,085	2019.03	경기도 용인시	사무실층 제외
Y사 양지물류창고	11.2	4	345,348	2018.11	경기도 용인시	사무실층 제외
H사 동탄물류창고	11.0	6	486,621	2018.10	경기도 화성시	사무실층 제외

〈표 4〉 물류창고 건물 깊이 사례

물류창고	건물 깊이(m)	층수	연면적(㎡)	준공	위치	비고
I사 의왕물류창고	55.0	7	84,295	2020.02	경기도 의왕시	상온
S사 양지물류창고	66.0	5	115,085	2019.03	경기도 용인시	전실 포함
Y사 양지물류창고	89.6	4	345,348	2018.11	경기도 용인시	상온
H사 동탄물류창고	88.0	6	486,621	2018.10	경기도 화성시	전실 포함

〈표 5〉 KS T 일관 수송용 산업용 랙의 유효 입구 치수

파렛트 적재 상태	랙의 유효 입구 치수
1 파렛트 적재의 경우	표준 파렛트의 폭 + 100mm ×2
2 파렛트 적재의 경우	표준 파렛트의 폭 + 100mm ×3
3 파렛트 적재의 경우	표준 파렛트의 폭 + 100mm ×4

[비고] 표준 파렛트 : 1,100mm×1,100mm, 1,200mm×1,000mm 치수의 파렛트이다.

고 있다.

지게차 사용자의 숙련도와 파렛트 적재 화물의 튀어나오는 정도(오버행)에 의해 랙의 유효 입구 치수는 달라질 수 있다. 그런데 물품을 파렛트에 적재할 때 물품의 종류에 따라서 파렛트의 자체 크기보다 외부로 튀어나오는 정도가 서

[그림 12] 파렛트랙 설계 사례

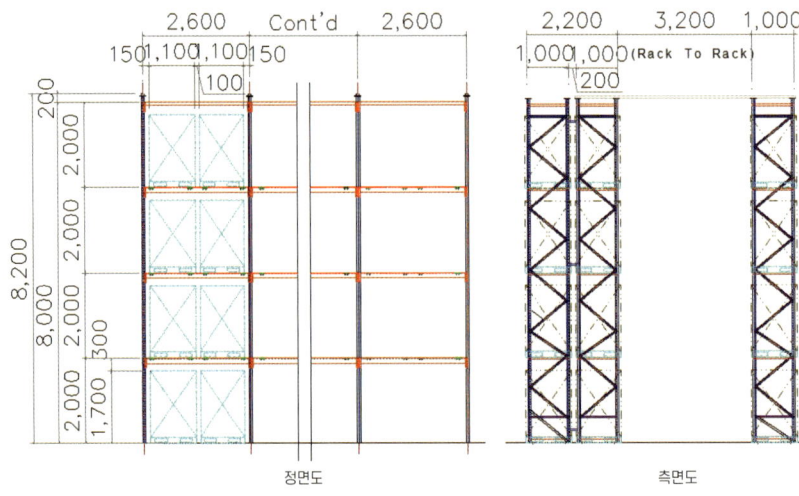

출처: 저자가 CAD로 작성

로 다르므로 파렛트 자체의 크기보다 최소 약 100mm 간격은 더 추가하여 설계하여야 한다.

파렛트랙의 경우 각 사에서 사용하는 파렛트의 크기에 맞추어 설치하다 보니 파렛트랙의 크기도 다양하다. 표준 파렛트인 1,100mm×1,100mm, 1,200mm×1,000mm를 사용하는 경우 대부분은 랙의 유효 입구 치수는 2,600mm~2,800mm사이로 설정하고 있다.

랙의 깊이는 [그림 12]와 같이 적재하는 파렛트 보다 약 100mm 씩 적게 설정하여 1,100mm의 경우 1,000mm로 주로 설정하고 있다.

② 하이스택랙

하이스택랙의 경우 사용하는 협통로용 삼방향 지게차(VNA)의 인상 높이에 의해 랙의 높이가 결정되고 적재 파렛트의 높이에 의해 단수가 결정된다. 따라서 각 사마다 사용조건이 상이하여 표준화된 랙의 사용이 용이하지 않다. 또한 소방법에 의하여 스프링클러를 설치해야

하므로 이의 설치 공간도 확보해야 하기 때문에 KS규격에서 정하는 랙의 유효 입구 치수의 표준화 외에는 각 업종별로 같이 않아 취급품의

[그림 13] 하이스택랙 설계 사례

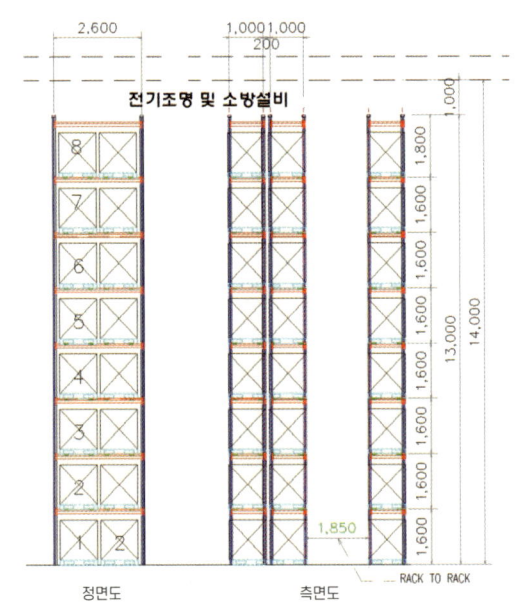

출처: 저자가 CAD로 작성

종류별로 다양한 규격으로 사용되고 있다.

[그림 13]은 파렛트 크기 1,100mm×1,100mm를 적재하는 하이스택랙의 설계 사례이다.

3) 물류창고 설계 표준화 과제

가) 건물 설계 표준화 과제

건물의 층고, 기둥 간격, 건물의 깊이 등은 설치하는 물류설비나 사용하는 물류장비 등에 따라 다르기 때문에 건물의 표준화와 함께 물류설비의 표준화도 필요하다.

또, 물류설비 외에도 건축과 관련된 건물의 바닥 두께와 보 및 건물에 설치되는 각종 배관, 조명 등을 포함해야 하기 때문에 건축 설계와도 연관이 있어 건물의 층고, 기둥 간격, 건물의 깊이를 결정하는 것은 건축 설계와 깊은 관련이 있다.

따라서 물류창고에서 설치되는 설비나 장비의 조건을 반영하여 설비 자체의 높이와 장비의 가동 범위를 반영한 건물의 층고와 기둥간격 및 깊이 등을 설정하는 것이 필요하다고 할 수 있다.

향후 이와 같은 내용을 바탕으로 설비나 장비의 종류별로 조건을 반영하여 건물의 층고와 기둥 간격, 건물의 깊이 등에 대한 체계적인 표준화를 추가로 진행해야 할 것이다.

이러한 표준화를 통해서 물류창고 설계회사마다 개별적이고 중복되는 물류창고 설계에서 벗어나 표준화된 기준으로 설계한다면 설계 품질 향상과 설계에 소요되는 공수도 절감할 수 있을 것으로 보인다.

나) 설비 설계 표준화 과제

〈표 6〉과 같이 'KS T 2027 산업용 랙'에서는 파렛트를 적재하는 경우의 랙에서는 랙의 유효 입구 치수는 잘 규정하고 있다. 이러한 랙의 유효 입구 치수 이외에도 물류설비나 장비의 사용 조건에 해당하는 설치크기, 타 설비나 건물과의 이격거리, 자재 간 이격거리 등에 대한 표준화를 추가해야 할 것으로 보인다.

또한 파렛트 단위로 취급하는 설비의 관련 치수 외에도 박스 단위로 취급하는 박스 단위 적층랙이나 중경량랙(Middle Weight Rack) 등에 대해 기본적인 표준을 수립해 놓으면 설계 효율 향상과 물류작업의 품질 향상에도 이바지할 것으로 보인다.

〈표 6〉 KS T 2027 산업용 랙의 유효 입구 치수

파렛트 적재 상태	랙의 유효 입구 치수		
	파렛트랙, 이동랙, 적층랙 (A형 및 B형)	유동랙	수평회전랙
1 파렛트 적재의 경우	파렛트의 너비 + 100mm×2	파렛트의 너비 + 75mm×2	파렛트의 너비 + 75mm×2
2 파렛트 적재의 경우	파렛트의 너비 + 100mm×3	파렛트의 너비 + 75mm×3	
3 파렛트 적재의 경우	파렛트의 너비 + 100mm×4	파렛트의 너비 + 75mm×4	

출처: 'KS T 2027 산업용 랙'

2. 자동창고 설계 표준과 표준화 현황

과거 90년대 초반에는 자동창고를 도입하면 물류업무는 대부분 해결될 것이라는 기대감에 많은 기업들이 자동창고를 도입하였다. 그러나 자동창고는 보관업무와 자동창고 자체에 대한 입출고 자동화만 실현되는 것이기 때문에 기업의 전반적인 물류 활동의 검토 없이 자동창고만 도입해서는 효율을 발휘하기가 어려웠다.

특히 고빈도 품목을 자동창고에 보관함에 따라 출고하는 데 많은 시간이 소요되어 출하 차량들이 2~3시간씩 대기하는 낭비가 발생하였다.

그리고 제조업체는 생산 품목수가 비교적 적고 제품을 출하하기 전에 보관이 필요하여 자동창고를 도입해도 그나마 보관효율을 높일 수 있었으나 재고 회전율이 높고 품목들이 다양한 유통업체들은 자동창고를 도입하여 많은 실패를 겪기도 하였다.

과거의 자동창고는 주로 스태커크레인 형 자동창고(ASRS)[7]가 주류를 이루었으나 최근에는 셔틀 형 자동창고, 회전랙[8] 및 오토스토어 자동창고와 같은 다양한 자동창고들이 도입되고 있다.

특히 셔틀 형 자동창고는 랙의 각 단마다 셔틀(Shuttle)이 있어 동시에 여러 대의 셔틀이 입출고를 실행하여 통로별로 1대의 스태커크레인이 입출고를 수행하는 스태커크레인 형 자동창고보다 동일 시간 대비 훨씬 더 많은 양을 처리할 수 있어 최근에는 온라인 물류센터 등 유통업체를 중심으로 도입이 이루어지고 있다.

1) 자동창고 설계 표준화 현황
가) 자동창고 분류

자동창고(ASRS)는 화물의 적재 랙(Rack)을 입체적으로 고층화하여 공간의 보관효율을 높인 것으로, 고정식 다단 랙, 스태커크레인 등 격납기기, 입출고 주변장치 및 이들을 제어하는 제어Computer로 구성된다.

자동창고의 장점은 제한된 공간에 많은 보관량을 적재할 수 있으며, 보관물의 도난과 파손을 방지하고 위험하거나 힘든 입출고 작업을 자동화할 수 있다. 그리고 컴퓨터를 이용하여 쉽고 정확한 재고 관리가 가능하며, 실시간(Real Time) 재고관리가 가능하고, 빠르고 신뢰성이 높은 창고의 운영과 입출고 작업의 안전사고 방지가 가능하다. 또한 확실한 선입선출이 가능하며, 쾌적하고 편리한 작업환경을 구현할 수 있다.

단점은 시간당 정해진 입출고 능력의 한계로 피크 시에 대응이 어려우며, 정해진 규격(크기와 중량)의 화물만을 보관하여야 하고, 수동식 창고에 비해 상대적으로 높은 투자금액이 소요된다는 것이다.

자동창고의 분류는 건립 형태에 따라 빌딩 랙 형(Building-Rack Type)[9]과 유니트랙 형

---

[7] ASRS : Automated Storage & Retrieval System(자동창고)
[8] Carousel Rack 또는 Rotary Rack이라고도 불림.
[9] Rack Supported Building Type이라고도 함.

[그림 14] 빌딩 형 자동창고

출처: https://www.frazier.com/storage-solutions/asrs/

[그림 15] 유니트랙 형 자동창고

출처: http://www.bjstb.com/en/productinfo_364_329_329_329_327.html

(Unit-Rack Type)으로 구분할 수 있다. 또한 보관 용기에 의해 파렛트, 버킷(Bucket), 롤컨테이너, 카톤박스 형으로 구분할 수 있다.

빌딩랙 형은 자동창고 자체의 벽에 외장 판넬을 부착하여 건물을 완성하며, 유니트랙 형은 기존의 지어진 건축물 내에 건물과 분리되게 설치하는 자동창고이다.

이 외에도 적재물을 입출고 하는 주변기기의 형태에 따라서 스태커크레인 형과 셔틀 형, 회전랙(Carousel) 형 등으로 구분할 수 있다.

[그림 14]는 빌딩랙 형 자동창고의 모습이다. 제일 바깥쪽의 보관랙에 외장 판넬을 부착하여 별도의 건물 없이 자체적으로 건물이 완성된다. 물론 랙이 없는 입출고대기장 부분은 별도의 기둥을 세우고 별도의 외장 마감을 해야 한다.

[그림 15]는 유니트랙 형 자동창고를 나타내고 있다. 기존에 건축되어 있는 건물 안에 독립적으로 설치되는 자동창고이다. 따라서 자동창고에 별도의 외장 마감재가 불필요하다. 외장 마감재 대신 메쉬 철제망을 부착하는 경우도 있다. 입출고대기장은 기존의 건물 내에서 실시하기 때문에 별도의 공사도 불필요하다.

한편 셔틀 형 자동창고는 파렛트 형과 버킷(Bucket)이나 박스 형으로 구분된다. 파렛트 형 셔틀 자동창고는 입출고 장비를 지게차나 컨베이어로 다양하게 구성할 수 있다. 그리고 셔틀 형 자동창고의 랙에 셔틀 대신 스태커크레인을 투입한 혼합 형태도 이용되고 있다. 이 경우에는 입출고량이 적으며 더 높이 적재가 필요할 때 사용될 수 있다.

[그림 16]은 파렛트 형 셔틀 자동창고를 나타내고 있다. 각단마다 새틀(Satellite)이 얹혀 있는 셔틀이 통로 방향으로 이동하고, 직각 방향 입출고는 새틀이 셔틀에서 분리되어 실시한다. 따라서 파렛트 형 셔틀 자동창고는 통로 직각 방향으로 여러 개의 파렛트를 적재할 수 있다.

[그림 17]은 박스 형 셔틀 자동창고를 나타내고 있다. 각단마다 설치되는 셔틀이 통로 방향으로 이동하고, 직각 방향 인출과 인입은 셔틀에 부착되어 있는 그립(Grip)이 실시한다. 따라서 박스형 멀티 셔틀 자동창고는 새틀이 없어 통로 직각 방향으로 여러 개의 박스를 적재할 수 없으며, 더블로드형은 보통 2박스까지 적재

[그림 16] 파렛트 형 셔틀 자동창고

출처: https://www.aceshelving.com/radio-shuttle-racking/radio-shuttle-racking-pallet-storage-system.html

[그림 17] 박스 형 셔틀 자동창고

출처: https://www.knapp.com/en/solutions/technologies/storage/

[그림 18] 오토스토어 자동창고

출처: https://www.kipost.net/news/articleView.html?idxno=50586

[그림 19] 이동랙 자동창고

출처: https://viproafrica.com/warehouse-storage/heavy-duty-mobile-rack/

할 수 있다.

[그림 18]은 통로와 운반 컨베이어를 없애고 큐브 박스 형태의 보관랙에 로봇을 이용하여 수직으로 보관하는 오토스토어 자동창고이다. 오토스토어는 수직방향으로 적재하므로 선입선출이 쉽지 않은 단점이 있다. 외부에서는 입출고 포트를 통하여 입고, 출고 및 피킹을 실시한다.

[그림 19]는 랙 밑에 설치한 주행 레일을 이용하여 랙 자체를 이동시켜서 통로를 확보하고 입출고를 실시하는 이동랙(Mobile Rack) 자동창고이다. 통로를 확보하는 방법은 무선 리모컨이나 단말기 화면을 이용하는 방법, 또는 랙에 부착된 스위치를 누르는 방법 등 다양하다. 그리고 통로에 지게차가 작업하고 있는 경우에는 안전을 위하여 통로가 닫히지 않게 안전장치가 설치된다.

[그림 20]의 수직형 회전랙 자동창고와 [그림 21]의 수평형 회전랙 자동창고는 회전랙에서 직접 입출고를 할 수 있는 입출고 스테이션

[그림 20] 수직형 회전랙 자동창고

출처: https://www.industore.co.uk

[그림 21] 수평형 회전랙 자동창고

출처: https://viproafrica.com/warehouse-storage/heavy-duty-mobile-rack/

(Station)을 설치하여 작업자가 수동으로 입출고 할 수도 있고 컨베이어를 통해 자동으로 입출고를 실시할 수도 있다. 사람의 키보다 더 높은 곳에서 피킹을 할 때에는 피킹 스테이션을 추가로 설치하여 작업할 수도 있다.

나) 자동창고 설계 표준화 현황

① 스태커크레인 형 자동창고 설계 표준화 현황

자동창고의 설계 관련 국가 표준은 스태커크레인 형 자동창고에 대해서는 'KS T 2015 입체자동창고용 랙 설비의 허용오차 기준'을 〈표 7〉과 〈표 8〉처럼 규정하고 있다.

② 셔틀 형, 회전랙 형 및 오토스토어 자동창고 설계 표준화 현황

'KS T 2020 자동창고용 랙의 설계 기준'이나 'KS T 2015 입체자동창고용 랙 설비의 허용오차 기준'에는 스태커크레인 자동창고에 대해 기록되어 있으나 셔틀 형, 회전랙 형 및 오토스토어 자동창고 등에 대한 랙 설비의 허용오차 기준 등은 아직 수록되고 있지 않다.

2) 자동창고 설계 표준화 과제

가) 스태커크레인 형 자동창고 표준화 과제

스태커크레인 형 자동창고의 설계 기준에 대해서는 'KS T 2020 자동창고용 랙의 설계 기준'이나 'KS T 2015 입체자동창고용 랙설비의 허용오차 기준'에서 규정하고 있다.

이러한 기준은 부재 자체의 강도나 뒤틀림 현상 등에 대한 내용이 많아 실시설계 단계에서 필요한 내용들이 많다. 따라서 기본 설계 단계에서 쉽게 적용할 수 있는 각 부재와의 간격, 적재 화물과의 간격 및 건축구조물과의 간격 등과 같은 내용들이 추가되어야 할 것으로 보인다.

나) 셔틀 형, 회전랙 형 및 오토스토어 형 자동창고 표준화 과제

<표 7> 입체자동창고용 랙 설비의 허용오차 기준

허용오차 종류	허용오차(mm)			
	허용 오차의 등급			최대 허용 오차
	I (수동 운전)	II (반자동 운전)	III (전자동 운전)	
A	±3.0	±3.0	±3.0	n·A=15.0(최대)
B	1/500	1/750	1/1,000	±2.5(최대)
BD				5.0(nBD=15.0 최대)
C	±5.0	±5.0	±5.0	
D	±5.0	±5.0	±5.0	
E	±5.0	±5.0	±5.0	
F	1/1,000	1/1,000	1/1,000	±2.5(최대)
G	1/500	1/750	1/1,000	±2.5(최대)
H	±15.0	±10.0	±5.0	±5.0
I	±1/250	±1/500	±1/1,000	±2.5(최대)
J				±5.0
K				±5.0

출처: KS T 2015 입체자동창고용 랙설비의 허용오차 기준

<표 8> 허용오차 기호

허용오차 종류	설명
A	각 번지의 최대 편차
B	X열 방향의 최대 수직 편차
BD	스태커크레인 통로를 기준으로 교차하는 양쪽 번지 간 길이 편차
C	랙 기둥별 길이 편차(기둥2 또는 3)
D	랙 단위별 길이 편차
E	스태커크레인 통로측 기준 랙 기둥 열에 대한 상, 하부 레일의 위치
F	랙 기둥의 X열, Y열에 대한 휨 편차
G	Y열 방향의 최대 수직 편차
H	1단 로드 암 또는 로드 빔 상면의 높이 편차
I	각 단 로드 암 또는 로드 빔 상면의 높이 편차
J	n단위 번지 열에 대한 로드 암 또는 로드 빔 상면의 높이 편차
K	스태커크레인 통로를 기준으로 n단 로드암 또는 로드빔 상면의 높이 편차

출처: KS T 2015 입체자동창고용 랙설비의 허용오차 기준

셔틀 형 자동창고는 최근에야 도입이 시작되어 그 설치 사례가 많지 않고, 국내의 제작 기술 수준도 아직은 선진 제작사에 비해 낙후되어 있다고 볼 수 있다. 이미 국내에 도입된 사례들은 미국이나 독일 등 외국계 설비업체가 납품한 것이지만, 일부 국내 업체들도 자체 제작하여 시제품을 설치하기 시작하고 있는 단계이다.

따라서 셔틀 형, 회전랙 형 및 오토스토어 형 자동창고 등에 대한 랙 설비의 허용오차나 주변 설비에 대한 기초적인 배치 기준 등은 아직 제조사 자체적으로 설정하고 있어 KS규격에서 누락 되어 이에 대한 새로운 기준 정립이 필요할 것으로 보인다.

 참고 문헌

- 손병석. 한국물류창고업협회 (2009.07) 보관시설의 표준정합시스템 개발
- 유강철. 아주대(2019) 공학대학원 물류센터 설계 · 운영 교재
- 국가표준인증 통합정보시스템 KS T 0203 물류관련기기 및 시설의 분류방법
- 국가표준인증 통합정보시스템 KS T 1371 일관수송용 산업용 랙
- 국가표준인증 통합정보시스템 KS T 2004 물류 시설의 설비 기준
- 국가표준인증 통합정보시스템 KS T 2007 창고 내 통로 너비
- 국가표준인증 통합정보시스템 KS T 2010 물류센터의 시설 기준
- 국가표준인증 통합정보시스템 KS T 2015 입체자동창고용 랙설비의 허용오차 기준
- 국가표준인증 통합정보시스템 KS T 2020 자동창고용 랙의 설계기준
- 국가표준인증 통합정보시스템 KS T 2027 산업용 랙

제4절 정보 표준화[1]

1. GS1 소개

정보 표준화는 글로벌 표준인 GS1을 기준으로 서술한다.

가치사슬을 구성하는 역할의 급속한 진화, 새로운 물류 채널의 등장, 수요 패턴의 이동과 서비스에 관한 지속적인 기대 상승은 비즈니스 프로세스에서 차지하는 정보기술의 결정적인 중요성을 증가시켰다. GS1 표준은 원자재 공급업체, 제조업체, 도매업체, 물류업체, 유통업체, 병원, 최종 고객, 즉 소비자를 포함한 수요사슬과 식별되어야 하는 거래 파트너들 간의 국내외 커뮤니케이션을 촉진시켰다.

많은 기업이 시장 및 고객과 연결되는 물류 채널을 다른 업종으로 확장하는 중이거나 이력 추적의 요구사항을 충족시키고자 한다. 특정 업종에 국한된 표준을 선택한 기업이 '기존 폐쇄적인 유통 구조'를 벗어나 자사의 제품 또는 서비스를 판매하거나 단순히 커뮤니케이션 하려는 경우에도 다수의 시스템을 유지 관리하느라 잠재적으로 많은 비용을 부담해야 한다.

공급사슬과 수요사슬을 최적화하고 거래의 효율성을 높이는 데 필수적인 각종 업무는 거래되는 제품, 제공되는 서비스 또는 관련된 위치를 식별하는 정확성에 크게 의존한다. GS1 시스템은 제품, 운송 단위, 자산, 위치, 서비스를 고유하게 식별함으로써 글로벌 다업종 공급사슬을 효율적으로 관리하게 해주는 일체의 표준이다. 이는 위치 추적 및 이력 추적을 포함한 전자상거래 프로세스를 촉진시킨다.

이러한 식별 코드를 바코드 심볼로지로 나타냄으로써 판매 시점, 입고 시점 혹은 비즈니스 프로세스에서 필요한 임의의 시점에 전자 판독할 수 있다. 이 시스템은 특정 기업, 조직 또는

---

[1] 출처: GS1 물류라벨 활용 가이드(Vol. 8 : 2016. 9), GS1 표준 사용자 매뉴얼(2015. 12) 대한상공회의소

특정 부문에 국한된 코딩 시스템의 사용에 따른 제약을 극복하고 훨씬 더 효율적이고 고객의 요구에 대응하는 방식으로 거래할 수 있도록 설계되었다.

이러한 식별 코드들은 전자상거래(eCom) 및 글로벌 데이터 동기화 네트워크(Global Data Synchronization Network)에서 통신의 속도와 정확성을 높이는 데에도 사용할 수 있다. GS1 시스템은 고유한 식별 코드를 제공할 뿐 아니라 최적 유통기한, 일련번호, 배치번호 등 바코드 형식에 나타낼 수 있는 추가적인 정보도 제공한다. 이들은 이력 추적에 특히 중요한 정보들이다. GS1 시스템의 원칙과 설계를 따름으로써 사용자는 GS1 데이터를 자동적으로 처리할 애플리케이션을 설계할 수 있다. 이 시스템의 로직은 바코드로부터 획득한 데이터에서 명백한 전자 메시지를 생성하고 완전히 사전 프로그래밍 된 방식으로 메시지를 처리할 수 있음을 보장한다.

GS1 시스템은 어떤 업종, 거래, 공공 분야에서도 사용될 수 있도록 설계되었으며, 시스템에 대한 어떤 변경 사항도 기존 사용자에게 불편을 주지 않으면서 적용될 수 있다. GS1 시스템을 사용함으로써 물류 업무를 획기적으로 개선하고, 종이 문서 비용을 줄이고, 주문 및 납품 소요 시간을 단축하고, 정확성을 높이고, 더 효과적으로 공급 및 수요 사슬을 관리할 수 있다. GS1 시스템을 채택한 사용자 기업들은 모든 거래 파트너와의 커뮤니케이션에 동일한 솔루션을 사용하고 자체 애플리케이션을 재량껏 자유롭게 실행할 수 있어 막대한 비용 절감의 혜택을 누리고 있다.

2. GS1 시스템의 기본 원칙

1) 적용 분야

GS1 시스템은 상품, 물류 단위, 자산, 위치 등 다양한 분야에 적용된다. 이러한 적용이 가능한 것은 상품 및 관련 데이터를 식별할 수 있는 특정 데이터 구조를 따르기 때문이다. 이 식별 코드는 어떤 거래의 모든 메시지에서 데이터베이스에 접근하고 취급 상품을 명확하게 식별하기 위한 키(Key)의 역할을 한다. 이 데이터 구조는 전 세계적으로 고유한 식별을 보장하기 위해 사용되며, 식별 코드 자체에는 어떤 의미도 부여하지 않는다. 어떤 상품이나 서비스 및 그 특징을 설명하는 모든 정보는 데이터베이스에서 검색해야 한다. 이러한 정보는 최초 거래가 실행되기 전에 표준 메시지를 사용하여, 또는 전자 카탈로그를 출처하여 공급자로부터 사용자에게 한 번 제공된다.

식별 코드는 바코드에 표기되어 상품이 입·출고되는 각각의 시점에서 자동으로 데이터를 수집할 수 있게 한다. 바코드는 대개 생산자 사이트에서 생산 공정의 일환으로 표기된다. 상품 포장 시 다른 정보들과 함께 미리 인쇄하거나 생산라인에서 별도로 라벨지 형태로 상품에 부착한다. 이 동일한 번호를 전자상거래 메시지에서도 사용하여 식별 코드 해당 품목의 거래에 관한 모든 정보를 거래 파트너에게 전송할 수 있다. 이러한 데이터 구조는 해당 적용

분야 내에서 전 세계적인 고유성을 보장한다.

2) GS1 식별 코드

GS1 식별 코드는 기업들이 공급사슬에서 품목에 대한 정보에 접근하고 거래 파트너와 그 정보를 공유할 수 있는 효율적인 방법을 제시한다. 이 식별 코드를 사용하여 제품, 문서, 물리적 위치, 기타 등등에 표준 식별자를 부여할 수 있다. GS1 식별 코드는 전 세계적으로 고유하므로 여러 조직 간에 공유하면서 거래 파트너들이 공급사슬을 더 면밀하게 모니터링할 수 있다.

GS1 식별 코드는 다음과 같다.

- 상품식별코드(GTIN: Global Trade Item Number)
- 국제위치코드(GLN: Global Location Number)
- 수송용기일련번호(SSCC: Serial Shipping Container Code)
- 국제쿠폰코드(GCN: Global Coupon Number)
- 재활용자산식별코드(GRAI: Global Returnable Asset Identifier)
- 개별자산식별코드(GIAI: Global Individual Asset Identifier)
- 국제서비스관계번호(GSRN: Global Service Relation Number)
- 국제문서형식식별코드(GDTI: Global Document Type Identifier)
- 국제선적식별코드(GSIN: Global Shipment Identification Number)
- 국제탁송화물식별코드(GINC: Global Identification Number for Consignment)
- 구성요소/부품식별코드(CPID: Component/Part Identifier)

본 서에서는 가장 널리 사용되는 GS1 식별 코드인 GTIN, SSCC, GLN에 대해서만 상세히 설명한다.(표1)

3) 응용 식별자(Application Identifier, AI)

GS1-128은 유연성이 뛰어난 심볼로지이다. 가변 길이로 데이터를 나타낼 수 있고 하나의 바코드 심볼로지에 여러 정보를 인코딩

〈표 1〉 GS1 식별 코드

상품식별코드 GTIN (Global Trade Item Number)	• GTIN은 기업에서 자사의 모든 상품(trade item)을 고유하게 식별하는 데 사용 • GTIN은 바코드 또는 EPC/RFID 태그에 인코딩 • 바코드 또는 EPC/RFID 태그를 판독함으로써 효율적이고 정확한 방식으로 제품 및 관련 정보 처리 • 매장 계산대에서, 창고에서 물품 입고 시, 병원에서 약물 투여 시 활용
수송용기일련번호 SSCC(Shipping Container Serial Number)	• SSCC는 물류(운송 및 저장) 단위를 고유하게 식별하는 데 사용되는 번호 • SSCC를 사용하여 각 물류 단위의 위치를 추적함으로써 효율적으로 주문 및 운송을 관리 • SSCC를 바코드 또는 EPC/RFID 태그에 인코딩함으로써 물류 단위가 거래 파트너 간에 이동하는 과정에서 전 세계 어디서든 이를 정확하고 편리하게 식별 • EDI 또는 EPCIS를 통해 SSCC 데이터를 공유함으로써 이동 중인 물류 단위의 상태에 대한 정보를 공유하고 이를 배송 정보와 같은 관련 운송 정보와 확실하게 연결

출처: GS1 표준 사용자 매뉴얼 p3 편집

할 수 있다. 이를 연결(Concatenation)이라고 한다. 응용 식별자는 바코드 문자열(Element String)의 맨 앞에 표기되는 두(2)자 이상의 문자 필드이다. AI는 그 뒤에 오는 데이터 필드의 의미와 형식을 고유하게 식별하는 접두사이다. AI 뒤에 표기되는 데이터는 문자 및 숫자로 구성될 수 있으며, 최대 30자까지 가능하다. 데이터 필드는 AI에 따라 고정 길이 또는 가변 길이가 된다. 제품의 속성을 나타내는 데이터는 상품 또는 물류 단위와 연관되며 단독으로는 아무런 의미가 없다.

속성 데이터는 AI를 사용하여 GS1-128로 표기할 수 있다. 중량, 면적, 부피 등의 속성을 위한 다양한 AI가 있다. 상품에 사용 가능한 측정 속성은 Trade Measures이라 하며 항상 순 측정치이다. 물류 단위에 대한 속성은 Logistics Measures라 하며 항상 총 측정치이다.

4) 바코드 심볼로지(Barcode Symbologies)

GS1 시스템에서는 다양한 유형의 바코드를 제공한다. GS1 EAN/UPC 계열, ITF-14, GS1-128 및 ITF-14, GS1 DataMatrix, GS1 DataBar 계열, GS1 QR Code가 이에 해당된다.(그림1, 표2, 표3)

3. 상품 식별

상품은 임의의 품목(제품 또는 서비스)이며, 그에 관해 미리 정의된 정보를 검색할 필요성

[그림 1] GS1 Barcode

출처: GS1 표준 사용자 매뉴얼 p6

<표 2> 1D 바코드

종류	바코드	설명
EAN/UPC 바코드	EAN-13, UPC-A, EAN-8, UPC-E	• 전방향으로 읽을 수 있다. • 소매점의 판매 시점에서 판독되는 모든 상품에 사용해야 하며, 다른 상품에도 사용 가능하다.
ITF-14	1 89 31234 56789 4	• 소매점 계산대를 거치지 않는 상품의 GTIN 바코드에만 사용한다. • 골판지에 직접 인쇄할 경우 이 심볼로지가 EAN/UPC 심볼로지보다 적합하다.
GS1-128 심볼로지	(01)04601234567893	• Code 128 심볼로지의 변형이다. • GS1은 독점적 사용권을 갖고 있다. • 소매점 계산대를 통과하는 상품을 판독하기 위한 용도는 아니다. • GS1-128은 GS1 AI를 사용하여 GTIN 및 추가 데이터를 인코딩할 수 있다.
GS1 DataBar	(01)20012345678909	• 선형 바코드 계열이다. • GS1은 독점적 사용권을 갖고 있다. • POS에서 판독되는 신선 식품에 주로 사용한다.

※ 레이저 또는 이미징 기반 판독기로 판독 가능

출처: GS1 표준 사용자 매뉴얼 P7~8 편집

<표 3> 2D 바코드

종류	바코드	설명
GS1 DataMatrix	(21) ABCDEFG123456789 (01) 04012345678901	• Data Matrix ISO 버전 ECC 200의 변형이다. • 맨 앞에 위치한 FNC1(Function 1 심볼로지 문자)이 GS1 시스템 호환성을 보장한다. • GS1 DataMatrix는 GS1 AI를 사용하여 GTIN 및 추가 데이터를 인코딩할 수 있다. • 현재 소형 의료·수술 기기 및 헬스케어 상품에 GTIN(과 추가 데이터)을 바코딩하는 데 사용되고 있다.
GS1 QR Code	(01) 0 9501101 02091 7 (8200) http://www.gs1.org	• ISO/IEC QR Code 2005의 하위 그룹으로서 매트릭스 심볼로지이다. • GS1 QR Code는 확장형 포장(Extended Packaging)만 인코딩할 수 있는데, AI(8200)를 필수 요건인 GTIN-8, GTIN-12, 또는 GTIN-13과 연계하여 사용하는 것으로 제한된다.

출처: GS1 표준 사용자 매뉴얼

이 있고, 공급사슬의 어떤 지점에서 가격 책정, 주문 또는 송장 발급이 이루어질 수 있다. 이 정의는 원자재부터 최종 소비재까지 포괄하며, 서비스도 포함하는데; 이 모두 미리 정의된 특성을 갖는다. 상품은 GTIN-8, GTIN-12, GTIN-13, GTIN-14의 4가지 데이터 구조를 사용하여 GTIN이 부여된다. 상품의 성격 및 사용자의 적용 범위에 따라 데이터 구조를 선택할 수 있다.

GS1 시스템의 주 용도 중 하나는 소매점 POS에서 판독할 상품, 즉 소매품의 식별이다. 이는 GTIN-13이나 GTIN-12로 식별해야 한다. 매우 작은 상품일 경우 GTIN-8(또는 A zero-suppressed GTIN-12)을 사용한다. 가변 규격 상품도서, 정기간행물 또는 개방된 환경에서 판매되지 않는 제품에 관한 규칙도 있다.

소매유통매장에서 판매되지 않는 상품은 섬유판 케이스, 커버형 또는 밴드형 파렛트, 필름 랩 트레이, 유리병 운송용 크레이트 등 다양한 방법으로 포장할 수 있다. 이러한 상품은 여러 가지 방법으로 식별할 수 있다.

특정 GTIN-13 또는 GTIN-12 부여, 또는 GTIN-14 부여. 이는 포장된 상품의 식별 코드 및 그 앞에 오는 1~8의 물류식별자로 구성된다. 이 방법은 표준 상품으로 이루어진 동종 그룹에, 즉 모든 그룹 구성원이 동일한 경우에만 사용 가능하다.(표4)

1) GS1 업체 코드(GS1 Company Prefix)

GTIN 번호 체계는 4가지가 있으며 아래에서 자세히 설명한다.(그림2)

가) 소형 상품

GS1 업체 코드는 기업에서 상품, 물류 단위, 위치, 관계자, 자산, 쿠폰 등에 대해 전 세계적으로 고유한 식별 키를 생성하는 방식이다.(그림3)

첫 2자리 또는 3자리인 N1, N2, N3는 GS1 본부에서 각 회원 기관(Member

〈표 4〉 GTIN 번호의 예

그림	GTIN
샴푸 병	GTIN-13: 5412150000154
샴푸 박스 (6 x)	GTIN-14: 15412150000151 또는 GTIN-13: 5412150000161 중 하나
파렛트	GTIN-14: 25412150000158 또는 GTIN-13: 5412150000178 중 하나

출처: GS1 표준 사용자 매뉴얼 p11 편집

[그림 2] GTIN 번호 체계

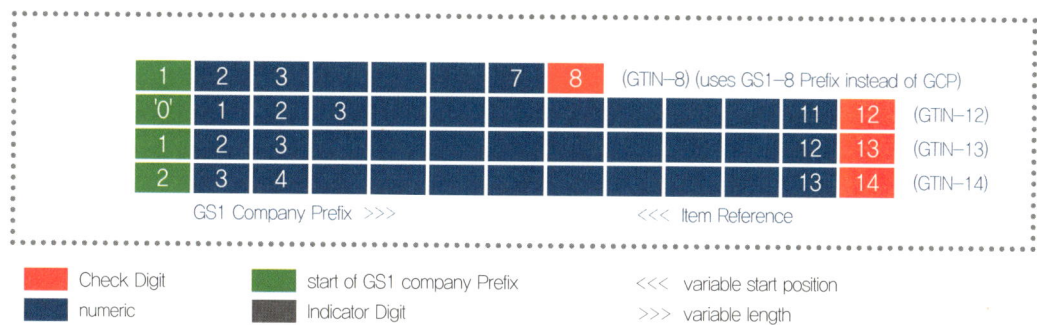

출처: GS1 표준 사용자 매뉴얼 p11

[그림 3] GS1 업체 코드

assigned by GS1 Global Office	assinged by GS1 Member Organization
P P P	C C C ...
GS1 Prefix(*)	Company Number
GS1 Company Prefix(GCP)	

* GS1 Prefix(접두사)의 길이는 2 또는 3

출처: GS1 표준 사용자 매뉴얼 p11 편집

Organization)에 부여한 GS1 접두사이다. 이는 접두사가 부여된 국가에서 상품이 생산되거나 유통됨을 의미하지 않는다. GS1 접두사는 업체 코드를 부여하는 회원 기관을 나타낼 뿐이다.

U.P.C. 업체 코드(Company Prefix)는 GS1 업체 코드의 일부이다. GS1 접두사 다음에 오는 GS1 업체 코드는 각 회원 기관에서 부여한다. GSI 접두사와 업체 코드는 일반적으로 해당 업체의 필요에 따라 6자리~10자리이다. GS1 업체 코드는 전체 또는 일부를 다른 업체에서 사용하도록 판매, 대여, 양도할 수 없다. 이러한 제한은 GS1 업체 코드가 없는 것도 포함하여 모든 GS1 식별 코드에 적용된다. 즉 GS1 회원 기관에서 각 업체에 개별적으로 부여하는 GS1 식별 코드에서 준수해야 한다.

나) 상품 품목 코드(Item Reference)

상품 품목 코드는 대개 1자리~6자리이다. 유의미하지 않은 번호이다. 즉 각 자리의 숫자가 특정 분류를 나타내거나 특정 정보를 전달하지 않는다. 상품 품목 코드를 정하는 가장 간단한 방법은 000, 001, 002, 003…과 같이 순차적으로 부여하는 것이다.

다) 체크 디지트(Check Digit)

체크 디지트는 GTIN의 마지막(맨 오른쪽) 자리이다. 코드의 다른 모든 숫자로부터 산정되는데, 이를 통해 바코드가 정확하게 판독되었음을, 또는 코드가 올바르게 구성되었음을 확인한다.

라) 물류 식별자(Indicator)

이는 GTIN-14 데이터 구조에서만 사용한다. 1~8은 고정 수량 상품에 사용되며, 9는 가변 수량 상품에 특별히 사용하며(6장, 가변 규격 상품 참고), 0은 코드 자체를 변경하지 않는 자릿수 채움 용도로 사용한다. 물류 식별자를 정하는 가장 간단한 방법은 각 상품 그룹에 1, 2, 3…과 같이 순차적으로 부여하는 것이다.

2) 소형 상품

가) GTIN-8

GTIN-8 식별 코드는 원래 EAN-13이나 UPC-A 바코드를 사용할 수 없는 상품에만 사용하며 개별적으로 요청에 따라 부여한다. 사용자는 GTIN-8 식별 코드의 사용에 앞서(대개는 인쇄업체와 함께) 다음과 같이 GTIN-13식별 코드를 사용할 수 있는 모든 옵션을 고려해야 한다.

- 최소 바코드 인쇄 품질 요건을 충족하면서 심볼로지의 크기를 줄일 수 있는가, 즉 더 낮은 배율로 인쇄할 수 있는가?
- 라벨(개별 부착 여부와 상관없이 전체 인쇄 디자인 표면)을 적절하게 변경할 수 있는가? 인쇄업체가 권장하는 크기의 표준 EAN/UPC 심볼로지를 포함할 수 있어야 한다. 이를테면 라벨을 다시 디자인하거나, 라벨 크기를 늘리거나(특히 기존 라벨

이 포장 면적에 비해 작은 경우) 추가 라벨을 사용할 수 있다.
- 심볼로지의 높이 축소(Truncation)가 가능한가? 길이는 기존과 같으나 높이를 줄인 이 심볼로지는 표준 크기의 심볼로지 인쇄가 불가능할 때만 사용 가능하다. 이렇게 높이를 축소하면 전 방향으로 판독할 수 없다. 과도하게 높이를 축소하면 아예 판독이 불가능할 수도 있다. 따라서 바코드를 인쇄하는 업체는 유통업체와 협의하여 높이 축소에 대한 절충안을 마련하는 것이 좋다.

GTIN-8은 다음과 같은 경우에만 사용할 수 있다.
- 인쇄 품질 분석에 따른 필수 크기의 EAN-13 바코드 심볼로지가 최대 라벨 인쇄면의 25%, 또는 총 인쇄 가능 면적의 12.5%를 초과할 경우
- 인쇄 라벨의 최대 크기가 40㎠ 미만이거나 총 인쇄 가능 면적이 80㎠ 미만일 경우
- 직경이 3cm 미만인 원통형 상품

나) 소형 제품의 GTIN-12
0으로 시작하는 U.P.C. 업체 코드를 사용하여 소형 상품용 UPC-E 심볼로지를 위한 GTIN을 만들 수 있다. 포장지에 다른 심볼로지를 인쇄할 충분한 공간이 없는 경우와 같이 그 필요성이 입증된 경우에 한한다. 이러한 업체 코드를 사용하는 곳에서는 한정된 코드를 신중하게 관리해야 한다.

3) 상품식별 코드 부여 주체
가) 일반원칙
제품의 생산지 및 생산자와 관계없이 제품의 명세를 보유하고 있는 브랜드 소유자가 일차적으로 GTIN을 부여해야 한다. 브랜드 소유자가 GS1 회원 기관(예: 대한상의 유통물류진흥원)에 가입하면 업체 코드를 받는데, 이 코드는 오직 해당 업체에서만 사용 가능하다. 브랜드 소유자는 〈표 5〉와 같다.

나) 예외사항
원산지에서 상품에 GTIN을 부여하지 않았을 경우, 고객의 요구에 의해 수입업체 또는 중간 도매업체가 임시 코드를 할당할 수 있으나 일반적으로 제조업체가 코드를 부여해야 한다. 또는 소매업체가 아직 GTIN이 없는 식별 코드상품에 매장 내에서 사용할 용도로 내부 코드를 부여할 수 있다. 브랜드가 없거나 상표가 없는 상품(유통업체 PB 제외)도 제조업체가 GTIN을 부여할 수 있다. 동일한 상품을 다수

〈표 5〉 브랜드 소유자

제조업체 또는 공급업체	직접 생산하거나 국내외에서 하청 생산한 제품을 자사의 브랜드로 판매하는 제조업체 또는 공급업체
수입업체 또는 도매업체	국내외에서 생산된 제품을 자사의 브랜드로 판매하거나 상품을 변경하여(예: 상품의 포장 변경) 판매하는 수입업체 또는 도매업체
소매유통업체	국내외에서 생산된 제품을 자사의 브랜드로 판매하는 소매유통업체

출처: GS1 표준 사용자 매뉴얼 p14 편집

의 제조업체가 공급하는 경우, 동일한 상품에 각기 다른 GTIN이 부여될 수 있다. 이러한 상품을 취급하는 업체들은 만일의 사태에 대비하여 컴퓨터 프로그램(예: 재고 보충 프로그램)을 조정해야 한다. 양초, 유리컵, 석고보드 등이 여기에 해당된다.

4. 물류 단위의 식별

물류 단위(파렛트 또는 컨테이너)는 공급사슬에서 운송 또는 보관상의 편의를 위해 만들어진 상품의 포장 단위이다. 공급사슬에서 물류 단위의 추적 및 조회는 GS1 시스템의 주요 응용 분야이다. 이를 위해 물류단위식별일련번호(SSCC)라는 표준 식별 코드로 물류 단위를 식별한다. 이 코드는 물류 단위마다 고유하게 부여되어 모든 물류 환경의 응용 사례에 적용된다. 브랜드 소유자가 어떤 품목을 물류 단위뿐 아니라 하나의 상품으로도 간주할 경우 추가적으로 GTIN을 사용하여 식별할 수 있다. GTIN과 일련번호의 조합이 물류 단위를 식별하는 SSCC를 대체해서는 안 된다.

운송업체, 협력업체 등을 포함한 거래 파트너가 모두 SSCC를 판독하고 물류 단위의 종합 명세를 포함하는 전자상거래 메시지를 주고받으며, 이러한 명세 확인을 위해 SSCC를 판독할 때 온라인 파일을 사용한다면 SSCC 이외의 다른 정보는 필요하지 않다. 그러나 이러한 조건이 모두 충족되는 경우는 드물기 때문에 SSCC 이외에 포장 단위와 관련된 정보를 바코드에 표기하여 부착할 수 있다.

각 물류 단위에 고유한 SSCC가 부착되어야 하므로 물류 단위 겉포장에 SSCC를 인코딩한 바코드를 직접 인쇄하는 것보다는 스티커 형태의 라벨에 바코드를 인쇄하여 별도로 부착하는 것이 바람직하다. 물류 단위가 GS1 표준의 '상품'이 될 수도 있으므로 여러 개의 바코드를 하나의 라벨지에 인쇄하는 것이 효율적이다. GS1 본부는 GS1 회원기관을 비롯한 제조업체, 유통업체, 운송업체 등과 함께 바코드 라벨 사용 방법에 관한 자발적인 표준을 개발했다. GS1 물류라벨 SSCC, 그리고 물류단위에 SSCC를 적용하는 것은 GS1 물류라벨에서 가

[그림 4] SSCC 데이터 구조

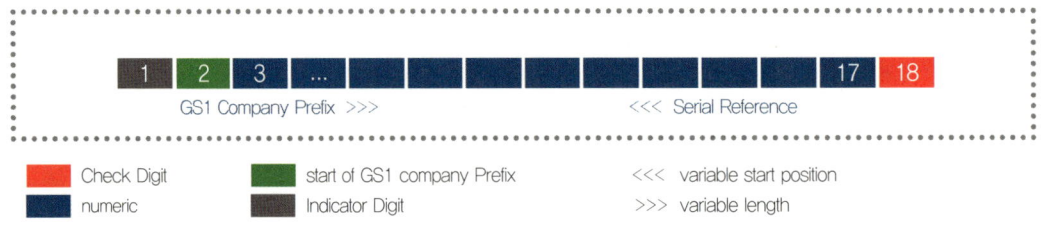

출처: GS1 표준 사용자 매뉴얼 p40

<표 6> SSCC 데이터 구조 설명

확장자 (Extension Digit)	SSCC의 수용력을 늘리는 데 사용하며 SSCC를 할당하는 업체가 직접 부여
업체 코드 (GS1 Company Prefix)	GS1 회원기관(대한상의 유통물류진흥원)이 물류 단위를 취급하는 시스템 사용자에게 부여하는 코드로, 전 세계적으로 유일하나 물류 단위 내 개별상품을 식별하지는 않음
일련번호 (Serial Reference)	GS1 업체 코드를 받은 기업이 물류 단위마다 부여하는 번호로, 0000000, 0000001, 0000002와 같이 모든 물류 단위에 순차적으로 부여하는 것이 가장 간편함

출처: GS1 표준 사용자 매뉴얼 p40 편집

장 중요한 요소이다.

1) SSCC[2]

SSCC는 상품의 동일성 여부와 상관없이 모든 물류 단위를 식별한다. SSCC로 생산 공장을 구별하려는 업체는 SSCC의 일부를 생산 공장별로 지정할 수 있다. 또한 SSCC는 발송통지서(Despatch Advice) 또는 납품증(Delivery Note)과 기타 모든 운송 관련 문서에 명기된다.(그림4, 표6)

2) 물류 라벨

가) 정보 표기

물류 라벨에 표기되는 정보는 두 가지 형태가 있다. 하나는 HRI(육안판독용문자, Human Readable Interpretation), 비 HRI 문자 및 그래픽으로 구성되어 육안으로 식별할 수 있는 정보이며, 다른 하나는 기계에서 데이터를 수집하기 위한 정보인 바코드이다. 정보를 제공하는 두 가지 방법 모두 물류 라벨에 가치를 제공하며 동일한 라벨에 표기된다.

기계가 판독할 수 있는 심볼로지인 바코드는 정형 데이터를 전달하는 안전하고 효율적인 방법이다. 이와 달리 HRI, 비 HRI 텍스트 및 그래픽은 공급사슬의 어느 지점에서나 기본적인 정보를 확인할 수 있게 해준다.

나) 빌딩 블록

GS1 물류라벨에서는 기계와 사람의 판독을 위해 전달되는 데이터의 유형이 구분된다. 이를 위해 데이터를 3가지 빌딩 블록으로 나타낼 수 있다.

- '자유 형식' 빌딩 블록은 비 HRI 텍스트 및 그래픽을 포함할 수 있다.
- '데이터 표제를 포함한 비 HRI 텍스트' 빌딩 블록은 AI가 아닌 데이터 표제를 사용하여 바코드에 수록된 정보를 나타내는 비 HRI 텍스트이다. 바코드에 수록되지 않은 추가 정보(가급적 데이터 표제 포함)도 나타낼 수 있다.
- '바코드 및 HRI' 빌딩 블록은 바코드와 HRI를 포함한다.

다) 세그먼트

---

2) SSCC: Serial Shipping Container Code 물류(운송 및 저장) 단위를 고유하게 식별하는 데 사용되는 번호

[그림 5] 라벨 세그먼트 분할의 예

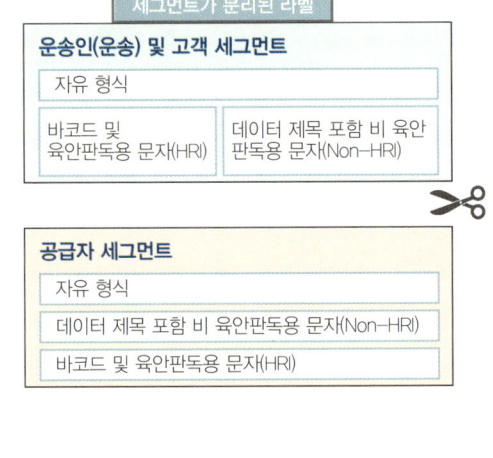

출처: GS1 물류라벨 활용 가이드 vol.8 p12

〈표 7〉 주체별 라벨 세그먼트

공급자 세그먼트	• 라벨의 공급자 세그먼트에는 공급자가 포장을 하는 시점에서 일반적으로 알려져 있는 정보 • SSCC는 여기서 해당 물류단위의 식별자로 적용되며, GTIN이 사용될 경우 • 공급자에게 필요하지만 고객과 운송인에게 유용할 수 있는 정보 • 제품 품종, 생산일자, 포장일자, 유효기한, 권장기간 등의 일자, 로트 · 배치(Batch) · 일련번호 등 제품 관련 정보
고객 세그먼트	• 라벨의 고객 세그먼트에는 공급자가 주문을 받고 주문을 처리하는 시점에서 일반적으로 알려져 있는 정보 • 목적지, 주문번호, 고객 지정경로, 취급 정보 등 • 복수의 물류단위가 모여 한 고객 앞으로 한 발송통지서 또는 선하증권(BOL, Bill of Loading) 하에서 운송된다면 GSIN, AI(402)도 이 고객 세그먼트에 적용
운송인(운송) 세그먼트	• 라벨의 운송인(운송) 세그먼트에는 선적 시점에 일반적으로 알려져 있고 운송과 관련된 정보 • 우편번호[AI (420)], 국제화물식별번호[AI 401)], 운송인 지정경로, 취급 정보 등이 여기에 속함

출처: GS1 물류라벨 활용 가이드 vol.8 p12 편집

라벨에 수록되는 정보는 여러 단계에서 이용 가능하다. 또한 물류 단위의 수명주기 중에 일부 정보를 대체해야 하는 경우도 있다. 이를 위해 라벨을 여러 세그먼트로 나누는 방법이 있다. 세그먼트는 특정 시점에 제공되는 정보를 논리적으로 그룹화한 것이다. GS1 물류 라벨에는 최대 3개의 라벨 세그먼트를 둘 수 있는데, 각 세그먼트가 하나의 정보 그룹을 나타낸다.(표7)

일반적으로 세그먼트의 순서는 위쪽부터 운송업체, 유통업체(고객), 제조업체(공급자)이다. 그러나 이 순서와 하향식 · 상향식 배열은 물류 단위의 규모 및 해당 비즈니스 프로세스에 따라 달라질 수 있다.([그림 5] 예시 출처)

<표 8> 물류 라벨의 크기

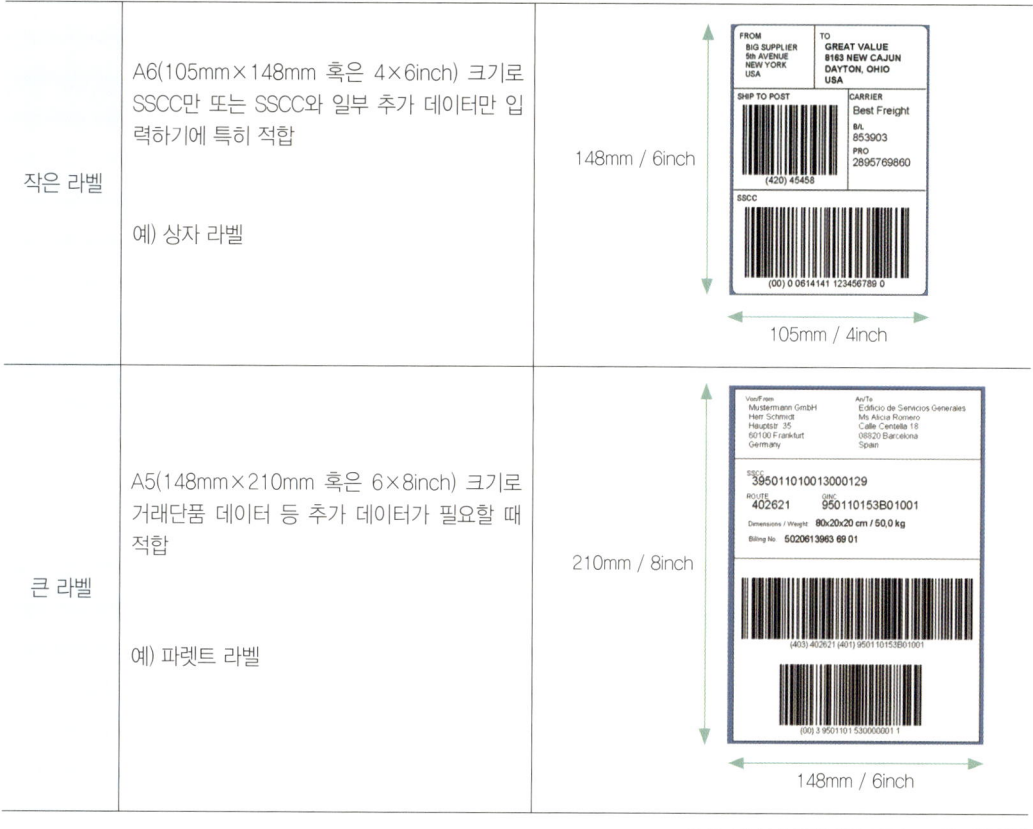

작은 라벨	A6(105mm×148mm 혹은 4×6inch) 크기로 SSCC만 또는 SSCC와 일부 추가 데이터만 입력하기에 특히 적합 예) 상자 라벨	
큰 라벨	A5(148mm×210mm 혹은 6×8inch) 크기로 거래단품 데이터 등 추가 데이터가 필요할 때 적합 예) 파렛트 라벨	

출처: GS1 물류라벨 활용 가이드 vol.8 p30 편집

3) 물류 라벨의 크기 및 위치

가) 물류 라벨의 크기

라벨의 실제 크기는 라벨 발행인이 결정하지만 라벨의 크기는 라벨의 데이터 요건에 부합해야 한다. 라벨 크기를 좌우하는 요소로는 필요한 데이터의 양, 내용, 사용된 바코드의 X-dimension, 라벨이 부착될 물류단위의 크기 등이 있다. <표 8>의 물류 라벨 중 한 가지를 이용하면 GS1 물류 라벨 사용자의 사업상 요구사항은 대부분 충족할 수 있다.

나) 물류 라벨 부착 위치

① 대형 물류단위(파렛트, 롤케이지 등)의 라벨 부착 위치

바코드는 파렛트의 하단을 기준으로 400mm~800mm의 높이에 있고 수직 가장자리로부터 50mm 이상 떨어지도록 부착해야 한다.(그림6)

---

3 판지상자·겉상자 라벨에는 같은 가이드라인이 적용된다. 판지상자·겉상자 라벨과 물류 라벨을 모두 상자에 부착해야 하는 상황이라면, GS1 물류 라벨을 판지상자·겉상자 라벨의 왼쪽에 두어 판지상자·겉상자 라벨의 정보가 보이게 하는 것이 좋다.

[그림 6] 바코드 부착 방법 (파렛트)

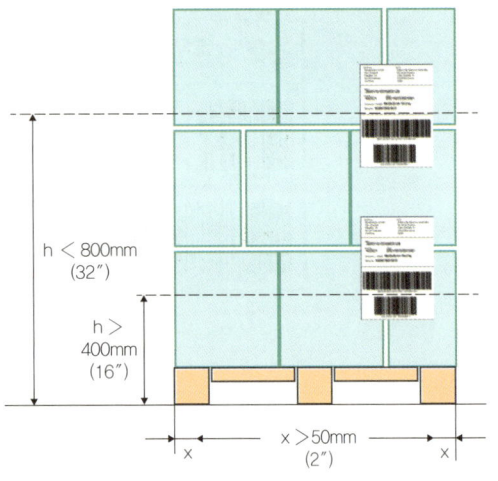

출처: GS1 표준 사용자 매뉴얼 p44

[그림 8] 독립된 물류단위인 적층 파렛트

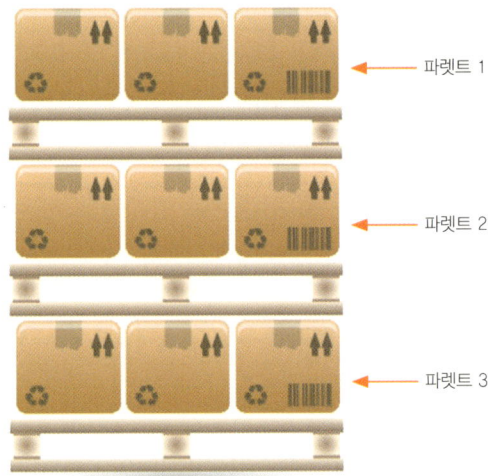

출처: GS1 물류라벨 활용 가이드 vol.8 p33

[그림 7] 상자의 라벨 위치

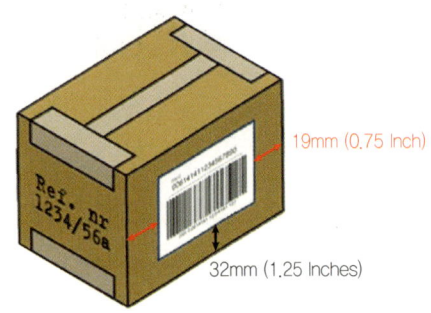

출처: GS1 물류 라벨 활용가이드 vol.8 p33

[그림 9] 단일 물류단위로 합쳐진 적층 파렛트

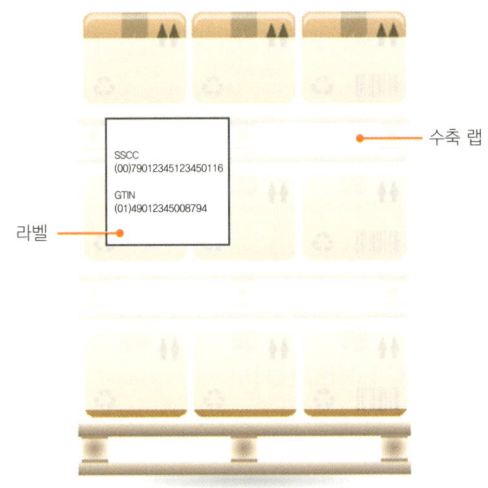

출처: GS1 물류라벨 활용 가이드 vol.8 p34

② 작은 물류단위(소화물 등)의 라벨 부착위치[3]

판지상자와 겉상자의 경우, 심벌 위치는 현장에서 조금씩 달라지지만 바코드 하단이 품목의 기단부로부터 32mm 높이에 위치해야 한다. 여백이 있는 심벌은 수직 모서리에서 19mm 이상 떨어뜨려 손상을 피해야 한다. 그리고, 물류 단위마다 라벨이 적어도 한 개는 있어야 한다.(그림7)

③ 적층 파렛트의 라벨 부착위치

샌드위치 파렛트라고도 하는 적층 파렛트는 선적 목적으로 쌓아 올린 파렛트의 집합을 말한다. 파렛트를 위로 쌓아 올린다면(그림8) 각 파렛트는 독립된 물류단위로 간주해 파렛트마다 고유한 SSCC로 식별해야 한다.

위로 쌓아 올린 파렛트가 한 단위로 출하되고 수축 랩이나 끈 등으로 한 데 묶인다면(그림 9), 그 파렛트 집단은 한 물류단위로 간주해 별도 SSCC를 부여해야 한다.

5. 위치 식별 및 바코드

국제위치코드(GLN)는 물리적 위치와 법률적 실체를 고유하고 명확하게 식별하는 데 사용된다. 하나의 거래에 제조업체(공급자), 유통업체(고객), 물류업체를 비롯하여 다수의 기업이 참여하며, 각 기업에서 하나 이상의 부서가 관련된다. 거래 파트너는 이 거래 관계와 관련된 모든 위치를 각자의 파일에서 식별할 필요가 있다. GLN은 GTIN-13과 같은 데이터 구조를 사용하며, 숫자 자체는 아무런 의미를 담고 있지 않다. 또한, GTIN-13과 GLN의 용도가 서로 다르므로 같은 숫자를 사용하더라도 혼선을 빚지 않는다.(그림10)

6. GS1 전자 데이터 교환

기업에서는 매일 엄청난 양의 종이 문서를 생산하고 처리하고 있다. 주문서, 송장, 상품 카탈로그, 판매 보고서와 같은 문서들은 상거래에서 제품을 처리하고 운송하며 추적하는 데 중요한 정보를 제공한다. 전자상거래, 즉 eCom[4]은 상품 관련 정보를 한 기업의 컴퓨터

[그림 10] GLN 데이터 구조

출처: GS1 표준 사용자 매뉴얼 p45

---

4) eCom: 합의된 메시지 표준에 따라 하나의 컴퓨터 시스템에서 생성된 정형화된 데이터를 다른 시스템으로 전자적 수단을 이용하여 전송하는 것

시스템에서 다른 기업의 시스템으로 자동으로 전송하는 효율적인 비즈니스 기법이다.

eCom을 사용함으로써 예전에는 기업들 간에 종이 문서로 주고받았던 모든 자료가 컴퓨터 응용프로그램을 활용한 전자 문서로 대체되고 있다. 이러한 전송은 무역 거래와 함께 상거래, 물류, 재무에 중요한 영향을 미친다. 모든 조직에 있어 eCom의 성공적인 도입은 고위 경영진뿐 아니라 다양한 실무 관리자까지 참여하는 다분야 프로젝트가 될 것이다. 또한 기업 정책과 절차가 검증되어야 하며, 기존의 직무별 절차가 수정되거나 새로운 상거래 관계가 형성되어 관리될 수도 있다. 이러한 시스템에서는 사내에서, 그리고 거래 파트너 간에 좀 더 효과적으로 정보를 사용하고 공유함으로써 정보에 근거한 더 유익하고 신뢰할 만한 상호 관계를 발전시키는 것이 관건이다.

GS1 시스템에서는 EANCOM과 XML 2가지 주요 영역에서 eCom을 표준화한다.

EANCOM은 UN/EDIFACT 표준 메시지에 대한 상세한 실행 가이드라인이다. 이는 모든 데이터 필드의 사용법에 관한 명확한 정의 및 설명이 포함된 비즈니스 메시지로 구성된다. 거래 파트너는 EANCOM®을 활용하여 쉽고 정확하며 경제적인 방식으로 상거래 문서를 주고받을 수 있다. 거래의 여러 단계별로 모든 비즈니스 요구사항을 해결할 수 있도록 다양한 메시지 유형이 제공된다.

- 마스터 데이터 메시지는 이해관계자와 제품을 설명한다.
- 상거래는 거래 주기의 논리적 순서에 따라 주문에서 시작하여 출금통지서나 입금통지 서로 끝난다.
- 보고 및 계획 메시지는 거래 활동에서 거래 파트너에게 정보를 전달하거나 미래의 요구사항에 대비하여 계획을 세우는 데 사용되며, 이를 통해 공급사슬을 간소화할 수 있다.
- 일반 메시지는 하나 이상의 주소에 일반적인 업무 지원 정보를 전달하는 데 사용한다.
- EANCOM®은 표준 메시지의 모음에 국한되지 않는다. 두 거래 파트너가 자의적으로 합의한 코드가 아니라 GS1 국제 식별 코드를 사용하는 것을 기반으로 한다. GS1 식별 코드를 사용하므로 향후 발생할 거래 관계에 있어서도 업무 프로세스를 단순화할 수 있다.

제5절 철도화차 표준화

1. 철도화물운송과 유닛로드시스템

1) 철도화물운송의 특성

가) 복합운송

철도화물운송은 물류의 문전수송이 이루어지는 전 과정(Door to Door 서비스) 중 역간(Station to Station) 운송만 담당하므로 필연적으로 역간 운송의 양 끝단을 담당하는 타 운송수단과의 연결효율성을 중시하지 않을 수 없다. 이러한 타 운송수단과의 연결을 포함하는 복합운송의 경쟁력은 효율적인 연결을 가능하게 하는 유닛로드시스템(Unit Load System)의 정착이라고 할 수 있다.

① 철도·도로 간 복합운송

철도운송의 양 끝단을 대부분 담당하는 도로운송이 철도와 가장 많이 일어나는 복합운송 수단이라고 할 수 있다. 파렛트, 컨테이너와 같은 유닛로드시스템 및 이를 운송하는 트럭, 철도화차의 발전이 양 수단 간의 복합운송을 촉진 시켰다고 할 수 있는데, 이를 가능하게 한 수단들은 도로운송을 담당하는 트럭인 로리(Lorry), 컨테이너, 스왑 바디(Swap Body), 세미 트레일러(Semi-Trailer), 복합운송이 이루어지는 터미널, 컨테이너 고정시스템을 갖춘 철도의 평판 화차, 롤링 로드(Rolling Road, 트럭운전자 탑승 철도의 트럭수송, 유럽의 경우)이다.

② 철도·해운 간 복합운송

철도와 해운 간 복합운송을 가능하게 하는 곳은 항만에 접안 선로를 갖춘 경우이다. 국제운송이 빈번히 이루어지는 대형 항만들이 여기에 해당한다고 할 수 있다. 부산항 제8부두, 부산신항 북컨테이너 부두 등을 예로 들 수 있다. 양 운송수단 간 복합운송을 가능하게 한 수단들은 선박(장거리 운송의 경우 ISO 표준에 맞는 해양 컨테이너만을 수송, 근거리 운송의 경우에는 스왑 바디나 세미 트레일러도 운송), 컨테이너(다단 적재가 가능하고 해상 컨테이너의 길이는 20피트 및 40피트로 표준화되어 있음), 철도의 컨테이너 고정시스템을 갖춘 평판화차, 항만 터미널(보통 항구 내에 존재하고 철도화차가 움직이는 선로를 갖춤)이다.

③ 철도 · 항공간 복합운송

아직 활성화되어 있는 복합운송형태라고 말하기에는 이르나, 항공화물의 증가와 항공화물의 국내운송독점권이 확대되고 있고 도로운송이 이를 다 소화할 수 없게 되면서 항공화물의 철도운송이 고려되고 있다. 특히 도로 혼잡 등으로 공항의 화물센터와 유통 플랫폼(Platform, 기지) 사이를 연결하는 데 철도운송이 대안으로 제시되고 있다.

나) 차량과 선로시스템 간 정합성

철도운행은 또한 고정된 선로 위를 철도차량이 달린다는 점에서 도로운송에 비해 철도차량의 자유도가 적고 선로시스템에 의해 차량운행이 많은 제약을 받는다. 따라서 철도운송은 철도차량과 선로시스템 간 정합성 확보를 전제로 하고 있다.

국제교류가 활발한 오늘날 이웃 국가와의 철도운송 연계는 초미의 관심사가 되고 있다. 유럽의 경우 유럽통합을 지향하면서 각 국가가 갖고 있는 다양한 철도시스템을 효율적으로 연계하기 위한 기술표준을 설정하고 있다(TSI: Technical Specifications for Interoperability). 우리의 경우도 남북, 중국, 러시아, 유럽과의 철도연계가 주요 과제로 떠오르면서 효율적인 연계수단의 개발이 관심사가 되고 있다.

① 철도운송시스템

앞서 언급한 바와 같이 고정된 선로 위를 철도차량이 달린다는 점에서 철도운송시스템은 철도차량과 선로시스템 간 정합성 확보를 전제로 하고 있다. 철도운송시스템을 구성하는 요소는 철도차량, 선로와 같은 기반시설, 선로 위의 열차 움직임을 통제하는 제어, 사령 및 신호(CCS: Control, Command and Signaling), 정보기술 등이라고 할 수 있다.(A Global Vision for Railway Development, 2015, IRRB, UIC)

철도차량은 일련의 연결기로 서로 연결된 형태로 운행되는데, 열차의 추진력은 전기, 디젤, 전기 디젤 겸용, 자기장(자기부상열차의 경우), 가스 등에서 얻는다. 철도차량은 선로 위를 달려야 하기 때문에 선로를 포함한 인프라(터널, 교량 등)의 특성으로 인해 차량의 최대 높이, 폭, 적재 중량 등의 차량한계(Loading Gauge)를 갖게 된다.

선로는 철도차량만 운행된다는 점에서 전용선로(Right-of-Way)의 성격을 갖게 되고, 선로의 레일궤간[1]은 표준궤(1,435mm), 광궤(1,520/1,600/1,668/1,676mm), 협궤(600/762/ 914/ 1,000/1,067/1,372mm)로 구분된다.

② 국가 간 운송시스템의 차이

철도운송시스템이 이웃 국가 간에 차이가 나는 이유로는 각 국가가 처한 경제적인 이유, 지

---

[1] 레일궤간은 한 선로를 구성하는 두 레일의 안측 간 거리임.

<표 1> 한국·북한·중국·러시아 철도화물시스템 비교

		한국	북한	중국	러시아
선로 궤간(mm)		1435	1435	1435	1520
전차선 전압(kV)		25(AC)	3(DC)	25(AC)	25(AC), 3(DC)
신호시스템		ETCS L1, L2	Block tablet	CTCS L3 (ETCS L2)	KLUB-U (ETCS L2)
연결기	높이	880~830mm	890~835mm	880mm	1,050~950mm
	유형	AAR	AAR	AAR	CA-3
제동시스템		P4a KRF-3 System	N.A.	Type 120, 120-1	GOST No.483
화물열차조성(차량)		25	35	50	70~140
내한성		-35℃	-	-50℃	-62℃
최고 속도(km/h)		120	40	110	90
최대 축중(톤)		22	16.8	23	23.5

출처: Technology Development to Improve the Eurasian Freight Transportation in KOREA, 2017, KRRI

리적 특수성, 특정 정치적 이념 등을 들 수 있다. 철도의 기술적 특성을 어느 정도 유지하면서도 자신이 처한 환경에 따라 고유의 철도시스템과 인프라를 개발하여왔다고 할 수 있다. 대표적인 것으로 궤간 차이를 들 수 있는데, 표준궤, 협궤, 광궤의 채택이 이웃 국가 간에 다른 것을 들 수 있다. 우리나라와 중국은 표준궤, 러시아는 광궤를 채택하고 있다.(표1)

그러나 오늘날 국제 무역의 활성화가 공통의 지향이 되고 있는 현실에선 이러한 국가 간의 철도운송시스템의 차이를 극복하여 상호운영가능성(Interoperability)을 높이려는 노력들이 이루어지고 있다. 이러한 목표를 달성하기 위한 노력으로 우리나라에서 동북아 공동화차 개발이 시도되고 있는데, 한국철도기술연구원(이하 철도연 또는 KRRI)이 개발하였거나 개발 중인 장치로서 표준궤와 광궤에서 모두 열차가 달릴 수 있게 하는 철도차량의 궤간가변대차, 화물차량 연결기의 차이를 극복하는 다형상 가변형 연결기, 장대 편성 열차의 제동장치 등을 들 수 있다. 이하에서는 궤간가변대차와 가변형 연결기에 대해 소개한다.

㉮ 궤간가변대차

한국, 북한, 중국, 유럽의 선로 궤도 폭은 표준궤간인 1,435mm이나 러시아, 몽골, 중앙아시아의 궤도 폭은 광궤로 1,520mm이다. 따라서 표준궤간을 달리는 우리나라 열차가 궤도폭이 다른 광궤 구간을 바로 운행할 수는 없게 된다. 이를 극복하기 위한 시도로 철도연은 표준궤와 광궤를 오갈 수 있는 궤간가변대차를 개발하였다. 철도차량이 표준궤에서 광궤로 넘어갈 때는 차축이 1,435mm에서 1,520mm로 증대되고, 반대로 광궤에서 표준궤로 넘어올 때는 차축이 1,520mm에서 1,435mm로 수축된다.(그림1, 그림2)

[그림 1] 궤간가변대차 측면 및 앞면

출처: "철도연, 유라시아로 가는 첫 단추를 꿰다!", KRRI, 2014.3.28. 보도자료

[그림 2] 표준궤와 광궤를 달릴 때의 대차

표준궤(1,435mm)를 달릴 때 대차 | 광궤(1,520mm)를 달릴 때 대차

출처: "철도연, 유라시아로 가는 첫 단추를 꿰다!", KRRI, 2014.3.28. 보도자료

우리의 철도차량이 궤간가변대차를 장착하고 러시아 철도를 달리면 운송시간 단축으로 인해 철도가 취급하는 20피트, 40피트 표준컨테이너의 활용이 증대될 것이다. 러시아 철도입장에서는 자신의 철도망이 타국의 철도망보다 월등히 길기 때문에 자신의 철도차량에 궤간가변장치를 장착할 유인이 적다고 보면 러시아 철도가 취급하는 국제표준이 아닌 45피트 컨테이너의 국제 활용은 증가 되지 않을 것이다.

궤간가변대차는 280km/h 동특성 시험을 성공리에 마쳤고, 영하 80℃ 내한성도 통과하였으며, 궤간가변장치의 핵심부품인 잠금장치의 무게를 기존보다 40% 줄이고, 부품수도 절반으로 줄여 고속화, 장거리운행, 유지보수성도 대폭 향상되었다(KRRI, 2014.3.28. 보도자료).

현재 궤간가변대차 기술은 국제기준(UIC-510-4)에 부합하는 반복시험 500회를 성공적으로 수행하였고, 국제공인기관(TÜV Rheinland)의 인증도 받음으로써 실용화에 대한 모든 준비를 마쳤다. 철도연은 러시아연방철도연구원(RRRI: All Russian Railroad Research Institute)과 협력연구를 통해 관련

기술에 대한 러시아 인증을 획득하고, 향후 궤간가변대차 기술이 고속열차에도 적용될 수 있도록 상용화를 위한 연구개발을 지속할 계획이다.(과학기술정보통신부, "남북철도를 넘어 대륙철도 연결을 위한 철도과학기술 시동", 2019. 12. 6 보도자료)

㉯ 가변 연결기

현재 한국, 북한, 중국은 철도화물차량을 연결하는 데 AAR[2] 연결기를 사용하고 있고, 러시아는 CA-3 연결기를 사용하고 있다. AAR 연결기와 CA-3 연결기는 형상이 달라 바로 연결될 수 없다. 중간에 어댑터를 사용하여 양 연결기를 연결하고 있는 실정이다.(표2)

중국과 러시아 간에는 연결기가 다른 화차들을 연결하기 위하여 어댑터(Adaptor)가 사용되고 있는데, 국경을 통과하는 화물열차를 연결하기 위해 연결기에 사용할 어댑터를 따로 준비한다는 것은 하나의 연결기로 화물열차 차량을 연결하는 것보다 비효율적이라고 할 수 있

다. 철도연은 AAR 연결기와 CA-3 연결기는 형상이 달라 직결이 불가능하기 때문에 AAR 연결기의 파괴강도, 인장강도, 단면수축률 등의 성능조건을 만족하면서 동시에 CA-3 연결기의 성능조건을 명시한 GOST[3] 규정을 만족시키는 가변형 연결기를 개발하고 있다.(표3)

내한성 영하 50℃, 50개 화차를 연결하는 장대화물열차에서도 견딜 수 있는 강도와 한·중·러 철도차량용품의 기술기준을 충족하기 위해 몰리브덴, 바나듐, 니켈 등의 비율을 조정

[그림 3] 시험 중인 가변연결기

출처: "철도연, 동아시아 철도공동체를 위한 동북아 공동화차 개발", KRRI, 2019. 9. 24 보도자료

〈표 2〉 AAR 연결기와 CA-3 연결기

	AAR 연결기	CA-3 연결기
형 상		
주요국가	한국, 북한, 중국, 미국	러시아, 몽골, CIS국가
관련규정	AAR	GOST

출처: "철도연, 남북·대륙철도를 연결하는 화물열차 가변연결기 개발", KRRI, 2019. 8. 27 보도자료

---

2) AAR: The Association of American Railroads
3) GOST: 러시아어의 약자로 governmental standard의 뜻. 구소련연방의 국가적 표준화전략의 일환으로 개발된 표준들을 뜻함

〈표 3〉 가변형 연결기와 연결기 어댑터

	가변형 연결기	연결기 어댑터
형 상		
설 명	한국 화차에 장착하여 러시아 / 중국 화차와 연결	러시아 화차와 중국 화차 연결시 활용되는 연결기 어댑터

출처: "철도연, 남북·대륙철도를 연결하는 화물열차 가변연결기 개발", KRRI, 2019. 8. 27 보도자료

하여 기계적 화학적 성질을 만족하는 공용재질을 개발, 이를 적용한 가변연결기 성능시험이 2019년에 언론에 공개되었다.(표4)

2) 유닛로드시스템의 영역

철도화물운송은 역간 운송으로, 물류의 흐름에서 대부분 타 운송수단의 연계가 필요하기 때문에 복합운송일 수밖에 없다. 따라서 철도화물운송의 성장은 타 운송수단과의 효율적인 연계에 달려있고, 연계효율성을 좌우하는 파렛트, 컨테이너와 같은 유닛로드시스템의 중요성을 인식하고 있다고 볼 수 있다.

미국철도협회 AAR(Association of American Railroad)은 미국에서 안전하고 신뢰성 있으며 가성비 높은 수송수단 간 철도복합운송이 발달하게 된 계기로 컨테이너 2단적재 수송, 터미널의 최신기술에 대한 투자, 도로운송 트럭을 그대로 실어 운반하는 피기백킹(Piggy-backing) 등을 들고 있다.

가) 파렛트

철도화물운송에서 파렛트 화물이 차지하는 중요성은 매우 크다고 할 수 있음에도 불구하고 우리의 경우 철도화물운송에서 유개화차로 운반되는 파렛트 화물운송이 차지하는 부분은 주요 통계에도 잡히지 않을 만큼 미미한 실정이다. 2019년 말 현재 철도화차는 총 10,359량이며, 이중 파렛트 화물을 수송할 수 있는 유개차는 914량, 평판차는 3,155량이다. 평판차는 주로 컨테이너를 운송하는 차량이 대부분이다(철도통계연보 2019).

1972년 9월 컨테이너 화물운송이 처음 시작되었음에도 불구하고 파렛트 화물을 수용하기 위한 철도화차 신규개발은 1998년 7월에서야 이루어졌다. 이후 파렛트 화물을 운송하기 위한 유개화차의 개선은 계속되고 있는데, 2020년 현재 한국철도공사 홈페이지에는 파렛트 화물을 수용하기 위한 최근의 화차개발 실적이 소개되고 있다.

나) 컨테이너

컨테이너 운송의 시초는 1952년 미국 알래스카 증기선 사(Alaska Steamship Company)가 배에 적재할 수 있는 컨테이너를 만들어 군함을 개조한 선박에 운송한 때로 알려져 있다. 그러나 표준화된 컨테이너 운송은 주지하는 바

[그림 4] 파렛트 운송용 화차 운행 개시

출처: "사진으로 본 한국철도100년", 53쪽, 한국철도, 1999년

와 같이 1956년 시랜드 사(Sea-Land)의 맬콤 맥린(Malcom McLean)이 해운선사, 철도화물 운송업체, 트럭운송사업자와 같이 만든 공동표준컨테이너의 운송이 시작이다. 현재 컨테이너 적재는 개별 화물취급의 필요성을 거의 제거함으로써 적재비용과 인도시간을 획기적으로 줄이고 있다.

또한, 초기 철도의 컨테이너 운송은 단일 화물열차가 적재할 수 있는 화물의 양이 한정적이라고 할 수 있었다. 그러나 1980년에 이르러서는 미국을 관통하는 철도에 의한 컨테이너 2단적재(Double Stack) 운송이 이루어졌고, 이로 인해 단일 화물열차가 수백 대의 트럭과 맞먹는 물량을 운송할 수 있게 되었다. 컨테이너 2단 적재 운송이 가능하도록 철도화물운송사업자는 14만 마일 화물철도망의 건축한계(Clearances)를 높이고, 터널을 개량하고 선로를 강화하여 오고 있다.

우리의 경우 철도 컨테이너 화물운송은 1972년 9월 처음 이루어졌다. 용산역과 부산진역 간에 하루 2개 열차를 투입하였다. 그 후 컨테이너 화물운송은 하루 편도 66회 열차를 투입할 정도로 철도화물운송에서 중요한 부분으로 성장하였다.(철도통계연보 2018 열차종별 운행회수) 또한 최근에는 컨테이너 2단적재 운송에 대한 연구도 진행되었다.(한국철도기술연구원. 보도자료 2017. 4. 14. 철도연, 고용량 이단적재 화물열차 국내 최초 개발)

다) 화차

한국철도표준규격(KRS)에는 철도화차 관련 7종의 표준이 있는데, 이 중 6종이 화차의 제동장치와 용접대차에 관한 표준으로, 유닛로드시스템과 연관성 있는 표준은 없는 실정이다.

화차(貨車)는 화물 수송에 관련된 모든 철도차량을 의미하며, 구조에 따라 크게 4가지로 분류된다(출처: 성신RST(www.ssrst.com)/사업소개/차량소개/).

△조차 : 밀폐구조로 적재실이 설계되어 주로 액상이나 분말상의 화학약품, 각종 유류, 물 등의 액체나, 시멘트와 같은 분말을 별도 포장 없이 수송할 때 사용한다.

〈표 4〉 한국철도공사 철도화물차량

유개차			일반 평판차		
사용처	비료, 양곡 등 운송		사용처	기계, 장비 등 운송	
하중	50톤		하중	50톤	
일반 무개차			컨테이너차		
사용처	무연탄, 광석 운송		사용처	컨테이너 운송	
하중	50톤		하중	50톤	
자갈차			자동차 수송차		
사용처	광석, 자갈 등 운송		사용처	자동차 운송	
하중	50톤		하중	10대	
조차			열연코일차		
사용처	유류, 황산 등 운송		사용처	강판 운송	
하중	50톤		하중	50톤	
홉파형 무개차			벌크양회조차		
사용처	무연탄, 광석 운송		사용처	벌크 시멘트 운송	
하중	50톤		하중	50톤	
차장차			곡형 평판차		
사용처	차장 및 호송인 탑승		사용처	특수화물 운송	
하중	50m²		하중	50~165톤	
냉연코일차					
사용처	냉연코일 강판 수송				
하중	50톤				

출처: http://info.korail.com/물류사업본부소개/수송자원

<표 5> 주요 화차의 제원

구분	자중 (톤)	하중 (톤)	용적 (m³)	차체 길이 (mm)	차체 최대폭 (mm)	차체 최대높이 (mm)	차륜경 (mm)	연결기 높이 (mm)
컨테이너형 유개차	24.5	50	75	12,500	2,579	3,942	Φ860	880
곡물차	23.3	42	61	13,040	3,000	3,942	Φ860	880
일반유조차	21.0	51	54	11,090	2,936	4,446	Φ860	880
냉동컨테이너차	19.5	48	75	12,590	2,579	3,949	Φ860	880
컨테이너 수송차								
70101~70300	17.5	50	–	12,500	2,332	1,065	Φ860	880
975001~975050	20.7	56.5	–	18,660	2,579	1,065	Φ860	880
770001~770075	22.0	54.5	–	18,660	2,579	1,065	Φ860	880

출처: 교통체계효율화사업-철도물류활성화 DMT 수송시스템-기획보고서 23쪽 정리

△유개차 : 박스형의 구조로 적재실이 설계되어 있고, 양 측면으로 문이 설치되어 있으며, 상부에 지붕이 있어 비에 젖지 않게 화물을 적재할 수 있는 화차를 말한다.

△무개차 : 벽체와 바닥만 있어 위가 트여있는 화차를 말한다. 적재가 비교적 용이하고, 구조가 간단하여 광물이나 금속류, 목재, 고철 같은 원자재, 기타 비에 젖어도 상관없는 잡화를 적재하는 데 사용한다.

△평판차 : 바닥판만 있는 화차를 말한다. 목재나 레일, 강관과 같은 긴 화물, 철판 코일, 자동차 등 차량, 컨테이너, 기계류와 같은 크기가 큰 화물을 적재하는 데 사용한다.

현재 한국철도공사 물류사업본부가 사용하고 있는 철도화물차량은 비료, 양곡 등을 운송하는 유개차, 무연탄, 광석을 운송하는 일반무개차, 광석, 자갈을 운송하는 자갈차, 기계, 장비 등을 운송하는 일반평판차, 컨테이너만을 운송하는 컨테이너 차, 자동차를 운송하는 자동차수송차, 유류, 황산을 운송하는 조차, 무연탄, 광석을 운송하는 홉파형 무개차, 차장, 호송인이 탑승하는 차장차, 강판을 운송하는 열연코일차, 벌크시멘트를 운송하는 벌크양회조차, 대형 중량의 특수화물을 운송하는 곡형평판차, 냉연코일을 운송하는 냉연코일차이다.(표4)

이들 철도화물차량의 제원은 <표 5>와 같다.

철도화차 중 유닛로드시스템과 밀접한 관련이 있다고 판단되는 파렛트 화물운반 유개차와 컨테이너 차, 컨테이너 2단 적재 열차에 대하여 살펴보기로 한다.

① 파렛트 화물 수송열차

파렛트 화물 수송열차는 덮개가 있는 유개화차(그림5)로 구성되는데, 1998년 7월 처음 도입되었다. 그 후 파렛트 화물취급의 용이성을 증대시키기 위한 화차규격의 표준화가 논의되었는데, 최근에 개량된 파렛트 화물 수송 유개화차의 특징은 다음과 같다.

△파렛트 화물의 증가에 대비하여 일관운송

[그림 5] 파렛트화물 수송 유개화차

출처: YouTube, 철도화차 차량소개, 가야역 중 한 컷

〈표 6〉 파렛트 전용 유개화차의 제원

구 분	내 용
적재 하중	48톤
적재 수량	표준 파렛트 12매 ×2열 ×2단 = 48매
적용 규격	T-11형(1,100×1,100), 1,000×1,200, 1,100×1,300
적용 화물	합성수지, 비료, 시멘트 등 파렛트화된 화물
Door 동시 열림 차수	4,600mm(길이), 2,700mm(높이) 4 ×2 ×2 = 2매
측문 수량	SLIDING DOOR 6개(한쪽) ×2(양쪽) = 12개/량당

출처: www.bn-bipex.com/육상운송사업/국내철도운송

이 가능하고, 지게차 등 기계화 하역작업이 가능하도록 화차 양 측면을 완전히 개방하였고, 화물의 생산 공장에서 최종소비처까지 일관운송이 가능하다.

△화차 양측변의 문의 높이는 2.76m로, 파렛트 화물의 2단 적재에 충분하고, 일관운송용 표준파렛트(T-11형)를 48개 적재할 수 있다. 화차 1량 하역시간이 인력으로 적하할 경우 4인이 3.5시간 걸리던 것을 지게차 1대로 1시간 이내에 할 수 있다.(출처: 한국철도공사 홈 페이지/철도물류정보서비스/철도화물운송시스템)(표6)

② 컨테이너 차

한국철도공사의 2004년 자료에서는 컨테이너 차를 평판차의 한 종류로서 따로 구분하고 있지 않다. 그러나 최근의 자료에서는 평판차와 컨테이너 차를 구분하여 소개하고 있는데, 평판차로는 기계와 장비류를 운반한다. 그러나 평판차로 컨테이너를 운송할 수도 있다. 평판차는 169량, 컨테이너 차는 2,652량으로, 화차의 대부분을 차지하고 있다.(철도통계연보에서는 컨테이너 차는 평판차로서 따로 구분하지 않는데, 2019년 말 평판차는 총 3,155량이다) 평판차의 제원은 〈표 7〉과 같다.

〈표 7〉 평판차 제원

구 분	차체길이	자중	하중
일반 평판차	16,000mm	24톤	50톤
핫 코 일 차	16,000mm	23톤	54톤
곡 형 차	20,800mm	35톤	70톤
목 침 목 차	16,000mm	23톤	50톤
탱크컨테이너겸용	14,960mm	35톤	70톤
자동차수송차	23,800mm	28톤	15톤
컨테이너차	19,750mm	20톤	50톤
냉동컨테이너차	14,410mm	20톤	48톤

출처: 한국철도공사, 일반자료실, 화차차량제원(2004)

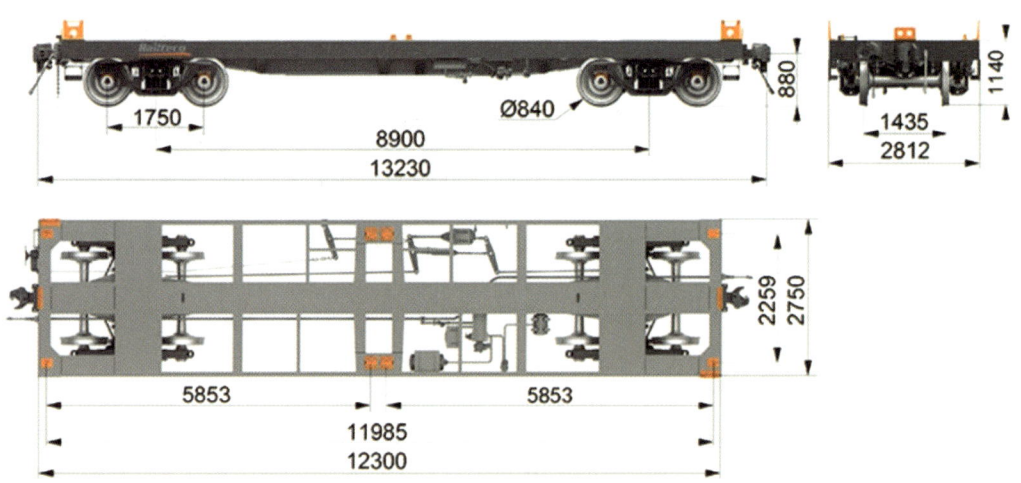

[그림 6] 2-TEU 컨테이너 차(1435표준궤도) 설계도

출처: www.railteco.com/product/vehicle

참고로 [그림 6]은 ISO[4] 20피트 컨테이너 2개, 40피트 컨테이너 1개를 운반할 수 있는 미국 레일테코(Railteco)사의 컨테이너 차 설계도이다. 미국 AAR 표준을 충족하고 축중은 16~23톤이고, 최대 시속은 120km/h이다.(www.railteco.com/product/vehicle)

[그림 7]은 UIC[5] 592에서 분류하는 20피트, 30피트, 40피트 컨테이너와 스왑바디를 운반하는 미국 레일테코사의 컨테이너 차 설계도이다. 유럽의 TSI, EN[6], UIC 표준을 충족하고

---

4) ISO: International Organization for Standardization, 국제표준화 기구
5) UIC: International Union of Railways, Union Internationale des Chemins de fer, 국제철도연맹
6) EN: European Norme, European Standards, 유럽표준

[그림 7] Sgnsss60' 컨테이너 차 설계도

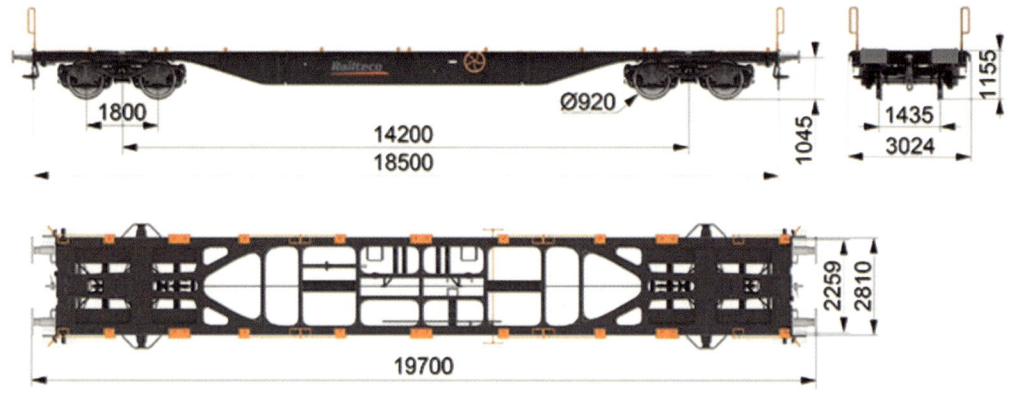

출처: www.railteco.com/product/vehicle

축중은 22.5톤 이하이며, 최대 시속은 120km/h이다.

③ 2단 적재 열차

철도의 복합운송은 컨테이너 운송으로 성장하였다고 할 수 있다. 그러나 더욱 효율성을 높이기 위해 컨테이너의 2단적재 운송이 시도되었고, 이의 성공에 따라 미국, 중국 등에서 2단적재 화물열차가 운영 중이지만, 국내의 경우, 선로 인프라 개량 등 경제성 문제로 도입에 어려움을 겪고 있다. 따라서 차체 및 컨테이너의 높이를 낮춰 기존 선로 인프라를 그대로 활용하면서도 기존 1단 열차 대비 100% 수송력을 높인 고용량 2단적재 화차 기술이 개발되었다. 핵심기술(국내 특허 출원 완료, 2015~2016)로는 다음 3가지를 들고 있다.(철도연, 고용량 이단적재 화물열차 국내최초 개발, 보도자료 2017. 4. 14)

㉮ 3축 대차

130톤의 高 하중을 선로에 분산하고, 2단 적재에 따른 高 무게중심 높이에 대응하며,

[그림 8] 3축 대차

출처: KRRI 연구 2017-105, 고용량 이단적재 수송시스템 개발, 2017.12

120km/h 고속주행과 곡선부 탈선안전도를 확보할 수 있는 3축 볼스터리스 대차 개발(그림8)

㉯ 포켓형 저상 차체

대차와 대차 사이의 차체를 41.6cm까지 낮추어 컨테이너 적재공간을 확보한 26m 장대 저상차체로, 철도안전법의 강도 기준을 만족하도록 개발(표8)

㉰ 로우큐브 컨테이너

시설 개량 없이 2단 적재가 가능한, 국제규격을 준수한 로우큐브 컨테이너(높이 1,981mm)

〈표 8〉 기존화차와 고용량 이단적재 화차 비교

구 분	화차높이 (레일에서 화차바닥까지)	화차 길이	수송량	
			1편성	컨테이너 적재량
기존 화차	1,100mm	14m	화차 30량	60TEU
이단적재 화차	416mm	26m	화차 20량	120TEU

출처: KRRI 연구 2017-105, 고용량 이단적재 수송시스템 개발, 2017.12

〈표 9〉 일반 컨테이너와 개발된 로우큐브 컨테이너 비교

구 분	높 이	문 위치
일반 컨테이너	2,591mm	앞·뒤
로우큐브 컨테이너	1,981mm(▽ 610mm)	옆면

출처: KRRI 연구 2017-105, 고용량 이단적재 수송시스템 개발, 2017.12

[그림 9] 완성된 2단 적재 화차

출처: KRRI 연구 2017-105, 고용량 이단적재 수송시스템 개발, 2017.12

[그림 10] 로우큐브 컨테이너가 탑재된 2단 적재 화차

출처: KRRI 연구 2017-105, 고용량 이단적재 수송시스템 개발, 2017.12

개발(표9, 그림9, 그림10)

참고: 로우큐브 컨테이너 국제 규격(1AX) : (W)2,438mm (L)12,192mm (H)2,438mm 미만/(KST ISO 668 규정 4조)

라) 터미널/물류기지

철도 복합운송의 성공은 화물이 수송수단 간에 환적되는 터미널(물류기지란 명칭으로 사용하기도 함)의 효율성에 달려있다고 할 수 있다. 최근 미국의 철도화물운송사업자는 수송수단 간 터미널을 확장하고 최신 설비를 설치하는데 수십억 달러를 투자하고 있다. GPS[7] 장착 크레인 설치가 대표적이다. 미국에는 180개 이상의 수송수단 간 터미널이 있는데, 이들 터미널의 전략적 위치가 철도화물운송의 경쟁력을 국내화물 환적 시장에서 강화하는 것으로 여겨지

---

7) Global Positioning System

고 있다.

항만 및 터미널에서 미국 철도사업자는 배기가스 제로 전기 크레인(Zero-Emission Electric Cranes)에 투자하고 있는데, 이는 선박, 트럭, 열차 간 컨테이너 환적속도를 높이고 공기오염을 줄이고 있다. 광학 스캐너(Optical Scanners) 및 자동화된 출입구(Gates)는 철도 시설에 보다 빨리 접근할 수 있게 하고, 비가용 시간(Idling Time)을 줄일 뿐 아니라 보안을 향상시키고 있다. '스마트 선로망(Network of Smart Tracks)'은 실시간으로 선로 인프라 및 설비 상태를 피드백함으로써 수백만 개의 철도로 운송되는 컨테이너가 안전하고 신뢰성 있게 목적지에 도달할 수 있도록 하고 있다.

철도화물운송사업자인 한국철도공사가 조성한 컨테이너를 취급하는 야적장은 31개역, 97만 4,148m^2이고, 컨테이너 화물 집화소(CFS: Container Freight Station)는 오봉역(10,712m^2), 부산진역(3,981m^2), 부산신항(3,520m^2), 동신창원역(14,320m^2) 4개역에 3만 2,533m^2이다(2017년 12월 기준). 이밖에 수색역에 종합물류기지를 조성하려는 계획을 2008년부터 갖고 있고, 매포역에 창고를 조성하려는 계획을 2016년부터 추진하고 있다.

또, 오봉역과 이웃하고 있고 철도를 이용한 컨테이너의 수출입을 취급하는 수도권 내륙물류기지로 1996년에 건설된 의왕ICD(Inland Container Depot)가 갖고 있는 기능은 아래 4가지로 요약된다.

△ 철도수송기능 : 1일 46개 열차 운행(2,300TEU). 의왕ICD ⇔ 부산, 광양항(상행:24개 열차, 하행:22개 열차)

△내륙통관기능 : 수출입화물의 통관에 필요한 업무 취급

△내륙운송기능 : 의왕ICD 기지 주변의 편리한 교통망을 최대한 활용하여 수도권 수출입 컨테이너화물 내륙운송

△내륙항만기능 : 내륙컨테이너야적장(CY)에 컨테이너를 대량 보관함으로써 항만의 적체 해소에 기여

의왕ICD의 시설현황과 장비현황은 〈표 10〉, 〈표 11〉과 같다.

트랜스테이너는 철도로 운반된 컨테이너의 하역을 위해 사용되는 크레인으로, 철도화차에

〈표 10〉 의왕 ICD 시설현황

구 분	계	제1터미널	제2터미널
부지총면적	753,127m^2	490,700m^2	262,427m^2
컨테이너야적장(CY)	419,050m^2	274,008m^2	145,042m^2
보세화물창고(CFS)	10,712m^2(3동)	4,629m^2(2동)	6,083m^2(1동)
운영건물	14,358m^2(8동)	6,797m^2(5동)	7,561m^2(3동)
차량정비고	1,795m^2(1동)	1,795m^2(1동)	-
컨테이너정비고	1,226m^2(1동)	1,226m^2(1동)	-
냉동전원시설	96개	-	96개
철도선로	6,262m(11개선)	3,720m	2,542m

출처: www.uicd.co.kr/company.asp/통계 및 현황/시설 및 장비현황

〈표 11〉 의왕ICD 장비현황

구 분	용 도	수량(대)
트랜스테이너	철송작업용	3
리치스태커	야드작업용	47(10대 포크리프트 포함)
트랙터	육로 운송	652
트레일러	육로 운송	1,800

출처: www.uicd.co.kr/company.asp/통계 및 현황/시설 및 장비현황

[그림 11] 트랜스테이너

자료: www.uicd.co.kr/company.asp/사업안내/철도하역

[그림 12] 리치스태커

출처: www.uicd.co.kr/company.asp/사업안내/철도하역

적재된 컨테이너를 구내 운송차량에 하역하기 위한 장비이다. 최대 인양능력은 35톤~40톤이고, 3대 보유하고 있다.(그림11) 리치스태커는 컨테이너 야적장에서 컨테이너를 신속 정확하게 보관, 하역하기 위한 장비로, 최대 인양능력은 45톤이고 37대를 보유하고 있다.(그림12) 의왕ICD는 그밖에 10대의 포크리프트를 보유하고 있다.

마) 유닛로드의 취급과 정보생산

철도화물운송사업자도 고객에게 이동 단계별 실시간 화물운송정보를 제공하고 있다. 파렛트, 컨테이너 및 이를 운반하는 이동 차량에 대한 정보가 실시간으로 파악됨으로써 가능한 서비스이다. 한국철도공사는 화주의 정보접근성 제고를 위해 철도물류정보서비스 홈페이지를 개편하고 화물열차 지연에 대한 보상제(전용열차로 계약한 열차 대상, 3시간 이상 지연 시 10% 보상)를 2018년 1월부터 시행하고 있다(업무보고 2018, 한국철도공사).

의왕ICD도 고객에게 화물정보조회 서비스를 제공하고 있고, 이와 더불어 의왕ICD 전략정보시스템을 구축 운영하고 있다. 물류운영부문의 정보시스템 UILOS(Uiwan ICD Logistics Operation System)과 관리부문의 정보시스템 UIMIS(Uiwan ICD Management Information System)으로 구성되어 있는데, 시스템의 특성은 다음과 같다.

△개방형 시스템: 24시간 무정지 무장애 시스템. 범용운영체제를 채택, 불특정 관련업체

[그림 13] Bosh사가 예시한 센서를 이용한 철도화물운송

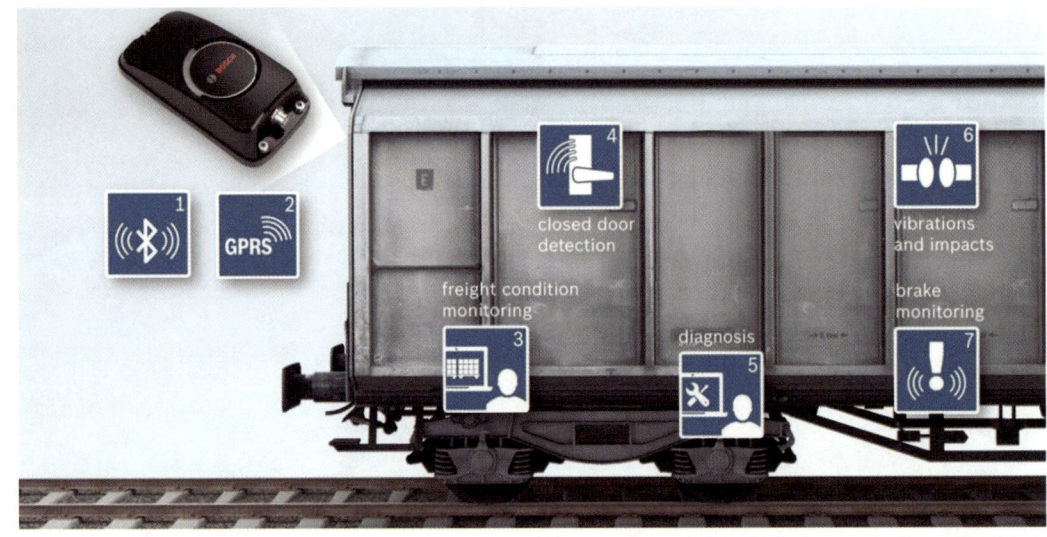

출처: https://www.bosch.com/stories/smart-trains/Smart railroad giants
주: 1=와이파이, 2=GPRS, 3=화물상태 모니터링, 4=도어 개폐 검지, 5=차축진단, 6=진동 및 충격감지, 7=제동기 모니터링

와의 시스템 연계 가능

△EDI 시스템: 범용 EDI문서를 채택하여 시행. 가공/수집된 정보를 대상으로 대외정보망과 연계한 시스템 구축

△무선기술 활용: RFID, 무선터치스크린, 핸드 단말기로 현장에서 즉시 정보 처리

△광통신 응용: 하드웨어 증설 및 통신장애 발생에 대처가 용이한 네트워크

유럽의 화물철도운영자인 DB Cargo는 2020년까지 70,000대 화차에 최첨단 센서와 통신시스템(Telematics System)을 갖춘다는 계획을 발표하고 있다. 이미 1,000대의 화차에는 이러한 기술을 갖추었다. 화차에 GPS 및 기타 센서를 부착하여 열차의 위치, 영차/공차 여부, 화차 내부의 온도, 습도, 화물의 훼손여부 등을 실시간으로 파악하고 있다.(https://nl.dbcargo.com/rail-nederland-en/news_media/News/smart-freight-wagons-2345072)

[그림 13]은 보쉬(Bosch)사가 제공하는 스마트 정보기술이 적용된 화차의 예이다.

한국철도기술연구원이 개발하고 있는 "IoT[8] 기반 화물열차 안전관리를 위한 실시간 상태 모니터링 기술"은 전력공급이 되지 않는 화물열차에 저전력 사물통신(IoT) 기술을 적용하여 진동, 온도, 위치 등 화차의 상태와 온도, 중량, 밸브 등 화물의 상태를 실시간 모니터링 하여 화물열차 안전관리와 화차의 효율적인 운영관리를 지원하는 기술이다.

화차·화물 상태 등 화물열차의 상태를 모니터링 하는 센싱기술과 센서 정보를 전송하기 위한 저전력 사물통신 기술, 화물열차 환경에

---

[8] IoT: Internet of Things

서 얻을 수 있는 압력공기를 이용한 자체전력을 생산, 운영하는 에너지 관리기술 등으로 구성되어 있다.

기술개발이 완료되면 화물열차의 운행 안전성 강화, 화물가시성 기술 확보, 실시간 데이터 처리 기술력 증대, 실시간 데이터를 이용한 화차 운영 효율화, 철도화물 수송력 향상 및 운영계획 효율 극대화 등이 기대된다.("IoT기반 화물열차 실시간 모니터링 기술, 국제철도연맹 Innovation Awards 수상," KRRI 뉴스레터 2016. 12.12)

2. 유닛로드시스템의 표준화 수준

1) 파렛트

국내에서는 철도화물운송사업자가 화물운반 파렛트 표준화에 크게 기여한 바가 없지만, 유럽의 경우는 철도운송사업자 국제연맹인 UIC 주도로 1950년대에 길이와 폭이 800mm× 1,200mm 표준화된 목재 파렛트가 등장하였다. UIC는 자체 규정 UIC leaflet 435-2를 통하여 파렛트 생산과 유지보수 기초를 규정함으로써 파렛트의 생산, 유지보수 및 호환성을 개선하였다.

[그림 14] EUR 파렛트 제원

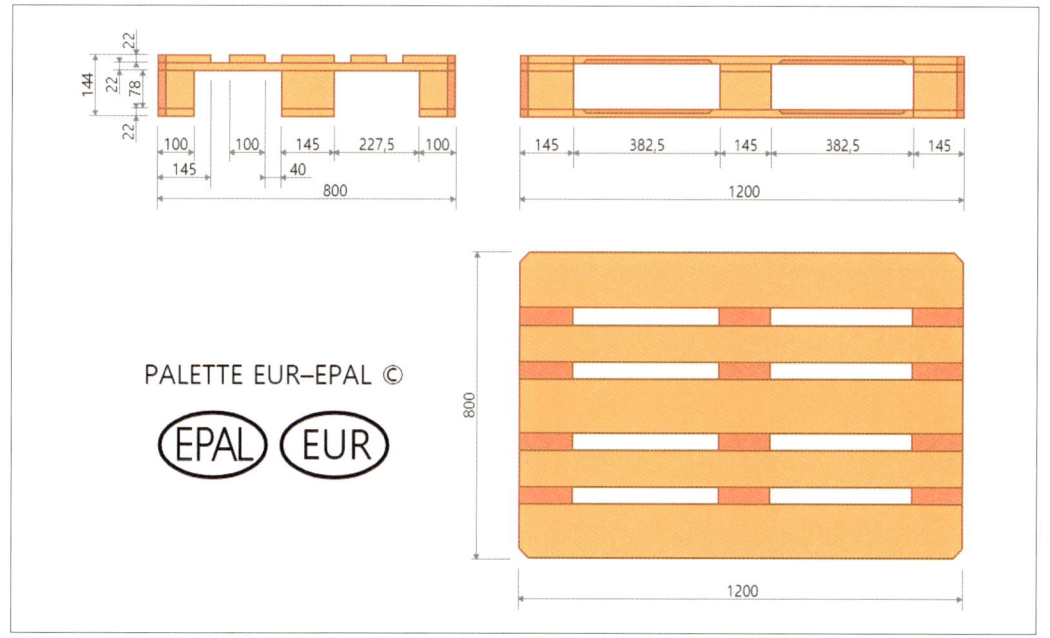

출처: https://en.wikipedia.org/wiki/EUR-pallet

1961년 UIC가 서명함으로써 철도운영자 간 유럽 파렛트 풀(EPP: European Pallet Pool)이 조직되었다. 국제표준을 지키는 파렛트가 교환가능하게 된 것이다. 1991년에는 파렛트 제조업체가 중심이 되어 독일에서 EPAL(European Pallet Association e.V.)이 조직되었다. 두 기관이 제휴하여 2013년까지 유럽에서 통용되는 파렛트에 EPAL, UIC EUR[9]이 표시되었고, 파렛트가 상호 교환 사용되었다. EPAL의 대표적 파렛트는 EPAL1(EPAL Euro Pallet 800mm×1,200mm), EPAL2(1,200mm×1,000mm), EPAL3(1,000mm×1,200mm)이다.

국내 일관수송용 파렛트 표준은 T11(1,100mm×1,100mm)과 T12(1,200mm×1,000mm)이고, T11은 일본 중국과 함께한 우리 노력의 결과로 ISO가 인정하는 국제표준이기도 하다.

2) 컨테이너

20TEU, 40TEU 해상용 컨테이너가 표준으로 국제무역에 널리 활용되지만, 국내시장에서는 각국의 사정에 따라 컨테이너의 길이가 확대되거나(미국, 53피트 컨테이너), 우리의 2단 적재 로우큐브 컨테이너처럼 높이가 낮아지기도 하는 변화가 일어난다.

3) 화차

파렛트 화물 운송에 최적화되도록 유개화차가 진화하고 있고, 컨테이너의 변화에 따라 이를 수용할 수 있는 평판차, 컨테이너 차가 개발되고 있다.

한·중·러 간에 공동철도화차 개발에서 보듯, 각국의 궤간, 교량, 터널과 같은 선로 기반 시설과 경제사정에 따라 상이하게 설계된 화차를 이웃 국가에서 운행될 수 있도록 기술적인 문제해결에 집중하고 있는 단계이다.

유럽의 경우도 철도화차의 국가 간 상호운영가능성을 높이기 위해 기술적 사양(Rolling Stock - Freight Wagons TSI(Technical Specification for Interoperability))을 설정하여 지켜지도록 하고 있다. 이를 위하여 지침(Guide for the application of the WAG TSI)과 법적 뒷받침으로 여러 규정(Commission

〈표 12〉 북미의 트레일러 및 컨테이너 유형의 점유율

Equipment type		Share per class
Trailers	20'	0%
	28'	19%
	40'	0%
	45'	18%
	48'	23%
	53'	40%
	Total	100%

Equipment type		Share per class
Containers	20'	21%
	28'	0%
	40'	47%
	45'	3%
	48'	4%
	53'	26%
	Total	100%

출처: DIOMIS Benchmarking Intermodal Rail Transport in the United States and Europe, 2009, UIC.

---

9) EUR: EURO

〈표 13〉 UIC 표준화차

화차 유형	UIC 571-4 복합운송 화물 차량							
	컨테이너 차					피기백 평판차		
유형	유형 1		유형 2		유형 4	유형 1	유형 2	유형 3
분류	가	나	다	라	마	바	사	아
대차간 거리 (m)	10.75	11.30	14.60	15.80	10.70	11.20	11.00	11.60
전장 (m)	15.79	16.94	19.64	21.00	27.10	16.44	16.24	31.87
최소적재함 길이 (m)	14.50	14.60	18.40		2 × 12.27	–	–	–

출처: https://en.wikipedia.org/wiki/Flat-wagon

주: [컨테이너 차] 유형1=4축 대차, 짧은 것. 유형2=4축 대차, 긴 것. 유형4=6축 대차
 [피기백 평판차] 유형1=포켓 차. 유형2=캥거루 차. 유형3=Wippenwagen
 [분류] 가=sg[kk]mmss. 나=sgjkkmmss. 다=sgss. 라=sgjss. 마=saggrss. 바=skss/sdkms(1980년 이후). 사=skss. 아=saass. 분류에 대해서는 UIC, Category letters 참조 요망.

Implementing Regulation (EU) 2020/387 of 9 March 2020 amending Regulations (EU) No 321/2013, (EU) No 1302/2014 and (EU) 2016/919 as regards the extension of the area of use and transition phases 등)을 제정하고 있다.

앞서 언급한 UIC는 화차표준화를 추구함과 동시에 차량제작에서 반드시 고려하여야 할 각 나라의 차량한계를 정리해 놓고 있다.(Loading Guidelines, Vol. 1, Principles, Version 01/04/2020, 4th edition, UIC)(표13)

4) 터미널

화물열차가 표준화되면(열차 길이, 화차의 Door 등) 이와 관련되는 터미널의 주요 부분이 표준화의 길로 갈 것이다. 그러나 터미널에 대한 시설투자가 이루어지지 않으면 시설제약 때문에 화물차량 표준화의 효과를 높이지 못하는 경우도 있을 수 있다.

유럽에서 생각하는 표준에 가까운 터미널 개념은 다음 사양을 갖춘 것이다(DIOMIS Benchmarking Intermodal Rail Transport in the US and Europe).

- 먼저 철도와 도로간 환적이 일어나는 컨테이너 취급장(CY) 근처에 터미널을 구축하고 확장 가능성이 있으면 더욱 좋다. 연간 120,000~150,000개의 컨테이너를 취급하는 경우 다음의 규모를 갖춘다.
  - 4개의 철도 선로, 길이는 600~700m
  - 화물트럭(Lorries) 진입로 1차선, 상하역 작업로 1차선
  - 중간 적재 가능한 공간으로 3~4개의 차선
  - 모든 선로와 차선에서 작업이 가능한 2개의 갠트리 크레인
- 추가적으로 취급장, 조차장 또는 철도역사 근처에 도착·출발 담당 2~4개의 선로, 모든 화물적재 트럭에 대한 화물취급장 진·출입 허용. 취급장은 리프트를 장착하고 있어 열차와 트럭간 컨테이너 환

적 가능
- 터미널 진출입 게이트에서의 트럭 운전자의 체크인·체크아웃은 수동, 일부 터미널은 반자동으로 체크인·체크아웃 진행

미국의 철도와 도로간 복합운송이 일어나는 터미널의 개념 특성은 다음과 같다.
- 모든 트럭은 진출입 게이트에서 엄격한 체크인·체크아웃 과정을 밟는다.
- 대부분의 터미널이 트럭의 움직임과 철도의 움직임을 완벽하게 분리하고 있다. 트럭은 주차 지역 내에 있는 적재장소에 컨테이너를 상하역 한다. 이들 컨테이너는 터미널 소속 차량에 의해 철송 취급장으로 옮겨진다.
- 컨테이너가 섀시에 장착된 채로 터미널 중간 주차지역에 머물게 되는데, 이는 복합운송 고객들이 거의 모두 섀시 풀의 회원이기 때문에 가능하다. 즉 철도 섀시 풀을 이용하거나 철송을 위한 자신의 섀시를 갖고 있다.
- 취급장은 표준 설계 모듈을 따르고 있다. 취급장은 모듈을 복수화함으로써 쉽게 취급능력을 증가시킨다.
  - 하나의 컨테이너 취급 선로
  - 트레일러 및 섀시에 탑재된 컨테이너가 주차할 수 있는 하나의 주차 차선
  - 차량을 위한 하나의 주행 차선
  - 유닛 로드의 환적을 가능하게 하는 전체 취급장을 커버하는 모바일 고무타이어 갠트리 크레인(Rubber-Tyred Gantry Cranes(RTG))
- 열차가 중간에 정차하기 위한 정거 또는 지원 선로들 필요. 이들 선로들은 터미널 근처에 위치하도록 한다.

우리의 의왕ICD에서 연간 철송으로 취급하는 컨테이너 수는 34만 3,226개(TEU)(2019년 실적, 출처 홈페이지 실적조회)이며, 앞서 의왕 ICD 시설현황에서 보았듯이 트랜스테이너가 3대, 철도선로는 11개로, 유럽과 미국의 터미널 개념 조건을 거의 충족시키고 있다고 보인다.

5) 유닛로드의 취급과 정보생산

복합운송이 국내에서, 그리고 국경을 통과하는 국제운송에서 활성화되기 위해서는 관련 정보가 표준화되어 고객을 비롯한 관련자 간 소통이 신속하고 원활하게 이루어져야 한다.

파렛트에 실린 화물, 이를 담은 화차와 컨테이너, 컨테이너를 운반하는 화차, 실시간 화물 및 화차 추적, 조차 및 배차시스템, 예약, 대금 지급, 송장발행, 타교통수단과의 연계관리, 전자문서 생산 등을 가능하게 하는 정보시스템이 구축되어야 상호운영 가능성이 확보되고 복합운송이 활성화된다고 할 수 있다. 이를 위해 유럽에서는 TAF-TSI(Telematics Application for Freight Services-Technical Specification for Interoperability)를 실행하고자 하는데, 거기에는 다음과 같은 정보제공 기능이 요구되고 있다.

- 공통준거파일 – 위치 코드(Common Reference Files – Primary Location Codes (IMs))
- 공통준거파일 – 기업 코드(Common Reference Files – Company Code (모든 기업))
- 공통접속시행(Common Interface Implementation (all companies))
- 열차준비(Train Ready (IMs and

- RUs-F))
- 열차운행정보(Train Running Information (IMs and RUs-F))
- 열차운행중단메시지(Train Running Interrupted Message (IMs and RUs-F))
- 열차구성메시지(Train Composition Message (IMs and RUs-F))
- 화물송장정보(Consignment Note Data (RUs-F))
- 화차 움직임(Wagon Movement (RUs-F))
- 화차 및 복합운송 유닛 운영 DB (RUs-F))
- 철도차량준거DB(Rolling Stock Reference Database (WKs))

우리의 경우도 이 분야의 표준화를 촉진하기 위하여 인접하고 있는 북한, 중국, 러시아와의 TAF-TSI 구축 및 실행이 필요하다.

3. 철도 보관운송 용기설비의 표준화 촉진과제

1) 표준화 관리기구의 전략

가) 정부

거의 모든 국가의 정부는 복합운송을 장려하고 있다고 할 수 있다. 우리의 경우도 물류시설의 개발 및 운영에 관한 법률(2008, 유통단지개발촉진법(1996)), 물류정책기본법(2008, 화물유통촉진법(1992)), 지속가능 교통물류 발전법(2009), 철도물류산업의 육성 및 지원에 관한 법률(2016), 제1차 철도물류산업 육성계획(2018) 등을 통하여 복합운송을 증진하는 표준화 노력을 제도적으로 지원하고 있다.

철도물류산업 육성 및 지원에 관한 법률 제5조 철도물류산업육성계획에서는 5년마다 계획을 수립 시행하도록 하고 있는데, 계획의 5항이 철도물류의 표준화 및 정보화에 관한 사항이다. 동법 제14조 철도물류의 표준화에서 국토교통부장관은 철도물류의 효율성을 높이고, 다른 교통수단과의 복합운송을 활성화하기 위하여 철도물류시설 및 장비, 수송용기 등의 표준화에 필요한 시책을 마련하여야 한다고 규정하고, 국토교통부장관은 철도물류의 표준화에 관한 업무를 효과적으로 추진하기 위하여 필요한 경우에는 산업통상자원부장관에게 「산업표준화법」에 따른 한국산업표준의 제정·개정, 또는 폐지를 요청할 수 있도록 하고 있다. 또한, 국토교통부장관은 철도물류에 관한 표준의 보급을 촉진하기 위하여 필요한 경우에는 관계 행정기관, 「공공기관의 운영에 관한 법률」에 따른 공공기관, 철도물류사업자에게 철도물류 표준에 맞는 시설·장비·수송용기를 건설·구입·제조·사용하게 하거나, 철도물류 표준에 맞는 규격으로 포장을 하도록 권고할 수 있다고 규정하고 있다.

다음은 2018년에 발표된 제1차 철도물류산업 육성계획(5년계획) 중 철도물류 표준화 및 정보화 관련 내용이다.

- 철도화차(길이·높이 등) 및 수송용기, 철도물류시설 설계기준 표준화*
  * 화물정거장 표준모델 개발, 화물정거장 설계기준에 화물분류 및 보관설비 등 반영
- 철도화물 관련 화물, 장비 및 시설 등에 대한 실시간 정보 제공 및 공유를 위한 철도물류 정보시스템 구축*
  * 철도물류 관련 자료들의 체계적 관리를 위한 통합관리시스템 구축, 국가물류기본계획 내 물류 통합통계관리시스템 개발과 연계

나) 화물철도운영자 단체

국내 유일 화물철도운영자인 한국철도공사는 국내 타 운송수단의 협력을 이끌어내는 노력(예, 가칭 철도화물복합운송협회 설립)과 함께 인접 국가를 포함한 국제철도조직을 적극적으로 활용하여야 한다. UIC, OJSD와 같은 국제철도조직은 ISO와 같은 국제표준화기구를 적극 지원하고 동참하고 있다고 할 수 있다.

철도화차의 표준화를 촉진하기 위해서는 철도화차의 풀(Pool)을 만들어 화물철도운영자에게 화차를 대여하는 조직의 설립이 필요할 것으로 보인다. 화차의 표준화는 화차 풀이 형성됨으로써 촉진될 수 있다는 것은 미국과 유럽의 사례에서 볼 수 있다. 철도화차의 풀을 운영하는 조직은 미국의 TTX, 독일의 VTG Rail Logistics, 오스트리아의 Rail Cargo Group 등이다.

다) 한국철도기술연구원

한국철도기술연구원(이하 철도연)은 한국산업표준(KS)과 철도표준규격(KRS)을 통합한 '철도표준 통합 관리체계'를 구축했다. 이원화 관리된 산업표준화법에 의한 철도분야 한국산업표준(KS) 150종과 철도안전법에 의한 한국철도표준규격(KRS) 261종을 통합하여 철도분야 국가표준 400여 종을 철도연이 통합 관리한다(보도자료, 2020년 4월 23일, 한국철도기술연구원).

철도연은 2019년 6월 국토교통부로부터 철도표준개발 협력기관으로 지정받고 철도표준 통합 관리 체계화를 진행 중이다. 국제표준에 부합하고 철도차량·용품의 형식승인을 위한 기술기준의 필수요건과 요구사항에 대응하도록 철도표준의 효율적 정비 및 관리, 국제기준에 부합하는 철도표준 선진화 개선 연구를 지속하고 있다.

국제표준 선점을 위해서는 정부 및 민간분야 각자의 역할과 협력이 중요하다. 정부는 표준화 정책 강화 및 국가표준 관리체계를 선진화하고, 민간은 국제표준화 활동 수행이 가능한 전문가 양성하고 적극적으로 참여해야 한다. 또한, 국내 선도기술의 국제표준 개발 및 제정을 주도할 수 있는 핵심 전문 작업그룹의 지정, 육성이 필수적이다.

2) 표준화 촉진을 위한 과제

가) 표준화 수준별 과제

철도화차의 경우 UIC가 유닛로드를 수용할 수 있는 표준안을 제시하고는 있지만 표준화된 20피트, 40피트 해상 컨테이너를 운송할 수 있다는 점 외에는 국가 간에 상이한 점이 많아 표준화 보다는 상호운영을 가능하게 하는 기술문제에 주력하고 있다고 할 수 있다. 따라서 화차, 선로 기반시설의 표준화 보다는 정보서비스를 제공하는 부분에 표준화할 부분이 많다고

할 수 있다.

나) 해외 협력

정부차원의 해외협력으로는 한중일 물류장관의 만남이 하나의 예라고 할 수 있다. 북방철도를 개척하기 위해서는 중국, 러시아 정부와의 협력이 빠질 수 없다. 해외 국제철도협력기구(OSJD: Organization for Cooperation of Railways, UIC 등)를 활용한 상호운영 가능성을 높이는 노력도 중요한 전략이라고 할 수 있다.

 참고 문헌

- 고용량 이단적재 수송시스템 개발, KRRI 연구 2017-105, 2017.12
- DIOMIS Benchmarking Intermodal Rail Transport in the United States and Europe, UIC, 2009. Loading Guidelines, Vol. 1, Principles, Version 01/04/2020, 4th edition, UIC
- Technology Development to Improve the Eurasian Freight Transportation in KOREA, KRRI, 2017

제6절 화물 컨테이너와 트레일러의 이해

1. 화물 컨테이너(Freight Container)

화물 컨테이너(해상용 컨테이너라고도 함)는 세계 각국을 오고 가는 물류용기로서의 수출용 컨테이너를 의미한다.

사용성, 규정, 싼 제작가격, 효율성 및 제작의 편리성, 운용 중 유지 보수를 위한 수리성 등 여러 가지 복합적인 관계로 얽혀져 현재 물류 현장에서 운용되고 있는 컨테이너는 진화를 거듭하며 현재의 최적화된 용기로 완성이 되었다.

물류 분야에서 서로 약속되고 규격화된 컨테이너 크기와 여러 규정 등을 통하여 무역에서 원활히 운용되는 컨테이너는 당분간 세계 물류시장을 독점할 수밖에 없으며, 앞으로 어떤 획기적인 용기 탄생이 없는 한 물류를 담당하는 용기(Container)로서 장기간 물류를 지배할 것이다.

화물 컨테이너는 인간이 필요한 화물을 안전하고 효율적으로 운송하기 위하여 개발되었다. 도로가 있는 곳이면 세계 어느 곳이든 운송이 가능하기 때문에 화물의 종류에 따라 수없이 많은 종류의 컨테이너가 개발되었고, 지금도 엔지니어들과 고객사에서 화물의 특성에 맞는 보다 더 효율적인 운송용기 개발을 위해 노력 중이다.

화물 컨테이너는 외형적으로 보면 동일한 것 같지만 각기 다른 어떤 이유들로 자세히 들어가면 동일한 사양은 드물다. 어떤 국가나 공장에서 제작해도 ISO(International Organization for Standardization : 국제표준화기구) 규정을 준수하며 여러 운송 장비들과 호환되어야 한다.

앞으로 화물의 종류가 다변화되고 현재는 없지만 새로운 컨테이너의 탄생과 운송 기법들의 개발로 운송용기의 종류가 늘어나 운송을 위한 선박 및 화물차의 개발까지 영향을 주게 되는 것이 바로 수출용 컨테이너이다.

1) 화물 컨테이너 일반 개요

다음은 ISO 규정에 나와 있는 화물 컨테이너의 기본적인 개념이다.

화물운송용 컨테이너는 화물을 육상 및 해상으로 연계 운송 시 수반되는 포장, 적재, 하역 등의 불편을 해소하고 기계화, 규격화, 대형화할 수 있도록 Box 형상의 운반용기에 촌법, 형태, 강도를 규정하여 육상 운송 및 선박에 적재 운송되는 장비로, 화물 운송의 합리화를 위해 착안, 개발되었다.

1595년 미국의 SEA-LAND사에서 국내 수송에 사용한 이래 1966년 미국과 구주를 연결하는 대서양 항로의 화물 컨테이너 전용선에 투입됨을 계기로 대규모의 국제적인 수송 수단으로 사용되면서 급속하게 발전되었다.

초창기에는 사용자들이 반신반의하면서 과연 효율적인 운송이 될 것인지 의구심을 가지고 지켜보았으나 월남전 때 화물 컨테이너를 사용한 이후로 '컨테이너는 대량의 화물을 신속하고 빠르게 공급하는 용기'라는 획기적인 인식 전환을 가져 왔다고 한다.

이에 따라 'FREIGHT CONTAINER'의 국제적인 표준화가 요구되어 ISO에서 촌법(Dimension), 표시방법(Marking), 강도시험 방법 등을 규정하였으며, 화물 컨테이너 국제 유통의 규제 및 합리화를 위한 C.C.C & T.I.R 규정, 화물 컨테이너 안전성 심의를 위한 C.S.C. 규정, 화물 컨테이너 철도 수송 시 요구되는 안정성 심의를 위한 U.I.C 규정 등이 제정되었다.

2) 화물 컨테이너 정의

국제 화물 수송용 컨테이너는 다음의 조건을 만족하는 용기(박스)를 말한다.

가) 장기간 반복 사용하여도 충분한 강도를 가지고 영구 변형이 없을 것
나) 내부의 화물을 옮겨 싣지 않고서도 각종 수송장비에 의해 화물을 운송할 수 있는 특별한 설계를 할 것
다) 일련의 수송 장비에서 다른 수송 장비로의 연계를 쉽게 하는 구조를 가질 것
라) 화물의 적재 및 하역을 쉽게 하도록 설계할 것
마) 내부 용적이 1 CUBIC METER(CBM)[1] 이상일 것

3) 화물 운송용 컨테이너에 관련된 규격 조약 및 승인 기관

가) ISO 규정

ISO는 상품과 용역의 국제 교환을 용이하게 하고, 지적, 과학적, 기술적 및 경제적 활동 분야에 있어서 국제간의 협력을 위하여 전 세계적인 표준화 개발 및 관련 활동의 촉진을 그 목적으로 하며, 세계적으로 권위가 공인된 국제 민간기구로서 여기에서 제정된 표준규격은 세계의 모든 분야에 적용되고 있다. ISO는 총회(GA) → 이사회(Council) → 중앙사무국(CST) → 전문부회(TB) → 전문위원회(TC) → 분과위원회(SC) → 작업분회(WG)로 구성되어 있다.

선급협회[2]로부터 인증을 받은 모든 화물 컨테이너는 〈표 1〉에 정리한 수많은 규정에 따라

---

1) 1 CBM: 1m×1m×1m를 곱한 직육면체(체적)를 의미함.
2) 선급협회: 선박을 만드는 국가에는 배를 검사하는 선급협회가 있다. 한국에는 KR, 미국은 ABS, 영국의 BV, 프랑스의 LLOYD 등 메이저급 선급협회가 10여 개 있다.

〈표 1〉 화물 컨테이너와 관련한 ISO 규정 (폐지 포함)

번호-년도	페이지	제 목
ISO 668-2020	17	Series 1 freight containers - Classification, external dimensions and ratings
ISO 830-1999	32	Freight Containers - Vocabulary
ISO 1161-2016	24	Series 1 freight containers - Corner & intermediate fittings
ISO 1496/1-2013	28	Series 1 freight containers - Specification and testing part 1 : General cargo containers for general purpose
ISO 1496/2-2018	65	Series 1 freight containers - Specification and testing part 2 : Thermal containers
ISO 1496/3-1995	24	Series 1 freight containers - Specification and testing part 3 : Tank containers for liquids and gases and pressurized dry bulk
ISO 1496/5-2018	35	Series 1 freight containers - Specification and testing part 5 : Platform and platfrom - based containers
ISO 3874-2017	92	Series 1 freight containers - Handling and securing
ISO 6346-1995	23	Freight containers - Coding, identification and marking
ISO 6359-1982(폐지)	8	Freight containers - Consolidated data plate
ISO 8323-1985	40	Freight containers - Air/surface (intermodal) general purpose containers - specification and tests

설계가 되고 이에 맞게 제작하여 각국의 물류 현장에서 운용한다. 〈표 1〉의 규정들의 내용을 정리하면 다음과 같다.

△ ISO 668(2013-E): 화물 컨테이너의 분류 및 명칭, 외곽치수 등 규정
△ ISO 830: 화물 컨테이너의 정의, 종류, 중량, 하중, 구조 등의 용어에 대한 정의 규정
△ ISO 1161: 화물 컨테이너의 corner fitting의 기본 치수, 기능, 강도, 요건, 취부, 위치 규정
△ ISO 1496: General cargo container(PART 1), Thermal container(PART 2), Tank container(PART 3), Platform container(PART 5) 등 각각의 설계, 하중조건, 구조 및 시험 방법 규정
△ ISO 3874: 화물 컨테이너의 취급이나 Securing의 지침 규정
△ ISO 6346: 화물 컨테이너의 Coding, Identification 및 Marking에 대한 규정
△ ISO 6359: Consolidated Data Plate에 대한 규정
△ ISO 8323: Air Container(항공화물)에 대한 설계 및 Test 조건 규정

위의 규정 이외에도 국제 화물 운송 컨테이너에 관련한 여러 규정이 많이 있지만 생략한다.

나) CSC조약(International Convention for Safe Container: Container 안전조약)

CSC조약은 국제연합의 GRCT(Group of

Rapporteurs on Container)와 정부간 해사협의기관(IMCO: Inter-Govermmental Maritime Consultative Organization-현 IMO)과의 Container 운송 회의에서 채택되었으며, Container의 취급상 '안전도' 여부를 심의 승인하는 것에 관련된 규정이다. CSC규정은 '안전 우선의 규정'이다.

4) 화물 컨테이너 크기

가) 화물 컨테이너 크기

일반 화물운송용 컨테이너는 우리가 흔히 보는 컨테이너들이며 국내에서는 20피트, 40피트, 40피트 하이큐빅(HC)을 사용하지만, 간혹 45피트 하이큐빅을 운용하기도 한다.

ISO 668에서는 Series 1 Freight Container를 〈표 2〉에서 보여주는 것과 같이 크기별로 분류, 이들의 크기에 대한 호칭(Designation, 예를 들면 1A, 1AA, 1C, 1CC)과 최대 총중량(Max. Gross Weight)을 규정하고 있다. 즉, 이 표에는 ISO 1894에서 규정하고 있는 내부치수와 ISO 1496에서 규정하고 있는 '문의 최소 치수'를 함께 나타내고 있다.

- ISO 668에서 크기에 대한 호칭 및 최대 총중량(M.G.W.)을 규정
- Length(길이)에 따른 분류 : 40′→A, 30′→B, 20′→C, 10′→D
- Height(높이)에 따른 분류 : 8′→A, 8.6′→AA
- I.S.O. 1894 (내부치수 규정), I.S.O. 1496 (도어문의 최소 치수)

〈표 2〉에서 보듯, 규정들은 숫자로 명확히 되어 있지만 지켜야 하는 최소한의 기준이며, 실제로는 좀 더 가볍고, 튼튼하며, 내부는 적재공간을 최대한 넓게 제작을 하려 한다. 규정에 벗어나지만 않으면 제작사가 임의로 설계, 제작 가능하다.

나) 화물 컨테이너 단위

화물 컨테이너는 미국에서 처음 제작되어 현재까지 왔기 때문에 길이는 미터(Meter) 단위가 아닌 인치(Inch) 단위이며, 무게는 킬로그램(Kg) 단위가 아닌 파운드(Pound) 단위로 제정되어 한국과 촌법이 같은 동양 국가에서는 단위를 이해하기가 난해하다.

〈표 2〉 ISO 668 - Freight Container 분류

FREIGHT CONTAINER DESIGNATION	EXTERNAL DIMENSION (외부치수)			M.G.W. (최대적재 중량)	MIN. INTERNAL DIMENSION (내부치수)			MIN..DOOR OPENING DIMENSION (개구부)	
	L(MM)	W(MM)	H(MM)		L1(MM)	W1(MM)	H1(MM)	W2(MM)	H2(MM)
1AA(40 FT)	12,192	2,438	2,591	30,480	11,998	2,330	2,350	2,286	2,261
1A	12,192	2,438	2,438	30,480	11,998	2,330	2,197	2,286	2,134
1BB	9,125	2,438	2,591	25,400	8,931	2,330	2,350	2,286	2,261
1B	9,125	2,438	2,438	25,400	8,931	2,330	2,197	2,286	2,134
1CC(20 FT)	6,058	2,438	2,591	20,320	5,867	2,330	2,350	2,286	2,261
1C	6,058	2,438	2,438	20,320	5,867	2,330	2,197	2,286	2,134
1D	2,991	2,438	2,438	10,160	2,802	2,330	2,197	2,286	2,134

<표 3> 화물 컨테이너 치수 및 사양   (단위 : mm, Kg)

구분		10 FT	20 FT	40 FT	40 FT H/C	45 FT H/C	비고
외부치수 (mm)	길이	2,991	6,058	12,192	12,192	13,716	
	폭	2,438	2,438	2,438	2,438	2,438	
	높이	2,591	2,591	2,591	2,896	2,896	H/C : + 304.8mm
내부치수 (mm)	길이	2,831	5,899	12,034	12,034	13,555	
	폭	2,306	2,350	2,350	2,350	2,350	
	높이	2,393	2,390	2,390	2,695	2,695	
개구부 치수 (mm)	폭	2,340	2,340	2,340	2,340	2,340	입구 폭
	높이	2,280	2,280	2,280	2,585	2,585	입구 높이
내부용적 (CBM)			33.1	67.5	76.1	85.7	안쪽 체적
중량 (Kg)	자체중량 NET	2,230	3,700	3,850	4,900		자체 무게
	최대 적재중량 Payload	2,850	26,780	26,630	25,580		화물 적재량
	총 중량 M.G.W.	30,480	30,480	30,480	30,480		

다) 화물 컨테이너 치수와 무게

제작 공장마다 사양에 따라 조금씩의 차이는 있을 수 있지만 화물 컨테이너 외부 치수만은 어느 공장에서 제작을 해도 동일해야 한다.(표 3) ISO 규정 범위 내에서 제작하면 〈표 3〉의 숫자는 고정이 아닌 '변동적 수치'이다. 무게 단위는 1 파운드(Pound, Lb)를 Kg으로 환산하면 0.453592Kg이다. 파운드 단위로만 표기된다면 단위에 따라 사용자의 혼돈이 생기기 때문에 공용으로 화물 컨테이너 도어 우측면에 부착을 해준다.(그림1)

5) 화물 컨테이너 종류

화물 컨테이너의 종류는 다양하다. 이 글에서는 유닛로드 시스템에 관련된 종류들만 언급하기로 한다.

[그림 1] 우측 도어

가) Steel Container (일반 화물 운송용 컨테이너)

철재로 제작이 되며 강한 강성과 가격이 저렴한 장점이 있어 일반 화물 운송에 가장 많이 운용되고 있는 종류이다. [그림 2]의 20

[그림 2] 20피트, 40피트, 40피트 H/C(높이 2,896mm) Steel Container

[그림 3] Reefer Container

[그림 4] 20피트 오픈탑 화물 컨테이너 내부 지붕

피트, 40피트, 40피트 H/C(높이 2,896mm) Steel Container 외에 이외에 45피트(길이: 13,716mm)도 있지만 국내에서 운송이 힘들기 때문에 제외한다.

나) Reefer Container (냉동, 냉장 겸용 화물 컨테이너)

온도에 민감하고 신선함을 유지하며 운송을 해야 하는 화물의 운송용으로 사용하며, 높은

[그림 5] 20피트 사이드 오픈

[그림 6] 10피트 사이드 오픈

[그림 7] 앞뒤, 좌우 오픈 가능한 형태의 컨테이너

단열성을 요구하기 때문에 우레탄폼으로 직육면체 전체면를 단열한다. 전면부에 부착된 냉동기를 가동해야 하기 때문에 380~440볼트 전원 공급이 필수적이다. 단열 때문에 외부 판넬은 평평한 디자인으로 제작되는 것이 특징이다.(그림3)

다) 오픈탑 화물 컨테이너 (지붕부가 열려 상부로도 화물 적재가 가능한 타입)

대형 또는 중량물 운송이 용이하도록 Roof, Door 및 Door Header가 열리도록 설계되어 있어 지게차로 화물의 핸드링이 불가능한 경우 지붕을 열고 상부에서 크레인을 사용하여 지붕쪽으로 화물 적재가 가능하다.(그림4)

라) 사이드 오픈 화물 컨테이너 (벽체 쪽에 도어가 있어 옆쪽에서 화물 적재·하역 가능)

장단점이 분명한 화물 컨테이너이다. 옆쪽으로 화물의 상·하역이 가능하기 때문에 편리성은 있지만 벽체가 없어 내부의 처짐 하중을 견뎌야 하는 구조를 가져야 하므로 선박을 이용한 국제 교육 화물 운송용으로는 거의 사용하지 않는다.(그림5, 6)

화물 컨테이너는 설계하기에 따라 여러 가지 디자인으로 제작이 가능하다.(그림7) 다만, 경제성, 효율성, 제작가격 등을 따지다 보니 가장 심플하게 제작을 한다.

6) 수출용 화물 컨테이너 검사와 테스트

가) 치수 검사

선급협회에서 내·외부 치수들을 확인하고 검사하여 기록한다.(그림8) 아울러 화물 컨테이너는 사용 조건이 아주 열악하고 수많은 작업자와 장비들에 의하여 데미지를 입을 수 있기 때문에 보다 안전한 구조인지 확인하는 것이 필수적이다. 선급협회에서 인증받지 않은 수출용 컨테이너는 해외로 운송할 수가 없다.

[그림 8] 선급협회의 수출용 화물 컨테이너 검사 기록지

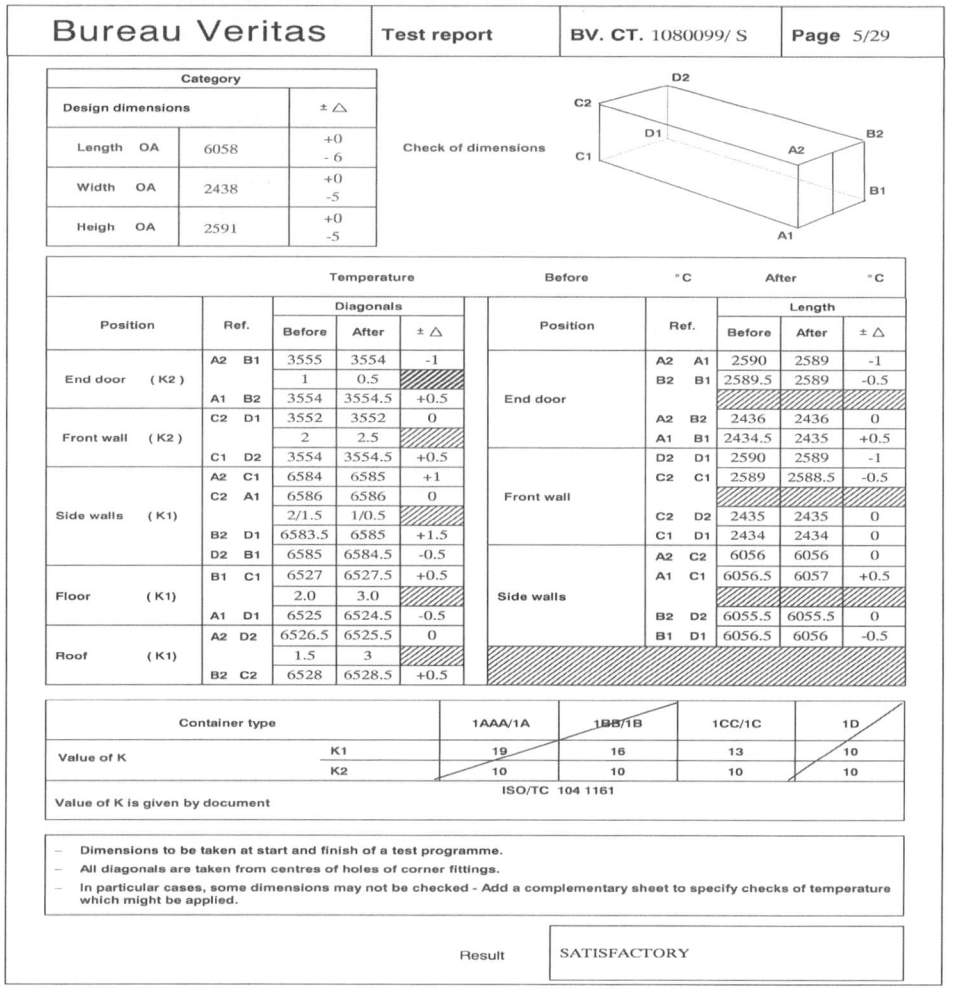

검사의 기준은 ISO 규정에 나와 있는 모든 것에 위배 되지 않고, 기타 TIR, UIC 등 여러 규정을 따르면서 제작을 해야 한다. 제작 후에는 ISO 규정에 의한 CSC 검사[3]를 통해 안정성 테스트를 한다.

나) 화물 컨테이너 테스트 (ISO 규정)

① Stacking Test (겹침 적재 테스트)

MGW(Maximum Gross Weight) 상태로 9단까지 쌓아도 안전한지를 검사한다. 최대한 많은 양을 운송하기 위하여 화물 컨테이너 전용선은 보다 넓고, 높게 적재 하려 한다. ISO 규정상 각 1개의 기둥은 86,400Kg(86톤)을 버텨야 한다고 명시되어 있다. 지구상에서 가벼

---

3) CSC: 안정성 검사를 말하며, International Convention for Safe Container의 약자이다.

[그림 9] 화물 컨테이너 테스트 - Stacking Test (겹침 적재 테스트)

[그림 10] 화물 컨테이너 테스트 - 상부 달아 올리기

하중 또는 힘의 방향	시험방법
ID 컨테이너 이외의 모든 컨테이너는 수직방향	(1) 2R-T의 하중을 시험컨테이너의 마루에 균일하게 적재하여 상부 네 모서리끼움쇠에서 서서히 달아 올린다. 1D 컨테이너 이외의 모든 컨테이너에서는 끼움쇠에 걸리는 힘의 방향이 수직이 되도록 하여 달아 올린다.
IIEEE/IE 컨테이너 (추가)	(2) 1EEE/1EE 컨테이너의 경우에는 전 (1)호에 추가하여 40´ 위치의 상부중간끼움쇠를 이용하여 달아 올린다.
ID 컨테이너 스링 각도는 평면으로부터 60°	(3) 1D 컨테이너에서는 모서리끼움쇠에 걸리는 힘의 방향이 수직과 30°가 되는 스링을 사용하여 달아 올린다. 5분간 달아 올린 후 서서히 지상에 내려놓는다.

출처: '해상컨테이너지침', 한국선급

우면서 이런 강도를 가진 철 구조물을 찾기가 쉽지 않다.

② Lifting Test (상하부 들어 올리기)

화물 컨테이너의 상·하부 코너캐스팅에 걸쇠를 걸어 핸드링 시에 걸리는 화물의 하중이 바닥이나 기둥, 기타 부위에 어떤 변형을 주는지, 바닥의 꺼짐이 없는지 확인하는 테스트이다.(그림10, 그림11) 상부 쪽을 [그림 11]과 같

이 들게 되면(하부들기) 화물 컨테이너가 부러질 수 있다.

③ Restraint Test (길이 방향의 하부 검사)

Restraint Test는 기차 화차나 트레일러 등의 운송 중 급정차, 급출발에 의하여 Base 및 Casting 부위에 급작스럽게 걸리는 하중(충격)에 대한 안정성을 입증하기 위한 Test이다. 하부 끝의 Corner Casting을 구속하고 반대편

[그림 11] 화물 컨테이너 테스트 – 하부 들어 올리기

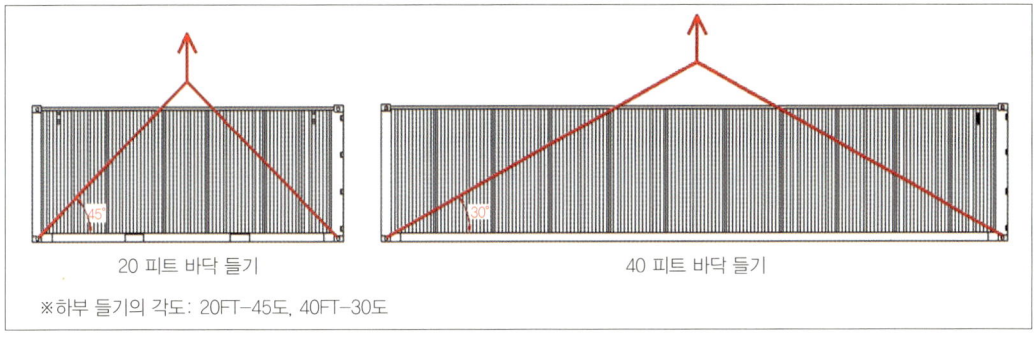

20 피트 바닥 들기   40 피트 바닥 들기

※하부 들기의 각도: 20FT-45도, 40FT-30도

[그림 12] Restraint Test (길이 방향의 하부 검사)

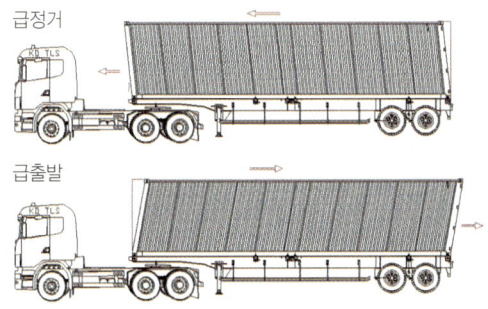

끝의 Corner Casting에 유압 실린더를 연결하여 밀고 당겨 보는 방법으로 테스트를 하며, 이때 발생 되는 외부 치수의 변형량과 구조적인 문제점(찌그러짐, 찢어짐 등)을 검사하고 확인한다.(그림12)

④ Side Wall Strength Test (측벽 테스트)

Side Wall Test는 배의 동요, 주로 Rolling에 의해 야기되는 화물의 하중을 견딜 수 있는가에 대한 벽체의 강도 성능을 입증하는 것이다. ISO에서는 Rolling의 최대 각도를 30°, 미는 힘은 내부에 적재 되어 있는 화물의 무게 Payload[4] (적재무게)의 0.6배로 밀게 된다.

⑤ Floor Strength Test (바닥 목재 버팀 테스트)

화물이 얹히는 부위이다. 사양서에는 7,260Kg의 지게차가 안쪽으로 들어가도 문제없다고 명시하지만, 실제 규정상의 하중을 올리지 않고 테스트하는 경우가 대부분이다. 아주 엄청난 하중 때문에 극한의 강성를 필요로 하여 합격하기 제일 힘든 것이 바닥 테스트이다. 테스트 장비의 바퀴의 축간거리 및 접지 면적까지 규정에 나와 있지만 생략한다.

⑥ 기타 ISO 테스트

End Wall(끝쪽 벽체), Racking Test(길이, 폭방향 밀고 당기기), Roof Test(지붕 하중), 수밀 테스트, 지게발 들어올리기 등 여러 테스트가 더 있다.

7) 수출용 화물 컨테이너 검사와 테스트

화물 컨테이너 무게를 가볍게 제작하여 화물을 조금이라도 더 많이 적재 운송하기 위하여 가볍지만 튼튼한 강성과 함께 제작 가격까지도 낮춰야 하는 숙제를 항상 안고 있다. 각국을 오가며 여러 악조건의 운용 상황에서 적재된 화물의 안전성 확보를 위하여 여러 가지 강도 높

---

4) Payload: 화물의 적재 가능한 무게이다. MGW가 30톤이고, 화물 컨테이너 무게가 3톤이라고 하면 Payload는 27톤이 된다.

[그림 13] Side Wall Strength Test (측벽 테스트)

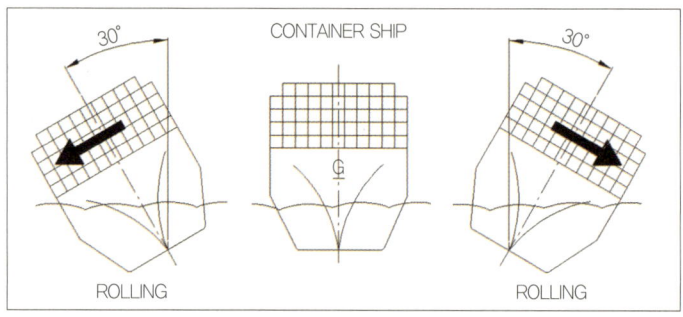
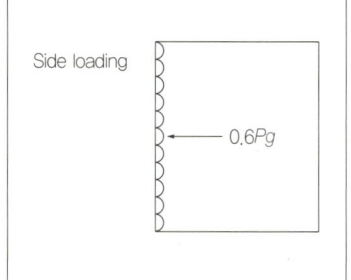

[그림 14] Floor Strength Test (바닥 목재 버팀 테스트)

은 테스트를 실시하고 이를 통과했을 때 비로소 선급협회의 인증서(합격증서) 발급이 이루어진다. 화물 컨테이너의 폐기 수명을 정확하게 가늠하기는 힘들지만, 보통의 사용 조건과 유지 보수가 선행된다면 15~20년은 물류 현장에서 거뜬하게 운용될 것이라 생각한다.

[참고] 수출용 화물 컨테이너 생산량

가) 중국 공장 생산량 (TEU 기준)[5]

〈표 4〉와 〈표 5〉는 지난 2019년 중국 공장에서 생산된 일반 드라이(Dry) 화물 컨테이너와 냉동(Reefer) 컨테이너 생산량이다. 현재는 일반 높이(2,591mm)를 가진 40피트 냉동 컨테이너는 제작하지 않고 높이가 높은 하이큐빅(High Cubic) 컨테이너를 제작한다.

나) 최근 10년 컨테이너 생산량 추이 (TEU 기준)

〈표 6〉과 〈표 7〉은 최근 10년간 세계 컨테이너 생산량의 추이를 나타낸다.

---

5) TEU: 화물 컨테이너 크기를 TEU(Twenty-foot Equivalent Unit)로 표기한다. 1TEU는 20피트 화물 컨테이너 기준이며, 40피트인 경우 2TEU로 계산하면 된다.

〈표 4〉 중국의 2019년 일반 드라이(Dry) 화물 컨테이너 생산량   (단위: TEU(개))

타입	20 FT	40 FT	40' HC	45' HC	53' HC
생산량	861,420	35,643	711,289	13,444	14,161

〈표 5〉 중국의 2019년 냉동(Reefer) 컨테이너 생산량   (단위: TEU(개))

타입	20 FT	40 FT	40' HC	45' HC	53' HC
생산량	11,635	–	123,561	919	2,474

〈표 6〉 일반 드라이(Dry) 컨테이너 생산량 추이

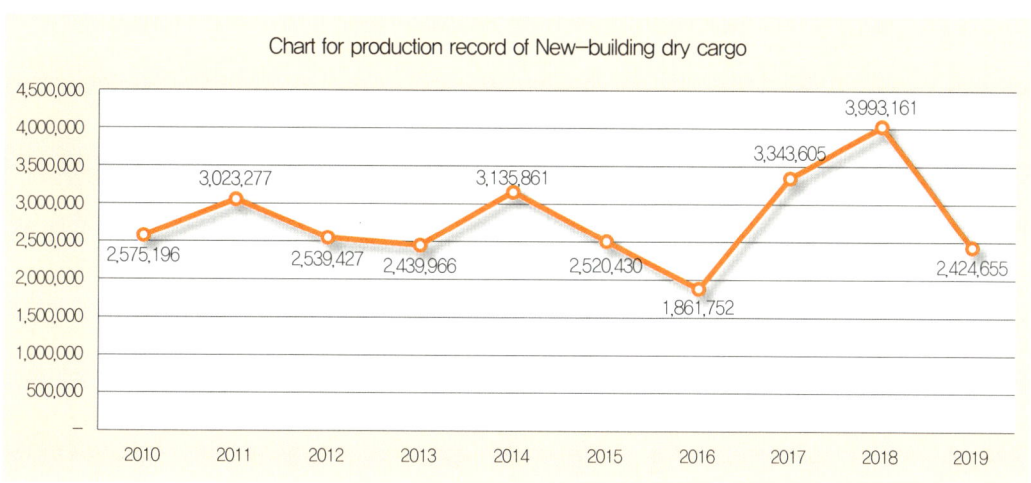

〈표 7〉 냉동(Reefer) 컨테이너 생산량 추이

2. 트레일러(Trailer) - 컨테이너 운반구

트레일러는 화물 컨테이너를 운송하기 위하여 뒤쪽에 걸려 끌려가는 운반구로, 앞쪽 전면부에 엔진이 달린 견인차인 트랙터(Tracter)에 이끌려 굴러가는 피견인체이다. 직육면체인 화물 컨테이너만을 운송하며, 제작이 간단하고 가격도 싸다. 트레일러는 화물 컨테이너 구조에 맞도록 설계가 되어있고, 국가별로 외형은 다르지만, 규격품인 화물 컨테이너 운송을 위한 목적은 세계 어느 국가든 동일하다. 우리나라에서는 '섀시(Chassis)'라고도 한다.

트레일러는 컨테이너가 미국에서 먼저 개발, 제작했기 때문에 컨테이너에 꼭 맞는 운송 구조로 되어 있으며, 미국이 이에 맞는 도로교통법규를 만들어 처음 시행하였다. 본 규정을 세계 각국이 자국의 사정에 맞도록 수정하여 법규를 제정했지만, 기본적인 도로교통법의 골격은 대동소이하다. 트레일러에 얹힌 고하중의 컨테이너가 도로에 하중을 분산하며 안전하게 운송해야 하기 때문에 컨테이너 하부 구조를 고스란히 이어받아 트레일러에 접목해 제작한다. 구조는 아주 간단하며, 상차 되어 적재 이후에는 트위스트락(Twist Lock)[6]으로 체결한다.

1) 트레일러의 종류

컨테이너를 운송할 수 있는 운반체는 여러 종류가 있지만, 본 글에서는 컨테이너 운송 전용 트레일러에 대해서만 설명한다.

가) 20 피트 전용 트레일러

무거운 화물 운송에 적합한 20피트 운송만 가능하다. 길이가 짧아 처짐이 적기 때문에 무거운 화물은 20피트에 적재하여 운송한다. 타 종류에 비해 20피트 섀시는 구조가 튼튼하다.(그림15)

나) 콤바인 트레일러(Combine)

20피트, 40피트를 운송할 수가 있다. 여러 종류의 컨테이너의 운송이 가능하도록 제작되어 호환성이 좋기 때문에 컨테이너 운송에 유리한 섀시이다.(그림16)

다) 구즈넥 트레일러(GooseNeck)

앞쪽이 '오리의 목'처럼 생겨 '구즈넥'이라 불리며, 섀시 중에서 제일 약한 구조이다. 섀시는

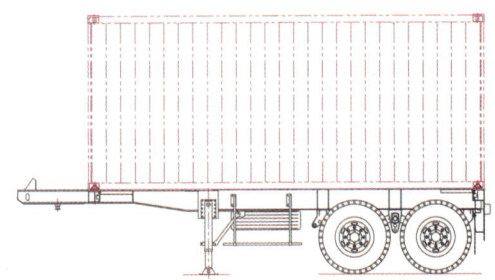

[그림 15] 20피트 컨테이너 전용 섀시

---

[6] 트위스트 락: 트레일러에 상차 하기 쉽도록 잘 맞춰지며, 운송 중 컨테이너가 이탈되지 않도록 잡아주는 역할을 하는 철재 가공품으로, 여러 가지 종류가 있다.

[그림 16] 콤바인 트레일러와 트위스트 락(사진 오른쪽)

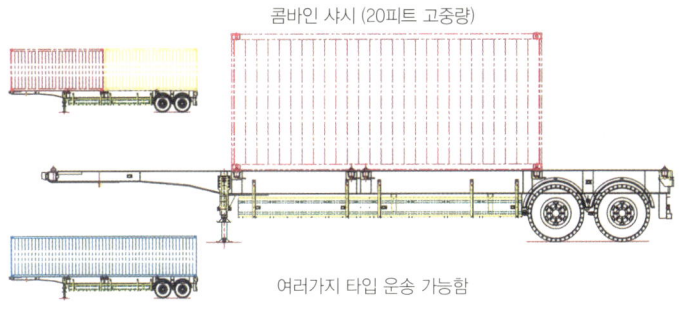

[그림 17] 40피트 구즈넥 트레일러와 앞쪽의 구즈넥 부분

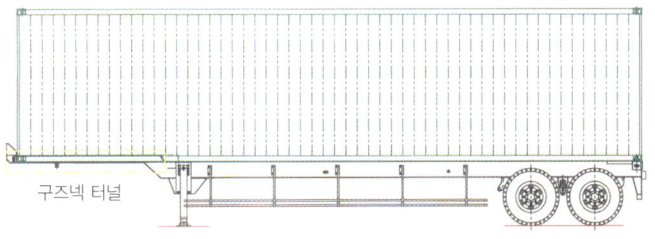
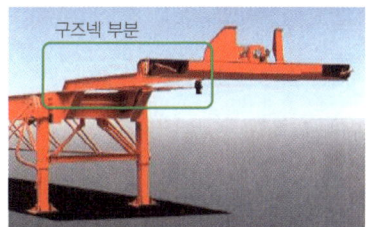

컨테이너와 일체화되면 강성이 증가 된다. 높이가 높은 40피트 HC의 운송이 용이하도록 지상고[7]가 제일 낮다. 전면부에는 컨테이너를 올리고 체결을 할 수 있는 윗방향의 트위스트 락(Twist Lock)이 없기 때문에 20피트 컨테이너를 운송할 수가 없고, 섀시 중 가격이 제일 저렴하다.(그림17)

라) 평판 트레일러(Flat)

20피트와 40피트의 운송도 가능하고 컨테이너 이외에 다른 일반 화물의 운송이 가능한 구조이다. 트레일러 상부 바닥면이 목재로 깔려 있기 때문이다. 구조가 튼튼하여 무겁고 가격이 비싸며, 견인차인 트렉터 연료 소모량이 많은 것이 단점이다.(그림18)

마) 콤비 라인(Combi Line) 트레일러

콤보섀시, 복합섀시로 불린다. 구즈넥 트레일러는 20피트 적재가 안되지만, 콤비 라인 트레일러는 높낮이 조정구가 있어 20피트도 운송 가능하도록 제작되었다. 이런 이유로 20피트 2동을 적재하면 앞쪽은 높이 차이 때문에 120mm가 계단처럼 솟아 올라와 있다. 현존하는 트레일러 중에서 가장 진화된 종류로, 가격 또한 제일 비싸다. 지상고도 낮고, 20피트, 40피트, 40피트 하이큐빅의 운송도 가능하며, 구

---

7) 지상고: 지면에서 컨테이너가 놓이는 부분까지 높이이다. 지상고가 낮을수록 높이가 높은 컨테이너 운송에 유리하다. 신호등, 터널, 굴다리 등을 지나야 하기 때문에 도로교통법상 높이 제한 허가도 있다.

[그림 18] 평판 트레일러(Flat)

[그림 20] 20피트 2동을 운송하는 복합 섀시

[그림 21] 화물차(카고차)

[그림 19] 콤비 라인(Combi Line) 트레일러의 쓰임

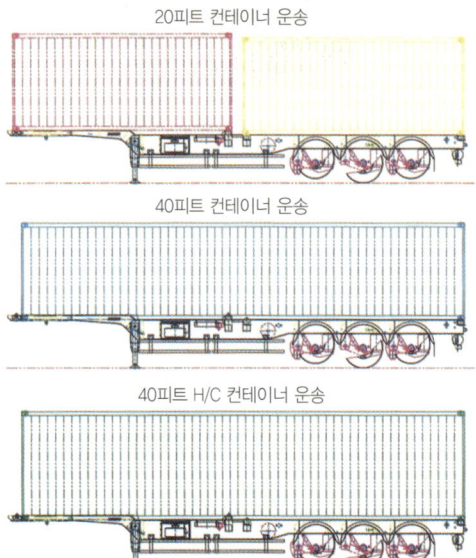

조 또한 튼튼한 구조이다.(그림19, 그림20)

바) 화물차(Cargo)

화물차를 합법적으로 구조변경하여 운송 차량으로 사용한다. 물류 현장에서는 '카고차'라고 불린다. 통상 견인차(트럭)와 피견인차(트레일러)로 구분되지만 이 차량은 트럭의 적재함에 컨테이너가 곧바로 적재되어 길이가 짧아져 회전 반경이 작기 때문에 길이가 긴 트레일러의 진입이 어려운 골목길이나 구불구불한 좁은 길의 도로 운송에 적합하며 기동성 또한 좋다.(그림21)

2) 컨테이너 운반구(트레일러) 시장 현황과 전망

크기와 부피가 있는 컨테이너의 운송을 위하여 특화된 운반구는 위에서 언급한 운반구 외에도 몇 가지의 운반구가 더 있다. 정해진 규정을 지키지 않는 데다, 과적으로 인한 도로파손의 주범으로 낙인되어있는 것이 트레일러 운송이다. 무거운 하중의 컨테이너 운송을 도로교통법에 위배되지 않으며 보다 안전하고 빠르게 운송하는 것이 목적이기는 하나, 현재로서는 트레일러를 대체 할만한 어떤 운반구가 없는 실정이다.

복합적인 여러 이유로 보다 많은 화물을 적재하여 운송하려 한다. 그러나 지금부터는 적정중량을 초과하여 실어 비용을 줄여보자는 사고방식을 지양하고 적정한 중량의 운반을 해야 한다는 사고의 전환이 필요한 시기이다.

화물 컨테이너와 관련된 모든 종사자들의 관심과 법규를 준수하려는 의지가 확산된다면 컨테이너 트레일러에 대한 여러 오해와 사고, 도로파손에 대한 문제점들이 서서히 사라질 것이다.

IV장
물류기능별 유닛로드시스템 도입 및 구축사례

제1절 ULS 효율화를 위한 IT 구축사례
제2절 ULS 기반 운송시스템 구축사례
제3절 ULS 기반 물류시설 구축사례
제4절 ULS 기반 글로벌 SCM 구축사례

"변화에 대한 적응력"

Adaptability to Change

살아남는 것은 가장 강하거나 똑똑한 종들이 아니라,
변화에 가장 잘 적응하는 종들이다. -찰스 다윈-

It is not the strongest of the species that survives, nor the most intelligent that survives. It is the one that is most adaptable to change. - Charles Darwin

제1절 ULS 효율화를 위한 IT 구축사례

1. 유닛로드 적재 최적화 시뮬레이션

화물의 포장을 표준화하고, 파렛트와 같은 유닛로드 기기를 사용하여 화물을 단위화 하여 적재하게 되면, 지게차나 컨베이어와 같은 물류장비를 사용하여 신속하게 상하역 작업이 가능하게 되고, 화물컨테이너를 비롯하여 운송차량의 적재효율을 높일 수 있게 되어 물류비에서 가장 큰 비용요소인 운송비용의 절감을 도모할 수 있다.

지금까지 대부분의 화물 적재작업은 다년간의 현장 경험을 바탕으로 한 현장 작업자의 노하우에 의존해 왔다. 실제 거의 모든 기업에서의 제품 출하장은 숙련된 담당자의 경험을 바탕으로 출하작업을 계획하고 또 실행하고 있는 실정이다. 이런 방식은 현장 작업자의 능력과 상황에 의존함에 따라 물류의 생산성과 효율성을 검증할 수 있는 기준을 세우고 관리하기 어려울 뿐만 아니라, 개별 고객 맞춤형 출하가 더욱 요구되고 있는 최근의 물류환경 하에서는 경쟁에 뒤처질 수밖에 없다.

이를 해결하기 위해서는 화물을 트럭이나 컨테이너 등에 적재하는 효율적인 방법을 제시할 수 있는 적재 최적화 솔루션의 도입이 필요하다. 특히 유닛로드를 활용하고 있는 물류 현장이라면 적재 최적화를 가능하게 하는 시뮬레이션 소프트웨어를 도입함으로써 제품의 운송 조건과 안정성 등을 고려하여 트럭이나 컨테이너의 공간 효율을 극대화하는 계획을 수립하고, 신속한 상하역 작업, 운송 도중의 화물 파손 예방 등 효율적인 운송업무로 운송비를 절감하고 고객 만족도를 향상시킬 수 있다.

또한, 최근의 IT 기술의 발전은 시뮬레이션 결과를 매우 빠르게 보여줌으로써 적재 계획 업무에 소요되는 시간을 획기적으로 줄이고, 운송관리시스템(TMS)이나 창고관리시스템(WMS), 또는 관련한 기간계 시스템과 데이터를 연계함으로써 업무의 통합화를 쉽게 추진할 수 있게 해 준다.

본 고에서는 국내외에서 사용하고 있는 대표적인 적재 최적화 솔루션들의 주요 기능과 특징 등을 살펴봄으로써 유닛로드 적재 최적화 시뮬레이션 솔루션을 도입하는 기업들이 유익한 자료로 활용할 수 있도록 하고자 한다.

1) 유닛로드 적재 최적화 프로그램 개요

기업들은 공급망 관리를 효율적으로 추진하기 위해서 유닛로드시스템의 도입을 목표로 일관 파렛트 체계의 도입을 확대하고 있다. 일관 파렛트 체계는 표준 파렛트의 설계와 그 활용을 기반으로 하는데, 파렛트의 표준화와 일관화는 그 상류 공정인 제품의 포장설계와 그 하류 공정인 물류 기능, 즉 상하역과 운송의 효율성을 결정짓게 된다. [그림 1]은 이들의 관계를 설명하고 있다.

대부분의 유닛로드 적재 최적화 프로그램은 상자, 파렛트, 컨테이너·트럭의 3단계로 모듈을 나누어 구성하여 각 모듈을 개별로 사용할 수 있게 하고 있으며, 상자 적재부터 컨테이너·트럭 적재까지 연결시켜 일관된 시뮬레이션 기능을 제공하기도 한다.

이 중 상자 단계는 제품의 포장설계 영역에서 주로 다루는 것이지만 포장설계 단계에서부터 물류 분야에서 사용할 표준 파렛트의 규격을 염두에 두고 진행하는 것이 중요하다. 예를 들어 제품 낱개의 포장 크기가 1mm 변하면 상자의 크기가 달라지고, 상자를 파렛트나 컨테이너에 실을 수 있는 양이 바뀌게 된다. 따라서 수배송 비용을 줄이기 위해서는 제품의 규격과 포장상자의 설계에서부터 시작되어야 한다.

[그림 1] 유닛로드 적재 최적화 프로그램 개요

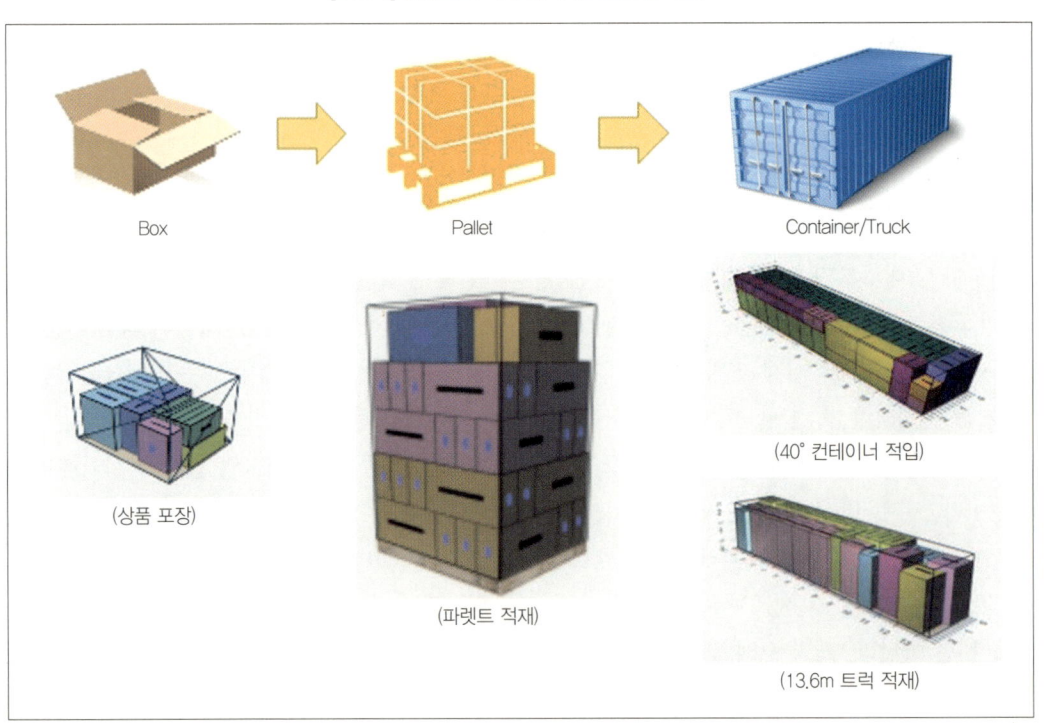

2) 파렛트 적재 최적화

파렛트 적재 최적화 프로그램은 제품을 수배송할 때 정해진 규격의 파렛트 위의 빈 공간에 여러 가지 적재 패턴을 사용하여 상자를 가장 효율적으로 배치하고, 수배송 해야 할 제품 물량을 최소의 파렛트 수량으로 적재하는 것을 계산하는 프로그램으로, 공간 사용률을 최대화하는 적재 최적화 엔진을 탑재하고 있어야 하며, 시뮬레이션 결과를 작업자가 이해하기 쉽게 그래픽으로 도시화하고, 필요 시 제어변수들을 변경하여 그 결과를 다시 볼 수 있게 해준다.

이러한 프로그램의 주요한 공통 기능을 살펴보면, 단일 종류의 제품인 경우와 혼합 종류의 제품인 경우를 구분하여 상자의 규격을 설정하고, 오버행, 단수 제한, 중량 제한 등 각종 제약조건들을 입력하고, 사용할 적재규칙을 지정하면, 이에 적합한 유닛로드를 자동 계산하고, 해당 작업 수행에 필요한 최적의 파렛트 소요량을 산출하는 것으로 되어있다.

또한 부수적인 기능으로써 적재 안정성과 관련하여 운송 도중의 제품 무너짐 방지를 위한 적절한 포장재의 사용을 제안하는 기능과 작업지시서의 발행과 같은 수배송 업무와 관련된 후속 절차들을 지원하기도 한다.

국내에서 주로 사용하는 국산 소프트웨어로는 로젠솔루션(주)가 제공하는 큐브마스터(CubeMaster), 삼성SDS(주)에서 제공되는 첼로 로딩 옵티마이저(Cello Loading Optimizer) 등이 있고, 글로벌 소프트웨어 회사 제품으로는 벨기에 Esko사의 Cape Pack, 미국 Tops사의 Tops Pro가 많이 사용되고 있다.

[그림 2]는 Esko 사의 Cape Pack의 주요 기능을 설명하고 있다.

3) 컨테이너 적입 최적화

컨테이너 적입 최적화 프로그램은 수배송할 제품들을 적입할 컨테이너의 최적 수량을 계산하고 제안한다. 이때 컨테이너의 무게중심이 좌우나 앞뒤로 쏠리지 않고 최대한 가운데 위치하도록 하여 운송차량의 안전운행을 지원한다. 따라서 컨테이너 안쪽 벽부터 바깥으로 적재되는 벽쌓기 형태의 적재방법을 주로 사용한다.

또한 적재할 운송차량의 종류와 수량에 대해 가장 효율적인 방안을 제시한다. 예를 들어 동

[그림 2] Esko Cape Pack의 주요 기능

출처: Esko 홈페이지(http://www.esko.com/ko)

일한 체적의 화물을 대형차량으로 운송할 경우와 소형차량으로 운송할 경우를 비교하여 체적과 비용 간의 트레이드오프를 실시하기도 한다.

컨테이너 적입, 또는 트럭 적재의 계획 시에 사용하는 대표적인 시뮬레이션 소프트웨어로써는 로젠솔루션(주)의 큐브마스터(CubeMaster), 삼성SDS(주)의 첼로 로딩 옵티마이저(Cello Loading Optimizer), 벨기에 Esko사의 Truck Fill, 미국 Tops사의 Maxload Pro를 들 수 있다.

이 중 로젠솔루션 큐브마스터(CubeMaster)의 이와 관련한 주요 기능을 정리하면 다음과 같다.[1]

① 해상컨테이너 적재 최적화
- 단일 종류와 혼합 종류의 파렛트 화물을 해상컨테이너(20피트, 40피트, 40피트 하이큐브)에 적입 시 적재 수량 자동 계산
- FCL(Full Container Load) 자동 계산
- LCL(Less Than Container Load) 자동 계산과 빈 공간 자동 검출
- LCL 화물에 대해서 혼재(Consolidation) 자동 생성
- 제품 〉 파렛트 적재 〉 컨테이너 적입의 2단계 시뮬레이션 지원
- 적화 목록(Manifest), 피킹 목록(Picking List), 작업지시서 등 보고서 자동 생성

② 차량 적재 최적화
- 트레일러, 트럭 및 윙바디의 화물 혼재(Consolidation) 최적화
- 주문정보에 대한 최적의 차량 소요량 계산
- FTL, LTL 자동 계산
- 복수 착지를 위한 적재, 하역 순서 고려
- 화물 매칭(Load Match)을 위한 화물 혼합적재 최적화
- 제품 〉 파렛트 적재 〉 차량 적재의 2단계 시뮬레이션 지원

③ 항공컨테이너(ULD) 적재 최적화
- 항공 파렛트와 컨테이너의 혼합 화물의 적재방법 계산
- 항공기 전체에 대한 무게를 고려한 화물 혼재 방법 계산

2. 유닛로드 기기 관리를 위한 ICT 기술

제조업 분야의 혁신인 인더스트리 4.0의 등장 이후 산업계 전반에 걸쳐 사물인터넷(IoT), 인공지능, 로봇 등 첨단 ICT 기술을 활용한 혁신, 즉 4차 산업혁명이 활발하게 전개되고 있으며, 물류 업계에서도 창고 내 작업의 자동화·무인화, 라스트마일 배송의 신속화 등과

---
[1] 로젠솔루션 홈페이지(http://www.logen.co.kr/vms/cubemaster/home.asp)에서 인용

같은 분야별 혁신이 진행되고 있다. 또한 사물인터넷 센서 기술 등을 활용하는 한편 각 분야의 정보화로 인해 획득된 각종 데이터들을 개방된 환경하에서 공유함으로써 업계의 다양한 문제를 해결하고, 나아가 공급사슬 전반에 걸친 기업 및 업계 간 물류혁명이 추진되고 있다.

유닛로드 기기 중에서 해상컨테이너와 같은 대형 고가의 자산은 국제적인 규약에 따라 그 위치와 상태 등이 추적 관리되고 있지만, 기업의 물류 예산에서 비교적 큰 지출항목 중 하나에 속하는 파렛트, 롤컨테이너, 플라스틱 상자(크레이트) 등과 같은 소형의 유닛로드 기기는 그 수량이 많고 사후관리의 어려움 때문에 일반 기업에서는 보통 자산으로 등록하지 않고 소모품으로 회계 처리하여 왔다.

그러나 데이터를 활용한 물류 효율화가 더욱 중요해지는 지금에 와서는 이러한 유닛로드 기기들에 최신의 ICT 기술을 활용하여 이들 자산을 합리적으로 운용하는 것이 가능해졌을 뿐 아니라, 유닛로드 기기의 공급사슬 내에서의 위치 및 상태 등을 데이터화 하여 이들을 적재된 화물의 데이터로 변환함으로써 종래에 불가능하였던 새로운 정보를 축적하고 이를 공급사슬 관리의 관점에서 분석하고 활용하는 것이 가능해지고 있다.

따라서 본 고에서는 유닛로드 기기 관리에 적용할 수 있는 다양한 ICT 기술에 대해서 그 개요를 간략히 살펴보고 적용하는 방안에 대해 논의해보고자 한다.

1) 자동인식기술과 RFID 기술의 활용

자동인식기술(AIDC: Automatic Identification and Data Collection)은 데이터를 직접 수작업으로 입력하지 않고 컴퓨터가 데이터를 자동으로 식별하고 처리하는 기술로, 물류작업의 자동화 및 효율 개선에 필수적인 요소이다. 현재 물류 업무에서 가장 많이 활용되고 있는 자동인식기술로는 바코드, QR코드와 RFID 기술을 들 수 있다.[2]

이러한 자동인식기술은 적절한 상황 하에서는 99.5% 이상의 인식률을 실현할 수 있으나 가격, 유지관리 난이도, 적정 환경, 성능, 판독 가능 데이터 종류 등에서 차이가 있으므로 최적의 솔루션을 선택하기 위해서는 해당 솔루션을 어떤 용도로 어떻게 활용할 지부터 먼저 고려하여야 하며, 이때 대상이 되는 물품, 식별해야 할 데이터, 작업의 프로세스 관점에서 종합적으로 검토하여야 한다. 고려하고 검토해야 할 사항을 정리하면 아래와 같다.

① 대상 물품과 관련해서는 물품의 크기, 형태, 이동 속도, 놓이는 방향, 동시 식별해야 할 물품의 수량과 코드의 종류, 리더기와의 거리, 정보가 기재된 겉면의 수, 수집될 정보의 양 등을 고려하고,

② 식별 데이터와 관련해서는 인식하는 코드의 종류(일차원 또는 이차원)와 길이(바이트 수), 저장방식, 보안 수준, 수집 단위(작업라인, 공장/센터 등), 추가적인 분석을 위한 데이터 가공의 필요성, 데이터 인코딩 표준, 업데이트와 변경의 필요성, 리더기의 방향성 등을 고려하며,

---

2) 그 외의 자동인식기술로써는 광학기술을 이용한 OMR(Optical Mark Leader), OCR(Optical Character Reader), 자기리더(MSR, Magnetic Stripe Reader) 등이 있다.

③ 물류 프로세스 측면에서는 물품의 적치 방식, 기온이나 조명 등의 작업환경, 예산, 장비 설치를 위한 여유 공간, 법적인 규제, 취급단위(개별제품, 케이스, 순환물류용기 등), 루프 구분(개방형 또는 폐쇄형) 등을 고려한다.

가) 바코드

1952년 조셉 우드랜드에 의해 특허 출원된 바코드는 저렴한 비용으로 구현 가능하다는 장점으로 인하여 오늘날 유통물류에서 개별 상품의 품목정보를 표시하거나 상품의 포장상자에 부착하는 물류라벨 등에 사용하는 대표적인 자동인식기술이 되었다.

여러 가지 폭을 가진 바(Bar, 검은색 막대)와 공백(Space, 흰색 막대)을 특정한 형태로 조합하여 숫자, 문자와 기호 등을 표현한 바코드는 1960년대 후반부터 본격적으로 도입되어 이제는 우리 생활에서 없어서는 안 될 필수적인 것으로, 경제 활동을 더욱 편리하게 해 주고 있다. 편의점이나 유통업 점포에서는 거의 모든 상품 포장에 바코드가 인쇄되어 있고, 바코드를 스캔하여 판매관리시스템(POS: Point of Sale)에 상품의 정보를 입력하고 있다. 많은 제조공장에서도 원자재, 부품, 제품의 입출고 및 재고관리 업무 등에 바코드를 활용하고 있는 바, 이는 바코드가 가지고 있는 빠른 인식 속도와 정확성, 쉬운 조작 등의 특징과 함께 국제적인 표준화 노력에 힘입은 바 크다.

바코드를 판독하기 위해서는 레이저 스캐너가 필요하다. 레이저 스캐너는 바코드의 어두운 부분과 밝은 부분의 레이저 반사도 차이를 이용해 데이터를 판독하며, 레이저 주사 형태가 단일 라인인지 멀티 라인인지에 따라 라인 스캐너와 래스터 스캐너로 구분한다. 레이저 스캐너는 일차원 바코드 판독에 가장 널리 사

[그림 3] GS1 바코드의 예

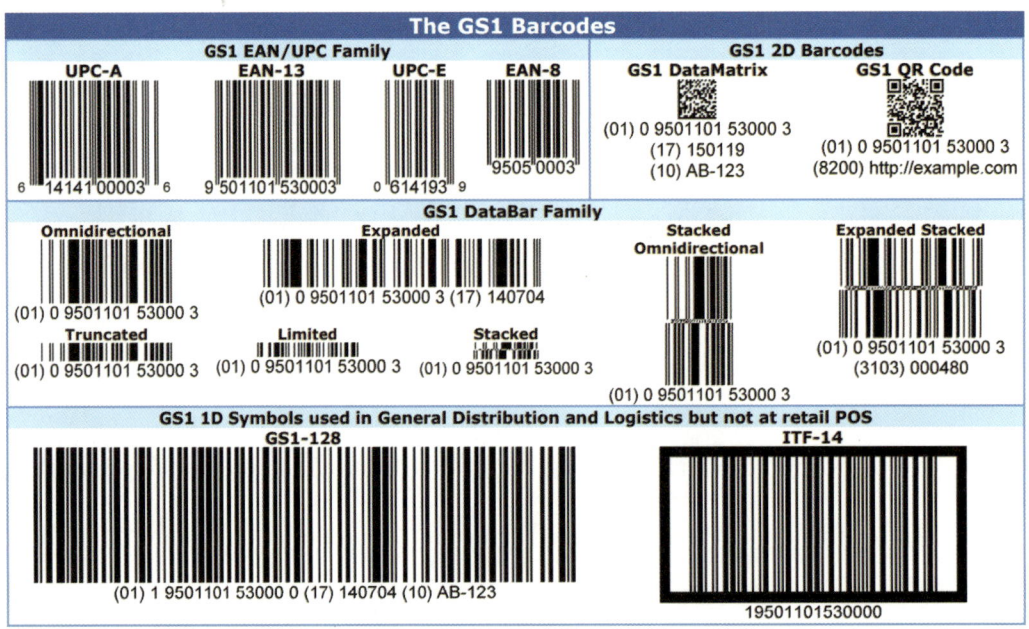

출처: 대한상공회의소 유통물류진흥원, GS1 표준 사용자 매뉴얼(2015)

용되는 인식장비로, 저렴하고 관리가 쉬우며, 바코드 품질이 적절한 경우 매우 높은 판독률을 보인다. 또한 산업용 레이저 스캐너는 화각(Field of view)이 넓고(예: 최대 60도) 스캔 속도가 빠르며(예: 초당 1,200회) 외부 광원에 거의 영향을 받지 않으므로 사실상 모든 조명 조건에서 활용 가능하며, 고온이나 저온 환경에서도 판독 성능을 유지할 수 있다.

나) QR코드

상기의 1차원 바코드는 상품의 품목정보를 간단히 저장하는 데는 효율적이지만 처리할 수 있는 용량의 제한으로 홈페이지 주소, 문서, 동영상, 또는 다량의 사진과 같은 시청각 자료를 저장하는 데는 적합하지 않는데, 2000년대에 들어 2차원 바코드가 등장하여 자동인식기술은 새로운 국면을 맞이하게 되었다.

기존의 1차원 바코드가 보통 12~13 자릿수의 숫자를 일렬로 사용한 것에 비하여, 2차원 바코드는 흑백의 격자무늬 패턴의 매트릭스를 채택함으로써 종횡으로 정보를 기록할 수 있게 되어 저장 공간이 대폭 늘어나 최대 7,089자의 숫자, 최대 4,296의 문자를 사용할 수 있게 되었고,[3] 2차원 바코드를 포털 사이트와 연계함으로써 활용할 수 있는 방법이 매우 다양하게 되었다.[4]

여러 가지 종류의 2차원 바코드가 개발되었는데,[5] 그중에서도 덴소웨이브(DENSO WAVE)에서 개발한 QR코드(Quick Response Code)가 라이선스 개방과 관련 기술의 공개에 따라 주류로 자리잡게 되었다.

또한 인식기기는 전용의 레이저 스캐너뿐만 아니라 보통의 디지털 카메라로도 인식할 수 있으므로 스마트 폰의 보급과 함께 그 사용이 폭발적으로 증가하고 있는데, 초기에는 광고와 같은 마케팅 영역, 핀테크와 관련한 개인정보 인증 업무 등에서 주로 도입되었으나 최근 포스트코로나 시대에 언택트 붐이 불면서 일반인 대상의 생활 밀착형 서비스 앱에 다양하게 적용되고 있다.

[그림 4] QR코드와 바코드의 비교

출처: 한국항만경제학회지 2013년 제29권 제4호 박은지 "사례 분석을 통한 QR코드의 활용방안 연구" 참고하여 저자 재작성

---

3) ASCII 문자의 경우이며, 한자와 같은 아시아지역 문자는 최대 1,817자까지 담을 수 있다.
4) 1차원 바코드는 제품의 품목정보만 가지고 있어서 상품정보를 가지고 있는 데이터베이스에 접근하는 키(key)로 사용하였지만, 2차원 바코드는 자체적으로 정보를 많이 담을 수 있으므로, 필요한 경우, 그 내용을 바코드에 담을 수 있게 하여 데이터베이스 조회 절차 없이 관련 정보를 제공할 수 있다.
5) 2007년 2월 기준으로 ISO/IEC 2차원 바코드 심볼 규정에 따른 2차원 바코드로는 미국 Symbol사의 PDF417, CI Matrix사의 Data Matrix, UPS사의 Maxi Code, Hand Held Products사의 Aztec Code와 일본 Denso Wave사의 QR Code가 경합하고 있었다.

<표 1> QR코드의 특징

특징	내용
데이터 저장 용량이 큼	종횡으로 데이터를 저장하여 약 1KB의 정보를 수용. 다만 정보량이 증가하면 판독률과 조작성은 저하됨
정보의 수록 밀도가 높고, 아주 작은 공간에도 가능	정보의 수록밀도는 1차원 바코드의 10~100배 정도이며, 수 mm의 심볼도 사용할 수 있으므로 아주 작은 공간에도 적용
다양한 종류의 정보를 코드화할 수 있음	숫자, 영문, 기호는 물론 한글, 한자, 음성, 화상 정보의 코드화가 가능함
오염/손상에 강함	오류 정정 기능을 가지고 있어 코드의 일부가 더럽혀지거나 손상되어도 데이터 복원이 가능함
360도 어느 방향에서나 읽을 수 있음	3개의 네모기호(Position detection patten)를 사용하여 배경 무늬의 영향을 받지 않고, 어느 방향에서나 안정적인 고속 읽기가 가능함
연속 기능을 지원	코드화하고자 하는 데이터를 분할 하여 표현 가능

출처: 한국항만경제학회지 2013년 제29권 제4호 박은지 "사례 분석을 통한 QR코드의 활용방안 연구"

다) RFID

RFID(Radio Frequency Identification, 전파식별)는 마이크로 칩을 내장한 태그(Tag)에 데이터를 저장시키고, 이를 전파(주파수)를 이용하여 리더기(Reader)가 자동 인식하는 기술을 말한다. 지난 20여 년 사용되어 온 기술이지만 최근 태그의 가격이 저렴해지고 저장능력과 인식능력의 향상으로 인해 기존의 바코드를 대신하는 원격 자동인식기술로 부각되었다.

RFID 태그는 전파 통신을 위한 안테나와 데이터 저장을 위한 마이크로칩으로 구성된다. 태그가 자체적으로 배터리를 내장하여 자신의 에너지로 전파를 송출하는 능동형 RFID 태그와 내장된 배터리 없이 리더에서 온 전파에 반응하여 소량의 에너지만을 생성하여 전파를 송출하는 수동형 RFID 태그로 구분하며, 태그 데이터를 읽기만 하는 경우와 읽기와 쓰기를 모두 가능하게 하는 경우로 나눌 수 있다.

RFID 통신에 사용하는 주파수 대역은 매우 다양한데, 물류분야에서 주로 사용하는 주파수는 860~960MHz의 UHF 대역이며, 그중 일부를 각국의 통신 당국에서 지정하여 관리하고 있다.[6] <표 2>는 응용분야에 따라 사용하는 주파수 대역의 예를 보이고 있다.

물류 분야에서의 RFID 적용은 9.11 테러 이후 자국 내로 반입되는 화물에 대한 철저한 검색과 보안 및 테러에 대한 방어가 가장 중요한 국제적인 이슈가 됨에 따라 해상용 컨테이너에 대한 무단 개봉 방지와 국내외 물류 전 구간에 대한 추적관리 업무에 사용되면서 본격화 되었다.

여타 유닛로드 기기의 효율적인 관리를 위하여 RFID 기술을 채택하는 경우도 늘고 있다. 특히 상품의 입출고와 수배송을 파렛트 단

---
[6] 전파통신에 사용하는 주파수 대역은 각국에서 국가 자산으로 관리하여 사용자, 즉 통신사업체에게 그 사용권을 판매하고 있으며, 국제적으로 통용되는 공용 사용 대역(ISM 대역)이 있다. 우리나라의 경우 RFID 통신에 사용하는 UHF 주파수 대역은 433.67~434.17 MHz, 917~923.5 MHz이다.

[그림 5] RFID 시스템의 구성

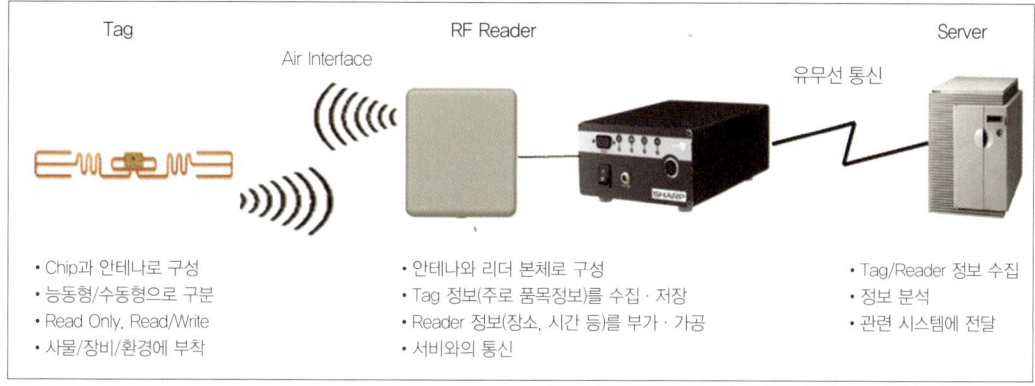

- Chip과 안테나로 구성
- 능동형/수동형으로 구분
- Read Only, Read/Write
- 사물/장비/환경에 부착

- 안테나와 리더 본체로 구성
- Tag 정보(주로 품목정보)를 수집·저장
- Reader 정보(장소, 시간 등)를 부가·가공
- 서버와의 통신

- Tag/Reader 정보 수집
- 정보 분석
- 관련 시스템에 전달

출처: 한국통합물류협회 허진욱 'RFID 온라인강좌'

〈표 2〉 RFID 통신에 사용하는 주파수 대역

주파수	저주파(LF) 125, 134 KHz	고주파(HF) 13.56 MHz	극초단파(UHF)		마이크로파 2.45 GHz
			433.92 MHz	860~960 MHz	
인식 거리	60cm 미만	약 60 cm	약 50~100m	약 3.5~10m	약 1m 이내
일반 특성	• 비교적 고가 • 환경에 의한 성능 저하 거의 없음	• 저주파보다 저가 • 짧은 인식거리와 다중 태그 인식이 필요한 분야에 적합	• 긴 인식거리 • 실시간 추적 및 컨테이너 내부 습도, 충격 등 환경 센싱	• IC 기술 발달로 가장 저가 생산이 가능 • 다중 태그 인식 성능이 가장 뛰어남	• 900MHz 대역 태그와 유사함 • 환경에 의한 영향을 많이 받음
동작 방식	수동	수동	능동	능동/수동	능동/수동
적용 분야	• 공정 자동화 • 출입통제/보안 • 동물 관리	• 수화물 관리 • 대여물품 관리 • 교통카드 • 출입통제/보안	• 컨테이너 관리 • 실시간 위치추적	• 공급망 관리 • 자동 통행료 징수	• 위조 방지
인식 속도	늦음 ←――――――――――――――――――→ 빠름				
환경 영향	적음 ←――――――――――――――――――→ 많음				
태그 크기	큼 ←――――――――――――――――――→ 작음				

출처: 여준호 '최신 RFID 기술', 홍릉과학출판사 발간

위로 작업하려는 사용업체가 늘어나면서 파렛트에 RFID를 부착하여 유닛로드 개개를 추적 관리 하려는 시도가 선도적인 파렛트 풀링 업체를 중심으로 전개되고 있으며, RFID 기술을 활용하여 파렛트의 분실을 방지하고 회수 효율을 높이는 한편, 파렛트의 수급계획을 사전에 보다 정확하게 관리하고, 나아가 고객의 유닛로드 화물에 대한 데이터를 축적하여 부가적인 데이터 서비스를 새로운 비즈니스로 개발하려고 하고 있다.

향후 RFID 기술이 보다 확산되기 위해서는 태그의 가격이 태그를 회수하지 않아도 부담이

〈표 3〉 총량 관리와 개체별 관리 비교

항목	총량 관리	개체별 관리
관리 기반	합산된 수량	개체 식별코드
특징	입출고 전표를 기반으로 수량 입력을 통한 물류기기 총량을 관리 - 총 수량 기반의 입출고/재고 관리 (재고평가는 선입선출) - 물류기기 관리업무가 비교적 단순 (개별 물류기기의 추적관리는 어려움)	개체 식별기술(RFID, QR, IoT센서 등)을 활용하여 개개의 물류기기를 관리 - 개체 데이터를 기반으로 입출고/재고 관리 - 개별 물류기기의 추적관리가 가능 - 개별 물류기기의 상황에 대한 정밀한 관리
관리 대상	일반 파렛트, 순환물류용기	RFID, IoT/센서 기반의 파렛트, 순환물류용기

되지 않을 정도로 저렴해야 할 뿐 아니라, 태그를 읽어야 할 주요 데이터 입력 거점에 RF리더기 등의 인프라 시설들이 설치되어 있어야 하고, 기존의 업무 프로그램을 개개의 유닛로드를 추적관리 할 수 있는 체제로 전환하여야 한다.

글로벌 공급망을 대상으로 하는 물류의 경우, 전 세계적인 범위에서 데이터 입력이 필요한 물류 거점에 RF리더기를 설치한다는 것은 독자적인 노력으로는 무척 어려운 일이므로 글로벌 협력 체계를 잘 구축하지 않으면 안 된다. 또한 운영되고 있는 대부분의 물류정보시스템은 물류의 이동에 대한 데이터를 총량적인 수량으로 관리하고 있으므로 유닛로드 개체별 관리를 가능하게 하는 시스템으로 보완하는 것도 RFID 시스템 도입 시에 고려하여야 할 중요한 요소이다.

〈표 3〉은 총량 관리와 개체별 관리를 비교한 자료이다.

2) 사물인터넷(IoT)의 도입과 무선 네트워크의 활용

오늘날 글로벌 물류기업들은 고객에게 글로벌 공급사슬의 가시성을 제시하는 능력을 최우선 경쟁력 요소로 삼고 있다. 이를 위하여 글로벌 운송 과정과 물류 인프라를 하나의 네트워크 플랫폼으로 연결하여, 처음부터 마지막까지를 모두 연계하는 종단간(End-to-End) 추적 및 관리를 행하고자 사물인터넷(IoT: Internet of Things)의 도입을 활발하게 추진하고 있다.

사물인터넷은 사람, 사물, 공간, 데이터 등 모든 것을 인터넷으로 서로 연결시켜, 정보가 생성되고, 수집되며, 공유되고, 활용됨으로써, 실제 세계와 가상 세계가 서로 소통하고 상호작용할 수 있게 해 준다. [그림 6]은 일반적인 사물인터넷의 체계가 디바이스, 네트워크, 플랫폼과 응용서비스의 4단계 레이어 구조로 구성될 수 있음을 도시하고 있다.

가) 사물인터넷(IoT)

사물인터넷은 모든 물류 프로세스들을 실시간 데이터 교환을 통하여 서로 긴밀하게 연결시켜 주고, 향후 공급사슬 전체가 실체적으로 연결될 수 있게 하는 유용한 수단으로 이해되고 있다. 어떤 물건이 어디에 얼마나 있는지를 실시간으로 파악할 수 있으면 수송수단이나 수

[그림 6] 사물인터넷의 체계

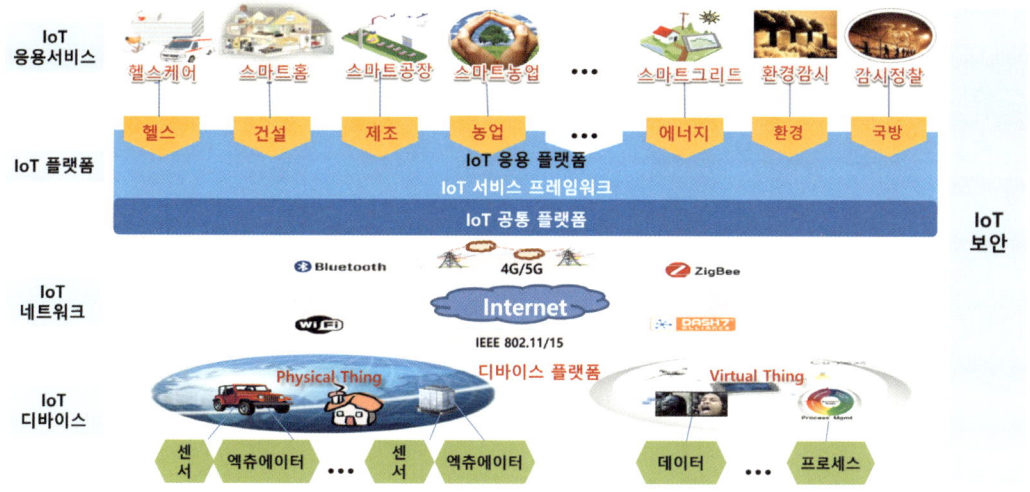

출처: 한국지능형사물인터넷협회 사물인터넷 교육자료 'IoT 개요'

송경로를 유연하게 재편할 수 있고 효율적으로 재고를 관리할 수 있게 된다. 또한 사물 이외의 정보도 연결됨으로써 공급사슬 총합적인 관점에서 물류를 보다 최적화할 수 있게 되고, 종래 "사람"에 의해 조작되거나 사람의 판단을 필요로 했던 프로세스를 기계로 대체하는 자동화·무인화의 실현을 추구할 수 있다.

IT 기반의 물류혁명을 선도하는 사물인터넷은 물류자산·인프라와 물류 프로세스가 고성능 센서 및 첨단 네트워크와 연계되어 보다 차별화된 서비스를 고객에게 제공하고자 하는 경쟁을 더욱 치열하게 하고 있다. 오늘날 물류기업들은 공급사슬 가시성의 확보, 물류 운영 효율성의 제고, 물류 자동화·무인화의 확대, 빅데이터의 수집과 인공지능을 통한 분석 등에 투자를 아끼지 않고 있어 물류혁명이 임박했음을 시사하고 있다.

IoT 디바이스 레이어 측면에서 살펴보면 유닛로드 기기와 유관 물류 자산(컨테이너, 트럭,

선박, 항공기 등)의 위치, 온도·습도, 진동·충격, 상태 등은 각종 센서들을 통하여 실시간으로 측정하여 이를 데이터화 한 후 적절한 통신 기능을 통하여 서버로 전달하고, 서버의 정보시스템에서 분석, 시각화하여 그 결과를 관계자에게 보여준다. 이러한 센서들은 그 용도에 따라 다양하게 개발되어 보급되고 있으며 앞에서 설명한 RFID와 결합하여 사용되기도 한다.

이와 같이 유닛로드 기기와 유관 물류 자산들의 현황 정보를 디지털 데이터로 실시간 수집·분석할 수 있기 때문에, 서버에 있는 정보시스템에서 최적화 알고리즘을 운영할 수도 있다.

또 이들을 빅데이터로 구축한 후 머신러닝이나 딥러닝과 같은 인공지능을 이용하여 물류업무를 자동화할 수 있고, 액추에이터 역할을 하는 디바이스를 통하여 자동화·무인화를 추진할 수 있다.

나) 무선네트워크의 활용

현재 5세대(5G, 5 Generation) 이동통신이 이미 상용화되었고, 4세대 이동통신인 LTE(Long-Term Evolution)보다 방대한 데이터를 지연 없이 초고속으로 전송함으로써 차량의 자율주행, 설비·로봇에 대한 원격 제어, AR기술의 실제 적용 등을 가능하게 하면서 사회 전반에 커다란 변화를 초래하고 있을 뿐 아니라 물류산업에도 지대한 영향을 미칠 것으로 예상되고 있다.

이러한 무선통신의 발전은 모든 사람과 사물들이 시간과 장소에 구애 없이 언제 어디서나 연결되는 혁신적 환경을 조성할 것으로 전망되는데, 이를테면 첨단 카메라와 센서들이 촘촘히 설치되고 초고속 통신망을 통해 모든 작업들이 실시간 모니터링될 것이다. 이러한 무선통신 기술은 물류기업이 최상의 대고객 서비스를 제공할 수 있도록 IT에 기반한 물류혁명을 선도할 수 있을 것으로 예측된다.

유닛로드 기기도 여러 가지 무선통신 기능을 갖추게 될 것으로 전망되는데, 그 중 실외 및 실내 공간에서의 측위와 관련된 기술에 대하여 살펴본다.

① 실외에서의 위치 측정은 주로 GPS(Global Positioning System)를 이용한다. 차량 네비게이션과 GPS 안테나가 내장된 스마트폰의 보급으로 GPS 정보의 민간 활용이 보편화되어 있으므로 유닛로드 기기의 실외 위치추적은 GPS를 기본으로 하게 된다. 그 외 이동통신망 기지국 기반의 Cell-ID 측위기법도 적용할 수 있다.

② 위치기반서비스(LBS: Location Based Service) 시장의 확대로 실외뿐만 아니라 실내 공간에서의 위치정보도 중요해졌다. 여러 가지 실내 무선측위기술이 경합을 이루고 있는데, 주요 기법으로는 단순 접속방식의 Cell-ID, 전파 신호 세기 맵을 이용한 핑거프린팅(Fingerprinting)에서 전파도달시간과 각도를 이용한 ToA(Time of Arrival), TDoA(Time Difference of Arrival), AoA(Angle of Arrival) 등의 삼각측량 기법들이 있다.

3) 글로벌 개체관리를 위한 국제표준 활용

국제상품코드 민간표준화기구인 GS1은 표준기반 정보서비스를 통해 유통물류 디지털화를 위해 오랜 기간 노력해 오고 있다. 이제는 사실상의 국제표준이 되어있는 상품식별코드(GTIN, SSCC 등), 업체식별코드(GLN) 등 바코드와 관련한 표준을 개발·보급·관리하고 있으며, 우리나라에서는 대한상공회의소 산하의 유통물류진흥원이 그 역할을 담당하고 있다.

가) GS1

1990년 양대 바코드 표준화 기구인 UCC[7]와 EAN[8]이 UCC/EAN으로 통합한 이후 2005년에 GS1(Global Standard 1)으로 명칭을 변경하였다. GS1은 데이터 중심의 글로벌 비즈니스 생태계 실현을 위하여 사물 정보의 식별

---

7) UCC(Uniform Code Council)는 1973년 설립된 조직으로 미국의 바코드 체계인 UPC(Universal Product Code)를 관리하였다.
8) EAN(European Article Numbering Association)은 1977년 설립된 조직으로 유럽의 바코드 체계인 EAN(European Article Number)을 관리하였다.

(Identify), 수집(Capture), 공유(Share), 활용(Use)을 위한 표준을 개발하고 보급하는 비영리 국제표준 기구로써 2016년 기준으로 112개 회원국과 수백만 이상의 비즈니스 파트너인 기업들로 구성되어 있다.

또한 GS1은 RFID 적용의 활성화를 촉진하기 위하여 2010년 RFID 연구그룹인 EPC global[9]을 합병하고 EPC/RFID 코드의 국제표준화를 지속적으로 발전시키고 있으며, MIT, Cambridge, ETH Zurich, Fudan, Keio, KAIST로 구성된 Auto-ID Labs과 기술적 협력관계를 맺고 거의 전 산업분야에 걸친 표준화 그룹을 운영하고 있는데, 다양한 비즈니스 이해관계와 요구사항을 가지는 글로벌 기업들이 적극적으로 참여하고 있다.

GS1은 글로벌 공급사슬과 수요사슬에서 효율성과 가시성을 향상할 수 있는 비즈니스의 글로벌 언어임을 표명하고 있다. 소매, 의료, 운송 및 물류, 식품, 기술산업뿐만 아니라 금융 서비스분야에서도 GS1 표준을 사용한 각종 솔루션과 서비스를 제공하고자 그 적용분야를 계속 확장하고 있고, ISO, IIC, Industry 4.0 등 다른 국제표준 및 산업표준과의 협력도 활발하게 추진하고 있다.

GS1 표준은 상품, 물류 단위, 자산, 위치 등 다양한 목적물을 대상으로 세계적으로 고유한 식별을 보장하기 위한 식별 코드를 부여하고, 어떤 상품이나 서비스 및 그 특징을 설명하는 모든 정보는 데이터베이스에서 검색하도록 하고 있다. GS1 표준의 사용자는 표준 메시지와 전자 카탈로그 등을 참조하여 사용의 편의성이 최대로 보장되어 있다. 대표적인 GS1 식별코드는 다음과 같은 것들이 있다.

- 상품 식별코드(GTIN: Global Trade Item Number)
- 국제 위치코드(GLN: Global Location Number)
- 수송용기 일련번호(SSCC: Serial Shipping Container Code)
- 재사용자산 식별코드(GRAI: Global Returnable Asset Identifier)
- 개별자산 식별코드(GGIAI: lobal Individual Asset Identifier)
- 국제서비스 관계번호(GSRN: Global Service Relation Number)
- 국제문서형식 식별코드(GDTI: Global Document Type Identifier)
- 국제선적 식별번호(GSIN: Global Shipment Identification Number)
- 국제탁송화물 식별번호(GINC: Global Identification Number for Consignment)

나) 순환물류용기와 같은 재사용 자산을 위한 GRAI 식별코드

GRAI(Global Returnable Asset Identifier, 재사용자산 식별코드)는 파렛트, 회수용 컨테이너, 나무 맥주통, 가스 실린더 등과 같이 일회용 자산이 아니라 반복 사용하거나 회수하여 판매 가능한 자산을 식별하기 위한 GS1 코드이며, 단순히 자산 식별 및 추적의 용도로 사용

---

[9] EPC global(Electronic Product Code global)은 1999년 설립된 미국 MIT 'Auto-ID Center'의 RFID 연구활동을 지원하고자 월마트, P&G 등 RFID 글로벌 사용자들이 중심이 된 민간표준화기구로써 2003년부터 RFID 관련 표준을 제정하기 시작하였고, 2010년에 GS1에 합병되었다.

<표 4> GRAI 코드의 구조

AI(응용식별자)	국가코드/업체코드/자산종류		체크디지트	일련번호
8003	880	N1~N12	N13	X1~X16

출처: 대한상공회의소 유통물류진흥원 GS1 글로벌 이력 추적 표준

할 수도 있고, 복수의 회사가 공동으로 임대 또는 대여 시스템을 운용할 때 들고나는 자산을 관리하는 용도로 사용 가능하다.

GRAI는 바코드 또는 EPC/RFID 태그로 인코딩 되고, 재사용 자산의 이동 시에 스캐닝을 통해 화물의 출하나 빈 재사용 자산의 회수 업무를 자동화할 수 있고, 특정한 순환물류용기에 적재된 화물을 식별하고, 순환물류용기의 이동과 함께 적재된 화물에 대해서도 추적이 가능하게 함으로써 이들 공급사슬의 가시성을 크게 향상시킬 수도 있다.

GRAI는 업체코드, 자산종류(Asset Type), 체크디지트, 일련번호의 코드구조를 가지며, 응용식별자(AI) 8003과 함께 표현된다. 여기서 일련번호는 선택사항이며, 문자와 숫자의 조합으로 나타내며 최대 16자리까지 표현 가능하다. GRAI의 구조는 <표 4>와 같다.

다) 물류단위 식별을 위한 물류라벨 코드 SSCC

GS1은 국제무역의 활성화를 위해서는 물류단위화물, 즉 순환물류용기 또는 화물컨테이너에 적재하는 화물의 표준화와 코드화가 반드시 선행되어야 함을 깨닫고 글로벌 공급체인 상에서 이동하는 이들 단위화물의 추적·조회를 위한 SSCC 식별코드의 사용을 제안하였다. 이를 통해 수출입업체, 수송업체 등 국제물류와 관련한 기업들은 국제운송, 내륙운송, 물류창고관리, 화물의 추적관리 등의 업무에 이를 적용함으로써 자사의 업무프로세스를 개선하고, 정보시스템의 상호운용성을 향상할 수 있게 하였다.

보통 물류라벨이라 부르는 SSCC(Serial Shipping Container Code) 코드는 GS1 표준명세(General Specification)를 기반으로 만들어졌고, 여기에는 단위화물을 효율적으로 식별하기 위한 식별코드, 디자인, 부착위치 등의 명세가 정의되어 있다. 이제 GS1 물류라벨을 사용함으로써 글로벌 공급사슬 상의 모든 관계자들은 오직 하나의 물류라벨을 사용하여 공급사슬 전 단계에서 해당 단위화물을 식별 가능하게 되었으며, 다른 단계에서 재라벨링할 필요

[그림 7] GS1 물류라벨 SSCC의 예

출처: 대한상공회의소 유통물류진흥원 GS1 Information Vol21 SSCC

가 없어지고, 단위화물의 이력 추적관리가 가능하게 되었다.

따라서 GS1 물류라벨 SSCC는 글로벌 공급사슬 상의 수많은 관계자들 사이에 사용하는 공통언어와 같으며, 제품의 물리적인 흐름과 정보의 흐름 사이에 링크되어 흐름의 동기화와 일관성을 제공하게 되었다. GS1 물류라벨의 한 예를 보이면 [그림 7]과 같다.

4) 미래 물류혁명에 기여할 새로운 IT 기술

미래 물류혁명은 기존의 것을 더 편리하게 하는 '진화(Evolution)'와 이전에는 없었던 새로운 가치를 제공하는 '혁신(Revolution)'을 통하여 이루어진다.

앞에서 살펴본 바코드/QR코드/RFID와 같은 자동인식기술과 사물인터넷(IoT), 무선통신을 비롯하여 핀테크, O2O 이커머스, 각종 플랫폼, 빅데이터, 블록체인 등과 같은 기술은 지속적인 진화를 통하여 보다 최적화되어 더욱 유용한 기술로써 시장을 확대해 나갈 것이며, 자율주행, 인공지능, 혼합현실, 생체인증, 6G와 같은 차세대 네트워크 같은 기술들은 진일보된 알고리즘과 함께 전혀 새로운 경험을 제공하는 혁신적 기술로서 시장의 패러다임을 바꾸면서 우리 앞에 등장할 것이다.

다음에 유닛로드 기기와 관련하여 주목하여야 할 몇 가지 새로운 IT 기술에 대해 간략히 살펴보기로 한다.

가) 빅데이터와 인공지능의 활용

사물인터넷은 향후 물류 산업에 많은 변화를 불러일으킬 것으로 전망되는데, 모든 사물, 공간에 심어진 다양한 센서에서 수시로 송출되는 신호와 스마트폰이나 모바일 단말기 등 사람들의 활동과 관련하여 시시각각으로 발생하는 대량의 빅데이터를 광범위하게 수집하고 고속으로 처리하여 의사결정에 활용하는 능력은 다가오는 시대에 있어서는 매우 중요한 경쟁력이 될 것이다. 그리고 이러한 빅데이터는 인공지능의 발달과 더불어 사람의 의사결정을 기다리지 않고 자동화·무인화를 촉진시킬 것이다.

머신러닝을 거쳐 딥러닝으로 발전되어 온 인공지능은 음성과 영상과 같은 신호처리 분야에서 뛰어난 능력을 보이고 있다. 음성 인식과 자연어 처리 능력은 인공지능 비서 서비스를 보편화 시키고 있으며, 제품 관리, 메신저 처리, 이커머스, 콘텐츠 이용 등의 분야에서 핵심적인 역할을 수행하게 될 것으로 보인다.

또한 인공지능은 뛰어난 영상처리 능력을 나타내고 있는 바, 카메라로 찍은 사람의 얼굴 이미지를 보고 순식간에 개인정보를 데이터베이스에서 찾고 출입을 통제할 수 있으며, 부품이나 제품의 이미지를 판독하여 불량 여부를 판정하고 품질정보를 데이터베이스에 입력할 수도 있을 뿐 아니라 아마존고와 같이 무인 판매점에서 상품의 판매관리자로 일할 수 있다.

인공지능 특히 딥러닝 기술은 특정 분야의 지식을 장기간 대량으로 준비하여 학습시키지 않아도 스스로 학습할 수 있으므로 매우 높은 '범용성'을 가지고 있어 향후 물류 분야에서도 광범위하게 활용될 것으로 전망된다.

나) 블록체인을 이용한 추적관리와 물류 보안

분산 원장 기술이라고도 부르는 블록체인 기술은 분권화된 형태의 디지털 장부 체계로, 위조를 방지하고 엄격한 보안시스템을 구축할 수 있어 대량 서류 작업과 번거로운 절차를 밟아야 하는 국제무역 절차를 간소화하기 위해 그 적용이 모색되어 왔고, 이러한 시범사업을 행하였던 세계 최대의 컨테이너 선사인 Maersk는 IBM과 함께 2018년 블록체인 기반의 해운 물류 플랫폼 사업을 추진하게 되었다.

EFT와 JDA 소프트웨어 회사가 행한 2018년 조사자료에 의하면 글로벌 물류 관계자들이 물류 업계에 미칠 파급효과가 가장 큰 기술로 꼽은 1순위는 '블록체인(53%)'이고, 2순위는 '인공지능(51%)'이었으며 그 뒤를 '로보틱스(45%)', '자율주행차(42%)', '무인항공기(25%)', '기타(12%)'의 순으로 조사되었다. 또한 투자수익률(ROI: Return on Investment) 관점에서 가장 높을 것으로 기대되는 기술도 블록체인(26%)이 선두를 차지했으며, 그 뒤를 로보틱스(24%), 인공지능(23%), 자율주행차(13%), 무인항공기(4%) 순으로 보고되었다.[10]

또 다른 보고서[11]에 의하면 블록체인 기술이 가지고 있는 장점을 활용할 경우 글로벌 공급망과 국가 간 교역에 있어서 새롭게 대두되고 있는 애로사항이 많이 해결될 것으로 전망하였는데, 이에 따라 세계 블록체인 공급망 시장은 연평균 87%의 성장률을 보이며 2018년 4,500만 달러에서 2023년에는 33억 1,460만 달러로 성장할 것으로 추산하였다.

이 보고서는 오늘날의 국제화된 공급망은 사건(Event) 추적 및 사고 조사, 화물의 무결성 보장, 분쟁 조정, 디지털화, 준법준수(Compliance), 신뢰 및 이해관계자 관리 측면에서 애로사항에 직면하고 있으나 블록체인 기술의 장점을 활용할 경우 상당 부분 해소 가능하다고 주장하였다.

글로벌 SCM 측면에서 살펴보면 공급망의 추적 가능성(SC Traceability)이란 글로벌 SCM 이해당사자 간의 신뢰성을 보장하기 위해 제품, 부품 및 원재료의 이력, 유통과정, 위치 등을 식별하고 추적할 수 있는 능력이라고 볼 때 유닛로드 기기도 그 범주에 포함될 수밖에 없다.

---

10) 출처: EFT, 2019. 9. '2018 Global Logistics Report', Whispir, 2019. 9. 2. '9 Technology Trends Affecting the Transport & Logistics Sector'
11) ArXiv에서 2019년 1월에 발표한 「Blockchain in Global Supply Chains and Cross Border Trade」를 말함

참고 문헌

- 대한상공회의소 유통물류진흥원, GS1 표준 사용자 매뉴얼
- 대한상공회의소 유통물류진흥원, GS1 글로벌 이력 추적 표준
- 대한상공회의소 유통물류진흥원, GS1 물류라벨 활용 가이드
- 대한상공회의소 유통물류진흥원, GS1 SSCC
- 한국항만경제학회지 2013년 제29권 제4호 박은지 "사례 분석을 통한 QR코드의 활용방안 연구, 물류·유통 분야를 중심으로"
- 한국통합물류협회, 허진욱 'RFID 온라인강좌' 교재
- 여준호 '최신 RFID 기술', 홍릉과학출판사 발간
- 한국사물인터넷진흥원, 사물인터넷 교육자료 'IoT 개요'
- Esko 홈페이지(http://www.esko.com/ko)
- 로젠솔루션 홈페이지(http://www.logen.co.kr)
- Tops Engineering 홈페이지(http://www.topeng.com)
- 로지스올 홈페이지(http://www.logisall.com)
- 와이어패스 홈페이지(http://www.wirepas.com)

제2절 ULS 기반 운송시스템 구축사례

1. 파렛트를 이용한 운송시스템

1) 기업 개요

K기업은 정기화물 전문 운송회사였으나 1990년대 초 택배서비스가 법제화되자 본격적으로 택배서비스를 제공하게 되었다. 현재 전국에 1,300여 개의 영업소를 운영하고 있으며, 중계작업은 6개 터미널에서 실시하고 있고, 연간 약 3,100억 원의 매출을 기록하고 있다.

특히 사례기업은 정기화물과 택배서비스를 동시에 취급하고 있다. 정기화물서비스란 영업소의 점포에서 화물을 수탁하고, 도착지 영업소의 점포에서 인계하는 형태이며, 택배서비스는 송하인의 문전집하 및 수하인의 문전까지 배송서비스를 제공하는 형태를 말한다. 동일한 크기의 화물에 정기화물요금과 택배요금을 제시하며, 택배서비스를 제공할 경우에는 합산하여 수수하고, 정기화물서비스만을 제공할 경우에는 정기화물요금만을 적용하여 수탁한다. 또한 취급화물은 5kg 이하의 소형화물과 5kg 초과 1,000kg까지의 중대형 화물로 구분하여 수탁하고 있으며, 실제로 1,000kg의 중량화물도 택배서비스가 이루어지고 있다.

이러한 중량화물의 택배서비스 제공의 강점은 일반택배사들이 점차 취급화물 중량을 줄여 나가고 있는 상황에서 사례기업의 택배서비스의 이용을 확대시키는 기회가 되고 있다. 따라서 사례기업의 영업소들은 대부분 대도시의 도매시장, 공업단지 등에 인접해 있으며 07:00시부터 22:00까지를 영업시간으로 운영하고 있고,[1] 배달화물들은 오전 11:00까지 완료하는 것을 목표로 하고 있다.

---

1) 실질적으로 영업소들은 24시간 직원들이 상주하고 있다.

2) 운영현황

가) 운송시스템

영업소들은 집하된 화물을 외부인들이 이해하기 어려울 정도로 다양한 방법으로 발송한다. 가장 일반적인 방법은 인근 터미널로 발송하는 방법으로, 규모가 작은 영업소들은 이 방법을 이용한다. 그러나 집하물량이 많은 영업소들은 인근 터미널, 원거리 목적지 터미널, 인근의 다른 영업소 등 다양한 목적지로 구분하여 발송하고 있다.

이러한 발송방법은 본사에서 3~4개월에 한번씩 O/D분석[2]을 하여 가장 비용이 적게 발생하는 노선을 만들고, 그 노선에 따라 발송하도록 하고 있는 것이다. 따라서 각 영업소에는 목적지별로 다수의 차량이 각기 다른 행선지로 출발하게 되며, 배송화물들도 여러 방면에서 다수의 차량들이 도착 또는 경유하면서 해당 영업소의 화물을 하차하게 되고, 차량이 출발하고 도착하는 시간이 다르기 때문에 영업소는 24시간 근무하는 형태가 된다. [그림 1]은 사례기업의 노선을 상징적으로 나타낸 것이다.

나) 파렛트화 과정

택배사업 초기에는 모든 정기화물운송회사들이 의뢰화물 단위로 화물을 취급하고 운송하였다. 따라서 중량의 화물을 상하차하고 중계하는 과정에서 파손, 오배송 등 문제가 빈발하였으며, 중계작업의 지연도 초래되었다. 따라서 사례기업은 과감하게 취급화물을 파렛트 단위로 전환하여 운송하는 것으로 시스템을 변경하였다.

전국의 영업소들은 1톤~2.5톤 차량들을 이용하여 집하하거나 송하인들이 화물을 지참하여 영업소에 발송을 의뢰하고 있으며, 경우에 따라서는 송하인이 화물을 파렛트에 적재한 상태로 의뢰하기도 한다. 특정 영업소별로 하나의 파렛트에 채울 수 있는 화물은 파렛트에 적재하여 노선차량에 적재하게 되며, 목적지 영업소에 도착 되는 화물이 소량인 경우에는 차량에 화물을 적재할 때 노선차량 운전기사들이

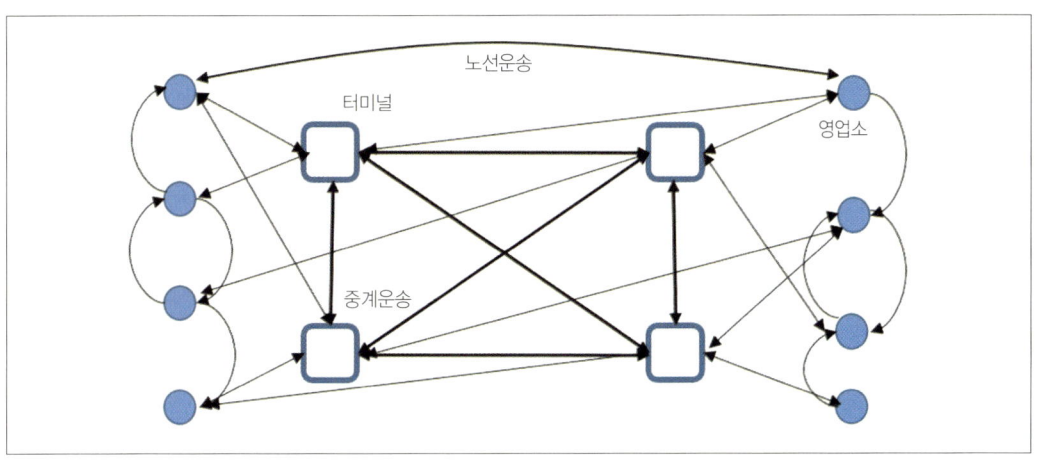

[그림 1] 택배화물 운송시스템 개념도

---
2) Origin & Destination의 약자로서 화물의 발송지와 도착지를 말한다.

[그림 2] 사례기업의 영업소 화물적재 모습

집하 후 파렛트 적재

노선차량 파렛트 적재

[그림 3] 사례기업의 터미널 전경

주간 터미널 내부 전경   주간 터미널 외부전경   야간 터미널 중계작업 장면

행선지가 정해진 파렛트 위에 적재하여 목적지로 운행을 하게 된다.[3] (그림 2)

다양한 규격의 화물이 파렛트에 적재되기 때문에 운송 중 화물이 붕괴되지 않도록 비닐로 Wrapping 한 후 차량에 적재되거나 차량에 적재한 후 Wrapping을 하여 운송한다.

파렛트 적재를 위해 각 영업소에는 지게차가 배치되어 있고, 이 지게차를 이용하여 신속하게 상하차작업을 하고 있다.

다) 화물의 중계작업

사례기업의 중계터미널은 [그림 3]에서 보듯 일반택배사의 중계터미널과 달리 컨베이어나 분류기가 설치되어 있지 않은 단순 크로스도킹장이다. 도크는 빈 공간이며, 지게차와 파렛트만 배치되어 있다.

야간 중계작업 시에는 파렛트에 적재되어 운송된 화물을 지게차를 이용하여 하차한 후 목적지별로 모아서 파렛트상태로 운송차량에 적재하여 발송하며, 소량으로 혼적되어 도착된 파렛트는 하차한 후 별도의 작업요원들이 목적지별로 분류하여 파렛트에 적재 및 Wrapping 작업을 한 후 발송한다.

터미널에는 파렛트 하차 → 분류 → 상차작업을 신속히 할 수 있도록 많은 지게차를 운영하고 있다.[4]

---

[3] 노선차량은 경유하는 발송 및 도착영업소 또는 터미널이 지정되어 있어 영업소를 경유하면서 도착지영업소별 파렛타이징을 한다.
[4] 전국적으로 터미널에만 약 2,400여 대의 지게차가 운영되고 있는 것으로 추산된다.

라) 배달작업

정기화물로 수탁된 화물은 영업점 점포에서 수하인에게 인계한다. 택배화물은 수하인 문전까지 배송해주는데, 중소형화물은 배송기사들이 직접 지참하여 전달하지만 대형화물들은 출발 전 하역장비를 준비하도록 요청하여 지게차 등을 이용하여 하차가 이루어지도록 한다. 이렇게 파렛트 화물을 지게차로 하역하기 위해서 영업소의 상당수 배송차량들은 윙바디차량들로 구성되어 있다.

마) 파렛트의 운영

파렛트는 각 영업소가 확보하여 운영하고 있으며, 기본적인 파렛트 크기는 1,100mm×1,300mm를 사용하고 있으나 경우에 따라서는 T-11형 표준파렛트 및 다양한 규격의 1회용 파렛트를 이용하고 있다.

파렛트는 영업소에서 운영하는 차량이거나 영업소를 고정적으로 경유하는 차량에 배치하여 운영하므로 별도로 회수관리시스템을 운영하지 않고 있다. 다만 노선차량들은 출발할 때 적재한 수량만큼의 파렛트는 항상 채워서 운행한다. 따라서 영업소 전용파렛트로 운영할 수는 없지만 수량은 맞게 운영이 된다. 한편 송하인이 직접 파렛트에 적재하여 운송을 의뢰하는 화물들은 일반적으로 1회용 파렛트를 사용하여 의뢰하도록 하고 있어 반환의무는 없다.

3) 파렛트 운송의 효과 및 개선의 필요성

사례기업은 취급화물의 특성(중량, 확대화물)에 따라 전국에 걸쳐 익일 배달할 수 있는 최적의 시스템을 갖추었고, 이 분야의 최고 경쟁력을 갖추었다고 할 수 있다. 파렛트와 지게차를 이용하여 화물을 적재, 운송함으로써 상하차 및 중계시간이 단축되고 이른 시간에 배송화물이 영업소에 도착하여 오전 중 배송 또는 인계가 이루어질 수 있게 되었다.

또한 파렛트에 Wrapping을 한 상태로 중계 및 운송이 되기 때문에 화물이 안전하게 운송 및 배달될 수 있게 되어 이용자들의 만족도가 높아질 수 있게 되었으며, 터미널에 대한 투자도 크로스도킹장과 지게차 외에는 분류작업을 위한 설비투자가 불필요하게 되었다.

한편 파렛트 단위 화물 취급으로 소형의 화물부터 대형 중량화물까지 취급할 수 있게 되어 영업의 범위도 확대되었다고 할 수 있다.

2. 롤컨테이너를 이용한 운송시스템

1) 기업 개요

우체국택배는 연간 택배 취급량 3억 개 이상을 취급하는 4위의 국영 택배기업이다. 우체국택배는 택배 물량 전체를 롤컨테이너를 이용하여 운송하고 있다. 대전의 교환센터에서는 롤컨테이너째로 분류작업을 함으로써 안전하고 신속한 서비스체제를 구축하고 있으며, 13년간 국가고객만족도(NCSI) 1위를 고수하고 있는 택배사이다.

가) 운송 및 중계시스템 현황

기본적으로 우체국택배의 운송 및 중계시스템은 Point to Point 시스템으로 운영된다. 그러나 지역 간 취급물량의 편차가 크기 때문에 집중국 및 터미널간의 왕복운송을 위한 물량의 균형이 맞지 않거나 목적지별 1대분이 안 되는 화물을 모아서 중계작업을 할 수 있도록 교환센터를 운영하고 있다. 즉, 보조적으로 Hub & Spokes 시스템을 채택하고 있다.

나) 운송네트워크 현황

우체국택배의 택배화물 취급 네트워크는 [그림 4]와 같이 구성되어 있다.

① 지역우체국

일반적으로 읍, 면, 동 단위로 설치된 우체국으로서 택배화물을 접수창구에서 수탁받는다. 접수된 화물은 롤컨테이너에 적입하여[5] 지정된 시간에 2.5톤 수집차량에 인계한다.

② 관리국

시, 군, 구 단위에 설치된 우체국으로서 총괄국이라고도 한다. 직접 화물을 수탁하기도 하고 관할 지역우체국에서 접수한 화물을 수집하고, 계약한 화주기업으로부터 직접 집하하여 롤컨테이너에 적입한 후 집중국이나 물류센터로 발송하며, 소형택배화물에 대해서는 배송업무도 수행한다.

③ 집중국

전국에 24개가 설치된 광역 우편물 터미널이라고 할 수 있다. 대부분 자동분류기가 설치되어 관할 관리국 및 대형 화주기업으로부터 운송된 화물을 목적지별로 분류하여 발송하고, 새벽에는 타지역으로부터 도착한 관할 관리국과 해당 집중국에서 직접 배달할 화물을 분류

[그림 4] 우체국택배 네크워크 모형

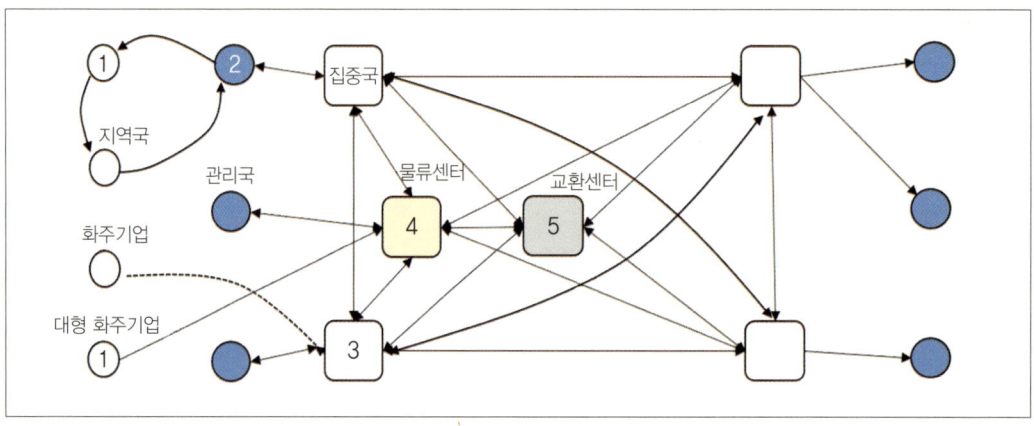

---

5) 최근에는 순회 집하차량의 적재율 향상을 위해 롤컨테이너를 사용하지 않고 벌크적재를 하는 경우가 증가하고 있다.

하여 발송하거나 배송하는 역할을 한다.

④ 물류센터

주로 기업체로부터 집하된 택배화물을 분류하고 직접 배달하기도 하는 터미널이다. 전국에 4개가 있으며 역시 자동분류기가 설치되어 있다.

⑤ 교환센터

대전에 설치되어 있으며, 집중국 및 터미널 간 왕복운송 불균형물량 및 자투리화물을 처리한다. 롤컨테이너째로 직접 중계하며, 소량으로 롤컨테이너에 합적되어 도착한 화물을 자동분류기를 이용하여 집중국별로 분류하여 발송하기도 한다.

2) 운영현황

가) 노선차량 운영 현황

우체국택배의 모든 화물은 최종 배달을 담당하는 관리국에 늦어도 07:00까지 도착되어야 한다. 이를 위해서 거꾸로 각 작업 운영시간이 결정된다. 예를 들면 집하마감은 18:30까지 이루어져야 되고 집중국에서의 분류는 22:30까지 완료되어야 한다. 이렇게 지정된 시간이 정확히 운영되기 위해서는 운송이 신속하게 이루어져야 되고, 운송의 신속성이 이루어지기 위해서는 화물을 낱개로 적재 및 하차하는 것보다는 롤컨테이너를 이용하여 10분 내에 상차 및 하차가 가능하도록 하는 것이 필요하다. 우체국택배의 터미널 운영과 집하 및 간선운송은 이러한 기본개념하에 설계되고 운영된다.

한편 우체국택배는 중요 도시 지역 간 발생하는 긴급배송물량을 당일에 배송해주기 위한 KTX특급배송서비스를 실시하고 있으며, 무궁화열차 편에 전용열차를 편성하여 운행하고 있다. 이때 신속한 상하역을 위하여 열차에 Rampway를 장착하고 롤컨테이너째로 상하역 작업을 하고 있다.(그림 5)

나) 롤컨테이너 적재 과정

우체국택배는 신속한 하차작업 및 운송의 효율성을 위하여 화주로부터 직접 집하하는 경우를 제외하고 대부분 롤컨테이너를 이용하여 운송한다. 관리국으로 수집된 화물은 롤컨테이너에 적입되며, 이때 롤컨테이너에 부착된 RF칩을 스캐닝한 후 적입되는 화물의 운송장 번호를 스캐닝하여 적입 사실을 등록한다. 이렇게 적입된 롤컨테이너가 집중국 또는 물류센터에 도착하여 입고되면 도크에 설치된 RF Reader기가 롤컨테이너를 자동으로 인식하고 적입된 화물을 입고등록을 하게 된다.

대부분의 집중국 및 물류센터는 입고된 화물을 자동분류기를 통하여 분류하는데, 분류된

[그림 5] 우체국 롤컨테이너 모습

KTX특송열차 적재 대기 중인 롤컨테이너

[그림 6] 우체국 물류센터 분류 및 적입 전경

출처: 더바이어

화물은 역시 롤컨테이너에 적입된다. 롤컨테이너에 적입할 때는 먼저 RF Scanner를 이용하여 롤컨테이너의 RF칩을 인식한 후 맨 처음 적입하는 화물의 운송장 바코드와 마지막 적입한 화물의 바코드만 스캐닝한다. 이렇게 하면 자동분류기에서 기억하고 있는 분류순서에 따라 자동으로 해당 롤컨테이너에 적입된 화물이 등록되고, 이 롤컨테이너가 이동되는 경로에 따라 적입된 화물의 이동경로가 자동으로 등록되도록 되어 있다.

다) 롤컨테이너 상하역 방법 및 수량

롤컨테이너에 적입된 화물은 도크에 대기시킨 후 운송차량이 도착하면 지정된 행선지별 차량에 적재된다. 모든 집중국 및 물류센터 등의 도크는 운송차량의 적재함 높이에 맞춰져 있고, 약간의 편차는 도크레벨러를 이용하여 조정한다. 롤컨테이너는 작업자가 밀어서 적재 및 하차를 하게 된다. 한편 차량의 크기에 따라 적재되는 수량이 표준적으로 지정되어 있다.

라) 롤컨테이너의 규격과 적재효율성

우체국택배가 사용하는 롤컨테이너의 외측 치수는 1,100mm×700mm×1,500mm(내용적 1.014㎥)로, 표준파렛트 규격 및 롤컨테이너 규격과는 일치되지 않는 규격이다.[6] 그러나 작업자 한 사람이 직접 밀어서 상차 및 하차를 할 수 있는 중량이 적입될 수 있는 적정한 규격이라고 할 수 있다. 특히 과거 택배화물 보다 우편물이 주 운송물량이었던 시기에는 적재되는 화물이 주로 종이류였기 때문에 매우 무거웠고, 이에 따라 너무 많은 양이 적재되지 않도록 높이도 1,500mm(실 적재높이 1,300mm)로 설계되었다. 또한 롤컨테이너를 이용하여 운송하는 차량이 2톤급에서부터 11톤까지 다양하기 때문에 모든 차량에 적재가 가능하다. 다만 지역우체국을 순회 집하하는 차량이 2톤급으로서 적재함 폭이 1,960mm인 점을 감안할 때 롤컨테이너의 깊이를 900mm로 확대하거나 순회집하용 롤컨테이너를 별도로 제작하여 운영할 필요가 있다.

마) 롤컨테이너 수급관리 방법

롤컨테이너의 전체적인 수급관리는 대전에 소재한 교환센터에서 총괄하고 있지만 기본적으로 다음과 같은 산출식에 의해 집중국별 보유 및 운영수량을 산정하여 보급, 운영한다.

집중국별 롤컨테이너 보유·운영수량 =
〔1일평균 발송수량 ×(일평균발송수량÷일평균도착수량)〕×120% + 대여수량

물량의 기복을 감안하여 20%의 여유 수량을

---

[6] 한진택배도 약 40%의 화물을 롤컨테이너로 운송하고 있으며 규격은 950mm×750mm×1,700mm이다.

확보하도록 하고 있으며, 대량거래처로부터 입고되는 화물의 신속한 입고작업을 위하여 거래처에도 롤컨테이너를 배치하여 운영한다.

또한 각 롤컨테이너의 행선지와 회수여부를 관리하기 위하여 각 롤컨테이너에는 RF칩이 장착되어 있고, 집중국 및 물류센터, 교환센터에 입고 및 출고될 때 도크 출입구에 설치된 Reader기를 이용하여 이를 감지함으로써 행선지 파악 및 회수여부가 관리되고 있다.

3) 운영효과 및 개선 필요

롤컨테이너를 이용하여 운송하게 되면 벌크 적재할 때와 비교해 적재율이 50~60%밖에 안 된다. 또한 파렛트를 적재할 때는 적재높이가 2,000mm 이상인데 반해 롤컨테이너는 실 적재높이가 1,500mm~1,600mm 정도로, 적재율이 20~25% 정도 저하된다. 그럼에도 롤컨테이너를 이용하는 이유는 화물의 안전성이 향상될 뿐만 아니라 상하차시간의 단축으로 차량의 회전율이 향상시킬 수 있고, 터미널에 대한 투자의 감축 및 중계작업비 절감의 효과가 있기 때문이다. 우체국택배의 경우 경제적 효과를 측정할 수는 없지만 H택배에 대한 사례연구 보고에 의하면 매출액 대비 5.9%의 절감효과[7]가 있는 것으로 나타나고 있다.

한편 우체국택배의 경우 지역 내 우체국에서 집하된 택배화물을 중소형차량과 롤컨테이너를 이용하여 모아 적재한 후 배달점까지 일관 용기운송이 이루어지도록 하기 위하여 롤컨테이너의 높이를 1,500mm(내측높이 1,300mm)로 운영하고 있으나 간선운송의 적재효율을 높이기 위해서 수집용 롤컨테이너와 간선운송용 롤컨테이너로 이원화하거나 간선운송용 롤컨테이너에 탈착식 높이 확장장치를 설치하여 적재율을 높일 필요가 있다.

---

7) 최시영, 택배터미널의 효율적 분류체계에 관한 연구

제3절 ULS 기반 물류시설 구축사례

ULS[1] 기반의 물류 시설은 파렛트 단위로 물품을 취급하는 시설로서 보관, 하역, 운반 등의 전체 물류 기능마다 유닛로드 화물을 취급할 수 있어야 한다. 또한 국가 표준 파렛트인 1,100mm×1,100mm와 1,200mm×1,000mm의 복수 표준 규격 파렛트를 만족시키는 시설이어야 한다. 일례로 파렛트랙의 경우에도 파렛트를 보관하는 랙의 크기(폭)가 1,100mm와 1,200mm의 두 가지 크기를 모두 만족할 수 있도록 크기를 설정하여야 한다. 또한 운반용 컨베이어 역시 두 가지 모두를 만족시킬 수 있도록 크기를 설정하여야 한다.

특히 자동창고의 경우에는 제어시스템 측면에서 한 종류의 파렛트를 운반하여 보관하는 것이 에러 발생률을 낮추어 바람직하다고 할 수 있다. 그러나 두 가지 이상의 파렛트 크기를 운반하여 보관하려고 할 때는 컨베이어 상에서 각 파렛트의 센터를 조정해 주는 제어가 필요하다. 보관 효율을 극대화할 수 있는 최근의 파렛트 형 셔틀 자동창고의 경우에는 각 단마다 새틀(Satellite)을 품고 있는 셔틀(Shuttle)이 배치된다. 이러한 셔틀과 새틀이 복수의 표준 파렛트 규격을 운반할 수 있도록 입출 스테이션에서 각 파렛트의 센터를 조정해 주는 제어가 필요하다. 즉 최근의 물류시설은 이러한 발전된 제어시스템으로 인하여 복수의 파렛트 크기도 수용할 수 있다.

본 고에서는 주로 많이 사용되고 있는 파렛트랙이나 하이스택랙 등 지게차를 이용하여 입출고를 실시하는 설비와 파렛트를 자동으로 입출고 처리하는 자동창고를 대상으로 구축 사례를 살펴보기로 한다. 또한 추가적으로 파렛트형이 아닌 박스형 보관시설도 함께 살펴보도록 한다.

---

1) Unit Load System

1. 국내 ULS 기반 물류시설 구축사례

1) 파렛트랙 구축 사례

일반적으로 파렛트랙은 리치타입 지게차에 2~3단 마스터를 장착하여 4~5단으로 파렛트를 적재하여 사용된다. 반면 하이스택랙은 삼방향 지게차(VNA[2])를 이용하여 보통 5~6단 이상으로 파렛트를 적재하여 최대 인상 높이 약 15m까지 적재한다. 물론 4~5단의 낮은 경우에도 보관 효율을 높이기 위해 삼방향 지게차를 사용하여 파렛트랙을 구성하는 경우도 있다.

파렛트랙 도입 시에는 사용 용도에 맞추어 다양하게 구성할 수 있다. 1단을 피킹존(Active Zone)으로 사용하는 경우에는 1단을 3~4단으로 구분하여 낱개 피킹을 할 수 있도록 구성하여 사용하는 경우도 있다. 또는 보관 효율을 더 높이기 위해서 하나의 통로 기준으로 양옆으로 파렛트랙을 2열을 설치하는 더블딥(Double Deep) 파렛트랙 형태로 설치하는 경우도 있다.

[그림 1]은 화성동탄 C사 물류센터로, 파렛트랙을 설치하여 화물을 적재하기 전의 모습이다. PC(Precast Concrete) 구조로 건축된 신규 건물에 파렛트랙을 설치하였다.

[그림 2]는 경기 용인의 D사 물류센터로, 파렛트랙을 설치하고 화물을 적재하여 사용하고 있는 모습이다. 냉장 환경에서 설치하여 식품 등을 보관하고 있다.

[그림 1] 파렛트랙 도입 사례 (화성동탄 C물류센터)

---

2) VNA; Very Narrow Aisle Fork Lift Truck

[그림 2] 파렛트랙 도입 사례 (용인 D물류센터)

2) 하이스택랙 구축 사례

일반적으로 하이스택랙은 삼방향지게차를 이용하여 보통 5~6단 이상으로 파렛트를 적재, 최대 인상 높이 약 15m까지 적재하며, 통로는 약 1.6~2m 정도로 협소하게 설치하여 보관 효율을 높인 보관 설비이다. 통로 폭이 약 2.8~3.5m인 파렛트랙에 비해 통로 폭이 좁아서 삼방향지게차를 이용하여 파렛트를 입출고시킨다. 이 삼방향지게차는 무게가 약 7~8톤으로 매우 무거워 기동성이 낮은 단점이 있다. 그래서 랙 앞의 입출고 스테이션(Station)에 삼방향지게차가 파렛트를 가져다 놓으면 기동성이 높은 리치타입 지게차가 입출고장으로 이동하여 하역 작업을 실시한다.

[그림 3]은 이천의 K 물류창고로 4~5단의 낮은 단수에도 보관 효율을 높이기 위해 파렛트랙을 이용하여 삼방향지게차(VNA)를 사용하는 VNA랙을 설치한 사례이다. [그림 4]는 이

[그림 3] VNA랙 도입 사례 (이천 K물류센터)

[그림 4] 하이스택랙 도입 사례 (이천 D물류센터)

천의 D사 물류창고로, 역시 삼방향지게차를 이용하여 하이스택랙에 입출고 작업을 실시한다. 삼방향지게차가 랙의 입출고를 처리하고 하역장에서 작업은 리치타입 지게차가 실시하는 협업으로 작업 속도를 높이고 있다.

3) 자동창고 구축 사례

가) 셔틀 형 자동창고 구축 사례

셔틀 형 자동창고는 최근에야 도입되기 시작한 설비로, 현재까지 국내에 설치된 사례는 약 10여 건 정도로 적은 편이나, 최근의 온라인 주문량 증가와 빠른 배송 요구에 힘입어 설치 사례는 증가 추세에 있다.

[그림 5]는 김포에 있는 E사의 온라인 물류센터로, 멀티 셔틀 자동창고와 컨베이어를 연계하여 GTP[3] 시스템을 통해 고객의 주문량을 처리하고 있다. 최근의 인터넷 주문량의 증가에 대비하여 온라인 전용 물류창고를 건립하여 자정까지 주문받은 상품을 다음날 새벽 6시까지 배송을 하기 위해 설치한 물류설비이다.

멀티 셔틀 자동창고 내에는 35,000박스를 보관할 수 있고, 322개의 셔틀이 14m 높이의 랙(Rack)에서 분당 200m 속도로 이동하며 상품을 출고하여 컨베이어와 리프트를 통하여 피킹 스테이션으로 보내 작업자가 피킹할 수 있도록 해준다.

[그림 6]과 같이 L사 역시 온라인 전용 물류창고를 김포에 설치하고 멀티 셔틀 자동창고와 컨베이어를 연계하여 GTP 시스템을 통해 고객의 주문량을 처리하고 있다. 멀티 셔틀 자동창고의 보관량은 약 30,000박스이고, 약 400평의 면적에서 2만 SKU[4] 이상의 상품을 보관하고 피킹할 수 있도록 운영하고 있다.

L사의 김포 온라인 전용 물류창고는 연면적 30,869㎡, 지상 5층 규모이며, 수도권 서부 15개 점포의 온라인 주문을 전담하고 있다. 하루 최대 1만 건의 주문량을 처리한다. 본 김포 물류창고의 물류 이동속도는 최대 80km/h로, 하

[그림 5] 멀티 셔틀 자동창고 도입 사례 (김포 E물류센터)

출처: https://news.naver.com/main/read.nhn?oid=003&aid=0009306291

[그림 6] 멀티 셔틀 자동창고 도입 사례 (김포 L물류센터)

출처: https://www.techm.kr/news/articleView.html?idxno=4230

---

3) Goods to Person의 약자로 물품이 들어 있는 랙을 운반 장비를 이용하여 피킹 작업자에게로 이동시켜 작업자는 이동하지 않고 물품을 피킹 또는 적재하는 시스템의 하나
4) Stock Keeping Unit: 상품 관리·재고 관리를 위한 최소 분류 단위

루 최대 오더라인은 10만 건에 달한다. 이를 통해 정시 배송 비율을 99%까지 처리하고 있다.

나) 스태커크레인 자동창고 구축 사례

멀티 셔틀 형 자동창고 도입 이전에는 스태커크레인 형 자동창고가 주를 이루었다. 스태커크레인 형 자동창고는 셔틀 형 자동창고보다는 동일 시간 대비 입출고 처리량은 적지만 상대적으로 투자비가 적고 설치 높이를 높일 수 있는 장점을 가지고 있다.

[그림 7]은 용인 D사 물류창고로, 스태커크레인 14기를 설치하여 약 40,000 파렛트를 보관하는 자동창고이다. 자동창고에서 입출고를 실시하는 장비는 RGV[5]로, 레일 위를 17대가 움직이면서 입출고를 담당하고 있다.

다) 회전랙(Carousel) 자동창고 구축 사례

과거의 Carousel 자동창고는 무거운 랙 설비 자체를 회전시켜서 입출고를 실시했으므로 매우 큰 소음이 발생하고 움직이는 속도도 느려서 국내에서는 도입이 활발하게 이루어지지 않았다. 하지만 최근에는 기술의 발전으로 소음을 줄인 회전랙 자동창고가 개발되었고, GTP 시스템 구축에 용이하고 실내에서 설치가 가능하여 일부 도입을 하고는 있으나 여전히 설치 실적은 적은 편이다.

[그림 8]은 타이어와 부품을 보관하는 자동창고로 이용되고 있는 회전랙 자동창고이다. 회전랙 자동창고는 랙을 회전시키기 때문에 파렛트 기반의 ULS 시스템은 거의 없으며, 주로 박스 단위나 부품, 또는 행거 단위를 보관하는 데 주로 이용되는 자동창고의 일종이다.

라) 오토스토어(AutoStore) 자동창고 구축 사례

오토스토어(AutoStore)는 1990년대 노르웨이의 전자부품 유통업체였던 Hatteland Group에서 개발되었다. 영국 온라인 유통업체 오카도가 도입하여 사용 중인 오토스토어 자동창고는 국내에서도 유통업체인 L사의 의왕 물류창고에 도입하여 사용 중이다.

[그림 7] 스태커크레인 자동창고 도입 사례 (용인 D물류센터)

[그림 8] 회전랙 자동창고 도입 사례 (H사 물류센터)

출처: https://www.youtube.com/watch?v=2YQGWFlwJ0I&feature=youtu.be

---

5) Rail Guided Vehicle: 궤도 무인 운반차

[그림 9] 오토스토어 자동창고 도입 사례 (L사 물류센터)

출처: https://cm.asiae.co.kr/article/2019031709284667111

[그림 10] 풀필먼트 센터의 파렛트랙 도입 사례 (C사)

출처: COUPANG NEWSROOM, 2020.06.12

[그림 9]와 같은 큐브 형태의 창고에는 총 3,000여 개의 상온 상품이 약 7,200개의 상품 보관 상자에 나뉘어 보관되고 있으며, 총 19대의 운반 전용 로봇이 초속 3.1m로 쉼 없이 움직여 실시간으로 상품의 입출고를 실시하고 있다. 수직으로 구성된 셀에서 로봇이 출고하여 입출고 스테이션인 Port에서 작업자가 피킹을 실시한다.

4) 풀필먼트 센터 구축 사례

풀필먼트 센터(Fulfillment Center)는 아마존이 물류를 넘어 이커머스 고객의 전 주문 과정을 수행하는 센터를 표방하면서 처음 사용한 명칭이다. 즉, 고객의 주문을 이행(Fulfill)한다는 본질적인 문제에 집중하기 위하여 이름도 물류센터(Distribution Center)에서 풀필먼트 센터(Fulfillment Center)로 바꾼 것이다.

풀필먼트 센터의 특징은 단순 보관과 배송을 넘어서 고객의 주문에 따르는 모든 후속 업무를 처리하는 개념이다. 즉, 보관 재고에서 피킹(Picking), 포장(Packing), 배송은 물론 교환, 환불까지 고객에게 상품이 전달되는 모든 서비스를 수행한다. 이러한 풀필먼트 서비스는 고객이 경쟁업체로 이동하지 않도록 고객을 꽉 붙들어 주는 록인(Lock in)효과를 가져다주었다. 또한 자사의 플랫폼에 입점해 있는 셀러들의 물류업무를 대행해줌으로써 물류서비스 규모의 경제 효과와 물류 인프라가 없는 셀러들의 매출 증대에도 기여하게 되었다.

풀필먼트 센터의 또 다른 특징 중의 하나는 상품을 직매입을 통해 재고로 확보한 상태에서 주문을 접수 후 즉시 피킹 및 배송으로 시간을 단축하는 것이다. 이러한 재고 확보 전략으로 인하여 기존의 물류센터에서 볼 수 없었던 랜덤 스토우(Random Stow)라는 상품의 무작위 보관 방식을 취하게 된다.

국내 C사는 미국 온라인 쇼핑시장에서 1위의 지위를 점유하고 있는 아마존의 풀필먼트 센터를 벤치마킹하여 물류시스템을 구축하고 있다. C사의 풀필먼트 센터도 직매입을 통한 재고량이 많기 때문에 유닛로드시스템과 연계된 파렛트 단위의 보관 설비가 설치되어 있다. [그림 10]은 C사의 풀필먼트 센터에 설치되어 있는 파렛트랙이다.

2. 국외 ULS 기반 물류시설 구축사례

1) 파렛트랙 구축 사례

일반적으로 해외 물류창고에서도 가장 많이 도입하는 설비 중의 하나가 파렛트랙이다. [그림 11]은 태국 D사에서 도입한 6단 파렛트랙 모습이다.

2) 하이스택랙 구축 사례

하이스택랙의 입출고 작업은 보통 삼방향지게차와 리치 타입 지게차의 공동 협업에 의해 기동력을 높여서 실시하는 것이 일반적이다.

최근에는 자동화 추세에 맞추어 무인지게차 도입이 증가하고 있다. [그림 12]는 터키 C사에 도입되어 운영 중인 무인 삼방향지게차와 무인 리치 타입 지게차를 도입하여 하이스택랙을 자동화 창고처럼 이용하는 모습이다.

3) 자동창고 구축 사례

가) 멀티셔틀 자동창고 구축 사례

[그림 13]은 미국 D사의 멀티셔틀(Multi Shuttle) 자동창고로, 의류 및 용품을 보관하

[그림 11] 파렛트랙 도입 사례 (태국 D사 물류센터)

출처: https://www.youtube.com/watch?v=2YQGWFlwJ0I&feature=youtu.be

[그림 12] 하이스택랙 도입 사례 (터키 C사 물류센터)

출처: https://www.youtube.com/watch?v=J_EUoh6J6fo&t=11s

[그림 13] 멀티셔틀 자동창고 도입 사례 (미국 D사 물류센터)

출처: https://www.invata.com/case-studies-optimizing-omni-channel-fulfillment/

면서 주문 건마다 출고하여 주문량만큼 총량 피킹 후 더블트레이 스플릿소터(Double Tray Split Sorter)를 이용하여 고객별로 분류하여 배송하는 물류창고이다.

나) 스태커크레인 자동창고 구축 사례

파렛트 타입 자동창고(AS/RS: Automated Storage Retrieval System)는 정해진 규격의 크기만을 적재하는 것이 단점이나 단위 면적당 많은 보관을 하므로 공간 효율을 높일 수 있다.

또한 재고를 전산으로 관리하므로 선입선출을 철저하게 지킬 수 있다. [그림 14]는 음료를 보관하는 호주의 A사 물류창고로, 스태커크레인을 이용하여 자동으로 선입선출과 유통기한 우선 처리 원칙에 의해 자동으로 출고하고 있다.

파렛트 타입이 아닌 버킷(Bucket) 타입 스태커크레인 자동창고는 일명 미니로드(Mini Load) ASRS라고도 하는데, 버킷이나 토트박스(Tote Box)를 보관하는 경우와 카톤박스(Carton Box) 자체를 보관하는 형태도 있다.

[그림 15]는 이탈리아 P사의 버킷 타입 스태커크레인 자동창고 도입 사례로, 영하 2도의 환경에서 가동된다. 보관랙은 34단, 보관량은 4,512 버킷으로, 쇠고기를 생산하여 진공 밀봉 및 냉동 제품의 보관을 최적화하고 주문에 대비한 출고작업을 실행한다.

다) 회전랙 자동창고 구축 사례

[그림 16]은 일본의 J사 동오사카(東大阪) 물류창고로, 수평형 회전랙 자동창고를 도입한 사례이다. 나사 관련 제품을 취급하는 회전랙

[그림 14] 스태커크레인 자동창고 도입 사례
(호주 A사 물류센터)

출처: https://news.naver.com/main/read.nhn?oid=003&aid=0009306291

[그림 15] 버킷 타입 스태커크레인 자동창고 도입 사례
(이탈리아 P사 물류센터)

출처: https://www.ferrettogroup.com/index.cfm/en/projects/pantano-carni/

[그림 16] 수평형 회전랙 자동창고 도입 사례
(일본 J사 물류센터)

출처: https://higashiosaka.keizai.biz/photoflash/1440/

자동창고에 약 90만 SKU를 보관하고 있다. 회전랙자동창고는 약 길이 65m, 폭 18m, 높이 22m의 규모이다. 회전랙 자동창고와 주변 컨베이어를 연계하여 피킹 스테이션을 구성하여 피킹작업 시스템을 구성한 사례이다.

라) 오토스토어(AutoStore) 자동창고 구축 사례

[그림 17]은 영국의 온라인 전용 슈퍼마켓인 O사의 오토스토어 자동창고로, 화물 11만 개의 셀과 1,100여 개의 로봇이 가동되고 있다. 인력으로 2시간이 소요되는 출고 작업을 5분 동안에 50건의 주문을 처리한다.

오토스토어는 기존의 물류창고에서 운반용으로 많이 설치하는 컨베이어를 없애고 바둑판 모양의 그리드를 만들어 깊이 약 6.3m의 셀을 벌집구조처럼 만든 큐브형태의 박스형 자동창고이다.

큐브형 박스에 수직으로 보관하고 꺼내기 때문에 선입선출이 어렵다. 밑에 있는 물품을 꺼내기 위해서는 위에 있는 물품을 먼저 꺼내야 하기 때문이다. 그래서 빈도관리를 통하여 저빈도 품목은 밑단에 보관하거나 입출고가 없는 시간대에 선입선출이 용이하게 로케이션 이동을 실시하기도 한다.

이러한 오토스토어를 도입한 O사는 유통기업이면서 ICT기업으로서 기술을 개발하여 인공지능 기술회사로 발전하고 있다. 유통업에서 출발했지만 AI·로봇·빅데이터·IoT 등 인공지능 기술 기반의 독자적인 유통·물류 플랫폼과 솔루션 등을 개발해 미국 최대 슈퍼마켓 기업인 크로거(Kroger) 등 글로벌 유통기업에 공급하면서 온라인 유통전문 ICT기업으로도 도약 중이다.

[그림 17] 오토스토어 자동창고 도입 사례
(영국 O사 물류센터)

출처: https://www.mylittlesalesman.com/news/warehouse-robots-vs-material-handling-equipment

4) 풀필먼트 센터 구축 사례

[그림 18]은 미국의 뉴저지에 위치한 A사의 온라인 전용 풀필먼트 센터의 일부 모습이다. 유닛로드시스템과 연계한 파렛트 단위의 보관에 하이스택랙을 도입하여 보관 효율을 높이고 있다.

A사의 풀필먼트 센터는 대부분이 파렛트 단위 보관영역과 박스 및 낱개 단위의 보관영역으로 나누어져 있다. 박스 및 낱개 단위의 보

[그림 18] 풀필먼트 센터 파렛트랙 도입 사례 (미국 A사)

출처: https://www.openmarketinglab.com

관에는 주로 중경량랙(Middle Weight Rack)을 설치하고 키바로봇을 이용하여 중경량랙 자체를 피킹 스테이션으로 운반하여 피킹하는 GTP(Goods to Person)시스템을 채용하고 있다.

나머지 유닛로드에 해당되는 파렛트 단위 품목들은 주로 파렛트랙이나 하이스택랙을 설치하여 보관하고 있다.

 참고 문헌

- 손병석, 한국물류창고업협회 (2009.07) 보관시설의 표준정합시스템 개발
- 한국철도기술연구원(2012.12) 국가물류표준 종합시스템 개발,
  - 별권 03: 일관수송용 표준파렛트 규격 합리화 방안
  - 별권 06: 보관시설 표준 설계 지원시스템 개발
- 국가표준인증 통합정보시스템 KS T 0203 물류관련기기 및 시설의 분류방법
  - KS T 1371 일관수송용 산업용 랙
  - KS T 2004 물류 시설의 설비 기준
  - KS T 2007 창고 내 통로 너비
  - KS T 2010 물류센터의 시설 기준
  - KS T 2015 입체자동창고용 랙설비의 허용오차 기준
  - KS T 2020 자동창고용 랙의 설계기준
  - KS T 2027 산업용 랙

제4절 ULS 기반 글로벌 SCM 구축사례

1. SCM(공급망관리)

1) SCM의 개념과 정의[1]

글로벌 시장 환경에서 경쟁의 심화, 제품 수명주기의 단축, 고객의 기대수준 향상 등으로 기업들은 이제까지의 부분적이고 제한적인 경영혁신 방법과는 차원이 다른 새로운 경영혁신을 요구 받고 있다. 기업이 경쟁우위를 확보하기 위해서는 경쟁력 있는 상품과 서비스를 개발하고 공급할 수 있는 능력을 갖추는 것이 중요하다. 이와 함께 가치창출의 원천이 되는 고객의 수요를 정확히 예측하고, 변화하는 고객 수요에 신속히 대응할 수 있는 능력을 갖추는 것 또한 매우 중요하다.

최근 선도 기업들은 경쟁우위의 확보를 위해 자사의 역량을 강화하는 내부적인 노력과 함께 공급업체, 자사, 고객들을 연결하는 공급사슬(Supply Chain)상에서 상품(Products), 서비스(Service), 정보(Information), 자금(Cash)의 흐름을 총체적인 관점에서 통합하고 관리하려는 '공급사슬관리(SCM: Supply Chain Management)'를 핵심전략으로 도입하는 추세다.(그림1)

공급사슬의 목적은 공급사슬 전체의 가치를 극대화하는 것이다. 즉, 공급사슬이 발생시키는 가치(Value)는 고객에게 제공되는 최종 완제품의 가치와 고객 니즈를 충족시키는 데 소요된 노력에 대한 가치의 차이로 설명하고 있다. 이를 공급사슬 수익성(Supply Chain Profitability)이라고 말하며, 구체적으로 고객으로부터 발생하는 수입과 공급사슬에 걸쳐 발생하는 총비용과의 차이를 의미한다.

공급사슬관리란 공급사슬 수익성, 즉 총이윤을 극대화하기 위해 공급사슬의 각 단계 간의

---

[1] 국내 물류기업의 SCM 지원역량 강화방안 연구, 2014. 12., 한국로지스틱스학회, 참조하여 정리

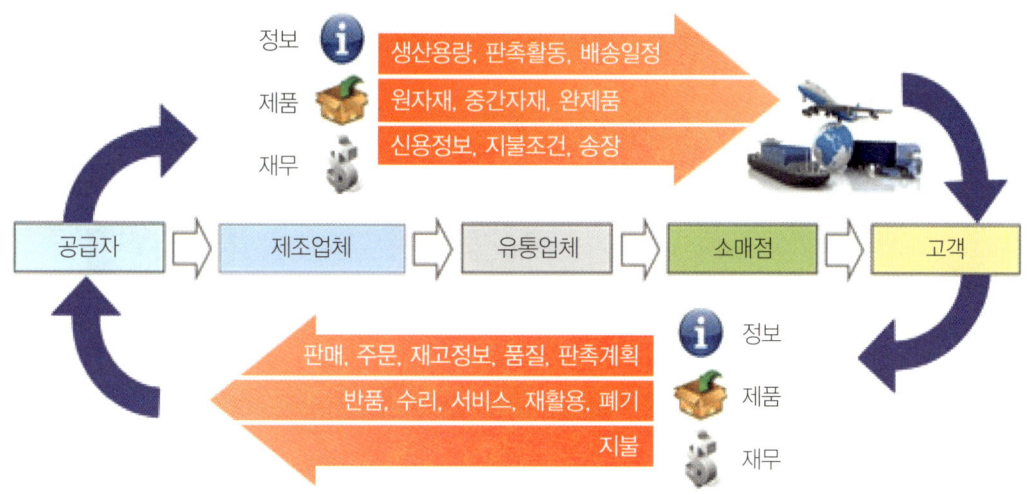

[그림 1] 공급사슬에 있어서의 3가지 주요 흐름: 정보, 제품 및 재무

출처: 국내 물류기업의 SCM 지원역량 강화방안 연구, 2014. 12 한국로지스틱스학회 p4

흐름을 관리는 활동을 말한다.

공급사슬관리는 다양한 연구자 및 기관에 의해 다양한 형태로 정의되고 있다.

"고객 및 이해 관계자들에게 부가가치를 창출할 수 있도록 최초의 공급업체로부터 최종 소비자에 이르기까지의 상품, 서비스 및 정보의 흐름이 이루어지는 비즈니스 프로세스들을 통합적으로 운영하는 전략"이다.

2) SCM에서의 ULS의 필요성

물류는 물동량, 곧 물자를 조달, 생산하는 장소로부터 소비하는 장소까지 상품의 흐름을 효율적으로 연결하는 분야이다. 상품의 원활한 공급과 불필요한 재고, 그리고 생산과 조달 물자에 대한 정확한 이해와 판단을 근거하여 물류관리를 가장 효과적으로 하는 방법이 SCM이다.

SCM은 물류모듈 체계를 전제로 물류 단위를 규격화하여 물자의 흐름을 유지해주는 유닛로드시스템(ULS: Unit Load System)과 적재한 물자를 이적이나 환적 없이 수송하기 위한 일괄 파렛트 · 컨테이너화를 통하여 파렛트 및 컨테이너를 상호공동 이용함으로써 각 기업 간 연결된 공급망관리를 위해 적재적소에 필요한 수량만큼의 물류기기를 공동 이용 가능하게 한다.

유닛로드시스템을 확립하지 않고서는 SCM의 구현은 있을 수 없을 것이다. 유닛로드의 도입 목적을 보면 다음과 같다.

첫째, 화물취급단위에 대한 단순화와 표준화를 통하여 기계하역을 보다 용이하게 하고, 하역능력 향상과 비용절감을 꾀함과 동시에 운송 및 보관업무의 효율적인 운용과 운송포장의 간이화를 가능하게 하는 데 있다.

둘째, 화물의 물류과정에서는 출고, 정돈, 수송기기에 적재하기, 옮겨 쌓기, 내리기, 화물 수령, 분류, 입고 등 수많은 하역이 이루어지고, 검품 · 이송 등의 부수 작업 또한 이루어지

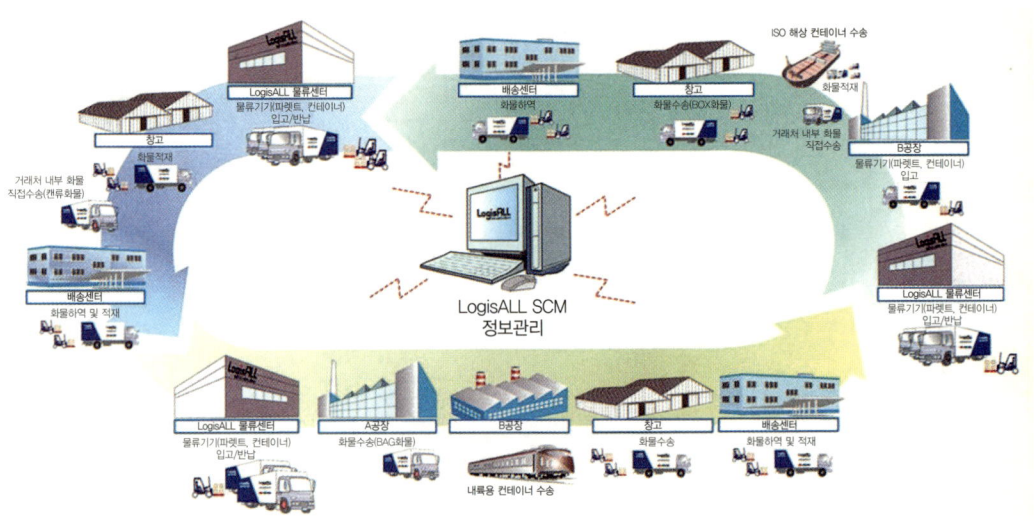

[그림 2] Supply Chain 상의 ULS 운영

출처: www.logisall.com

고 있어 이러한 과정에서 개개의 물품을 하나씩 취급한다면 매우 번거로울 뿐만 아니라 파손이나 실수를 초래하기 쉽다. 이를 방지하는 것이 유닛로드시스템 구축의 목적이다.

3) SCM에서의 ULS의 적용 시 기대효과

유닛로드시스템의 효과에 대해 다음과 같이 언급하고 있다.[2]

첫째, 취급단위를 크게 함으로써 작업효율을 향상시킬 수 있다.

파렛트나 집하 포장은 수백 킬로그램에서 수백 톤, 컨테이너 스왑 보다라면 수 톤에서 수십 톤, 철도화차는 수십 톤, 바지선의 경우는 수백 톤이라는 단위가 될 것이다. 인력으로 운반할 수 있는 단위는 수십 킬로그램 정도밖에 되지 않기 때문에 유닛로드시스템이 매우 효율적이라는 것을 알 수 있다. 특히, 시간을 단축시

킬 수 있다는 점인데, 수송기관에서 싣고 내리는 시간이 짧아져 운송기관의 운용효율이 향상되는 효과를 낳는다.

둘째, 유닛로드시스템에 의해 운반활성이 향상되어 운반이 용이해진다는 점이다.

유닛로드는 동시에 라이브 로드(Live Load)이어야 한다. 라이브 로드란 살아 있는 화물, 즉 움직이기 용이한 상태에 있는 화물로서 운반 활성이 좋은 화물이라는 의미이다. 이로 인하여 화물의 소이동, 재배치 등을 쉽게 할 수 있으므로 창고와 작업장의 정리가 쉬워져 물류의 접점에 있어서 원활한 접속이 이루어진다.

셋째, 작업의 표준화에 따라 계획적인 작업이 가능해진다.

여러 종류의 물품이라 하더라도 유닛로드화로 화물이 획일화되어 기계 작업에 적합해지고 작업의 표준화가 가능해진다. 작업의 표준화가

---

[2] 국내 물류표준화와 유닛로드시스템에 관한 연구, 서경대학교대학원, 박경배 p19

가능해지면 하루하루의 작업계획도 확실하게 실천할 수 있다. 그리고 화물의 형태가 일정하다면 이를 취급하는 하역기계나 작업설비 등을 표준화시킬 수 있게 되어 모든 화물에 적합한 효율적인 작업을 할 수 있게 된다.

넷째, 유닛로드는 물품의 보호 효과를 기대할 수 있다.

즉, 개개의 물품에 여러 차례 직접 손댈 필요 없이 완성된 유닛로드의 형태로 취급할 수 있으므로 물품의 손상을 감소시킬 수 있다. 따라서 수송 포장도 수작업 하역의 경우보다 간소하고 쉽게 할 수 있고, 비용절감에 크게 기여할 수 있다.

2. SCM 상 ULS 도입 사례

1) S식품사

S식품사는 1916년에 창업한 식품회사로 국내 최초 라면을 생산하였다. 사업품목은 라면류, 스낵류이다. 주요 제품인 '매운 라면'은 최근 중국, 동남아시아 등에서의 폭발적인 인기로 인하여 매출이 지속적으로 성장하고 있다. 식품 생산공장은 원주, 익산 공장이 있다. 현재 밀양 신공장을 건축 예정이며, 본 공장에 자동화 작업을 하기 위한 표준파렛트 이용은 필수적이었다. S식품사는 곤지암, 일산, 대전, 부

[그림 3] S사 Unit Load 체계 도입을 위한 표준화 분석

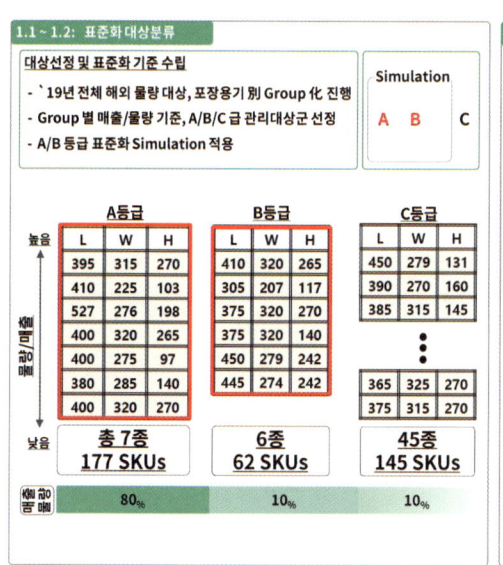
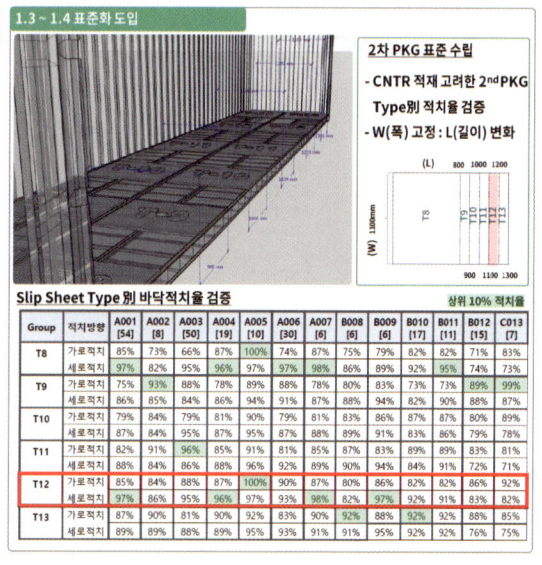

출처: S사 제안서

산, 대구, 광주, 제주 등에 창고 및 센터를 보유하고 있다.

S식품사의 매출액 비중은 화학 부문이 51%, 식품 부문이 48%를 차지한다. 화학 부문 생산 공장은 전주에, 식품 부문 생산공장은 울산, 인천, 아산에 있다.

S식품사는 T-12형 나무 파렛트와 표준화된 파렛트를 혼합하여 사용하고 있었으며, 공장 내에서 한 번에 많은 상품을 움직이기 위하여 T-12형 나무 파렛트를 지속적으로 사용하였다.

물류 효율화를 진행하기 위하여, 생산라인부터 표준화된 파렛트를 사용하여 출고 시 이적 단계를 생략할 수 있도록 컨설팅을 진행하였다. 또한 수출 컨테이너 작업의 효율성을 높이기 위하여 A, B등급에 대한 표준화 시뮬레이션 작업을 진행하여 효율성 테스트를 하였다.(그림3 참조)

수출입시 ULS 도입 기대 효과를 보면, 유닛로드 시스템 구축 및 포워딩 실행 제안으로 연간 5억 원의 물류비 절감(약 9%)이 예상된다. 물류 표준화 도입으로 현장을 중심으로 한 작업환경(시간/공간) 개선이 기대된다.(그림4 참조)

주요제품 PKG별 컨테이너 적재율 분석을 통해서 대상을 선정하고 표준화 기준을 수립한다. [그림 5]에서 보듯

① 주요수출품 대상 적치/적재율 유지 및 향상을 기대할 수 있고,

② S식품사의 주요 수출품(3종) 대상 해상용 컨테이너 Loading Plan을 수립하고, 마지막으로

③ Slip Sheet 도입 시 자재 및 장비를 제시할 수 있다.

그리고 품목별 ULS 도입 시뮬레이션은 〈표 1〉과 같다.

[그림 4] 수출입시 ULS 도입 기대 효과

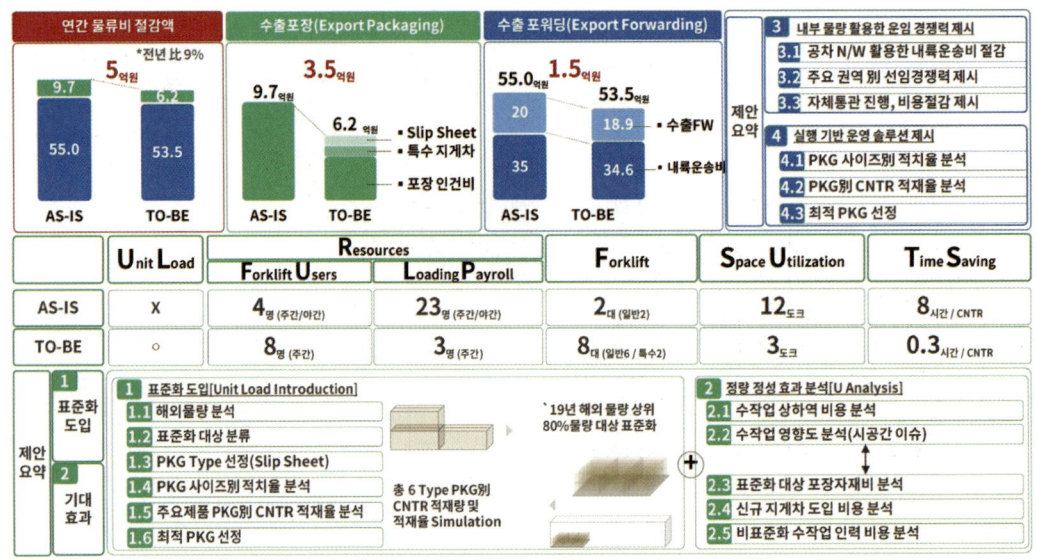

출처: S사 제안서

[그림 5] 주요제품 패키징별 컨테이너 적재율 분석

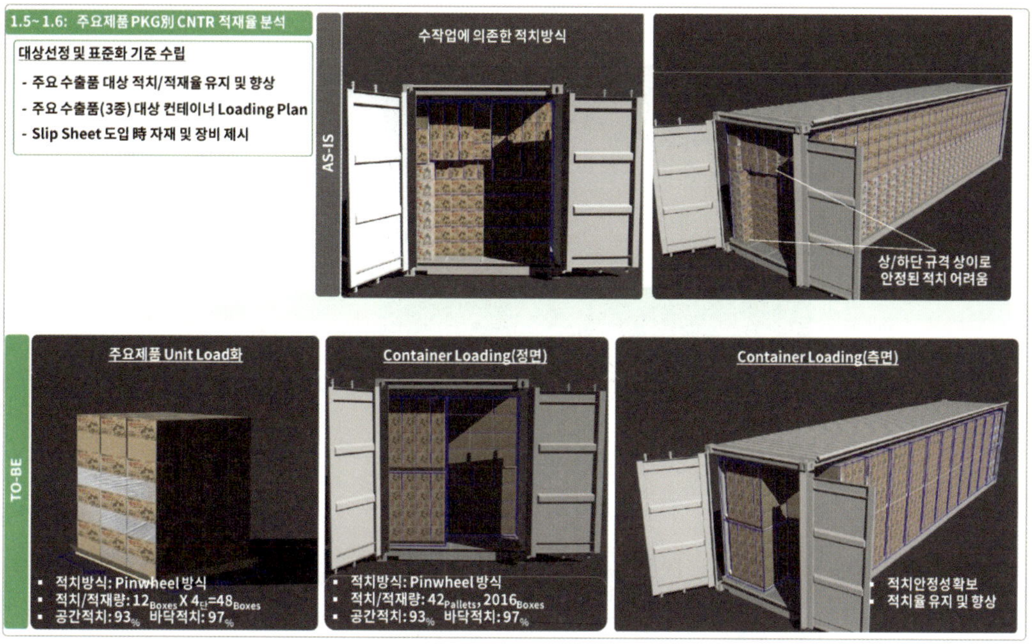

출처: S사 제안서

2) 로지스올의 RRPP

가) RRPP Model의 탄생

RRPP Pool 시스템에 대한 구상은 로지스올이 중국에 진출하면서부터 시작됐다. 한국에서 성공한 파렛트풀 사업을 들고 중국시장에 뛰어들었지만, 중국시장은 한국과 달리 회수문제, 업체들의 의식부족, 열악한 사용 환경과 물류 환경 등으로 어려움에 봉착했다. 그때부터 고민이 시작됐다. 어떻게 하면 중국에 파렛트풀 시스템을 성공적으로 안착시킬 수 있을지 고민하고 또 고민했다.

고민 끝에 '저렴하지 않으면서도 한 번 쓰고 버리는 일회용(One Way) 파렛트를 사용하고 있는 중국의 물류환경을 개선할 수 있다면 성공한다'는 결론에 도달했다.

이를 위해 폐플라스틱을 활용한 리사이클 파렛트 개발에 착수했다. 그리고 4년 만에 내구성이 강한 리사이클 파렛트 개발에 성공했다. 이렇게 탄생한 게 바로 RRPP(Recycled Reusable Plastic Pallet)다.

자원순환시스템에 의해 탄생된 RRPP를 통해 국제 환경에 기여하고, 표준화된 RRPP의 공동 사용으로 국제물류 공동화를 실현함과 동시에 RFID시스템을 통해 실시간으로 모든 물동량을 추적할 수 있는 체제를 구축해 무역물류 환경에 큰 변화를 가져오겠다는 야심찬 목표이다. 지금까지 세계적으로 많은 기업들이 내부적으로 RFID 도입을 시도한 사례는 많지만 완전 개방형으로 도입을 시도한 기업은 로지스올이 유일하다. 그만큼 과감하고 도전적인 행보다.

이처럼 RRPP Pool은 Intelligent ICT 기술

〈표 1〉 ULS 도입 시뮬레이션

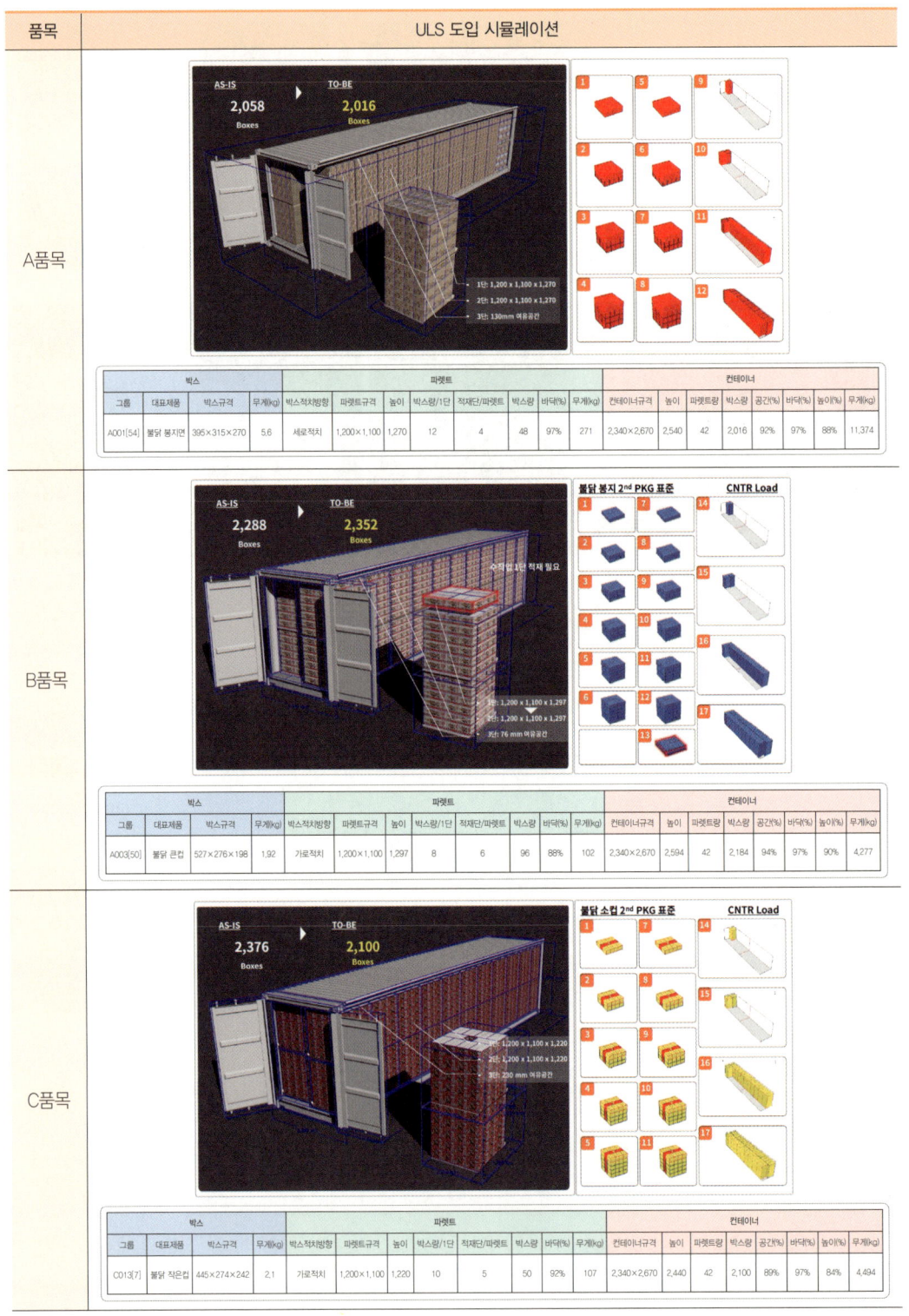

출처: A사 제안서

[그림 6] RRPP 도입 시 기대효과

비용 절감
- Returnable 방식으로 파렛트 구매 비용 절감
- 물류관리비 절감 효과

포장 품질 강화
- 기존 1회용 파렛트 대비 고강도
- 포장 파손에 따른 손실비용 절감
- 분진, 오염, 습기, 벌레 등 방지

친환경 이미지 강화
- 생활폐기물을 재활용한 파렛트 사용
- 파렛트 재사용을 통한 탄소배출량 감소
- 환경 보전에 선도적 역할을 수행하는 친환경 이미지 강화

출처: LogisALL.com

〈표 2〉 RRPP Model 유형

구분	타입(Type)
Sale & Buy Back Type	RRPP 출하 / 수출업체(고객) / 수입업체(End User) / RRPP Pool 이용금액 $7 / $14에 판매 / $7에 구매 (RRPP 반납)
Deposit Rental Type	RRPP 출하 / 수출업체(고객) / 수입업체(End User) / RRPP Pool 이용금액 $7 / 환불 $7 / RRPP 공급 / 보증금 $14 / RRPP 반납

출처: LogisALL.com

에 의한 Smart Pallet System으로써, Online Realtime으로 자산 관리 및 고객의 SCM 정보까지 제공하는 RRPP 플랫폼으로 확대될 것이다. 사물인터넷(IoT)의 기술과 장비가 빠르게 개발, 확산되고 있는 시대적 변화에 따라 파렛트 분야도 기존 오프라인 환경의 Pool 구조

에서 벗어나 보다 스마트화돼 기업의 새로운 SCM 환경을 지원해야 한다고 강조한다. 즉, 실시간 스마트 정보 기반의 글로벌 네트워크와 물류 콘텐츠가 수집활용 될 수 있는 플랫폼의 구축이야말로 새로운 시대의 핵심 키워드라는 것이다.

나) RRPP Model

지금까지 사용된 리사이클 일회용 파렛트는 조그마한 외부 압력이나 환경변화에도 적응하지 못하고 파손, 변형 불량, 휨, 찌그러짐 등이 발생하여 포장품질을 저해하고 위험요인을 발생시켜왔다. 그런데, One Way Package 방식에서 Reusable Package 방식으로 혁신할 것인지가 큰 고민이었다.

〈표 2〉에서 보는 바와 같이 수출입용에 사용되는 1회용 파렛트를 RRPP로 대체하고 일관수송용으로 이용하는 각 국가의 기업들에게 Deposit Renal 또는 Sale & Buy 방식을 도입, 전 세계 기업들이 공동으로 이용할 수 있는 새로운 Pool System을 제안한 것이다.

Sale & Buy 방식은 수출업체가 로지스올에

〈표 3〉 RRPP 운영방식

구분	내용
As is	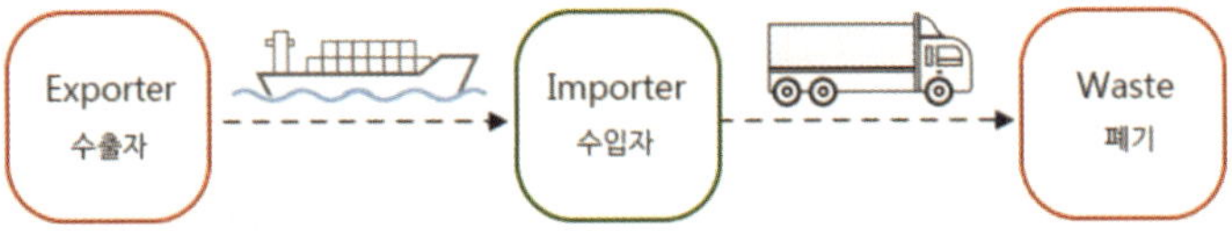 Exporter 수출자 → Importer 수입자 → Waste 폐기
문제	• 1회용 파렛트 폐기 어려움 → 폐기비용 발생, 환경오염에 따른 폐기문제 심각 • 플라스틱 파렛트 경우 소재가격 인상으로 파렛트 구매비용 부담 가중 • 품질이 좋지 않은 파렛트 사용으로 안정성 및 제품 파손우려 • 목재파렛트 경우 검역강화로 비용과 시간의 추가적 손실 발생
To be	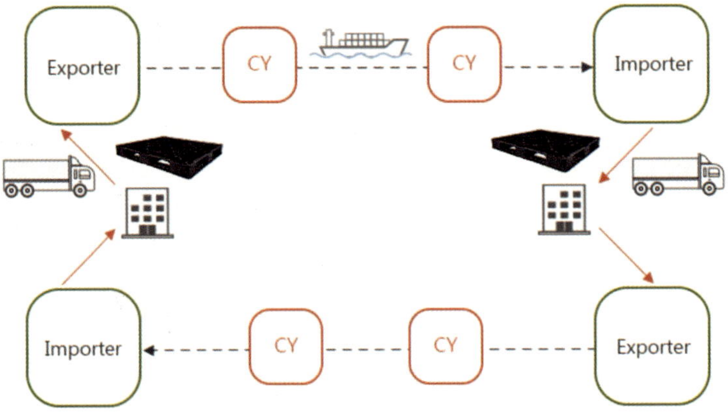 Exporter → CY → CY → Importer ↔ Importer ← CY ← CY ← Exporter
기대효과	• Reusable 파렛트로 폐기 문제 해소 • 파렛트 재사용으로 구매비용 감소 • 양질의 파렛트 사용으로 제품 안정성 향상 → 고객만족 극대화 • 검역문제 해결

출처: LogisALL.com

서 RRPP를 구매하여 수입업체로 출고하면 로지스올은 수입업체로부터 구매금액의 50%에 다시 사주는 방식이고, Deposit Rental 방식은 수출업체가 로지스올에서 RRPP를 공급받을 때 구입금액 만큼 보증금을 내고, 수입업체에서 로지스올에 반납하면 그 반납 수량에 대응하여 구입금액, 즉 보증금의 50%를 되돌려주는 방식이다.

이는 기존 파렛트풀 운영 방식에서 진일보한 방식으로, 아직까지 세계적으로 이런 시스템을 운영하는 회사는 없다. 세계 최초이다. 이로써 RRPP Pool을 이용하는 모든 고객들은 기존 1회용 파렛트 가격의 절반 가격으로 우수한 제품과 시스템의 혜택을 누릴 수 있게 됐다.(표3 참조)

다) RRPP TRA Platform

첨단 IoT 기술을 물류에 적용하고, 글로벌 스마트물류 서비스를 실현하기 위해 모든 RRPP에 국제 표준 규격의 RFID Tag를 삽입했다. 이를 기반으로 RRPP 뿐만 아니라 적재된 상품에 대한 물류를 글로벌하게 추적하고, 이러한 모든 물류정보를 고객사와 공유할 수 있는 시스템도 함께 개발하고자 한 것이다.

IoT와 RFID 기술을 적용해 파렛트 생산·주문 관리, 이력관리 등의 다양한 서비스를 제공하는 RRPP TRA(Trade, Tracking, Traceability) 플랫폼을 구축해 Smart Pooling System의 글로벌 표준화 및 고객의 부가가치를 창출해 나가겠다는 것이다.

라) Trade, Tracking, Traceability

1st Step으로 RRPP에 대한 글로벌 자산관리를 위하여 모든 협력파트너들에게 RRPP LINK 시스템을 제공한다.(표5)

2nd Step은 RRPP 고객들의 유닛로드(파렛

〈표 4〉 Smart RRPP Pallet

출처: LogisALL.com

트, 박스) 단위로 이동되는 고객화물의 이력관리 정보를 제공한다.(그림7)

LogisALL Global RRPP Pool은 IoT, RFID 기술을 RRPP 파렛트에 적용한다. 파렛트 생산에서 폐기까지 전 수명주기에 이르는 입출고, 이동, 재고 등의 파렛트의 물류활동을 실시간으로 추적 관리한다. 유닛로드(파렛트, 박스)단위로 적재되고 하역되는 고객화물은 IoT, RFID 기반으로 고객화물 정보 및 이력관리, 스마트SCM 정보 등의 서비스를 제공한다.

마) 사업화 활성화 방안

사업의 활성화를 위해 단계별 사업 전략과 실행을 수립해 추진해나간다는 방침이다.

첫 번째 단계로는 RRPP Link System으로써, RRPP의 스마트화와 자산관리 관점의 플랫폼을 개발, 운영 중이다. 우선 전 세계의 기업이 공용으로 활용하는 RRPP의 생산과 공급, 회수에 중점을 두어 글로벌 표준에 기반하는 플랫폼을 구현할 계획이다.

두 번째 단계로는 RRPP ULTRAVIS

〈표 5〉 RRPP LINK System (Basic)

• 입·출고, 재고파악 입고, 출고, 재고실사 • 실시간 재고 검색	• 자산 위치 추적 이동이력 조회 • 현재위치 조회	• 분석 리포트 반납율, 폐기율, 장기체류 • Trip, 회전율 분석 및 회계 분석

출처: LogisALL.com

[그림 7] ULTRAVIS System (Option)

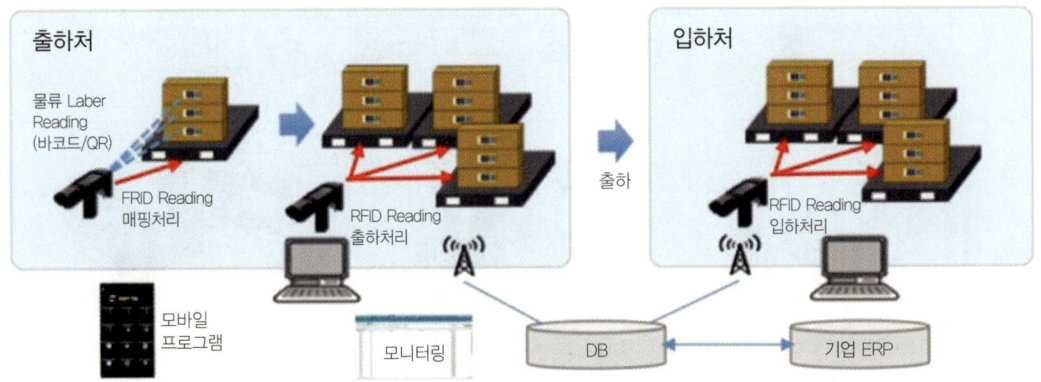

출처: LogisALL.com

System을 구축, 개별 기업의 경영을 지원하고 다양한 서비스가 제공될 수 있는 플랫폼으로 진화시켜나갈 예정이다.

로지스올 서병륜 회장은 "전 세계 모든 기업의 물류 활동이 스마트 RRPP를 통해 이뤄지고, 개별 기업의 경영 지원과 다양한 서비스가 제공되는 시스템을 만들어나갈 계획"이라며 "무한한 물류 정보를 효과적으로 활용하는 스마트 기술과 네트워크를 제시하여 새로운 부가가치를 창출하고, 고객 기업과 공존할 수 있는 상품을 만드는데 매진할 것"이라고 말했다.

바) RRPP 적용 사례

① 가전(전자) 부품 납품 업체

메이저 가전업체와 Buyback 협의를 통한 자재 납품 협력사 계약을 운영 중이다. 생산 비용(인건비, 임대료 등) 및 수출 비용(관세, 해상 운임 등) 절감을 위한 메이저 가전업체의 해외 진출이 증가하는 추세이고, 아시아 지역에서 수출된 자재는 가전제품 생산 공장으로 이동하는 추세이다.

이에 메이저 가전업체와 Buyback 협의 시 효율적인 RRPP 운영이 가능한데, 계약업체 수 대비 적은 Buyback 업체 운영을 통해서 비용 절감의 효과를 보고 있다.

② 케미컬 업체

케미컬 업체에서는 〈표 6〉과 같이 단계적 계약 및 Buyback 방식으로 운영 중이다.

③ 기타 적용 사례

기타 적용 사례로는 가전 부품 납품 업체(한국-베트남 호치민)를 들 수 있다. 기존 목재 파렛트 사용 업체에서 RRPP로 전환해서 기존 대비 약 15% 이상 물류비가 절감되었다. 파렛트 파손율 또한 감소하였고, 분진 등의 감소 효과 등으로 실질적인 품질 향상 기대효과를 가져왔다. 포장 측면에서는 기존 대비 포장재 파손의 감소 효과가 가시적으로 늘어나면서 제품 손상 위험 또한 감소하였다.

〈표 6〉 RRPP 단계적 계약 및 Buyback 운영 방안

Step.1	자사 해외 생산 법인 수출 적용 – 해외 생산 법인 1차 가공 후 RRPP 회수
Step.2	해외 생산 법인 1차 재출고 허용 – 물동량 상위 업체 중 회수 협의된 업체
Step.3	해외 생산 법인 재출고 업체 확대 (2, 3차 확대)
Step.4	해외 실수요처 직거래 적용 – 수출국 및 업체 수가 많아 회수 어려움 (신중한 확대 필요)

V장

환경과 유닛로드시스템

제1절 지구환경과 물류
제2절 자원순환경제 전략
제3절 유닛로드시스템의 LCA 분석
제4절 친환경포장 사례

제1절 지구환경과 물류

1. 지구환경 문제와 기후위기

1) 기후위기 원인과 영향

지구환경문제는 기후변화 문제라고 그동안 인식되었다. 그러나 작금에 이르러 지구환경문제는 기후위기라고 한다. 그만큼 지구환경문제는 심각한 경보 단계에 이르렀으며, 그 원인은 주지하고 있는 바와 같이 지구 온실가스 증가 문제로 시작되었다. 온실가스 증가는 지구 평균 기온의 상승을 가져오게 하고, 이는 이상기후 원인이 되어 폭풍, 홍수, 이상고온 현상을 유발해 수많은 귀중한 인명 피해와 재해를 발생시키고 있다.

2) 지구 온난화와 이상기후 현상

가) 전 지구 평균기온 지속 상승

IPCC[1] 제5차 평가 보고서에 따르면 현재 추세로 온실가스가 배출(RCP[2] 8.5 시나리오)되는 경우, 금세기 말 2100년에는 1986~2005년 대비 지구 평균기온은 3.7℃, 해수면은 평균 63cm가 상승한다고 전망한 바 있다. 최근에 세계기상기구(WMO)는 2024까지 지구 평균기온은 산업화 이전보다(1850~1900) 1.5도 이상 높아질 것으로 전망했다. 우리나라도 (2020년 8월 평균기온 26.6도) 폭염과 열대야가 나타나 47년 만에 최고 더위를 기록했다. 이와 반대로 장기간의 장마와 이상저온 현상 등 극심한 기후변화와 이상기후를 보였다.

---

1) IPCC(Intergovernmental Panel on Climate Change, 기후변동에 관한 정부간 패널) : 기후 변화와 관련된 전 지구적 위험을 평가하고 국제적 대책을 마련하기 위해 세계기상기구(WMO)와 유엔환경계획(UNEP)이 공동으로 설립한 유엔 산하 국제 협의체이다.
2) RCP(Representative Concentration Pathways, 대표 농도경로) : 인간의 활동이 지구의 대기에 미치는 영향의 변화를 나타내는 것으로, 경제활동으로 온실가스 배출 경로와 영향을 추정하는 모델이다.

[그림 1] 이상기후 변화와 전망

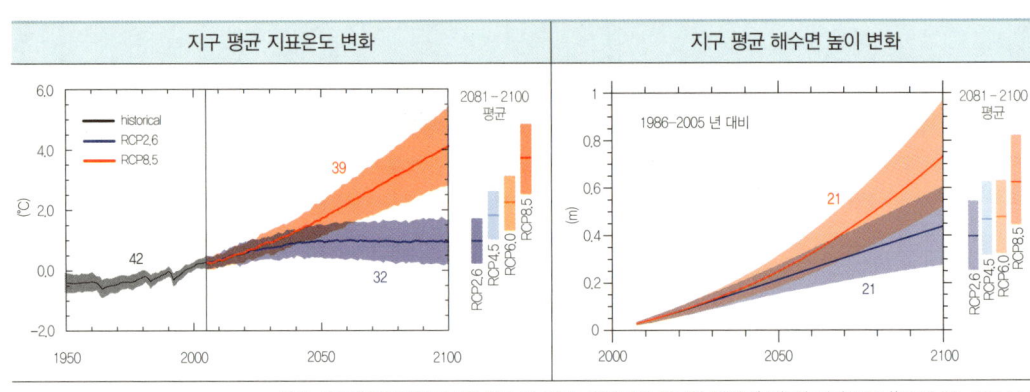

출처: IPCC(기후변화에 관한 정부 간 패널: 유엔산하 정부간 협의체) 제5차 평가보고서(2013.09~2014.11)

나) 기상이변으로 자연 생물종의 멸종위기와 사회, 경제적 피해 발생

① 자연생태계와 생물종의 멸종 피해

온실가스로 인한 지구온난화로 다양한 동물, 식생활 모습이 사라지고 있다. 이와 같은 기상이변과 함께 인간에 의한 무분별한 개발행위로 인한 생물 서식처 파괴, 환경오염, 외래종 도입 등으로 지구상에서 6번째[3] 대멸종위기에 직면하고 있다고 한다. 이와 같은 내용은 과학계의 권위지인 〈사이언스〉의 "지구와 환경"에 게재된 내용으로, 미국 듀크대 생물학자 스튜어트 핌 교수팀의 연구결과 "매년 100만종 가운데 100종~1,000종이 멸종되고 있고, 인간이 지구에 나타나기 이전에 비해 멸종속도가 1,000배 빠른 속도로 진행되고 있다"라고 발표되었다.(그림1)

② 유럽·아시아 등 전 세계적인 이상고온 및 한파 발생

폭염과 산불의 경우는 유럽·동아시아 지역의 기록적 폭염 현상으로 발생하였다. 특히 2017년도 여름 스페인과 포르투갈은 최고기온 40℃를 기록했다. 2019년에는 아마존에서 대규모 산불이 발생하였으며, 2018년 미국과 캐나다에서는 100년 만에 가장 큰 한파와 폭설이 발생하였다.(그림2)

③ 사회·경제적 피해

기상이변으로 인한 폭풍, 홍수, 이상고온 현상으로 수많은 인명피해가 발생하였고, 1998~2017년 재난 피해 국가들의 경제적 손실은 총 2,908억 달러에 달했으며, 그중 기후재해로 인한 피해액은 78%에 해당하는 2,245억 달러로 추산되었다.

지난 20년 동안 미국의 경제 손실은 945억 달러로 가장 컸으며, 중국은 492억 달러로 2위를 기록하였다. 인명·시설 피해도 크지만, 농업·관광업·서비스업 등 유관산업에 연쇄적

---

3) 첫 번째 지구상 대멸종 사건은 4억 년 전 오르도비스기 말기에 발생하여 해양생태계의 85% 해양생물이 멸종되었고 생물군락 구조가 붕괴되었다. 그 후 두 번째에서 다섯 번째 대멸종이 발생했으며, 현재 여섯 번째 대멸종이 진행되고 있다.

[그림 2] 이상기후 사례

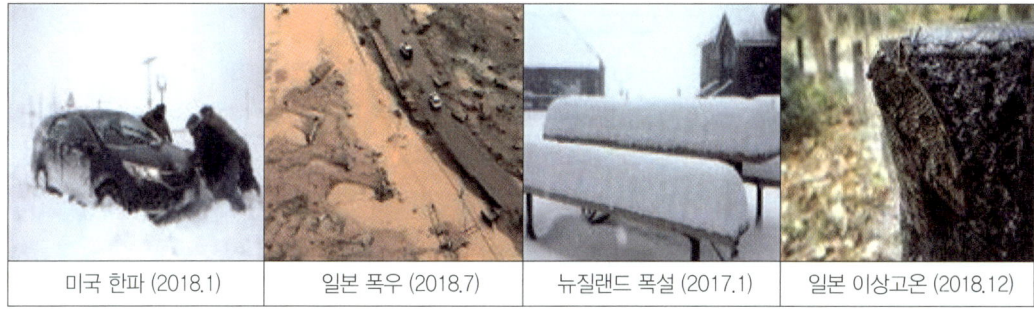

미국 한파 (2018.1)	일본 폭우 (2018.7)	뉴질랜드 폭설 (2017.1)	일본 이상고온 (2018.12)

출처: 경제적 손실, 빈곤 및 재해(국제재해경감전략기구, 2008~2017)

[그림 3] 자연재해 빈도와 피해액

자연재해 발생빈도 시계열

자연재해에 따른 피해액

자연재해 유형	총 피해액(십억$)
폭풍	1,043
지진	771
홍수	696
극한 기온	60
산불	58
산사태	9
가뭄	0.1

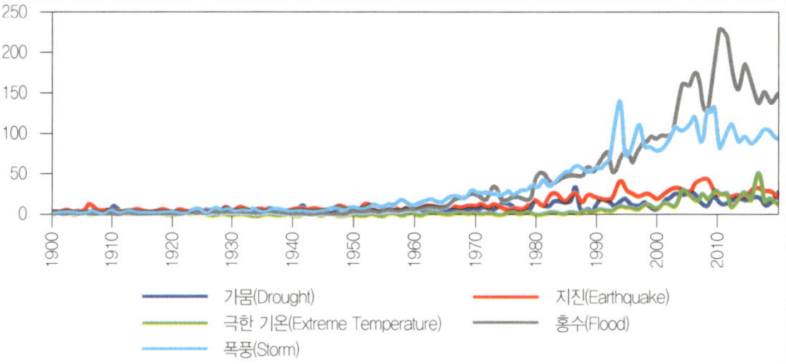

출처: 기후변화대책보고서 (2018년도 환경부)

으로 부정적 영향을 미쳐 경제적 피해는 더욱 증가하였다.[4](그림3)

3) 지구환경위기와 범지구적 기후변화 대책회의

지구환경 위기에 대한 대책은 UN을 중심으로 진행되었다. 우선 1972년에 스웨덴 스톡홀름에서 "하나뿐인 지구환경을 구하자" 정상회의가 개최되었으며, 남아공 리우에서 1992년에 세계 지구환경 정상회의 개최하여 기후변화 협약이 체결되었다.

그 이후 1997년도에는 선진국 중심(단, 미국, 중국 소극적 태도)의 '교토의정서' 협정과 온실가스 감축 협의가 이루어졌다. 18년 경과 후 2015년에 파리에서 유엔 기후변화협약당사국총회가 개최되고, 선진국, 개도국 195개 협약당사국이 참여하는 파리협정이 이루어졌다. 파리협정은 교토의정서를 대체하여 2021년 1월부터 발효되는 소위 신기후체제라고 일컫는 '파리기후변화협정'이 체결되었다.

그러나 모든 국가들이 온실가스 감축 문제를

4) 출처: 자연재해가 경제에 미치는 영향-아시아개발 은행보고서. 2016

해결하자는 총론에는 동의하였지만, 산업과 경제활동에 미치는 영향과 충격 완충, 이해득실에만 고민하고 있다. 우리나라도 '파리협정'에 가입하였고, 가입국으로서 온실가스 감축 방안을 고심하고 있다. 특히, 미국은 애초에 미온적인 입장으로 탈퇴했다가 최근 바이든 대통령 당선인은 파리협정에 다시 가입하겠다며 온실가스 감축과 지구환경보전 활동에 적극적으로 참여할 의지를 표명하였다. 이처럼 지구환경 위기 대응을 위한 국제적인 노력이 다양하게 추진되고 있으며, 이는 인류 모두가 온전한 삶을 누리기 위한 필수 불가결한 명제이다.

4) 국내 온실가스 배출현황 (수송물류 포함)

[그림 4]에서 보듯 우리나라의 2018년 기준 온실가스 배출량은 7억 2,760만 톤으로, 2000

[그림 4] 우리나라 온실가스 배출량

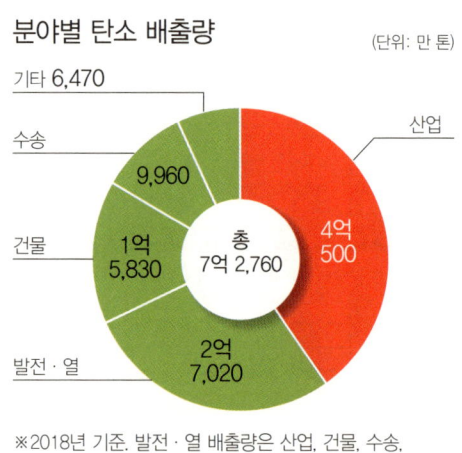

〈표 1〉 주요국의 온실가스 배출량 (2017년 기준)　　(단위: 톤)

순위	국가	순위	국가	국가	배출량
1위	중국	9위	독일	중국	124억 7,600만
2위	미국	10위	캐나다	미국	64억 8,800만
3위	인도	11위	대한민국	일본	12억 8,900만
4위	러시아	12위	멕시코	독일	8억 9,400만
5위	일본	13위	사우디아라비아	캐나다	7억 1,400만
6위	브라질	14위	호주	한국	7억 1,000만
7위	이란	15위	남아프리카공화국	멕시코	7억 500만
8위	인도네시아			호주	5억 5,700만

자료: 환경부

년 5억 290만 톤 배출 이후 지속해서 증가하고 있다. 세계 주요 국가의 온실가스 배출비중은 1위 중국, 2위 미국, 3위 인도 순으로, 우리나라는 11위이다.(표1) 실제로 온실가스 배출량 증가속도를 보면 OECD 회원국 중에서 한국(1990~2017년 기간 중)이 1위이다. 이는 제조업 비중이 높고, 특히 화석연료 비중이 큰 철강산업, 석유화학업종, 내연기관차 비중이 높아 단기간 내에 온실가스 감축이 매우 어렵기 때문이다.

우리나라는 대통령의 국회 시정연설(2020.10.28)에서 '2050년 탄소중립'을 선언했다. 앞으로 탄소감축 대책을 강화해야 하는 상황이다. 탄소중립(Net Zero)이란 탄소배출량(+)에서 흡수량(-)을 공제한 후 순 배출량이 '0'되는 상태를 의미한다. 현실적으로 탄소중립은 매우 어려운 과제이다.

미국과 유럽연합(EU) 사례를 보면, 미국은 2005년과 2007년 사이에 이산화탄소 배출량이 최고로 높았다가 이후 10년간 14%가량의 탄소를 줄였다. EU는 1990년대 정점을 찍은 이산화탄소 배출량을 그후 20여 년간 21%가량 감축하였으며, 2030년까지 45% 줄이기로 했다. 국내는 유럽보다 제조업 비중이 높아서 탄소중립을 실현하는 데 더 많은 시간이 필요할 것으로 전문가들은 보고 있다. 한국은 아직도 이산화탄소 배출량 정점을 찍지 못하고 있으며, 1990년부터 2017년까지 온실가스 배출량의 증가율이 경제협력개발기구(OECD) 회원국 중 1위이다.

특히, 2018년 국내 탄소 총배출량 7억 2,760만 톤 중에서 수송부문은 9,960만 톤으로 13.69%를 차지하며, 이 부분과 관련하여 물류 부문에서 온실가스 배출량을 줄이는 대책이 필요하다.

5) 국내 온실가스 감축 및 대책

단기간 내 온실가스를 대폭 줄이려면 탄소배출 과다 업종인 철강과 석유화학, 자동차 공장 가동을 줄여야 한다. 현 상태가 지속된다면, 기존의 주력 사업이 받는 타격이 불가피하므로 배출량을 획기적으로 줄이는 신기술이 필요하다.

한국환경정책·평가연구원에 따르면 우리가 탄소를 줄이지 않고 현재 수준의 탄소를 계속 배출하면 "2100년까지 기상이변 등으로 인한 피해액이 3,128조 원에 도달할 것"이라는 연구 결과도 있다. 산업연구원 성장동력산업 연구본부 보고에도 "2017년 대비 2050년 탄소 배출량을 40% 줄이려면 철강·석유화학·시멘트 3개 업종에서만 최소 400조 원 넘는 전환 비용이 필요하다"고 한다.(그림5)

우리의 현실이 어렵다고 해서 국제사회의 환경규제를 무시할 수 없다. 세계적 흐름에 현명하게 대응해야 하는 것이 수출 중심 국가로서

[그림 5] 기후변화로 인한 국내 피해비용 추산

(단위: 조 원)

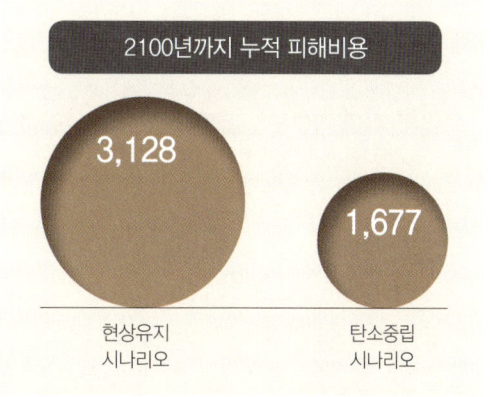

자료: 한국환경정책·평가연구원(KEI)

넘어야 할 산이다. 해외 국가들은 중장기적 대책으로 탄소중립을 선언하고 미래 온실가스 감축대책을 서두르고 있다. 탄소중립을 선언한 나라는 [그림 6]과 같이 스웨덴을 비롯하여 중국, 일본 등으로 이어지고 있으며, 우리나라도 2020년 10월 대통령이 직접 '2050년 탄소중립' 실천을 선언하였다.

이에 따라 정부는 2030 국가온실가스감축목표(NDC5)[5]와 2050 장기저탄소발전전략(LEDS)을 2020년 12월 30일 유엔기후변화협약사무국에 제출하였다. LEDS[6]에는 '순환경제'를 포함한 탄소중립 5대 기본방향이 제시되었다.(표2) 이에따라 앞으로 온실가스 감축 대책을 추진하기 위하여 범국가적인 대책 추진으로 정부, 지자체, 산업계, 학계, 시민단체, 일반 국민 등 각 주체별로 역할을 분담하여 현재까지 추진해 오던 감축 계획 보다 더욱 강화된 감축 대책을 추진해야 한다.

[그림 6] 탄소 중립 선언한 주요 국가

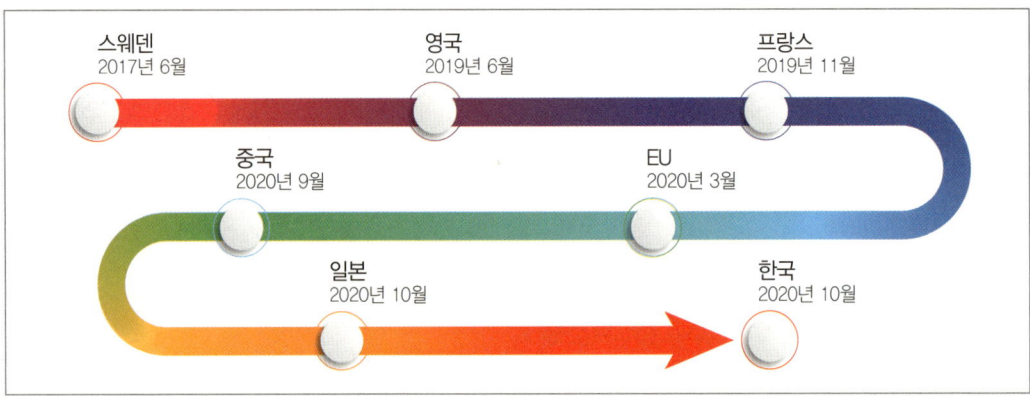

※스웨덴, 영국, 프랑스는 탄소 중립을 법제화한 국가

자료: 환경부

〈표 2〉 유엔 기후 보고서 주요내용

- 인간 활동으로 인한 온실가스 배출량이 전체 배출량의 23%
- 지구 평균 온도가 2030~2052년 사이에 산업화 이전 대비 1.5℃ 상승
- 1.5℃ 초과한 온도상승은 일부 생태계에 돌이킬 수 없는 영향
- 2050년까지 전 세계 탄소중립 달성해야 함

자료: 유엔 IPCC(기후변화에 관한 정부간 협의체)

---

[5] NDC: Nationally Determined Contribution(국가결정기여) – 2030년까지 국제사회에 감축 이행을 약속하는 온실가스 감축목표를 포함하고 있으며, 2030년 우리나라 온실가스 감축목표로 제시하고 있다.

[6] LEDS: Long-term low greenhouse gas Emission Development Strategies의 약어로서 파리협정을 통해 지구온도를 산업화 이전 대비 2℃ 이하로, 나아가 1.5℃까지 억제하기 위해 모든 당사국에게 요구하는 2050년 장기 저탄소 발전전략(LEDS)을 말한다. 5대 기본방향은 ①깨끗하게 생산된 전기·수소의 활용 확대, ②디지털 기술과 연계한 혁신적인 에너지 효율 향상, ③탈탄소 미래기술 개발 및 상용화 촉진, ④순환경제(원료·연료투입↓)로 지속가능한 산업 혁신 촉진, ⑤산림, 갯벌, 습지 등 자연·생태의 탄소 흡수 기능 강화이다.

2. 플라스틱 파렛트·컨테이너의 자원순환

1) 파렛트·컨테이너의 순환 특성

가) 재사용 및 순환사용 특성

① '반복·재사용(Returnable)'하는 '산업용 물류기기(용기)'라는 특성이다. 즉, 모든 산업활동에 필수적으로 사용되는 수송용 물류기기로서 제품 수송, 하역, 보관 용도로 사용 후 회수되어 다시 반복 사용되고 있다.

② 순환사용 특성으로, 'Pool System'에 의해 공급자와 수요자 간 순환적으로 사용되고 있는 점이다. 즉, 회수된 물류기기는 약 10~15년 정도 반복적으로 사용되며, 특히 사용자들끼리 공동으로 사용되고 있다.

나) 재활용시장 특성

① 회수과정 중 파손된 파렛트, 컨테이너는 선별하여 재활용사업자에게 매각하고 있으며, 관련 업계가 회수, 재활용을 자발적으로 운영하고 있다.

② 물류용기의 생산업계, 사용업계, 임대업체, 재활용업계가 자발적으로 회수, 재사용 및 재활용을 자율적으로 수행하고 있다.

③ 현재는 자발적협약 제도에 의해서 관리하고 있으며, 앞으로 EPR 대상품목으로 지정되어 있어 재활용이 확대될 것이다.

다) 재활용 원료 가치 특성

① 사용과정에서 파손된 폐파렛트와 컨테이너는 전부 회수되어 재생원료로 Recycle 된다. 이들은 현장에서 자발적으로 회수되어 재활용공장으로 이동, 처리된다. 일회용 폐비닐류와 달리 수집 운반이 용이하고 경제성이 높아서 환경오염 우려가 없다는 특성이 있다.

② 생산자들은 폐플라스틱 파렛트와 컨테이너를 재활용하는 재생원료가 부족하여 타 품목의 폐플라스틱을 추가로 구입하여 자원의 재활용을 촉진하고 있다.

③ 순환사용 후 파손품의 거래 가격이 높아 경제성이 있다. 폐기물부담금에서 제외되어 있는 폐지나 고철의 가격보다 높은 가격으로 재활용시장에서 거래되고 있다.

④ 반복·재사용 및 사용과정에서 파손되면 집하센터로 회수되어 분류된다. 회수센터에

[그림 7] 파렛트·컨테이너 회수 재활용 과정

재사용 회수센터

폐플라스틱 파렛트 집하센터

생활계 플라스틱 폐기물 압축품

※폐플라스틱 파렛트·컨테이너는 타 품목과 달리 재활용이 용이함

서 선별, 검사 후에 재사용 가능 제품과 파손품으로 구분하며, 더 이상 사용이 어려운 것은 별도로 관리하여 재활용 처리공장으로 이동한다.(그림7)

2) 파렛트, 컨테이너의 순환특성과 친환경 효과

파렛트, 컨테이너는 반복·재사용 물류기기로서 자연환경과 자원순환과의 관련성이 높다. 먼저, 파렛트, 컨테이너의 '회수, 반복, 재사용시스템(Returnable System)'으로 인해 자원순환을 촉진하는 효과가 있고, 다수의 여러 사용자들이 '순환적 공동사용 풀 시스템(Pool System)'을 이용함으로써 자원순환을 활성화하고 있다.

가) 일회용품 대비 환경영향 기여도 비교

파렛트, 컨테이너는 산업 용도로 장기간 사용하는 내구성 제품으로, 가정용 일회용 소비재 용도가 아니다. 물류기기는 모든 산업 활동에 필수적으로 사용되는 수송용 운반도구로서 제품 수송, 하역, 보관 용도로 사용 후 회수되어 다시 세척하여 사용되므로 일회용품보다 자원의 절약과 CO_2 배출 등 오염물질 감축에 효과적이다.

나) 자가사용과 공동사용과의 비교

〈표 3〉 플라스틱 제품의 자원 순환가치의 우선순위표

우선순위	구분	설명
1	제품 및 포장재 원천 감량화 (Reduce)	상품 및 포장재 설계 및 제조 단계에서 부피, 중량 등 과대·과장 포장 줄이기 (명절선물용 종합세트 등)
2	제품 및 포장재 반복/재사용 (Returnable / Reusable)	한번 사용한 것은 버리지 않고 회수 반복하여 재사용 (플라스틱파렛트, 컨테이너 용기 등)
3	재활용(물질재활용) (Material Recycle)	당초 상품의 제조원료로 재활용 (폐플라스틱 파쇄 분해 재생원료)
4	에너지 자원회수 (Energy Recovery)	소각 등에 의한 열에너지로 회수하여 사용
5	화학적 자원회수 (Chemical Recovery)	화학적 촉매작용에 의한 자원회수 (페트병 모노모[7] 회수, 유화작용에 의한 증유 추출, 가스 추출)
6	생분해적 자원회수 (Organic Recovery)	폐자원의 분해 촉진, 자원회수 (플라스틱필름 분해 90% 이상, 퇴비화)

출처: 2015년도 회수 재사용형 파렛트·컨테이너 환경규제 개선방향 조사연구보고서

일개의 한 사업자가 자가 구매하여 일회 사용하고 폐기하는 제품보다 'Pool System'에 의해 상호 순환적인 공동이용시스템을 도입하여 장기간 다회 사용되는 것이 환경보호에 훨씬 더 효과적이다.

다) 반복 재사용 제품의 자원순환 가치 우선순위

폐자원을 이용할 경우 자원순환 가치 측면에서 볼 때, 반복·재사용 물류용기는 〈표 3〉과 같이 우선순위가 6가지 중에서 2번째이다. 특히 제품, 포장재 재사용(Reuse)은 물질 재활용(Material Recycle)보다 높은 가치를 나타낸다.

① 제품, 포장재 원천감량화 (Reduce)
② 제품, 포장재 재사용 (Reuse)
③ 물질 재활용 (Material Recycle)
④ 에너지 자원회수 (Energy Recovery)
⑤ 화학적 자원회수 (Chemical Recovery)
⑥ 생분해적 자원회수 (Organic Recover)

라) 플라스틱 상자와 골판지상자의 환경영향 비교

플라스틱 상자의 환경적 효과를 측정 분석하기 위해 한국자원순환포장기술원과 ㈜에스오알지가 LCA 평가기법으로 공동연구(2013. 05)한 결과를 요약하면 다음과 같다.

① 자원과 에너지절약 효과 − 12.4배
② 산성화 감소효과(SO_2) − 4.1배
③ 지구온난화 감소효과(CO_2) − 1.3배
④ 오존층파괴 감소효과(CFC) − 1.3배
⑤ 광화학 산화물 생성효과(광화적스모그, C_2H_4) − 6.0배

3. 국내 온실가스 배출 전망과 감축계획(수송물류 포함)

지구환경을 보전하고 전 인류의 쾌적한 삶을 영위하기 위하여 온실가스 감축에 모든 국가가 동참하고 있으며, 우리나라도 신기후 체제인 파리협정 가입하고 온실가스 감축계획을 제출 준비 중에 있다. 우리나라의 온실가스 배출전망과 감축목표는 [그림 8]과 〈표 4〉에서 제시하였다. 부문별 온실가스 배출량의 수준과 감축계획을 세밀히 검토하여 이를 개선해야 한다.

물류산업에서도 파렛트와 컨테이너를 활용하는 유닛로드시스템을 도입하여 물류효율성을 높이고 시간과 비용을 절약하여 물류소요 에너지 절감을 통해 온실가스 감축에 이바지해야 할 것이다.

1) 부문별 온실가스 배출 전망(수송부문 포함)

2030년 기준 온실가스 배출전망(BAU[8])치는 8억 5,080만 톤이고, 에너지부문이 7억 3,900만 톤(87%), 비에너지부문은 1억 1,200만 톤

---

7) 모노모는 플라스틱 제조원료 물질 중의 하나를 말한다. (페트병에서 자원회수방법 중의 하나로 화학적 촉매작용으로 모노모를 회수)
8) BAU(Business As Usual) 개념은 온실가스 배출량 전망치 또는 배출량 추정치로서 특별한 온실가스 감축조치를 하지 않을 경우 배출될 것으로 예상되는 미래 전망치이다.

[그림 8] 국내 부문별 온실가스 배출 전망과 배출 목표

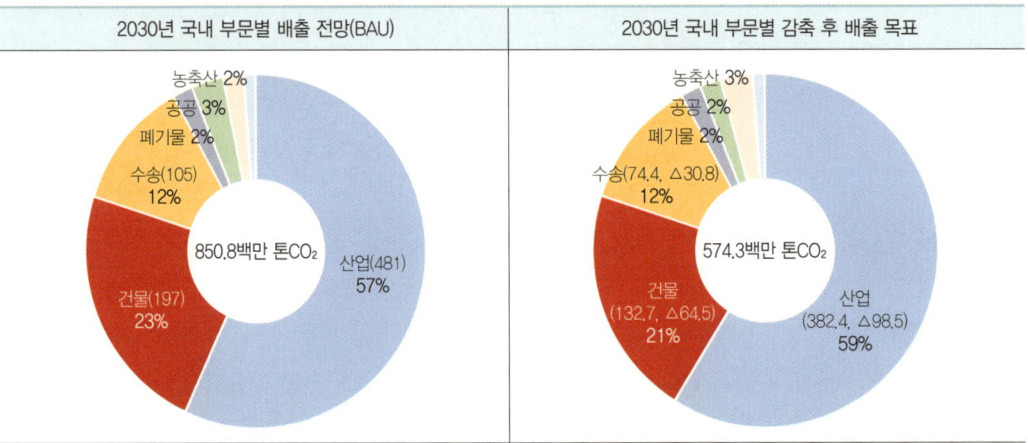

※ 2030년 감축 후 국내 부문별 총배출량은 642.4백만 톤이나, 추가적인 감축수단인 전원믹스 개선(△57.8백 톤)과 CCUS(△10.3백만 톤) 수단을 이용하여, 최종적인 목표배출량은 574.3백만 톤으로 정함

출처: 제2차 기후변화대응기본계획(2020~2040)-2018.07, 녹색성장위원회 주관, 관계부처합동

(13%)으로 전망된다. 주요 배출원은 ① 산업, ② 건물, ③ 수송으로, 전체 배출량의 92%를 차지하며, 부문별로는 산업부문 4억 8,100만 톤(57%), 건물부문 1억 9,700만 톤(23%), 수송부문 1억 500만 톤(12%)이다. 2030년 배출 전망치에 대하여 추가적인 감축수단인 전원믹스[9] 개선과 CCUS[10]를 적용하여 실제로 달성해야 할 최종 목표치는 5억 7,430만 톤CO_2이며, 감축량은 2억 7,641만 톤(감축율 32.5%)이다.

2) 2030년 국내 온실가스 감축목표 (수송부문 포함)

2030년 국내 온실가스 총 배출전망치(BAU)는 〈표 4〉와 [그림 8]에서 보는 바와 같이 8억 5,080만 톤[11]이다. 감축 후의 총배출량은 5억 7,439만 톤으로, 주요 배출원별로는 산업부문 3억 8,240만 톤(59%), 건물부문 1억 3,270만 톤(21%), 수송부문 7,440만 톤(12%), 농축산 등 5,290만 톤(8%)이며, 감축량은 산업부문 9,850만 톤, 건물부문 6,450만 톤, 수송부문 3,080만톤, 농축산 등 1,450만 톤이다.

수송부문 온실가스 감축목표량 3,080만 톤을 일반교통과 화물의 수송물류로 나누어 분야별 감축 방안을 정부 관련 부처와 수송(물류단체 포함) 관련 단체가 긴밀한 협의를 통하여 정해야 한다. 2030년 수송물류 부문의 감축 대책을 살펴보면, 친환경 자동차 보급확대, 연비개선, 친환경 선박보급, 물류 효율성 증대 등이며, 특히 수송물류 효율성을 높이기 위해서는 유닛로드시스템의 도입 및 확대가 더욱 절실하다.

---

9) 전원믹스 개선이란 석탄발전소 감축(신규건설 금지, 노후 폐쇄), 환경급전 실시, 재생에너지 발전 비중 확대를 통한 친환경 에너지믹스로 전환하는 것을 의미한다.
10) CCUS(Carbon Capture, Utilization and Storage)는 이산화탄소 포집·활용·저장·전환 등 단계별과정을 거쳐 CO_2 온실가스 배출을 줄이는 기술을 말한다.
11) 감축량 642.4백만 톤은 추가적인 감축수단(전원믹스와 CCUS)이 반영되지 않은 것을 말한다.

파렛트와 컨테이너 단위화물을 최초 출발지에서 최종도착지까지 일관된 수송체계로 처리하는 일관 파렛트 및 컨테이너 유닛로드시스템을 도입하는 것이며, 이를 통해 생산, 하역, 수송, 보관, 포장 등의 물류 효율화 향상과 온실가스 감축에 크게 기여하고 있다.

특히, 코로나19 사태로 비대면 유통 물류 비중이 확대되고 있어 일관 파렛트 및 컨테이너

〈표 4〉 2030년 국가 온실가스 감축 목표

(단위 : 백만톤 CO_2, %)

부문		배출량 ('17년)	배출전망 ('30년 BAU)	감축목표		
				목표 배출량	BAU대비 감축량(감축률)	주요 감축수단
국내 부문별 목표		–	850.8	574.3	△276.4(32.5%)	
배출원 감축	산업	392.5	481.0	382.4	△98.5 (20.5%)	√효율개선 √냉매대체 √연·원료전환 √폐열활용
	건물	155.0	197.2	132.7	△64.5 (32.7%)	√단열강화(신규·기존) √설비개선 √BEMS 확대
	수송	99.7	105.2	74.4	△30.8 (29.3%)	√친환경차 확대 √연비개선 √친환경선박, 바이오디젤
	폐기물	16.8	15.5	11.0	△4.5 (28.9%)	√재활용확대 √메탄가스회수
	공공(기타)	20.0	21.0	15.7	△5.3 (25.3%)	√LED조명 √재생에너지확대
	농축산	20.4	20.7	19.0	△1.6 (7.9%)	√분뇨에너지화 √논물관리
	탈루 등	4.8	10.3	7.2	△3.1 (30.5%)	
감축 수단 활용	전환	(253.1)	(333.2)	(192.7)	(△140.5) (42.2%)	√전원믹스 개선 √수요관리
	Energy신산업 /CCUS				△10.3	√탄소포집·활용·저장
국외감축 등		–	–	–	△38.3 (4.5%)	산림흡수+국제시장활용
감축 수단 활용	산림 흡수원	(-41.6)	–	–	△22.1	√경제림단지조성 √도시숲확대
	국외감축 등		–	–	△16.2	√양자협력 √SDM
합 계		709.1	850.8	536.0	△314.8 (37%)	국내(32.5%), 국외(4.5%)

비고 : 1. 목표배출량은 부문별 배출량 합계에서 전환부문 전원믹스 및 CCUS로 인한 감축량 반영
2. 전환부문은 전기·열 사용에 따라 부문별 배출량에 기 포함, 전체 배출량 합계에서 제외
3. 추가 감축잠재량 34.1백만 톤을 포함한 것으로, 2020년 NDC 제출 전까지 감축목표 및 수단 확정
4. 산림부분 흡수량을 제외하지 않은 총 배출량

출처: 제2차 기후변화응기본계획(2020~2040)-2018.07, 녹색성장위원회 주관, 관계부처합동

유닛로드시스템의 중요성이 더욱 주목받고 있다. 유닛로드시스템의 구축을 통해 화물의 기계화 운반, 하역으로 작업시간과 수송 기관의 하역 대기 시간을 대폭 단축할 수 있을 뿐 아니라, 수송연료 등 에너지도 절감하여 온실가스 감축의 중요한 대책이 될 수 있다.[12]

3) 수송부문 감축목표 세부 내용

2030년 수송부문의 배출 전망치는 전체 배출량의 12.3%(1억 520만 톤)로 예상되며, 2030년까지의 수송부문 배출량 감축목표는 29.3% 삭감(△3,080만 톤)이다.(표5) 이를 달성하기 위한 핵심과제는 저공해차량의 보급, 연비 효율의 향상, 친환경 선박 보급으로, 이를 통해 도로·해양·항공 등의 배출원 관리를 강화해야 한다.

4) 물류부문 추진과제

가) 물류시스템 및 인프라

우선 친환경 물류사업을 확대하기 위하여 제3자 물류 활성화, 물류 및 화주기업의 에너지·온실가스 저감의 참여 확대 등 친환경 물류기반을 구축하고, 화물차의 온실가스 배출저감을 위한 기술개발 및 장비 보급 등 친환경 물류 지원 사업을 강화해야 한다. 또한, 물류에너지 관리시스템, 통합 단말기, 무시동 히터 등의 확대가 필요하다

나) 철도 및 해운 부문

도로중심(화물·여객)의 화물 운송체계를 탄소배출이 적은 철도·해운 중심의 Modal Shift(교통전환)로 변경하여 친환경 운송체계를 강화해야 한다.

다) 해운 부문

공공부문에 LNG 연료를 이용하는 친환경 선박 도입과 인센티브 지원(보조금 및 이자 지원)을 통해 민간의 친환경 선박 발주를 유도한다.[13] AMP[14] 구축 및 사용 확대 기반을 조성하고 선형 최적화, 프로펠러 효율개선 등 기존 선박에 대한 관리를 강화해야 한다.

라) 도로 부문

도로부문에서는 저공해차량 보급, 활성화를 위하여 2030년까지 전기차 300만 대, 수소차 8만 대를 보급할 계획이고, 저공해차 보급목표제를 2020년 1월 1일부터 본격적으로 추진하고 있다.

<표 5> 수송부문 온실가스 감축목표와 과제

배출전망	2030년 전체 배출량의 12.3%(105.2백만 톤) 예상
감축목표	2030년까지 수송부문 배출량 29.3% 삭감(△30.8백만 톤)
핵심과제	저공해차 보급 확대, 연비기준 강화, 친환경선박 보급 등으로 수송 분야별(도로·해양·항공 등) 배출원 관리 강화, 물류부문의 유닛로드시스템 확대

---

12) 출처: 환경부 제2차 기후변화대응 기본계획(2020~2040), 한국경제('20.11.16) 인용, 부분수정
13) 정부부처 합동, 제2차 기후변화대응기본대책 중 물류 및 인프라 부분 50쪽 인용
14) AMP(Alternative Maritime Power)는 육상전원 공급장치로서, 인천항석탄부두에 구축완료(2018)했으며, 인천여객터미널, 부산항, 여수광양항 등 순차적으로 구축 예정이다.

마) 항공 부문

항공운송 배출권거래제를 도입하고 그 운영 효율을 개선한다. 이를 뒷받침하기 위하여 국내외 배출규제 강화에 대비하여 국적 항공사 대상으로 배출권거래제를 도입하고, 운영기반을 구축한다. 이와 함께 항공사와 연료 효율 향상(연 1%↑)을 위한 자발적협약을 체결하여 감축 실적에 따라 인센티브를 제공(운수권 우선 배분)하고, 아울러 우수사례는 관련 분야 전체적으로 공유하고 확산할 계획이다.

5) ESG 친환경 경영성과 평가

'ESG'란 환경(Environment), 사회(Social), 지배구조(Governance)의 3요소를 말하며, 앞으로 ESG 경영성과평가가 기업의 생존 여부를 결정하게 될 것이다. 3가지 평가지표를 지속가능경영평가 지수로 삼아 모든 금융거래, 무역장벽, 통상, 사회적 이미지 등을 평가한다는 것으로, 이미 스웨덴 등 유럽 주요 국가는 ESG 지표로 무역규제 대상 기업과 상품을 평가하고 있다. 우리나라에서도 한국기업지배구조원[15]에서 주요 기업을 대상으로 정기적으로 평가하고 있다.

그러나 새로운 국내외 환경문제 여건 변화를 고려하여 환경분야 등 평가지표 등에 대한 개선방안을 검토할 여지가 있다. 아울러 국내 주요 글로벌기업(삼성, 현대, LG, 효성, SK 그룹 등)은 본격적인 ESG 경영추진 작업에 들어갔으며, CEO들은 "아무리 돈을 많이 벌어도 기업이 ESG 등 사회적 가치를 창출하지 못하면 지속가능이 힘들다"고 인식하고 있다.

이와 같은 국내외 환경적, 경제 사회적 여건 하에서 일관 파렛트, 컨테이너 유닛로드시스템에 의한 자원순환 및 환경 기여는 온실가스 감축 부분에 있어 매우 중요한 과제이다. 앞으로도 물류 수송분야 관련 업계에서 확대보급이 이루어져야 하고, 관련 정부 당국에서도 정책적, 재정적 지원과 함께 관련 인프라 확대 구축이 매우 중요한 요소이다. 이 부분은 ESG 경영성과평가 및 정부의 2050 탄소중립 추진전략과 밀접한 연계성을 지니고 있다.[16]

6) 2050 장기저탄소발전전략(LEDS) 세부추진계획

정부는 2030 국가온실가스감축목표(NDC)와 2050 장기저탄소발전전략(LEDS)을 2020년 12월 30일 유엔기후변화협약사무국에 제출하였다. 이를 토대로 산업계, 전문가 등의 의견 수렴을 통해 탄소 감축 세부대책을 수립하여 목표달성을 위해 실천해 나갈 예정이다. 또한, 산업, 에너지·수송 부문별로 감축 로드맵을 2021년까지 작성하기로 했다. 이와 관련하여 물류산업계는 이를 물류효율화 확대를 위한 유닛로드시스템 기반구축, 확대의 계기로 활용할 필요가 있다.

가) 기후위기 대응기본법 제정

국무총리 소속 국가기후 위기 대응위원회를 신설하고, 기후위기 대응 국가종합계획을 5년마다 수립하는 한편 기후위기 대응 사업추진을 위한 기금 12조 원을 조성하여 탄소감축을 추진할 계획이다.

---

15) 한국기업지배구조원은 한국거래소 산하 사단법인으로 2002년 설립하였으며, 지속가능 경영을 지원하는 단체로 최근 ESG 친환경 경영성과 평가를 적극적으로 실시하고 있다.
16) 한국경제신문, "2020 글로벌투자 컨퍼런스", 20.10.29, 일부인용 및 부분수정

나) 지속가능한 사회를 위한 녹색전환기본법 제정

대통령 소속 녹색전환국가위원회를 신설하고, 20년 단위 녹색전환 국가기본전략을 수립한다. 특히 중요한 것은 정부 공공기관이 출자한 녹색전환산업 투자회사설립 등이다. 이는 녹색물류 전환산업, 유닛로드 기반 확대 소요자금 등 필요한 투자자금을 마련하는 기회가 될 수 있다.

다) 저탄소 산업지원과 녹색 산업분류체계 (Taxonomy) 마련

저탄소 산업으로 전환하는 기업에 대하여 기후변화대응 기금에서 지원하고, ESG(환경, 사회, 지배구조) 투자를 활성화하기 위해 금융회사에 충분한 녹색정보를 제공한다.

환경부는 2021년 6월까지 녹색 산업분류체계를 수립하고, 새로 설립하는 녹색금융 공사를 통해 금융을 지원하는 인센티브 시스템을 마련할 계획이며, 조세를 부과하는 패널티 시스템(탄소배출권 강화 또는 탄소세 신설 등)도 도입할 계획이다.[17]

 참고 문헌

- 제1회 지속가능한 미래자원순환포럼 (2019. 07. 한국자원순환포장기술원, 한국폐기물자원순환학회 공동개최)
- 회수, 재사용 플라스틱 파렛트, 컨테이너에 대한 폐기물 부담금 등 환경규제개선방안조사연구보고서 (2015. 05. 한국자원순환포장기술원, 한국물류연구원 공동연구)
- 리터너블 가능한 플라스틱상자와 일회용상자 사용에 따른 환경적, 경제적 효과와 유통물류효율성에 관한 비교분석 연구 (2013. 05. 한국자원순환포장기술원, 농식품신유통연구원, 예스오알지)
- 플라스틱 파렛트, 컨테이너 품목 효율적인 자원순환관리 개선방안 조사연구보고서 (2020. 10. 한국자원순환포장기술원)
- "순환경제 시대가 온다"(250년간 세계를 뒤흔들 대격변이 시작되었다!) (2017.11.25. 저자피터 레이시, 제이콥 뤼비스트, 역자 최경남, 출판 전략시티)
- 제2차 기후변화대응기본계획(2020~2040) (2018.07. 녹색성장위원회 주관, 관계부처합동 수립)
- 기후변화대책보고서 (2018년도 환경부)

---

17) 한국경제신문, 2020. 12. 21. 일부인용 및 부분수정

제2절 자원순환경제 전략

1. 자원순환경제 개념과 사례

1) 자원순환경제 기본개념

제품이나 원자재를 생산한 후 유통하여 한번 사용 소비 후 버리면 폐기물 되고 폐기물은 소각 또는 매립하여 최종처분하게 된다. 이를 일방적 경제(One way Economy) 또는 선형적 경제(Linear Economy)라고 한다. 순환경제(Circular Economy)는 제품이나 원자재를 생산한 후 유통을 하여 한번 사용 소비 후 폐기물로 버리지 않고 회수하여 재사용하거나 재생, 재활용된 원료를 생산과정에 다시 투입하여 순환적으로 사용할 수 있도록 하는 것을 말한다.

제품 생산요소 중 하나인 원료투입은 매우 중요한 최초 공정이다. 석유는 석유화학산업에서 생산원료로 사용되고, 다른 산업에서는 석탄, 석유가 연료에너지로 사용된다. 자원경제학에서 석탄, 석유 등 화석연료는 매장량이 한정된, 재생산 불가능한 자원이며, 일정 기간 채굴 사용하면 고갈되는 자원으로 분류하고 있다.

이와 다른 자원으로 산림 등 자연생태 환경에서 성장하는 생물자원에서 채취한 의약품 원료는 인간 생명 치료제로 사용된다. 이러한 귀중한 원료로 생산한 제품은 한번 사용 후 버리고 다시 재생산하면 된다. 산림자원, 곡물 등 식량자원, 수산자원 등은 재생산 가능 자원으로, 이것을 재생산하는 범위는 자연생태계와 환경의 수용 능력 또는 환경용량 범위 내에서 이루어진다.

2) 자원순환 과정의 비교

가) 선형경제(Linear Economy)에서의 자원순환 과정

[그림 1]은 선형경제형 자원순환 과정을 보여준다.

나) 순환형경제(Circular Economy)에서의 자원순환 과정

[그림 1] 선형경제에서의 자원순환 과정

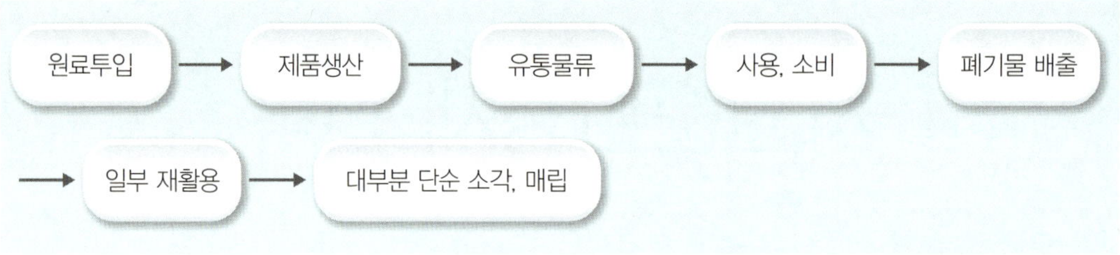

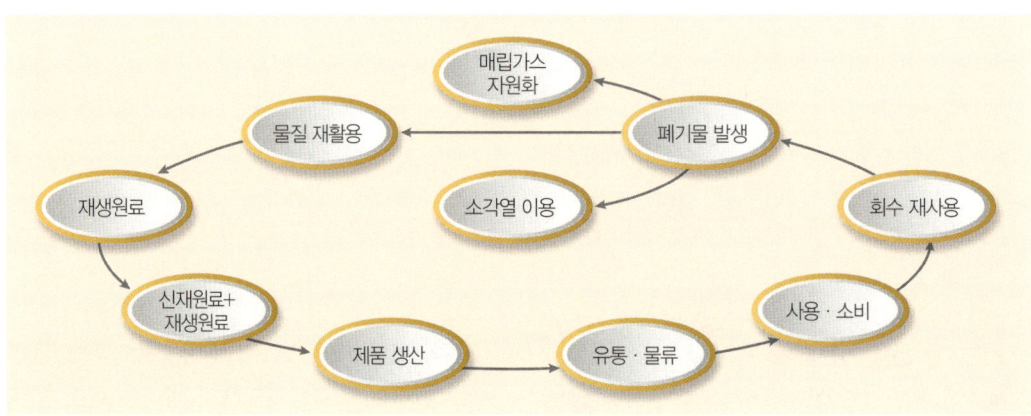

[그림 2] 순환형경제에서의 자원순환 과정

[그림 2]는 순환형경제에서의 자원순환 과정을 보여준다.

3) 물류용기의 자원순환

파렛트, 컨테이너는 한번 사용 후 폐기 처분되는 것이 아니고, 회수하여 반복 재사용하는 산업용 물류기기이다. 반복 사용 후 파손되어 더 이상 사용할 수 없으면 폐자원으로 모아 전부 재활용 처리된다.

첫 번째 과정은 재활용과정을 거쳐 재생원료가 만들어지고, 이는 다시 신제품 생산원료로 재투입 된다. 이러한 과정은 순환형 경제체계와 같은 과정을 유지하게 된다.

두 번째 과정은 회수 및 반복사용하는 유닛로드시스템 요소로서 순환물류체계와 밀접하게 관련된다. 순환물류체계는 기업 간에 물류용기를 공동으로 사용하는 체계로, 물류 효율화, 시간 및 비용의 절감효과를 가져오며, 물류·수송 에너지 절감과 온실가스 감축에도 크게 기여한다.

4) 자원순환경제 체계와 재료 흐름에 대한 수지 분석

가) 일본에서의 플라스틱 재료순환 사례

일본 플라스틱순환이용협회(PWMI: Plastic Waste Management Institute)는 매년 플라스틱 재료 수지에 관한 보고서를 발행하고 있다. [그림 3]은 2018년 일본의 플라스틱 재료

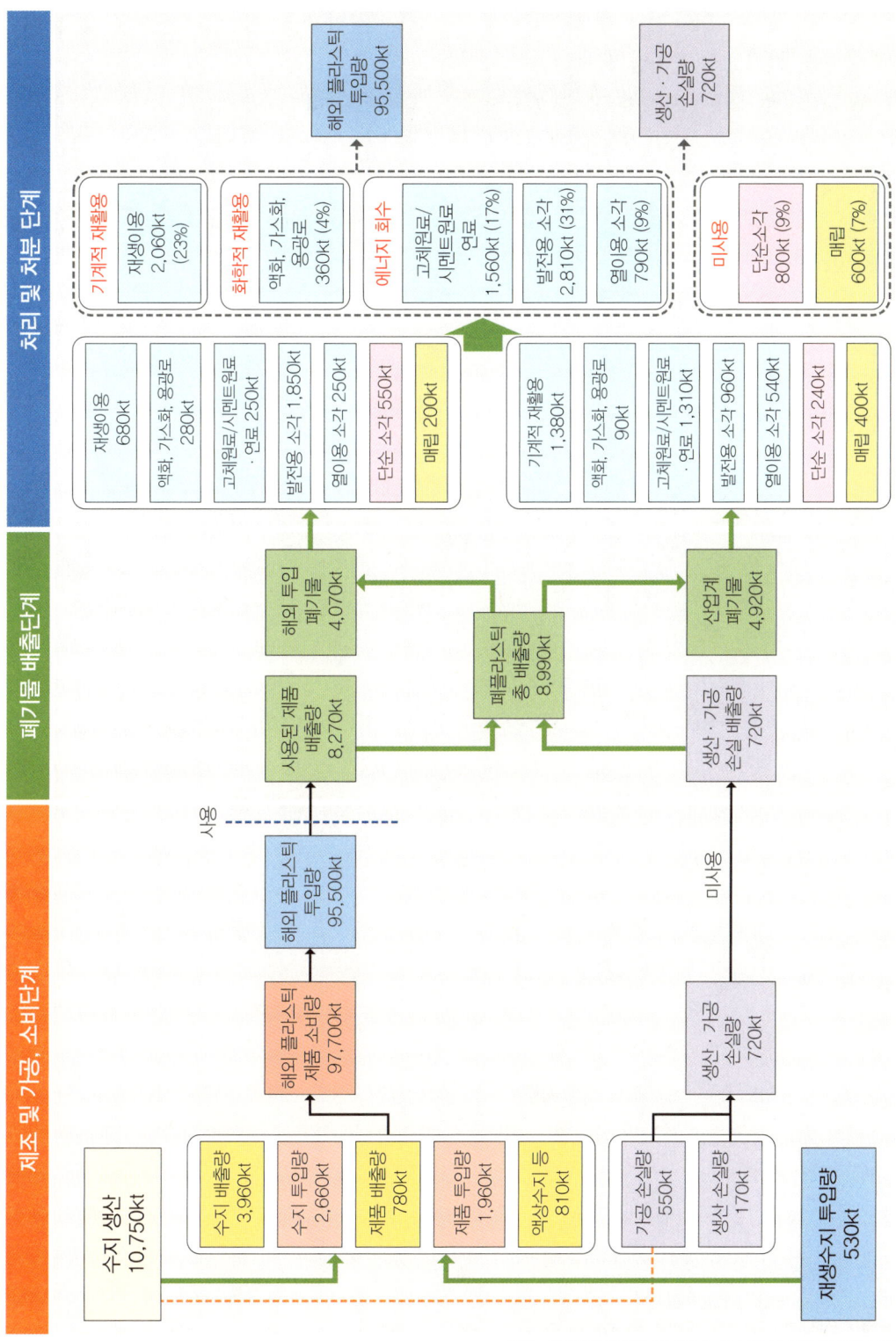

[그림 3] 일본 플라스틱 물질흐름도(2018년)

출처: 한국환경평가연구원 2019-17 보고서 (PWMI(2018b) 자료)

수지 순환도이다. 이는 자원순환경제체계와 밀접한 관계가 있으며, 이를 통해 원료투입과 제품생산 배출, 폐기물 발생 처리 및 재생원료 이용, 소각, 매립실태와 수치를 투명하고 정확하게 볼 수 있다. 따라서 정부에서 별도의 규제제도를 운영할 필요가 없다. 즉 폐자원처리 실태가 통계흐름도(Input-Output System)에 의하여 원료(신재+재생원료 포함)투입과 사용의 전 과정, 산출물까지 명확하게 나타나기 때문이다.

나) 우리나라에서의 적용방안 검토

이에 따라 일본 플라스틱 산업계는 매년 재료수지분석 통계 결과보고서를 작성하여 일본 관계 당국에 제출하고, 관계당국은 이 통계분석 결과를 폐자원 재활용 및 처리 확인 자료로 활용한다. 자발적협약 품목이나 EPR 대상품목의 관리방향도 이와 같은 재료순환체계를 도입하여 활용하면 더 효과적일 것이다. 앞으로 플라스틱 파렛트와 컨테이너 품목의 경우 이러한 재료수지분석 체계를 조사 연구할 필요가 있다.

폐파렛트와 컨테이너의 재사용, 재활용 통계흐름을 통하여 일목요연하게 확인할 수 있다.

다) 재료흐름 내용분석

2018년 일본의 합성수지 원료의 생산량은 신재 10,750kt과 재생재 530kt이며, 해외 플라스틱 투입량은 95,500kt에 이른다. 폐플라스틱 총배출량은 8,990kt으로, 해외투입 폐기물은 4,070kt이고, 산업계 폐기물은 4,920kt이다. 산업계 폐기물 4,920kt을 다시 구분하면 기계적 재활용 1,380kt, 고체연료·시멘트 원료·연료 1,310kt, 발전용 소각 960kt, 열이용 소각 540kt, 단순소각 240kt, 매립 400kt, 액화·가스화·용광로 90kt 순으로 활용되었다. 플라스틱 폐기물 전체로는 폐기물 발전용 소각 2,810kt(31%), 재생이용 2,060kt(23%), 고체연료·시멘트 원료·연료 1,560kt(17%), 열이용 소각 790kt(9%), 단순소각 800kt(9%), 매립 600kt(7%), 액화, 가스화, 용광로 360kt(4%)이며, 유효하게 이용되는 플라스틱이 7,580kt으로 전체의 84%에 이르고 있다.

2. 자원순환경제 추진 배경과 필요성

1) 온실가스 문제와 인류의 쾌적한 생활 위협

18세기 중엽 영국에서 시작된 산업혁명 이후 대량생산, 대량소비로 인하여 지구 자연환경 속에 매장되어 있는 화석연료인 석탄, 석유를 무분별하게 채취하여 이것을 원료로 하는 석유화학공업이 발달하였으며, 석탄, 석유를 연료에너지와 원자재로 하여 합성수지를 만들었다. 이로 인하여 물질문명의 풍요시대 속에서 인간

---

1) 2012년 일본의 합성수지 생산량은 전년보다 105만 톤(-9.1%) 감소하여 25년 만에 1,054만 톤으로 줄었다. 그리고 일본 내 수지제품 소비량은 26만 톤(-2.7%) 감소하였으며, 폐플라스틱 총배출량도 23만 톤(-2.4%) 감소하였다.

의 삶의 형태를 바꾸어 놓았고, 부족함을 모르고 그 속에서 풍요로운 삶을 즐기면서 잘살아 왔다.

특히 열대우림과 자연자원인 산림을 대량 벌채하여 일상에 편리한 1회용 종이류 제품을 대량생산, 대량 유통, 소비하는 생산활동과 일상생활은 더욱 가속되었다. 그 이후 지구환경은 온실가스가 온 지구를 뒤덮어 지구 스스로 정화시켜 배출하는 자정능력를 상실하는 사태에 이르렀다. 이는 인간 삶을 해치고, 마침내 지구 온난화와 기후변화로 이어져 해수면 상승, 기상이변으로 대규모 태풍, 홍수, 해일로 인하여 미국 등 세계 도처에서 매년 수백 명의 목숨까지 잃게 되었다. 인류는 이를 뒤늦게 깨닫고 UN을 중심으로 온실가스 감축 대책회의를 열고, 감축 방안을 모색하고 있다.

2) 자원 고갈 위기과 경제성장 한계 문제

마구잡이로 채취된 석탄, 석유를 원료로 하는 석유화학공업이 발달하면서 석탄, 석유를 연료에너지와 원자재로 한 합성수지를 제조하였다. 이를 원료로 대량생산된 플라스틱 제품이 모든 생산활동, 일상생활의 필수품으로 사용되면서 인류는 물질문명의 풍요시대 속에 살아왔다.

그러나 점차 자연자원인 석탄, 석유 매장량은 고갈되어가고, 산림자원도 남벌로 황폐되어감에 따라 발생한 자연자원 부족과 환경오염, 생산 종사자 건강문제 등이 산업생산 활동애로 요인으로 작용하고, 이로 인해 경제성장이 한계에 봉착하게 되었다. 이와 함께 산림자원의 남벌로 전 인류 허파기능인 산소저장 기능과 CO_2 등 온실가스 흡수기능이 감소하였다.

이러한 문제로 인하여 일찍이 1970년 3월 과학자, 경제학자, 교육자, 경영학자 70여 명으로 구성된 로마클럽(Rome Club)은 제1보고서 '성장의 한계: The Limits to Growth, 1972)'에서 향후 100년 이내 지구 위에서 성장의 한계에 도달할 것이라고 주장하였다. 이에 대하여 Herman Kahn은 "The next 200years"란 저서에서 "생산성 향상과 기술개발로 공해 없고 값싼 에너지의 공급이 가능하게 된다"라고 하면서 "로마클럽이 주장한 성장의 한계는 예상할 수 없다"는 주장을 한 바 있다.

3) 자원순환경제 동향과 방향

순환경제 및 지속가능성에 있어 세계적인 권위자인 피터 레이시[2]는 저서 "순환경제 시대가 온다"에서 순환경제 중요성을 강조하고, 뉴 비즈니스 모델을 제시했다. 그가 강조한 점은 지금까지의 경제성장 모델인 '채취-제조-폐기'의 선형경제 시스템이 한계에 도달하였으며, 순환경제의 도입으로 성장의 한계를 극복하고 지속성장의 돌파구로 활용해야 한다고 했다. 앞으로 250년간 지구촌은 순환경제로 전환하며 글로벌 생산 및 소비 방식의 대변혁을 경험할 것이고, 지속적인 성장을 추구하는 기업들에게 엄청난 기회로도 작용할 것이라고 하였다. 또한, 현재의 폐기물을 경제적인 부로 바꿈으로써 얻을 수 있는 비즈니스 가치는 2030년까지 4조 5천억 달러, 2050년까지 25조 달러에 이를 것으로 분석하였다. 이에 세계적인 컨설팅

---

[2] 세계경제포럼의 차세대 글로벌 리더 팀의 의장이며, 세계 최초의 순환경제 시상식인 '더 서큘러'의 공동 창립자인 피터 레이시의 저서 "순환경제 시대가 온다"는 250년간 세계를 뒤흔들 대격변이 시작되었다고 강조했다.(저자 피터 레이시, 제이콥 뤼비스트, 역자 최경남 2017.11.25.)

기업인 엑센츄어는 세계경제포럼에서 폐기물에서 부를 창출하는 비즈니스 이슈를 심층적으로 다루었다. 전 세계 120여 기업의 사례 분석, 50명의 경영진 및 전문가들을 대상으로 한 심층 인터뷰, 자사 고객들을 통한 경험, 경제적 분석과 모델링 등을 통해 새로운 기회를 발견하고 진정한 비즈니스 우위를 확보할 수 있는 실질적인 순환경제 실행 수단을 고안했다.

이와 같이 선도적인 기업들이 순환경제의 5가지 뉴 비즈니스 모델[3]과 제품수명 연장 방안, 사회적 가치 창출 방안 등을 채택할 것을 제안하였으며, 모든 기업이 한발 앞서 혁신을 추구하도록 권유하였다. 아울러, 순환경제라는 큰 궤도에 도달하도록 준비를 하고 실행해야 한다고 강조하였다.

이와 함께 '자원순환경제' 수행 기술과 디지털 혁신 방안으로 다음과 같이 제안하였다.

① 디지털 기술 : 모바일 기술, 사물통신 기술, 클라우드 컴퓨팅, 소셜네트워크, 빅데이터 분석
② 엔지니어링 기술 : 모듈 디자인 기술, 첨단 재활용 기술, 생명 과학과 재료 과학 기술
③ 하이브리드 기술 : 추적/회수 시스템, 3D 프린팅 기술

3. 지속가능한 자원순환경제사회

1) 자원순환경제사회 조성 의미

지속가능발전은 환경적으로 건전한 사회발전을 위한 환경친화적인 생산, 유통, 소비를 의미한다. 이를 달성하기 위해 주목할 것은 자원순환이 단순히 플라스틱 폐자원의 재사용, 재활용만을 의미하는 것이 아니라 모든 제품을 대상으로 한다는 점이다. 나아가, 전체 산업분야의 모든 제품의 생산구조와 기능을 계획단계부터 재사용, 재활용이 용이한 재질과 구조로 전환하는 자원순환형 구조로 만드는 것은 물론, 생산-유통물류-사용, 소비-폐기물 발생-회수, 재사용-물질재활용, 에너지 재활용 등 전 과정과, 산업부문, 사회분야별, 시민 생활방식, 사회 문화에 이르기까지 전체를 아우르는 것을 말한다.

2) 자원순환경제사회 조성 방향

산업부문에서는 자원순환형 산업구조로 혁신하고, 나아가 사회 전체의 자원순환 경제사회 조성, 일상생활 양식과 소비문화에 이르기까지 전 과정에 걸쳐 단계별로 자원순환경제사회시스템을 구축해 나가는 방법을 추진해야 한다. 특히, '순환경제 확대 추진'은 '2050 장기저탄소발전전략'의 주요 내용 중 하나로, 정부와 산업계가 앞으로 이를 더욱 강화해 나갈 것으로 판단된다.

---

3) 5가지 뉴 비즈니스모델은 ① 순환공급망모델(Circular Supply Chain), ② 회수/재사용, 재활용모델(Reuse/Recycle), ③ 제품수명연장모델(Produce Life-Extention), ④ 공유플랫폼모델(Sharing Platform), ⑤ 서비스 기능으로서의 제품(PaaS: Produce as a Service)을 말한다.

4. 해외 선진국의 순환경제 추진내용과 국내 적용 방안

유럽(EU)의 순환경제 추진 내용과 유엔환경계획(UNEP)의 신 플라스틱 순환경제(The New Plastic Economy)를 소개하고, 우리나라에의 적용방안을 살펴보기로 한다.

1) EU 순환경제 추진 내용과 국내 적용방안

가) 제품생산 단계

① EU 추진내용

제품의 재활용과 수리, 재사용 증대를 위하여 초기생산 계획 및 디자인 단계부터 수리가 용이하도록 한다. 아울러 생산계획 단계부터 내구성을 높이고, 재활용 가능성을 제고(전기전자제품 등) 할 수 있도록 하고 있다. 그리고 유럽 회원국들은 산업시설 설치 허가 시 자원사용 효율성과 폐기물 발생 최소화를 위한 최적가용기술(BAT)을 관련 지침에 반영하고 있다. 여기서 BAT(Best Available Technology) 개념은 자원사용 효율성과 폐기물 발생 최소화를 위한 경제적, 기술적으로 사용 가능한 가장 효율적인 기술과 방법을 의미한다.

② 국내 적용방안

우리나라 경우 전기전자제품에 대하여 유럽의 시스템을 포함하는 환경성보장제도를 적용하여 시행하고 있다. 우리나라에서의 적용방안을 단계적으로 살펴보면 다음과 같다.

우선, 사전예방 차원(생산단계)에서는 유해물질을 사용 제한하고, 재질 구조를 개선해야 하며, 나아가 연차별 재활용 가능율 달성을 도모하고, 재활용 정보를 미리 제공해야 한다.

그 다음 사후관리 차원(소비단계)에서는 재활용목표 달성을 도모하고, 제조, 수입업자의 재활용 의무이행을 관리해야 한다. 또, 판매업자의 회수, 인계 의무이행, 재활용 방법과 기준 준수 상황이 관리되어야 하며, 관리표를 작성 제출토록 해야 한다.

전기·전자 제품 외 자동차, 페트병 이외 다른 플라스틱제품에도 확대 적용방안 마련이 필요하다. 특히, 자원순환경제에서 가장 중요한 솔루션은 정부, 산업계 간 자율협약 방식으로 추진하고, 자원순환경제 구조조정기금을 조성하여 기술개발, 시범사업을 추진해야 한다. EU 사례를 보면 산업계 자금과 정부 재정 자금을 공동으로 출연하여 운영하고 있어 우리나라도 이와 같은 방법으로 추진하는 것이 바람직할 것이다.

나) 제품 사용, 소비단계

① EU 추진내용

제품 사용 시 오랜 기간 사용할 수 있도록 내구성을 높이기 위하여 수리·수선, 세척 등을 통한 재사용, 반복 사용 정보와 부품 교체 정보를 미리 제공한다. EU회원국과 모든 공공기관은 녹색 구매조달 품목 선택 시 수리, 수선을 통하여 오랜 기간 사용 가능하도록 설계 생산된 제품에 중점을 두고 있다.

② 국내 적용방안

우리나라 경우 전기전자제품에 대하여 AS 신청 시 직원이 방문하여 수리·수선할 수 있으나 소비자 직접 수리·수선은 어려운 여건이며, 유럽의 제도 내용을 포함하는 제도 마련이 필요하다. 아울러 공공기관 녹색 구매조달제도는 있으나, 원재료로 만들어진 제품과의 품질 차이로 소비자가 기피하는 문제와 공공기관의 절차와 조건의 복잡성으로 인한 활성화 미흡 등의 문제점이 있다. 따라서 문제점에 대한 개선방안을 미리 준비할 필요가 있다.

다) 폐기물관리 단계
① EU 추진내용
폐기물관리와 관련한 EU 정책목표 설정 내용을 살펴보면 2030까지 도시 폐기물 재활용 65%, 포장폐기물 재활용 75%, 모든 폐기물의 매립률 최대 10% 수준 감축을 목표로 하고 있다. 그리고 회원국 내 매립, 소각시설 과잉문제를 방지하고 조절을 유도하고 있다. 아울러 EU 전체의 일관된 통계작성과 계산 방법의 단순화를 도모하고 있으며, 이와 관련하여 중소기업에 대한 부담완화를 위하여 보고의무를 단순화하고 있다. 또한 매립세 등 경제적 유인수단을 도입하여 정부의 직접, 간접 규제방식을 피하고 시장 경제적 수단을 통하여 정책의 효율성을 도모하고 있다.

② 국내 적용방안
우리나라도 폐기물관리 정책목표를 설정 운용하고 있으나, 5~10년 단위 중장기 목표를 설정할 필요가 있다. 아울러 우리나라도 전체 일관된 통계작성, 계산 방법 단순화 등으로 중소기업 부담을 완화하고, 보고의무 단순화 등을 적극적 검토하여 반영할 필요가 있다. 또한 우리나라의 경우 매립세 등 유사한 재활용 가능 자원 매립, 소각 시의 '처분부담금' 제도를 담은 '자원순환기본법'을 제정하여 시행하고 있으며, 관계부처에서는 자원순환경제 촉진에 많은 노력을 하고 있다. 이와 관련 '자원의 절약과 재활용촉진에 관한 법률'에 의한 폐기물 부담금 등 유사한 부담금제도와의 2중 부담 문제 등을 정밀하게 검토하여 조정할 필요가 있다.

라) 재활용원료 사용 단계
① EU 추진내용
재활용원료를 사용 촉진을 위하여 EU는 공통품질기준을 마련하여 추진하고 있으며, EU 회원국 간 재활용원료 사용 촉진을 위한 전자정보 교환을 통해 국경이동 보고 단순화 등을 추진하고 있다.

② 국내 적용방안
재활용원료 실적인정(EPR 등) 품질기준을 운용하고 있으나, 재활용원료 내수, 수출 촉진 목적을 달성하기 위해서는 고부가가치 품질기준 추진이 필요하다. 이를 추진하려면 분리배출 단계, 선별단계 등에서 이물질 제거 등 선행조치가 우선적으로 이루어져야 한다. 또 소비자와 가정, 지자체, 중앙정부, 재활용사업자 등의 역할분담과 긴밀한 협력관계가 이루어져야 한다.

2) EU 플라스틱 순환경제 전략
가) 플라스틱 포장재 재사용, 재활용 방향
EU 플라스틱 순환경제 전략의 첫 번째는 2030년까지 EU시장 진출 시 모든 플라스틱 포장재를 재사용하거나, 비용효과 측면에서는 쉽게 재활용될 수 있도록 하는 것이며, 2030년까지 플라스틱 포장재 재활용 비율 55% 달성을 전략목표로 설정하고 있다.

나) 인프라 확충 목표 설정

두 번째 전략은 2030년까지 플라스틱 선별시설과 재활용 시설의 용량을 2015년 대비 4배 이상 증설하고, 20만 개의 일자리를 창출하는 것이다. 또한 EU 내 플라스틱 재활용원료 수요를 4배 이상 확대하여 플라스틱 재활용산업의 안정적인 수익을 도모하는 한편 일자리를 창출하는 전략을 갖고 있다.

다) 분리, 선별기술 투자

분리, 선별기술 투자 및 개선을 위한 전략으로 미선별 플라스틱은 수출에서 퇴출하고, 플라스틱 재활용산업을 가치산업으로 육성하는 것이다. 즉 사회적 가치 창출과 아울러 고부가가치산업으로 육성 발전시켜 나가는 것이 세 번째 전략으로 되어 있다. 그리고 플라스틱 가치사슬의 통합성을 제고 하여 원료산업인 석유화학산업과 플라스틱 재활용산업과의 협력을 확대하여 재활용원료의 가치를 높이고 사용 용도를 제고 하는 전략을 갖고 있다.

라) 플라스틱 재활용원료 최소사용 비율규제

EU의 플라스틱 재활용원료 최소사용 비율규제의 목적은 플라스틱 재활용원료의 사용을 확대하고, 신재원료 대체를 보장하는 것이다, 중국 등 타 국가의 폐기물 수입 중단 사태에 대비하기 위한 전략이라 보인다. 아울러 유럽 내 폐기물 수집 및 처리 수준 향상을 도모하고, 재활용 시설의 도산을 방지하기 위한 전략이다. EU 플라스틱 재활용원료 최소사용 비율규제 방법은 유럽환경장관 합의 사항으로 추진하고, 아울러 이 합의사항을 관련기업(34개), 무역협회, 자선단체 등과 공유하는 협조 서한을 송부하는 등의 방법으로 추진하는 것으로 되어 있다.

3) EU 포장재 지침[4]

가) 재활용 비율

EU 회원국은 2030년까지의 포장재 재활용 목표율을 2025년 65%, 2030년 70%로 정하고, 포장재 출고 3년 전에 미리 재사용 가능한 포장재 혹은 재사용된 포장재 평균사용비율을 고려하여 조정 가능하게 하였다.

나) 시장 출고된 포장재 중 재사용 비율

시장에 출고된 재사용 가능한 포장재 비율을 산정토록 하고, 2025년, 2030년 포장재 전체 재활용 목표율에서 차감할 수 있도록 했다. 2025년, 2030년 포장재 종류별 목표율에서 차감할 수 있도록 하되, 각각의 목표를 조정하여 최소 5%의 재사용 비율이 고려되어야 한다고 되어 있다.

다) 국내 재활용 정책 수립 활용방안

우리나라 EPR 제도, 자발적협약 체계 운영에 있어서 '품목별 중장기 재활용 목표율 산정 및 실적치 점검' 시 EU 포장재 지침을 참조하여 회수 재사용 가능 품목의 경우에 적용하는 것이 바람직하다. 이를 실행하기 위해서 실제로 재사용 목표 및 실적비율을 고려하는 방안을 구체적으로 조사연구 할 필요가 있다.

---

[4] EU 포장재 및 포장폐기물 처리에 관한 지침(Directive): 유럽 28개 회원국이 공동으로 지켜나가야 할 친환경포장 규약이다. 이는 포장 및 포장폐기물 처리 지침으로 각 회원국이 동 지침에 부합한 법규, 규정, 행정지침을 제정하여 시행토록 하고 있다.

4) UNEP[5]의 신 플라스틱 순환경제(The New Plastic Economy)

가) 의의

UNEP(유엔환경계획)의 신 플라스틱 순환경제는 모든 플라스틱이 재사용, 재활용, 혹은 퇴비화가 가능하게 하고, 플라스틱 내 유해물질을 사용하지 않는 등 플라스틱이 완벽하게 순환할 수 있는 체계이다.

UNEP는 유엔 회원국 전체에 적용되며, EU 포장재 지침 내용보다도 영향력이 더 크다고 할 수 있겠다.

나) 참여 비율

2019년 3월까지 150개 플라스틱포장재 가치사슬에 있는 생산업체, 유통업체 등이 참여하였고, 전 세계 플라스틱 사용량의 20%를 점유하고 있다.

다) 목표

2025년까지 플라스틱 포장재는 재활용원료 사용 비율을 25%까지 높여 나가고, 2025년까지 재활용원료 수요량은 5백만 톤 예상된다고 밝히고 있다.

라) 정부의 재활용 정책 수립 활용방안 검토 필요

정부 관계부처에서는 UNEP의 신 플라스틱 순환경제 모델을 조사, 연구하여 관련 정책과 제도에 적용할 필요가 있다. 먼저 관련 업계와 협력하여 시범적으로 적용 실시한 후, 플라스틱 포장재 재활용 정책에 반영하는 것이 바람직하다.

5. 국내 플라스틱 관련 규제 개선과 순환경제 활성화 방안

1) 플라스틱제품의 재사용 촉진 방안 제도 개선 반영

첫째, 우선 플라스틱 파렛트, 컨테이너를 비롯한 회수, 반복 재사용제품에 대한 특성을 고려하여 관련 인센티브 제도에 반영할 필요가 있다. 실제 회수 반복하여 재사용되는 제품은 자원순환 가치와 기여도가 물질 재활용보다 크다고 볼 수 있다. 따라서 재활용 의무량 산정 및 분담금 산정 등에서 인센티브 방안이 필요하다. 관련 근거와 사례를 보면, '폐기물 부담금 부과 기준(자원재활용법 시행령 별표2)'에서 "살충제, 유독물 제품(플라스틱용기, 유리병, 금속캔)의 경우, 출고된 제품의 용기를 회수하여 같은 종류의 제품 용기로 재사용하는 경우 부담금을 부과하지 않는다"라고 하고 있다.

둘째, EU 사례를 보면 시장 출고량 중 재사용 가능 비율을 산정하여 재활용 목표율에서 조정해주는 방법(최소 5% 고려)을 배려하고 있

---

[5] UNEP(United Nation Environment Program: 유엔환경계획) : 환경문제에 관해 국제협력을 도모하기 위한 유엔의 하부 기구이다. 1972년 스웨덴의 스톡홀름에서 열린 '유엔인간환경회의'의 결정에 따라 1973년에 설립되었다.

다. 이러한 사례를 국내 제도에 반영할 필요가 있다.

셋째, 순환경제 활성화 측면에서 보면 물질 재활용, 에너지 회수보다 반복 재사용 제품이 자원순환 가치가 더욱 높다. 따라서 이에 걸맞은 인센티브 부여 및 장려 방안이 필요하다.

2) 재활용원료 사용 촉진 방안 및 인센티브 제도 마련

플라스틱제품을 제조할 때 재활용원료 총사용 비율, 또는 플라스틱 원료 총량 중 재활용원료 사용 총비율을 검토, 분석하여 인센티브 제도를 마련하는 방안이다. UNEP는 신 플라스틱 순환경제에서 살펴본 바와 같이 플라스틱제품 제조 시 재활용원료 총사용 비율을 2025년까지 25%로 정해서 운영할 계획이다. 이와 같은 점을 고려하여 우리나라에서도 플라스틱 제품의 품목별 특성과 실정에 따라 알맞은 방안을 만들어 중장기적으로 운영할 필요가 있다.

3) 플라스틱 재활용산업 활성화 '그린뉴딜펀드' 마련 등 지원 체계 마련

재활용제품 품질 고급화 및 품질기준 마련이 필요하다. 이물질 등 분리수거, 선별기술 등 재활용시스템 재정비를 먼저 해야 하며, 고부가가치 제품 원료 사용 연구개발을 활성화해야 한다. 이를 뒷받침하려면 재활용산업 활성화 및 인프라 구축 펀드를 준비하고 그린뉴딜펀드 기금(민간기업+정부재정)을 민간기업과 정부가 공동으로 출연하여 운영하는 방법이 바람직하다.

 참고 문헌

- 제1회 지속가능한 미래자원순환포럼 (2019. 07. 한국자원순환포장기술원, 한국폐기물자원순환학회 공동개최)
- 회수, 재사용 플라스틱 파렛트, 컨테이너에 대한 폐기물 부담금 등 환경규제개선방안조사연구보고서 (2015. 05. 한국자원순환포장기술원, 한국물류연구원 공동연구)
- 리터너블 가능한 플라스틱상자와 일회용상자 사용에 따른 환경적, 경제적 효과와 유통물류효율성에 관한 비교분석 연구 (2013. 05. 한국자원순환포장기술원, 농식품신유통연구원, 예스오알지)
- 플라스틱 파렛트, 컨테이너 품목 효율적인 자원순환관리 개선방안 조사연구보고서 (2020. 10. 한국자원순환포장기술원)
- "순환경제 시대가 온다"(250년간 세계를 뒤흔들 대격변이 시작되었다!) (2017.11.25. 저자피터 레이시, 제이콥 뤼비스트, 역자 최경남, 출판 전략시티)
- 제2차 기후변화대응기본계획(2020~2040) (2018.07. 녹색성장위원회 주관. 관계부처합동 수립)
- 기후변화대책보고서 (2018년도 환경부)

제3절 유닛로드시스템의 LCA 분석

1. LCA 개요

1) LCA 정의

전과정평가(LCA: Life Cycle Assessment)란 '제품 및 공정들에 대해, 원료 취득에서부터 제조, 사용 및 처리에 이르기까지의 전 과정에 관련된 환경측면 및 잠재적인 환경영향을 정량화하여 해석하는 과정'으로, ISO 14040에 기초한 국제적인 환경성 평가 인증 툴이다.(그림 1)

LCA 관련 규격은 기존 ISO 14040, 14041, 14042, 14043과 ISO TR 14047, ISO TS 14048 및 ISO/TR 14049 규격 등 총 7종이

[그림 1] 전과정평가(LCA) 개요

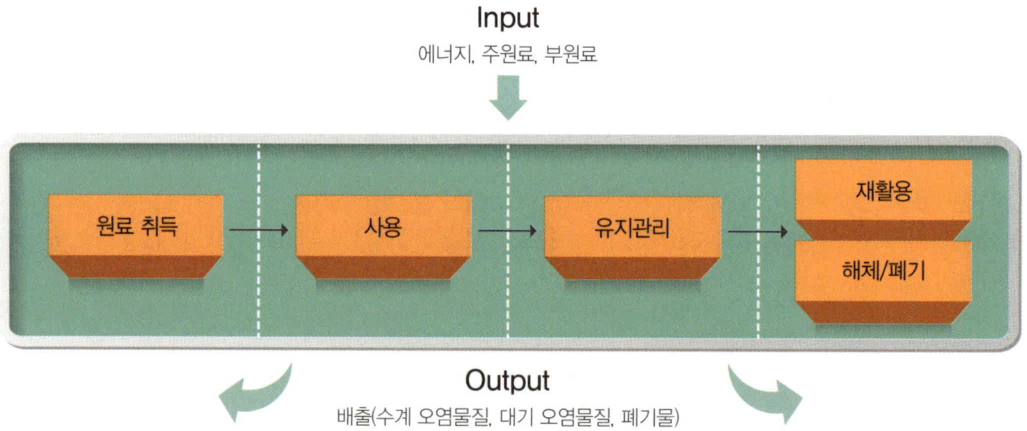

Input
에너지, 주원료, 부원료

원료 취득 → 사용 → 유지관리 → 재활용 / 해체·폐기

Output
배출(수계 오염물질, 대기 오염물질, 폐기물)

〈표 1〉 ISO 14000s 구성

구분	명칭 및 내용
14001, 14004	• 환경경영체제(EMS: Environmental Management System)
14020, 14021, 14024, 14025	• 환경 라벨링(EL: Eco-labeling)
14031	• 환경성과평가(EPE: Environmental Performance Evaluation)
14040	• 전과정평가(LCA: Life Cycle Assessment) : 일반원칙 및 구조
14044	• 전과정평가(LCA: Life Cycle Assessment) : 요구사항 및 지침
14062	• 에코디자인(DfE: Design for Environment)

[그림 2] LCA 목적 및 용도

었으나, 7개의 중복요인을 최소화하기 위해 2006년 발간된 ISO 14040 및 14044 규격(2종)으로 통폐합되었다. 이에 따라 LCA 수행 기본 구조는 14040으로, 각 LCA 수행단계별 요구사항 등은 ISO 14044로 개편되었다.(표1)

2) 목적 및 용도

LCA의 기본적인 목적은 환경적으로 건전하고 지속가능한 발전을 실현하기 위하여 자재, 에너지 소비 및 환경오염부하를 최소화시키고 개선방안을 모색하는 데 있다. 또한 정부, 지자체 등 의사결정권자들에게 그들이 취하는 행동이 환경에 어떤 영향을 미치는가를 정량적으로 이해할 수 있는 정보를 제공하는 데 있으며, 의사결정권자가 여러 대안 중 하나를 선택할 때 경제적, 기술적, 사회적 측면 외에도 환경적 측면을 고려한 후 최종결정을 내릴 수 있도록 하는 것이다. 따라서 전과정평가는 의사결정의 보조수단이라고 할 수 있다.(그림 2)

3) LCA 분석절차

LCA와 관련한 국제규격인 ISO 14040시리즈에서 규정하고 있는 LCA의 실시 순서는 [그림 3]과 같이 크게 목적 및 범위 설정(Goal Definition and Scope), 목록분석(Inventory Analysis), 영향평가(Impact Assessment),

[그림 3] LCA 분석절차

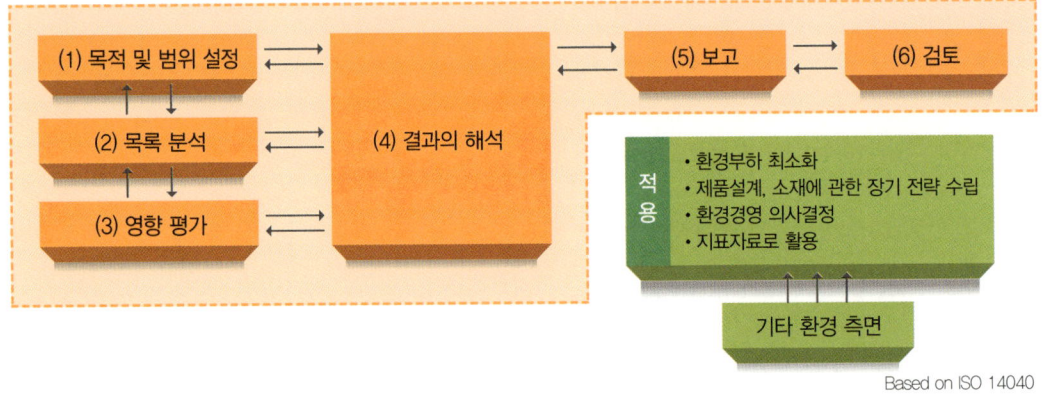

Based on ISO 14040

결과해석(Interpretation)의 분석과 관련된 4단계와 보고(Reporting) 및 검토(Critical Review)로 구성된다.

① 목적 및 범위 설정: LCA 분석 대상의 범위 설정
② 목록분석: 분석대상의 시스템에 투입되는 에너지, 원료 그리고 배출되는 제품, 부산물, 오염물질(CO_2) 등의 종류와 양을 파악하여 정량화
③ 영향평가: 목록분석 결과를 분석하고자 하는 환경영향 범주별(지구 온난화, 산성화, 부영양화 등)로 분류, 특성화, 정규화, 가중화 등의 과정을 거쳐 영향의 해석 실시
④ 해석: 목록분석, 영향평가의 결과를 해석
⑤ 보고: 상기내용을 보고서 형식으로 정리, 대상자에게 제시
⑥ 검토: 적용방법 및 데이터의 적절성, 합리성 확인

2. 해외 파렛트 풀링시스템 LCA 동향

유럽 등 해외 선진국은 자원순환사회를 목표로 천연자원 및 폐기물의 사용을 절감하고 지속가능성 목표를 달성하기 위해 노력하고 있다. 이에 따라 일본, 유럽 등 해외 국가들은 파렛트 사용이 환경에 미치는 영향을 평가하기 위해서 LCA 분석을 활용하여 정량적 수치를 제시하고 있다.

1) 일본의 파렛트 대여 운영과 자사 운영의 환경부하 비교

가) 비교방법

2007~2008년 일본 JPR(Japan Pallet Rental Corporation)은 도쿄해양대학 쿠로카와 히사유키 공학박사와의 공동 연구를 통해 파렛트 생산에서 폐기까지의 라이프 사이클에

[그림 4] 일본 JPR 자사 파렛트 사용 및 풀링시스템 비교 개요

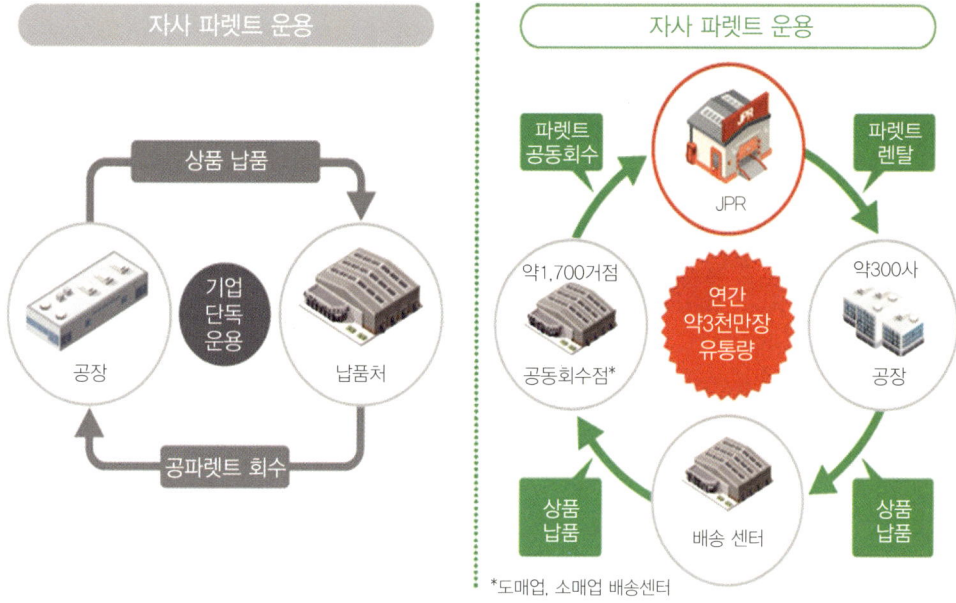

출처: Environmental Impact Assessment Report, JPR(2018)

[그림 5] 파렛트 풀링시스템 및 자사 파렛트 사용의 CO_2 배출량 비교 결과

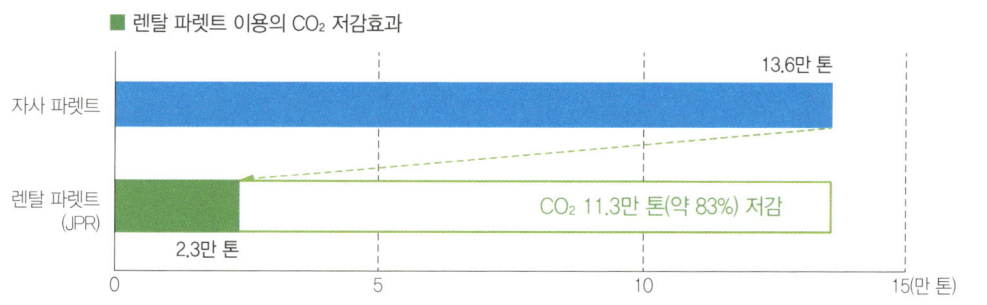

출처: Environmental Impact Assessment Report, JPR(2018)

대한 파렛트 대여 운영과 자사 파렛트 운영의 환경부하를 비교하였다. 평가방법으로 LCA 기법을 이용하였으며, 비교 시 생산·사용·폐기 단계에서 발생하는 CO_2 배출량의 합계를 총 사용 횟수(= 내용 연수 × 회전 수)로 나눈 값을 비교하였다. 비교 대상은 플라스틱 파렛트의 풀링 이용(공동 이용 및 공동 수거 서비스)과 자사 파렛트 사용이며, 두 가지 운영방식을 비교하여 CO_2 배출 저감량을 산정하였다.(그림4)

나) LCA를 통한 온실가스 배출 저감효과

① 2008년 온실가스 배출 저감효과 분석

LCA 분석결과, 공동 회수 시스템을 통한 효율적인 파렛트 반복사용 및 트럭 운용이 자

[그림 6] JPR 파렛트 공동이용 및 수거서비스에 따른 CO_2 배출 저감효과

출처: Environmental Impact Assessment Report, JPR(2018)

[그림 7] JPR 파렛트 온실가스 배출 저감효과

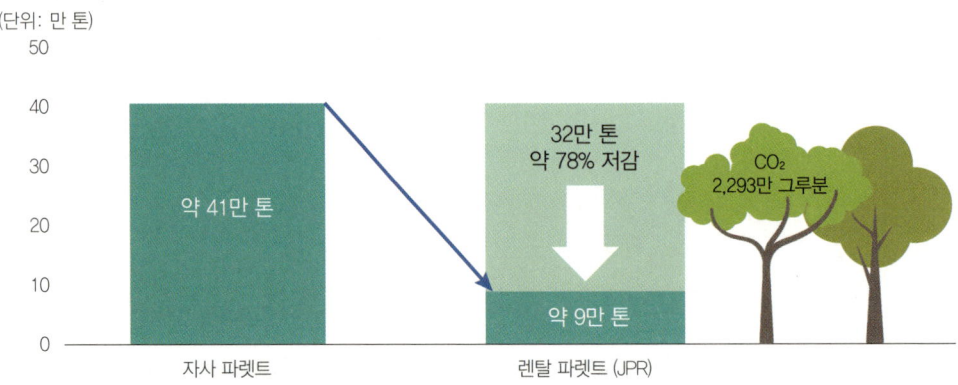

출처: Environmental Impact Assessment Report, JPR(2018)

사 파렛트 사용에 비해 연간 약 11.3만 톤(약 83%)의 CO_2가 감축되는 것으로 나타났다.(그림5)

② 2018년 온실가스 배출 저감효과 재산정

2018년 JPR에서는 기존 연구(2008년 연구)를 활용하여 2018년 기준의 CO_2 배출량을 재산정 하였으며, 기존 연구를 수행한 쿠로카와 히사유키 공학박사가 연구를 감수하였다. JPR 풀링 파렛트(플라스틱 파렛트)에 의한 공동 이용 및 공동 수거 서비스를 이용할 경우, 각 기업이 자사 파렛트(플라스틱 파렛트)를 사용하는데 비해 사용 1회당 CO_2 배출량이 약 79.5% 감소하는 것으로 나타났으며(목재의 경우 71.3% 감소), 목재와 플라스틱 파렛트의 공동 이용 및 공동수거 서비스 비교결과, 플라스틱 CO_2 배출량이 목재보다 약 29.0% 낮은 것으로 나타났다.(그림6)

연간으로 환산할 경우 약 32만 톤의 CO_2 배출이 저감되며, 이는 삼나무 약 2,293만 그루의 연간 CO_2 흡수량에 해당하는 것으로 나타났다.(그림7)

2) 스웨덴의 '스벤스카 레투르 시스템'을 통한 파렛트 LCA 연구

가) 스벤스카 레투르 시스템 개요

1997년 스웨덴 식품 무역협회(SvHD)와 스웨덴 식품 및 음료 소매상 협회(DLF)가 공동으로 식료품 유통을 위해 반복사용 가능한 파렛트와 상자로 된 시스템을 운영하는 별도의 회사 '스벤스카 레투르 시스템(Svenska Retursystem)'을 출범시켰다. 이용 고객들은 상자와 반 사이즈 파렛트의 경우 사용료와 보증금을, 풀 사이즈 파렛트의 경우 하루 임대료와 사용료를 지불하였으며, 내용연수가 끝난 상자와 파렛트는 물질재활용으로 보내진다.(표2)

나) 스벤스카 레투르 시스템의 환경적 효과

2016년 LCA 연구를 통해 레투르 시스템이 일회용 포장에 비해 CO_2 배출량을 74% 줄였으며, 1차 포장을 보호하고 운송 중 제품 손상/폐기물을 줄이는 것으로 나타났다. 또한, 스웨덴의 식료품 소매 무역에 신선한 농산물 배달의 절반은 스벤스카 레투르 시스템의 반복사용 가능한 상자를 사용하는 것으로 나타났으며, 이에 따라 업계에서는 일회용 포장재 대신 반복사용 가능한 상자를 사용함으로써 2019

〈표 2〉 스벤스카 레투르 시스템 개요

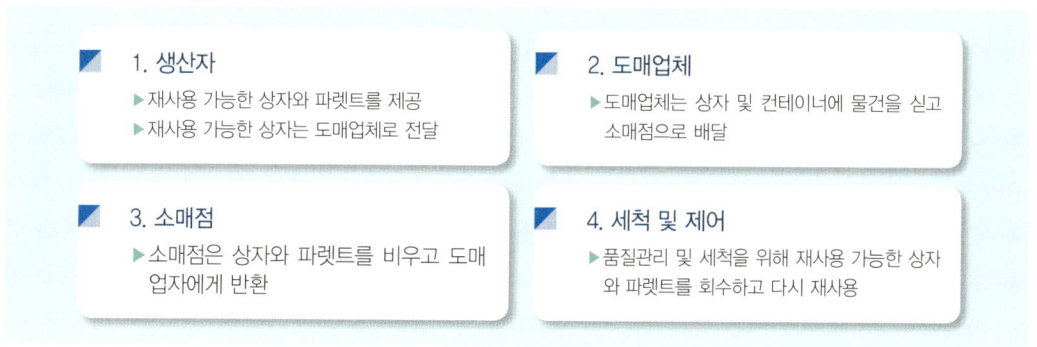

출처: EPR in the EU Plastics Strategy and the Circular Economy: A focus on plastic packaging(2017)

[그림 8] 스벤스카 레투르 시스템의 효과

년 기준 이산화탄소 배출량을 31,900톤 감축시켰다. 온실가스 배출 감축 외 레투르 시스템(Retursystem)의 장점은 생산자가 포장 시스템을 보정할 수 있다는 점, 플라스틱 파렛트의 무게가 나무 파렛트보다 10kg 적다는 점, 플라스틱 상자는 습기를 끌어들이지 않는다는 점 등이 있다.(그림8)

3) CHEP의 LFA(life-cycle assessment)에 따른 유럽 파렛트 시스템의 환경영향 평가

가) 분석 방법

CHEP(Commonwealth Handling Equipment Pool)는 풀링 프로그램을 통해 파렛트를 공급하고 있으며, 파렛트 시스템이 환경에 미치는 영향을 평가하기 위해 화이트우드 리터너블 파렛트, 화이트우드 일회용 파렛트, CHEP 풀링 목재 파렛트를 비교하였다. 평가는 대표적인 환경 컨설팅 기관인 브뤼셀 기반의 Intertek-RDC Environment에 의해 수행되었고, ISO 14044 인증에 따라 수행되었으며, 나무 수확부터 폐기·재활용에 이르기까지 파렛트의 전체 수명 주기 동안 전체 환경 영향을 평가하였다. 세부 평가 대상제품은 CHEP 유럽의 3대 핵심 제품인 유로 파렛트(1,200mm×800mm), 영국 파렛트(1,000mm×1,200mm), 하프 파렛트(600mm×800mm)에 초점을 맞췄으며, 영향범주는 지구온난화, 산성화, 부영양화, 오존층 고갈 가능성, 비재생에너지 소비량, 목재 소비량, 광물 소비량, 물 소비량, 매립 폐기물량으로 설정하였다.

나) 환경영향 평가 결과

나무의 수확에서부터 폐기·재활용까지의 파렛트 전체 수명에 대한 총 환경영향을 평가할 경우, CHEP의 풀링 목재 파렛트가 환경에 가장 낮은 영향을 미치는 것으로 나타났으며, 전반적으로 CHEP의 파렛트 시스템이 가장 높은 지속가능성 결과를 제공하는 것으로 나타났다. 또한, CHEP 풀링 솔루션이 훨씬 더 적은 고체 폐기물을 생성하고, 총 에너지사용량이

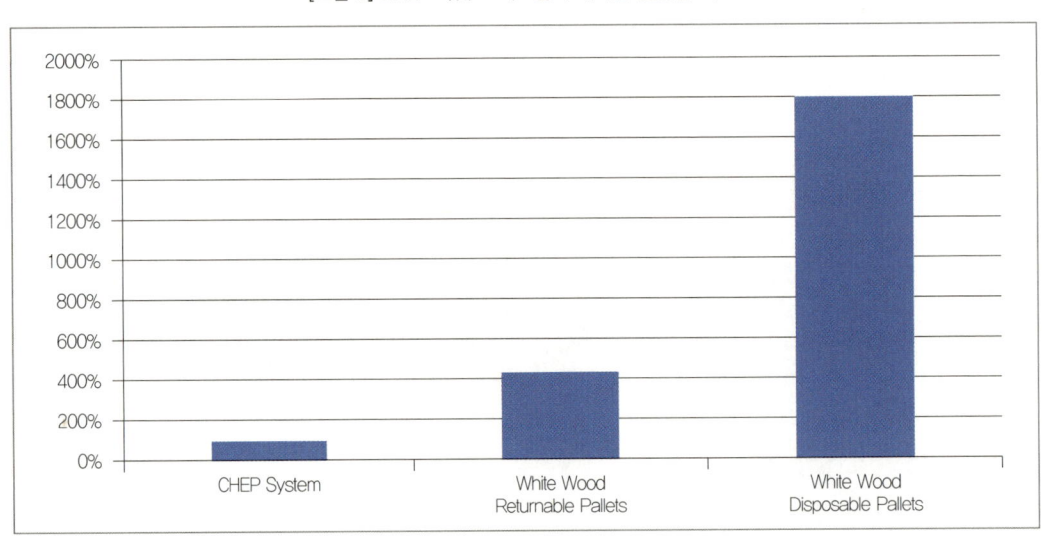

[그림 9] CHEP 파렛트 시스템의 폐기물 발생량 비교

낮으며, 온실가스 배출을 감소시킨다는 것을 보여주었다. 특히 CHEP 파렛트 풀링 시스템의 폐기물 배출량과 자원 소비량은 화이트우드 리터너블 파렛트를 사용할 때보다 절반 이하이고, 화이트우드 1회용 파렛트의 폐기물 발생량보다 약 18배 낮은 것으로 나타났다.

이 연구는 공급망 지속가능성에 앞장서고 있는 CHEP가 연구활동을 통해 고객들에게 상세한 정보를 제공하여 고객이 자신의 총 환경적 발자취를 평가할 수 있게 하였다.(그림9)

3. 국내 파렛트·컨테이너 리터너블 풀링시스템에 대한 LCA 분석

1) 분석대상 제품

가) 플라스틱 파렛트 제품

국내 생산되는 플라스틱 파렛트의 대표적인 규격은 총 7개 규격이며, 생산량 조사결과, 1,100mm×1,100mm 규격의 파렛트 생산량이 55.3%로 가장 높은 것으로 나타났다.

이에 따라 1,100mm×1,100mm 규격을 대상제품 규격으로 선정하였으며, LCA 분석의 목적인 리터너블에 따른 효과 산정을 위해 1,100mm×1,100mm 규격의 플라스틱 파렛트 중 파렛트 풀링을 위해 생산되는 제품인 NF11형 파렛트를 대상제품으로 선정하였다.(그림10, 표3)

나) 플라스틱 컨테이너 제품

국내 생산되는 플라스틱 컨테이너 제품의 대

[그림 10] NF11형 플라스틱 파렛트

출처: 한국파렛트풀(주) 홈페이지

동신프라텍 생산 파렛트

〈표 3〉 2019년 기준 NF11형 플라스틱 파렛트 물동량

구분	연간 반복사용량(개)	재고량(개)
NF-11형	10,746,406	2,621,075

[그림 11] NG532형 플라스틱 파렛트

출처: 한국파렛트풀(주) 홈페이지

동신프라텍 생산 컨테이너

〈표 4〉 2019년 기준 NG532 컨테이너 물동량

구분	연간 반복사용량(개)	재고량(개)
NG532	12,828,027	1,976,620

[그림 12] 파렛트의 1회 사용과 풀링시스템의 개념 비교

표적인 규격은 총 8개 규격이며, 생산량 조사 결과, 5개 규격(366mm×275mm, 440mm×330mm, 500mm×300mm, 523mm×366mm, 550mm×366mm)의 생산량이 각각 15~24%를 차지하는 것으로 나타났다. 이에 따라 5개 규격의 제품 중 풀링 이용률이 높은 컨테이너인 550mm×366mm×230mm 규격을 대상제품으로 선정하였다.(그림11, 표4)

2) 파렛트·컨테이너 리터너블 순환사이클 설정

파렛트 및 컨테이너 리터너블 풀링시스템의 유통흐름은 생산공장에서부터 사용자, 도착지, 물류센터(회수센터, 세척센터), 재활용업체까지의 흐름으로 설정하였으며, 환경적 효과 분석을 위한 비교대상 흐름은 풀링시스템을 사용하지 않고 직접 구매하여 1회 사용하는 흐름으로 설정하였다.(그림12)

3) 데이터 수집 결과

가) 파렛트(NF11)

① 제품제조단계

제품제조단계의 데이터 수집을 위해 NF11형 주요 생산업체인 골드라인, 덕유, 동신프라텍 업체의 생산량, 원부자재 및 유틸리티 투입량, 원료물질 수송 정보 폐기물 처리방식 등의 데이터 조사를 수행하였다. 조사결과, 대상제품의 투입 원부자재는 파렛트(HDPE), 고무패킹, 안료로 구분되고, 투입비율 기준으로는 파렛트가 대부분의 비율(약 98%)을 차지하며 고무패킹과 안료가 소량(약 2%) 함유되어 있는 것으로 나타났다.(표5)

② 풀링유통(사용) 단계

국내 K사 등 주요 사용자 조사결과, 공장에서 생산된 파렛트는 사용자로 유통되어 제품의 목적지인 도착지, 회수 및 세척센터를 거쳐 다시 사용자로 회수되는 흐름을 나타내고 있었다. 각 구간별 수송거리는 2019년 기준 연간 구

〈표 5〉 NF11의 투입 원부자재 및 연간 투입량(2019년)

물질명	성분	A업체 투입량(톤)	A업체 투입비율(%)	B업체 투입량(톤)	B업체 투입비율(%)	C업체 투입량(톤)	C업체 투입비율(%)	가중평균 투입비율(%)
파렛트	HDPE	3,660.0	98.03%	4,215.0	98.11%	3,578.0	97.39%	97.86%
고무패킹	PVC	37.0	0.99%	40.0	0.93%	60.0	1.63%	1.17%
안료		36.6	0.98%	41.0	0.95%	35.8	0.97%	0.97%
합계		3,733.6	100.00%	4,296.0	100.00%	3,673.8	100.00%	100.00%

〈표 6〉 NF11 각 구간별 평균 유통거리 산정결과

기호	출발지	도착지	유형	물량(개)	기준유통량*(개)	거리(km)	기여도(%)
①	생산공장(A)/풀링물류센터	사용자(B)	구매량	1,778	5	150.89	26.8%
②	사용자(B)	도착지1(C)	출고량	355,536	1,000	66.15	11.8%
③	도착지1(C)	도착지2(C-1)	출고량	355,536	1,000	40.00	7.1%
④	도착지2(C-1)	풀링세척센터(D)	회수량	248,520	699	53.74	9.6%
⑤	도착지2(C-1)	풀링회수센터(D-1)	회수량	106,661	300	56.00	10.0%
⑥	풀링회수센터(D-1)	풀링세척센터(D)		106,661	300	65.00	11.6%
⑦	풀링세척센터(D)	사용자(B)	입고량	353,758	995	52.40	9.3%
⑧	풀링세척센터(D)	재활용업체(E)	파손량	1,422	4	78.00	13.9%

*파렛트 1,000개를 유통한다고 가정할 경우, 각 구간에서의 파렛트 유통량 (영향평가 및 환경적 효과 분석 시, 구간별 유통비율을 적용)

간별 물동량, 구간 거리 등을 이용하여 평균적인 유통거리, 물량흐름 등을 산정하였다.(표6)

③ 세척단계

파렛트는 세척센터에서의 세척, 건조 등의 공정을 통해 전력, 용수, LPG 등의 유틸리티가 사용되며, N11형 파렛트는 세척단계에서 개당 전력 0.412kWh, 용수 0.002톤, LPG 0.023kg을 사용하는 것으로 조사되었다.

④ 폐기 및 재활용단계

사용 및 회수 단계에서 파손 및 불량 등의 원인으로 재활용되는 파렛트는 HDPE 유형의 원료로 재생되며, 해당 공정에서 전력, 용수, LPG 등의 유틸리티가 사용된다. 유틸리티 사용량은 1개 재활용 기준 전력 0.1393kWh, 용수 0.0011톤을 사용하는 것으로 조사되었다. 또한, 재활용 과정을 통해 개당 18.7012kg의 HDPE 물질로 재활용되는 것으로 나타났다.

나) 컨테이너(NG532)

① 제품제조단계

제품제조단계의 데이터 수집을 위해 NG532 주요 생산업체인 동신프라텍, 삼화플라스틱 업체의 생산량, 원부자재 및 유틸리티 투입량, 원료물질 수송 정보 폐기물 처리방식 등의 데이터 조사를 수행하였다. 조사결과, 대상제품의 투입 원부자재는 컨테이너(PP), 손잡이바(nylon), 안료로 구분되며, 투입비율 기준으로 컨테이너가 91%를 차지하며 손잡이바(8%)와 안료(1%)가 함유되어 있는 것으로 나타났다.(표7)

② 풀링유통(사용) 단계

국내 K사 등 주요 사용자 조사결과, 공장에서 생산된 컨테이너는 사용자로 유통되어 제품의 목적지인 도착지, 회수 및 세척센터를 거쳐 다시 사용자로 회수되는 흐름을 나타내고 있었다. 각 구간별 수송거리는 2019년 기준 연간 구간별 물동량, 구간 거리 등을 이용하여 평균적인 유통거리, 물량흐름 등을 산정하였다.(표8)

③ 세척단계

컨테이너는 세척센터에서의 세척, 건조 등의 공정을 통해 전력, 용수, LPG 등의 유틸리티가 사용되며, NG532형 컨테이너는 세척단계에서 개당 전력 0.0370kWh, 용수 0.002톤, LPG 0.0021kg을 사용하는 것으로 조사되었다.

④ 폐기 및 재활용단계

〈표 7〉 NG532의 투입 원부자재 및 연간 투입량(2019년)

물질명	성분	A업체		B업체		가중평균
		투입량(톤)	투입비율(%)	투입량(톤)	투입비율(%)	투입비율(%)
컨테이너	PP	328.00	90.29%	236.00	92.45%	91.21%
바	nylon	32.00	8.81%	16.90	6.62%	7.88%
안료		3.28	0.90%	2.36	0.92%	0.91%
합계		363.28	100.00%	255.26	100.00%	100.00%

<표 8> NG532 각 구간별 평균 유통거리 산정결과

기호	출발지	도착지	이동물량			유통거리	
			유형	물량(개)	기준유통량*(개)	거리(km)	기여도(%)
①	생산공장(A)/풀링물류센터	사용자(B)	구매량	189,300	55	82.06	11.88%
②	사용자(B)	도착지1(C)	출고량	3,441,810	1,000	65.15	9.43%
③	도착지1(C)	도착지2(C-1)		3,441,810	1,000	90.74	13.13%
④	도착지2(C-1)	도착지1(C)		2,178,666	633	194.97	28.22%
⑤	도착지2(C-1)	풀링회수센터(D-1)	회수량	1,091,054	317	66.46	9.62%
⑥	풀링회수센터(D-1)	풀링세척센터(D)		1,091,054	317	56.69	8.21%
⑦	도착지1(C)	풀링회수센터(D-2)		2,178,666	633	22.00	3.18%
⑧	풀링회수센터(D-2)	풀링세척센터(D)		2,178,666	633	28.44	4.12%
⑨	풀링세척센터(D)	사용자(B)	입고량	3,252,510	945	56.55	8.19%
⑩	풀링세척센터(D)	재활용업체(E)	파손량	17,209	5	27.78	4.02%

*컨테이너 1,000개를 유통한다고 가정할 경우, 각 구간에서의 컨테이너 유통량 (영향평가 및 환경적 효과 분석 시, 구간별 유통비율을 적용)

사용 및 회수 단계에서 파손 및 불량 등의 원인으로 재활용되는 컨테이너는 PP 유형의 원료로 재생되며, 해당 공정에서 전력, 용수, LPG 등의 유틸리티가 사용된다. 유틸리티 사용량은 1개 재활용 기준 전력 0.2438kWh, 용수 0.0001톤을 사용하는 것으로 조사되었으며, 재활용 과정을 통해 개당 1.5643kg의 PP 및 0.1342kg PA6의 물질이 재활용되는 것으로 나타났다.

4) 전과정 영향평가 결과

가) 영향범주 설정

영향평가는 목록분석 결과를 이용해 환경영향 정도를 정량적으로 파악하는 단계로, 어떤 영향평가 방법을 사용하느냐에 따라 결과해석에 많은 영향을 미치므로 신중히 고려해야 한다. 파렛트·컨테이너 리터너블 풀링시스템의 영향평가를 위한 방법론은 국내 환경성적표지 제도에서 사용 중인 Type Ⅲ 방법론을 이용하였다. Type Ⅲ 방법론은 6가지 영향범주로 구성되어 있으며, 자원고갈, 지구온난화, 오존층 영향 등 특성화단계에서 주요한 영향범주로 구성되어 있어 영향평가의 결과해석에 용이한 편이다. 특히, 현재 전 세계적으로 기후변화협약에 따른 온실가스 감축이 요구되는 상황이므로, Type Ⅲ 방법론의 지구온난화 영향범주에 따른 온실가스 배출량을 대표인자로 설정하여 환경적 효과 분석에 활용하였다.(표9)

나) 파렛트·컨테이너 리터너블 풀링시스템의 전과정 영향평가 결과

① 파렛트(NF11)

NF11 1개의 원료취득 및 제조단계에서부터 재활용단계까지의 단계별 특성화 분석결과

〈표 9〉 Type III 방법론의 영향범주

No.	영향범주		단위
1	ADP(Abiotic Depletion Potential)	자원고갈	kg antimony eq.
2	AP(Acidification Potential)	산성화	kg SO_2 eq.
3	EP(Eutrophication Potential)	부영양화	kg PO_4^{3-} eq.
4	GWP(Global Warming Potential)	지구온난화	kg CO_2 eq.
5	ODP(Ozone layer Depletion Potential)	오존층파괴	kg CFC-11 eq.
6	POCP(Photochemical oxidation Potential)	광화학산화물생성	kg C_2H_4 eq.

*eq: equivalent

〈표 10〉 NF11 단계별 특성화 분석결과 (1개 · 1회전 기준)

영향범주	단위	원료취득 및 제조단계	유통단계			세척 단계	재활용 단계
			반복사용		1회사용		
			최초 1회	1회 이후			
자원고갈	kg antimony-eq	1.12E-01	8.00E-04	4.02E-04	6.19E-04	1.80E-03	-5.67E-02
산성화	kg SO_2-eq	5.25E-02	2.13E-04	1.23E-04	1.80E-04	4.79E-04	-3.88E-02
부영양화	kg PO_4^{3-}-eq	1.00E-02	3.23E-05	1.92E-05	2.78E-05	7.09E-05	-7.39E-03
지구온난화	kg CO_2-eq	4.05E+01	2.79E-02	1.62E-02	2.36E-02	2.14E-01	-3.66E+01
오존층고갈	kg CFC 11-eq	6.93E-07	4.37E-08	2.20E-08	3.38E-08	3.80E-10	-6.80E-07
광화학산화물 생성	kg C_2H_4-eq	6.18E-02	1.31E-04	6.93E-05	1.05E-04	2.30E-04	-5.41E-02

*eq: equivalent

[그림 13] NF11 단계별 지구온난화 특성화 분석결과 (1개 · 1회전 기준)

〈표 11〉 NG532 단계별 특성화 분석결과 (1개 · 1회전 기준)

영향범주	단위	원료취득 및 제조단계	유통단계			세척단계	재활용단계
			반복사용		1회사용		
			최초 1회	1회 이후			
자원고갈	kg antimony-eq	1.10E-02	1.65E-05	1.39E-05	9.02E-03	1.62E-04	-6.66E-03
산성화	kg SO_2-eq	3.72E-03	1.85E-05	1.55E-05	1.01E-02	4.30E-05	-2.30E-03
부영양화	kg PO_4^{3-}-eq	5.42E-04	3.28E-06	2.76E-06	1.79E-03	6.36E-06	-2.72E-04
지구온난화	kg CO_2-eq	1.76E+00	2.45E-03	2.06E-03	1.34E-03	1.92E-02	-9.47E-01
오존층고갈	kg CFC 11-eq	3.56E-09	9.01E-10	7.57E-10	4.92E-07	3.41E-11	-2.41E-09
광화학산화물생성	kg C_2H_4-eq	1.12E-03	5.48E-06	4.61E-06	3.00E-03	2.07E-05	-5.17E-04

*eq: equivalent

[그림 14] NG532 단계별 지구온난화 특성화 분석결과 (1개 · 1회전 기준)

는 〈표 10〉, [그림 13]과 같으며, 원료취득 및 제조단계에서의 온실가스 배출량이 4.05E+01 $kgCO_2$로 가장 높은 것으로 나타났다. 원료취득 및 제조단계 다음으로는 세척단계, 풀링유통단계 순으로 환경영향 기여수준이 높게 나타났다.

② 컨테이너(NG532)

NG532 1개의 원료취득 및 제조단계에서부터 재활용단계까지의 단계별 특성화 분석결과는 〈표 11〉, [그림 14]와 같으며, 원료취득 및 제조단계에서의 온실가스 배출량이 1.76E+00 $kgCO_2$로 가장 높은 것으로 나타났다. 원료취득 및 제조단계 다음으로는 세척단계, 풀링유통단계 순으로 환경영향 기여수준이 높게 나타났다.

4. 국내 파렛트·컨테이너 리터너블 풀링시스템의 환경적 효과

1) 분석 방법

가) 비교 대상

파렛트 및 컨테이너의 반복사용에 의해 신품의 사용량이 절감되며, 이에 따른 효과 분석을 위해 원료취득 및 제품제조부터 세척 및 반복사용, 재활용 단계를 모두 고려하여 1회 사용과 비교 분석하였다. 비교대상인 1회 사용은 세척단계 및 풀링유통단계 중 일부 흐름(반복사용 관련 유통 흐름)이 제외된다.(그림 15, 16, 17)

나) 회전횟수 및 사용량

반복사용에 따른 효과 분석은 내구연한 동안 파렛트 및 컨테이너가 사용되는 횟수를 고려하여 효과를 분석하였다. 파렛트의 내구연한 및 연간 평균 회전수를 고려할 경우, 내구연한 동안 총 회전횟수는 약 48~50회이며, 컨테이너의 경우 회전일수가 짧아 내구연한 동안 총 회

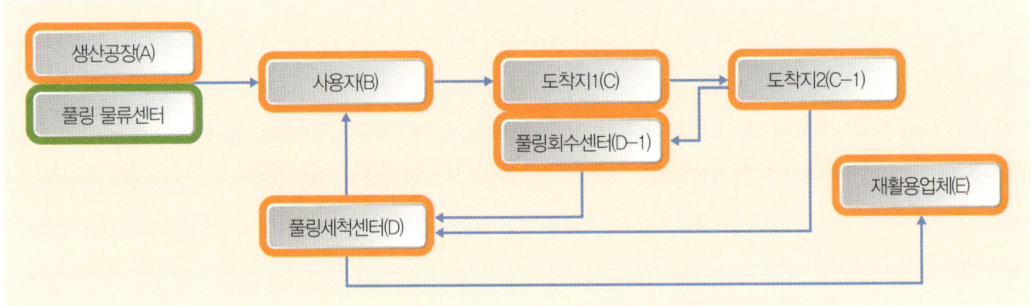

[그림 15] 파렛트 풀링리터너블 순환흐름

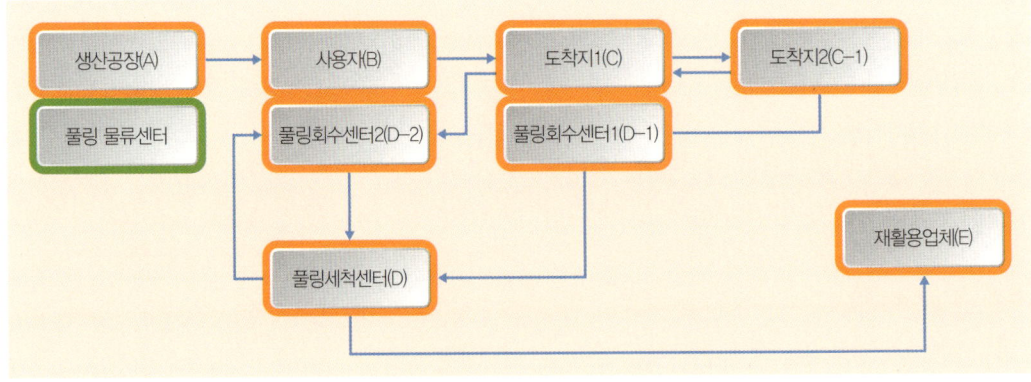

[그림 16] 컨테이너 풀링리터너블 순환흐름

[그림 17] 파렛트·컨테이너 1회 사용 흐름(비교대상)

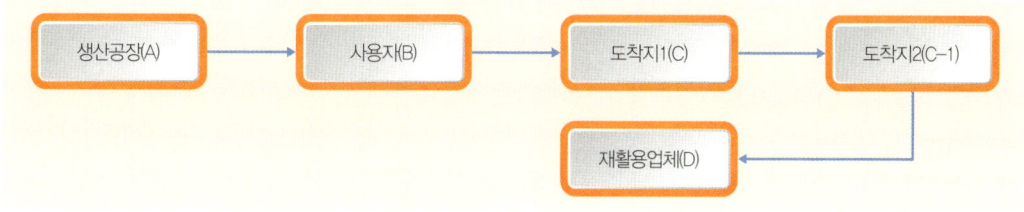

〈표 12〉 파렛트 및 컨테이너 연간 사용량

구분		연간 사용량(매)	비고
파렛트	NF11	10,746,406	• 2019년 연간 반복 사용량 기준 (KPCA 내부자료)
	전체	42,015,111	
컨테이너	NG532	12,848,027	
	전체	106,973,410	

〈표 13〉 온실가스 저감에 따른 효과 분석 방법

구분	내용	값
수목의 온실가스 흡수효과	• 소나무 1그루당 온실가스 흡수	• 연간 6.6 kgCO$_2$ 흡수(국립산림과학원, 2013)
탄소배출권 판매효과	• 국내 온실가스 1톤당 탄소배출권 판매액	• 톤당 30,800원(2020년 6월 KAU19 기준)

전회수는 약 50~60회로 나타났다. 또한, 파렛트·컨테이너의 내구연한 동안 반복사용할 경우, 파손되어 재활용되는 파렛트·컨테이너 양만큼 신품이 투입되는 것으로 가정하였다.

비교대상인 1회 사용은 신품이 계속 공급되어 1회전 시 사용량이 계속 유지되나, 반복사용은 회전을 반복할수록 파렛트·컨테이너의 사용량이 감소하므로 감소되는 양만큼 신품을 공급되는 것으로 가정하였으며, 파렛트 및 컨테이너의 파손율은 0.4% 및 0.5%, 분실율은 0.1% 및 5.0%으로 나타났다. 또한 최종 효과 분석은 파렛트 및 컨테이너의 연간 총 반복사용량을 고려하여 전체적인 효과를 추정하였다.(표12)

다) 환경적 효과 분석 방법

Type Ⅲ 방법론의 지구온난화 영향범주의 분석결과인 온실가스 배출량 산정결과를 활용하여 온실가스 배출 저감량에 따른 효과를 수목의 온실가스 흡수 효과 및 탄소배출권 판매 효과로 분석하였다.(표13)

① 수목의 온실가스 흡수 효과
1회 사용 대비 다회 사용의 온실가스 저감량

을 소나무 1그루당 온실가스 흡수효과로 환산하여 소나무의 그루 수로 효과를 산정한다.

② 탄소배출권 판매 효과

1회 사용 대비 다회 사용의 온실가스 저감량을 탄소배출권으로 판매가 가능하다고 가정하고 판매금액을 효과로 산정한다.

*온실가스 저감량을 탄소배출권으로 실제 거래하는 것은 불가능함.

2) 환경적 효과 분석결과

가) 파렛트(NF11)

① 온실가스 배출 저감량

NF11의 Life cycle 동안 총 사용 횟수는 약 48~50회이며, 이에 따른 온실가스 배출 저감 효과를 분석하였다. NF11의 Life cycle에 따른 온실가스 배출량 분석결과, 수명주기 동안에 반복사용할 경우 온실가스 배출량은 54.81kgCO_2/개이며, 1회 사용 시 온실가스 배출량은 201.02kgCO_2/개로 나타났다. 따라서 NF11 1개를 수명이 끝날 때까지 반복사용할 경우, 1회 사용 대비 온실가스 약 146.21kgCO_2 저감 가능한 것으로 분석되었다.(표14)

플라스틱 파렛트 풀링시스템을 통한 파렛트의 연간 총 반복 사용량은 약 42,015,111매이며, 이를 적용한 파렛트 풀링시스템 반복사용에 따른 온실가스 배출량은 184,235톤CO_2/년, 1회 사용 시 온실가스 배출량은 675,665톤CO_2/년으로 나타났다. 따라서 파렛트 풀링시스템을 통한 연간 온실가스 저감량은 491,430톤CO_2/년으로 분석되었다.(표15, 그림18)

〈표 14〉 NF11 단계별 LCA 분석결과 (1개 · Life cycle 기준)

구분	영향범주	단위	제품제조단계	유통단계	세척단계	재활용단계	합계
반복사용	자원고갈	kg antimony-eq	1.40E-01	2.09E-02	9.14E-02	-1.16E-02	2.40E-01
	산성화	kg SO_2-eq	6.56E-02	6.36E-03	2.43E-02	-7.93E-03	8.83E-02
	부영양화	kg PO_4^{3-}-eq	1.25E-02	9.93E-04	3.60E-03	-1.51E-03	1.56E-02
	지구온난화	kg CO_2-eq	5.06E+01	8.36E-01	1.08E+01	-7.46E+00	5.48E+01
	오존층고갈	kg CFC 11-eq	8.66E-07	1.14E-06	1.93E-08	-1.39E-07	1.89E-06
	광화학산화물 생성	kg C_2H_4-eq	7.73E-02	3.59E-03	1.17E-02	-1.10E-02	8.15E-02
1회사용	자원고갈	kg antimony-eq	5.70E+00	3.16E-02	0.00E+00	-2.89E+00	2.84E+00
	산성화	kg SO_2-eq	2.67E+00	9.17E-03	0.00E+00	-1.98E+00	7.03E-01
	부영양화	kg PO_4^{3-}-eq	5.11E-01	1.42E-02	0.00E+00	-3.77E-01	1.35E-01
	지구온난화	kg CO_2-eq	2.06E+03	1.20E+00	0.00E+00	-1.86E+03	2.01E+02
	오존층고갈	kg CFC 11-eq	3.53E-05	1.72E-06	0.00E+00	-3.47E-05	2.37E-06
	광화학산화물 생성	kg C_2H_4-eq	3.15E+00	5.34E-03	0.00E+00	-2.76E+00	3.96E-01

*eq: equivalent

〈표 15〉 파렛트 단계별 LCA 분석결과 (파렛트 연간 사용량 고려)

구분	영향범주	단위	제품제조 단계	유통단계	세척단계	재활용 단계	합계
반복 사용	자원고갈	kg antimony-eq	4.69E+05	7.03E+04	3.07E+05	-3.89E+04	8.08E+05
	산성화	kg SO_2-eq	2.20E+05	2.14E+04	8.17E+04	-2.66E+04	2.97E+05
	부영양화	kg PO_4^{3-}-eq	4.21E+04	3.34E+03	1.21E+04	-5.06E+03	5.24E+04
	지구온난화	kg CO_2-eq	1.70E+08	2.81E+06	3.64E+07	-2.51E+07	1.84E+08
	오존층고갈	kg CFC 11-eq	2.91E+00	3.84E+00	6.48E-02	-4.66E-01	6.35E+00
	광화학산화물 생성	kg C_2H_4-eq	2.60E+05	1.21E+04	3.93E+04	-3.71E+04	2.74E+05
1회 사용	자원고갈	kg antimony-eq	1.91E+07	1.06E+05	0.00E+00	-9.71E+06	9.54E+06
	산성화	kg SO_2-eq	8.99E+06	3.08E+05	0.00E+00	-6.66E+06	2.36E+06
	부영양화	kg PO_4^{3-}-eq	1.72E+06	4.77E+03	0.00E+00	-1.27E+06	4.55E+05
	지구온난화	kg CO_2-eq	6.94E+09	4.05E+06	0.00E+00	-6.27E+09	6.76E+08
	오존층고갈	kg CFC 11-eq	1.19E+02	5.80E+00	0.00E+00	-1.17E+02	7.97E+00
	광화학산화물 생성	kg C_2H_4-eq	1.06E+07	1.79E+04	0.00E+00	-9.28E+06	1.33E+06

*eq: equivalent

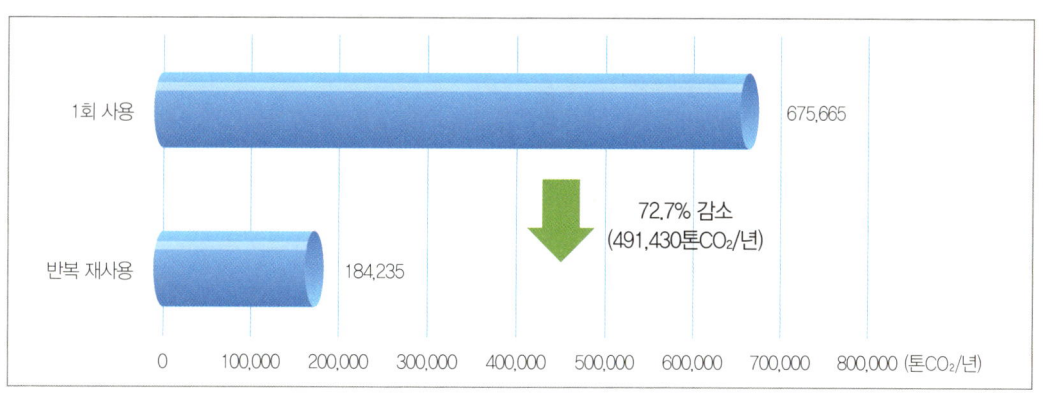

[그림 18] 파렛트 풀링시스템의 반복사용에 따른 온실가스 저감량

② 수목의 온실가스 흡수 효과 및 탄소배출권 판매 효과

파렛트 반복사용에 따른 연간 온실가스 저감량 49만 1,430톤CO_2를 수목의 온실가스 흡수효과 및 탄소배출권 판매효과로 환산하였으며, 소나무 1그루당 연간 온실가스 흡수량 (6.6kgCO_2)을 이용하여 온실가스 저감량을 온실가스 흡수로 환산 시, 소나무 7,450만 그루의 효과에 해당하는 것으로 나타났다. 또한 탄소배출권(KAU19)를 이용하여 온실가스 저감효과를 배출권 판매액으로 환산 시, 연간 151.4억 원의 효과에 해당하는 것으로 나타났

<표 16> 파렛트 반복사용 시 온실가스 저감에 따른 효과

구분	연간 온실가스 저감량	환산 기준	온실가스 저감에 따른 효과
수목의 온실가스 흡수효과	491,430톤CO_2/년	• 연간 6.6 kgCO_2 흡수(소나무)	74.5백만 그루
탄소배출권 판매효과		• 톤당 30,800원 (KAU19, 2020년)	151.4억 원

[그림 19] 파렛트 반복사용 시 온실가스 저감에 따른 효과

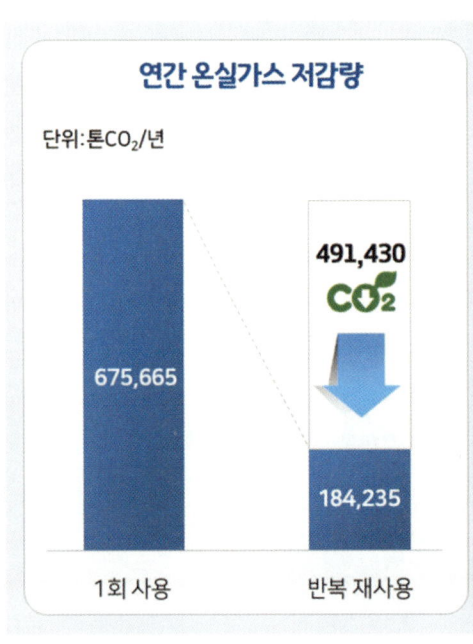
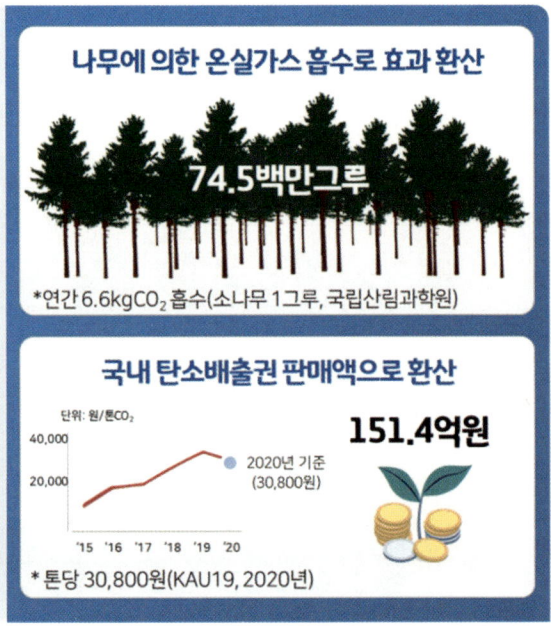

다.(표16, 그림19)

나) 컨테이너(NG532)

① 온실가스 배출 저감량

NG532의 Life cycle 동안 총 사용 횟수는 50~60회이며, 이에 따른 온실가스 배출 저감 효과를 분석하였다. NG532의 Life cycle에 따른 온실가스 배출량 분석결과, 수명주기 동안에 반복사용할 경우 7.84kgCO_2/개이며, 1회 사용 시 온실가스 배출량은 44.80kgCO_2/개로 나타났다. 따라서 NG532 1개를 수명이 끝날 때 까지 반복사용할 경우, 1회 사용 대비 온실가스 약 36.97kgCO_2 저감 가능한 것으로 분석되었다.(표17)

NG532의 풀링사용에 따른 효과 산정을 위해 연간 반복 사용량 약 1,284만 8,027매를 적용하여 온실가스 배출 저감량을 산정하였으며, NG532 반복사용 시 온실가스 배출량은 98,621톤CO_2/년, 1회 사용 시 온실가스 배출량은 56만 3,867톤CO_2/년으로 나타나 풀링

〈표 17〉 NG532 단계별 LCA 분석결과 (1개 · Life cycle 기준)

구분	영향범주	단위	제품제조단계	유통단계	세척단계	재활용단계	합계
반복 사용	자원고갈	kg antimony-eq	4.36E-02	7.65E-04	8.41E-03	-1.83E-03	5.10E-02
	산성화	kg SO_2-eq	1.48E-02	8.56E-04	2.24E-03	-6.33E-04	1.72E-02
	부영양화	kg PO_4^{3-}-eq	2.15E-03	1.52E-04	3.31E-04	-7.47E-05	2.56E-03
	지구온난화	kg CO_2-eq	6.99E+00	1.14E-01	9.96E-01	-2.60E-01	7.84E+00
	오존층고갈	kg CFC 11-eq	1.41E-08	4.18E-08	1.77E-09	-6.63E-10	5.70E-08
	광화학산화물 생성	kg C_2H_4-eq	4.44E-03	2.54E-04	1.07E-03	-1.42E-04	5.63E-03
1회 사용	자원고갈	kg antimony-eq	6.04E-01	4.96E-04	0.00E+00	-3.66E-01	2.39E-01
	산성화	kg SO_2-eq	2.05E-01	5.55E-04	0.00E+00	-1.27E-01	7.87E-02
	부영양화	kg PO_4^{3-}-eq	2.98E-02	9.86E-05	0.00E+00	-1.49E-02	1.50E-02
	지구온난화	kg CO_2-eq	9.68E+01	7.36E-02	0.00E+00	-5.21E+01	4.48E+01
	오존층고갈	kg CFC 11-eq	1.96E-07	2.71E-08	0.00E+00	-1.33E-07	9.03E-08
	광화학산화물 생성	kg C_2H_4-eq	6.15E-02	1.65E-04	0.00E+00	-2.84E-02	3.33E-02

*eq : equivalent

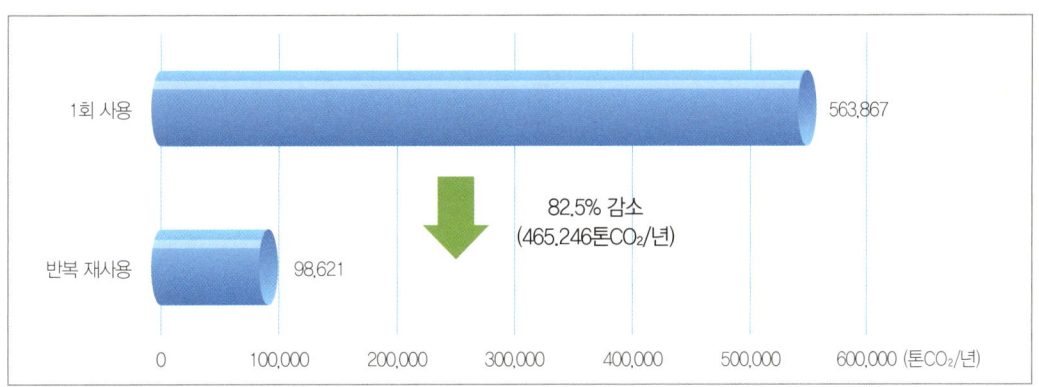

[그림 20] 컨테이너 풀링시스템의 반복사용에 따른 온실가스 저감량

시스템을 통한 연간 온실가스 저감량은 46만 5,246톤CO_2/년인 것으로 분석되었다.(그림20)

② 수목의 온실가스 흡수 효과 및 탄소배출권 판매 효과

플라스틱 컨테이너 반복사용에 따른 연간 온실가스 저감량 46만 5,246톤CO_2를 수목의 온실가스 흡수효과 및 탄소배출권 판매효과로 환산하였으며, 소나무 1그루당 연간 온실가스 흡수량(6.6kgCO_2)을 이용하여 온실가스 저감량을 온실가스 흡수로 환산 시, 소나무 7,050만 그루의 효과에 해당하는 것으로 나타났다. 또

한, 탄소배출권(KAU19)를 이용하여 온실가스 저감효과를 배출권 판매액으로 환산 시, 연간 143.3억 원의 효과에 해당하는 것으로 나타났다.(표18, 그림21)

〈표 18〉 컨테이너 반복사용 시 온실가스 저감에 따른 효과

구분	연간 온실가스 저감량	환산 기준	온실가스 저감에 따른 효과
수목의 온실가스 흡수효과	465,246톤CO_2/년	• 연간 6.6 kgCO_2 흡수(소나무)	70.5백만 그루
탄소배출권 판매효과		• 톤당 30,800원 (KAU19, 2020년)	143.3억 원

[그림 21] 컨테이너 반복사용 시 온실가스 저감에 따른 효과

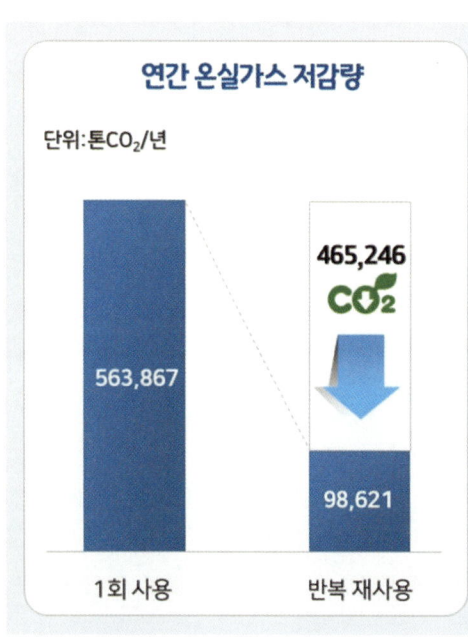
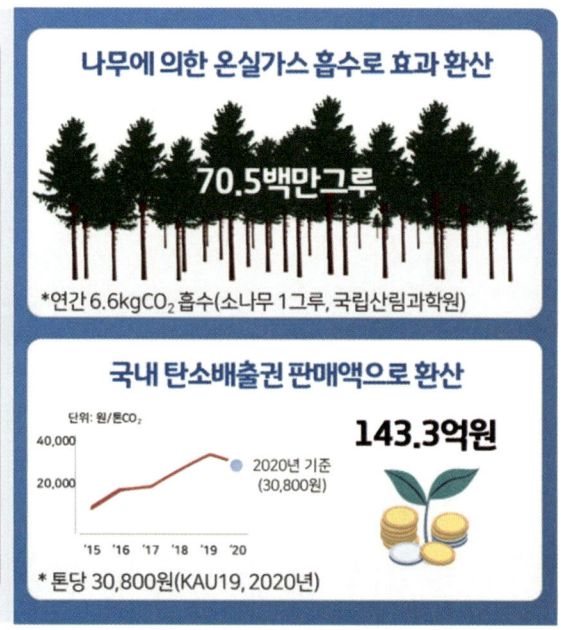

제4절 친환경포장 사례

1. 해외 친환경포장 사례

1) 미국 월마트 환경포장 추진사례

가) 추진배경

월마트는 2005년도에 300여 개의 장난감 납품업체를 대상으로 장난감 포장개선사업을 실시하였다. 그 결과 포장개선을 통하여 3,425톤의 골판지를 절감하게 되었다. 이는 1,358배럴의 석유, 5,190그루의 나무, 727개의 해상컨테이너 운송량을 절감한 효과와 같아서 결과적으로 약 350만 달러의 수송비 절감 효과를 가져왔다.

2006년 9월 뉴욕에서 열린 클린턴 글로벌 이니셔티브(CGI)에서 2005년의 성과를 바탕으로 연차별 포장재 절감계획을 공표하기에 이르렀다. 주요 내용은 모든 납품업체에 2013년까지 포장재 5%를 줄이도록 요구한 것인데, 구체적인 방법은 그 해 11월에 시카고에서 열린 Pack Expo에서 지정하였다. 친환경포장의 기본방향으로서 7R의 Remove(제거), Reduce(원천감량), Reuse(재이용), Recycle(재활용), Renew(재생), Read(정보수록 및 제공), Revenue(수익, 채산성)를 설정하고, 달성방법으로서 납품업체를 대상으로 Score card를 작성하여 포장재 검수에 적용하였다. 이 사업을 통하여 월마트는 6만여 개의 납품업체들이 참여하여 약 34억 달러의 포장비 절감 효과를 거두게 되었다.

나) 스코어카드제 내용

월마트의 스코어카드제는 바이어와 납품업체를 평가하는 13개 도구 중의 하나로, 포장의 지속가능성(Sustainability)을 측정하는 것이다. 총 9개의 평가항목으로 구성되어 있으며, 납품업체는 자사 제품의 포장에 대해서 기본적인 정보를 기입하고 평가를 통해서 친환경포장 점수를 확인할 수 있다. 이 스코어카드 점수가 월마트 바이어의 주요 구매 결정 수단으로 사

〈표 1〉 Wal Mart의 Score Card 평가항목

No	평가 항목	비중(%)
1	생산 톤당 방출되는 GHG(CO_2)의 양	15
2	재료가치(환경친화적 재료 여부)	15
3	포장에 대한 제품 비(공간비율)	15
4	부피 적재 효율	15
5	수송(CO_2 방출, 수송거리)	10
6	재활용 물질 사용량	10
7	회수 가치(회수 용이성)	10
8	재생에너지 사용 정도	5
9	포장재 생산 기술 혁신 정도	5

용되기 때문에 납품업체의 입장에서는 친환경 포장이 되도록 최선을 다할 수 밖에 없다. 동일한 제품군은 상대적인 점수로 평가가 이루어지고 있으며, 새로운 친환경 포장이 적용된 제품이 등록되면 순위변동이 생긴다.

다) 평가항목 및 평가방법

월마트의 스코어카드제도는 〈표 1〉과 같은 9개의 평가항목에 대하여 각각 가중치를 설정하고 점수를 매기는 제도이다. 납품업체는 스코어카드 전용 사이트(www.score cardmodeling.com)에 관련 정보를 입력하면 점수가 계산된다. 자사와 동일한 타사 정보도 확인이 가능하다. 납품업체는 일정한 기준의 점수를 획득하지 못하면 월마트에 제품 납입을 못하게 된다. 포장으로 인해 제품 판매가 제약을 받는 최초의 민간제도로서 미국과 무역을 하고 있는 거의 모든 나라들이 월마트와 거래관계를 맺고 있기 때문에 이 제도는 친환경포장의 개념 확산에 크게 기여하였으며, 포장재의 회수 재사용에도 많은 영향을 미치게 되었다.

2) EU의 제품 환경발자국(PEF) 추진사례

가) 추진 경과

EU는 지구 온난화의 주범인 CO_2 발생 억제를 위하여 2013년부터 여러 분야의 시범사업을 통하여 제품 환경발자국(PEF: Product Environmental Footprint)제도를 도입하였다. 전기전자분야에서는 폐전기전자 제품처리 지침(WEEE)과 유해물질 사용제한 지침(RoHS)을 마련하였고, 자동차분야에서는 폐차처리지침(ELV)을 구체화하였다. 포장과 관련된 에너지 관련 제품분야는 ERP(친환경설계의무지침)을 마련하였다.

나) 세부 내용

PEF의 주요 내용은 Eco-Design 되지 않은 에너지 관련 제품의 시장 진입을 금지하는 것이다. 자원을 채취하여 생산, 포장 및 운송, 사용, 폐기되는 제품의 전 과정에서 Carbon Footprint가 최소화되도록 CE마크를 취득하도록 한다는 것이다. 제품의 에코디자인을 검증하기 위하여 ISO 14001 인증 및 IEC 60034-

2-1(기기에너지 효율 레벨)의 준수를 요구하고 있다.

3) 중국의 택배산업 친환경 포장 추진사례

가) 추진 경과

중국은 전자상거래가 급속히 발전하면서 매년 수백억 개의 택배포장 쓰레기가 쏟아져나오고 있다. 온라인 쇼핑이 오프라인 쇼핑보다 포장 쓰레기를 더 많이 발생시키는 양상이다. 근래 각광을 받고 있는 광군제 등 연말연시의 초대형 온라인 쇼핑행사는 일시적으로 엄청난 양의 택배포장 쓰레기를 양산하여 처리에 큰 문제가 되고 있다. 2012년에 1.3조 위안(약 214조 원)이던 온라인 판매액이 2016년에는 무려 5.2조 위안(855조 원)으로, 택배 물동량도 2016년 기준으로 무려 313억 개에 달하게 되었다. 택배포장 쓰레기를 제대로 처리하지 못하게 되면서 심각한 환경오염 문제가 뒤따르게 되었고, 이를 극복하기 위한 노력도 함께 이루어지게 되었다.

나) 친환경 택배포장 추진 사례

택배포장 쓰레기 처리 문제가 심각해지자 중국에서는 민관이 함께 이를 극복하기 위해 다음과 같은 내용의 포장 간소화 노력을 기울였다.

첫째, 택배업체들이 자발적으로 포장을 간소화하기 시작하였다. 우선 택배포장상자 표면에 부착하는 운송장을 전자운송장으로 바꾸어서 택배당 사용하는 접착테이프를 1/3가량 감소시켰다. 2016년에 택배업체들이 절약한 접착테이프는 길이로 무려 64억 m에 달하였다. 2017년 광군제에서 알리바바는 7억 장을 전자운송장으로 대체하여 수십억 위안을 절약하였다.

둘째, 택배 특성상 대부분의 포장을 1회용 골판지상자 등에 의존하던 것을 발상의 전환을 통하여 공유 택배상자로 상당 부분 바꾸게 되었다. 택배 시스템이 발전할수록 오히려 공유 상자의 적용 가능성도 커질 수 있기 때문에 택배포장 쓰레기를 줄일 수 있게 된다. 실제로 중국 최대의 유통업체인 징동닷컴은 중소형 택배제품 포장용 회수용기로 [그림 1]과 같이 '그린박스'라고 명명한 플라스틱골판지상자를 개발하였다.

이 업체는 2018년에 베이징, 상하이, 광저우, 선전 등을 비롯하여 20개 도시에 전체 택배제품의 10%를 그린박스에 포장하여 전달하고 회수하여 재사용함으로써 약 52억 원을 절감할 수 있었다. 2020년에는 약 100억 개의 택배제품을 그린박스로 운송하는 목표를 설정하고 있다. 10개의 정부 부처가 합동으로 발표한 "택배업 친환경포장에 관한 지도 의견"에 따르면 중국은 2020년까지 택배업에서 친환경포장재 사용을 50% 수준까지 끌어올릴 계획이다. 주요 택배업체는 전자운송장 사용비중을 90% 이상, 포장재 절감율을 10% 이상 향상시키겠다고 선언하였다.

[그림 1] 징동닷컴의 택배제품용 회수용 Green Box

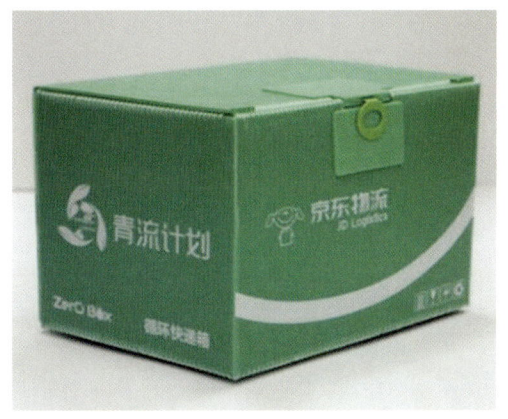

2. 국내 친환경포장 사례

1) 전자업체 친환경포장 추진사례

가) 개발 경위

국내의 대표적인 가전업체 A사는 냉장고 순환물류시스템 적용으로 연간 100억 원을 절감하였다. 이 업체의 대표적인 백색가전인 냉장고는 경기 사이클상 영업이익 하락기에 접어들게 되었다. 그럼에도 불구하고 일회용 종이박스 사용으로 인한 표준화 미흡으로 물류비 부담은 가중되었고, 선도기업으로서 친환경에 신경 쓰지 않는다는 비판마저 듣게 되었다. A사는 이러한 문제를 일소하기 위하여 친환경포장을 개발하고 적용한다는 전략적 목표를 설정하였다.

나) 추진 내용

A사는 모든 백색가전의 포장에 기존 일회성 포장을 배제하고 40회 이상 재사용이 가능한 순환물류 시스템 개발 계획을 수립하였다. 냉장고, TV, 세탁기, 등의 주요 백색가전에 대한 회수용 포장 개발을 순차적으로 진행한 결과 [그림 2]와 같이 1차적으로 재생플라스틱을 사용하여 냉장고 포장용 회수용기를 개발하였다.

다) 개발 성과

회수 재사용 용기를 적용한 결과 휘발성 유기화합물(TVOC: Total Volatile Organic Compounds)를 99.7% 이상 줄여 연간 7,000톤의 CO_2 방출량을 절감하게 되었다. 또한 약 13만 그루의 식목효과를 내었으며, 연간 100억 원 이상의 물류비절감 효과를 달성하였다.

A사는 2012년 일본 디자인 진흥원의 지마크(G-mark) 본상을 수상하였고, 한국산업디자이너협회의 '2012 핀업(Pin-Up) 디자인상' 금상을 수상하였으며, 아시아패키징어워드의 에코패키징상 등을 수상하였다.

2) 가공식품업체 친환경 포장 추진사례

가) 개발경위

P사는 국내에서 '사람과 자연을 함께 사랑하는 LOHAS기업'이라는 이미지를 일찍감치 굳히게 되었다. 이 업체는 기업의 이미지를 지속가능성(Sustainability) 차원에서 계속 높이고자 '환경을 생각한 제조과정과 포장원칙'을 고수하고 있다. 이 업체의 포장원칙은 최적의 포장설계로 자원사용을 줄이고(Reduce), 보호성에 지장이 없는 선에서 최소 포장설계로 과대포장을 지양하며(Remove), 사용 후 포장은 재사용과 재활용(Reuse, Recycle)을 염두에 두고 설계하고 있다. 또한 환경 호르몬이나 독성 물질이 전이되지 않는 포장재질을 사용하는 것을 원칙으로 하였다.

[그림 2] A사의 냉장고 회수용 포장

나) 추진 내용

P사는 우선 포장용기의 경량화에 착수하였다. 자사에서 생산하는 생수용 PET용기의 무게를 지속적으로 줄이는 노력을 전개하였다. 두부포장 용기 역시 요철구조로 설계하여 플라스틱 사용량을 줄이면서도 내용물 보호에 지장이 없도록 개선하였다.

플라스틱 사용량을 줄이기 위해 소재 개발에도 노력한 결과 탄산칼슘을 30% 함유한 FPP를 개발하여 연두부나 나또 제품 포장용기(그림 3 참조)로 사용하였다.

이외에도 쉽게 뜯어냄으로써 재활용율을 높이도록 이지필(Easy Peel)을 도입하였으며, 유성잉크 대신 화학물질을 함유하지 않은 수성잉크로 포장재 인쇄를 하고 사탕수수 부산물을 활용하여 만든 친환경종이 어스팩(Earth pack)을 종이팩에 적용하였다.

다) 개발 성과

P사는 생수용기 부분에서 500㎖ 용기는 2018년에 전년 대비 87ton(그림 4 참조)을, 2ℓ 용기는 2019년에 전년 대비 58ton을 절감하는 성과를 올렸다. 구조설계로 경량화에 성공한 여러 종류의 두부용기는 중량 기준으로 평균 9%를 절감하게 되었다. 분해와 소각이 용이해진 FPP를 적용함으로써 2018년 생산량 기준으로 98ton의 플라스틱 사용량을 줄이게 되었다. 분리하기 쉬운 라벨 적용으로 2018년 생산량 기준으로 연간 1억 3,400만 개의 용기가 쉽게 재활용될 수 있게 하는 효과를 거두었다.

[그림 3] P사의 탄산칼슘 함유 친환경 용기

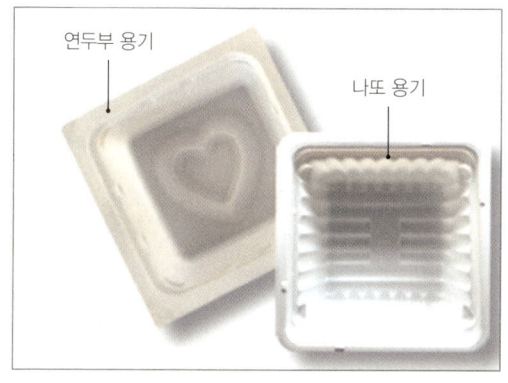

[그림 4] P사의 500㎖ 샘물용기 경량화

3) 국내 친환경포장 표준화 추진 경과

가) 국내 친환경포장 태동

국내에서 친환경 포장의 개념이 태동한 것은 1992년 12월에 법률 제4538호 「자원의 절약과 재활용 촉진에 관한 법률」 제9조에 포장 관련 내용이 삽입되면서부터라고 볼 수 있다. 포장 폐기물의 발생 억제라는 제목의 9조에서는 제품의 제조자들이 포장 폐기물 발생을 억제하고 재활용을 촉진하기 위해 준수해야 할 사항을 대통령으로 정하였다. 구체적으로는 포장재질, 포장방법에 관한 기준, 합성수지 포장재의 연차별 줄이기 방법, 1회용품 사용억제 및 과대포장 방지 등이 포함되었다.

과대포장 방지와 관련해서는 포장이 있는 모든 제품을 10여 개 군으로 나누고 각각에 포장 공간비율과 포장횟수를 구체적인 수치로 지정하여 제한하는 것이 핵심내용이었다. 포장 공간비율의 측정은 KS A 1005(현재 KS T 1303) 상업포장 공간비율 측정을 근거로 하였다.

이 제도로 인하여 쓰레기 양산의 주범으로 지탄받던 과대포장의 관행이 획기적으로 줄어들게 되어 세계의 주목을 받게 되었다. 신제품이 끊임없이 출시됨에 따라 공간비율 측정방법 KS 표준도 시대에 맞게 계속 변화해 왔으며 아직까지 현재진행형이다.

이로부터 10년 후인 2002년 12월에는 동법의 시행령을 개정하여 소위 EPR제도라고 불리우는 생산자 책임 재활용 제도(Extended Producer Responsibility)를 시행하게 되었다. 이 제도는 주요 포장 폐기물에 대한 수거를 제품 생산자에게 책임 지우는 것으로, 재활용 사업이 활성화되는 계기가 되었다.

재활용 사업의 활성화는 지속가능성이라는 글로벌 화두와 맞물려 사용 후 포장재는 폐기물이 아니라 소중한 순환자원이라는 인식이 점차 확산되기 시작하였다. 국내에서 친환경 포장이 시작된 지 30년 가까운 세월 동안 관련 법률 및 제도는 10여 개로 분화하였으며, KS 친환경 표준도 10여 개에 이르게 되었다. 모든 포장은 친환경적이어야 한다는 국민의 인식은 세계의 흐름을 앞서는 것으로, 향후 글로벌 포장산업의 새로운 추세를 선도해 나갈 것으로 기대된다.

친환경 포장의 국제적인 흐름을 주도하는 EU에서는 1900년대 후반부터 환경보전에 신경을 써 왔는데, 포장분야에서도 여러 분야에 흩어져 있는 제도를 한곳에 모아 1994년에 EU 폐기물관리지침을 발표하고 20개 회원국가가 이를 준수하게 하였다. 이 제도가 효과적으로 잘 지켜지고 포장 폐기물 관리에 긍정적인 결과를 가져오게 됨에 따라 2004년도에는 2004 EU 포장 및 포장 폐기물 처리 지침(2004 EU Directives on packaging and packaging waste)을 공포하게 되었다. 이 제도는 기본적으로 역내 27개 국가에 적용되는 공동 지침의 형식이지만, 포장분야에서 EU가 차지하는 영향력으로 볼 때 머지않아 세계적인 규범으로 작용할 가능성이 크다고 인식되었다. 실제로 2008년부터 유럽환경포장위원회(EUROPEN)는 유럽의 친환경 포장 표준 EN 13427~13432의 6개 표준을 ISO 표준으로 내세우려는 움직임이 있었다.

아시아에서는 일본이 이 제도에 대해 민감하게 반응하였는데, 이 제도를 상세하게 연구하고 이에 대응하는 방안을 수립하기 위하여 경제산업성의 지원으로 2004년에 '포장 및 포장 폐기물의 환경 JIS화를 위한 운수 물류 분야의 조사 연구'를 시작하였다. 일본포장기술협회

(JPI)가 주관하고 EU의 지침을 참고하여 일본의 대응 규격을 만들며 아시아 주요국을 동참시켜 ISO 규격화에 대비한다는 일본의 전략은 실제로 그대로 진행되었다. 그 결과 2008년에 「아시아 친환경 포장 표준」이 한국, 중국, 일본, 태국, 말레이시아 등의 참여로 공식 제정되었다.

한국과 일본은 「아시아 친환경 포장 표준」의 완성과 함께 EU에 공식적으로 친환경 포장 국제표준 제정을 촉구하였다. 2009년도 초에 한국과 일본의 대표단 5명이 벨기에 브뤼셀에 소재한 EUROPEN 본부를 방문하여 아시아 친환경 포장 표준을 소개하고 EN 표준과의 상호 검토를 통해서 ISO 표준 제정의 통로를 구축할 것을 제안하였다. 그 결과 ISO 포장기술위원회(TC 122)에 친환경 포장소위원회(SC4)가 구성되고 7개의 작업반(WG)이 설치되었다. 이 조직은 2009년 12월 스웨덴 스톡홀름에서 공식적으로 발족하여 동서양 국가들의 전문가들이 3년여의 치열한 논쟁을 거쳐 2013년에 6개의 표준(Standard)과 2개의 기술보고서(Technical Report)가 탄생하게 되었다.

나) 국내 친환경포장 표준 제정

친환경 포장이 포장분야의 대세로 자리 잡으면서 국제표준의 필요성이 대두된 것은 2004년 EU 포장 및 포장 폐기물 지침이 발표되면서부터라고 말할 수 있다. 국내에서도 이에 대응하여 2008년도 한국표준협회에서 미래물류 연구사업단이 발족하였다. 미래물류의 중요한 한 축으로서 친환경 포장이 선정되었으며, 우선 친환경 포장 표준화에 착수하였다. 아시아 친환경 포장 표준이 성안되기 전에 5개년 계획으로 시작된 이 사업은 첫 년도에 가장 기본이 되는 환경포장 용어와 상부규격에 해당하는 일반 지침을 KS로 채택하였다. 이어서 친환경 포장 국제표준화가 한참 진행되는 기간인 2011년에 4개의 관련 표준이 KS로 제정되었다. 국제표준 부합화를 지향하는 국내의 표준화 정책으로 미루어 볼 때, 국제표준이 완성될 때까지 국내 표준 제정을 미루어야 한다는 의견도 많았다. 그러나 7개의 국제표준화 작업반(WG) 중에서 3개 작업반을 주도적으로 이끌어가고 있는 한국이 자체 관련 표준이 없다는 것이 어색한 일이어서 아시아 친환경 포장 표준을 참고로 KS 표준을 제정하게 되었던 것이다.

하지만 몇 가지 국내 사정으로 인해 국제표준으로 진행되고 있는 7개 작업반 표준 중 WG 3 재사용(Reuse)과 WG 7 유기적 재활용(Organic recycling)은 국제표준이 완성될 때까지 사전 KS 표준 제정이 이루어지지 않았다. 또한 WG 4 물질 재활용(Material recycling)은 재활용 방해물질 부분을 기술보고서(Technical report)로 별도 분리하였기 때문에 결과적으로 이것도 사전 KS 표준화가 이루어지지 않았다. ISO 친환경 포장 표준은 2012년도에 FDIS(Final Draft of International Standard) 단계까지 끝마치고 2013년도에 6개의 표준과 2개의 기술보고서 등 총 8개의 ISO 친환경 표준으로 제정되었다. 국내에서는 2015년에 8개의 ISO 표준을 부합화 차원에서 KS화를 시작하였다.

환경포장 용어는 국내에서는 2008년에 KS T 1301로 제정되었지만, ISO 표준은 2015년에 이르러서야 기존 ISO 21067 포장-용어를 두 개 파트로 분리하여 ISO 21067-2 포장과 환경 용어(Packaging and the environment terms)로 제정되었다.

<표 2> 친환경포장 관련 KS 표준 일람 (2020년 현재)

No	표준명	ISO표준번호	KS 표준번호	비고
1	포장과 환경분야 ISO 표준사용 일반 요구사항	ISO 18601	KS T ISO18601	기존 KS는 제목이 포장-친환경 포장 및 포장재에 관한 일반지침임
2	포장시스템 최적화	ISO 18602	KS T ISO18602	기존 KS는 제목이 포장재 감량화임
3	재사용	ISO 18603	KS T ISO18603	3대 회수체계 명시됨
4	물질 재활용	ISO 18604	KS T ISO18604	기존 KS는 제목이 포장재 재활용임
5	에너지 회수	ISO 18605	KS T ISO18605	기존 KS는 지역별 특성에 따라서 소각로 온도 850℃ 채택
6	유기적 재활용	ISO 18606	KS T ISO18606	Biodegradation과 Compost로 구분됨
7	화학적 회수	ISO TR16218	KS T ISO/TR16218	유럽의 반대로 TR로 낮추어짐
8	재활용 방해물질	ISO TR17098	KS T ISO/TR17098	ISO18604에서 별도로 분리됨
9	환경포장 용어	ISO 21067-2	KS T ISO 21067-2	KS는 상업포장 공간비율 측정 관련 용어 추가하였음
10	상업포장(소비자포장) 공간비율 측정 방법		KS T 1303	2018년 최신 개정 내용 반영

종합 정리하자면 ISO 친환경 포장 표준은 2013년에 제정된 8개의 표준(TR 2개 포함)과 2015년에 분리 제정된 환경 포장 용어까지 합하여 모두 9개로 정리할 수 있다. 여기에다가 국내에만 존재하는 KS T 1303 상업포장(소비자포장)의 포장 공간비율 측정방법이 친환경 포장 범주로 분류됨에 따라 <표 2>와 같이 총 10개의 친환경 포장 표준이 제정되었다. 친환경포장 표준은 기술표준원의 위임에 따라 한국환경산업기술원(KEITI)에서 관장하고 있다.

 참고 문헌

- 포장기술편람 (2003) (사)한국포장학회, 포장개론 pp 41 – 50
- 국가물류표준화추진사업 연차보고서(2009), 한국포장시스템연구소, 2년차 보고서
- 공업포장교육 교재(2018) 한국공업포장협회, 물류포장 편
- 공업포장교육 교재(2018) 한국공업포장협회, 친환경포장 편
- ISO 18603(2012) ISO TC 122(Packaging) Reuse
- ISO TC122/AHG! 보고서(2011), 워싱턴 ANSI, Final Resolutions.

VI장
순환물류시스템과 유닛로드시스템

제1절 순환물류시스템 개요
제2절 순환물류시스템 구축요소
제3절 순환물류시스템 성과분석
제4절 순환물류시스템 공유 사례(해외)
제5절 순환물류용기의 종류

"지속가능성"
Sustainability

우리가 마실 물이 우물에서 마를 때까지
우리는 물의 가치를 결코 알지 못한다. – 토마스 풀러 –

We never know the worth of water till the well is dry. – Thomas Fuller

제1절 순환물류시스템 개요

1. 순환물류시스템의 개념

1) 순환물류체계(RTS)란

순환물류체계(RTS: Returnable Transport System)란 공급사슬의 운영을 위한 수송, 보관 및 하역 과정에서 순환물류용기(RTI: Returnable Transport Items)를 활용하는 단위화물체계(ULS: Unit Load System)를 의미한다. RTS는 [그림 1]과 같이 단방향이 아니라 표준화된 물류용기 및 기기를 산업별·국가별·국제적으로 공동운영하여 여러 번 반복 사용함으로써 경제성과 친환경성을 높이고자 하

[그림 1] 단방향 물류체계와 순환물류체계 비교

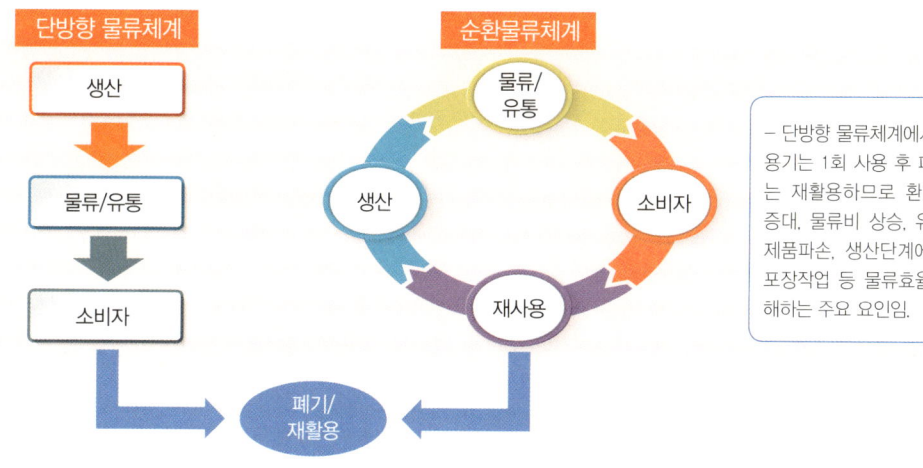

> **순환물류체계(RTS: Returnable Transport System)의 정의**
>
> 발송자가 순환물류 용기에 물품을 담아 수취자에게 보내면 수취자는 이를 인수하여 물품을 비우고, 빈 물류 용기는 반환 및 회수되어 다시 발송자에게 재투입하는 순환물류 용기의 반복 재사용 회전이 지속적인 순환적 구조(feedback-loop)로 공급 및 회수 등의 취급이 이루어지는 체계를 말한다.
>
> **비고** 이 표준에서 공급이라 함은 순환물류 용기의 제조자, 회수자, 발송자가 구성원에게 빈 물류 용기 또는 물류 용기에 물품을 담아서 보내는 행위를 말한다.

는 선진물류체계이다.

단위화물의 구성에 활용되는 물류용기를 한 번 사용 후 폐기하지 말고, 반복·재사용할 수 있도록 반환·회수하는 순환체계를 구축하는 것이 목표이므로 RTS의 도입을 위해서는 파렛, 플라스틱 상자, 대차 및 컨테이너, 벌크 용기 등의 순환물류포장(RTP: Returnable Transport Packaging) 또는 순환물류기기와 이에 적합한 운영시스템을 갖추는 것이 필수적이다. 그래서 포장의 중요성을 강조하기 위해 순환수송포장시스템(RTPS: Returnable Transport Packaging System)이라고도 말한다. 순환물류체계를 운영하기 위한 컴퓨터 기반의 관리 체계는 순환물류운영시스템(RTOS: Returnable Transport Operating System)이라고 한다. RTS는 공동운영이 확대될수록, 표준화 수준이 높을수록 유통물류 효율화, 물류비 절감은 물론 친환경물류 효과가 커지는 장점이 있다.

2) 순환물류용기품목 (RTI)

순환물류시스템을 구현하기 위해서는 무엇보다도 먼저 순환물류용기품목(RTI)의 개발과 보급 및 확대가 중요하다.

ISO 18616-1 최신판은 "공급사슬 내부에서 수송, 보관, 하역 및 제품 보호를 목적으로 물품을 배열하는 모든 수단으로서 향후의 계속적인 사용을 위하여 회수되는 것"으로 정의하고 있다. 그리고 이러한 순환물류용기의 예로서 파렛트, 크레이트, 쟁반(Tray), 상자, 롤 파렛트, 통(Barrel), 손수레(Trolley), 박스형 및 뚜껑 부착형 파렛트(Pallet collars and lids) 등을 들고 있다.

파렛트 단위보다 소형인 단위화물을 구성하는 데 사용하는 회수용 운반 용기(Returnable Container)와 파렛트 단위보다 대형인 단위화물을 구성하는 데 사용하는 화물 컨테이너(Freight Container)로 대별할 수 있다.

ECR(Efficient Consumer Response) Europe[1])에 따르면 효율적 단위화물(Unit load) 프로젝트와 관련하여 재사용 물류용기 품목(RTIs: Reusable Transport Items)을 "광범위한 활용을 목적으로 설계된 모든 2차 및 3차 단위화물(Secondary and Tertiary unit load)로써 재사용을 위하여 도착지로부터 회수되는 것"으로 정의하고 있다. 이차 순환물류용기는 재사용수송포장(RTP: Reusable Transport Packaging)이라 통칭하기도 한다.

순환물류용기의 범주에서 병(Bottles)과 같은 재사용 일차 포장이나 상자에 담긴 맥주병과

---

1) ECR Europe Efficient Unit Loads project, ECR Europe, 1997

> **순환물류용기품목**(RTI: Returnable Transport Items)
>
> 수명주기 내에서 동일 또는 유사 목적으로 1회 이상 반복 사용을 위해 설계된 재사용이 가능한 외포장 회수용 운송용기 품목.
> 예를 들면, 파렛트, 파렛트 상부구조물(pallet superstructure), 파렛트 부품(pallet fittings), 돌리(dolly), 중소형 물류용기, 중형산적용기(intermediate bulk container), 박스, 롤 컨테이너, 트레이(tray), 다단틀(collar), 크레이트(crate) 등이 포함 (KS T ISO 18616-1, KS T 1351 참조)
>
> 비고 순환물류 용기는 보통 2차, 3차 포장 및 화물(Freight) 컨테이너로 지정된다.

[그림 2] RTOS 모형의 범위와 구조

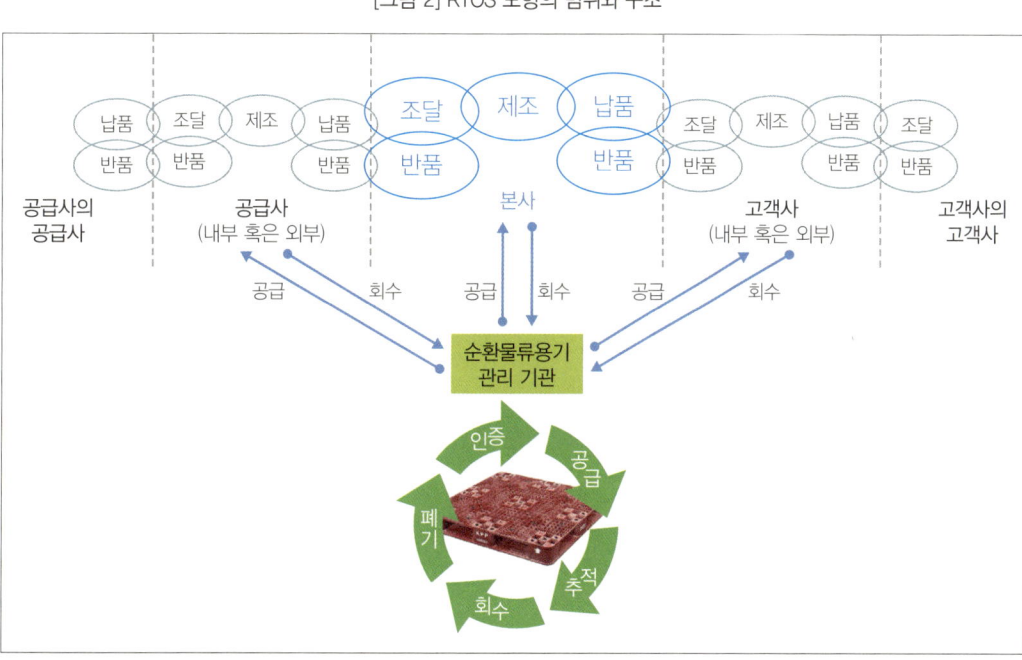

같은 재사용 일차 및 이차 포장의 조합은 제외된다. 또한 전시를 위한 용기와 같이 전속 체계로 운영되는 재사용 단위화물(Reusable Unit Load)도 순환물류용기의 범주에서 제외한다.

3) 순환물류운영시스템 (RTOS)

순환물류운영시스템(RTOS: Returnable Transport Operating System)은 순환물류체계를 운영하기 위한 컴퓨터 기반 관리시스템이다. 순환물류 운영체계는 공급사슬을 구성하는 업체 간의 물류 처리 과정에 필요한 순환물류용기의 인증, 공급, 추적, 회수 및 폐기에 관한 정보를 종합적으로 관리하는 정보시스템으로 정의할 수 있다.

RTOS에는 [그림 2]와 같이 순환물류용기의 보수와 작업 안전에 관한 규약이 포함되어야 한다. 순환물류용기의 보수에는 청소, 식별자 제거(Removing Labels), 화물 깔개 제거

(Emptying Dunnage), 세척, 건조, 손상 검사, 수리, 보관 및 닦기 등의 관리 서비스가 포함된다. 순환물류용기의 작업안전은 순환물류용기를 취급하는 과정에서 사용하게 되는 지게차, 크레인, 컨베이어 등 다양한 운반용 물류 기기와 관련한 안전 수칙이나 수작업 하역과 관련된 근골격계 질환을 예방하기 위한 안전 수칙 등이 포함된다.

2. 순환물류시스템의 필요성

1) 기업물류환경의 급변

기업의 경쟁력 강화를 위해 국내외 제조 및 유통 기업들은 공급체인 혁신을 통한 물류비용 절감과 친환경물류를 위한 노력을 경주하고 있다. 순환물류체계는 1회성 물류용기의 구매로 인한 비용과 사용 후 폐기로 인한 비용발생 및 환경오염 원인 제공 등에 대한 문제를 근원적으로 제거하여 기업물류혁신을 위한 경제적이고 친환경적인 대안으로 각광 받고 있다. 특히, 유럽 및 북미 대부분의 자동차 제조업의 경우 주축사업에 대한 역량 집중과 물류비 절감을 이유로 순환물류체계 도입을 활발하게 전개하고 있다.

2) 선진국형 순환물류체계 도입 필요

현재 특정 업체 및 산업 부문에서 제한적인 물류용기 순환체계가 구축되어 있으나 정보통신기술을 활용한 용기추적이나 회수시스템 등에 대한 표준과 운영시스템이 크게 미흡하다. 물류 합리화를 위해서는 물류 체인의 기술적, 환경적 요구사항뿐만 아니라 고객과 공급자의 필요를 충족시키도록 설계되고, 적절한 내구성을 갖춘 표준화된 순환물류용기 개발이 필요한 실정이다.

3) 물류표준화의 필수 요건

RTS의 성공적인 도입을 위해서는 RTS의 기본이 되는 순환물류용기와 취급 기기, 물류정보 네트워크의 표준이 필수적 요소이다. 현재 ISO TC122(포장) WG13(Returnable Transport System)에서 표준을 개발하고 있다.

4) 공동물류 활성화

중소기업의 물류효율 및 생산성 저하, 물류비 증가를 막기 위해서는 공동물류 활성화가 대안으로 제시되고 있으며, 표준화된 순환물류체계는 중소기업이 상품손실 및 폐기를 최소화하는 친환경 물류서비스를 실현하는 데 도움이 된다. 특히 자원의 절약과 CO_2 배출감소에 대한 전 세계적 관심이 커짐에 따라 산업별, 국가별 자원순환체계구축을 위하여 순환물류용기의 사용은 필수적이라 할 수 있다.

5) RTS 관련 시장의 활성화

우리나라는 비교적 좁은 국토와 단거리 수송이 많아 RTS 적용의 최적의 조건을 갖추고 있다. 따라서 순환물류용기, 기기 및 운영시스템 개발 노하우의 축적을 통해 국내기업의 이와 관련된 기술 경쟁력 강화 및 해외 시장 개척이 가능하다. 특히, 일회용 포장재 사용 감축과 자원폐기비용 절감 등으로 환경영향을 감소시킬 수 있으며, 거시적으로는 한·중·일 및 글로벌 국가 간의 RTS를 도입하여 글로벌 친환경 고효율 물류시스템을 구축할 수 있다.

3. 순환물류용기의 범위

순환물류체계는 크게 순환물류용기품목과 이를 운영하는 운영시스템으로 나눌 수 있다. 순환물류용기는 ISO 17364(Supply chain of applications of RFID – Returnable transport items)에 따라 Layer 2, Layer 3, 또 경우에 따라서는 Layer 4에 해당한다.

순환물류용기에는 파렛트(Pallet), 크레이트(Crate), 쟁반(Tray), 상자(Box), 롤 파렛트(Roll Pallet), 통(Barrel), 손수레(Trolley), 박스형 및 뚜껑 부착형 파렛트(Pallet Collars and Lids) 등이 있다. Layer 1은 제품의 낱포장 단위로 유리병, 캔 등이 속하며 재사용이 가능하더라도 물류용기가 아닌 소비자용 포장으로 인식하여 순환물류용기의 범위에는 포함되지 않는다.

대표적인 순환물류용기는 Layer 2라고 할 수

[그림 3] 순환물류용기(RTI)의 범위

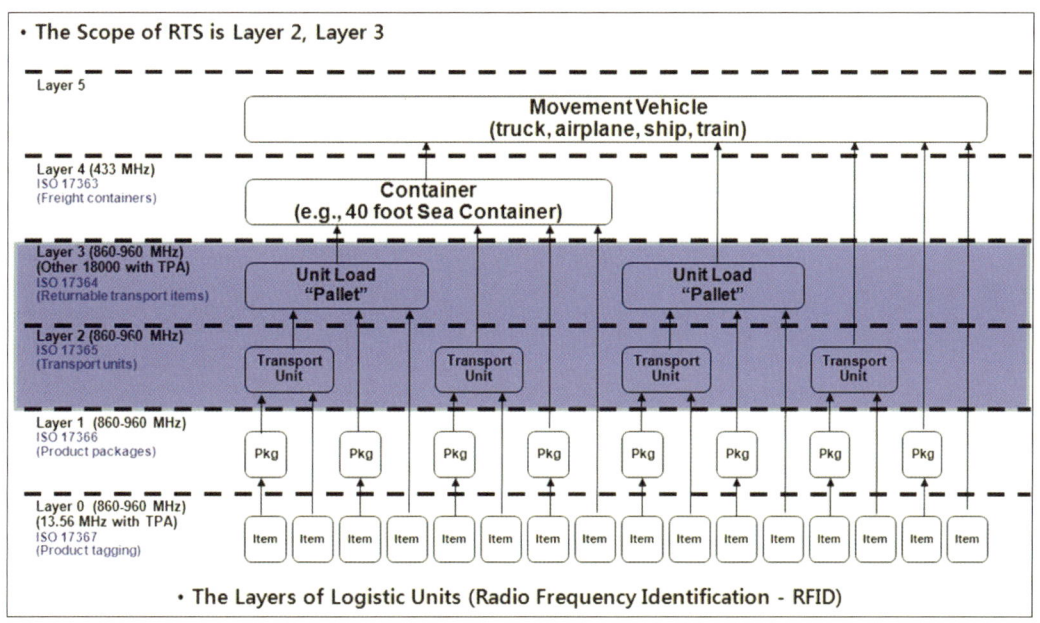

출처: ISO 17364, Supply chain application of RFID – Returnable transport items (RTIs)

있는데, 산업 현장에서 일반적으로 컨테이너로 통칭하며, 플라스틱 운반 용기 또는 회수하여 재사용이 가능한 플라스틱 수용 용기를 의미한다. 이 플라스틱 상자가 파렛트 다음으로 RTI로 많이 사용하고 있는 수송용기이다. ISO 17364 계층구조에서 Layer 3에 표시된 수송 단위의 대표적인 수송용기는 파렛트, 롤컨테이너(유럽에서는 Roll cage라고 일컬음) 등이 있다.

ISO 17364 계층구조에서 Layer 4에 표시된 수송 단위의 대표적인 수송용기는 국제화물(해상용) 컨테이너, 철도용 컨테이너 등이 있으며, 이들 수송용기는 주로 유닛로드 화물을 운반하고 일부는 액상, 석유, 분말 등을 벌크로 운반하는데 주로 사용한다.

4. 순환물류용기 시장현황

RTS는 현재까지 통계가 부족하여 가시적인 시장의 규모는 순환물류용기 생산 및 매출규모로 추정할 수 있다. 통계를 위한 원자료는 RTS의 주요 시장인 자동차, 식자재 등 리테일 등을 중심으로 생산 및 서비스 업체의 데이터로 추정한 것이 대부분이다.

1) 국내 시장

순환물류용기에 대한 시장규모는 '2018년도 한국파렛트컨테이너협회 실태조사 보고서'에 생산량을 기준으로 추정하였다. 본 보고서에 따르면, 일회용인 종이재질을 제외하고 플라스틱, 목재, 금속, 합성재질로 구분하여 조사한 결과, 평파렛트의 시장규모는 약 8,253억 원으로 집계되었으며, 파렛트 풀링 시장이 확대되어 제품의 내구성이 강화되면서 파렛트의 매당 단가는 증가하는 추세이다.

컨테이너의 경우도 골판지 종이상자를 제외하고 목재 및 플라스틱 상자와 금속제 운반용 롤 컨테이너, 메쉬 컨테이너 등의 시장규모를 집계한 결과, 컨테이너 시장규모는 약 2,033억 원 수준으로 집계되었다. 이 둘을 합하면 국내 파렛트와 컨테이너의 전체 시장규모는 약 1조 286억 원 정도로 추정된다.

하지만, 국내에서 사용하는 순환물류용기 중에서 조사가 어려운 품목은 일부 제외된 것이 있고, 시장규모에 대한 통계조사가 아직도 부족하여, 실제로는 이보다 훨씬 더 클 것으로 보인다. 물류표준화와 합리화의 노력으로 새로운 물류용기가 등장하고 있음을 감안할 때 그 규모는 매년 증가할 것으로 보이며, 앞으로도 더 정확한 통계조사를 위해 지속적인 노력과 시간을 투자해야 할 것이다.

2) 세계 시장

최근 온라인 배송, 식제품 배송시장의 급성장으로 쓰레기 문제 등 친환경 이슈가 부각 되면서 RTS에 대한 관심도 커지고 있다. 세계 RTP(Returnable Transport Packaging) 시장규모는 2018년 379억 달러로 평가되었으며, 2023년에는 512억 달러에 달할 것으로 예측하였다.[2]

물론 여기에는 RTS 운영을 위한 기기, 시스템, 서비스 등에 대한 시장은 포함되어 있지 않다. 또 다른 연구에서는 2017년 211억 달러이던 시장이 매년 4.7%씩 성장하여 2028년에는 347억 달러가 될 것으로 전망하였다.[3] 이렇게 시장규모에 대한 예측이 다른 것은 순환물류용기(RTP)의 범위가 컨테이너 용기, 크레이트, 드럼, 롤컨테이너, 벌크용기, 빈(Bin) 등 다양하고, 여러 산업에 광범위하게 사용되기 때문이다.

3) 시장 전망

RTS는 물류 공급망 전체에서 제품을 안전하고 효율적으로 운송하는 것을 목표로 하며, 여러 용도로 반복해서 사용함으로써 기업은 낮은 비용으로 제품을 운송하고 투자수익을 높일 수 있는 효과가 있다.

RTS는 제조 및 전자상거래 기업, 항만, 식료품 등 다양한 분야에서 활용되며, 포장 비용을 상당 부분 절약 가능하고, 이로부터 얻어지는 이익을 소비자에게 이전하여 고객 만족도를 높일 수 있다.

주요 RTS 기업은 한국의 로지스올을 비롯, 오스트레일리아의 CHEP(Commonwealth Handling Equipment Pool), 네덜란드의 Schoeller Allibert, 미국의 Menasha Corporation 등이다. CHEP는 재사용 가능한 플라스틱 상자(RPC: Reusable Plastic Crates), 파렛트, 특수 용기 등으로 구성된 광범위한 공급망 플랫폼을 제공하고 있고, 전략적 우선순위에 따라 용기를 임대하는 비즈니스 모델을 구축하고 있다.

5. RTS 도입을 위한 선결조건

RTS의 적용은 일회용 용기와 비교하여 경제적인 효과가 검증되었을 때 사용이 가능하므로 다양한 기술적, 경제적 요인들에 대한 이해가 필요하므로 다음과 같이 순환물류용기의 면밀한 사전연구가 필요하다.
- 국내 물류 및 산업규격에 적합한지
- 순환물류에 적절한 설계 및 강도를 갖추고 있는지
- 적합한 용도에 활용 가능한지
- 통제 가능한 순환물류시스템을 갖추고 있는지

비용과 운영측면에서 순환물류시스템의 적용을 위해서는 먼저 몇 가지 중요한 질문을 던져볼 필요가 있다.[4]
- 시스템에서 얼마나 많은 포장용기가 필요한가?
- 얼마나 많은 포장용기 재고를 갖추어야 하

---

2) 한국교통연구원 글로벌물류기술동향, 2019-02-02
3) FMI Reports, 2020,https://issuu.com/rahulkhade7/docs/returnable_transport_packaging__rtp__market
4) Kroon, Leo, International Journal of Physical Distribution & Logistics Management, Bradford: 1995 Vol, 25, Iss. 2: pg. 56, 13 pgs

고 어디에 위치해야 하는가?
- 분배, 회수, 그리고 포장용기의 재배치는 어떻게 운영하나?
- 서비스, 분배, 회수에 필요한 비용은 얼마인가?

순환물류포장의 비용은 전통적인 포장비용의 예측과는 다르다. 순환물류포장의 사용에는 곧 포장용기에 대한 대규모의 투자가 필요하며, 수송비용의 추가, 빈 용기 순환과 세척 등을 위한 설비구축 등 간접비용, 경영 및 품질관리시스템 등을 필요로 하게 된다.

가장 큰 장점은 폐기비용의 축소와 지속적인 포장 구매비용의 절감이다. 다른 추가적인 장점으로 순환물류용기는 제품포장의 취급을 보다 편리하게 할 수 있다는 것이다. 자동화시스템에 적용하기도 쉬울 뿐 아니라 수송 및 보관 효율을 높이도록 설계하여 물류운영비용을 절감할 수도 있다.

일반적으로 폐쇄형(Closed Loop Type) 형태의 물류시스템과 공급자와 소비자가 다소 느슨한 형태의 계약으로 운영되는 개방형(Open Loop Type) 형태의 시스템에는 네트워크의 차이가 있다.

성공적인 순환물류포장 공급망관리를 위해서는 상당한 경영 및 통제기술을 필요로 한다. 빈 포장용기는 상호교환이 가능하며 종종 원래의 물류시스템에서 벗어나 사용되기도 한다. 빈 포장용기의 공급은 수요예측을 통하여 이루어지게 된다.

순환물류용기에 대한 재고보충에 필요한 시간을 줄이기 위한 노력이 필요하다. 공급망관리에 있어서 Just-In-Time(JIT)과 같은 시스템으로 순환사용시스템이 필요로 하는 용기의 수를 줄일 수 있다. JIT는 여러 공급자들의 전략적 협력과 소비자들과의 지리적 거리를 줄이는 전략이 함께 이루어진다. 이러한 노력은 순환물류포장시스템에 있어서 관리를 쉽게 하고 운송비의 절감과 안전재고를 줄일 수 있도록 한다.

엄격한 공급망관리 역시 순환물류포장시스템의 적용에 필수적이다. 잘 관리된 공급망은 한, 두 공급라인이 아닌 전체적인 시스템비용을 축소시킬 수 있다. 순환물류포장의 적용은 이렇듯 시스템적인 접근방식이 필요하다.

제2절 순환물류시스템 구축요소

1. 관리 및 투자

1) 자산(용기)의 관리

순환물류용기의 운영은 생각보다 쉽지 않다. 입출고 물류배치 능력이 뛰어난 업체라도 순환물류 포장용기의 흐름을 제어하기는 어렵다. 용기는 지속적으로 잘못 전달되거나 분실되기도 하며 정보시스템에 맞게 운영하기도 어렵다. 그럼에도 불구하고 공급과 수요에 맞추기 위하여 상당히 크고 지속적인 투자를 하면서 관리해야 하는 것은 기본적이다. 순환물류용기의 수가 늘어나게 되는 요소는 몇 가지가 있는데 아래와 같이 정리할 수 있다.

- 수령자(소비자)가 오랫동안 재고로 가지고 있는 경우
- 수령자가 다른 용도로 다시 사용하게 되는 경우
- 수령자가 다른 사용자에게 전달하는 경우
- 순환물류가 가능한 상태로 되돌려 받지 못하게 되는 경우

순환물류용기를 모든 유통채널에서 동시에 추적할 수 있는 시스템은 필수적이다. 선반에 있든 보충과정에 있든 세척과정에 있든 단순히 물품의 선적이나 입하하는 곳 뿐만 아니라 모든 채널에서 이루어져야 한다. 물론 정확한 수량파악과 보고, 정보공유도 필요하다.

대부분의 물류정보시스템은 제품과 포장의 움직임을 자동적으로 파악한다. 바코드는 한 번에 한가지 물품씩 읽을 수 있고 가독거리에 한계가 있다. 무선주파수인식시스템(RFID)은 이러한 문제를 극복할 수 있다. 방 전체의 물품을 한 번에 읽을 수도 있다. RFID의 가격이 하락함에 따라 순환물류용기에 활용할 수 있는 가능성이 더 커지고 있다. RFID 태그 역시 좋지 않은 환경에서 견딜 수 있도록 튼튼하고 충분히 작은 크기라야 한다.

2) 재정적 고려

대부분의 회사들은 어떤 형태로든 재정적 평가를 거치고 자사에 순환물류용 포장용기시스템을 적용할 것인지 결정하게 된다. 통상적으로 자사가 사용하고 있는 일회용 (또는 편도형) 포장과 순환물류 포장용기 구입 및 운영에 필요한 비용을 비교하게 된다.

이러한 프로세스는 제품 하나하나 별로 분석하든지 공급망 전체단위에서 분석이 이루어질 수 있다. 이러한 판단은 각 제품이나 공급자, 포장의 특성에 따라 달라질 수 있다. 자사에 맞는 순환물류 포장용기 형태나 시스템의 도입은 제품생산효율을 높일 수 있을 뿐만 아니라 포장 및 물류비용도 절감시키는 효과를 갖게 된다.

이러한 방법으로는 전체적으로 볼 때 더 많은 투자가 필요한 점을 경시할 수 있고 시스템 구축비용도 무시될 수 있다. 순환물류포장은 비용으로 여겨지는데, 이것은 단일 공급자가 필요로 하는 비용보다 대체적으로 투자비용이 높기 때문이다.

3) 초기 투자

순환물류포장시스템 도입을 위해 경제적인 측면에서 가장 먼저 고려해야 할 것은 당연히 초기투자금액이다. 여기에는 회전율 등 다양한 요인이 포함되어 있다. 회전율의 경우 최초 납품업체의 발송지로부터 수송단계를 거쳐 사용자의 목적지에 이르기까지, 또 반대로 반송의 경우 분류나 세척 등의 단계 등의 능률에 따라 달라진다. 여기서 가장 중요한 요소 중의 하나는 관리의 정도인데, 실질적인 운영과 관리를 통하여 회전율을 높이고 결국 투자금액을 낮출 수 있기 때문이다.

회전율의 중요한 또 하나의 요소는 변동률이다. 회전하는 데 있어서 회전량의 변동이 심할수록 더 많은 재고의 포장용기가 필요하기 때문이며, 특히 계절성이 있거나 상품수급의 변동이 심한 경우는 더 심하다. 일부 상품의 경우 높은 회전변동률로 인하여 순환물류 포장용기 적용이 어려운 경우도 있다.

재고의 경우 포장용기가 표준화되어 있는지, 아니면 세분화되어 있는지에 따라 달라진다. 표준화된 용기는 다수의 운송업자나 생산업자들에게 공용으로 사용될 수 있으며, 안전재고의 양도 낮아진다. 포장용기의 표준화는 전 산업에 걸쳐 이루어진다면 효율성이 더 높아진다. 자동차산업활동그룹(AIAG: Automobile Industry Action Group), 영국의 잡화유통협회(Institute for Grocery Distribution), 그리고 자재물류협회의 순환물류포장용기 신선농산물 TF팀(Material Handling Institute's Produce Task Force on Returnable Containers) 등 많은 기관들은 자신들의 산업에 적합한 크기와 형태의 포장용기를 표준화하기 위해 노력을 하고 있다.

투자규모도 회전 기간과 포장용기 당 적입 개수(골판지상자와는 적입 개수가 달라지므로) 등에 따라 달라진다. 대부분의 경우 일회용 포장용기 대신 순환물류 포장용기를 사용하면서 비용을 많이 절감하고 있다. 이런 경제적 효과는 골판지상자 등을 리사이클링하여 수입이 일부 들어오는 경우는 줄어들 수 있다.

4) 운영비용

운영비용 관련 자금조달규모의 결정은 좀 더 측정하기 어렵다. 확실한 것은 거리와 직접적으로 비례한다는 것이다. 거리가 너무 멀다면 순환물류포장시스템은 비용적인 측면에서 효

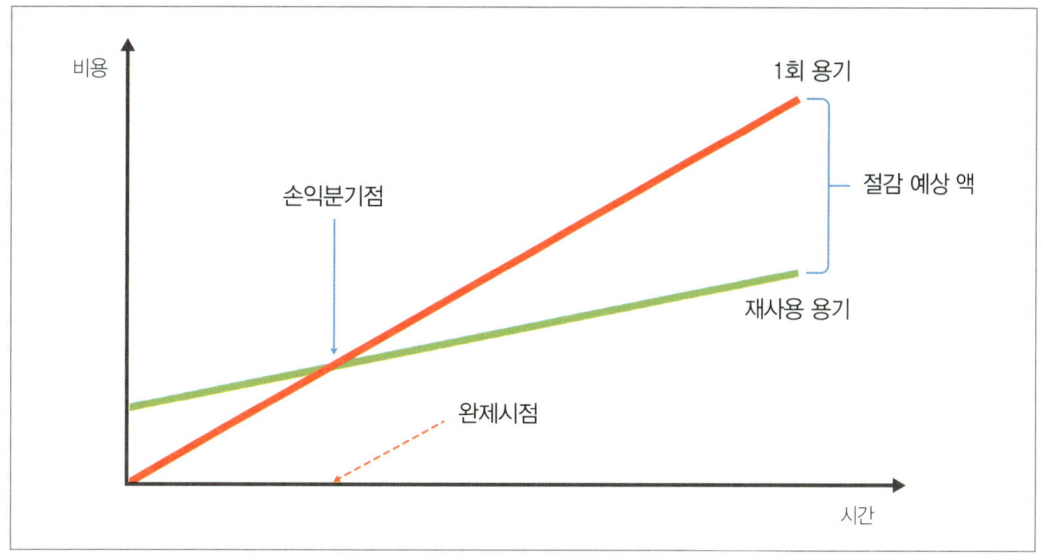

[그림 1] 1회용 용기와 순환물류용기 손익분기점 비교

과를 기대하기 어렵다.

순환물류경비는 포장형태에 따라 다르다. 포장용기가 네스팅(Nesting)이나 접철식인 경우 수송비용을 크게 줄일 수 있기 때문에 유리하지만 포장용기의 내, 외부 형태가 사각형태가 아니거나 네스팅이 제대로 되지 않는 경우 순환물류비용이 늘어날 수 있다.

일회당 순환되는 포장용기의 양도 중요한 변수가 될 수 있다. 만약 포장용기가 LTL(Less-Than-truckLoad)형태로 인도된다면 수송비용이 크게 늘게 된다. 그렇다고 빈 포장용기가 트럭에 다 찰 때까지 기다리는 것도 문제가 될 수 있다.

일회용 포장용기에서 순환물류 포장용기로 전환하는 경우 필요한 운영비용도 감안해야 한다. 각 활동을 근거로 비용산출(측정 혹은 예측)하여 비용이 어떻게 변화하는지 파악해야 한다. 이 활동에는 포장용기 분류, 정비, 세척, 수리 및 추가적인 재고공간 비용도 포함해야 한다.

순환물류시스템을 도입할 때 각 회사의 환경과 입장이 다를 수밖에 없다. 세척이 매번 필요하고, 운송거리도 상대적으로 길어 순환물류용기 사용이 어려울 수도 있지만 용기수명이 10년 이상 갈 정도로 튼튼하고 제품의 파손율도 크게 떨어뜨릴 수 있다면 시스템의 전환도 검토할 필요가 있다. 그러기 위해서는 각 기업마다 시스템 도입 시 포장을 포함한 전체물류비용에 영향을 미치는 각 변수들을 파악해야 한다.

[그림 1]은 순환물류시스템 적용 시 어떤 경제적 이익이 창출되는지 보여준다. 물론 완제시점(Pay Off Time)을 비롯한 아래 변수들에 대한 고려가 필요하다.

- 포장용기의 손망실률(%)
- 운영비용
- 포장용기의 물류효율
- 포장용기의 단가
- 기타 관련 정보

2. 운용 방식

1) 기본 원칙

KS T 1355(순환물류 포장 – 취급 및 운용체계 가이드라인)에 명시된 순환물류 운용의 기본적인 원칙을 정리하면 아래와 같다.

- 순환물류용기 제조자는 순환물류용기(RTI: Returnable Transport Items)의 시험 성적서 또는, 해당 규격서 등을 보유해야 한다.
- 순환물류체계의 구성원은 표준 규격의 물류 용기를 도입하여 서로 호환성을 확보하고 공급망 관리 과정에서 유닛로드시스템을 통한 친환경적인 물류시스템을 지향토록 한다(KS T 0005 – 물류모듈의 체계, KS T 0006 – 유닛로드시스템 통칙 참조).
- 물류 용기는 화물용 운반도구로서 공공의 목적을 달성하기 위한 자산으로서 간주되어야 하며, 구성원들은 상호 신의와 호혜의 원칙으로 주의와 의무를 갖고 관리해야 한다.
- 구성원들은 순환물류 용기를 사용함에 있어 분쟁 발생 시 상호 간의 협의를 통하여 원만하게 불만과 불평을 해결하도록 한다.
- 구성원들은 사용한 물류 용기를 다시 회수하여 재사용할 수 있도록 상호 간의 책임의식을 갖고 각자의 역할과 의무를 다해야 한다.
- 구성원들은 물류 용기가 수송, 보관, 하역, 포장, 회수, 세척 등의 순환 과정에서 파손 및 분실, 도난이 발생하지 않도록 주의해야 한다. 또한, 고의 또는 부주의로 인하여 물류 용기가 분실되거나 파손된 경우에는 이를 상호 간의 협의를 통하여 재발 방지 및 변상 등의 조치를 강구토록 한다.
- 물류 용기는 위생적으로 세척되어 청결한 상태로 관리되어야 하며, 수명이 다한 물류 용기는 폐기토록 하여 항상 정상적인 품질을 유지토록 한다(KS T 1352, KS T 1353 참조).
- 구성원 상호 간에는 물류 용기의 이동현황 정보를 공유하고 수불 및 추적관리를 할 수 있는 물류 용기 정보관리시스템의 사용을 권장한다(ISO 17364 참조).

2) 운용 방식

KS T 1355(순환물류 포장–취급 및 운용체계 가이드라인)에 정리된 바와 같이 순환물류의 운용 방식은 자가운용 방식, 공동운용 방식, 제 3자형 풀(Pool) 방식으로 나뉜다.

가) 자가운용 방식

자가운용 방식은 발송자 또는 수취자가 물류 용기를 구매 또는 임차하여 직접 물류 용기를 공급하고 회수하는 독립적인 개별방식이다. 이 방식은 물류 용기에 로고 표기 및 규격을 개별적으로 사용하며, 물류 용기의 전체 이동 및 사용 과정을 자신의 노력으로 통제하고 관리한다.

나) 공동참여 방식

공동참여 방식은 물품의 종류 또는 유통과정이 유사한 기업이나 업종끼리 상호 제휴를 맺고 물류 용기 소유 및 회수, 공급 등의 역할과 책임을 서로 분담하여 수행하는 방식이다. 참여 단체들은 별도의 연합된 조직을 만들어 물류 용기의 공급 관리, 재고 관리, 구매 관리, 회수 관리 등의 업무를 수행한다.

다) 풀(Pool) 방식

풀 방식은 물류 용기의 구매 및 소유, 운영 관리의 전부 또는 일부를 제3자가 책임을 갖고 전담하는 방식이다. 이러한 방식은 발송자와 수취자가 표준화된 물류 용기를 공동으로 이용하며, 불특정 다수의 사용자가 필요한 물류 용기를 원하는 시간과 장소에서 쉽게 공급받아 사용한다.

3) 운용 사례 1: 풀(Pool) 시스템

풀 시스템 운용자는 RTI를 임대 또는 소유하고 RTI 사용기업들과 공급계약을 맺어 사용기업들의 요구조건과 수량에 맞게 적시적소에 공급하는 역할을 하게 된다. 풀 시스템에는 여러 가지 방법이 있는데, 단순한 임대사업에서부터 사용업체들의 물류관리까지 책임지는 3자물류업으로 확대되기도 한다.

풀 시스템에서 RTI의 운용[1]은 폐쇄형(Closed Loop)과 개방형(Open Loop) 형태로 크게 나뉜다. 폐쇄형은 풀 사업자가 물류센터를 통해 공급자와 수요자 간에 폐쇄적인 RTI 운용을 진행하는 것이고, 개방형은 RTI의 흐름을 추적하여 최종수요자로부터 RTI를 되돌려 받는 방식이다. 개방형은 iGPS(Intelligent Global Pooling System) 기업 같은 경우 RFID 등을 활용하여 입반출 시 실시간 추적할 수 있는 시스템을 갖추고 있는데, 관리상의 이점으로 점차 일반화되고 있다.

풀 시스템은 기업 물류활동을 단순하게 하고 포장재고부담과 생산량에 따라 탄력적으로 RTI를 활용할 수 있는 장점들이 있으나 실제 운용 시 몇 가지 문제점이 있을 수 있다. 시스템 관리자는 사실상 RTI를 회수 받고 검수하기 전까지는 RTI의 상태나 수량 등을 파악하기 불가능하다. 즉 얼마나 많은 수의 RTI가 세척되고 수리되어야 하는지, 얼마나 많은 수가 망실되는지 알기 어렵다. 이와 함께 RTI 수급이 계절적인 영향이나 생산조건에 따라 급변하는 경우 필요 이상의 RTI를 보유해야 하는 상황이 다수 발생한다.

또 RTI를 보유하고 있는 기업들은 안전재고 개념에서 되도록 RTI를 많이, 오랫동안 자사에 남기려고 하는 경향이 있다. RTI를 운용하는 기업들에게 RTI는 자신들의 자산이 아니고 관리할 주요대상이 아니라고 생각하는 경향이 있다. 이것은 RTI의 가치와 비용을 이해하지 못해서 발생하는 것으로, 기업들은 그저 '가격이 싼' 돌려쓰는 포장용기로만 생각하기 때문이다. 이런 상황에서 RTI 재고관리를 철저히 하기를 바라기 어렵다. RTI가 주요자산이 아니라고 생각하므로 관리가 수작업에 의존하는 경우가 많아 제때 수급관리가 어렵기 때문에 필요 이상의 RTI를 보유하게 되어 재고비용과 임대비용을 지불하게 됨으로 풀 시스템 도입의미가 희석된다.

파렛트공용시스템을 운영하고 있는 글로벌 기업인 CHEP은 전 세계 45개국 500개의 서비스센터를 네트워크로 연결하여 3억 매의 파렛트를 운영하는 세계 최대 Returnable 표준물

---

[1] 출처: Packaging Technology and Science, Volume 9, Issue 5 p.237-254(1996), 논문제목- Costing Structures of Reusable packaging system

류용기 임대회사이다. 2008년 미국 플로리다에 본부를 두고 설립한 iGPS는 주로 RFID기술을 접목하여 플라스틱 파렛트를 위주로 Pool 사업을 추진하고 있다. 일본과 한국이 그나마 자국 내에서만 운용하고 있을 뿐 아시아 역내에서 이러한 파렛트공용시스템을 구축하지 못하고 있는 큰 이유로는 물류인프라 부족 및 필요성에 대한 인식 결여와 관세 등의 문제이다.

4) 운용 사례 2: 파렛트 교환방식

유럽 국가들은 이미 2차 세계대전 이후 오랜 표준화 작업을 통화여 파렛트를 표준화하고 EU 국가 전체에서 자유롭게 이동하며 사용할 수 있도록 1961년부터 유럽철도연맹이 주축이 되어 공동으로 파렛트를 사용하는 시스템으로 발전시켰으며, 여기에 28개국이 참여하고 있다. 유럽파렛트협회(EPAL)가 주관이 되어 1,500개의 공장에서 생산되는 연간 4,000만 매의 파렛트에 EUR/EPAL 마킹하여 품질을 인증하는 시스템으로, 현재 약 4억 매의 파렛트를 공동으로 무관세 일관수송에 사용하고 있다.

3. 운영 관리와 평가

1) 개요

순환물류체계의 목표는 경제성, 운영성 및 기술성이다. 경제적 성과의 극대화를 위해서는 순환물류체계의 도입을 위한 비용 대비 수익의 최적 절충(Optimal Trade-Off)이 필요하다. 순환물류체계의 도입에 수반하는 비용은 최소화되어야 하며, 동시에 순환물류체계의 도입에 따른 수익은 최대화되어야 한다. 상충하는 두 목표를 최적 수준에서 절충하기 위한 균형점을 찾기 위한 노력이 중요하다.

2) 성과지표 관리

순환물류체계(RTS: Returnable Transport System) 도입 효과를 분석하기 위해서는 성과지표를 확립해야 한다. RTS에서 확립해야 할 성과지표 체계는 경제적 성과, 운영성과, 기술적 성과, 환경적 성과로 구성할 수 있으며, 〈표 1)과 같이 정리할 수 있다. 경제적 성과는 수익 및 자산관리 성과를, 운영성과는 운영 시 신뢰성, 적시성, 유연성 및 추적성을 평가하고, 기술적 성과는 기술체계 간 호환성을, 환경적 성과는 RTS 도입과 운영이 환경에 기여하는 영향을 평가한다.

가) 경제적 성과 지표

경제적 성과지표는 순환물류체계 및 순환물류 운영체계의 경제성을 평가하기 위한 표준이다. 경제적 성과지표는 수입 지표와 비용 지표로 대별되며, 이를 종합함으로써 (순환물류체계 혹은 순환물류 운영체계라는) 실물 체계가 창출한 수익 성과를 평가할 수 있다.

순환물류체계 실현을 통하여 부가가치를 창출할 수 있지만, 이러한 수입 실현을 위해서는 비용이라는 대가를 지불해야 한다.

〈표 1〉 RTS 성과항목 및 지표 (예시)

구분	성과 항목	성과 항목의 정의	최상위 성과 지표
경제적 성과	수익관리 효율성	사용·공급 업체의 운영 수익성	사용 업체 수입·비용 효율성 공급 업체 수입·비용 효율성
	자산관리 효율성	공급 업체의 자산 효율성	현금화 주기 시간 고정자산 수익률 운전자본 수익률
운영 성과	신뢰성	정확한 용기를, 정확한 시각에, 정확한 장소에, 정확한 수량으로, 정확한 인도 조건으로, 정확한 관련 정보(서류)와 함께 정확한 고객에게 공급	완전 충족 공급 비율
	적시성	순환물류용기의 공급 속도	주문 충족 주기 시간
	유연성	시장 수요 변동에 대응하는 능력	순환물류체계 유연도 순환물류체계 적응도
	추적성	순환물류용기의 위치·수량 파악 능력	총량 가시도 개별 가시도
기술적 성과	기술적 융통성	다양한 기술 체계 간의 호환성 수준	호환성 수준
환경적 성과	환경 기여	RTS 운영을 통한 탄소저감 수준	탄소배출량

수입 지표는 순환물류체계 실현을 통하여 창출한 부가가치를 측정하기 위한 성과 지표이며, 비용 지표는 순환물류체계 실현을 위하여 투자한 초기 비용과 변동 비용으로 집계되는 성과 지표이다.

나) 운영 성과지표

운영 성과지표는 순환물류체계 및 순환물류 운영체계의 운영성을 평가하기 위한 표준이다. 이들 체계의 운영 효율과 효과는 순환물류용기의 공급과 회수 측면에서 적시, 적소 및 적량의 개념에 근거하여 추적성 및 가시성(Visibility)을 확보하는 수준에 의하여 결정된다. 이러한 운영성과 지표체계는 순환물류체계 및 순환물류 운영체계의 신뢰성, 반응성(Responsiveness), 민첩성 및 추적성 지표로 구성할 수 있다.

다) 기술적 성과 지표

기술적 성과 지표는 순환물류체계 및 순환물류 운영체계의 기술적 유연성(Technical Flexibility)을 평가하기 위한 표준이다. 순환물류 운영체계를 구현하는 데 적용할 기술 수준의 가용성 관점에서 유연성의 확보는 순환물류체계의 확산을 위한 중요한 요건이다.

특히 순환물류체계의 추적성과 가시성을 확보하기 위하여 채용할 수 있는 정보기술은 가용성 관점에서 적은 비용으로 쉽게 적용이 가능한 보급형 기술부터 막대한 투자를 수반하는 고급형 기술까지 다양하게 존재한다. 기술적 유연성 지표는 이렇게 광범위한 가용도 수준을 가지는 다양한 기술 간의 호환성(Compatibility)에 대한 수준을 평가한다. 이러한 기술적 호환성에 관한 표준적 성과 지표 체계는 향후 연구를 통하여 확립해야 할 과제이다.

4. 순환물류 표준화

1) 순환물류용기 표준화

순환물류용기의 호환성은 공급망에서 효율성을 증진하기 위한 기본적 요건이다. 소비자 상품 시장에서 사용되는 적재 용기에 대해 전체적, 그리고 부분적 호환성을 동시에 제공할 수 있는 주요 요소들에 대한 표준개념을 정의함은 물론, 용기 간의 상호 호환성을 제고하고 부분적 호환성을 확장시킬 수 있는 설계와 산업적 보급이 활성화될 수 있도록 기여하는 것이다.

> **[참고] 부분적 호환성과 전체적 호환성**
>
> - 부분적 호환성: 특정한 조건에서 일반 적층형 강성용기(Rigid crate), 중첩형(Nestable), 그리고 모든 종류의 접이식(Collapsable 또는 Foldable) 용기들의 호환 적재 가능성을 의미한다. 이러한 조건들을 충족하기 위해서 부분적 호환성은 전체적 호환성의 요구되는 것보다 다소 복잡한 표준을 적용한다.
> - 전체적 호환성: 일반 적층형 강성용기, 중첩형, 그리고 모든 종류의 접이식용기들을 어떠한 제약도 없이 서로 간에 적재할 수 있는 것을 의미한다.

순환물류용기는 적재 시 또는 비었을 때 모두 다른 순환물류용기들과 서로 호환되어야 한다.

순환물류용기에 대한 기술적 표준이 필요한 이유는 새로운 수송용기들을 구체화하거나 설계할 때 순환물류용기 사용자들과 용기 제조업자들을 돕기 위한 것이다. 물론 이미 기존의 설계들을 당장 바꿀 수는 없지만 장기적으로 시간이 흐르면 여러 핵심 설계요소들이 수렴과정을 거쳐 호환용기의 증가가 이루어질 것이다.

물론 표준이 용기 설계의 모든 측면에 대해 완전하게 설명할 수도 없고, 다른 설계요소에 대해서 특정 설계요소를 주장할 수도 없으나 각각 다른 설계들 간의 호환성을 얻기 위해 최소한의 가이드라인을 제공한다는 데 의미가 있다.

기존에 많이 사용되는 접이식용기의 경우 동종용기끼리의 적층이나 비접이식용기가 용기 상부에 적재되는 것은 가능하나 반대로의 적재(접이식이 위, 비접이식이 아래인 경우)는 불가능한 경우가 많다. 또 용기의 측면설계도 내용물을 비운 상태에서 포개는 경우 접이식과 중첩형의 설계요소가 상이하여 기술적으로 상호 결합하여 적재하기가 어려운 부분이 발생한다.

표준의 이상적인 목표는 전체적 호환성을 가질 수 있도록 서로 다른 형태의 순환물류용기들이 기술적인 어려움 없이 결합될 수 있게 핵심설계요소에 대하여 통일성을 유지하는 것이다. 그러나 최소한 적재 시 호환성을 가질 수 있는 부분적 호환성을 유지하도록 하는 것이 중요하며, 이러한 설계는 비단 재사용 가능 포장용기뿐만 아니라 타용기의 표준설계에서도 적용될 수 있다.

2) KS 표준

우리나라는 ISO에서 선제적으로 국제표준을 이끌었으며(ISO 표준과 사실상 동일), 이에 따른 국가표준 5종을 개발하여 〈표 2〉와 같이 고시하였다.

이에 따라 파렛트의 표준 치수(1,200mm × 1,000mm, 1,100mm × 1,100mm)를 기준으로 소단위 순환 물류 용기의 크기(가로×세로

〈표 2〉 순환물류포장 국가표준

표준번호	표준명	제정/확인	고시번호
KS T 1351	순환물류포장 — 플라스틱 용기의 일반요건	2019-10-30	2019-0342
KS T 1352	순환물류포장 — 플라스틱 용기의 시험방법	2016-01-18	2016-0005
KS T 1353	순환물류포장 — 세척과 위생관리 방법	2020-08-07	2020-0158
KS T 1354	순환물류포장 - 수산물용 플라스틱 용기	2016-12-30	2016-0613
KS T 1355	순환물류포장 - 취급 및 운영체계 가이드라인	2017-10-04	2017-0425

×높이)를 분할하여 사용함으로써 기존의 유닛로드 시스템의 효율을 극대화하도록 RTI의 표준화가 필요하다. 또한 이와 병행하여 순환물류시스템 안에서 용기의 반복사용이 가능하도록 용기의 내구성과 안전성에 대한 성능시험 및 표준 시험방법이 규정되어 있다.

제3절 순환물류시스템 성과분석

1. 경제성 분석 사례

1) 경제성 평가 이론

기업들은 제안된 정보와 포장비 산출근거로 포장과 관련된 경영 및 기술결정을 내리고 있는 경우가 허다하며, 이것은 물류활동에서 포장의 변화로 절감할 수 있는 물류비와 포장비를 간과한 것이다.

또 포장의 중요성을 알고 있다 하더라도 포장활동이 생산, 마케팅, 물류, 폐기 등 여러 물류 및 영업활동과 맞물려있어 진정한 포장비의 산출이 어렵기 때문에 상당 부분의 포장비가 공급망 비용에 녹아 들어가 사라져버리는 경우가 허다하다.

포장비용은 재료비뿐만 아니라 포장재를 적용하는 데 필요한 인건비, 보관비, 가공비, 폐기비 등이 모두 포함된 것이다. 포장과 공급망 간의 강한 상호작용으로 포장이 공급망 관리비용에 미치는 영향을 비용으로 판단하기도 쉽지 않다. 그러나 모든 영향을 비용으로 산출하지는 못하더라도 포장의 주요성능지표(Key Packaging Performance Indicator)는 파악이 되어야 할 것이다.

2) 경제성 평가를 위한 접근 방법

순환물류용기에 관계되는 경제성을 분석할 때 수많은 고려사항이 필요한데, 상황에 따라 〈표 1〉과 같이 크게 분류할 수 있다.

일회용 포장재용기를 적용하느냐, 순환물류 포장용기를 적용하느냐는 〈표 1〉에서 보여주는 계산보다 더 복잡한 경영적 결정이 필요하다. 우선 순환물류 포장용기에 투자할 만하더라도 충분한 재정적 능력과 손망실을 줄일 수 있는 운영능력이 요구된다. 국가나 산업의 표준화 정도나 정책방향도 큰 영향을 미칠 수 있다. 따라서 양 시스템의 적용 여부는 제품특성이나 물류특성에 따라 경제적 가치를 따져 결정되어야 할 것이다.

⟨표 1⟩ 일회용 대비 순환물류용기의 원거리 공급망 계량치 (예시)

계량치	설 명
용기 단가	용기형태에 따른 단가(특히 순환물류용기는 일회용용기보다 3~10배까지 비쌈)
회전시간	공급자와 소비자 간의 포장용기의 회전시간(순환물류용기에 적용)
포장수량	포장당 제품 수량(표준화에 따른 물류효율 증대와 직접적 관련)
운송거리	일반적으로 운송거리가 길어질수록 순환물류용기는 불리
일일 사용량	일반적으로 일일사용량이 커질수록 순환물류용기의 초기투자비용 증대
용기 변동량	용기사용의 변동으로 인한 안전재고 등 필요
표준화 정도	KS, ISO의 ULS 및 포장모듈 관련 규격 부합화에 따라 설정

3) 경제성 평가 비용의 산출

⟨표 2⟩는 포장용기의 상대적 비용을 계산하기 위한 입력자료를 정리한 것이다.

⟨표 2⟩ 순환포장용기의 경제성 분석을 위한 주요 입력자료

비용	입력 자료	비용	입력 자료
용기 구매비용	• 구매단가(임대단가) • 포장수량(임대수량) • 일일소요량 • 회전시간 • 순환비율	인건비	• 임금단가 • 포장수량 • 노동시간
수송비	• 기본운임 • 수송거리 • 수송빈도 • 평균일(월, 연간)물량 • 순환물류비용(세척 등 포함) • 경유(또는 환적)횟수 • 수송대기시간(세관통과 등) 및 비용(inventory 등) • 안전재고비율	폐기비	• 폐기비율 • 용기중량 • 포장수량
		재활용 수입	• 중량당 재활용비율 • 포장재 무게 • 포장수량 • 연간노동시간 • 회전시간 • 용기수명

2. 환경성 분석 사례

1) 이론적 배경

순환물류체계(RTS: Returnable Transport System)의 도입이 환경에 미치는 영향을 평가하기 위한 방법으로는 전과정평가(LCA: Life

Cycle Analysis) 기법이 대표적이다. 환경적인 기능성을 평가하는 방법 중 LCA는 "요람에서 무덤까지"라고 일컬어지는, 즉 제품 및 시스템의 전 과정인 원료 추출단계에서부터 물질제조, 부품제조, 제품생산, 수송, 사용, 폐기단계까지에서 투입물과 배출물을 정량화하고 이들이 환경에 미치는 잠재적인 영향을 평가하는 것이다. LCA는 개별 공정별로 가장 많은 환경부담을 만들어내는 공정을 찾아내고 이를 개선하기 위한 해결책을 찾기 위한 방법으로 쓰인다.

LCA는 환경에 문제가 되는 사안을 찾아내고 트레이드 오프(Trade off)가 되는 요소에 대해 정량적이고 과학적으로 평가할 수 있는 방법을 제공하고 있지만, 사실 LCA만으로 어느 한쪽이 낫다, 나쁘다를 결정하기는 어렵다. 그 이유는 여러 가지가 있지만 가장 큰 문제는 평가자가 중시하는 요인과 해석에 따라 다른 평가 결과가 나올 수 있다는 점이다. 평가에 필요한 데이터 역시 쉽게 얻기 어려운 경우가 많고, 비용이 많이 들어 일반적으로 제시된 통계나 자료에 의존해야 하는 경우가 많은 점도 객관성을 훼손하는 원인이다. 따라서 포장에서의 LCA 적용은 특정한 제품의 포장 개발단계에서 여러 소재나 시스템의 가능성에 대한 친환경성 비교수단으로 사용될 때 가장 적절하다고 판단된다. 이 역시 지역이나 국가, 사회의 상황에 따라 전혀 다른 결과가 나올 수 있다.

2) 사례 1: LCA를 이용한 청과물 포장시스템

대표적인 환경성 분석사례로 2008년 University of Stuttgart에서 Stiftung Initiative Mehrweg(SIM)의 위탁에 의하여 수행한 연구[1]를 예시하고자 한다. 동일한 크기(600mm×400mm×240mm)의 세 가지 수송용기인 목재상자, 골판지상자, 플라스틱상자에 상자당 15kg씩 6만 6,667상자에 담은 약 1,000톤의 과일과 채소를 운반하는 시나리오를 가지고 분석하였다. 플라스틱 상자의 경우 평균 사용기간을 10년, 사용횟수는 총 50회를 사용한다는 시나리오와 평균사용기간을 20년, 사용횟수를 총 100회를 사용할 수 있는 시나리오로 구분하여 분석하였다. 일회용 상자인 경우로 환산하면 보수적으로 추정할 경우 약 333만 3,350개의 목재 및 골판지 상자가 필요하고 플라스틱 상자는 약 1만 3,333개가 필요할 것이다.

본 사례에서 분석한 LCA 평가항목은 다음과 같다.
- 환경평가: 에너지소비, 온실효과, 오존층 영향, 산성비, 부영양화, 스모그현상
- 경제적평가: 전주기 비용
- 사회적평가: 작업시간, 여성의 총작업시간, 치명적 사고수

분석결과 환경평가에서 플라스틱 상자가 다른 두 가지 일회용 수송용기보다 상대적으로 더 좋은 평가를 받았다. 경제적 평가를 비용 측면에서 분석한 결과를 보면 플라스틱 상자가 다른 일회용 상자보다 두 가지 시나리오 모두 상대적으로 더 효과적이라는 것을 알 수 있다. 만일 플라스틱 상자의 수명을 더 늘려서 사용할 수

---

[1] The Sustainability of Packaging Systems for Fruit and Vegetable Transport in Europe based on Life-Cycle_Analysis – Update 2009, Department Life Cycle Engineering(GaBi), University of Stuttgart, 2009.

있다면, 다시 말해 더 사용횟수를 늘릴 수 있다면 비용 절감의 효과는 더 뛰어날 것이다.

3) 사례 2: 과채류 용기 분석 평가 사례

S. Paul Singh 등(2006)[2]은 과채류 용기(순환물류용 플라스틱 용기 및 Display-Ready 골판지 용기)의 전과정 목록(LCI: Life-Cycle Inventory)을 분석[3]하였다. 순환물류용 플라스틱 용기(Reusable Plastic Containers - RPCs)와 DRC 용기(Display-Ready Common footprint corrugated containers - DRCs)에서 발생하는 에너지 및 폐기물, 그리고 대기와 수질에 방출되는 물질에 대한 분석과 그 양을 정량화하는 것이 이 연구의 목적이다. 이 연구에 10가지 종류의 과채류가 사용되었다. [그림 1]은 연구 대상 포장용기의 샘플이다.

분석결과 플라스틱 용기의 낮은 순환율과 높은 용기 망실율은 더 많은 용기 제작으로 이어지고, 더 많은 용기 폐기물을 발생시켜 더 많은 재활용이 필요하게 되는 것으로 나타났다. 골판지 용기는 생산에서부터 폐기까지의 운송 과정과 새로운 빈 용기를 산지에 운송할 때 등 여러 경우를 비교해볼 때 플라스틱 용기 대비 더 많은 에너지가 소요되었다. 그러나 플라스틱 용기는 산지에서 유통업체로 상품을 적입하여 용기 이동 시 더 많은 에너지가 소모되었으며, 골판지 용기와는 달리 회수와 세척부분에서도 에너지가 필요하였다. 이처럼 환경분석은 사용하는 용기의 특성 외에 운영방법이나 운송거리 등에 따라 크게 차이가 날 수 있다.

4) 포장환경영향평가 계산기 (EPIC)

포장환경영향평가 계산기(EPIC: Environmental Packaging Impact Calculator)[4]는 자

[그림 1] 포장용기의 사용

순환물류용 플라스틱 용기 샘플

골판지 용기 샘플

---

2) 이 연구는 LCI에 대한 것으로, LCI는 사용된 자재 및 에너지 그리고 방출된 환경적인 요인들을 정량화하고 용기 단계의 원자재 추출에서부터 마지막 폐기단계까지의 각각의 단계에서 사용된 자재 및 에너지 그리고 방출된 환경적인 요인 및 폐기물을 정량화한다. 그 결과 특정 상품의 라이프 사이클 상에 사용된 에너지, 고형폐기물, 대기오염물질 및 폐수의 배출까지 모든 과정을 관리할 수 있다. LCA는 인간의 건강과 환경에 미치는 주된 요인들을 파악하고 분석하기 위한 방법이고, LCI분석은 대기와 수질에 방출된 다양한 요인들을 파악하고 분석 및 정량화하는 것이다.

3) Singh, S. P., V. Chonhenchob, and J. Singh, "Life Cycle Inventory and Analysis of Re-Usable Plastic Containers and Display Ready Corrugated Containers Used for Packaging Fresh Fruits and Vegetables", Journal of Packaging Technology and Science, John Wiley and Sons, Vol. 19, 2006.

4) Corti, Michelle, Early, Claire, Kidman Tim, Lee, Wen-Yu, Geyer, Roland: University of California - Santa Barbara, Donald Bren School of Environmental Science and management, McMullan, Ryan: Toyota Motor Sales, Environmental Coordination Office, Informing Packaging Design Decisions at Toyota Motor Sales Using Life Cycle Assessment and Costing, J. of Industrial Ecology, June 10, 2008, pp1-25

동차부품용 포장용기의 전과정 평가(LCA)와 전과정 비용분석(LCC: Life Cycle Costing)을 위하여 도요타 자동차와 미국 캘리포니아대학교의 공동연구 끝에 개발된 소프트웨어로 활용이 가능하다.

이러한 분석은 절대적인 것이 아니다. 포장소재 또는 시스템이 환경에 미치는 영향은 각각의 물류환경이나 기업, 사회, 국가정책 등에 따른 중점요소 등에 따라 현저하게 다른 결과가 나올 수 있다는 점을 명심해야 한다.

3. 현안 및 발전방향

1) 현안

RTS가 가진 경제적, 환경적 장점을 활용하고 전 산업에 확산하기 위해서는 아래와 같은 현안을 해결해야 한다.
- 수준 높은 공급망관리로 역물류(회수물류)의 효율성 제고: 높은 수준의 전산화와 공급망관리를 통해 불필요한 재고 축소 및 적시적소 공급
- 파손 및 도난 감소: 특히 렌탈 및 풀 시스템에서 발생하기 쉬운 고의적 파손과 도난 방지를 위한 공동노력
- 온라인 상거래 등 생활물류에서 RTS 확대: 급성장하는 전자상거래시장에서 폐기물 문제가 심각하며, 운반용 일회용 용기를 대체하여 재사용이 가능하고 청결하고 위생적인 용기 공급이 필요
- 국가 및 국제적 표준화 연계 필요: 각 산업분야 표준용기 등 지속적인 표준화 확대 필요
- 현재도 일부 기업 중심의 단독적으로 운영되고 있어 특정 거래처 납품(만)을 위한 물류 용기의 환적 작업이 별도로 필요하거나 생산성 저하가 발생

2) 발전방향

순환물류 운영체계의 국제 표준화를 통하여 전 세계적인 무역에서의 순환물류용기에 대한 무관세 실현이 가능할 것으로 예상한다. 또한 순환물류용기 및 그 내부에 적입된 상품에 관한 추적 및 이력 관리가 용이하게 되며, 이를 통하여 무역 거래 시 보안 및 안전이 강화될 것으로 예상된다. 순환물류 운영체계의 표준화를 통하여 물류 용기의 일회성 사용을 대폭 줄이고 재사용 비율을 크게 높일 수 있으며, 이를 통하여 이산화탄소 배출을 줄이는 효과를 기대할 수 있다.

한 예로 아시아 RTS 시스템은 한·중·일 및 아시아 무역에 필요한 RTS의 표준화를 통하여 공동운영시스템을 구축, 운영하고 관세를 면제받기 위해서는 우선 Marking을 이용한 상호인증시스템을 도입하고 차후 RFID/USN 기술을 이용하여 식별할 수 있는 장치를 부착함으로써 제품수명주기관리기술을 적용하여 정보화, 안전성, 친환경 특성을 갖춘 스마트 물류가 가능하도록 하는 시스템이다.

이를 위해 순환물류용기(RTI)를 생산하는 공장과 제품에 대한 인증제를 도입하여 생산과

제품의 품질이 보장되는 공장에 인증을 해주고 그 제품에 대해 Marking을 할 수 있는 권리를 부여한다면 물류용기 사용업체들이 효율적으로 물류자산을 관리하고 물류용기와 화물을 추적할 수 있어 물류서비스 수준을 높일 수 있을 뿐만 아니라 관세를 면제받을 수 있다. 또한 RFID/USN 기술을 이용하여 물류용기의 기능을 스마트하게 만들어 화물 추적을 실시간으로 가능하게 한다.

참여 국가들이 '아시아 RTS인증시스템'을 운영하기 위해서는 각국 표준 및 인증과 관련된 정부기관들과의 협의가 필요하며, 관세면제를 위해서는 관련 관세청 기관들의 협력도 필수적이다. 이를 위해 한·중·일 3국 간의 표준을 개발하고, 상호인증시스템을 위한 기술규정과 품질매뉴얼을 개발한 후 아세안 국가로 그 범위를 확대하여야 한다.

제4절 순환물류시스템 공유 사례 (해외)

1. 개방형 공유(Open Sharing) 개요

현재 대부분의 물류기업들은 물류 업무에 필요한 물류자산, 즉 물류센터, 수배송 차량, 물류장비, 물류기기 등을 자체적으로 투자하고 운영하는 것이 일반화되어 있고, 여기서 투자 효율의 문제가 야기되고 있다. 그러므로 이러한 시설, 설비, 용기들을 폐쇄된 물류망 속에서만 운영되도록 한정하지 않고, 이들을 개방하여 모든 사업자나 이용자가 공유(Sharing)하여 연대(Connect)하는 것이 매우 중요해지고 있다.

개방형 공유의 주목 사례로 들 수 있는 기업 중 하나가 미국의 아마존닷컴이다. '익일 배송'을 실현하기 위해 미국 전역에서 소비자와 가까운 지역에 물류센터를 설치하여 촘촘한 배송 네트워크를 구축하였고, 이를 자사의 핵심 역량으로 활용하고 있으나, 이 시설들을 외부 기업에게도 개방하여 새로운 비즈니스 기회를 창출하는 오픈 쉐어링을 구축해 나가고 있다.

지금 물류의 주류로 구축되어 있는 것은 허브 앤 스포크(Hub & Spoke) 시스템이다. 여러 스포크들이 허브로 모이는 것처럼 화물을 거점으로 수송하여 집중시키고, 필요한 작업을 능률적으로 수행한 후에 다시 개별 지점으로 배송하여 최종소비자에게 공급하는 물류시스템은 분명히 큰 장점을 가지고 있다.

그러나 급격히 늘어나고 있는 전자상거래는 상품이 보다 빨리, 또 보다 정확한 시간에 수취인에게 전달되는 운송시스템의 구축을 요구하고 있다. 앞으로는 물류 네트워크를 매시(그물망) 형태로 인식하고, 그 네트워크 상에 있는 다양한 물류자산을 첨단 ICT[1] 시스템과 융합하여 활용하여야 한다. 개방된 시스템으로 규모의 이점을 살리면서 정보통신기술로 스마트하게 운영하는 것이 무엇보다 중요해졌다.

---

[1] ICT는 Information and Communication Technologies의 약어로 정보통신기술을 말한다.

2. 식품업계에서의 RTI 공동운용 사례 (일본)

1) 일본 식품업계의 순환물류용기 공동화

순환물류용기(RTI: Returnable Transport Items)를 사용함에 있어 가장 큰 문제는 유통과정 중에서 발생하는 순환물류용기의 분실 문제이다. 특히 식품 중에는 상품을 소매점에 배송할 때 물류용기에 담아서 운반해야 하는 상품이 많아 순환물류용기의 철저한 회수가 매우 중요한 물류업무의 하나이다.

일본 식품업계는 물동량 규모가 크고, 제품의 단위 중량이 무겁고 부피가 크며, 성수기와 비수기의 물동량 차이가 큰 주류와 식품을 대상으로 업계에서 사용하고 있는 대표적인 순환물류용기인 파렛트의 단체표준을 정하고 이를 공동으로 이용하는 운용규칙을 제정하여 파렛트의 분실문제를 자발적으로 해결하고자 노력하였다.

예를 들어 일본 식품업계 7개 회사의 물류담당 관리자가 중심이 되어 1990년 발족시킨 'T-11형 렌탈파렛트 공동이용 추진회'(약칭은 P연)와 2013년 맥주회사가 중심이 되어 설립한 '일반사단법인 P파레공동사용회'(약칭은 P파레) 등을 들 수 있다.

2) T-11형 렌탈파렛트 공동이용 추진회 (약칭 P연)

P연은 물동량이 많고 무거운 제품을 생산하여 운반, 하역, 수송, 보관 등 물류활동에 어려움이 많았던 7개 식품회사의 물류담당자와 파렛트풀 운영회사가 모여 1990년 12월에 설립하였다.[2]

당시 일본은 제조업의 국제경쟁력을 바탕으로 눈부신 경제성장을 이어가던 때로, 물동량은 급격하게 증가하고 소득 수준은 높아져 물류현장에서는 일할 사람을 구하기 힘들어져, 더 이상 수작업(인력)에 의한 하역은 할 수 없는 상황이었다.

식품은 성수기와 비수기의 물동량 차이가 크고(약 20%에 해당), 제품은 무거우나 저렴한 편이며, 대량으로 유통시켜야 하기 때문에 물류 문제가 매우 심각하였다. 각사마다 기본적인 물동량은 자사 파렛트를 사용하여 운송하였고, 명절 등 특수한 수요가 발생한 경우에만 임대 파렛트를 임차하여 사용했던 때로, 각사마다 심각한 파렛트 분실 문제의 해결방안을 고민하고 있었다.

이런 문제를 해결해 보고자 식품회사들이 각사가 개별적으로 사용하는 파렛트를 공동으로 관리하는 것이 해결책이라는 결론에 이르러 발족한 것이 P연이다. 즉, P연은 자사의 파렛트가 분실되는 현실적인 문제를 해결하기 위한 방법을 모색하는 과정에서 탄생하였다. P연의 활동은 공동회수시스템과 임차 파렛트 사용이 증가하면서 가공식품업계의 일관 파렛트화[3]를 추진하면서 업계의 물류 효율화 실현과 같은 사회적인 활동으로 발전하게 되었다.

가공식품업계에서 사용하는 업계 표준시스

---

[2] P연을 발기한 식품회사는 AGF(AJINOMOTO GENERAL FOODS, 커피, 차 전문업체), UCC(UESHIMA COFFEE CO), 아지노모토(味の素), 가네보식품(당시), 동경가네보상사(당시) 포카(ポッカ, 종합음료회사), MIAKAN(식초, 조미료 전문회사) 등 7개 회사이며, 파렛트풀 운영회사로는 JPR이 참가하였다.
[3] 일관파렛트화란 출발하는 곳으로부터 도착하는 곳까지 일관해서 동일한 파렛트에 화물을 적재한 채 수송하는 것을 말한다.

템으로서 파렛트 사양(규격)을 통일한 뒤 일본 전국을 범위로 수송처(거래처, 도착처)의 빈 파렛트를 공동으로 회수하는 구조를 만듦으로써 착하주(도착처, 거래처, 도매상)의 빈 파렛트 관리 작업도 대폭 경감하게 되었고, 회수율 100%를 달성하게 되었다.

2014년 3월 말 기준으로 P연의 회원 기업은 185개 회사이며, 공동으로 회수하는 점포 수는 1,514개 점포에 이른다.

3) 일반사단법인 P파레공동사용회

P파레란 '플라스틱 파렛트'의 약자로, 일본의 주류·음료업계는 맥주 9형 플라스틱 파렛트 (크키: 900mm×1,100mm)를 주로 사용하였다. 일반사단법인 P파레공동사용회는 2013년 3월에 당시 임의단체였던 P파레공동사용회[4]의 조직을 일반사단법인화하여 활동체제를 강화한 것이다.

이후 P파레공동사용회는 2014년 6월에 P파레 지정전표를 도입하고, P파레 공통수불시스템의 운영을 개시하였는데, 이때의 가맹 회사는 84개사로 확대되었다.

P파레 공동사용 시스템의 주요 활동은 ①미회수 파렛트의 회수 촉진과 유출 방지 ②유출 파렛트의 회수 강화 ③공통 전표의 사용과 공동 수불 시스템 구축으로 요약될 수 있다.

2013년 당시의 자료에 의하면 회원사의 연간 파렛트 출하 매수는 약 3,800만 매였고, 그 중 약 1%인 약 35만 매가 미회수 되는 것으로 조사되었으며, 이를 업계 전체로 확대하여 산출하면 연간 약 13억~18억 엔 정도의 손실이 발생하고 있다고 추정하였다.

이에 따라 파렛트의 유출이나 폐기에 대한 조사를 실시하고 이를 데이터로 관리하기 시작하였으며, 출하매수를 기준으로 하여 낸 회비를 재원으로 하여 파렛트 유출 방지를 위한 홍보활동을 강화하는 한편, 파렛트 풀링을 전문으로 하는 회사[5]로 하여금 유출 파렛트의 회수를 전담시켰다.

파렛트의 수불에 관한 정보시스템을 구축하기 위하여 먼저 공통으로 사용할 수 있는 P파레 수불전표를 지정하고, P파레 공동수불시스템을 도입하게 되었다. 수불전표를 공통으로 사용함으로써 거래처에서도 규정을 준수할 수 있게 하였고, 파렛트 반환과 관련한 의사결정이 용이하게 되었다. 또한 회원사나 회원사의 상품 수송을 담당하는 물류사업자 외에는 파렛트를 회수할 수 없게 되어 파렛트의 유출이나 부정사용을 방지하게 되었다.

파렛트의 출하·회수에 관한 실적 정보를 공통 시스템으로 관리하여, 유통 상황이 가시화되고 미회수 되는 유통경로를 특정하여 회수를 촉진시키고, 유출이나 부정사용이 발생되었을 때에 신속하게 대처할 수 있는 체제가 구축되었고 회수율도 대폭 향상할 수 있었다.

4) AI-OCR을 활용한 수불전표의 디지털화

아직 일본에서는 대다수의 운송업체가 전화나 팩스와 같은 아날로그 방식으로 업무를 하고 있는 경우가 많으며, 순환물류용기의 수불에서도 수기전표를 사용하는 것이 일반화되어 있다.

---

4) 임의 단체 'P파레공동사용회'는 2004년 2월에 10개 회사로 설립되었는데, 1992년에 맥주 메이커 4개회사가 P파레의 공동 사용하고, 메이커별로 선별하지 않고 회수하기 시작한 것으로부터 시작하였고, 1995년, 맥주 4개사 이외의 주류업체도 참여하여 공동사용을 확대하여왔다.
5) 일본의 파렛트 풀링 회사 중 하나인 JPR을 말한다.

[그림 1] SG홀딩스의 AI-OCR 시스템

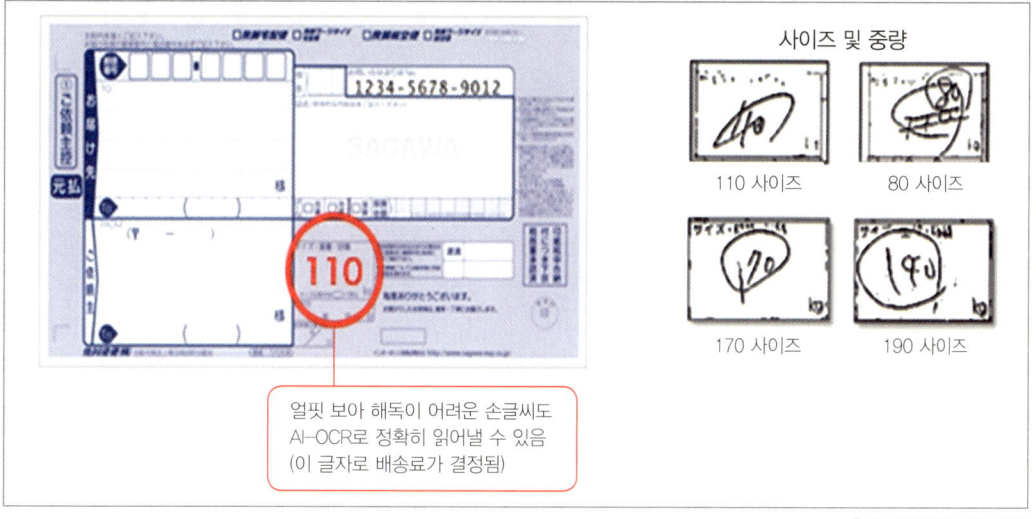

얼핏 보아 해독이 어려운 손글씨도
AI-OCR로 정확히 읽어낼 수 있음
(이 글자로 배송료가 결정됨)

출처: SG홀딩스 홈페이지

최근 IT기술을 도입하여 수기전표 인식을 자동화하고 있다. 예를 들면 수기로 작성한 수불전표를 스마트폰에 있는 카메라로 찍어 이를 AI-OCR(광학적 문자인식) 기술을 사용한 앱으로 디지털로 전환하여 수주·발주를 관리하는 정보시스템으로 송신하는 방식이 활발히 도입되고 있다.

특히 택배업체의 경우에는 집화 화물을 배달원에게 인계할 때, 또 배달원이 최종소비자에게 인계할 때 AI-OCR 기술을 활용하고자 노력하고 있는데, 순환물류용기의 수불전표 또한 이 방식을 활용하고 있다.

[그림 1]은 사가와택배 등을 자회사로 두고 있는 SG홀딩스의 사례로, 2019년 6월 배송센터에 이 기술을 적용하여 시험한 결과, 배달원이 수기로 작성한 전표에 있는 글자의 99.8%를 정확히 디지털화하는 것에 성공하였고, 그 후 실제 물류업무에 적용하였다.

5) 일본 식품업계의 공동배송 사례

2019년 초, 일본 대형 식품회사인 아지노모토는 위탁 운송회사로부터 더 이상 아지노모토 화물을 배송할 수 없다는 통보를 받았다. 그 이유는 운송회사의 입장에서 볼 때 신선식품은 별도로 추가 배송료를 받아도 여전히 마진률이 낮고 전용 차량을 유지 보수하는 비용이 높아 적자가 계속되기 때문이었다.

이처럼 냉장·냉동 보관이 필요한 신선식품과 가공식품은 유통기한이 존재하여 상품의 관리와 검품 과정이 일반 택배보다 까다롭고, 소위 '쿨 택배' 운송요금이 높게 책정되었지만 운송회사로부터 환영 받지 못하였다.

운송회사들이 식품회사의 위탁 운송을 거절하는 사례가 증가 된 2019년 4월, 아지노모토를 비롯하여 카고메, 닛신푸드, 닛신오이리오, 하우스식품그룹의 5개 회사가 공동출자하여 물류회사 'F-LINE'을 설립하고, 공동배송을 시작하게 되었다.

원래 이들 5개 회사는 서로 경쟁관계에 있었기 때문에 물류창고나 소매점으로 식품을 배송

〈표 1〉 F-LINE 사업 분야와 목표

조달업무의 공동화	간선수송의 공동화
• 식품 조달물류 노우하우의 향상 • 고품질 물류의 안정적 공급 • 적재율 향상, 입고차량의 집약	• 승무원의 부하 경감 • 효율적인 각사 거점간 이동 • 모달 시프트 점유율 향상
배송의 공동화	플랫폼의 구축
• 보관 및 배송의 효율화 • 환경부하의 저감 • 농어가와의 거래조건 통일화	• 정보의 일원화 (물리적 인터넷) • 전표의 통일화 • 운영규칙의 통일화

출처: F-Line Homepage (www.f-line.tokyo.jp/solution/)

할 때 개별 운송업체 또는 자사 운송업체를 이용하여 각자 배송하고 있었다. 그러나 F-LINE을 통하여 공동배송하기로 결정한 후, 이들 5개 회사는 물류센터, 수배송 차량 등을 공유함으로써 오픈 쉐어링의 체제를 시작하게 되었다.

그 결과는 트럭 운송 적재율 개선으로 즉시 나타났는데, 하루 평균 74대 운행됐던 트럭 수가 60대로 줄었고, 77% 수준이었던 트럭 적재율은 88%로 향상되었다. 또한 이렇게 비용을 절감하고 효율성을 높인 식품회사 5개사는 도소매 판매업체와의 협상에서 보다 유리한 위치를 차지할 수 있게 되었다고 보고하고 있다.

〈표 1〉은 F-LINE의 사업 분야와 목표를 요약한 표이다.

3. 자동차산업에서의 RTI 운용

1) 자동차 공급망에서의 RTI
가) 자동차 공급망의 특징

자동차 1대를 생산하는데 약 3만 개의 부품이 소요하고 이를 공급하는 약 500여 개의 협력업체로 구성된 공급망이 필요하다. 원자재와 부분품을 생산하는 3차 협력업체는 2차 협력업체에 납품하고, 2차 협력업체는 부품을 만들어 이를 1차 협력업체에 납품하며, 1차 협력업체는 모듈 부품을 만들어 완성차 업체에 납품을 하는 과정을 통하여 1대의 자동차가 완성된다.

이들 협력업체 간에, 또 협력업체와 완성차 제조업체 간에 부품을 운송할 때 제품 보호와 운송 효율을 위해 포장용기를 사용하게 되는데, 이들 부품의 크기, 형태 등이 매우 다양하여 여러 가지 규격의 운반용 포장용기가 사용되고 있다. 또 용기의 재질도 종이 상자, 나무 상자, 플라스틱 용기, 철제 용기 등 매우 다양하게 사용되고 있다.

대부분의 완성차 제조업체에서는 '저스트 인 타임' 또는 린 생산방식을 사용하여 납품방식을 통제하고 있으므로, 1차 협력업체는 완성차 제조업체에서 정한 규격에 따라 정해진 수량을 정해진 방식으로 부품을 격납한 운반용 포장용기를 사용해야 한다. 따라서 완성차 제조업체가 중재하고 조정하는 한도 내에서 운반용 포장용기의 공동사용이 가능하고, 때로는 공급망 내에서 자사 포장용기의 추적이 불가하고, 회수 및 재사용이 어려워 협력업체의 입장에서는 포장비용을 과다하게 지불하는 경우가 허다하다.

나) 자동차산업용 RTI 국제 표준화 활동

자동차 업계가 공통으로 사용할 수 있는 포장 표준화는 오래전부터 추진되어왔다. 국제적 기구로서는 1982년 미국의 자동차 업계에서 설립한 단체인 AIAG(Automotive Industry Action Group)[6]가 주축이 되어 표준화 활동을 추진해 왔다. AIAG는 점점 더 복잡해지는 글로벌 자동차 공급망에서 자동차 제조 및 품질 문제를 해결하기 위해 노력하고 있으며, 지금은 다양한 산업에서 기업들이 성과를 유지하거나 강화하기 위하여 낭비와 비효율성을 제거하고, 비용을 절감하고 품질을 향상하는 방법을 발견하는 데에 유익한 도구와 프로세스를 제공하고 있다.

2008년에는 미국 AIAG, 유럽 ODETTE[7], 일본의 JAMA[8]와 JAPIA[9]가 참가한 JAIF(Joint Automotive Industry Forum)에 의해 국제적인 표준화 활동이 국제표준화기구인 ISO의 활동과 연계하여 추진되어왔다.

다) 우리나라 자동차산업용 표준 RTI 개발

우리나라의 경우, 국가물류표준화연구단에서 2007년부터 2012년까지 '자동차부품 수송용 회수포장 표준용기 개발'을 추진하였으며, 프로젝트의 최종 목표는 자동차 업계가 공용으로 사용할 수 있는 회수용 자동차 부품 수송용기를 개발하여 1, 2, 3차 협력업체와 완성차 업체가 표준용기를 기반으로 한 통합물류시스템을 구축하고자 하였다. 그 결과 1차 년도에는 표준적인 포장모듈과 포장기준을 개발하고, 2차 년도에는 철제 용기를 개발하였으며, 3차 년도에는 자동차부품 수송플라스틱제 용기를 개발하였다.

연구단은 국가표준과 업계표준을 구분하여 개발을 진행하였는데, 당시 완성차 업계에 대한 조사 결과 1,100mm×1,100mm를 적용하는 사례로 보고되었지만 가장 선호하는 규격으로 2,280mm×1,460mm 혹은 1,140mm×1,460mm, 그리고 최적 높이는 750mm로 정하게 되었다. 그리고 철제 용기의 구조는 회수효율성을 고려해 Full Knock Down형과 2단 접철식을 채택하였으며, 내부 적입상자의 규격은 600mm×500mm 계열치수로 설정하였다.

2) RTI 추적관리를 위한 RFID 등 정보통신기술의 표준화 활동

가) RTI 개체 단위의 추적관리를 위한 RFID 기술의 필요성과 특징

물류·유통업계는 인력 부족이 갈수록 심화될 것으로 예상하고 있으며, 물류의 합리화·생산성 향상을 가능하게 하는 기술의 하나로써 RFID 기술의 활용을 지난 20여 년간 연구하

---

[6] 비영리 조직으로 1982년 General Motors, Ford Motor Company 및 Chrysler Corp에 의해 설립되었고, 현재는 Toyota, Honda, Nissan, Volkswagen, Caterpillar와 같은 글로벌 기업들과 그들에게 부품을 공급하거나 서비스를 제공하는 많은 업체들로 구성되어 있다.
[7] 1984년 유럽 자동차업계 전문가들에 의해 제창된 범유럽 자동차 공급망을 위한 협업 서비스 플랫폼
[8] 일본자동차공업협회, Japan Automobile Manufacturers Association
[9] 일본자동차부품공업회, Japan Automobile Parts Industries Association

고 적용을 시도하여왔다. 상당히 오래된 기술인 반면 그 보급은 더디 진행되어왔지만, RTI 개체 단위의 추적관리가 필요한 자동차산업에서는 생산성 향상을 위해서 반드시 성공시켜야 할 기술로 판단되어 지속적인 연구개발이 추진되어왔다.

수 만점의 부품으로 구성된 자동차는 각 부품들이 각각 자신의 기능을 가지고 있고, 사용 중에 어느 하나의 부품이라도 고장 나면 자동차를 리콜하게 되는 리스크를 항시 내포하고 있다. 따라서 부품관리는 종래의 로트 관리로부터 개품(시리얼) 관리로 옮겨가고 있으며, 고장해석 같은 업무의 속도를 비약적으로 향상시켜야 한다. 개품관리를 하기 위해서는 부품 품번에 더하여 일련(시리얼)번호를 추가할 필요가 있고, 자리수가 증가함에 따라 새로운 국제적인 표준이 필요하게 되었다.

이를 위해 개체관리를 가능하게 하는 대표적인 기술이 RFID이다. RFID 기술의 주요한 특징을 요약하면 다음과 같다.

- 1장씩 판독해야 하는 바코드 기술에 반하여 RFID는 전파(전자파)를 이용하여 태그에 내장된 메모리 데이터를 비접촉(무선)으로 읽는 정보 매체이므로 복수의 태그를 일괄하여 판독할 수 있고, 전파가 닿는 범위 내에 있으면 태그가 멀리 있어도 판독이 가능하다.
- RFID 태그는 데이터 갱신이 가능하고, 오염 등에 강하며, 어느 정도 차폐물이 있어도 읽고 쓰기가 가능하다.
- RFID 태그의 판독 정밀도, 거리, 범위 등은 사용 전파의 주파수대에 따라 다르므로 목적과 용도에 맞추어 선택 가능하다.[10]

또한 RFID 태그의 시장 가격이 지속적으로 하락 추세이며, 2025년까지 단가가 백원 수준으로 낮아져서 태그의 부착 비용 부담이 현저히 저하될 것으로 예상되고 있다. 일반 잡화류의 경우 상품에 태그를 부착하는 것이 보편화되고 편의점에서 취급하는 상품의 경우 모두 RFID 환경에서 무인점포를 관리할 수 있을 것으로 전망되고 있다.[11]

나) RFID 보급 확대를 위한 국제적인 표준화 활동의 전개

RFID 보급을 위해서는 규격을 국제 표준으로 하는 것이 필수적이며, 상품 코드 체계의 일원화, 각 산업별로 상품 마스터 데이터의 공통화 등 국제적인 표준화에 의하여 공급망 전체에 걸친 이력추적관리(Traceability), 글로벌 거래에서의 일관된 서비스 제공이 가능하다.

물류 분야에 있어서의 RFID의 사용은 기존에 1건씩 하던 입출고 시 제품 수량 확인 및 검품, 재고 조사 등을 일괄처리할 수 있어 작업 효율을 개선시킨다. 또한, 파렛트 단위나 케이스 단위의 관리에서 상품 단위로 관리 가능하게 하여 물류 전 과정에서 상품의 존재 유무, 보관 위치 등을 신속하게 추적할 수 있고, 각 창고 및 이동 장소, 납품처에서의 재고 조사와 제품 검사 등을 효율적으로 수행할 수 있다.

---

10 사용 주파수 대역은 LF대(중파대, ~135kHz), HF대(단파대, 13.56MHz), UHF대(극초단파, 900MHz대), 마이크로파(2.45GHz)로 크게 나뉘고, 무선 전파의 도달 거리는 안테나 크기와 이용 주파수대(전파 강도)에 따라 다르지만, 보통 LF대 10cm, HF대 30cm, UHF대 5m, 마이크로파 2m 내이다.
11 무인점포 보급을 목표로 하는 일본 주요 편의점 5개사(세븐일레븐, 훼미리마트, 로손, 미니스톱, 뉴데이즈)는 2025년까지 '편의점 RFID 태그 1,000억 장 선언'을 발표하였고, 전 점포에서 모든 취급 상품에 태그를 부착하여 상품 관리나 공급망에서의 정보 공유 등을 추진할 방침을 밝히고 있다.

자동차 산업에서 RFID를 활용하여 RTI를 사용하려는 표준화 노력은 AIAG에서도 주요한 활동이었지만, JAIF(Joint Automotive Industry Forum)가 발족됨에 따라 국제적인 표준화 활동으로 본격화되었다. 유럽은 이미 공통적으로 RTI를 사용하고 있었고, ODETTE는 RTI 국제표준 개발에 동참하였다.

일본은 JAMA와 JAPIA에서 일본 내에서 운용하고 있는 종래 코드나 데이터캐리어를 그대로 사용할 수 있게 하는 데 중점을 두고 국제표준화 활동에 참여하였다.

이러한 활동에 의해 ISO 규격에 준거하여 자동차산업용 RTI를 위한 가이드라인이 2010년에 완성되었다. 한편 ISO규격의 문제점도 밝혀져서 ISO 규격도 개정하게 되었다. 2011년에는 AIAG가 중심으로 되어 RFID 개품(부품) 식별규격에 착수하여 2012년에 완성하였다. 이로써 유통업계를 제외하면, 자동차산업이 제조업 중에서는 가장 빨리 RFID를 사용한 어플리케이션 규격을 개발하였다.

3) AIAG의 RTI 포털 운용 사례

AIAG는 1982년 General Motors, Ford Motor Company 및 Chrysler Corp에 의해 더 린(Lean)하고 효율적인 공급 기반을 만들기 위한 모범 사례를 개발하고 공유하기 위해 설립되었다. 현재는 Toyota, Honda, Nissan, Volkswagen, Caterpillar와 같은 글로벌 기업들과 그들에게 부품을 공급하거나 서비스를 제공하는 많은 업체들이 회원으로 활동하고 있는 비영리 조직이다.

점점 더 복잡해지는 글로벌 자동차 공급망에서 AIAG는 자동차 제조 및 품질 문제를 해결하기 위해 발전해 왔으며, 지금은 다양한 산업에서 기업들이 성과를 유지하거나 강화하기 위하여 낭비와 비효율성을 제거하고, 비용을 절감하고 품질을 향상하는 방법을 발견하는 데 유익한 도구와 프로세스를 제공하고 있다.

2016년 AIAG는 RTI를 분실한 OEM 및 공급업체들과 분실된 RTI를 발견한 OEM 및 공급업체들을 연결하는 새로운 온라인 포털을 만들었다. AIAG RTI 포털은 소위 '고아'라고 부르는 분실된 RTI를 찾는 프로세스와 분실된 RTI들이 있던 공장 현장이나 창고를 정리하는 프로세스를 용이하게 해 준다. 즉, 분실된 RTI를 탐색하고 반환받는 프로세스를 가속화 하여 업계가 시간과 비용을 절약하도록 돕는 것을 목표로 하고 있다.

AIAG가 RTI 포털을 만든 것은 업계가 그들의 조립 공장이나 다른 공장들에 쌓여있는 고가 컨테이너를 위한 프로그램을 개발하도록 요청하였기 때문이다. 자동차 공장에서 사용되고 있는 컨테이너들은 작은 것부터 정교한 것까지 매우 다양하고, 컨테이너의 소유자가 자신들이 제조하는 특정 부품을 위하여 설계되었기 때문에 컨테이너를 수령한 회사에서는 보통 재사용할 수가 없고, 소유자에게 회수를 독촉하려고 하여도 실제 소유자를 알 수 없을 뿐 아니라 연락하기가 어렵다.

AIAG RTI 포털은 소유자가 RTI를 찾고 회수할 수 있도록 사진과 설명을 포함하여 RTI를 목록화할 수 있는 무료 서비스로, 이 포털을 사용함으로써 모든 회원사들이 분실된 RTI를 신속하게 회수하고 재사용할 수 있게 한다. 또, 수령처에게는 쓰지 못하게 된 창고 공간을 되찾게 해 주며, RTI 분배 지점에 대한 유용한 데이터를 제공함으로써 산업계의 순환경제를 실현할 수 있게 하고 있다.

제5절 순환물류용기의 종류

1. 파렛트(Pallet)

1) 파렛트의 정의

파렛트는 화물을 적재 또는 보관하다가 하역, 수송하는 운반 도구이다. KS T 0001(물류용어)에서 파렛트란 "물품을 한데 모아서 쌓을 수 있도록 적재면을 가진 견고한 수평 받침대를 말한다. 파렛트 대차, 지게차 및 관련 장비의 하역에 적합하며, 화물의 집하, 겹쌓기, 보관, 하역, 수송을 위한 기초로서 사용 된다. 유닛로드시스템에 특히 중요하다. 상부 구조물과 일체형으로 제작되거나 부착되어 사용될 수 있다"라고 정의하고 있다.

파렛트는 물류 포장을 모듈화하여 물류표준화를 구축하는 기준이 되고 있으며, 유통거래 과정에서 소유권이 이전되지 않는 회수용 운반도구로 순환물류체계를 구성하는 대표적인 순환물류용기(RTI)이다. 우리나라는 2013년에 유닛로드시스템 통칙을 개정하여 T-11형(1,100mm×1,100mm)과 T-12형(1,200mm×1,000mm) 규격을 국가일관수송용 파렛트로 제정하여 운영하고 있다.

2) 파렛트의 종류

단면 사용 플라스틱 단면판 파렛트
· 물류수송, 운반, 적재용
· KS T 2001(파렛트 용어)
· SPS-KPCA-T2031-5470 (플라스틱제 평파렛트)

단면 사용 플라스틱 양면판 파렛트
· 물류수송, 운반, 적재용
· KS T 2001(파렛트 용어)
· SPS-KPCA-T2031-5470 (플라스틱제 평파렛트)

단면 사용 목재 단면판 파렛트		단면 사용 목재 단면판 파렛트 / 스키드 파렛트	
	· 물류수송, 운반, 적재용 · KS T 2001(파렛트 용어) · SPS-KPCA-T2025-5468 (목재 평파렛트)	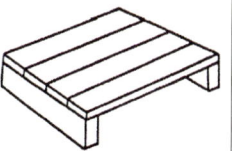	· 물류수송, 운반, 적재용 · KS T 2001(파렛트 용어) · SPS-KPCA-T2005-5466 (스키드 파렛트)
단면 사용 목재 양면판 파렛트		단면 사용 목재 양면판 파렛트	
	· 물류수송, 운반, 적재용 · KS T 2001(파렛트 용어) · SPS-KPCA-T2025-5468 (목재 평파렛트)		· 물류수송, 운반, 적재용 · KS T 2001(파렛트 용어) · SPS-KPCA-T2025-5468 (목재 평파렛트)
단면 사용 목재 양면판 / 받침목 도려낸 파렛트		단면 사용 목재 양면판 파렛트 / 날개형 파렛트	
	· 물류수송, 운반, 적재용 · 스팅거형 · KS T 2001(파렛트 용어) · SPS-KPCA-T2025-5468 (목재 평파렛트)		· 물류수송, 운반, 적재용 · KS T 2001(파렛트 용어) · SPS-KPCA-T2025-5468 (목재 평파렛트)
단면 사용 금속 단면판 파렛트		단면 사용 금속 양면판 파렛트	
	· 물류수송, 운반, 적재용 · KS T 2001(파렛트 용어) · SPS-KPCA-T2002-5465 (금속제 평파렛트)		· 물류수송, 운반, 적재용 · KS T 2001(파렛트 용어) · SPS-KPCA-T2002-5465 (금속제 평파렛트)
단면 사용 금속 양면판 파렛트		양면 사용 플라스틱 양면판 파렛트	
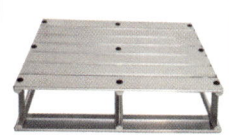	· 물류수송, 운반, 적재용 · KS T 2001(파렛트 용어) · SPS-KPCA-T2002-5465 (금속제 평파렛트)		· 물류수송, 운반, 적재용 · KS T 2001(파렛트 용어) · SPS-KPCA-T2031-5470 (플라스틱제 평파렛트)
양면 사용 목재 양면판 파렛트		양면 사용 금속 양면판 파렛트	
	· 물류수송, 운반, 적재용 · KS T 2001(파렛트 용어) · SPS-KPCA-T2025-5468 (목재 평파렛트)		· 물류수송, 운반, 적재용 · KS T 2001(파렛트 용어) · SPS-KPCA-T2002-5465 (금속제 평파렛트)
시트파렛트(슬립 시트)		파렛트 컨버터	
	· 물류수송, 운반, 적재용 (공관, 가전) · KS T 2001(파렛트 용어) · SPS-KPCA-T2028-5469 (슬립 시트파렛트)	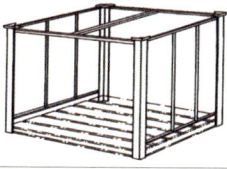	· 상자형, 기둥형 파렛트로 전환할 수 있도록 하는 상부 구조물 · KS T 2001(파렛트 용어)

기둥형 파렛트		접철식 기둥 파렛트	
	· 중량물의 단거리 운반 · 적재용 · KS T 2001(파렛트 용어) · SPS-KPCA-T2011-5467 (기둥형 파렛트)	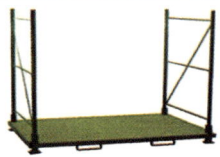	· 중량물의 단거리 운반 · 적재용 - 탈부착용 · KS T 2001(파렛트 용어) · SPS-KPCA-T2011-5467 (기둥형 파렛트)
탈착식 기둥 파렛트		상자형(box) 파렛트	
	· 중량물의 단거리 운반 · 적재용 - 분리 가능 · KS T 2001(파렛트 용어) · SPS-KPCA-T2011-5467 (기둥형 파렛트)		· 물류수송 · 보관용, 포장용 · 뚜껑 유/무 · KS T 2001(파렛트 용어) · KS T 2029 (상자형 파렛트)
접철식 상자형 파렛트		탈착식 상자형 파렛트	
	· 물류수송 · 보관용, 포장용 · 뚜껑 유/무 · KS T 2001(파렛트 용어) · KS T 2029 (상자형 파렛트)		· 물류운반 · 보관용, 포장용 · KS T 2001(파렛트 용어) · KS T 2029 (상자형 파렛트)
사일로 파렛트		탱크 파렛트	
	· 건조한 분말, 과립성 원료, 가루, 압축물 보관용 · KS T 2001(파렛트 용어)		· 오일, 액체, 유류 운반, 적재용 · KS T 2001(파렛트 용어)
메시 파렛트		접철식 메시 파렛트	
	· 단조, 주물, 자동차 부품 적재용 · KS T 2001(파렛트 용어) · KS T 3102(메시 파렛트)		· 단조, 주물, 자동차 부품 적재용 · KS T 2001(파렛트 용어) · KS T 3102(메시 파렛트)
탈착식 메시 파렛트		고정식 돌리 파렛트	
	· 단조, 주물, 자동차 부품 적재용 · KS T 2001(파렛트 용어) · KS T 3102(메시 파렛트)		· 제품적재, 박스적재, 컨테이너 적재 및 운반 · KS T 2001(파렛트 용어) · KS T 3101(돌리 파렛트)
접이식 돌리 파렛트		신축식 돌리 파렛트	
	· 제품적재, 박스적재, 컨테이너 적재 및 운반 · KS T 2001(파렛트 용어) · KS T 3101(돌리 파렛트)	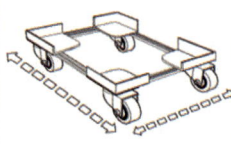	· 제품적재, 박스적재, 컨테이너 적재 및 운반 · KS T 2001(파렛트 용어) · KS T 3101(돌리 파렛트)

다단식 목재 상자용 파렛트	
	· 농산물(수박, 대파), 소형부품 운반용 상자 · KS T 2001(파렛트 용어) · KS T 2042(다단식 목재 상자용 우든 칼라)

2. 컨테이너(Container)

1) 컨테이너의 정의

컨테이너, 즉 용기란 물품 또는 포장 물품을 넣을 수 있는 그릇의 총칭으로, 2차 내지 3차 포장을 말한다. 컨테이너는 겉포장 수단의 하나로, 그 재질은 목재, 플라스틱, 금속재, 종이, 합성재질로 나눌 수가 있으며, 이는 해상용 화물 컨테이너(Freight Container)와 다르게 구분된다.

2) 컨테이너의 종류 (미 구동)

적층형 용기 – 일체식 	· 공구상자, 자동차부품, 공구 운반상자 · KS T 1081(플라스틱제 회수용 운반용기)	**적층형 용기 – 일체식** 	· 식품 및 두부용 운반상자 · KS T 1081(플라스틱제 회수용 운반용기)
적층형 용기 – 접이식 	· 농산물, 가공품, 식품용 보관, 적재, 운송용 · KS T 1081(플라스틱제 회수용 운반용기)	**적층형 용기 – 접이식** 	· 의류, 문구용 운반상자 · KS T 1081(플라스틱제 회수용 운반용기)
중첩형 용기 – 손잡이식 / 운반상자 네스팅 	· 농산물 집하, 운송, 저장용 운반상자 · KS T 1081(플라스틱제 회수용 운반용기)	**중첩형 용기 – 손잡이식** 	· 뚜껑 부착형 상자 · KS T 1081(플라스틱제 회수용 운반용기)
중첩형 용기 – 회전식 	· 식품 및 육가공 원료 운반상자 · KS T 1081(플라스틱제 회수용 운반용기)	**보냉 상자** 	· 콜드체인용 운반상자, 보온용 운반상자 · KS T 1021 (저온 유통용 포장 상자 및 용기)
저온 수산물 용기 	· 수산물 가공품 운반상자 · KS T 1354 (순환물류포장 – 수산물용 플라스틱 용기)	**옆면 가로 덧대기 나무상자** 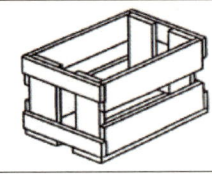	· 과일 수확, 저장, 운반용 상자 · KS T 1087(포장용 나무상자의 설계)

3) 롤컨테이너 / 운반대차 (구동)

접철식 롤컨테이너 	· 제품상자 운반용 · KS T 2037 (롤컨테이너 제1부–용어)	**중첩식 롤컨테이너 A프레임형** 	· 자동차 프레임 운반용 · KS T 2037 (롤컨테이너 제1부–용어)

중첩식 롤컨테이너 A프레임형		중첩식 롤컨테이너 Z프레임형	
	· 자동차 프레임 운반용 · KS T 2037 (롤컨테이너 제 1부–용어)		· 제품상자 운반용 · KS T 2037 (롤컨테이너 제 1부–용어)
저온 롤컨테이너		저온 롤컨테이너	
	· 농 · 수 · 축산식품 콜드체인 운반용 · KS T 2030 (저온 롤컨테이너)		· 농 · 수 · 축산식품 콜드체인 운반용 · KS T 2030 (저온 롤컨테이너)
저온 롤컨테이너		저온 롤컨테이너	
	· 농 · 수 · 축산식품 콜드체인 운반용 · KS T 2030 (저온 롤컨테이너)		· 농 · 수 · 축산식품 콜드체인 운반용 · 이노크린(주) · KS T 2030 (저온 롤컨테이너)
물류용 축냉식 냉장고 (cold roll box)		점보 박스	
	· 농 · 수 · 축산식품 콜드체인 운반용 · (주)리우스 · KS T 2030 (저온 롤컨테이너)		· 식품 공장, 공업용 원료 보관, 적재, 이동 시 사용

참고 문헌

- 국토해양부 / 건설교통기술평가원 2012.12.5. '국가물류 표준 종합시스템 개발'
- 글로벌물류기술동향, 한국교통연구원, 2019년 2월 2일
- 김덕열, 서병륜, 윤의식, 송상화 (2018), 2018년도 국내 T–11형 및 T–12형 파렛트 생산/사용 실태조사에 대한 시계열적 분석, 한국물류학회지, 30(2), 41–49.
- 물류경쟁력 강화를 위한 한중일 파렛트 공동이용시스템 구축방안 연구, 권 안식, 명지대학교 박사논문, 2007년
- 순환물류체계(RTS)분야의 국내외 기술동향 및 표준화 사례분석, 국가기술준원, 2013
- 일관수송시스템 기술 및 표준화 동향, 기술보고서 20호, 국가기술표준원, 2010년 6월 일본공업출판 발행 월간 자동인식 연재 '자동차산업용 금속 수송용기의 RFID 관리'
- 엄재균, 김성태 (2011) "한 · 중 · 일 무역 활성화를 위한 리터너블 파렛트 공동표준 및 상호인증제 개발", 한국물류학회지 21권 4호.

- 유럽 표준(EN Standard) 및 미국 자동차산업 협의체(Automotive Industry Action Group, AIAG) 가이드라인
- 제7회 중국파렛트 국제컨퍼런스 발간보고서, 2012년4. 파렛트컨테이너 생산 및 사용실태조사 보고서, 한국파렛트컨테이너협회, 2011년
- 한·중·일 물류자재의 리터너블을 위한 실증 실험사업, 미츠비시 연구소, 그린물류관리를 위한 한일 세미나, 2009년
- 한국파렛트컨테이너협회 2015. '일본 RTI 사례조사'
- Connecting to Compete 2012; Trade Logistics in the Global Economy, The World Bank, 2012.
- Global Guideline for Returnable Transport Items Identification, Joint Automotive Industry Forum (JAIF), 2010.
- JAIF 2010, 'Global guideline for returnable transport item identification'
- Material Handling & Logistics, 2018. 1. 22. 'Collaborative Logistics' Role in the Emergence of the Physical Internet'
- Sustainable packaging: threat or opportunity? Pricewaterhouse Coopers, 2010.
- Sustainable supply chain logistics guide, Metro Vancouver, 2011.
- The sustainability of packaging systems for fruit and vegetable transport in Europe based on Life-Cycle-Analysis, Department Life Cycle Engineering (GaBi) Fraunhofer Institute for Building Physics (IBP) and Chair of Building Physics University of Stuttgart, 2009.

 참고 사이트

- AIAG 홈페이지 https://www.aiag.org
- Canada Pallet Association, http://www.canadianpallets.com
- Center for Unit Load, http://www.unitload.vt.edu
- European Pallet Association, http://www.epal-pallets.org.uk
- ISO, http://isotc.iso.org/livelink/livelink/open/tc51
- National Wooden Pallet Association, http://www.nwpca.com
- Reusable Pallet and Container Association, http://www.mhia.orgs
- World Packaging Organization, http://www.worldpackaging.org
- 국가물류표준화 연구단, http://www.logisticsstandard.com
- 지식경제부 기술표준원, http://www.kats.go.kr
- 로지올그룹 홈페이지, http://www.LogisALL.com
- 한국파렛트컨테이너협회, http://www.kopal.or.kr
- 현대글로비스 홈페이지, https://www.glovis.net

VII장
유닛로드시스템 응용 혁신 사례

제1절 한국파렛트컨테이너 산업대상 수상기업 사례
제2절 글로벌 ULS 창의성 공모전 대상 – 학생부
제3절 글로벌 ULS 창의성 공모전 대상 – 일반부

제1절 한국파렛트컨테이너 산업대상 수상기업 사례

1. 롯데칠성음료(주) – 2020년 대상 수상

1) 회사 소개

롯데칠성음료(주)는 우리나라 청량음료산업이 첫걸음을 시작하던 1950년 칠성사이다를 시작으로 오늘날까지 최고 품질의 제품을 꾸준히 개발, 공급하여 명실상부한 업계 발전의 핵심기업으로 성장해 왔다. 롯데칠성음료는 우수한 제품력, 다년간의 산업 노하우, 직원들 간의 결속력을 바탕으로 일구어낸 업계 1위의 위

[그림 1] 롯데칠성음료(주) 주요 제품

칠성사이다

팹시콜라

델몬트

밀키스

칸타타

핫식스

2% 부족할 때

아이시스 8.0

치를 굳건히 지키고 있다. 음료 산업을 이끄는 선두주자의 자부심과 함께 기업 가치를 높이기 위한 노력도 지속적으로 이어가고 있다.

2) 현황 및 문제점

[그림 2]와 같이 파렛트 환적작업이 발생하고 파손으로 인한 위생문제가 생길 뿐만 아니라 성수기와 비수기에 따라 파렛트 재고를 과다하게 보유하여 효율성을 저하하는 원인이 되었다.

3) 도입 및 운영현황

정합성 및 투자비용, 설비 및 물류 인프라를 고려하면 표준 파렛트 T-12형을 선택하는 것이 유리하였으나, 국내 유통환경의 설비 및 수송 환경의 제약, 할인점 및 온라인(쿠팡) 출고

[그림 2] 롯데칠성음료(주)의 표준 파렛트 도입배경

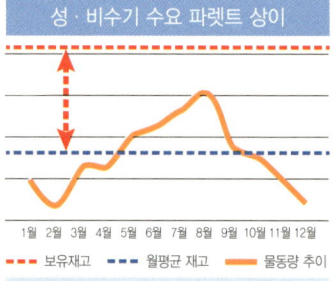

[그림 3] 롯데칠성음료(주)의 표준 파렛트 도입 과정

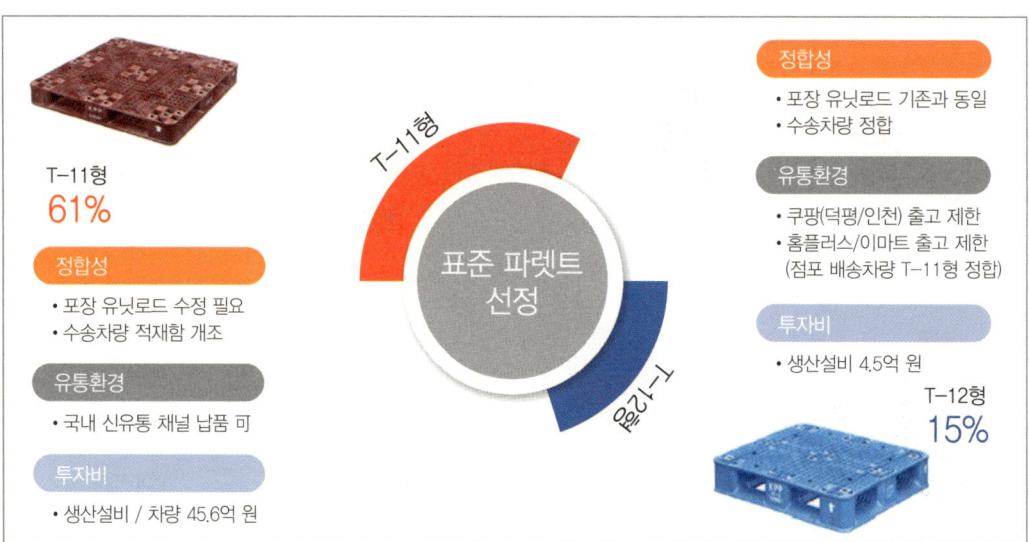

[그림 4] 롯데칠성음료(주)의 표준 파렛트 사용으로 인한 개선 효과

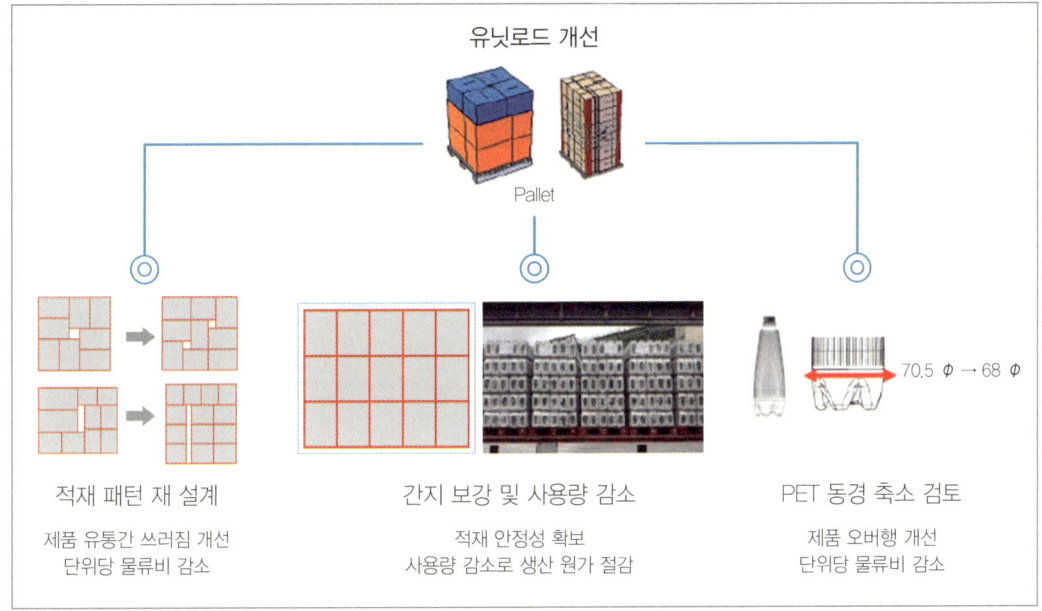

제한에 따라 [그림 3]과 같이 T-11형으로 최종 선정하였다.

4) 개선 효과

표준 파렛트로 전환한 후 내부적으로 파렛트 운영의 효율성을 제고하고, 생산에서 거래처까지의 파렛트 일관화로 효율성을 증대시켰다. 또한 세척 파렛트를 사용함으로써 제품의 위생을 향상하였고, 유통채널에 표준 파렛트 출고를 통해 고객서비스를 높일 수 있었다. 표준 파렛트 사용으로 [그림 4]와 같이 적재 패턴을 개선하여 운송 시 충격을 방지하여 상품의 품질을 개선하고 적재 효율을 증대시켰다. 또한 페트병의 직경을 줄여 유닛로드화 할 때 오버행(Overhang – 화물이 파렛트 상판을 넘어가서 상품의 품질에 손상을 줌)이 걸리지 않도록 하여 상품의 품질개선과 함께 단위당 물류비도 절감하는 효과를 보았다.

2. 서울특별시 농수산식품공사 – 2019년 대상 수상

1) 회사 소개

서울시 농수산식품공사는 가락시장, 강서시장, 양곡시장 관리 및 운영을 통해 서울시 소요량의 50%에 달하는 연간 약 320만 톤의 농수산물을 공급하고 있다. 또한 친환경유통센터 운영을 통해 서울시 소재 초·중·고교 및

특수학교에 건강한 급식 식재료를 공급하고 있다.(그림5)

공사는 도매시장 운영을 비롯하여 거래의 공정성 투명성 확보, 농수산물 기준 가격 전파, 농수산물 안전성 검사 등을 통해 생산 농어민에게는 안정적인 판로를 제공하고, 소비자에게는 안전한 먹거리를 공급하는 전국 농수산물 유통의 중추적인 역할을 담당하고 있다.

공사는 유통환경 변화에 대응하고, 새로운 소비자의 니즈에 부응하기 위하여 가락시장 현대화사업을 추진하고 있다. 현대화사업의 성공적 완수를 통해 시장에서 발생하는 유통비용을 획기적으로 절감하는 것은 물론, 가락시장을 우리나라의 다양한 제철 농수산물을 먹고 즐길 수 있는 대표적인 관광 명소로 만들고 있다.

농수산식품공사는 생산 농어민에는 적정 수취가격을 통한 안정적인 판매처로, 소비자에게는 믿고 구매할 수 있는 편리한 구매처로 가락·강서·양곡도매시장과 친환경유통센터가 최상의 서비스를 제공하도록 최선을 다하고 있

[그림 5] 농수산식품공사 운영 시장

가락시장
- 부지면적: 543,451 ㎡
- 거래물량: 일 8,200톤
- 유 통 인: 3,600명

강서시장
- 부지면적: 213,032 ㎡
- 거래물량: 일 2,000톤
- 유 통 인: 430명

양곡시장
- 부지면적: 32,095 ㎡
- 거래물량: 일 100톤
- 유 통 인: 90명

친환경유통센터
- 서울시 학교 신선, 안전한 친환경급식 식재로 공급
- 대상 학교: 876개

[그림 6] 농수산식품공사의 지게차를 이용한 파렛트 하역 작업 개선

기존

지게차 이용 하역

개선

다. [출처: 홈페이지 소개 자료 인용]

2) 현황 및 문제점

여름수박은 산지에서 선별 없이 반입되어 도매시장 물류에 극심한 체증 유발하고 긴 대기시간으로 상품성 저하, 수치가 하락, 운송 대기료가 발생한다. 주요 거래 품목 가운데 우선 8개 상품인 수박, 무, 총각무, 양파, 양배추, 대파, 쪽파, 배추를 단계별 파렛트를 사용하여 하차하여 거래할 수 있도록 추진한다.(그림6)

3) 도입 및 운영현황

가) 추진계획

〈표 1〉과 같이 단계별로 품목을 정하여 파렛트를 사용하여 하역 작업을 하여 거래를 할 수 있도록 체계를 구축한다.

나) 출하자에게 물류비 지원 – 파렛트 단위 거래에 따른 투자비용 지원

〈표 2〉와 같이 파렛트 단위 거래 시 출하자에게 투자비용을 지원한다.

다) 지속적으로 파렛트 단위로 거래 전환

[그림 7]에서 보듯 시장의 거래 형태를 파렛트 단위 거래 형태로 정착시켰다. 이와 함께 비포장 농산물의 규격 포장화를 통해 파렛트를 이용해 출하하는 시스템을 구축했다.(그림8)

4) 개선 효과

파렛트 단위의 거래로 인해 거래 참가자 수의 증가로 인해 가격 경쟁력을 확보하고 품질 개선 효과를 나타냈다. 〈표 3〉은 그 효과를 정리한 것이다.

〈표 1〉 농수산식품공사의 단계별 하역체계 개선

2017년	2018년	2019년
무, 양파, 총각무	양배추, 대파, 쪽파	배추

구 분	파렛트 거래	포장화 (개선) + 파렛트 거래
품 목	무, 양파, 양배추, 배추	제주무, 총각무, 쪽파, 대파
포장방법	그물망 ⇒ 그물망, 기타	비닐, 단(산물) ⇒ 종이상자, 그물망 등

〈표 2〉 파렛트 단위 거래 시 출하자 투자비용 지원

산 지	포장방법	품 목	지원액(파렛트당)
육지산	비닐(망)	양파, 대파, 쪽파	3,000원
	박스	총각무, 대표, 쪽파	6,000원
		육지무	4,000원
제주산	망	양배추	9,000원
	박스	양배추, 제주무	10,000원

[그림 7] 농수산식품공사 시장의 거래 체계 개선

파렛트 단위 거래 정착

[그림 8] 농수산식품공사 비포장 농산물의 포장화 전환

규격 포장화 파렛트 이용 출하

⟨표 3⟩ 농수산식품공사 운영 시장 파렛트화 효과

■ 확실한 상품 감정으로 분쟁감소 및 경쟁거래 향상

- 상품 감정이 용이해 거래 후 분쟁 및 가격정정 대폭 감소
- 파렛트 단위 거래로 거래참가자 수 증가 (입찰경쟁 강화)

■ 포장화로 신선도 및 상품성 향상

- 상품 간 짓무름 및 상품 눌림에 의한 부패 방지
- 포장화에 따른 겨울철 동해피해 방지로 감모율 감소

■ 식품 위생 및 시장환경 개선

- 차량 위 상품감정 및 짓무름 방지로 위생 및 안전사고 예방
- 시장 내 비산먼지 발생 방지 통한 시장환경 개선 등

■ 하역원, 운송기사 열악한 근로여건 개선

- 시장 내 장시간 대기출하 기사 조기 출차로 휴식 보장
- 수작업에서 기계하역 전환 노동환경 개선 (4명 90분 → 1명 10분)

3. 도레이 첨단소재(주) – 2018년 대상 수상

1) 회사 소개

도레이 첨단소재는 1999년 12월 설립되어 섬유, 필름, IT 분야의 생활 기초소재부터 고부가가치 특수소재까지 다양한 산업의 필수소재를 공급하는 대표적인 소재 회사이다. 90여 년의 역사를 지닌 세계적인 첨단재료 기업인 일본 도레이의 첨단 기술력과 글로벌 마케팅 경쟁력에 한국 화학 산업의 저력인 최고의 기술과 품질 경쟁력을 융합해 세계적인 기업으로 성장해 왔다.

도레이 첨단소재는 산업의 기반이 되는 기초소재부터 고부가가치 특수 첨단소재까지 다양한 산업소재를 생산하는 화학소재 전문 기업이다. 필름, IT 소재, 부직포, 원사, 수지 등의 핵심 생활 소재부터 탄소섬유, 신재생 에너지 분야에 이르는 친환경 첨단소재까지 사업 영역을 넓혀가고 있다. 앞으로 첨단기술에 대한 지속적인 투자와 해외 사업 및 차세대 신사업 진출을 통해 화학소재 산업의 글로벌 리더로 성장해나갈 것이다. [출처: 회사 소개 자료]

2) 현황 및 문제점

일관 파렛트화에 따른 표준화를 통하여 물류 합리화 및 기업 물류비 절감은 물론 종합 물류 서비스를 제공하여 시너지 효과와 가치를 창출하기 위해 유닛로드시스템을 도입하였다. 연간

[그림 9] 도레이 첨단소재의 Pallet 입고현황

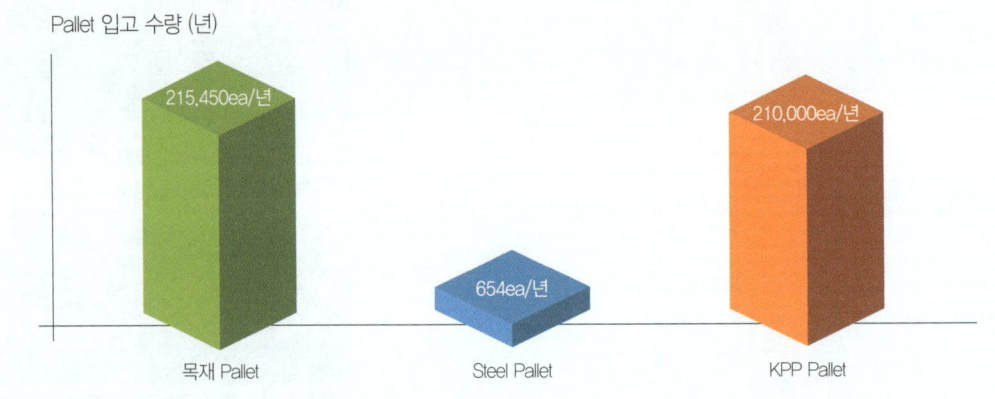

[그림 10] 도레이 첨단소재의 제품입고 프로세스

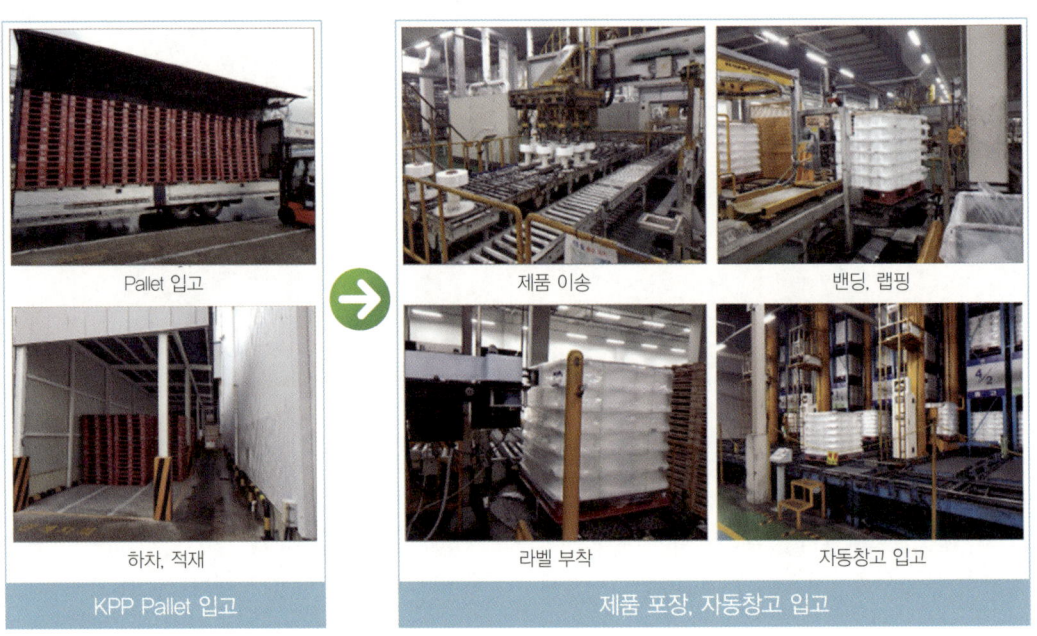

총 42만 6,100개 수준의 파렛트를 구매 및 임대하여 운용하고 있으며, 임대 파렛트의 경우 [그림 9]와 같이 전체수량 대비 약49% 비율을 차지하고 있다.

3) 도입 및 운영현황

T-11형 파렛트, 스티로폼 패드 등 포장 부자재의 표준화와 규격화를 진행하여 전 자동 포장시스템을 구축, 제품적재, 보관, 출하시스템이 일관되게 운영되도록 한다. 정량화된 파렛트 단위의 제품생산으로 판매 및 생산관리를 통해 품질관리와 영업을 향상시킨다.

4) 개선 효과

기존 운영 대비 물류비용 절감하고 구매와 회수를 모두 대행하여 효율적 비용관리가 가능하였다. 기존 고객의 니즈를 충족하고 파렛트풀 시스템을 이용하는 고객의 효율을 증진시켰다. 파렛트풀 시스템과 병행 운영을 통한 시너지 효과를 창출하였다. 현재 파렛트 총 사용량 대비 규격품 비율은 49% 수준이지만, 지속적인 증설에 따른 물량 확대 및 규격화를 통하여 향후 2025년 이내에 약 80% 수준으로 끌어올릴 예정이다.

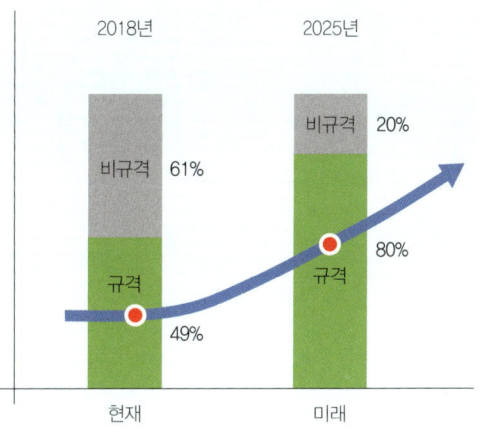

[그림 11] 도레이 첨단소재의 물류 비전

제2절 글로벌 ULS 창의성 공모전 대상 – 학생부

1. 'Cool Pallet' – 학사물류팀 (2020년 대상 수상)

1) 개요

1인 가구의 온라인 식품 거래 증가와 함께 콜드체인(Cold Chain)의 성장 및 유통과정은 점점 증가하는 추세를 보이고 있다. 콜드체인 시장은 커지고 있지만 신선물류에 대한 진입장벽이 높아 실제 물류과정에서 반복적인 제품손상과 에너지 낭비와 함께 비효율적인 물류활동이 지속되는 실정이다.(그림1)

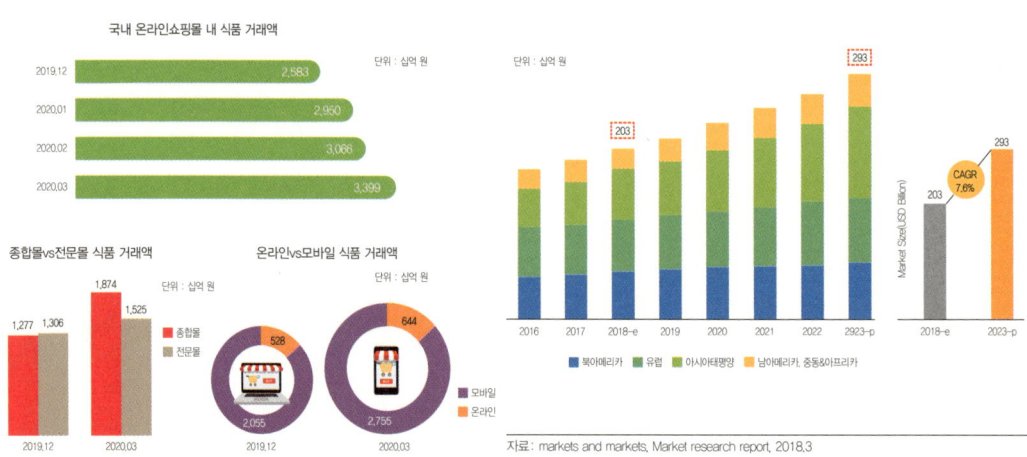

[그림 1] 국내 온라인 시장 및 해외 콜드체인 성장성

[그림 2] 아이디어 구상

미국 Bukhorn 회사의 대용량
파렛트 겸용 상자형 파렛트

따라서 물류시장에서 새벽 배송과 신선물류의 급격한 성장 및 콜드체인의 입지가 두드러지는 시점에서 보다 효율적인 방안을 강구하였고, 기사에 따르면 평균 선진국에서는 20%, 개발도상국에서는 40% 부분의 신선식품이 유통과정에서 폐기되고 있는 현실에 주목하였다. 이러한 손실요인을 보안, 개선하기 위하여 상자형 파렛트와 산업용 아이스박스를 접목하여 Cool Pallet를 발상하였다.

2) 차별성

① 파렛트 상부에 상자를 접목하여 6면이 막힌 구조로 보냉에 탁월한 효과를 기대할 수 있다. 이는 기존에 냉동, 냉장 상품에 대한 로스를 보완하고 효율적으로 운송할 수 있어 효과적이라 판단된다. 또한, 별다른 냉장, 냉동 설비 없이도 운용이 가능하여, 경제적이며 냉각기를 비롯한 냉각 장치의 사용을 줄일 수 있어 친환경적이다.(그림2)

② 기존 아이스박스에 사용되는 재질인 폴리프로필렌(PP)을 사용하는 것이 아니라 Cool Pallet에 6면 모두 코프렌 PP라는 단열재를 사용하여 저온 충격강도가 견고할 뿐 아니라 내

[그림 3] 제품 사양

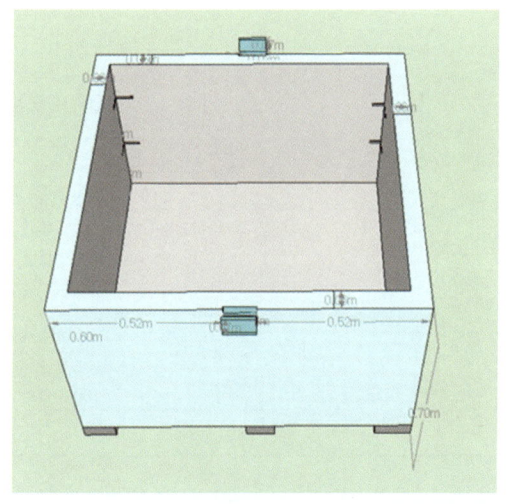

가로×세로×높이: 1,100mm×1,100mm×700mm

1t 트럭 기준 2단
5t 트럭 기준 3단
컨테이너 기준 3단으로 적재 가능

두께: 50mm (산업용 아이스 박스 기준)

㈜에프엠에스 코리아 견적문의 결과

열성과 내후성, 유동성 및 가동성이 뛰어나다.(그림3)

③ Cool Pallet 덮개 부분을 이중으로 나누어

덮개 하단에는 재사용이 가능한 냉매제를 넣어 온도를 조절할 수 있고, 냉매제와 제품이 만나는 판은 벌집모양의 육각형으로 설계하였다.

3) 시장성

국내 온라인쇼핑몰 내 식품 거래액을 보면 2019년 12월이 2조 5천억 원이고, 2020년 3월에는 3조 3천억 원으로 신선물류 시장이 계속해서 확대하고 있음을 알 수 있다.(그림1) 또한 비대면 구매 방식으로 온라인 시장에서 소비 수요가 급증을 하고 있으며, 이에 따라 신선물류의 역할이 더욱 부각되고 있다. 이러한 상황에 입각하여, 본 팀의 아이디어인 Cool Pallet는 콜드체인에서 보다 큰 영향력과 그에 따른 부가가치를 창출할 것이라 사료된다.

4) 기대효과

가) 포장 부문에서의 경제성 효과

경제적으로 냉동, 냉장 식품의 운송이 가능하고, 별도의 랩핑 과정을 수반하지 않기 때문에 친환경적이다. 신선물류에 대한 진입장벽을 완화한다. 1개당 예상 단가는 (주)에프엠에스 코리아에 견적 문의한 결과를 바탕으로 약 80,000원으로 계상하였다.(표1)

〈표 1〉 포장으로 인한 경제성

■ 전제조건 파렛트 50개 가지고 5년간 사용한다고 가정함	파렛트 랩핑	Cool Pallet
하루 평균 처리량	50회	50회
5년 처리량 (하루 평균 처리량×365일×5년)	91,250회	91,250회
파렛트 50개 비용 (고정비)	650,000원 (개당 13,000원)	4,000,000원 (개당 80,000원)
1회당 포장 비용	3,194.4원	0원
5년 포장 비용 (5년 처리량×회당 포장비용)	291,489,000원	0원
합계 [파렛트 50개 비용(고정비) + 5년 포장비용(변동비)]	292,139,000원	4,000,000원
5년 기준 포장비 절감액	288,139,000 원	

〈표 2〉 운송으로 인한 경제성

외주 이용 시	일반 보통 트럭 (5T + Cool Pallet)	전용 특장차(냉장, 냉동) (5T)
서울~대전 간 1회 요금	200,000원	300,000원
5년 서울~대전 간 요금 (1회 요금×연평균 근로일 252일×년)	252,000,000원	378,000,000원
5년 기준 운송비 절감액	126,000,000원	

나) 운송부문에서 경제성 효과

1t 트럭 기준 2단, 5t 트럭 기준 3단 컨테이너 기준 3단으로 적재 가능하여 물류현장에서 활용도가 높다.(표2)

2. '4C 파렛트' – 패키징 물류 연구실 (2019년 대상 수상)

1) 개요

T-11(1,100mm×1,100mm)은 기존에 국내에서 사용하던 내수용으로 주로 사용되었고, T-12(1,200mm×1,000mm)는 미국 유럽, 중국 등에서 사용하던 유형의 파렛트이다. 그러나 2013년 12월 17일 산업통상자원부가 '유닛로드 시스템 통칙'에 T-12형 수송용 파렛트를 추가, 개정 고시한 후 현재는 T-11, T-12형을 복수표준으로 사용하고 있다. 두 종류의 파렛트가 사용되는 만큼 각 ULS 단계에서 기계 설비의 정합성이 떨어지는 등 개선이 필요한 상태임을 알 수 있었고, 두 종류의 파렛트에 대한 호환성을 지니고 유연하게 대처 가능한 방법이 필요하다고 판단했다. '4-C 파렛트'에 대한 아이디어를 구체화하였다. 본 아이디어는 슬라이딩 조립을 통해 한 가지 파렛트로 두 종류의 파렛트의 형태를 변형하여 사용하는 개념으로, 물류비 절감, 국내 ULS 보급 확산, 수출경쟁력 향상 등의 효과를 기대한다.[출처: 발표 자료]

2) 차별성

'4-C 파렛트'의 강점 및 차별성은 크게 4가지로 다음과 같다.

① Compatible: T-11, T-12 두 개의 표준

[그림 4] 파렛트 비용의 증가

파렛트 보유 비용 증가

포장비는 2001년 이후 **4.41%의 지속적 증가** 추이
2016년 기준 포장비는 총 3조 7,574억 원
이 중 **파렛트포장비는 555억 원**

〈 파렛트포장비 〉

파렛트 사용 물동량(톤) = 화물운송실적(톤) × 실제 파렛트 처리 물동량 비율
연간 파렛트 사용 횟수 = 파렛트 사용 물동량(톤) / 파렛트 단위당 평균 적재톤수(0.9421톤)
회당 파렛트 사용비용 = 파렛트 단위당 구매비용(21,748원) /
{내구연수(4.2년)×가동일(300일)}
연간 파렛트포장비 = 회당 파렛트 사용비용 × 연간 파렛트 사용횟수
자료 : 권혁구, 허성호, 권태우, 계동민, 2016 국가물류비 조사 및 산정, 한국교통연구원

공급체인망 네트워크 확대

KMI 국제물류연구소
김은수 실장

"결국 글로벌 물류환경의 변화에 대응하기 위해서는 **공급체인망의 네트워크를 확대**할 수밖에 없다.
공급체인의 경쟁력은 해외에 진출한 기업의 **생산, 판매 및 서비스의 전반적인 관리**와 관련이 있고,
이를 통해 시장에서 경쟁력을 구축하는 혁신역량이다."
노선호, 2018, 항만·물류, 타 분야보다 4차 산업혁명 체감 빨라, 해양한국, 106-108

[그림 5] 2종류의 파렛트 호환 사용

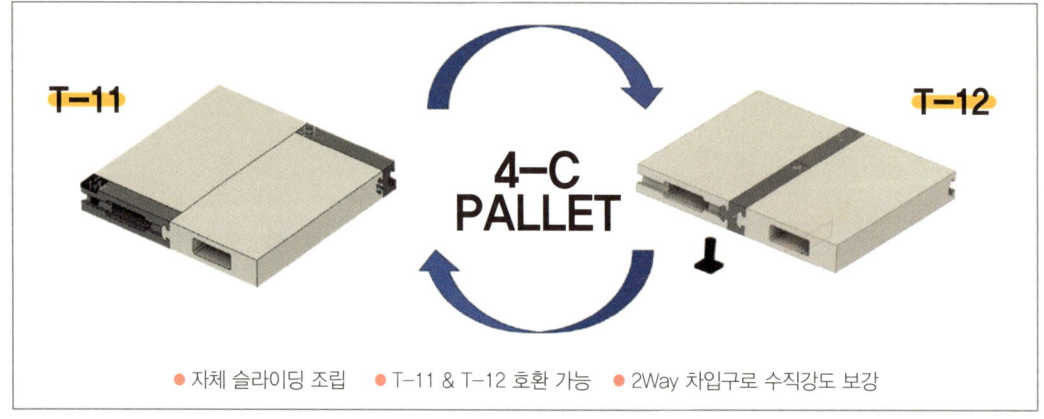

- 자체 슬라이딩 조립   ● T-11 & T-12 호환 가능   ● 2Way 차입구로 수직강도 보강

[그림 6] 호환 사용에 따른 경제적 효과

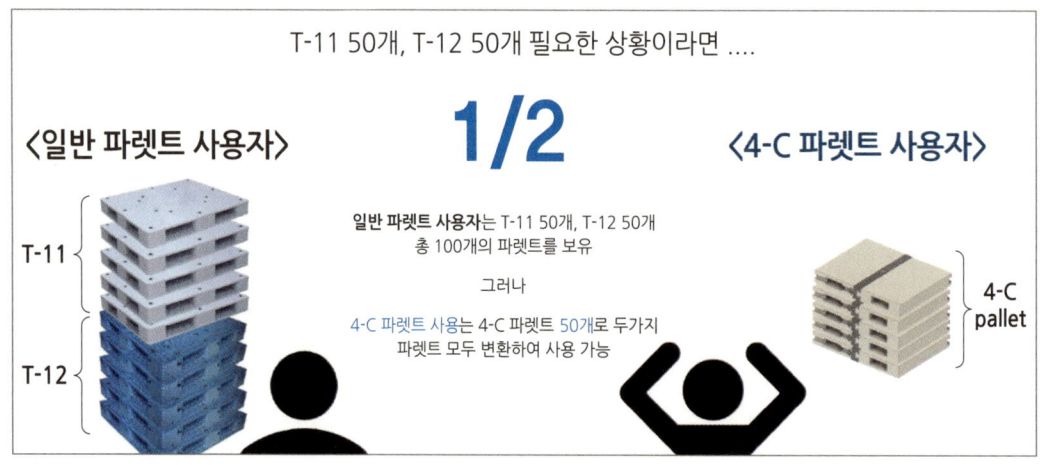

파렛트 사이즈 호환 사용 가능(그림5)

② Connectable: 나누어진 파렛트 조각이 슬라이딩 방식으로 자체적인 조립이 가능하고 사용이 쉬움.

③ Controllable: 4개로 나누어진 파렛트 조각 중 연결기능 부품의 고정핀 부위에 RFID를 적용함. 이로써 기존의 RRPP의 자산관리 방식과 동일한 형태로 파렛트의 자산관리가 가능함.

④ Constructible: 파렛트 옆면의 암/수형 단면을 적절히 연결하여 표준 파렛트 이외에도 다양한 사이즈의 파렛트 조립이 가능함.

3) 시장성

현재 복수 규격의 국가 표준파렛트가 채택이 됨에 따라 새로운 ULS의 구축과 보급, 확산이 필요한 시점이다. 이러한 때에 두 종류의 파렛트에 대한 호환성을 지니고 유연하게 대처 가능한 본 아이템인 '4-C 파렛트'가 해결책이 될

[그림 7] 호환성 파렛트의 효과

수 있을 뿐만 아니라 시장성 또한 있다. 기존의 표준 파렛트에서 추가적인 부품이나 사이즈 변경 없이 옆면의 연결단면 모양에만 변형을 주어 기존의 ULS에 쉽게 적용 가능할 것이라고 예상한다.(그림6)

4) 기대효과

국내 ULS의 보급 확산에 기여하고 파렛트 간 화물을 이동하는 불필요한 적재 단계를 감소시켜 관련 물류비용, 에너지, CO_2 배출량을 감소시킨다.

다양한 사이즈의 파렛트에 대한 대여 시스템 시장 확대는 물론, RFID를 통해 본 파렛트의 자산관리를 함으로써 제품의 파손, 분실 등을 방지하며, 국제 일관수송을 확보하고 수출 경쟁력을 향상시킨다.(그림7)

3. '오파 파렛트' – 오친동 팀 (2018년 대상 수상)

1) 개요

현재 국내의 자동차 시장은 자동차 부품을 운송, 보관 및 관리를 크게 두 가지 방법으로 해내고 있다. 첫째, 자동차 부품을 포장 시 철재 랙에서 꺼내 개별포장을 한 뒤 파렛트에 적재하는 방법과 둘째, 각 회사별로 주문제작을 통한 전용 파렛트 형식으로 사용하는 방법이 있다.

하지만 랙에서 꺼낸 뒤 개별포장을 하게 될 경우에는 작업효율이 현저히 낮아지게 되고,

[그림 8] 2가지 기능을 복합

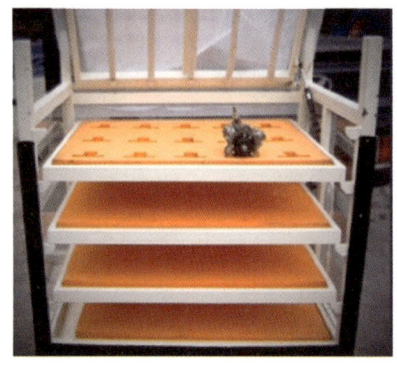

[그림 9] 탈부착형 파렛트

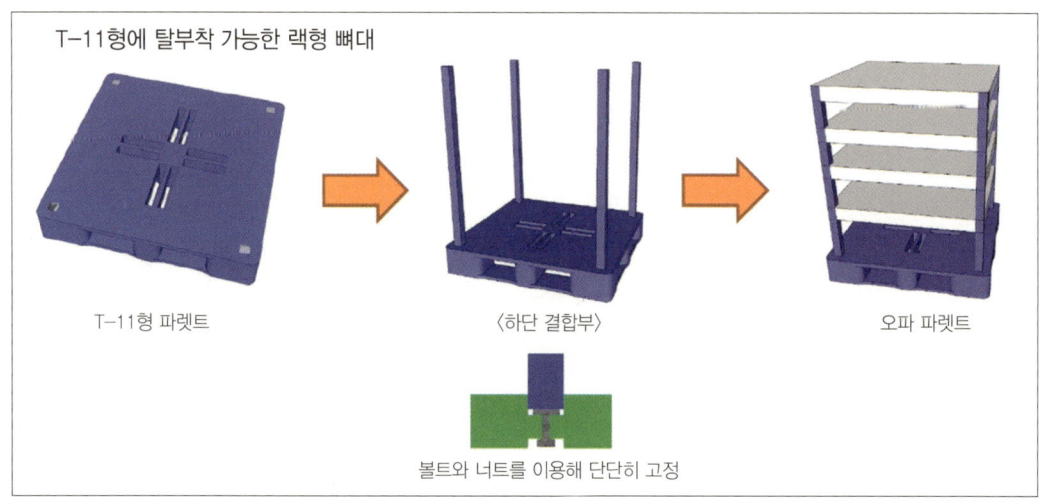

또한 주문제작을 통한 전용 파렛트를 이용하는 방식은 특정 부품에만 한정되게 적재를 할 수 있어 범용성이 떨어진다. 따라서 이러한 문제를 해결함과 동시에 신차 개발 시 부품변경으로 인한 비효율이 생기는 것을 방지, 파렛트풀 시스템의 촉진이 가능하게끔 하기 위하여 다음 아이디어를 고안해냈다. [그림 8]과 같이 차량부품을 담기 쉽도록 4칸을 두어 그 사이에 부품을 담고 보관하고 운송할 수 있는 장점이 있다. [출처: 발표 자료]

2) 차별성

기존 차량부품은 철제 전용 저장 랙이나 별도의 포장 용기를 이용하여 보관 및 운송을 하기 때문에 비용이 고가라는 단점이 있었다. 자동차 부품 겸용 파렛트는 기존 방식의 비용 부분을 절약할 수 있고, 포장의 간소화로 물류표준화를 도모할 수 있으며, 이전의 방식보다 여러 용도로 쓸 수 있어 불가능했던 파렛트 풀 시스템을 적용할 수 있다.

T-11형을 기본형으로 했을 때, 자동차 부

품 중 사이드미러, 룸미러, 전면 램프, 후면 램프 등 소형 부품들을 적재할 수 있다. 플라스틱 소재를 사용하여 비교적 가볍고, 자동차 부품을 적재하지 않을 때 일반 파렛트로도 사용이 가능하다. 차량 부품용으로 사용할 때 부품의 크기에 맞게 높이 조절이 가능하여 신차의 새로운 디자인의 부품이 나와도 적재가 가능하다.(그림9)

3) 시장성

기존의 현대자동차의 차량 부품 하청업체들은 각기 다른 모양, 크기의 부품들을 납품하기 때문에 따로 전용 포장을 해야 했으므로 파렛트에 적재하여 풀 시스템을 적용하는 데 어려움이 있었는데, 포장의 간소화와 시간을 절약하여 비용 절감 및 경제적 이익을 창출할 수 있다.

또한 [그림 10]과 같이 플라스틱으로 만들었

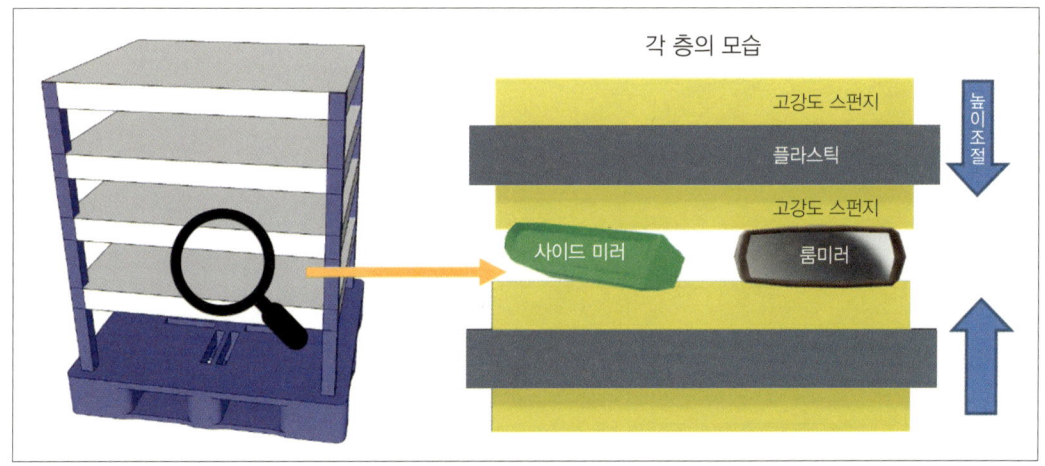

[그림 10] 부품의 적재 방법

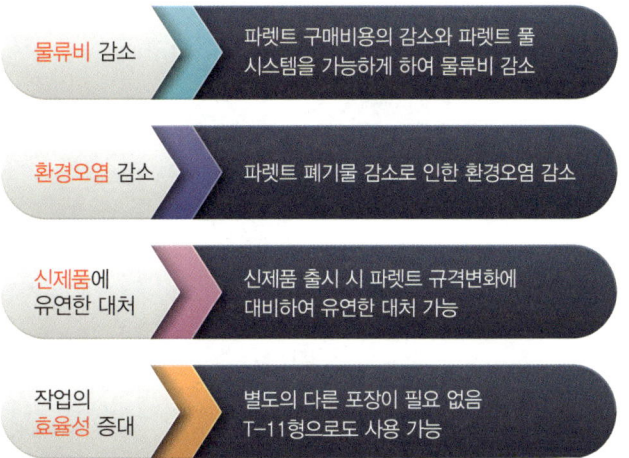

[그림 11] 기대 효과

- **물류비 감소**: 파렛트 구매비용의 감소와 파렛트 풀 시스템을 가능하게 하여 물류비 감소
- **환경오염 감소**: 파렛트 폐기물 감소로 인한 환경오염 감소
- **신제품에 유연한 대처**: 신제품 출시 시 파렛트 규격변화에 대비하여 유연한 대처 가능
- **작업의 효율성 증대**: 별도의 다른 포장이 필요 없음 T-11형으로도 사용 가능

기 때문에 비교적 저렴하고 가볍다. 또한, 차량 부품을 운송하지 않을 때에는 해체하여 일반 파렛트로 사용할 수 있으며, 공파렛트 회수 시에도 공간을 절약하는 효과를 얻을 수 있다.

4) 기대효과
① 플라스틱 소재사용으로 기존 전용 파렛트보다 비용 절감 및 파렛트 중량 감소
② 소형 차량 부품들을 별도의 포장 없이 적재 가능 (세트 적재 가능)
③ 전용 파렛트와는 달리 해체 가능 (공 컨테이너 회수 시 공간을 더 효율적으로 활용)
④ 해체 시 T-11형 파렛트로 사용 가능
⑤ 물류합리화와 물류 표준화에 기여
⑥ 자동차 부품 파렛트의 파렛트 풀 시스템의 촉진(그림11)

4. '고무마킹을 보완한 안전 파렛트' – Logistics No.1팀 (2017년 대상 수상)

1) 개요
현장에서 일을 하다 보면 파렛트가 지게차의 지게발(Tine)에서 빠져나와 물건의 파손이 일어나는 것을 자주 볼 수 있다. 파손이 일어나는 경우, 금전적인 손해 발생(상품의 파손)은 물론, 일의 효율성(현장 수습 및 재피킹) 또한 현저하게 떨어진다. 이러한 불편한 사항들을 예방하기 위해 고민하던 중, 미끄러짐 현상을 방

[그림 12] 물류현장에서 파렛트 미끄럼으로 인한 사고

지게차 운행 중 적재물 떨어짐

화단 턱을 올라가며 지게차가 넘어진 사례

지게차 전방 시야 확보 미흡으로 작업자와 충돌

지게차 포크 위에 탑승해 이동 중 떨어짐

물류현장, 다양한 사고 非一非再!
물류현장에선 다양한 종류의 사고들이 발생
파렛트를 보완하여 사고 발생을 방지

☆다양한 종류들의 사고
- 지게차 운행 중의 적재물 추락
- 지게차와 작업자와의 충돌
- 지게차 포크에서의 파렛트 이탈 현상 (분리 현상)

※파렛트 이탈 현상 (파렛트와 포크의 분리)
- 지게차의 포크(틴트)에서 파렛트 이탈 현상이 발생
- 이는 예측하기 힘들며, 사고가 발생하면 다양한 문제들 초래

지하여 상품 파손에 따르는 금전적인 피해 및 일의 효율성을 떨어뜨리는 행위를 줄이기 위해 파렛트에 고무마킹을 하게 되면 예방할 수 있다는 결론을 내게 되었다.

파렛트 내부와 지게차 틴트가 맞닿는 부분에 고무마킹을 하게 되면 지게차로 화물(파렛트에 적재된 물량)을 운반할 때 안전성이 확보되어 상품 파손 예방 및 일의 효율성 증가를 기대해 볼 수 있을 것 같아 아이디어를 고안하게 되었다.(그림13)

2) 차별성

지게차가 급하게 멈추거나 선회를 하더라도 지게차에서 파렛트가 빠져나오지 않는다. 이를 통해 기존에 빈번하게 일어났던 상품의 파손 현상이나 현장에서의 위험성이 줄어들게 된다. 또한, 언덕이 있는 내리막길에서의 안정성 또한 상승한다. 또 간단한 고무 부착으로 인해 파

[그림 13] 미끄럼 방지 파렛트의 아이디어

 아이디어 착안 배경
계단 미끄럼 방지 고무패드, 화장실 미끄럼 방지 매트에서 착안

[그림 14] 미끄럼 방지를 적용한 플라스틱 파렛트

[그림 15] 기대 효과

미시적 관점
- 파렛트 옆면에 부착된 미끄럼 방지 패드로 인해 차량 운행시 파렛트가 미끄러져 발생하는 파손 사고 감소
- 지게차 포크와 파렛트의 접점면에 부착된 미끄럼 방지 패드로 창고 내 이동 시 파렛트 이탈현상 방지 기능

개별 기업의 비용 절감으로 경쟁력 향상 도모

거시적 관점
- 아이디어 도입 시 물류기업에서 발생하는 지게차 안전 사고율 감소
- 아이디어 도입 시 미끄러져 발생하는 제품 파손 사고율 감소

관련 업체들의 파렛트 경쟁력 향상 도모

렛트 제작 시 큰 부담감이 없다.

3) 시장성

현재 물류시장에 나와 있는 파렛트에 고무가 부착되어 있기는 하지만, 이는 상품의 이동 및 바닥과의 마찰력을 높이기 위한 용도로 부착이 되어있다. 오히려 파렛트가 가장 빈번하게 이동되는 지게차와의 접착 면에는 고무마킹이 되어있지 않다.

물론 지게차 Tine에 고무가 부착되기는 하지만, 사용하다 보면 자주 떨어지고, 냉동창고같이 온도가 낮은 곳에 지게차가 들어가게 되면 지게발 한 면의 고무만으로는 안전성 확보가 떨어진다. 파렛트 고무마킹을 통해 보다 안전

하고 유용한 파렛트의 사용이 될 수 있다.

4) 기대효과

파렛트가 지게차에서 빠져나와 발생되는 파손 및 뒷수습 과정을 예방함으로써 부가적으로 발생 되는 비용이나 시간을 절약할 수 있다. 물류센터의 현장 상황은 언제든지 크게 돌변할 수 있고, 급박하게 돌아가기 때문에 부가적인 업무를 발생시키지 않는 것이 중요하다. 이를 통해 정확한 업무수행을 기대할 수 있으며, 추가적으로 발생하던 각종 비용(재피킹 시간 손실, 재고 손실, 인사 사고비, 폐기비)을 절감할 수 있다.(그림15)

제3절 글로벌 ULS 창의성 공모전 대상 – 일반부

1. 접이식 재사용 순환 택배 포장 – 2020년 대상 수상

1) 개요

코로나19로 인한 언텍트 시대에 전자상거래를 통한 택배 유통이 그 어느 때보다 확대되고 있다. 택배 유통화물 증가로 수송 물류환경 부하가 가중되어 배송 물품의 파손 사례가 증가하고 있을 뿐만 아니라 유통화물의 안정성을 확보할 필요가 생겼다. 또한, 유통화물 안전성 확보를 위한 과대포장과 이중포장으로 증가하는 일회용 포장폐기물이 쓰레기 대란을 초래할 수도 있다.

2) 차별성

[그림 1] 접이식 재사용 순환 택배 포장 (RTP: Returnable Transport Packaging)

세부 사항
– 크기 : 박스 내측 415mm×280mm×160mm
– 시안 : 환경보호 컨셉을 위하여 연두색상 선정
– 시건 장치 : 제품 보안, 개봉 방지를 위한 1회용 시건 장치 사용

※[그림 1]이 담고 있는 컨셉과 기술은 특정기업이 특허를 가진 것으로 특허권자의 허락 없이 복사 및 유포할 수 없음

⟨표 1⟩ 포장에 적용된 주요 기술별 차별성

No.	주요 적용 기술 차별성	세부내용
1	지속가능성 (재사용 가능 순환물류포장)	플라스틱 소재의 반복사용이 가능한 택배포장 ⇒ 일회성 포장폐기물 감량화
2	소재의 단일화 (유니소재화)	PE+EPE+PE의 단일소재로 강성 및 완충성 확보
3	방수방습 및 단열성	PE+EPE+PE의 단일소재로 방수방습 및 단열성 확보
4	개봉 용이성	지퍼를 적용한 작업자 및 소비자 개봉 편의성 확보
5	위변조 방지기능	내용물 보안 유지를 위한 간편식 잠금장치 개발 적용
6	물류효율성	접이식 기술 적용으로 강성 유지 및 회수물류비 저감

※⟨표 1⟩이 담고 있는 컨셉과 기술은 특정기업이 특허를 가진 것으로 특허권자의 허락 없이 복사 및 유포할 수 없음

[그림 2] 택배산업의 규모

접이식 재사용 순환 택배 포장은 안전하고 반복 사용할 수 있으며, 사양은 [그림 1]과 같다. 포장에 적용된 주요 기술별 차별성은 ⟨표 1⟩과 같다.

3) 시장성

국내 택배 물동량은 2020년 30억 6,240만 개(약 6조 7천억 원)에 달할 것으로 예상되며, 최근 코로나19로 인한 택배 물동량 증가세가 확대되고 있다. 의류, 신발 등의 택배의 경우 포장 재사용이 가능하다. 전체 택배 물동량 중 이들 포장 재사용 가능 택배의 물동량은 전체 택배 물동량의 5%로, 시장 규모는 6,750억 원(1회 사용 비용 4,500원/개)으로 추산할 수 있다. 또한, 재사용 택배 시스템 구축 시에는 택배 포장재 시장 외 회수 및 운영 등의 추가 시장 형성을 예상할 수 있다.(그림2, 그림3)

4) 기대효과

① 기술적 측면
- 재사용 순환 택배 포장 기술 확보를 통한 글로벌 시장에서 진행되고 있는 재사용 택배포장에 대한 선도적 국가 기반 마련
- 재사용 순환 택배 포장용기에 대한 솔루션

[그림 3] 환경부와 현장 적용성 평가 실시(2019.11-2020.1)

▶ 재사용 택배 포장 활성화 등 현장 적용 가능여부 등 평가 실시
현장 적용성 평가 최종 결과 (고객 244명 중 117명 설문 - 응답률 48.0%)

Q	설문항목	결과		
		긍정적	보통	부정적
Q1	택배 유통포장 폐기물(종이박스, 완충재) 감량을 위한 정부 규제 필요성 인지	84.5%	12.0%	3.5%
Q2	재사용 택배 포장 용기로 대체 시 환경 개선에 기여 여부	89.7%	6.0%	4.3%
Q3	기존 골판지 박스 대비 재사용 택배 포장 및 서비스 만족도	88.0%	7.7%	4.3%
	• 만족하는 사유: 환경적 기여(59.2%) > 포장재 회수(27.2%) > 제품의 보호성(9.7%) > 패키징 디자인(1.9%) • 불만족하는 이유: 포장 반납절차(100%)			
Q4	향후 재사용 택배 포장용기의 현장 적용 동의 여부	86.3%	10.3%	3.4%
Q5	재사용 택배 포장용기에 대한 사용료 발생시 추후 사용의사 여부	35.9%	24.8%	39.3%
Q6	재사용 택배 포장 사용료에 대한 적정 금액 : 1,000원 미만(71.4%) > 2,000원 미만(16.7%) > 3,000원 미만(9.5%)			

✓ ROI : 택배비 4,500원, 20회 사용(회수율 90%, PKG 10만 개 보급 기준)

출처: 유통 포장재 감량을 위한 현장 적용성 분석 연구, 2020, 환경부(KCL)

제공으로 소비자에게 신뢰성 확보
- 언택트 시대의 도래에 따라 전자상거래에 대한 안전유통 포장 솔루션 확보

② 정책적·산업적 측면
- 국내 유통환경의 물류환경부하(진동, 낙하 등)에 대하여 택배 유통 안전성 확보를 통한 소비자 신뢰성 확보
- 정부의 친환경 정책에 이바지하며, 회수, 세척, 공급 등에 대한 산업적 확대를 통한 신규 산업 구축

③ 사회적 측면
- 택배에 대한 안전성 향상과 일회용 폐기물 감소에 따른 환경 비용 절감 효과
- 반복 재사용으로 인한 자원 절약과 환경 보호에 기여
- 소비자 유통 파손율 저하로 인한 국가와 기업에 대한 국민 신뢰성 제고

2. 전력용 변압기 전용 파렛트 - 2019년 대상 수상

1) 개요

한국전력공사의 주상변압기 관련 환경문제 개선과 재무적 손실 해소, 물류합리화 추진의 일환으로 변압기 전용 물류기기 개발을 추진

[그림 4] 변압기 절연유 유출로 인한 환경문제 발생

[그림 5] 한국전력 물류센터 변압기 보관 현황

  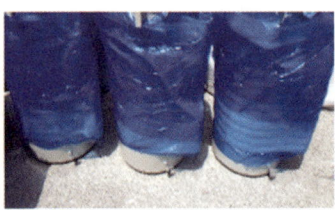
  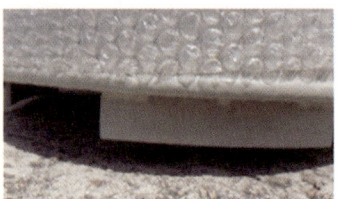

하였다. 약 200만 대의 주상변압기를 설치, 운용 중으로, 운전 중이나 취급 중 파손으로 절연유[1] 유출이 발생하고 있다. 게다가 약 500kg의 중량물로 취급 시 충격으로 절연유가 누유되면 전용 트레이가 없어 회수가 곤란하다. 또한, 누유되는 변압기를 자재 야적장에 보관 시 절연유가 외부로 유출되어 환경오염 유발 피해를 줄 수 있다.(그림4, 그림5) [출처: 발표 자료]

2) 차별성

주상변압기 생산에서 설치까지 각 거점별 이동과 보관 과정에서 환경오염을 방지하고 전용 물류기기를 통한 상하차와, 보관 시 물류합리화를 추진할 수 있다. 1 Shot 사출 생산 시 금형 비용이 고가로, 상, 하판을 별도 생산하여 융착 또는 조립하는 구조로 생산이 가능하다. 유출된 절연유를 한곳에 모아 분리가 가능한

---

[1] Poly Chlorinated Biphenyls(폴리염소화비페닐)로서 열에 안정되고 전기절연성이 우수하여 2008년 2월 이전 주상변압기 내부 절연유에 사용하였다. 최근에는 맹독성을 지닌 발암성 환경호르몬으로 분류되고 있다.

[그림 6] 한국전력 전용 파렛트의 사양과 도면

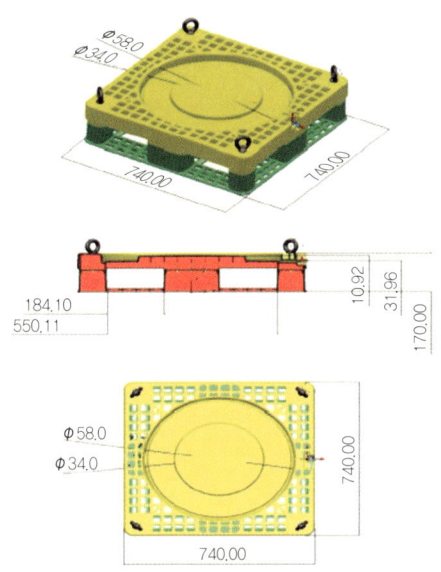
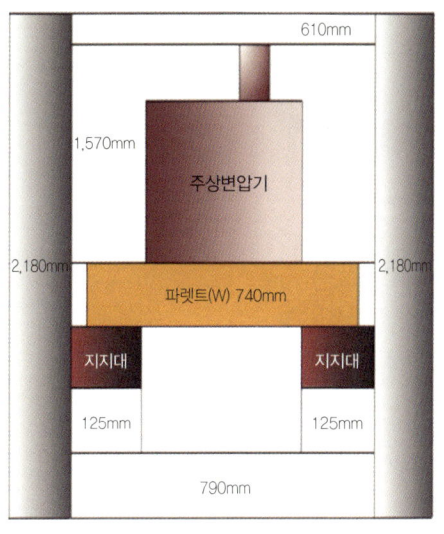

한전물류 자동창고 변압기 적재 규격

[그림 7] 한국전력 전용 파렛트 누유 방지 설계

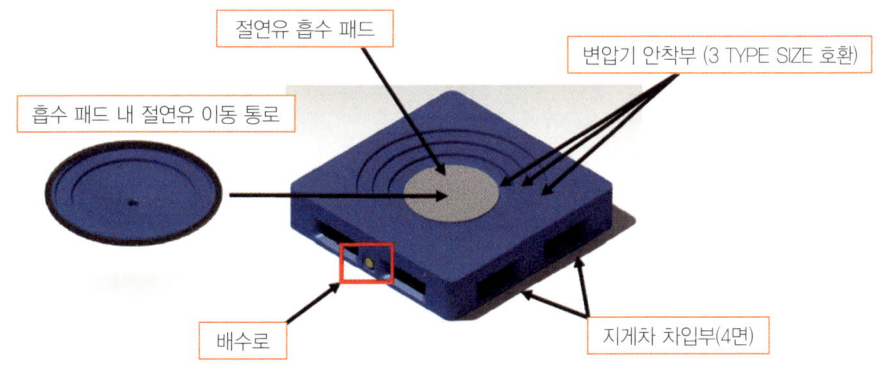

구조로 제작한다.(그림6, 그림7, 그림8)

3) 시장성

한국전력공사의 주상변압기 물류에 적용이 가능하며 해외 주상변압기 시장에 대한 마케팅도 가능하다. 한전 변압기 적용 시에 시장성은 약 250억 원으로 추정하고 해외 수출 시에는 약 3,000억 원 이상으로 추정한다.

4) 기대효과

환경친화적인 전용 물류기기로 절연유 유출에 따른 치명적인 환경피해와 이에 따른 경제적인 손실을 줄일 수 있다. 또한, 전용 물류기기 미사용으로 인해 보관공간이 과대하게 필요했던 점과 기존에는 크레인으로 상차와 하차가 진행되었던 관계로 작업시간도 길어질 수밖에 없었던 부분에 대한 개선이 가능하다.(그림9)

[그림 8] 한국전력 전용 파렛트 누유 방지 설계의 장점

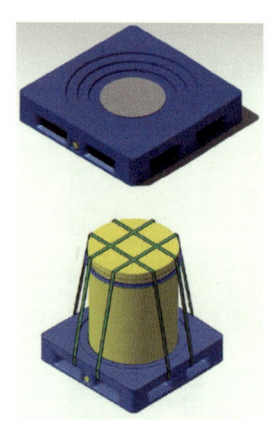

파렛트 사이즈	• 740mm×740mm • 파렛트 대각선 방향으로 고정장치 적재시 오버행 발생하지 않고 변압기 적재 가능
변압기 까치발	• 동일 변압기의 까치발 위치에 무관하게 적재 가능 • 단, 까치발이 변압기 몸통보다 직경이 작아야 함
절연유 분리장치	• 절연유 집진을 파렛트에 구현하지 않아도 별도의 장치를 통하여 절연유를 변압기에서 분리할 수 있는 장치
파렛트 내 절연유 분리장치	• 파렛트 적재면에 기름을 흡수하는 재질의 패드 사용 • 파렛트 중앙에 기름을 분리할 수 있는 구조 디자인

[그림 9] 변압기 운송 파렛트화를 통한 제조회사 경제성 향상 및 품질확보

As-Is	To-Be
• 동원 연인원 : 19명 • 운반장비 : 크레인, 지게차 • 하차 후 파렛트 별도 사용	• 동원 연인원 : 5명 • 운반장비 : 지게차 • 제조~현장 설치 전까지 파렛트 사용

바퀴 트레이+변압기

공장내부 ⇨ 외부 이동
(3인 작업)

공장 외부에서 상차
(3인 작업)

한전 물류센터 보관

3. 화장품 생산입고와 출하용 포장BOX 공동화 및 표준화
  – 2018년 대상 수상

1) 개요

A사 공장의 경우 53여 개 협력사에서 각사별로 플라스틱상자(P-Box)를 운영하여 납품하기 때문에 각사별로 빈 플라스틱상자를 위한 하치장이 필요하다. 그러나 공간부족으로 야외 적재를 함으로써 오염이 증가하고 있다. 또한, 2만여 빈 플라스틱상자를 업체별로 정리하는 작업을 하여야 하는데, 현재의 인력 4명으로는

[그림 10] A사 공장으로 53여 개 협력사에서 각 사별로 P-Box 운영

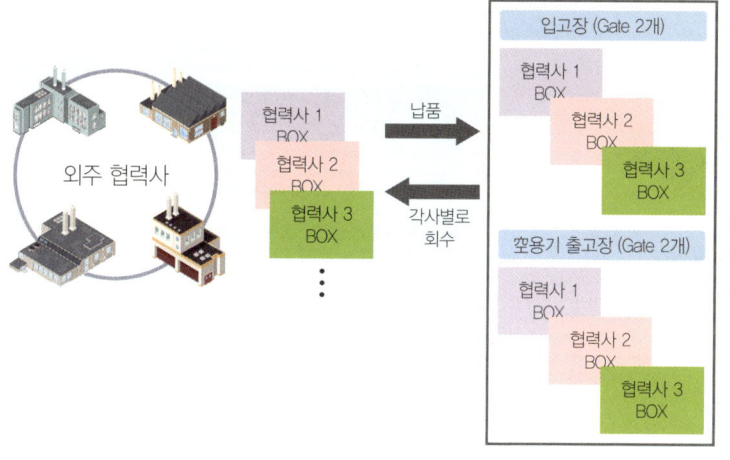

[그림 11] 기존 박스의 문제점

부족한 실정이다.(그림10) [출처: 발표 자료]

2) 차별성

화장품 생산 입고 과정에서 포장박스 비표준화는 박스 선별을 통해 그 비효율성 개선하고 포장박스 청결문제를 해결할 수 있다. 또한, 화장품 출하 물류과정에서 포장박스의 일회성 골판지 상자를 신형Box로 대체하고 공동화함으로써 비용을 절감하고 환경오염을 개선할 수 있다.(그림11, 그림12)

3) 시장성

국내 대표적인 화장품 제조사 A사, L사를 시작으로 기타 제조사로 시장 확대가 가능하다.

VII장 유닛로드시스템 응용 혁신 사례   435

[그림 12] 신형 박스의 장점

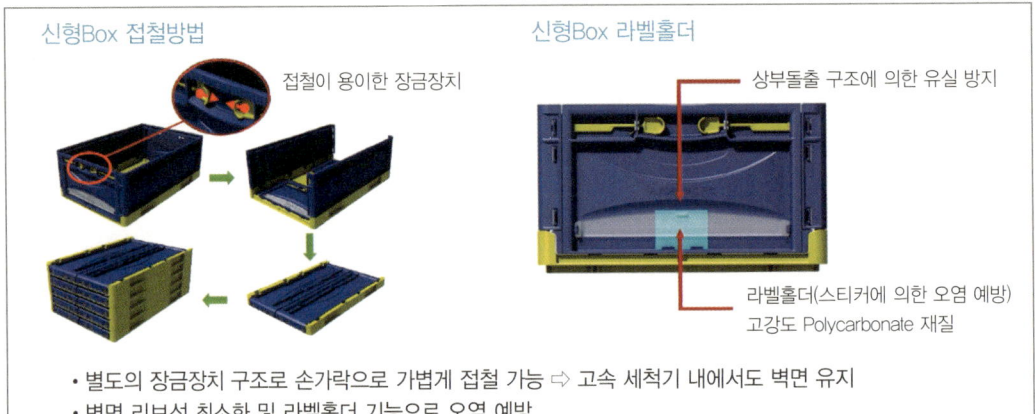

[그림 13] 물류 출하 과정에서 Smart Shuttle Rack

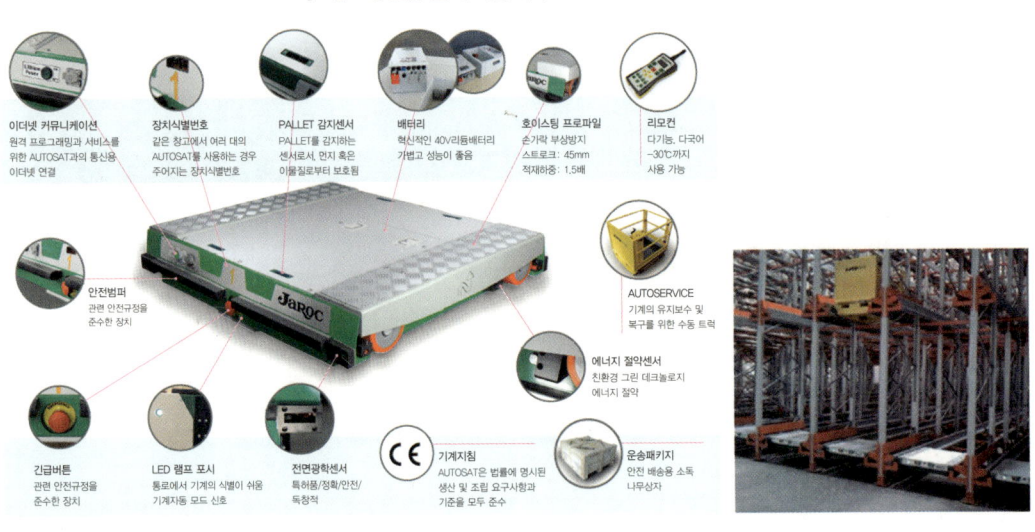

기존의 전형적인 Drive-in Rack시스템에서 자동으로 적재·출하할 수 있는 시스템을 구축하여 같은 채널에서 반복하여 적재·출하작업을 효율적으로 할 수 있다.(그림13, 그림14)

4) 기대효과

화장품 생산 입고를 할 때 포장박스를 표준화하여 선별하는 데 효율성을 개선할 수 있을 뿐만 아니라 포장박스를 세척하여 청결도도 향상시킬 수 있다. 또한, 화장품 출하 물류과정에서 일회성 골판지 상자 대신 재사용 가능한 다회성 상자를 도입하여 비용을 절감하고 환경개

[그림 14] Shuttle Rack에 최적화된 Smart Box

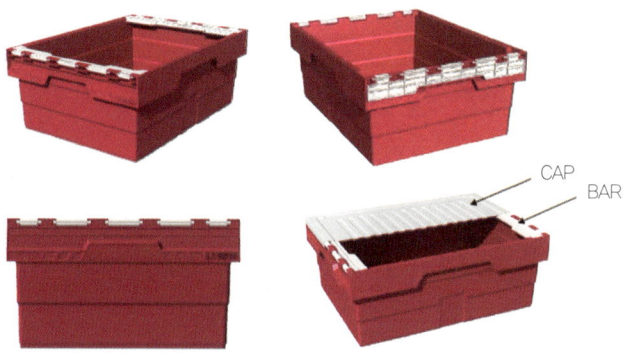

[그림 15] Smart Box를 사용한 유닛로드시스템 구현을 통한 Smart Factory

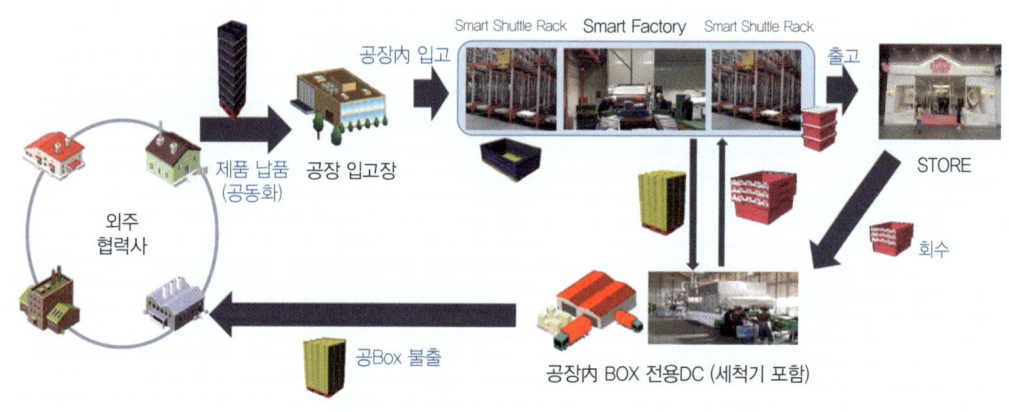

선에도 도움이 될 수 있다. [그림 15]는 RFID를 기반으로 하고 스마트 박스를 사용한 유닛로드시스템을 구현하여 'Smart Factory'를 실현하는 모습이다.

4. 국가 간 자동차 부품 수출입 RTS 도입 방안
   – 2016년 대상 수상

1) 개요

자동차 휠 납품에 대부분 1회용 포장용기를 사용함으로 인한 문제가 지속적으로 발생됨에 따라 제품 포장에 적합한 RTI[2] 용기 개발과 동

[그림 16] 플라스틱 Tray 개발 필요

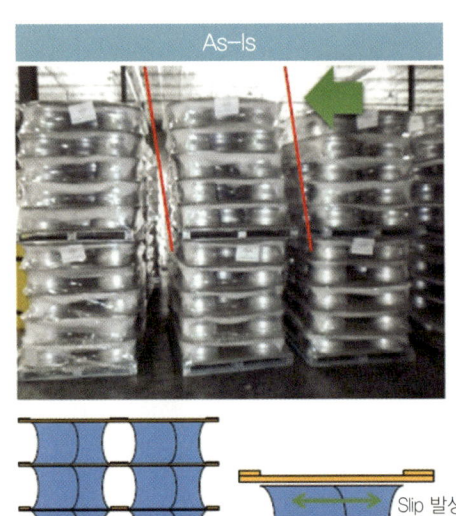

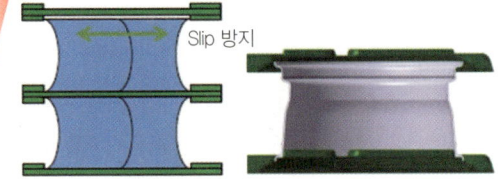

장거리 장기간 이동 시 제품 손상 예상 　　　　슬립에 의한 제품 손상 방지

시에 1회용 포장재와의 경쟁력을 갖출 수 있는 RTS[3] Model을 수립하고자 한다.

자동차의 성능과 마찬가지로 외관이 중요시 되면서 자동차 휠의 중요성이 점점 커지고 있는 시장 현황이다.

특히 자동차 휠은 특수 표면 처리를 통해 고가의 휠이 생산되고 있으며, 대형화되면서 납품 용기 및 물류 효율화에 관심이 많아지고 있다. 하지만 완성차 업계의 1회용 포장용기를 사용함으로 인한 문제가 지속적으로 발생하고 있는 현실이다.

포장에 적합한 RTI의 용기 개발과 동시에 1회용 포장재 대비 경쟁력을 갖출 수 있는 RTS 모델을 수립하고자 한다. 회수 가능한 포장재 도입으로 1회용 자재 낭비를 제거하고, 운송 중 부품 안정성 향상 및 이적작업 간소화를 통해 원가절감과 친환경 물류를 실현하는 것을 목적으로 한다.(그림16) [출처: 발표 자료]

2) 차별성

자동차 휠 납품 시 부득이 1회용 포장용기를 사용하고 있지만 품질 및 추가 작업으로 인한 작업성 저하로 RTI가 필요한 시장이다.

1회용 포장용기와 비교하여 기능적으로 우수한 RTI를 통해 총비용의 절감 효과까지 이룰 수 있는 RTS를 실현함으로써 향후 휠 납품 물

---

2) RTI: Returnable Transport Item의 약자로 반복사용이 가능한 물류용기를 일컬음
3) RTS: Returnable Transport System, RTI를 효과적으로 사용하기 위한 체계를 의미함

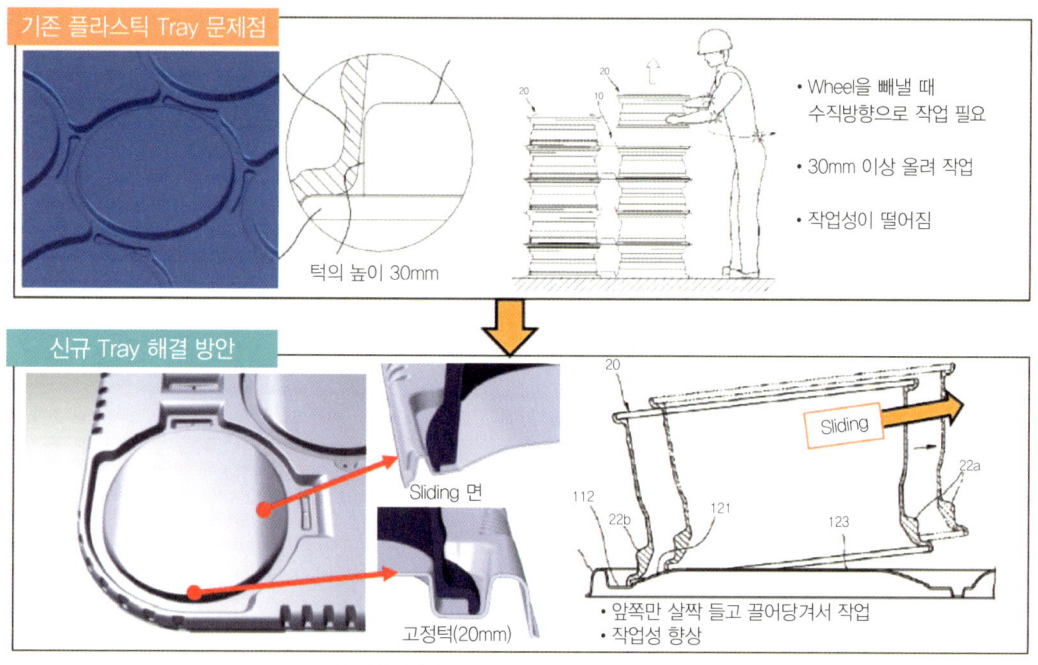

[그림 17] 기능성을 강화한 Tray 개발

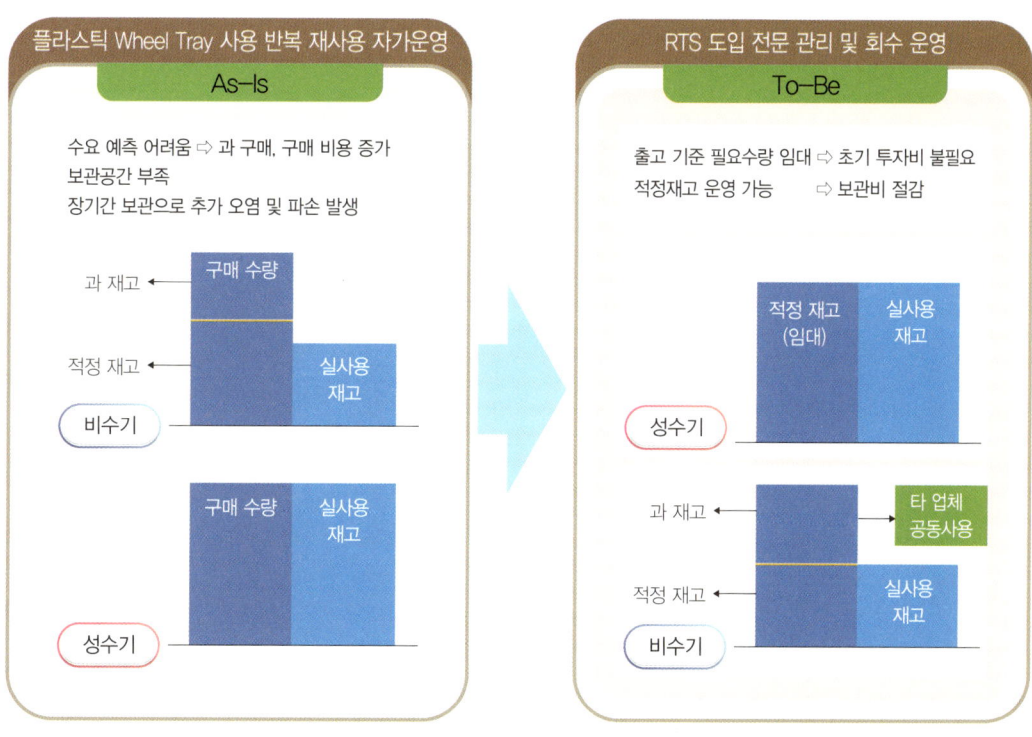

[그림 18] 공동사용의 특징과 재고수준 조절

<표 2> RTS와 공동운영에 따른 효과

구분	자사보유, 1회용 Tray 운용	Tray Pool System 운용
보유량	• 작업, 대기, 출하, 회수 등의 흐름으로 실제 사용량보다 5배 이상 필요	• 최소한의 Tray로 운용 가능 (유동성 재고)
비용	• 자체 구입시 초기 투자비 과다 • 보관장소 및 관리비 추가 부담 • 회수비용 과다 및 분실율, 회전기간의 장기화 • 골판지의 경우 원지가격 상승으로 인한 고비용 구매	• 매월 Pool 이용료만 지급 • 전국적 Network 구축으로 적시공급 • 회수부담 해소
가동률	• 경기, 계절적 변동에 따른 잉여 Tray 발생 (가동율 저하)	• 최소한의 Tray 이용으로 수요에 탄력적 대응
공동화	• 자사 내에서만 사용 가능 (타사제품 혼적 발생) • 소유권 분쟁 소지 발생	• 자산운용의 번거로움 해소 • 공동 반복사용
환경보호	• 1회용 포장재 사용에 따른 폐기물 발생 (환경부담금 가중)	• 반복사용으로 환경문제 해소

류에 RTI 시장을 확대할 수 있는 가능성을 확인한다.(그림17)

3) 시장성

현재 휠 납품과 관련하여 작업성 및 비용 상승으로 1회용 포장재를 사용하고 있다. 자동차 휠이 점점 대형화되고 있으며, 알루미늄 표면보호가 중요시 되고 있는 상황에서 작업성이 좋고 휠 표면을 보호할 수 있는 휠 전용의 RTI가 필요하다. 이런 문제를 해결할 수 있도록 포장, 해포, 적재율 등에 최적인 모델을 개발하여 1회용 포장재 대비 탁월한 기능적인 효과를 구현한다.(그림18)

4) 기대효과

휠 전용 RTI 도입으로 1회용 자재 낭비를 제거하고, 운송 중 부품의 안정성을 향상 시킬 수 있을 뿐만 아니라 이적작업을 간소화함으로써 원가절감 및 친환경 물류를 실현할 수 있다.(표2)

VIII장
향후 방향과 과제

제1절 유닛로드시스템의 전개 방향
제2절 ULS 보급 촉진을 위한 과제

"초연결성"
Super-connectivity

결국 모든 것은 연결되어 있다. – 사람, 아이디어, 사물들과의 연결의 품질은 그 자체로 품질의 열쇠다. －찰스 임스－

Eventually everything connects - people, ideas, objects. The quality of the connections is the key to quality per se. - Charles Eames

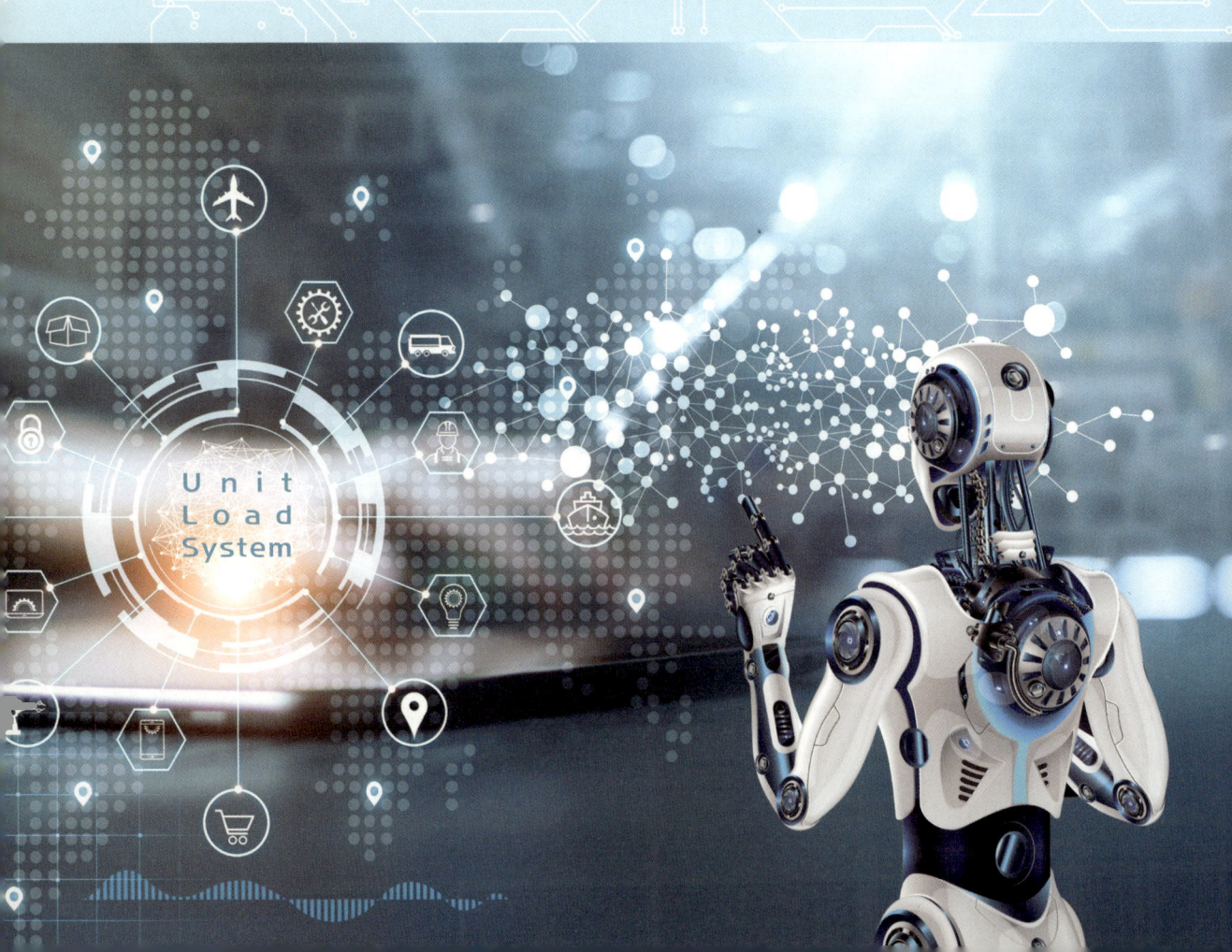

제1절 유닛로드시스템의 전개 방향

1. 공급망 효율을 위한 '스마트 유닛로드시스템'

1) 유닛로드시스템의 '스마트화'

최근 치열한 경쟁에서 성장하려는 대형 유통업체와 이커머스 기업에서는 "공급망을 효율적으로 운영하고 공급망의 물류활동에서 생성된 데이터를 효과적으로 수집 및 관리하는 기업이 시장을 지배한다."는 얘기가 정설처럼 통하고 있다. 특히 전 세계를 관통하는 글로벌 공급망 체계에서는 운송과 보관 및 상하역을 기계화하고 상품의 실시간 위치정보를 파악하여 재고를 삭감하고 효율성을 극대화하는 방법을 모색했다. 유닛로드시스템의 도입이 로컬의 공급뿐만 아니라 글로벌 공급망에서 재고의 삭감과 막힘없는 물류를 수행하는 데 효과적인 수단으로 발전하고 있다.

공급과 수요 지역이 필연적으로 확대될 수밖에 없는 글로벌 공급망에서 실시간 운송 및 재고 정보가 없으면 각 공급 거점별로 재고를 많이 쌓아 놓아야 한다. 이러한 상황이 공급망 전체에 영향을 미쳐 '채찍효과 – Bullwhip Effect'가 발생한다. [그림 1]에 보듯 수요예측에 대한 데이터가 수요자와 도소매, 유통업 및 제조업체를 흘러가면서 왜곡되어 과다하게 확대되는 것을 볼 수 있다. 예측에 대한 정보가 불확실하고 실시간으로 공유되지 않으면 공급망의 각 거점에서는 재고를 많이 확보할 수밖에 없는 악순환을 반복한다. 예측가능하지 않는 상황에서 사람은 불안을 느끼기 때문이다.

이러한 왜곡을 방지하고 실시간 수요에 대응할 수 있는 재고관리를 가능하게 하는 수단이 '유닛로드시스템의 정보화'이다. 유닛로드시스템의 첫 번째 장점은 단위화물의 치수와 중량 및 성능을 표준화하여 보관 및 상하역 작업을 기계화함으로써 물류시간과 비용을 절감하는 효과가 있다는 점이다. 두 번째 장점은 일회용이 아니라 회수하여 반복 사용할 수 있는 체계를 구축할 수 있다는 것이다. 회수하여 계속 사

[그림 1] 공급망에서 정보의 불확실성으로 인한 채찍효과

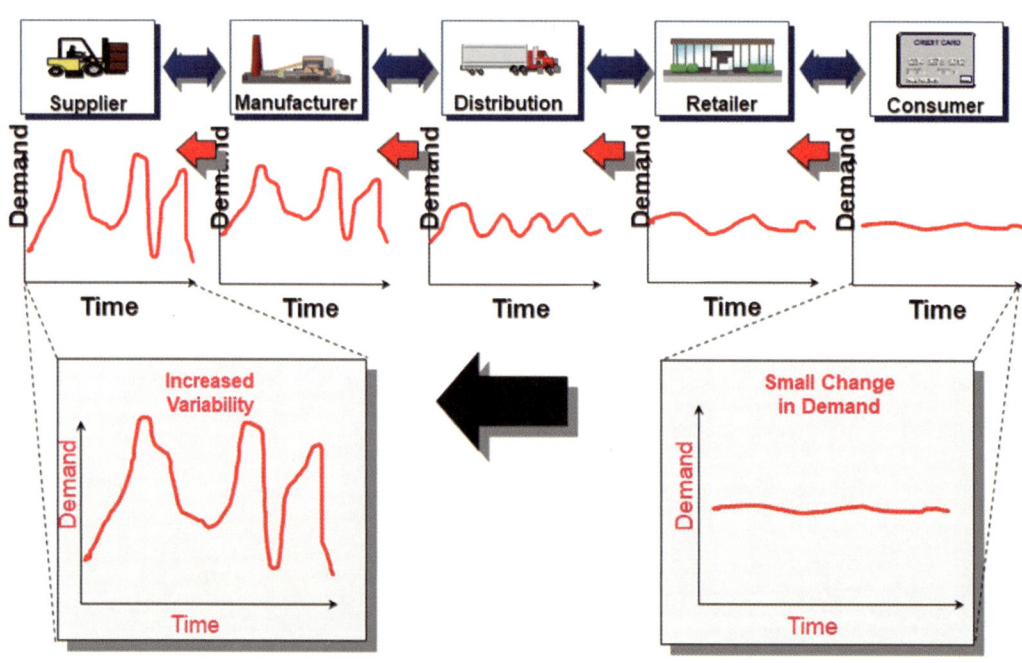

[그림 2] 공급망에서 물류정보의 가시성(Visibility) 확보

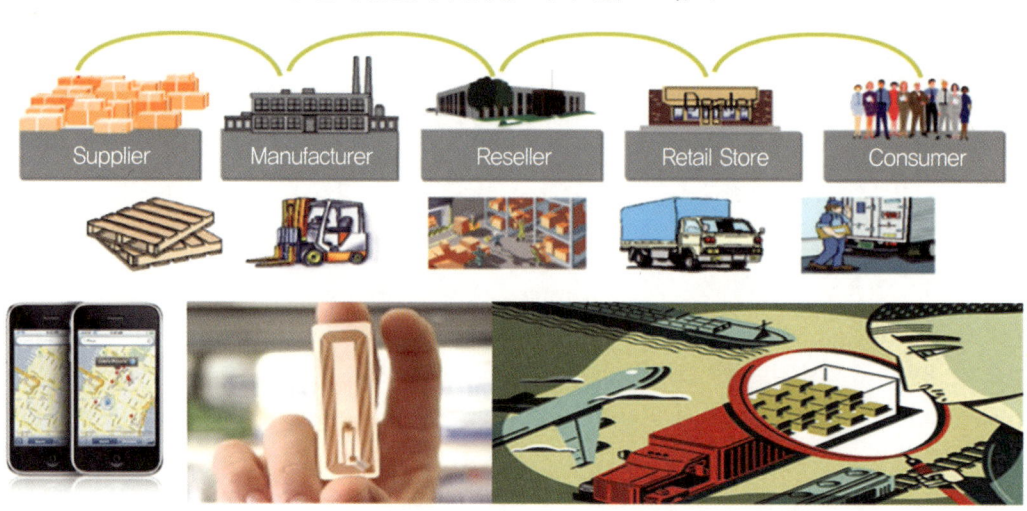

출처: 스마트 물류분야 국가표준 코디네이터 발표자료, 철도기술연구원, 2011

용할 수 있도록 하는 것은 물론 유닛로드에 정보 태그를 부착하여 실시간으로 회수용기인 파렛트과 플라스틱 컨테이너의 고유 정보뿐만 아니라 화물정보까지를 공급망 정보시스템과 연결함으로써 [그림 2]와 같이 공급망 전체의 효율성을 제고할 수 있다.

공급망의 효율성뿐만 아니라 공급망에서 물류활동을 통해 생성된 고객정보를 효과적으로 수집하고 관리할 수 있는 기업이 경쟁력을 갖게 된다. 다음은 유닛로드시스템을 어떻게 스마트하게 물류 현장에 적용될 수 있는지를 살펴본다.

2) B2C 시장의 '회수용 스마트 포장상자'

유닛로드시스템의 스마트화는 B2B 시장에서뿐만 아니라 직접 고객을 상대로 비즈니스를 하는 B2C 시장에서 이커머스 업체들이 풀어야 할 과제이다. 단위화물인 유닛로드의 스마트화를 통해 공급망에서의 생성된 실시간 재고 및 배송 정보를 이해 관계자들이 조회하여 재고를 줄일 수 있다. 그러면 소비자를 대상으로 하는 이커머스 업체도 동일하게 포장상자에 RFID 태그를 붙이거나 와이파이 혹은 NFC(Near Field Communication)를 통해 소비자의 택배 수령 시간과 위치를 파악할 수 있도록 해야 한다. 이 '회수용 포장상자'는 반복 사용하여 친환경을 추구하는 것은 물론 팬시 품목처럼 만들어 소비자로 하여금 계속 사용할 수 있는 포장박스라는 메시지를 전할 수 있다.

스마트 포장박스는 반복적으로 사용하는 친환경적이라는 특성만 있는 것이 아니다. [그림 3]의 Physical Internet[1]에서 소개된 π-Container와 같이 모듈화된 치수에 의해 여러 종류의 포장상자를 조합하여 사용함으로써 물류효율화를 극대화할 수 있도록 한다. π-Container와 유사한 특성을 가진 '회수용 스마트 포장상자'를 이용하여 물류 서비스를 높일 수 있다. 물류 효율화를 위한 특성보다 더 큰 장점은 소비자의 구매정보와 수탁정보 등의 데이터를 수집하고 분석하여 예측 가능한 물류 서비스를 제공할 수 있기 때문에 타사와 차별되는 경쟁력의 원천이 될 수 있다는 점이다. 문제는 많은 투자가 필요하다는 것인데, 그 해결 방법을 찾아보자.

예를 들어 소비자는 본인이 원하는 특정한 시간에 상품을 받기를 원한다. 회사에서 근무하고 있는데 상품이 집으로 도착했다는 문자 메시지를 받는 순간 불안했던 경험이 있을 것이다. 예측 불가능한 택배 활동이기 때문이다. 사람은 예측이 불가능해지는 순간 불안감을 느낀다. 이커머스 업체는 소비자로부터 수집한 수탁 정보를 근거로 고객이 원하는 시간과 장소에 상품을 배달할 수 있어 (고객의 불안감을 없애줄 수 있으므로) 고객 만족을 더욱 높일 수 있다. 우리나라는 대부분의 국민이 국토가 좁고 인구가 밀집된 도시에 살기 때문에 '회수용 스마트 상자'의 보급과 회수가 상대적으로 유리하다.

또한 이러한 서비스를 제공하는 물류업체와 이커머스 업체는 상호 협업을 통해 오프라인에서 물류데이터를 수집하고 가공하여 부가가치 높은 서비스를 고객에게 전할 수 있어 투자회수가 가능하다. 이러한 장점이 미국의 아마존과 같은 거대 이커머스 기업이 국내에 진출할 경우에도 생존할 수 있는 강력한 이유가 되기도 한다.

---

1) Physical Internet이란 인터넷상에서 Packet을 이용하여 정보를 전달하는 방법을 응용하여 물리적 공급망에서 Packet과 유사한 Smart Packaging으로 불리는 'π-Container'에 스마트 태그를 부착하여 물리적으로 상품을 전달할 뿐만 아니라 재고, 배송, 수탁정보, 온도 및 습도 정보까지 수집, 조회 및 가공하여 부가가치 서비스를 제공하기 위한 방법이다. 아직은 실용화 되지 않았지만 최근 폭발적인 비대면 서비스의 확상으로 인해 그 가치의 중요성이 다시 부각되고 있다.

[그림 3] π-Container의 모듈화

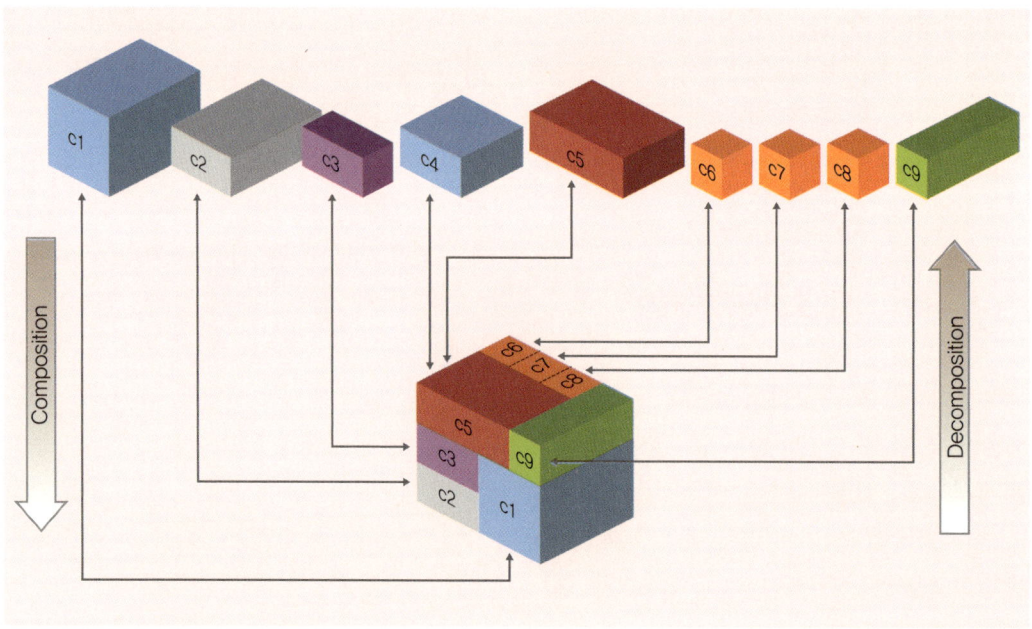

출처: Wikipedia

3) 스마트 물류 플랫폼

파렛트, 플라스틱 상자와 화물컨테이너와 같은 유닛로드 기기에 정보를 함께 담아 공급망을 이동할 때 기업은 필요 없는 재고를 줄이고 민첩하고 신속하게 고객에게 전달할 수 있는 능력을 발휘할 수 있다. 앞서 기술한 '회수용 스마트 포장상자'도 사용할 수 있다. 이러한 서비스 수준의 향상이 기업의 경쟁력으로 이어갈 수 있기 때문에 글로벌 공급망에서 유닛로드시스템을 구축하는 것이 그만큼 중요하다.

최근에는 글로벌 IT 기업인 마이크로소프트, 아마존, 구글에서 클라우드 웹서비스를 제공하여 물류센터 출고에서부터 운송과정을 거쳐 입고 물류센터에 입고될 때까지 파렛트 화물의 정보를 실시간으로 웹서비스로 전달된다. 이 데이터를 공급망의 모든 이해관계자가 실시간으로 모니터링하면서 재고관리와 상품의 배송관리를 효과적으로 수행하고 있다. [그림 4]는 인텔에서 개발한 Intel Connected Logistics Platform(ICLP)을 이용하여 클라우드 웹서비스를 제공하는 과정을 보여 주고 있다.

그림에 보듯 파렛트 단위뿐만 아니라 상자 단위에도 IC칩을 부착하여 공급망에서 화물의 이동과 보관 및 재고정보를 실시간으로 파악할 수 있는 능력이 있다. 위에서 설명한 '스마트 포장상자'도 이곳 플랫폼을 이용하여 공급 및 회수과정을 통해 각종 고객정보를 획득할 수 있는 기회가 된다.

인텔의 ICLP와 같은 물류통합 플랫폼은 고가이거나 온도에 민감한 상품을 위해 위치정보뿐만 아니라 온도, 습도 등에 민감한 화물의 정보도 효율적으로 추적하고 모니터링하여 화물과 함께 물류기기에 대한 가시성을 극대화할 수 있다. 공급망에서 가시성이 높을수록 재고

[그림 4] 클라우드 웹서비스를 이용한 실시간 정보의 모니터링 – 인텔 ICLP

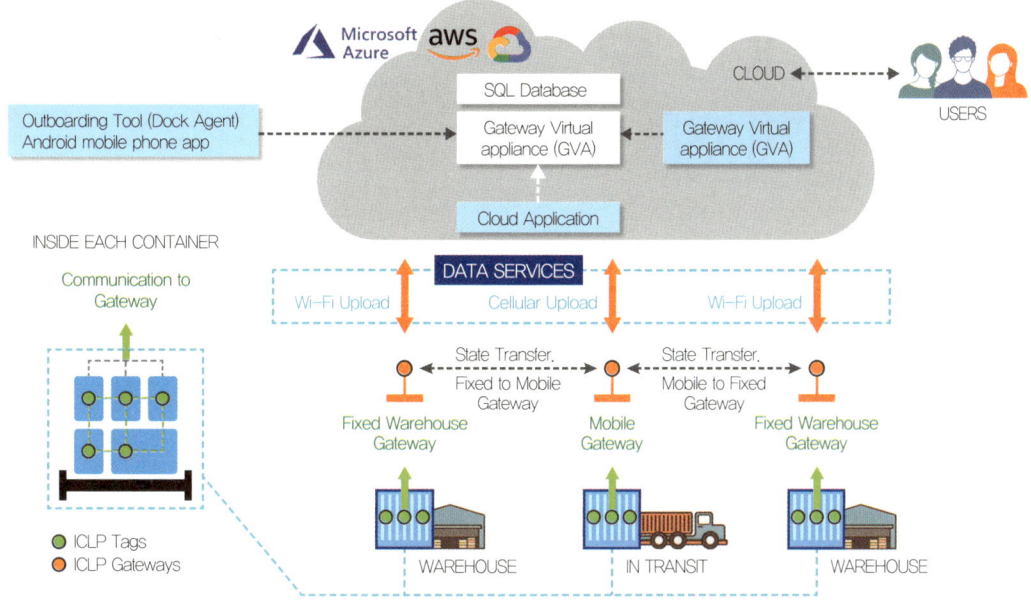

출처: Logistics and Asset Management, White paper, Intel

를 줄일 수 있고 고객서비스를 높일 수 있다. 4차 산업혁명의 시대를 맞고 있는 오늘날, 기업은 공급망을 효율적으로 관리하고 물류통합 플랫폼과 연결된 유닛로드 기기들을 스마트하게 통합하여 물류 경쟁력을 확보할 수 있는 능력 여부에 따라 기업의 승패가 드러날 것이다.

제2절 ULS 보급 촉진을 위한 과제

1. 유닛로드화의 보급과 홍보

유닛로드시스템은 공급망에 연결된 수많은 기업을 거치면서 파렛트나 컨테이너 등 물류기기가 유통하는 체계이기 때문에 사회적 시스템으로 인식된다.

이 때문에 유닛로드시스템을 보급하고 촉진하기 위해 업종별 표준 파렛트의 책정, 파렛트의 공동이용과 공동회수에 대한 합의를 도출하고, 파렛트 운용의 구축 등 정책 수립을 시작으로 관련 단체가 주체가 되어 업계 등에 대한 유닛로드화 보급촉진을 위한 PR 활동이 극히 중요하다.

1) 유닛로드시스템 보급 확대와 계몽

종전에는 경제단체 및 민간단체에서 영상매체를 통한 홍보영화를 제작 상영하였고, 〈물류표준화 실천 매뉴얼-유닛로드시스템 구축〉 등 많은 홍보 인쇄물이 발행되었으나, 근래에는 부족한 상태이다. 따라서 이러한 책자도 중요하지만, 성공사례 발표와 사례집을 발간 홍보하는 것이 요망된다. 본 편람의 발간 취지도 유닛로드시스템을 보급하고 홍보하는 데 있다.

2) 지속적인 물류현장 실태조사

정기적으로 실시하는 파렛트 및 컨테이너 실태조사뿐만 아니라 〈물류표준화 실태조사〉, 〈유닛로드시스템 실태조사〉 등을 실시하여 보급 확대방안을 모색하고 현장에 귀를 기울임으로써 개선방안을 찾아 실행해야 한다.

3) 주기적인 교육

물류표준화 및 유닛로드시스템의 경제적 가치에 대한 지속적인 교육을 실시하여 보급 및 확대에 기여하는 것은 물론 나아가서 물류비 삭감 및 고객서비스를 개선하도록 한다.

2. 아시아 파렛트 상호인증시스템 도입

1) 아시아 리터너블 파렛트 추진 배경

유럽은 이미 1964년 스위스, 독일, 프랑스 국영 철도회사가 주축이 되어 유럽 10개국에서 리터너블 파렛트를 공동으로 사용할 수 있는 협정을 체결하여 국가 간에 이동하는 파렛트에 관세를 면제하는 체제를 구축하였다. 그 후 1991년 유럽파렛트협회(EPAL)를 통하여 인증제도를 수립하여 유럽 28개국에서 연간 4천만 매 생산하는 파렛트에 인증마크를 부여하고 있으며, 상호 인증시스템을 통하여 연간 5억 매의 인증을 받은 파렛트가 유럽 23개국의 화물을 수송하고 있다.

한국을 비롯한 중국과 일본도 무역량이 증가함에 따라 수송시스템을 효율적으로 운영하기 위해서는 일회용 파렛트의 사용을 줄이고, 회수하여 반복 사용할 수 있는 일관수송용 평파렛트물류용기의 개발이 필요하게 되었다. 특히 기업의 해외 생산기지 이전으로 인한 글로벌화가 진행되면서 한국에서 수출화물에 사용하는 파렛트를 재수입하는 경우나 해외 공급업체로부터 화물을 수입하고 재수출하는 경우가 빈번해지고 있지만 이런 경우에도 면세가 되지 않고 있다. 국가 간 리터너블 파렛트를 사용해야 하는 이유는 면세 문제뿐만 아니라 향후 그 사용을 활성화해야 하기 때문이다.

한·중·일은 이러한 문제를 극복하기 위해 아시아 파렛트 공동 표준을 제정하여 표준화를 추진하고 역내 국가 간의 무역에 일관수송용 파렛트 보급을 통한 물류효율화를 도모함으로써 물류비를 절감하고 서비스를 향상시켜 무역 활성화에 기여하고자 한다. 한·중·일 리터너블 파렛트 공동표준은 한국과 중국 및 일본의 파렛트 표준규격과 ISO 6780: '대륙간 물류용 평 파렛트 - 주요 치수와 허용치수'를 기초로 하여 작성되었으며, 한·중·일 표준안을 비교 분석한 후 3국의 합의에 따라 최종 공동표준을 제정하였다.

한·중·일을 포함하여 아시아 지역 내 리터너블 파렛트 표준 및 인증시스템 제정의 목적은 아시아 역내, 특히 한·중·일간의 효율적인 통합물류시스템을 구축하기 위한 것으로, 3국의 공동 표준과 인증제를 제정하여 리터너블 파렛트의 품질을 보증하고 반복 사용하여 관세를 면제함으로써 한·중·일 물류비를 절감하고 무역을 증진하기 위한 것이다.

2) 파렛트 면세에 따른 비용 절감

한·중·일을 포함한 아시아 지역에 표준 파렛트 보급이 활성화되기 위해서는 현재 일회용 파렛트에 부과되는 관세를 면제받을 수 있는 체계인 '한·중·일 파렛트 상호 인증시스템'이 필요하다. 그것은 화주가 제품 수출 시 파렛트 및 물류기기에도 제품과 동일하게 고유번호 및 식별 가능한 장치를 사용하여 재수출하는 파렛트임을 증명해야 면세가 가능하기 때문이다. 한·중·일간 화물 운송 시 사용하는 파렛트는 물류용기임에도 불구하고 제품으로 분류되어 관세 및 부가세가 〈표 1〉과 같이 부과되기 때문에 대부분 일회용 파렛트를 사용하고 있는 실정이다.

3) 상호인증체제 구축

〈표 1〉 한·중·일 3국의 물류용기에 대한 관세율 및 부가세율

(단위: %)

구 분	한국	중국	일본
관 세	6.5 %	8.0 %	5.8 %
부가세	10.0 %	17.0 %	5.0 %

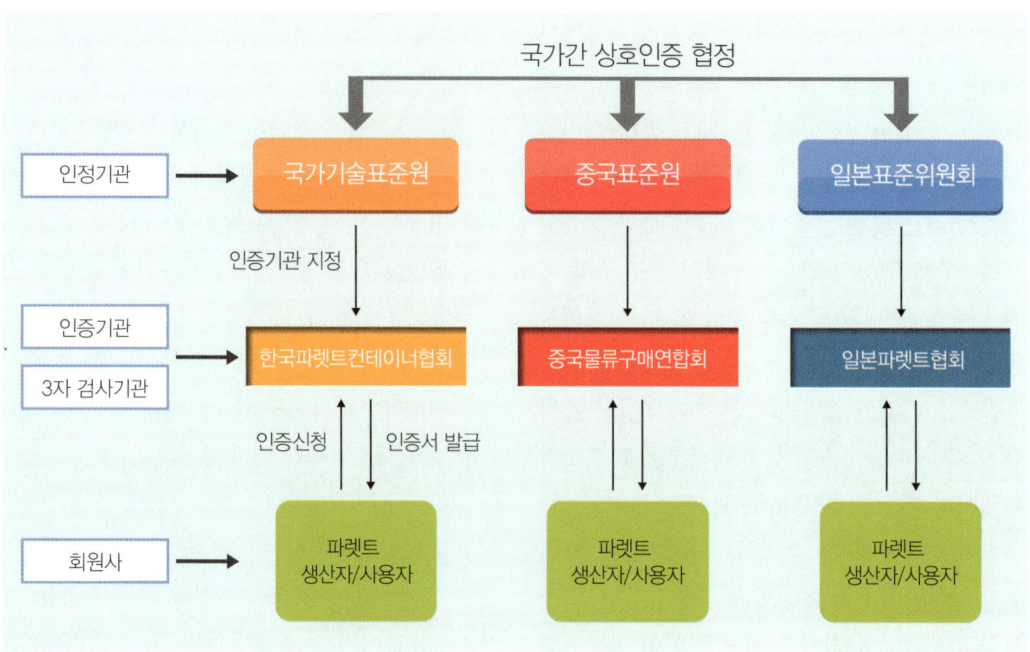

[그림 1] 아시아 파렛트 상호인증제도의 실행을 위한 구조 (Framework)

한·중·일을 포함한 아시아 지역에서 파렛트를 상호 인증하고 회수하여 반복 사용하기 위해서는 각국의 인증에 관한 허가기관으로부터 인증기관으로 등록을 받아야 한다. [그림 1]과 같이 한국에서는 국가기술표준원이 그 인증업무를 아시아파렛트시스템연맹의 대표기관인 (사)한국파렛트컨테이너협회에 위임을 하면 될 것이다. 인증기관으로 등록을 받은 대표기관은 생산공장 인증 및 파렛트 제품에 대한 인증업무를 수행하게 된다. 또한 파렛트의 품질 보증을 위해서는 파렛트의 품질을 객관적으로 평가

하는 것이 중요하기 때문에 각국에서는 제3의 검사 공인기관을 선정하여 검사절차에 따라 시험을 실시하고 그 결과를 인증기관에게 통보하도록 한다.

한국을 비롯한 중국과 일본도 무역량이 증가함에 따라 수송시스템을 효율적으로 운영하기 위해서는 일회용 파렛트의 사용을 줄이고, 회수하여 반복 사용할 수 있는 일관수송용 평파렛트에 대한 상호인증제도를 개발하는 것이다. 유럽에서는 벌써 1964년에 실시한 유럽 파렛트공동사용시스템을 통하여 유럽 국가의 물류

비를 줄이고 물류서비스를 높이는 중요한 계기가 되었다. 최근에는 유럽파렛트협회를 통하여 운영하는 '파렛트 인증제도'를 수립하여 연간 4천만 매 생산하는 파렛트에 인증마크를 부여하고 있으며, 연간 5억 매의 인증받은 파렛트가 유럽 23개국의 화물을 효과적으로 수송하고 있다.

이에 한국을 비롯한 중국과 일본도 무역량이 증가함에 따라 무역을 위한 수송시스템을 효율적으로 운영하기 위해서는 일회용 파렛트의 사용을 줄이고, 회수하여 반복 사용할 수 있는 일관수송용 평파렛트 상호인증제도가 필요하게 되었다.

4) 향후 추진방향

현재 아시아파렛트시스템연맹(APSF)에서 한국과 일본이 협력하여 상호인증제를 위한 표준과 규정을 완료하였다. 다만 중국구매연합회 산하의 중국 파렛트전문위원회(China Pallet Committee)에서는 일대일로 전략에 의거하여 유럽의 파렛트협회와 유럽의 표준규격인 1,200mm×800mm 파렛트를 중국 표준규격으로 채택할 전망이다. 이에 대응하기 위해 한국과 일본은 상호 협력으로 중국의 국내 표준규격과 관계없이 '아시아일관수송용 리터너블 파렛트'에 대한 상호인증제를 지속적으로 추진하기로 하였다.

3. 물류포장 발전방향

1) 스마트 포장 개발

IT의 발전과 최근의 코로나 팬더믹 상황으로 인한 비대면 거래의 증가는 물류포장에도 큰 변화를 불러일으킬 것으로 예측된다. 변화의 핵심에는 스마트포장기술의 발전과 급속한 확산으로 귀결될 것이다. 또한, 스마트물류의 발전과도 궤를 같이 하여야 하기 때문에 전제조건인 스마트포장의 전개가 필수적이다. 식품포장 분야에서 주로 적용되고 있는 Active Packaging, Intelligent Packaging 등의 발전을 주목하여야 한다. 또한, 바코드를 넘어서서 2차원 심볼 및 RF 태깅 등을 포장분야에 효율적으로 접목하는 것이 스마트포장의 주요 개발과제이다.

2) 물류포장 국제표준화 적극 대응

코로나 팬데믹을 겪으면서 세계는 좁아졌고, 동일한 가치체계가 점차 확산되고 있음을 인식하게 되었다. ISO 및 IEC 등 국제표준화기구의 역할이 더욱 커질 것이며, 물류분야에서는 표준화 움직임이 극대화될 것으로 보인다.

현재 물류포장 분야에서는 ISO 3676 표준파렛트 규격에 대응하는 ISO 3394 표준포장 치수로 600mm×400mm, 550mm×366mm, 600mm×500mm의 3개 모듈치수와 이들의 계열치수가 규정되어 있다. 이 중에서 600mm×500mm 계열치수군은 한국의 제안으로 ISO 3394 개정안에 포함되었다. 이 모듈치수를 사용하여 국내 ULS 표준파렛트 이원화에 효율적으로 대응하고 글로벌 물류체계 추세에도 잘 적응하여야 한다. 향후 KS와 ISO가 서로 부합하고 실용화될 수 있도록 신속한 정비가 요구된다.

3) 회수포장 표준용기 개발과 적용

물류에서 친환경은 이제 선택사항이 아니고 필수사항이 되었다. 물류포장에서 친환경을 극대화할 수 있는 부분은 회수체계 구축과 회수용기 개발이다.

RTS(Returnable Transport System)에 관한 ISO 표준이 한국의 주도로 제정된 바 있지만, 분야별로 적용될 표준용기의 구체화는 아직 진행 중이다. 글로벌 유통에 적용될 회수용 국제표준 용기를 분야별로 개발하고 시스템에 포함시키는 노력을 적극적으로 추진하여야 할 것이다.

4. 순환물류체계의 현안 및 발전방향

1) 현안

순환물류체계(RTS: Returnable Transport System)가 가진 경제적, 환경적 장점을 활용하고 전 산업에 확산하기 위해서는 아래와 같은 현안을 해결해야 한다.

① 수준 높은 공급망관리로 역물류(회수물류)의 효율성 제고: 높은 수준의 전산화와 공급망 관리를 통해 불필요한 재고 축소 및 적시적소 공급
② 파손 및 도난 감소: 특히 렌탈 및 풀 시스템에서 발생하기 쉬운 고의적 파손과 도난방지를 위한 공동노력
③ 온라인 상거래 등 생활물류에서 RTS 확대: 급성장하는 전자상거래시장에서 폐기물 문제가 심각하다. 운반용 일회용 용기를 대체하여 재사용이 가능하고 위생적으로 청결한 용기 공급 필요
④ 국가 및 국제적 표준화 연계 필요: 각 산업 분야 표준용기 등 지속적인 표준화 확대 필요
⑤ 아직도 일부 기업 중심의 자가방식으로 운영되고 있어 특정 거래처 납품(만)을 위한 물류 용기의 환적 작업이 별도로 필요하거나 생산성 저하가 발생

2) 발전방향

상기 현안과 미래전망을 바탕으로 향후 발전방향을 아래와 같이 제시한다.

가) 순환물류체계의 효율 제고

순환물류의 성공적인 도입을 위해서는 표준화뿐만 아니라 순환물류용기 및 장비를 효율적으로 운용할 수 있는 시스템이 최적화되어야 한다. 시스템의 최적화는 물론 IoT, AI 등을 활용한 순환물류 자산관리 및 배분이 우선되어야 하겠지만 세척자동화 등 하드웨어 인프라도 충분히 갖춰져야 한다. 파손 및 도난방지를 위한 교육과 인적 네트워크도 중요하다.

나) 4차 산업혁명에 적합한 순환물류용기 및 기기 개발

신선물류, 비대면 유통, 물류자동화 등 4차 산업혁명과 함께 새롭게 대두되고 있는 다양한 비즈니스와 기술이 발전하고 있다. 순환물류용

기 및 기기 역시 이에 적합한 소재 및 IT 기술을 접목하고 생활물류 서비스 등 새로운 비즈니스 영역을 개척해야 한다.

다) 순환물류의 영역 확장

공유경제(Sharing economy)의 활성화와 함께 파렛트와 공동 물류용기(소형 플라스틱 상자 등)로 대변되던 순환물류용기에서 탈피하여 반복·재사용 가능한 소비자제품포장의 영역까지 비즈니스 영역을 확장할 필요가 있다. 최근 온라인 유통 및 디지털유통이 활성화되어 생활물류서비스가 일반화됨에 따라 소비자포장 비용 절감은 물론 환경보호 측면에서 지속적으로 각광받을 것으로 전망된다.

라) 국제표준화 및 네트워크 구축

순환물류 운영체계의 국제표준화를 통하여 전 세계적인 무역에서의 순환물류용기에 대한 무관세 실현이 가능할 것이다. 또한 순환물류용기 및 그 내부에 적입된 상품에 관한 추적 및 이력 관리가 용이하게 되며, 이를 통하여 무역 거래 시 보안 및 안전이 강화될 것으로 예상된다.

순환물류 운영체계의 표준화를 통하여 물류용기의 일회성 사용을 대폭 줄이고 재사용 비율을 크게 높일 수 있으며, 이를 통하여 이산화탄소 배출을 줄이는 효과를 기대할 수 있다.

한 예로 아시아 RTS 시스템은 한·중·일 및 아시아 무역에 필요한 RTS의 표준화를 통하여 공동운영시스템을 구축, 운영하고 관세를 면제받기 위해서는 우선 Marking을 이용한 상호인증시스템을 도입하고 차후 RFID/USN 기술을 이용하여 식별할 수 있는 장치를 부착함으로써 제품수명주기관리기술을 적용하여 정보화, 안전성, 친환경 특성을 갖춘 스마트 물류가 가능하도록 하는 시스템이다. '아시아 RTS인증시스템'을 운영하기 위해서는 각국 정부기관들과의 협의가 필요하며 관세청 기관들의 협력도 필수적이다.

5. 유닛로드치수의 표준화 확산을 위한 공용치수의 도입

1) 유닛로드 치수의 정합성

우리나라는 표준 유닛로드치수로 T-11형과 T-12형 일관수송용 표준파렛트 치수를 채택하여 두 가지로 운용하고 있다. 1995년에 유닛로드시스템 통칙이 제정되어 T-11형 단일규격으로 유지하다가 국제화에 부합하기 위해 2013년 12월에 T-12형을 추가하였는데, 이는 아시아파렛트시스템연맹(APSF)과 중국의 규격과도 동일하며 ISO 표준에도 모두 포함되어 있다.

이 두 치수는 ISO 표준에서 해상용 화물컨테이너(Freight Container) 너비의 내치수 2,330mm로부터 T-11 및 T-12형의 가로(장축) 치수가 분할된 것이다. 결과적으로 해상용 컨테이너 너비 내치수는 공용 배수치수가 되어 국가간에 파렛트 유통의 장애가 없이 사용되고 있다. 국내에서는 육상운송에서는 광폭 트럭의 너비 내치수가 2,280mm로 제정되어 있으며,

T-12형의 경우 단축의 세로치수(1,000mm)를 기준으로 트럭 너비와 서로 정합하고 있다.

2) 공용치수의 도입 및 활성화

표준 유닛로드치수의 공용치수는 크게 두 종류로 구분되며, 물류모듈화를 구성하고 있다.

첫째, 공용 배수치수로 수송(배수)모듈화에 해당되는 합집합 치수를 말한다. T-11형과 T-12형 치수를 모두 포괄하는 해상용 화물컨테이너의 너비 내치수인 2,330mm가 해당된다.

둘째, 공용 분할치수는 포장(분할)모듈화에 해당되는 치수이다. 두 종류의 치수에 모두 해당되는 교집합 치수를 말하며, 이런 공용치수는 파렛트 바닥면의 적재방법은 달라도 적재수량이 동일한 치수로 정의된다.

국가표준에서 T-11형과 T-12형의 표준포장치수는 각각 69종, 40종으로 되어 있다. 총 109종에서 두 파렛트의 공통으로 해당되는 치수는 7가지이며, 바닥면적의 적재율이 가장 낮은 것이 99.2%이다.

우리나라는 두 종류의 표준파렛트의 도입으로 인해 산업현장에서 발생하는 비능률과 혼선 및 재작업 등을 해야 하는 문제점을 수반하고 있다. 또한, 산업 구조상 많은 제품의 규격이 포장표준치수에 적합하지 않으므로, 국가표준치수에 맞는 포장표준화를 한다는 것은 사실상 많은 어려움이 있다. 특히, 제품의 외관이 고정형상이면 포장표준화가 더욱 불가능하여 물류표준화의 큰 제약요소로 대두되고 있다.

이러한 제반 문제점을 개선하려면 국가차원의 공용포장치수를 도입하는 것이다. 공용포장치수 도입을 물류표준화 정책에 반영하여 제도화하면, 2종 규격의 파렛트를 쉽게 활용할 수가 있어 제반 문제를 개선할 수가 있다.

공용치수 포장표준화를 추진함에 있어 공용치수 7종(600×500, 600×250, 500×300, 500×200, 300×250, 300×200, 250×200)을 가이드라인으로 하여 파렛트 적재작업 용이성 및 벌어짐 현상, 포장표준화의 한계성 등을 고려, 공용치수 7종과 유사한 계열의 치수 사용을 제도화하고 파렛트의 바닥면 적재율을 85% 이상으로 권장하는 것이 효과적일 것이다.

6. 지구환경 보전과 물류의 발전과제

1) 지구환경 보전과 물류의 과제

정부는 2030년 국가온실가스감축목표(NDC)와 2050년 장기저탄소발전전략(LEDS)을 2020년 12월 30일 유엔기후변화협약사무국에 제출하였다. 이를 토대로 산업계, 전문가 등의 의견을 수렴하여 탄소 감축 세부대책을 수립하여 목표를 실천해 나갈 예정이다. 또한, 산업, 에너지, 수송 부문별로 감축 로드맵을 2021년도까지 작성하기로 했다. 이를 물류산업계와 정부가 협력하여 물류효율화 및 탄소감축 방안의 일환인 유닛로드시스템 보급을 확대할 수 있는 계기로 활용할 필요가 있다.

가) 수송부문 감축목표

2030년 국내 온실가스 총 배출전망치(BAU)는 8억 5,080만 톤이며, 감축계획은 2억 7,641만 톤으로 감축율은 32.5%이다. 이 중에서 물류를 포함한 수송부문의 배출전망은 2030년 전체 배출량의 12.3%인 약 1억 520만 톤(잠재 배출량 56만 톤 포함)으로 예상된다. 이에 따라 2030년까지 수송부문의 배출량 29.3%를 삭감(3,080만 톤)해야 한다.

나) 유닛로드시스템의 확대 필요성

2030년까지 수송부문 온실가스 감축목표량 3,080만 톤을 일반교통부문과 화물의 수송물류 부문으로 나누어 감축해야한다. 정부 관련 부처와 수송(물류단체 포함) 관련 단체가 긴밀한 협의를 통하여 정해야 한다.

2030년 수송물류 부문의 감축 대책을 살펴보면, 친환경 자동차 보급확대, 연비개선, 친환경 선박 보급, 물류 효율성 증대 등이다. 특히 수송물류 효율성을 높이기 위해서는 유닛로드시스템의 도입 및 확대가 더욱 절실하다. 특히, 현재 코로나19 사태로 비대면 유통 물류비중이 확대되고 있다. 이에 따라 일관파렛트 및 컨테이너 유닛로드시스템의 보급 확대는 물류비용 절감과 온실가스 감축의 중요한 대책이 될 수 있으므로 유닛로드시스템 기반 확충이 매우 중요하다.

2) 지구환경 보전과 순환경제의 추진과제

유럽(EU)의 순환경제 추진 내용과 유엔환경계획(UNEP)의 신 플라스틱 순환경제(The New Plastic Economy) 사례를 살펴보고, 우리나라에의 적용방안을 강구해야 한다.

① EU(유럽공동체)와 같이 제품생산 단계에서 재활용과 수리, 재사용 증대를 위하여 초기생산 계획 및 디자인 단계부터 수리가 용이하도록 해야 한다.
② 특히 EU(유럽공동체)의 사례와 같이 제품 사용 시 오랜 기간 사용할 수 있도록 내구성을 높이기 위하여 수리수선, 세척 등을 통하여 재사용, 반복사용 정보, 부품 교체 정보를 미리 제공해야 한다.
③ UNEP(유엔환경계획)의 신 플라스틱 순환경제는 모든 플라스틱이 재사용, 재활용, 혹은 퇴비화가 가능하게 하고, 플라스틱 내 유해물질을 사용하지 않는 등 플라스틱이 완벽하게 순환할 수 있는 체계를 마련해야 한다.
④ 반복 재사용 제품이 물질 재활용, 에너지 회수보다 자원순환 가치가 더욱 높다. 따라서 순환경제 활성화를 위해서는 이에 걸맞은 인센티브 부여 등 장려 방안이 필요하다.

7. 풀링시스템의 환경적 효과 평가와 홍보

1) LCA 기법을 통한 환경적 효과 평가의 필요성

현재 전 지구적으로 폐기물의 다량 발생으로 친환경적 폐기물 처리 및 재자원화가 주요한 환경이슈로 급부상하였으며, 특히 미세플라스틱에 의한 해양오염 등 플라스틱 폐기물로 인한 환경문제 해결이 시급한 화두로 떠올랐다. 플라스틱으로 인한 온실가스 배출량은 2015년 기준 전체 온실가스 배출량의 3.8% 수준이지만, 플라스틱 사용량 증가 추세에 따라 2050년에는 15%까지 늘어날 것으로 예측되고 있다.

이에 따라 2018년 EU 집행위원회는 플라스틱을 순환경제의 리스크 요인으로 판단하고, 이에 대응하기 위해 플라스틱 전략 및 일회용 플라스틱 사용 제한 지침안을 발표하는 등 플라스틱에 의한 환경오염을 해결하기 위한 노력을 기울이는 중이며, 우리나라의 경우 플라스틱 1회용품 사용 관련 규제, 플라스틱 폐기물 수입 제한 등 플라스틱 폐기물의 발생 및 처리에 관련된 규제가 강화되고 있다.

플라스틱 파렛트는 국내 플라스틱 관련 규제 강화 추세에 맞춰 향후 EPR(Extended Producer Responsibility: 생산자책임재활용제도) 품목으로 포함될 예정에 있으나, 파렛트 및 컨테이너는 풀링시스템을 통해 지속적으로 회수되어 계속해서 반복 사용되는 순환물류 용기로써 물류산업 현장에서 플라스틱 파렛트 및 컨테이너의 사용량을 절감하는 자원순환형 제품이다.

따라서 파렛트 및 컨테이너 풀링시스템의 플라스틱 사용 절감에 따른 환경적 효과 분석을 통해 풀링시스템의 친환경성을 평가할 필요가 있다. 해외 국가들은 파렛트 풀링시스템의 친환경성을 평가하기 위한 방법으로 전과정평가(LCA: Life Cycle Assessment) 기법을 이용하여 연구를 수행해왔다.

2) 풀링시스템의 친환경성 홍보

일본 JPR, CHEP, 스웨덴 식품무역협회 등은 LCA 연구를 통한 파렛트 풀링시스템의 환경적 효과를 강조하고 이를 활용하여 파렛트 풀링시스템의 온실가스 배출 저감효과 및 플라스틱 폐기물 발생 저감효과를 지속적으로 홍보해왔다. 특히 일본 JPR은 파렛트 풀링시스템 이용 시 자사 파렛트 직접 구매 운영에 비해 온실가스 배출량을 약 79.5% 감소시킬 수 있으며, 연간으로 환산 시 약 32만 톤의 온실가스 배출이 저감 된다는 점을 적극 홍보하고 있다.

반면, 기존 국내 파렛트 및 컨테이너 관련 LCA 연구는 생산단계에서의 환경적 평가만 일부 수행되었고, 풀링시스템 전체에 대한 평가는 이뤄지지 않아 풀링시스템의 친환경성에 대한 홍보가 불가능한 상황이었다.

이에 따라 새로운 연구를 통해 플라스틱 파렛트 및 컨테이너의 생산단계에서부터 유통단계 및 최종 폐기단계까지의 실제 데이터를 수집하고 이를 기반으로 분석하였다.

분석 결과, 풀링시스템을 통한 플라스틱 파렛트 및 컨테이너의 연간 온실가스 배출 저감량이 각각 49만 1,430톤CO_2 및 46만 5,246톤CO_2로 분석되어 파렛트 및 컨테이너 풀링시스템은 플라스틱 사용량을 크게 절감시키고 반복 재사용을 통해 자원순환성을 높일 수 있는 것으로 나타났다.

따라서 파렛트 및 컨테이너 풀링시스템의 정량화된 환경영향 저감 효과를 각종 홍보매체를 통해 지속적으로 홍보할 필요가 있으며, 특히 코로나 19로 인해 플라스틱 사용량이 급증하고 있는 상황에서 플라스틱 사용량을 줄이고 온실가스 배출 저감량을 감축시킬 수 있는 자원순환형 친환경 비즈니스 모델로서의 파렛트 및 컨테이너 풀링시스템을 부각할 필요가 있다.

8. 철도화차의 표준화 촉진

1) 철도복합운송의 활성화

철도화물운송은 물류의 문전수송이 이루어지는 전 과정(Door-to-Door 서비스) 중 역간(station to station) 운송만 담당하므로 필연적으로 역간 운송의 양 끝단을 담당하는 타 운송수단과의 연결효율성을 중시하지 않을 수 없다. 이러한 타 운송수단과의 연결을 포함하는 복합운송의 경쟁력은 효율적인 연결을 가능하게 하는 유닛로드시스템의 정착에서 확보된다고 할 수 있다.

철도화차를 이용하는 복합운송이 활성화되기 위해서는 화차의 표준화와 함께 철도화차 및 트럭이 상호작용하는 철도터미널(물류기지)의 표준화가 요구되고 있다. 도로운송을 담당하는 트럭과의 환적이 효율적으로 이루어질 수 있는 표준설계가 반영되어야 한다. 터미널의 용량 부족과 환적 효율성 저하는 철도를 이용하는 복합운송의 증대에 장애가 될 수 있기 때문이다.

국가 간 국제철도운송을 위해서는 현재 국가 간 각기 다른 화차의 상호운영 가능성을 높이는 기술개발이 관건이라고 할 수 있다. 이를 위해 철도 관련 국제기구, 관련 당사국 정부, 철도화물운송사업자 등의 협업이 증대되어야 한다. 정부는 법률제정을 통해 철도화차의 풀(pool)을 형성하고 이를 활용하는 화차의 임대업이 존립할 수 있는 기반을 제공하는 것도 중요해 보인다. 철도화차의 풀 형성은 화차의 표준화 증진에도 기여할 수 있기 때문이다.

또, 철도를 이용하는 복합운송이 국내에서, 그리고 국경을 통과하는 국제운송에서 활성화되기 위해서는 관련 정보가 표준화되어 고객을 비롯한 관련자 간 소통이 신속하고 원활하게 이루어져야 한다.

파렛트에 실린 화물, 이를 담은 화차와 컨테이너, 컨테이너를 전용 운반하는 화차, 실시간 화물 및 화차 추적, 조차 및 배차시스템, 예약, 대금 지급, 송장발행, 타 교통수단과의 연계관리, 전자문서 생산 등을 가능하게 하는 정보시스템이 구축되어야 상호운영 가능성 및 복합운송이 활성화된다고 할 수 있다.

유럽의 TAF-TSI(Telematics Application for Freight Services - Technical Specification for Interoperability)가 이러한 노력의 대표적인 예라고 할 수 있다. 우리나라를 비롯하여 북한, 중국, 러시아가 이를 수용하고 적극 정보시스템에 활용할 때 국제철도운송은 더 효율성이 높아질 것이다.

2) 철도표준의 통합관리 체계의 구축

파렛트, 컨테이너와 같은 유닛로드시스템의 용기 표준화에 따라 이를 수용하는 철도의 유개화차, 평판화차의 표준화가 꾸준히 추진되어 오고 있다. 표준화된 파렛트의 적재를 최대화하고 상·하역의 효율성을 높일 수 있는 유개화차의 변신은 지금도 진행 중이다. 컨테이너를 수송하는 평판화차의 경우는 UIC(International Union of Railways, Union Internationale des Chemins de fer: 국제철도연맹)의 표준제정(UIC Leaflet 571-4)으로 국제운송에 필요한 최소한의 규격은 정립되었다고 할 수 있다. 그러나 사용되는 컨테이너의 종류가 각국의 국내시장 사정으로 다양화하는 경향이 있어 이를 수용하는 평판화차 제작이 이루어지고 있다.

최근 정부는 철도표준관리의 효율성 제고 및 일원화를 위해 한국철도기술연구원으로 하여금 한국산업표준(KS)과 한국철도표준규격(KRS)을 통합한 '철도표준 통합 관리체계'를 구축하도록 하였다. 이원화 관리된 산업표준화법에 의한 철도분야 한국산업표준(KS) 150종과 철도안전법에 의한 한국철도표준규격(KRS) 261종을 통합하여 철도 분야 국가표준 400여종을 한국철도기술연구원으로 하여금 통합 관리하기 위해서이다. 이에, 본 연구원은 국제표준에 부합하고 철도차량·용품의 형식승인을 위한 기술기준의 필수요건과 요구사항에 대응하도록 철도표준의 효율적 정비 및 관리, 국제기준에 부합하는 철도표준 선진화 개선 연구를 지속하고 있다.

국제표준 선점을 위해서는 정부 및 민간분야 각자의 역할과 협력이 중요하다. 정부는 표준화 정책 강화 및 국가표준 관리체계를 선진화하고, 민간은 국제표준화 활동 수행이 가능한 전문가 양성하고 적극적으로 참여해야 한다. 또한, 국내 선도기술의 국제표준 개발 및 제정을 주도할 수 있는 핵심 전문 작업그룹의 지정, 육성이 필수적이다.

9. 물류시설 및 설비의 표준화 발전방향

1) 물류시설의 자동화

인터넷의 보급과 비대면 상거래의 증가에 힘입어 온라인 전자상거래 규모가 급격하게 증가하고 있다, 여기에 맞추어 상품의 보관과 배송을 실시하는 물류창고는 그 시설의 현대화와 그 안에서 사용되는 설비의 다양화 및 자동화가 급속도로 진전되고 있다.

과거 소규모 물류창고에서 대규모 물류창고로 전환되고, 물류설비는 첨단화, 현대화, 정보화 시설로 발전되고 있다. 단층형 물류창고에서 다층형 물류창고로 전환되어 층간 화물차량의 이동 통로인 램프웨이가 설치되고, 차량이 전층에 접안할 수 있는 구조로 변화하고 있다.

물류창고 안에 설치되는 물류설비도 수동식 파렛트랙이나 경량랙 위주, 또는 삼방향지게차 (VNA: Very Narrow Aisle Fork Lift Truck)를 이용하거나 스태커크레인 위주의 자동창고에서 셔틀을 이용한 셔틀형 자동창고나 운반로봇을 이용한 오토스토어형 자동창고, 또는 셔틀형과 스태커크레인형이 결합된 자동창고 등으로 발전하고 있다.

2) 인공지능 기술의 도입

물류센터의 자동화에 발맞추어 앞으로는 더욱더 융복합화, 무인화, 자동화, 정보화, AI 및 빅데이터 기술 등을 바탕으로 로봇의 도입이 활발해질 것으로 예상된다.

물류창고와 자동창고가 결합 되어 상호 입출고하는 복합형 건물이나, 냉동·냉장 창고와 상온창고가 결합 되어 복합 물류센터로 이용되는 등의 복합형 물류시설도 증가하고 있다.

따라서 향후에는 건물이나 설비의 획일적인 표준화보다는 여러 기술이 복합적으로 적용되어 첨단화되는 물류창고에 대비하여 기초적인 공통 설계 사항과 공용적인 핵심사항, 독립적인 사항으로 구분하여 보다 유연성 있는 표준화가 필요할 것으로 보인다.

기본적으로 제조기업에서는 표준 파렛트에 맞추어 제품 생산용 박스를 표준 파렛트의 분할 모듈을 기준으로 표준화하여 파렛트 적재효율을 더 높여야 할 것이다.

그리고 유통기업에서는 표준 파렛트에 맞추어 상품 포장용 및 배송용 박스도 표준 파렛트의 분할 모듈을 기준으로 표준화하여 파렛트 적재효율과 트럭 적재효율도 더 높여야 할 것이다.

앞으로 ULS 도입 확대를 위해 민간 기업의 체계적이고 지속적인 참여가 필요하며, 정부의 적극적인 지원 정책과 꾸준한 관리도 필요하다.

10. ULS를 이용한 운송 효율화 과제

1) 화주기업들의 ULS 사용에 대한 관심과 노력

기본적으로 표준운송용기의 사용이 활성화되고 목적하는 바와 같은 효율성을 거두기 위해서는 이를 이용하는 화주기업들의 관심과 노력이 필요하다. ULS가 범용적으로 사용될 수 있는 범위에서 규격이 정해지지만 운송환경의 변화에 따라 범용성의 범위도 달라질 수 있고, 현재의 규격이 하역측면에서는 효율성이 발휘될 수 있지만 운송측면에서는 Dead Space가 발생하는 비효율성이 더 크게 나타날 수도 있다.

따라서 화주기업들은 Daed Space가 최소화될 수 있는 용기의 규격은 어떻게 되어야 하는지, 운송수단의 적재함 규격은 어떻게 되어야 하는지, 또는 어떤 규격의 표준용기를 사용하는 것이 좋은지에 대하여 끊임없이 관찰하고 최적의 용기 및 운송수단을 선택하는 노력을 해야 한다. 적정한 표준용기 또는 운송수단이 제작되지 않고 있거나 적정한 표준이 제정되어 있지 않을 때는 제작 또는 제정의 요구를 해야 할 것이다. ULS의 표준은 이를 이용하는 화주기업의 효율성 향상을 위해 존재하기 때문이다.

2) 화물트럭 적재함 규격 표준의 현실화

배송업무를 담당하는 1~2.5톤 트럭들은 대부분 플라스틱박스를 이용하여 운송을 수행하고 있어 사용하는 박스의 규격에 맞게 적재함을 제작하거나 적재함 규격에 맞는 박스를 선택하는 것이 필요하다. 한편 최근에는 파렛트나 롤컨테이너를 이용하여 배송하는 경우도 증가하고 있으나 현재 국내에서 제작되고 있는 중소형트럭의 적재함 규격은 표준파렛트의 사용치수와 전혀 정합이 이루어지지 않고 있으며, 표준으로 정해진 적재함 규격 역시 마찬가지이다.

따라서 파렛트나 롤컨테이너를 이용하여 배

송하는 업체들의 적재효율을 높일 수 있도록 먼저 중소형트럭의 적재함 규격을 표준파렛트와 정합할 수 있는 규격으로 수정할 필요가 있다. 특히 소형차량의 경우에는 이면도로 운행 필요성 때문에 표준 파렛트를 2열로 적재하는 것이 어렵지만 적재함의 폭과 길이는 반드시 표준파렛트와 정합이 될 수 있도록 현실화시켜 나가는 노력이 필요하다.

3) 택배박스의 반복·재사용 방안 추진

주문의 편리성과 낮은 가격 등의 이점으로 그동안 온라인쇼핑이 가파르게 증가하고 있던 차에 코로나19로 인하여 Un-Tact 소비가 급증하면서 일반 택배뿐만 아니라 다양한 배송수단을 이용한 배달서비스가 급증하고 있으며, 이들 상품을 운송 및 전달하기 위한 박스 등의 포장재 소비도 급증하고 있다. 이렇게 배달에 사용된 포장재들은 1회 사용 후 폐기되고 있어 포장재 구입 비용의 증가에 의한 판매원가 상승뿐만 아니라 폐기물 처리와 온실가스 배출 등의 사회적 비용도 급증하고 있는 것이 현실이다.

따라서 이러한 1회용 배달포장박스를 재사용할 수 있는 Returnable & Reusable 박스화할 수 있는 운영시스템을 구축하는 것이 필요하다. 리터너블 박스 시스템은 구매자에게 전달할 상품을 간이 포장재에 적입한 후 다시 회수용 박스에 투입하여 운송 및 중계작업을 한 후 구매자에게 전달할 때는 간이포장상태의 상품만 전달하고, 회수용 박스는 배송담당자가 회수하여 발송자에게 전달하면 되는 구조를 말한다. 물론 회수, 전달하는 과정에 비용이 발생하겠지만 접철식 박스형태로 제작한다든지, 리터너블 박스 운영주체를 Pool System으로 운영한다면 적은 비용으로 운영할 수 있을 것으로 판단된다.

11. 물리적 인터넷 도입·확산과 디지털화

1) 산업계 협업 기반의 물리적 인터넷 추진 기구 운영 및 지원

지금 선진국들은 물리적 인터넷을 구축하여 글로벌 물류 비즈니스의 통제권을 확보하기 위하여 눈에 보이지 않는 전쟁을 수행 중에 있다. 통신 시장에서 인터넷이 그랬던 것처럼 글로벌 물류기업들은 주도적으로 물리적 인터넷의 구현을 추진하고 있으며, 이를 통하여 가까운 미래에 지금까지 통용되어 왔던 게임의 룰을 완전히 바꾸고자 노력하고 있다.

물리적 인터넷의 실현을 위해서는 정부와 민간, 공공 부문 간의 긴밀한 협력에 기초한 장기적이고 전략적인 관점에서의 투자가 필요하다.

먼저 각 산업 부문에서의 포장 표준화에 대한 합의가 이루어져야 한다. 화물 포장 표준화는 업계 간에는 물론이고 동일 업계 내에서도 매우 상이하다. 사업체가 많을수록 이해관계를 조정하여 자율적으로 합의를 형성하는 것은 더욱 어려워진다.

따라서 각 산업 분야별로 중립적인 조정자가

나서서 업계를 설득하고 이해관계를 조정하지 않으면 안 된다. 국가적인 관점에서 산업계를 조율하는 정책기구를 설치하고 그 산하에 산업별 협업을 주도하는 산업별 추진기구를 설치하는 것이 필요하며, 이들의 활동을 지원하는 예산적 뒷받침도 이루어져야 한다.

산업별 추진기구에서 시행하여야 하는 것은 유닛로드의 표준화를 비롯한 화물 포장의 표준화뿐 아니라, 물류 서비스를 개방화할 수 있도록 관련 데이터의 표준화도 추진되어야 한다. 화물의 물류경로를 실시간으로 추적하고 그 정보를 이해관계자의 시스템에 제공하여 전체로서 최적화할 수 있도록 하여야 한다.

이를 위해서는 위치정보, 이벤트정보 등 기준정보 등을 표준화하고 최단 경로 선정이나 이벤트 발생 시의 우회 경로 선정과 도착시간 예측과 같은 기능 등도 시스템이 지원 가능하도록 준비되어야 한다. 개방적인 물리적 인터넷 네트워크에서 물류자원들을 유효하게 활용할 수 있는 기능들을 업계 공통으로 만들어 사용할 수 있도록 제공하는 것이 필요하다.

2) 물리적 인터넷과 정합성을 갖춘 물류 기반시설과 RTI 표준화 추진

물리적 인터넷이 효과적으로 작동하려면 고정된 형태로 사용되는 순환물류용기(RTI: Returnable Transport Items)의 규격과 기존의 물류 기반시설에 대한 전면적인 개편의 필요성이 대두된다. 현재의 물류 기반시설은 허브앤스포크 방식이라는 개념하에서 최적 운용되도록 설계되어 있다.

그러나 물리적 인터넷 환경하에서는 현재 일반적으로 쓰이는 40×8피트의 고정형 화물 컨테이너 규격을 다차원적인 공급망에 적용하기 쉬운 형태로 바꿀 필요가 있고, 이를 처리하는 물류센터의 시설과 하역, 운송 설비와 장비들도 변경되어야 한다.

이것은 운송 부문에서의 운송 차량의 변경만이 아니라 화물을 출하하는 제조부문의 물류센터, 화물의 분류나 소포장을 처리하는 유통부문의 물류센터 등에도 영향을 미치므로 사회 각 분야에서의 기반시설 개선과 보수라는 긴밀한 협력과 대규모 투자가 필요하게 된다. 이를 가능하게 하기 위해서는 법안의 정비, 세제 혜택과 같은 정부의 지원시책 또한 준비되어야 한다.

3) 디지털화와 국제표준 무선인식기술 보급 확산

유닛로드시스템의 도입 목적의 실현과 SCM 상에서의 효율성을 높이기 위해서는 ULS 기반시스템 구축이 필요하다. 이를 위해 무엇보다 중요한 것은 바코드, 무선인식기술(RFID/EPC) 등 국제표준 보급 확산이 요구된다.

국제상품코드 표준화 기구인 GS1과 EPC global의 국제표준상품코드 및 무선인식기술(RFID/EPC) 표준을 국내에 보급하고 있는데, 글로벌 동향에 대한 인식을 제고할 필요가 있다는 것이 중론이다. 획기적인 물류효율화를 가져올 수 있는 무선인식기술의 활성화와 보급 확대를 위해 민관이 합동으로 지속적인 투자와 연구도 진행해야 한다. 표준기반 정보서비스를 통한 유통물류 디지털화를 위해 노력해야 한다는 것이다.

무엇보다 중요한 것은 우리 기업의 지속가능한 성장을 지원할 핵심경쟁력으로 미래 유통물류산업의 디지털화를 위해 부단한 노력이 필수란 사실 또한 명심해야 한다. 유통물류산업의 디지털화를 통해 생산원가의 절감을 꾀할 수 있으며, 이는 우리 기업의 경쟁력 제고에 큰 영향을 끼칠 것이라고 판단된다. 이를 위해 IT기반 협업시스템을 통해 제조업체와 유통업체, 그리고 물류업체를 연결하여 복잡다단한 물류유통구조를 단순화하고 효율적으로 전환하는 데 역점을 두어야 한다.

이제는 데이터의 시대로, POS 데이터를 포함한 물류정보 서비스를 통해 물류관리의 효율성을 끌어올리고 전 산업 가시성을 확보함으로써 우리 기업들의 경쟁력을 강화해야 한다.

12. 화물 컨테이너 분야 개선과제

해상용 화물 컨테이너는 이미 세계적으로 규격화, 체계화, 제도화가 되어 있어 국가 간 운용 및 관리에 큰 문제가 없다. 컨테이너의 설계 및 제작, 방법 등이 표준화되어 있어 품질 및 사양 관리가 안정화되어 있기 때문에 이제는 많은 제작사나 컨테이너 운용사에서 제작 단가를 낮추는 데 집중을 하고 있다.

하지만 컨테이너를 사용하는 고객사들을 위해 안전한 화물 운송을 하는 방향으로 연구가 되어야 한다. 획기적인 용기의 변화나 설계 변경을 통한 컨테이너의 최적화와 도난방지 및 이력관리시스템이 고객의 관점에서 제시되어야 한다.

또한, 공컨테이너의 비효율을 방지하고 운송 및 저장 중에 접이식 컨테이너가 사용된다면 물류혁명을 이루는 큰 전환점이 될 것이다. 접이식 구조의 설계와 제작에 수많은 난제와 어려움이 예상되지만, 모두가 열정과 도전으로 지속적인 연구개발과 노력을 경주해야 할 것이다.

1) 화물 도난방지 장치의 개선

컨테이너에 적입되는 고가 화물의 도난방지 장치의 개선이 요구된다. 컨테이너는 구조상 대부분이 전부 오픈되고 공유가 되었기 때문에 내부의 화물이 쉽게 유출될 수 있는 약점을 안고 있다. 실제로 외국에서는 컨테이너 야적장 및 운송 중에 도어의 록킹(Locking) 및 씰링(Sealing) 장치를 교묘하게 자르고 화물을 절도하는 사건이 빈번하게 발생하고 있다.

이러한 문제를 방지하기 위해 쉽게 조작이 되고 안전한 자물쇠 장치의 개발이 되고 있지만, 실제 현장에서는 속수무책으로 도난이 발생하고 있다. 비용적인 측면도 고려해야 하지만 화물의 안전한 관리를 위한 잠금 및 개봉 등의 이력 장치를 설치하고 효과적으로 운용이 되도록 컨테이너 화물안전 관리 시스템을 정착해야 것이다.

2) 컨테이너 이력·추적 시스템 정착

컨테이너의 이력 및 추적 관리시스템 정착도 필요하다. 컨테이너 박스는 제작 후 수명을 다해 폐기될 때까지 제작비용 대비 수백 배의 사용료를 발생시키는 중요한 수단이다. 전 세계 모든 구석구석을 누비고 다니면서 국가 간 화물의 운송을 안전하고 신속하게 이동하는 중요한 수단이다. 이로 인해 컨테이너 제작 및 운용 과정에서 수많은 고용 창출과 인프라 구축을 통해 경제 활성화에 크게 기여하고 있다.

하지만 컨테이너는 사용 중에 가동율이 저하되고 분실·파손으로 반환되지 않아 사용자에게 그 손실이 전가되고 최종 제품 가격에 반영되어 비용적인 부담을 가중하고 있다.

따라서, 보다 효율적이고 안전한 운송을 위하여 GPS 추적 장치를 이용한 컨테이너 위치 추적을 하고 RFID 등의 부착을 통해 이력관리를 해야 한다. 이 또한 비용의 증가를 가져오지만 컨테이너 분실의 방지율과 사용효과를 비교하면 훨씬 경제적이다.

지금도 세계 굴지의 수많은 기업들이 컨테이너 위치 추적 장치 개발을 하고 있지만 가장 큰 난제가 전원 공급 장치가 별도로 없는 컨테이너 용기에 전원을 공급하는 장치문제로 알려져 있다.

향후, 지속적인 기술 연구를 통해 태양열 또는 고효율 배터리 및 기타 개선된 장치들이 개발되어 적용되어야 할 것이다.

부록

Appendix

1 유닛로드시스템 통칙
2 한국파렛트컨테이너기술연구소
3 KPCA 통상회원사

부록 1 유닛로드 시스템 통칙

한국산업표준 KS T 0006:2015 (2020 확인)

General rules for unit load systems

1. 적용범위

이 표준은 유닛로드 시스템에 의한 물류 합리화를 목적으로, 1,100×1,100mm 파렛트와 1,200×1,000mm 파렛트를 기본으로 하여 여러 화물을 단위화한 일관 수송 체계를 구축하기 위한 지침에 대하여 규정한다.

2. 인용표준

다음의 인용표준은 이 표준의 적용을 위해 필수적이다. 발행연도가 표시된 인용표준은 인용된 판만을 적용한다. 발행연도가 표기되지 않은 인용표준은 최신판(모든 추록을 포함)을 적용한다.

KS B 6701, 입체 자동 창고 시스템 설계 통칙
KS B 6711, 유닛 로드용 수직 켄베이어
KS B ISO 509: 2009, 파렛트 트럭의 주요치수
KS R 0102, 트럭 적재함의 안쪽 치수
KS T 0001, 물류 용어
KS T 0003, 유닛로드 치수
KS T 0005, 물류 모듈의 체계
KS T 1001, 포장 용어
KS T 1002, 수송 포장 계열 치수
KS T 1081, 플라스틱제 회수용 운반 용기
KS T 1304, 포장 화물의 낙하 시험방법
KS T 2001, 파렛트 용어
KS T 2004, 물류 시설의 설비 기준
KS T 2007, 창고 내 통로의 너비
KS T 2010, 물류 센터의 시설 기준
KS T 2012, 파렛트 화물 적재기
KS T 2013, 컨베이어 안전 기준
KS T 2014, 파렛트 적재화물의 적재 기준
KS T 2023, 랙 용어
KS T 2024, 일관수송용 목제 평파렛트
KS T 2026, 일관수송용 상자형 파렛트
KS T 2027, 산업용 랙
KS T 2029, 상자형 파렛트
KS T 2033, 아시아 일관수송용 평파렛트

KS T 2035, 표준파렛트 시스템 설계 기준
KS T 2037, 롤컨테이너-제1부: 용어
KS T 2038, 롤컨테이너-제2부: 일반형식과 안전기준
KS T 2039, 롤컨테이너-제3부: 시험방법
KS T 2043, 테일게이트 리프트
KS T 2302, 강제 롤러 컨베이어
KS T 3006, 트럭 적재함 높이
KS T 3101, 돌리 파렛트
KS T ISO 668, 화물 컨테이너의 분류, 치수 및 최대 총 질량
KS T ISO 830, 화물 컨테이너-용어
KS T ISO 1496-1, 국제 일반 화물 컨테이너
KS T ISO 3874, 국제 화물 컨테이너의 취급 및 체결
KS T ISO 6780, 대륙간 물류용 평파렛트-주요 치수와 허용 치수
KS T ISO 8611-1, 물류용 파렛트-평파렛트-제1부: 시험방법
KS T ISO 8611-2, 물류용 파렛트-평파렛트-제2부: 성능기준 및 시험의 선택
KS T ISO 8611-3, 물류용 파렛트-평파렛트-제3부: 최대적재하중
KS T ISO 10531, 유닛로드의 안전성 시험방법
KS T ISO 13355, 수송 포장 화물과 단위 화물의 수직 랜덤 진동 시험방법

3. 용어와 정의

이 표준에서 사용하는 주된 용어와 정의는 KS T 0001, KS T 1001, KS T ISO 830, KS T 2001, KS T 2023, KS R 0020에 따르는 외에 다음과 같다.

3.1 파렛트 적재화물 (palletized cargo)

물품 또는 포장 화물을 출발지에서 도착지까지 일관되게 물류 기기를 사용하여 기계 하역하고, 안전하고 능률적으로 수송·보관될 수 있도록 파렛트를 사용하여 하나의 단위로 꾸려진 화물

3.2 공동 파렛트 (pool pallet)

대부분의 업계와 각 수송 기관에서 상호 공동으로 사용하는 호환성이 있는 파렛트(KS T 2001, KS T 2035 참조)

4. 파렛트

유닛로드 시스템에 사용하는 파렛트는 평파렛트, 상자형 파렛트 및 시트 파렛트라 하며, 그 내용은 다음에 따른다.

4.1 평파렛트

평파렛트는 목제, 금속제 및 플라스틱제의 3종으로 하고, 치수, 재질, 종류 및 최대 적재 무게는 〈표 1〉과 같다.

〈표 1〉 치수, 재질, 종류 및 최대 적재 무게

치수 (길이×너비) mm	재질	종류	최대 적재 무게
1,100 × 1,100	목제	한 면 사용 2방향 D2	1 t
		두 면 사용 2방향 R2	
	금속제 및 플라스틱제	한 면 사용 2방향 D2	
		한 면 사용 4방향 D4	
		두 면 사용 2방향 R2	
		두 면 사용 4방향 R4	
1,200 × 1,000	목제	한 면 사용 2방향 D2	1 t
		두 면 사용 2방향 R2	

1,200 × 1,000	금속제 및 플라스틱제	한 면 사용 2방향 D2	1 t
		한 면 사용 4방향 D4	
		두 면 사용 2방향 R2	
		두 면 사용 4방향 R4	

비고 1 평파렛트 중 공동사용 파렛트 시스템에 사용되는 것을 공동 파렛트라고 한다.
비고 2 1,100×1,100은 KS T 0003에 따라 T11이라고 한다. 따라서 예를 들어 1,100×1,100, 한 면 사용 2방향 차입식은 기호로 T11D2라고 한다.
비고 3 1,200×1,100은 KS T 0003에 따라 T12라고 한다. 따라서 예를 들어 1,200×1,000, 한 면 사용 2방향 차입식은 기호로 T12D2라고 한다.

4.1.1 주요 치수와 허용 오차

평파렛트의 주요 치수와 허용 오차는 KS T ISO 6780에 따른다.

4.1.2 시험 및 성능 기준

평파렛트의 성능은 KS T ISO 8611-1에 따라 시험하고, 목제 평파렛트, 금속제 평파렛트 및 플라스틱제 평파렛트의 기준값은 재질에 관계없이 〈표 2〉에 따른다.

〈표 2〉 평파렛트의 주요 성능 기준값

항목		기준값
휨 시험	휨률	2.0% 이하
	잔류 휨률	0.7% 이하
받침, 받침목 압축 시험	한계 하중	10% 이하
	휨률	4mm 이하
	잔류 휨률	1.5mm 이하
바닥판 휨 시험	휨률	15mm 이하
	잔류 휨률	7mm 이하
모서리 낙하 시험	대각선 길이 변화율	4% 이하

비고 한계하중이란 하중으로 인해 파렛트 혹은 부재가 파손되거나, 한계 기준값을 초과하는 변형과 휨이 발생하는 경우를 의미한다.

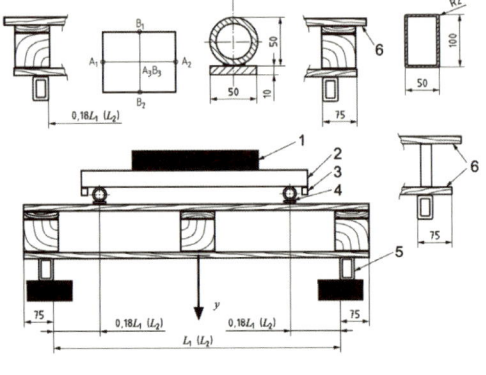

[그림 1] 평파렛트의 휨 시험방법   단위: mm

1-시험하중   2-하중판   3-안전 멈춤   4-압축 용기
5-지지대   6-날개판   y-휨량

4.2 상자형 파렛트

상자형 파렛트는 KS T 2029에 따르고, 그 내용은 다음과 같다.

a) 형식 및 기호 상자형 파렛트의 형식 및 기호는 KS T 2029에 따른다.
b) 최대 적재 무게 상자형 파렛트의 최대 적재 무게는 1t으로 한다.
c) 시험방법 및 성능 시험방법 및 성능기준은 KS T 2029에 따른다.
d) 치수 유닛로드 시스템용 상자형 파렛트의 치수는 〈표 3〉과 같다.

〈표 3〉 상자형 파렛트의 치수   단위: mm

길이×너비	높이
600×500 1,100×1,100 1,200×1,000	2,200 이하

비고 1 길이 및 너비에 대해서는 바깥 치수를 말한다.
비고 2 하역 작업에 지장이 없는 돌출부에 대해서는 + 10 mm까지로 한다.

4.3 롤컨테이너

롤컨테이너는 KS T 2037 및 KS T 2038에 따르고, 그 내용은 다음과 같다.

a) 형식, 종류 및 시험방법 롤컨테이너의 형식, 종류 및 시험방법은 KS T 2037과 KS T 2039에 따른다.

b) 최대 적재 무게 롤컨테이너의 최대 적재 무게는 별도로 명시하지 않는 한 250kg으로 한다.

c) 치수 롤컨테이너의 치수는 〈표 4〉와 같다.

〈표 4〉 롤컨테이너의 치수 단위: mm

길이×너비	높이
930×710 850×650 1,050×650	1,800 이하

비고 1 길이 및 너비에 대해서는 바깥 치수를 말한다.
비고 2 하역 작업에 지장이 없는 돌출부에 대해서는 +10mm까지로 한다.

4.4 돌리 파렛트

돌리(dolly) 파렛트는 KS T 3101에 따르고, 그 내용은 다음과 같다.

a) 형식, 종류 및 시험방법 돌리 파렛트 형식, 종류 및 시험방법은 KS T 3101에 따른다.

b) 최대 적재 무게 돌리 파렛트의 최대 적재 무게는 별도로 명시하지 않는 한 250kg으로 한다.

〈표 5〉 돌리 파렛트의 치수 단위: mm

길이×너비	높이	허용차
732×550	250 이하	±5

c) 치수 돌리 파렛트의 치수는 〈표 5〉와 같다.

5. 파렛트 적재화물의 치수

최대 총 무게, 전체 높이, 안정성 및 무너짐 방지 파렛트 적재화물의 치수, 최대 총 무게, 전체 높이, 안정성 및 무너짐 방지는 KS T 2014에 따르고, 주요 내용은 다음과 같다.

5.1 파렛트 적재화물의 치수

파렛트 적재화물의 순 유닛로드 치수 및 평면 치수는 다음에 따른다(그림2 참조).

[그림 2] 파렛트 적재화물의 순 유닛로드 치수 및 평면 치수

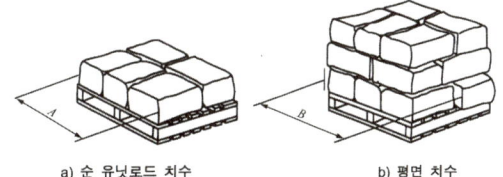

a) 순 유닛로드 치수   b) 평면 치수

5.1.1 순 유닛로드 치수

파렛트 적재화물의 순 유닛로드 치수(net unit load size)는 평파렛트 및 시트 파렛트에 적재한 물품, 또는 포장 화물을 적절히 늘어 놓은 상태에서 1,100mm×1,100mm, 1,200mm×1,000mm를 초과하지 않도록 해야 한다. 다만, 유통 과정에서 평면 치수가 1,100mm×1,100mm 파렛트는 1,140mm×1,140mm, 1,200mm×1,000mm 파렛트는 1,240mm×1,040mm를 초과하지 않는 물품 또는 포장 화물에 대해서는 적용을 제외한다.

5.1.2 평면 치수

평파렛트 또는 시트 파렛트를 사용한 파렛트 적재화물의 평면 치수(plan view size)는, 유통 과정을 통하여 KS T 0003에 규정하는 1,140mm×1,140mm, 1,240mm×1,040mm를 초과하지 않아야 한다.

5.2 최대 적재 무게

파렛트 적재화물의 최대 적재 무게는 파렛트 자체 무게를 포함하여 1,050kg으로 한다.

5.3 전체 높이

파렛트 적재화물의 전체 높이는 파렛트 자체 높이를 포함하여 2,200mm 이하로 한다.

5.4 안정성

평파렛트, 시트 파렛트를 사용한 파렛트 적재화물을 다음의 2가지 방법 중 선택하여 시험을 하고, 평면 치수가 1,100mm×1,100mm 파렛트는 1,140mm×1,140mm, 1,200mm×1,000mm 파렛트는 1,240mm×1,040mm를 초과하지 않도록 안정성을 유지해야 한다.

5.4.1 방법 A

실제의 수송 구간과 수송 수단에 의해 수송 시험을 한다. 또한, 시험을 하는 수송 구간은 인수·인도 당사자 간의 협정에 따라 정한다.

5.4.2 방법 B

다음과 같이 시험을 한다.

a) 진동 시험 KS T ISO 13355에 규정하는 장치를 사용하여 시험용 파렛트 적재화물을 진동판에 고정하지 않은 채 놓고, KS T ISO 13355의 시험방법에 규정하는 방법에 따라 상하 방향으로 진동을 준다.

또한, 진동 가속도의 최대값, 진동수 범위 및 진동을 가하는 시간에 대해서는 인수·인도 당사자간의 협의에 따라서 정한다.

b) 하역 시험 견고하고 평탄한 노면 위에 [그림 3]과 같은 L자형의 시험 도로를 설치하여, 그 한 끝에 시험용 파렛트 적재화물을 놓아두고, 지게차에 의해서 이것을 시험 도로의 다른 끝으로 운반하여 하역장에 내린다.

일단 지게차를 후진한 후 다시 시험용 파렛트 적재화물을 들어 최초의 놓은 자리까지 운반한다. 시험은 이것을 두 번 반복한다.

또한, 직선 도로에는 높이 2cm, 너비 12cm의 턱을 설치하여 이것을 통과하는 것으로 한다. 또, 지게차의 주행 속도는 1.5m/s(선회 시는 1.0m/s) 정도로 한다.

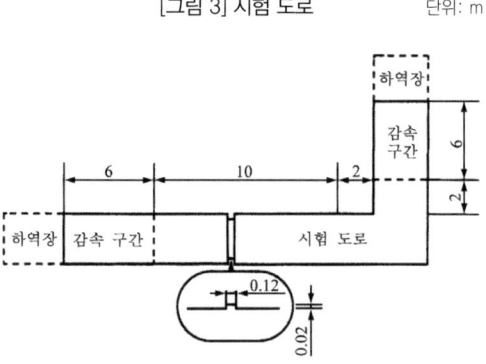

[그림 3] 시험 도로   단위: m

c) 압축 시험 단으로 쌓아서 보관을 하는 파렛트 적재화물[1]에서는 시험용 파렛트 적재화물에 다음과 같은 등분포 하중[2]을 가하고,

---

1) 단으로 쌓아서 보관하지 않는 파렛트 적재화물에서는 이 압축 시험을 생략할 수 있다.
2) 등분포 하중을 가하기 위해서 하중판을 사용하는 경우는, 파렛트 적재화물의 네 변 모두 약 10cm가 큰 하중판을 사용한다.

30분 후에 하중을 제거한다.
$$P = 9.8 \times 1.25 (N-1) \times W$$

여기에서
P : 시험 제품에 가하는 등분포 하중(N)
N : 단으로 쌓아서 보관할 때의 파렛트 적재화물의 쌓은 단수
W : 파렛트 적재화물의 총 무게(kg)

5.5 파렛트 적재화물의 무너짐 방지

a) 평파렛트, 시트 파렛트를 사용한 파렛트 적재화물에 5.4의 안정성을 확보하기 위해 짐 무너짐 방지를 할 경우에는, 기계 하역에 지장이 없는 방법으로 하여야 한다.

참고 파렛트 적재화물의 무너짐 방지의 예에는 다음과 같은 방법이 있다.
  1) 수축 포장
  2) 신축 포장(필름 및 그물)
  3) 밴드 묶음 및 끈 묶음(모서리에 덧대기 묶음도 포함한다.)
  4) 풀 붙임
  5) 그물 또는 덮개(캡) 씌우기
  6) 미끄럼 방지 시트 삽입
  7) 클립으로 고정

b) 평파렛트, 시트 파렛트를 사용한 파렛트 적재화물이 수송 중에 KS T 0003에 규정하는 유닛로드의 평면 치수를 초과할 우려가 있을 때와, 유닛로드의 평면 치수가 되지 않을 때에는 수송 기관에 짐 무너짐 방지 기구를 설치하는 등, 기계 하역에 지장을 주지 않도록 하여야 한다.

참고 수송 기관에서 실시하는 짐 무너짐 방지의 예에는 다음과 같은 방법이 있다.
  1) 에어백
  2) 칸막이 판
  3) 밧줄 묶기(lashing belt)

6. 수송 포장

운반 용기, 상자, 캔, 지대 등을 사용한 수송 포장은 다음과 같다.

6.1 치수
수송 포장의 치수는 KS T 1002에 규정한 유닛로드 계열의 치수에 따른다.

6.2 플라스틱제 운반 용기
파렛트에 적재할 플라스틱제 운반 용기는 다음에 따르는 외에 KS T 1081의 규정에 따른다.

6.2.1 모양, 형식 및 기호
플라스틱제 운반 용기의 모양, 형식 및 기호는 중첩형의 회전식(T), 적층형의 일체식(S) 및 접이식(C)으로 한다.

6.2.2 압축 하중 종류 구분
플라스틱제 운반 용기의 압축 하중 종류 구분은 종류 및 겹쳐 쌓은 높이에 따른 것으로 하여 〈표 6〉과 같다.

〈표 6〉 압축 하중 종류 구분

종류		기호	압축 하중 종류 구분	비고
모양	형식			
중첩형	회전식	T	1.5M	주로 인력에 의해서 1.5m 정도로 겹쳐 쌓을 수 있는 용기
적층형	접이식	C	1.5M	
	일체식	S	4M	주로 기계 하역에 의해서 4m까지 쌓을 수 있는 용기

6.2.3 치수

플라스틱제 운반 용기의 치수는 〈표 7〉과 같다.

〈표 7〉 플라스틱제 운반 용기의 치수   단위: mm

길이	너비
366	275
440	330
500	300
523	366
550	366
600	400
600	500
660	440

6.2.4 최대 총 무게

플라스틱제 운반 용기의 최대 총 무게는 30kg으로 한다. 다만, 인력에 의한 하역이 예상될 경우에는 원칙적으로 15kg으로 한다.

6.2.5 구조

a) 적층형 일체식 용기의 겹쳐 쌓는 부분의 구조는 파렛트 적재화물의 안정성을 충분하게 유지하는 구조로 한다.

b) 밑면 및 옆면의 구조는 자동 분류기, 운반용 컨베이어 등의 사용상 지장이 없도록 고려함과 동시에, 바코드 라벨, 전자태그 또는 마크를 붙이는 것이 가능한 구조로 한다.

7. 파렛트 적재화물용 하역 · 운반 기기

7.1 지게차

파렛트 적재화물의 하역 작업에 사용하는 지게차는 다음에 따른다.

a) 정격 하중 1.5t(표준 올림높이 3,000mm, 기준 하중 중심 500mm)의 지게차를 사용한다. 다만 파렛트 적재화물의 총 무게가 850kg 이하인 경우에는 정격 하중 1t(최대 올림높이 3,000mm, 기준 하중 중심 500mm)의 지게차를 사용할 수 있다.

비고 파렛트 적재화물의 총 높이가 1,100mm를 초과하는 것에 대해서는 지게차의 안정성을 고려하여 기종을 선정할 필요가 있고, 인수 · 인도 당사자가 협의하여 선택하는 것으로 한다.

b) 푸시풀 장치를 장착한 지게차는 정격 하중 2t(표준 올림높이 3,000mm, 기준 하중 중심 500mm)의 지게차를 사용하는 것으로 한다.

비고 3,000mm를 넘는 올림높이의 지게차가 필요할 경우 파렛트 적재화물의 총 무게보다 큰 허용 하중의 기종을 선정할 필요가 있고, 인수 · 인도 당사자가 협의하여 선택하는 것으로 한다.

c) 포크의 길이는 원칙적으로 1,070mm 이상을 사용하는 것으로 한다.

비고 포크의 적재면에 파렛트를 안정되게 적재한다면 920mm 길이의 포크를 사용할 수 있다.

d) 시트 파렛트에 적재된 파렛트 적재화물을 취급할 경우의 푸시풀 장치는 다음과 같다.

1) 파렛트 적재화물의 적재한 평면은 충분한 강도를 가지며, 포크 평면의 유효 길이(A)는 1,050mm 이상으로 하고, 평면의 바깥 너비(C)는 850mm 이상 1,220mm 이하일 것.

2) 시트 파렛트를 잡는 손잡이가 있고 탭을 잡는 힘은 파렛트 적재화물을 평면으로 끌어올릴 때 탭에서 벗어나지 않고, 또

탭에 힘이 균등하게 가해지는 것으로 푸시 길이(F)는 1,120mm 이상일 것.

3) 파렛트 적재화물을 하역하기 위한 전면판은 파렛트 적재화물을 변형시키지 않도록 너비(G)를 900mm 이상으로 하며, 전면판의 높이(H)는 충분히 높이도록 한다.

4) 푸시풀 장치의 주요 구조 치수는 [그림 4]와 같다.

[그림 4] 푸시풀 장치의 주요 구조 치수

항목	기호
포크의 평면 유효 길이	A
포크의 평면 유효 너비	B
포크의 평면 바깥 너비	C
포크의 평면 간격	D
포크의 평면 두께	E
푸시 길이	F
전면판 너비	G
전면판 높이	H

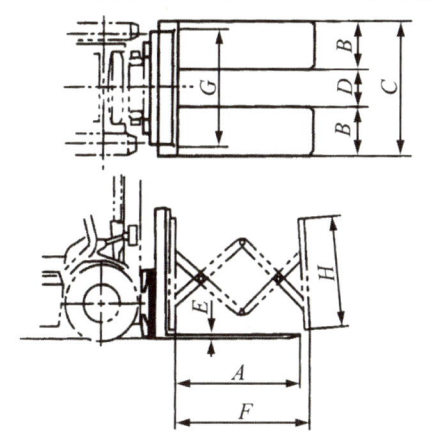

e) 지게차의 통로 너비는 KS T 2007에 따르는 외에 다음과 같다.

파렛트 적재화물을 보관할 경우의 지게차 통로 너비는 실제 사용상 여유를 준 직각으로 쌓은 통로 너비로 정하고, 정격 하중 1.5t의 지게차인 경우 원칙적으로 다음에 따른다.

1) 4륜식 카운터 밸런스형 지게차(내연 기관식)   3.9m
2) 4륜식 카운터 밸런스형 지게차(축전지식)   3.7m
3) 3륜식 카운터 밸런스형 지게차   3.4m
4) 리치형 지게차   2.7m

참고 3,000mm를 초과하는 올림높이로 하역할 경우, 푸시풀 장치를 장착해서 사용할 경우 등 조건이 다른 경우에는 더 넓은 통로 너비가 필요하다.

지게차의 통로 너비를 정할 경우에는, 이론식에 따라 구한 계산값에 대하여 분산표에 따라 실제 사용 상황 등을 고려하여 어느 정도 여유를 주지만, 이 통로 너비를 실제 사용상 직각 적재 통로 너비(그림 5 참조)로 하고 여유는 다음과 같다.

1), 2)의 경우   400mm
3), 4)의 경우   250mm

[그림 5] 실제 사용상 직각 적재 통로 너비

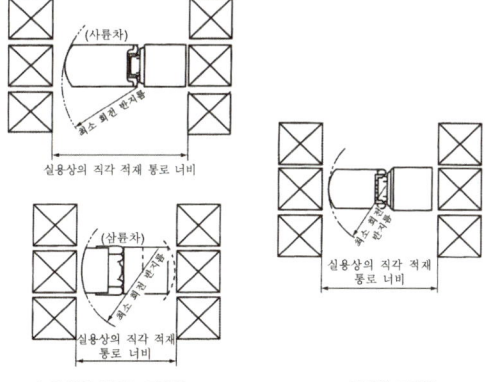

a) 카운터 밸런스 지게차   b) 리치형 지게차

7.2 파렛트 트럭

한 면 사용 평파렛트를 사용한 파렛트 적재화물의 운반에 사용하는 파렛트 트럭은 다음에 따르는 외에 KS B ISO 509에 따른다.

a) 최대 적재 무게 원칙적으로 1.5t으로 한다. 또한, 파렛트 적재화물의 총 무게가 1t을 초과하지 않을 때에는 그 총 무게에 맞는 파렛트 트럭을 사용할 수가 있다.
b) 포크의 길이 파렛트 트럭의 포크 길이는 원칙적으로 1,070mm 또는 1,220mm로 한다.
c) 포크의 너비 파렛트 트럭의 포크 바깥 너비는 원칙적으로 520mm 또는 685mm로 한다.
d) 포크 최저 높이 파렛트 트럭의 포크 최저 높이는 65mm 및 80mm로 한다.

7.3 컨베이어

파렛트 적재화물을 운반하는 컨베이어는 다음과 같다.

a) 컨베이어의 종류 파렛트 적재화물을 운반하는 컨베이어의 종류는 원칙적으로 롤러 컨베이어, 체인 컨베이어 및 유닛로드용 수직 컨베이어로 한다.
1) 롤러 컨베이어
  파렛트 적재화물을 운반하는 롤러 컨베이어는 KS T 2302에 따른다.
2) 체인 컨베이어
  파렛트 적재화물을 운반하는 체인 컨베이어는 파렛트면에 손상을 주지 않는 적재면을 가지며, 파렛트의 허용 휨 강도 이하로 지지하여 운반할 수 있는 구조로 한다.
3) 수직 컨베이어
  파렛트 적재화물을 운반하는 수직 컨베이어는 KS B 6711에 따른다.
b) 컨베이어의 운반 파렛트 적재화물을 운반하는 컨베이어는 그 기동, 운반 및 정지 시에 안정된 화물 상태로 현저한 변형을 주지 않는 설계로 한다.
c) 운반의 방향 파렛트 적재화물을 운반하는 컨베이어를 사용할 때에는 파렛트가 한 면 사용형인지, 두 면 사용형인지 또는 컨베이어 위에서의 운반 방향이 적재 밑면과 평행인지, 직각인지, 그렇지 않으면 양방향인지를 사용자가 미리 명시하도록 한다.
d) 컨베이어의 치수 컨베이어의 치수는 파렛트 적재화물을 운반하는 경우에는 유닛로드용 파렛트에 부합성이 있어야 하고, 포장 화물의 용기를 운반하는 경우에는 포장 모듈 치수에 부합성이 있어야 한다.

7.4 파렛트화물적재기

파렛트화물적재기는 KS T 2012에 따른다.
또한, 파렛트화물 적재기를 사용할 때에는 파렛트가 한 면 사용형인지, 두 면 사용형인지, 또 파렛트를 공급할 때의 적재 밑면의 방향을 사용자가 미리 명시하도록 한다.

파렛트화물적재기의 치수는 파렛트 적재화물을 운반하는 경우에는 유닛로드용 파렛트에 부합성이 있어야 하고, 포장 화물의 용기를 운반하는 경우 포장 모듈 치수에 부합성이 있어야 한다.

7.5 크레인용 파렛트 행거

파렛트 적재화물을 크레인 등으로 매달아 올리는 경우에 사용하는 파렛트 행거는 그 포크

부분이 언제나 수평을 유지해야 한다. 포크 부분의 치수는 [그림 6]과 같다.

[그림 6] 파렛트 행거의 포크 부분 치수   단위: mm

포크 길이	A	최소	1,100
포크 두께	B	최대	40
포크 1개의 너비	C	최대	150
포크 간격	D	안쪽 최소	390
	E	안쪽 최대	690
포크 윗부분 공간 높이	F	최소	1,700

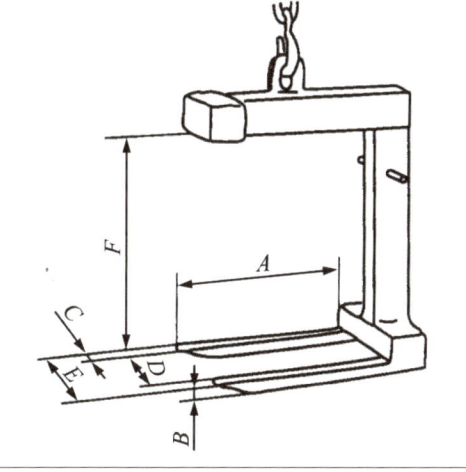

7.6 무인 운반차

파렛트 적재화물을 운반하는 무인 운반차는 다음에 따른다.

a) 운반물   파렛트 적재화물의 안정성 및 무너짐 방지를 계획 초기부터 충분히 검토하여, 운용할 때에는 화물의 치우침 하중을 고려한 짐 무너짐 방지 처리를 확실하게 할 것.
a) 무인 견인차   무인 견인차에 의해서 롤컨테이너를 견인할 경우에는, 프레임 및 차바퀴 등의 강도가 견인력에 견디는 것으로 할 것.

c) 무인 지게차
  1) 무인 지게차를 사용하는 경우 파렛트의 포크 차입구 높이는 70mm 이상이고, 너비는 포크가 쉽게 삽입될 수 있도록 하는 것이 바람직하다.
  2) 무인 지게차에서 파렛트 트럭의 랙 유효 게이트 치수에 대해서는 랙 높이와 유효 게이트 치수의 관계를 인수·인도 당사자 간에 협의하여야 한다.
d) 무인 운반차의 치수는 파렛트 적재화물을 운반하는 경우에는 유닛로드용 파렛트에 부합성이 있어야 하고, 포장 화물의 용기를 운반하는 경우에는 포장 모듈 치수에 부합성이 있어야 한다.

8. 랙

파렛트 적재화물의 보관에 사용하는 랙(rack)은 KS B 6701에 따른다. 다만, 모든 랙의 치수는 깊이와 폭이 유닛로드용 파렛트와 부합성이 있어야 한다.

9. 수송 수단

9.1 트럭 및 트레일러

파렛트 적재화물을 수송하는 트럭 및 트레일러는 다음에 따른다.

9.1.1 트럭 차체 및 트레일러 차체의 종류

트럭 차체 및 트레일러 차체의 종류는 다음과 같다.
a) 보통 적재함
b) 밴형 차체
  1) 드라이 밴형 차체
  2) 측면 개방 밴형 차체

9.1.2 치수

적재함의 안쪽 치수는 KS R 0102의 ABC 구분 및 다음의 구분으로 한다.

a) 너비 구분 보통 적재함의 너비 구분은 최소 2,280mm로 하고, 밴형 차체의 너비 구분은 최소 2,300mm로 한다.

b) 길이 구분 길이 구분은 최소 4,560mm, 5,700mm, 6,840mm, 7,980mm, 9,120mm, 10,260mm의 6종으로 한다.

9.1.3 입구 길이

적재함 측면 및 적재함 뒤쪽의 입구 길이는 다음과 같다.

a) 보통 적재함의 입구 길이 보통 적재함의 측면 입구 길이는 적재함 안쪽 치수의 길이로 하고, 적재함 뒤쪽의 입구 길이는 최소 2,280mm로 한다.

b) 밴형 차체의 입구 길이 측면 개방 밴형 차체의 측면 입구 길이는 적재함 안쪽 치수의 길이 구분에서 200mm를 줄인 것 이상으로 하고, 드라이 밴형 차체 및 측면 개방 밴형 차체의 적재함 뒤쪽 입구 길이는 최소 2,300mm로 하며 [그림 7]을 참조한다.

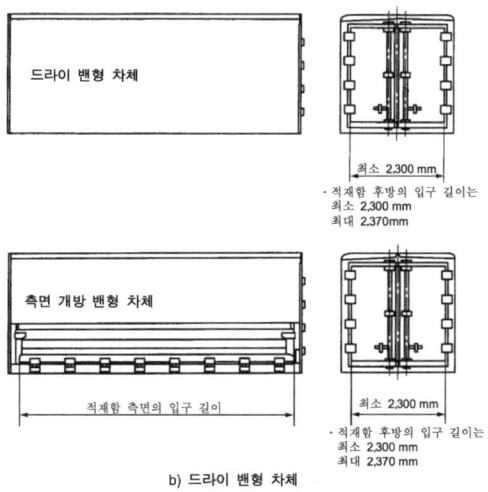

b) 드라이 밴형 차체

9.1.4 적재함의 품질

트럭 차체 및 트레일러 차체이 적재함의 품질은 다음과 같다.

a) 적재함의 바닥 파렛트 적재화물을 적재하는 적재함의 바닥은 평면이어야 하고, 파렛트 적재화물의 안정성을 유지하는 것으로 한다.

b) 적재함의 내하중 적재함의 내하중은 각 차량의 적재 무게 미만으로 한다. 다만, 적재함 위에 지게차를 적재할 경우의 내하중에 대해서는 지게차의 기종에 따라 인수·인도 당사자가 협의하여 정한다.

9.1.5 부속 하역 기기

트럭 및 트레일러 적재함에 장착하는 테일게이트 리프트, 파렛트 로더, 승강식 롤러 컨베이어, 슬랫 컨베이어식 적재함 및 벨트 컨베이어식 적재함은 다음에 따른다.

a) 테일게이트 리프트 롤컨테이너를 싣고 내리기 위해서 트럭에 장착하는 테일게이트 리프트는 KS T 2043에 따르고 그 내용은 다음

[그림 7] 적재함의 입구 길이

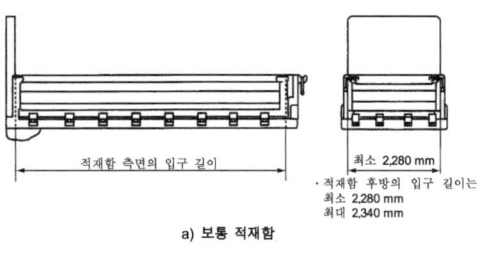

a) 보통 적재함

과 같다.
1) 각 부의 명칭: 리프트게이트의 각 부 명칭은 [그림 8]과 같다.
2) 리프트 판: 리프트 판의 길이는 최소 1,450mm로 하고, 리프트 판은 차륜 스토퍼를 달도록 한다.
3) 적재 무게: 리프트게이트의 적재 무게는 최소 1,050kg으로 한다.

[그림 8] 테일게이트 리프트 각 부의 명칭

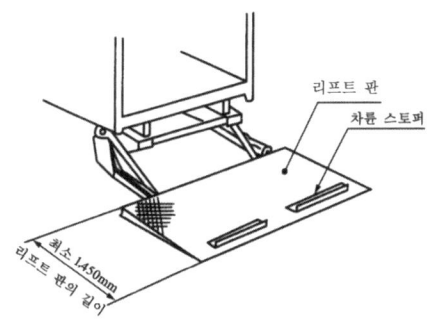

b) 파렛트 로더 평파렛트를 사용한 파렛트 적재화물을 쉽게 싣고 내리기 위해서 트럭 및 트레일러 적재함에 장착하는 파렛트 로더는 다음에 따른다.
1) 각 부 명칭: 파렛트 로더의 각 부 명칭은 [그림 9]와 같다.
2) 적재 무게: 파렛트 로더의 적재 무게는 2개 1조로 최소 1,050kg으로 한다.
3) 적재부의 길이: 파렛트 로더의 적재부 길이는 최소 1,070mm로 한다.
4) 가이드 레일 설치 위치: 파렛트 로더가 주행하는 가이드 레일을 트럭 적재함에 장착하는 경우의 설치 위치는 [그림 9]와 같다.

c) 승강식 롤러 컨베이어 트럭 및 트레일러 적재함에 장착하는 유압식 또는 공기압식에 의해서 오르내리는 리프트식 롤러 컨베이어는 다음에 따른다.
1) 적재 무게: 리프트식 롤러 컨베이어의 적재 무게는 2열 1조로 1m당 최소 500kg으로 한다.
2) 승강식 롤러 컨베이어 설치 위치: 리프트식 롤러 컨베이어의 설치 위치는 [그림 10]과 같다.

[그림 9] 파렛트 로더 및 가이드 레일 설치 위치

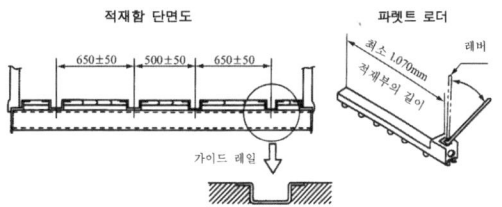

[그림 10] 승강식 롤러 컨베이어의 설치 위치

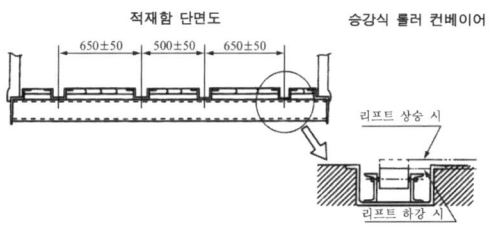

d) 슬랫 컨베이어식 적재함 및 벨트 컨베이어식 적재함의 내하중 파렛트 적재화물을 싣고 내리는 데 바닥 전체를 이동시키기 위해서 트럭 및 트레일러 적재함에 장착하는 슬랫 컨베이어식 적재함 및 벨트 컨베이어식 적재함의 내하중은 1m^{2}당 최소 1,000kg으로 한다.

9.2 화물 컨테이너

파렛트 적재화물을 수송하는 화물 컨테이너는 다음에 따른다.

a) 화물 컨테이너의 종류, 바깥 치수, 최대 적재 무게, 최소 안쪽 치수 및 입구부 최소 치수 화물 컨테이너의 종류, 바깥 치수, 최대 적재 무게, 최소 안쪽 치수 및 입구부 최소 치수는 KS T ISO 1496-1, KS T ISO 668의 규정에 적합하여야 한다. 최소 안쪽 치수는 2,280mm 이상인 것을 사용한다.

b) 화물 컨테이너의 취급 화물 컨테이너의 취급은 KS T ISO 3874에 따르고, 화물 컨테이너 및 적재화물에 나쁜 영향을 미치지 않도록 취급하여야 한다.

9.3 철도 화물차

철도 화차는 40t, 50t 적재용 덮개가 없는 화물차로 한다.

파렛트 전용 화차의 표준은 다음 〈표 8〉과 같다.

〈표 8〉 화차의 안쪽 치수   단위: mm

구분	치수	비고
길이	14,010 14,210 14,600	-
너비	2,350	-
높이	2,700	-

10. 표시

a) 유닛로드 시스템을 따르는 설비는 보기 쉬운 곳에 쉽게 지워지지 않는 방법으로 다음 사항을 표시한다.

구분	표시방법	비고
T11 (1,100×1,100mm) 부합 설비	ULS T11	-
T12 (1,200×1,000mm) 부합 설비	ULS T12	-

b) 수송 포장에는 다음 사항을 표시한다. 호칭번호는 KS T 1002의 수송 포장 계열 호칭이다.

```
수송 포장 치수(mm): 길이×너비×높이
단위 적재 사항(호칭 번호): T11형 (   )호
단위 적재 사항(호칭 번호): T12형 (   )호
```

KS T 0006 : 2015
해 설

이 해설은 본체에서 규정한 사항 및 이와 관련된 사항을 설명하는 것으로서, 표준의 일부는 아니다.

1. 개정 취지 및 경위 (2009년)

이 표준은 1995년 12월에 제정되어 1998년과 1999년 일부 개정을 거쳐 2002년에 개정되었던 것을 표준 개폐의 반영(예: ISO 표준의 한국화 반영), 용어 중심의 일관성 제고, 그리고 표준 간 불일치 사항의 제거를 중심으로 개정하였다.

국제표준[3]에서 제시하는 평면 치수는 600mm×400mm 모듈에서 유도된 1,200mm×1,000mm이다. 1,140mm×1,140mm는 일반 화물 컨테이너의 ISO 계열 1의 최소 안너비(2,330mm)로부터 유도된 것으로 허용 치수인 −40mm를 고려하면 1,100mm×1,100mm가 된다. 다양한 물품의 제원, 수송기관의 특성, 국제물류 수요에 대응하기 위해 사용자가 선택적으로 사용할 수 있는 최소한의 범위 및 국제표준(ISO 3676)에서 선호하는 치수 등을 고려하여 기존 1,100mm×1,100mm 이외에 1,200mm×1,000mm를 유닛로드로 추가하였다.

기존 유닛로드용 파렛트 및 추가된 유닛로드용 파렛트를 기준으로 하여 포장 형태, 물류 설비 및 기기 등 관련 표준의 내용과 해설, 그리고 장치 및 기기의 정확한 이해와 유닛로드 시스템 구축 방법과 ISO 표준과 연계할 수 있는 종합 물류 시스템 구축의 부합성에 관한 촉진제가 될 수 있도록 개정하였다.

2. 2013년 개정 내용

a) 사용하는 용어를 정리하여 다른 표준과 일관성을 높였으며, 이해하기 어려운 용어를 가급적 국문 용어화하였다. 다만, 유닛로드가 표준 사이에서 단위화물 또는 유닛로드로 쓰이는 것은 포괄적으로는 동일 개념이므로 향후 일관성 있게 통일되어야 할 것이다.

b) 국제화 및 다양한 물품의 제원 대응을 위해 T−12형 파렛트를 유닛로드 치수로 추가하였다.

c) 공동 파렛트는 파렛트의 설명으로 충분하므로 용어 정의만 포함하였다.

d) 표준 내용 중 상자형 파렛트 및 롤컨테이너의 표준을 유닛로드 시스템용으로 국한하였다. KS T 2026(일관수송용 상자형 파렛트) 및 KS T 2038(롤컨테이너 − 제2부: 일반 형식과 안전 기준)의 규정과 본 규정과 불일치점이 있기 때문이다.

3. 2015년 개정 내용

a) 본문 내용의 보완 따라 표준 추가 및 관련 인용표준의 개정에 따른 표준명 일부 수정
 − 표준 추가
  KS T 2039, 롤컨테이너 − 제3부: 시험방법

---

[3] ISO 3676:1983, Packaging − Unit load sizes − Dimensions 및 ISO 6780, Flat pallets for intercontinental materials handling − Principal dimensions and tolerances

KS T 2043, 테일게이트 리프트
KS T 3101, 돌리 파렛트
KS T ISO 6780, 대륙간 물류용 평 파렛트 – 주요 치수와 허용치수
– 표준명 수정
KS T ISO 8611-1, 물류를 ~~위한~~용 파렛트
KS T ISO 8611-2, 물류를 ~~위한~~용 파렛트
KS T ISO 8611-3, 물류를 ~~위한~~용 파렛트

b) 폐지되어 단체표준으로 이관되는 표준을 삭제함.
– 3. 용어와 정의에서 "KS R 6002" 삭제함 (KS R 6002 포크리프트 트럭 용어: 2012.12.6. 폐지)
– 4.4 시트 파렛트(2013.10.28. 폐지)를 삭제함.
– 7.1 지게차에서 "KS B 6585" 삭제함. (KS B 6585 포크 리프트 트럭: 2013.10.5. 폐지)
– 7.2 파렛트 트럭에서 "KS B 6710" 삭제함. (KS B 6710 팰릿 트럭의 종류 및 주요 치수: 2013.10.5. 폐지)
– 7.6 무인 운반차에서 "KS B ISO 5053", "KS B ISO 22915-1" 삭제함. (KS B ISO 5053 산업용 트럭 – 용어, KS B 22915-1 산업용 트럭 – 안정도 검사 – 제1부: 일반)

c) 폐지(2013.10.28)되어 단체표준으로 이관되는 KS T 2025(목제 평파렛트), KS T 2002(금속제 평파렛트), KS T 2031(플라스틱제 평파렛트)를 삭제하고, 평파렛트 시험 방법이 ISO 국제표준에서 최종적으로 파렛트 재질에 관계없이 시험하도록 개정됨에 따라 시험방법 및 성능기준을 국제표준과의 일관성을 위해 강도기준에서 폐지 표준의 인용부분(목재 및 금속제 평파렛트 강도 기준값, 플라스틱 평파렛트 강도 기준값)을 삭제하고, KS T ISO 8611-2의 평파렛트의 성능 기준값으로 개정함.

개정 전	개정 후
4.1.1 목제 평파렛트 목제 평파렛트는 다음을 따르는 외에 KS T 2024, KS T 2033, KS T 2025에 따른다. a) 높이 목제 평파렛트의 높이는 최대 144mm로 한다. b) 차입구 높이 목제 평파렛트의 차입구 높이는 최소 90mm로 한다.	4.1.1 주요 치수와 허용오차 평파렛트의 주요 치수와 허용오차는 KS T ISO 6780에 따른다.
4.1.2 금속제 평파렛트 금속제 평파렛트는 다음을 따르는 외에 KS T 2002에 따른다. a) 높이 금속제 평파렛트의 높이는 최대 144mm로 한다. b) 차입구 높이 금속제 평파렛트의 차입구 높이는 최소 90mm로 한다.	4.1.2 시험 및 성능기준 평파렛트의 성능은 KS T ISO 8611-1에 따라 시험하고, 목제 평파렛트, 금속제 평파렛트 및 플라스틱제 평파렛트의 기준값은 재질에 관계없이 〈표 2〉에 따른다.

개정 전	개정 후
4.1.3 플라스틱제 평파렛트 플라스틱제 평파렛트는 다음을 따르는 외에 KS T 2031에 따른다. a) 높이 플라스틱제 평파렛트의 높이는 최대 150mm로 한다. b) 차입구 높이 플라스틱제 평파렛트의 차입구 높이는 최소 89mm로 한다.	

〈표 2〉 목제 평파렛트 및 금속제 평파렛트의 강도 기준값

항목		기준값
압축 강도	변형량	2mm 이하
휨 강도	휨률	1.25% 이하
	잔류 휨률	0.5% 이하
적재함 바닥판 강도	휨률	1.0% 이하
낙하 강도	대각선 길이 변화율	3% 이하

〈표 3〉 플라스틱제 평파렛트의 강도 기준값

항목		기준값
압축 강도	변형량	4mm 이하
휨 강도	휨률	1.5% 이하
	잔류 휨률	0.5% 이하
적재함 바닥판 강도	휨률	2.5% 이하
낙하 강도	대각선 길이 변화율	1% 이하

〈표 2〉 평파렛트의 주요 성능 기준값

항목		기준값
휨 시험	휨률	2.0% 이하
	잔류 휨률	0.7% 이하
받침, 받침목 압축 시험	한계 하중	10% 이하
	휨률	4mm 이하
	잔류 휨률	1.5mm 이하
바닥판 휨 시험	휨률	15mm 이하
	잔류 휨률	7mm 이하
모서리 낙하 시험	대각선 길이 변화율	4% 이하

비고 한계 하중이란 하중으로 인해 파렛트 혹은 부재가 파손되거나 한계 기준값을 초과하는 변형과 휨이 발생하는 경우를 의미

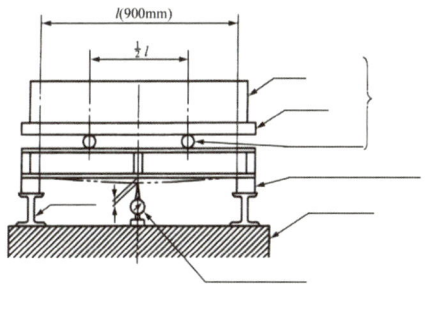

[그림 1] 평파렛트의 휨 시험방법과 휨 시험 길이

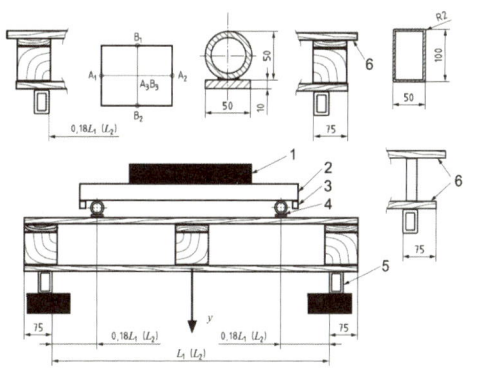

[그림 1] 평파렛트의 휨 시험방법   단위: mm

d) 인용표준 번호를 추가하고, 치수에서 일관 수송용 치수 외 삭제함.

개정 전	개정 후
4.2 상자형 파렛트 c) 크기　유닛로드 시스템용 상자형 파렛트의 크기는 〈표 4〉와 같다. 〈표 4〉 상자형 파렛트의 크기　단위: mm | 길이×너비 | 높이 | |---|---| | 800×500 1,000×800 1,100×1,100(1) 1,200×800 1,200×1,000 1,300×1,100 | 2,200 이하 |	4.2 상자형 파렛트 c) 시험방법 및 성능　시험방법 및 성능 기준은 KS T 2029에 따른다. d) 치수　유닛로드 시스템용 상자형 파렛트의 치수는 〈표 3〉과 같다. 〈표 3〉 상자형 파렛트의 치수　단위: mm | 길이×너비 | 높이 | |---|---| | 600×500 1,100×1,100 1,200×1,000 | 2,200 이하 |

e) 롤컨테이너의 인용표준 번호를 추가하고 최대 적재 무게를 KS T 3101(돌리 파렛트) 성능기준에 맞추어 수정하며, 롤컨테이너의 치수를 KS T 2038(롤컨테이너 – 제2부: 일반형식과 안전기준)과 정합화 함.

개정 전	개정 후
4.3 롤컨테이너 a) 형식, 종류 및 기호　롤컨테이너의 형식, 종류 및 기호는 KS T 2037에 따른다. b) 최대 적재 무게　롤컨테이너의 최대 적재 무게는 0.5t, 1t, 1.5t, 2.5t으로 한다. c) 크기　롤컨테이너의 크기는 〈표 5〉와 같다. 〈표 5〉 롤컨테이너의 크기　단위: mm | 길이×너비 | 높이 | |---|---| | 550×550 1,100×550 1,100×1,100 600×500 600×400 600×1,000 1,200×500 1,200×1,000 | 1,800 이하 |	4.3 롤컨테이너 a) 형식, 종류 및 시험방법　롤컨테이너의 형식, 종류 및 시험방법은 KS T 2037 과 KS T 2039에 따른다. b) 최대 적재 무게　롤컨테이너의 최대 적재 무게는 별도로 명시하지 않는한 250kg으로 한다. c) 치수　롤컨테이너의 치수는 〈표 4〉와 같다. 〈표 4〉 롤컨테이너의 크기　단위: mm | 길이×너비 | 높이 | |---|---| | 930×710 850×650 1,050×650 | 1,800 이하 |

개정 전	개정 후
4.4 시트 팔레트 a) 형식 시트 파렛트의 형식은 탭(tab)이 한 변에 있는 것으로 한다. b) 최대 적재 무게 시트 파렛트의 최대 적재 무게는 1t으로 한다. c) 크기 시트 파렛트의 크기는 1,100mm×1,100mm, 1,200mm×1,200mm, 탭의 너비는 75mm로 하고, 모떼기를 한 것으로 한다.	4.4 돌리 파렛트 돌리(dolly) 파렛트는 KS T 3101에 따르고, 그 내용은 다음과 같다. a) 형식, 종류 및 시험방법 돌리 파렛트 형식, 종류 및 시험방법은 KS T 3101에 따른다. b) 최대 적재 무게 돌리 파렛트의 최대 적재 무게는 별도로 명시하지 않는 한 250 kg으로 한다. c) 치수 돌리 파렛트의 치수는 〈표 5〉와 같다. 〈표 5〉 돌리 파렛트의 치수 단위: mm | 길이×너비 | 높이 | 허용차 | |---|---|---| | 732×550 | 250 이하 | ±5 |

f) 6.2.3의 〈표7〉의 플라스틱 운반 용기의 치수를 인용표준인 KS T 1081의 최종 내용을 반영하여 366×275 치수와 523×366 치수를 추가함.

부록 2 한국파렛트컨테이너 기술연구소 (KIPCT)

(사)한국파렛트컨테이너협회의 부속 기구인 한국파렛트컨테이너기술연구소(KIPCT: Korea Institute of Pallet Container Technology, 이하 KIPCT)는 파렛트와 컨테이너 제품에 대한 체계적인 시험과 연구 활동을 통해 시험 성적 증명서를 국내 최초로 발행하고 있는 기관이다.

글로벌 파렛트 표준화를 위한 국제표준화기구인 ISO/TC51 위원회 활동에도 참여하고 있는 KIPCT는 최신의 신기술과 정보를 습득하고 내재화하여 세계적인 파렛트 기술 연구 분야의 리더로서 그 역할과 책임을 다하고 있다.

최근에는 파렛트·컨테이너의 반복·재사용을 통한 자원순환물류시스템의 구축을 위해 제품의 내구성 확보와 품질 등급을 증명하는 시험 방법을 강화하고 있으며, 시험에 대한 객관성과 신뢰성을 확보하여 순환물류용기관리시스템의 초석을 다지고 있다.

1. KIPCT의 설립·운영 목적

KIPCT는 파렛트·컨테이너의 각종 표준(ISO, KS)에 의한 안전성 및 시험과 관련하여 제품의 성능 검사 및 시험 방법과 표준 등을 체계적으로 연구하고 보급하기 위해 설립되었다. 국내 및 국제적인 파렛트·컨테이너 산업분야에 신기술을 도입하고 실용화 및 사업화를 통해 산업발전에 크게 이바지하고 있다.

물류효율화를 위해서는 표준화의 기준인 파렛트와 컨테이너의 규격 통일화로 일관 운송시스템을 구축하여 물류표준화를 이루어야 한다. 우리나라 전체 산업계 핵심과제인 물류공동화 시스템은 파렛트와 컨테이너의 표준화를 전제로 한다. 이러한 표준화를 제대로 추진하려면 파렛트와 컨테이너 규격, 강도, 구조, 기준 치수, 재질 등의 표준이 합리적으로 제정되어야 하고, 체계적인 연구와 전문가 및 기술력 확보가 필요하다.

이와 같은 시대적인 목적과 과업을 달성하기 위해 KIPCT는 선진화된 기술을 지속해서 수용하며 접목하고 있다.

2. KIPCT의 역할과 성과

2003년 3월 14일 설립된 KIPCT는 미국에 이어 세계에서 두 번째로 설립된 협회 부설 파렛트컨테이너기술연구소이다. 주요 시험설비인 종합시험기, 동적 강도 시험기, 모서리 낙하 시험기 등 첨단 시험 장비를 갖추고 국내 파렛트 업계에서 생산하고 국내 산업계뿐만 아니라 수출용으로 사용하는 파렛트의 강도, 재질, 안전성 등을 시험하고 있다. 연구소 설립 이후 ISO 프로젝트 시험을 포함하여 2020년까지 연평균 약 17회, 총 303회의 시험을 하였으며, 시험 횟수는 매년 증가하고 있다.

이러한 시험업무와 함께 파렛트 자동설계시스템 제작과 파렛트 제품 소재 및 재질에 대한 체계적인 연구로 우리나라 파렛트·컨테이너 산업계의 생산 제조기술과 사용기준 및 운영시스템의 선진화를 이루었다.

KIPCT 연구진은 국가가 추진하는 물류표준인증제도 운영과 정착 작업에도 적극 참여, 성공적인 일관파렛트 수송시스템 구축에 큰 몫을 하였으며, 아시아파렛트시스템연맹(APSF: Asia Pallet System Federation)과 ISO 파렛트 국제표준화 활동에도 능동적으로 참여하는 등 아시아·태평양지역 파렛트 표준화에 선도적 역할을 함으로써 국익증진에 기여하고 있다.

특히 국내 전문가가 거의 전무한 상태에서 파렛트 전문인력을 양성함으로써 파렛트 분야의 체계적 연구를 통해 업계의 발전을 도모하였다. 이뿐 아니라 아시아 지역에 아시아유닛로드스쿨을 개설하여 제품 기술과 운영시스템 등을 교육하였으며, 전문적인 기술을 제공하여 국가 간 파렛트 표준화 기반을 조성하고, 국내 업계의 아시아 지역 진출을 선도하고 있다.

한국파렛트컨테이너기술연구소 개소식

3. 국제표준에 의거한 파렛트 시험

KIPCT는 국제표준 ISO 8611-1에 규정된 방식으로 파렛트 시험을 실시하고 있으며, 국제표준의 개정작업에 프로젝트 리더로 참여하여 글로벌 파렛트 업계에서의 한국의 파렛트

〈표〉 ISO 8611-1 및 KS T ISO 8611-1에 규정한 대표적인 시험방법

NO	시험/측정	특징	시험목적이나 취급활동	비고
1	휨 강도 시험(a) 휨 경도 시험(b)	파렛트 길이, 너비	랙의 적재	정적시험
2	하판 휨 강도 시험(a) 하판 휨 경도 시험(b)	하판	트윈 트랙 컨베이어 이동	정적시험
3	상판 가장자리 충격 시험	상판 리드 적재판	포크에 대한 저항력	동적시험
4	받침 충격 시험	모퉁이 받침, 받침목	포크 끝에 대한 저항력	동적시험

■ KIPCT의 시험·연구 설비

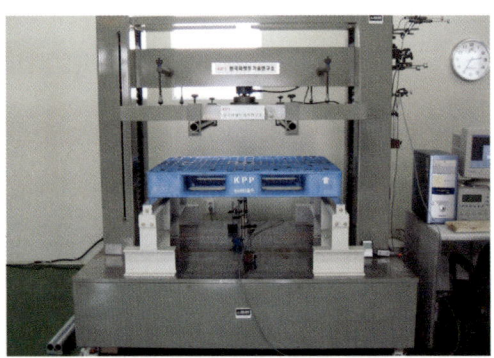

종합시험기

동적 강도 시험기

모서리 낙하 시험기

■ **종합시험기** : 휨 시험, 포크 들어올리기 시험, 받침/받침목 압축 시험, 중첩 적재 시험, 하판 휨 시험, 날개형 파렛트 휨 시험, 공기 백 휨 시험

■ **동적 강도 시험기** : 전단 충격 시험, 상판 가장자리 충격 시험, 받침 충격 시험, 미끄러짐 각도 시험

■ **모서리 낙하 시험기** : 정적 전단 시험, 모서리 낙하 시험, 정적 마찰 계수 시험

시험기술 위상을 높이고 있다. KIPCT는 파렛트 국제표준에서 가장 중요하게 판단되는 시험 방법을 〈표〉와 같이 채택하여 국내 파렛트 기술발전을 위해 시험을 수행하고 있다.

■ KIPCT의 목적과 사업

- ISO/KS의 파렛트·컨테이너 규격에 대한 체계적 연구
- 파렛트·컨테이너의 강도·구조·재질·소재 등에 대한 연구
- 파렛트·컨테이너의 안정성 및 안전성에 대한 실험분석, 평가사업
- 파렛트 자동설계 시스템 제작
- 파렛트·컨테이너의 국내외 표준화 추진에 대한 조사 연구
- 파렛트·컨테이너 전문인력 양성
- 기타 파렛트·컨테이너 산업발전에 필요한 연구사업

■ KIPCT 설립 과정과 주요 연혁

- 2002.03.29 : 협회 2002년 정기총회에서 파렛트시험연구소 설립안 승인
- 2002.09.09 : 파렛트종합시험기 납품계약 체결 (신강정밀공업(주))
- 2002.09.13 : 정기이사회에서 세부사업계획 수립
- 2002.10.25 : 한국파렛트기술연구소 소장 및 연구원 확정
- 2003.01.03 : 파렛트 시험설비 설치 완료 (충북 충주시 소태면 양촌리 소재)
- 2003.03.14 : 한국파렛트기술연구소 개소식 및 시험설비 시운전
- 2005.01.31 : 기술연구소 명칭 변경 ⇨ 한국파렛트컨테이너기술연구소
- 2005.10.05 : 기술연구소 이전 (충북 충주 ⇨ 충남 아산)
- 2013.05.27 : 기술연구소 이전 (충남 아산 ⇨ 경기도 화성)
- 2018.01.09 : 화성 마도산업단지 내 시험동으로 이전

■ KIPCT 연구진

- 연구소장　　　엄재균 명지전문대학 산업경영공학과 교수
- 고문　　　　　서병륜 한국파렛트컨테이너협회 회장
- 위원　　　　　김덕열 한국파렛트컨테이너협회 전무
- 책임연구원　　이승희 한국파렛트컨테이너협회 부장
- 선임연구원　　임승건 한국파렛트컨테이너협회

부록 3 KPCA 통상회원사

㈜골드라인

대표이사 :	김진국, 이용범
전　　화 :	031-233-5300
팩　　스 :	031-216-3456
주　　소 :	경기도 군포시 고산로 148번길 17 군포IT밸리 34층
홈페이지	http://www.goldline.co.kr
이 메 일 :	jungsg@goldline.co.kr

㈜골드라인은 기업 및 국가 물류산업의 물류 표준화와 효율화를 추구하며, 끝없는 도전의 열정으로 물류혁신, 고객감동을 실천해 나가고 있는 물류기기 전문 글로벌 기업이다.

공간찬넬㈜

대표이사 :	이진명
전　　화 :	02-701-1188
팩　　스 :	02-718-3198
주　　소 :	서울시 마포구 토정로 265-7
홈페이지	www.gonggan.com
이 메 일 :	jmlee@gonggan.com

공간찬넬㈜는 1980년 사업을 시작하여 40년 동안 축적된 노하우를 바탕으로 스틸, special, 알루미늄 파렛트, 컨테이너와 점포진열대를 직접 생산하는 업체로, 고객의 눈높이에 부응하는 명실상부한 최고의 금속가공 전문기업이다.

대우화학㈜

- 대표이사 : 이상진
- 전　　화 : 055-342-4000
- 팩　　스 : 055-342-4008
- 주　　소 : 경남 김해시 진영읍 서부로 179번길 39-124
- 홈페이지 : www.daewoochem.co.kr
- 이 메 일 : dwswan@hanmail.net

대우화학(주)는 공업용 및 농·수산용 플라스틱 상자 파렛트 및 PET병 등 플라스틱 사출 전문 기업으로, 고객 만족을 위해 우수한 품질의 경쟁력 있는 제품을 공급하고 있다.

㈜덕유

- 대표이사 : 정재윤
- 전　　화 : 02-569-1561 (서울), 043-836-8862 (공장)
- 팩　　스 : 02-557-6768 (서울), 043-836-8500 (공장)
- 주　　소 : 서울 강남구 테헤란로 86길 16 덕유빌딩6층 (서울사무소)
　　　　　　충북 증평군 도안면 모래재로 190-36 (공장)
- 홈페이지 : http://www.deok-u.co.kr
- 이 메 일 : pallet@deok-u.co.kr

1973년 3월 (주)한성으로 시작해 1987년 (주)덕유로 재출범하였다. 산업현장의 다양화, 고도화, 물류화에 부응하기 위해 고도의 설계기술, 가공기술을 바탕으로 플라스틱 파렛트 및 컨테이너 개발에 앞장서 더 좋은 제품을 만들기 위해 노력하고 있다.

동신목재공업㈜

- 대표이사 : 임선일
- 전　　화 : 032-812-2091~4
- 팩　　스 : 032-812-2090
- 주　　소 : 인천 남동구 능허대로 772 (고잔동, 남동공단 160B-6L)
- 홈페이지 : cafe.daum.net/dongshintimber
- 이 메 일 : dongshin2090@hanmail.net

목재 외길 40년을 넘어 이어온 노하우를 바탕으로, 목재 파렛트 및 철강 운반용 받침대, 기타 남양재, 북양재 주문재를 경쟁력 있는 조건으로 생산, 공급하고 있으며, 고객 만족 및 최고 품질의 제품을 제공하기 위해 최선을 다하고 있다.

㈜동신프라텍

대표이사 : 임선일
전　　화 : 043-217-4844
팩　　스 : 043-217-3151
주　　소 : 충북 청주시 청원구 장재금대로 45
홈페이지 :
이 메 일 : da0415@hanmail.net

기업의 '물류 선진화'를 위하여 최선을 다하는 ㈜동신프라텍은 기업의 물류비 절감 및 생산성 향상에 기여하는 플라스틱 파렛트 및 컨테이너를 생산, 판매하는 '플라스틱 전문기업'이다.

㈜동양목재

대표이사 : 김창환
전　　화 : 032-578-8121
팩　　스 : 032-577-6018
주　　소 : 인천광역시 서구 길무로 205(오류동)
홈페이지 : www.dongyang.co.kr
이 메 일 : chkim@dongyang.co.kr

1972년 회사 창립 이후 40여 년간 철도용 목침목을 주력으로 목재 파렛트와 플로어링 블록, 철강재 등을 생산하고 있으며, 고객에게 최고의 품질을 제공하고자 KS를 비롯한 다수의 인증을 취득하여 보유하고 있다.

삼성물류기계㈜

대표이사 : 이성진
전　　화 : 031-766-9522
팩　　스 : 031-766-9567
주　　소 : 경기도 광주시 오포읍 오포로 190
홈페이지 : www.sasmac.kr
블 로 그 : https://blog.naver.com/sasmac_1
이 메 일 : sasmac@unitel.co.kr

물류 분야에서 모든 파렛트 화물의 적치, 운반을 위한 물류기계를 취급하는 2004년 11월에 설립된 회사로서, 해외의 유수 메이커의 제품 중 사용 효율이 높은 제품을 공급함으로써 안전 및 성력화에 기여하고 있다.

삼화프라스틱

대표이사 : 김종성
전   화 : 1588-5456/051-832-0308
팩   스 : 051-832-0307
주   소 : 부산광역시 강서구 녹산산단 262로27(송정동1724-11)
홈페이지 : http://www.platopia.co.kr
이 메 일 : samhwa@platopia.co.kr

삼화프라스틱은 1967년 창업 이래 50여 년간 축적된 know-how를 바탕으로 안정적 생산품질 확보 및 신속한 고객응대로 새로운 부가가치를 창출하는 플라스틱 상자, 파렛트류 전문 생산업체이다.

㈜신영목재

대표이사 : 김종환
전   화 : 063-464-9830
팩   스 : 063-464-9640
주   소 : 전북 군산시 외항로 1148(오식도동)
홈페이지 : https://shinyoungwood.co.kr/com
이 메 일 : ckpallet@daum.net

㈜신영목재는 창사 이래 25년간 산업용 포장 Box 및 Pallet, 인테리어용 히노끼, 스기 루바재 등을 취급하여 왔고, 모든 사람들의 건강과 활력을 위해 최고의 편백나무(중·저온 건조)로 만든 생활소품을 제작하여 시판하고 있다.

엔피씨㈜

대표이사 : 최병민
전   화 : 031-362-2852
팩   스 : 031-495-1999
주   소 : 경기도 안산시 단원구 해안로 289(원시동, 834)
홈페이지 : http://www.npc.co.kr
이 메 일 : shkim@npc.co.kr

엔피씨㈜는 1965년 5월에 설립된 대한민국 플라스틱업계의 선두주자로, 물류 용기 제조 및 렌탈을 통한 효율적인 물류시스템 구축에 일익을 담당하는 기업이다.

영농조합법인 광수

대표이사 : 김현성
전　　화 : 061-382-1941
팩　　스 : 061-383-8462
주　　소 : 전남 담양군 무정면 영천성도길 261
홈페이지 : http://gsynfarm.co.kr
이 메 일 : khs7544@hanmail.net

자연순환농법을 구현하기 위해 농약의 최소화로 국민안심 건강 먹거리를 제공하고 있으며, 국민건강을 최우선으로 생각하는 기업의 목표를 실현하기 위하여 산지 재배부터 유통까지 산지직거래를 실현하여 유통단계를 축소하고 대형유통업체에 직접 납품을 하고 있다.

용마로지스㈜

대표이사 : 금중식
전　　화 : 02-3290-6434
팩　　스 : 02-3290-6464
주　　소 : 경기도 김포시 고촌읍 아라육로 78 (용마로지스)
홈페이지 : http://yongmalogis.co.kr
이 메 일 : ywkang@yongmalogis.co.kr

최고의 기업물류서비스를 제공하는 용마로지스는 동아쏘시오그룹의 일원으로, 1983년 운송사업을 시작해 현재 보관, 택배, 운송, 국제(포워딩), 물류컨설팅 등 다방면으로 영역을 넓힌 종합물류서비스 기업이다. 국내외 유수기업의 물류서비스를 맡고 있으며, 특히 의약품, 화장품 분야에 특화된 서비스를 제공하고 있다.

㈜이건그린텍

대표이사 : 이길수, 박승준
전　　화 : 031-999-3826
팩　　스 : 032-760-0992 (인천)
주　　소 : 경기도 김포시 대곶면 대명항로 205번길 49-38
홈페이지 : www.eagon.com
이 메 일 : ebkim@eagon.com

㈜이건그린텍은 합판 및 마루를 생산, 판매하는 이건산업㈜로부터 2005년 10월에 분사한 회사로서, 목재부산물을 활용하여 가격경쟁력과 공간효율성이 강점인 압축목재파렛트를 국내 독점 생산 중이고, 동일한 원재료를 활용하여 목재칩블럭을 생산, 파렛트 제작업체와 포장업체에 공급하고 있다. 이 외에 장기 재사용 용도의 합판기반 시스템박스를 생산하고 있으며, 목재파렛트, 플라스틱파렛트 등을 공급하고 있다.

한국프라스틱㈜

- 대표이사 : 배영희
- 전 화 : 053-584-6841
- 팩 스 : 053-584-8338
- 주 소 : 대구광역시 달성군 하빈면 하빈남로 438-16
- 홈페이지 : www.cplastic.co.kr
- 이 메 일 : cp9@cplastic.co.kr

한국프라스틱(주)는 국내 유일한 초대형 사출기 7,000톤을 도입하여 일반산업용(파렛트, 점보상자)의 대형 플라스틱 제품을 생산하는 대한민국을 대표하는 기업이다. 고객에게 신뢰와 만족을 드리기 위해 최선을 다하고 있으며, 품질 최상주의를 추구하여 독창적이고 창조적인 제품을 개발하고 있다.

㈔한국파렛트컨테이너협회

- 대표이사 : 서병륜
- 전 화 : 02-715-1281~2
- 팩 스 : 02-715-1283
- 주 소 : 서울시 마포구 마포대로 63-8, 211호 (도화동, 삼창프라자)
- 홈페이지 : http://www.kopal.or.kr
- 이 메 일 : pallet@kopal.or.kr

파렛트·컨테이너 분야의 발전과 사용자와 생산자의 공동이익을 증진함으로써 국내 물류선진화를 촉진하고, 물류표준화를 기반으로 공동화 및 합리화를 선도하고 있으며, 국가 물류경쟁력 강화와 친환경 첨단물류에 기여함을 목적으로 1996년 11월 22일에 설립된 사단법인이다.

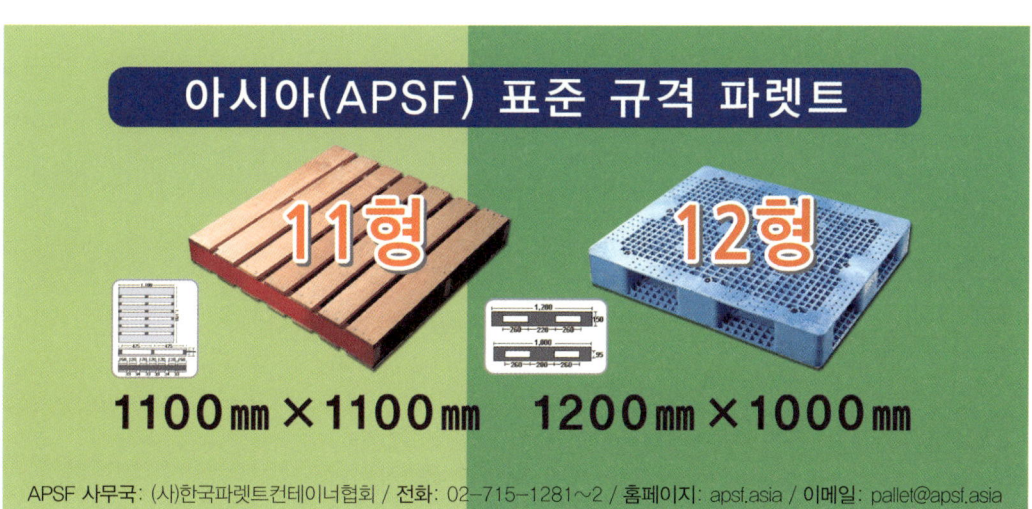

유닛로드시스템 편람 편집위원

가나다 순

강일정	㈜에이스산업 대표이사 [학력] · 조선대학교 기계설계공학과 [자격] · 건설기계설비기사 · IICL 컨테이너 검사관 [경력] · 전) 천광산업(중국 주재원), ㈜진도 컨테이너기술연구소
김덕열 편집부위원장	(사)한국파렛트컨테이너협회 전무이사 [학력] · 인천대 동북아물류대학원 물류경영학 박사수료 · 서울시립대 경영학 석사 · 건국대 축산가공학과 졸업 [자격] · 경영지도사(생산관리, 마케팅) · 대한민국산업현장 교수 · 공장관리기술사 [경력] · 전) 로지스올그룹, 동원그룹 근무
김성봉	한국자원순환포장기술원 원장 [학력] · 성균관대 일반대학원 환경경제학 박사 · 고려대 정책과학대학원 경제학 석사 [자격] · 환경영향평가사 · 자연생태복원기사 · 재활용 환경성평가 전문인력 교육과정 수료 [경력] · 전) 한양대 공과대학 지구환경시스템공학과 겸임교수 · 전) 환경부 일반직고위공무원, 경제기획원 사무관
김종경	한국건설생활환경시험연구원 수석연구원 [학력] · 미시간주립대 물류포장학 박사 · 미시간주립대 패키징학 석사 [자격] · 포장기술사 · ISO TC122 컨비너 [경력] · 현) 미국 ISTA 아시아퍼시픽 지부장 겸 상임이사 · 현) (사)한국포장학회 수석부회장 · 전) 산업통상자원부 국가기술표준원 국가표준코디네이터
박광호	㈜예스오알지 대표이사 [학력] · 인하대 환경공학과 공학박사 · 중앙대 건설환경공학부 공학석사 [경력] · 현) (사)문학향토보전회 대표이사 · 현) (사)한국전과정평가학회(KSLCA) 총무이사 · 전) CSIRO(호주연방연구소) Sustainable Ecosystem, Ressearch Scientist
방연근	철도안전협회 이사 [학력] · 서울대 대학원 경영학과 석 · 박사 · 서울대 철학과 졸업 [경력] · 전) 한국철도기술연구원 수석연구원 · 전) 한진교통물류연구원 수석연구원

엄재균 편집위원장	명지전문대학 산업경영공학과 교수 [학력] · 노스캐롤라이나 주립대 산업공학 물류학 석·박사 　　　 · 경희대 건축공학과 졸업 [자격] · 국가기술표준원 ISO/TC51 파렛트 전문위원회 위원장 　　　 · 국가기술표준원 물류심의위원회 위원 　　　 · 국가기술표준원 물류표준설비인증제도 심의위원회 위원 [경력] · 전) 건영창업투자(주) 대표이사, 　　　 · 전) 삼성SDS 선임연구원 (CIM컨설팅팀)
유강철	주식회사 컨펌 소장 [학력] · 명지대 산업공학 석·박사 　　　 · 한양대 기계공학과 졸업 [자격] · 물류관리사 [경력] · 전) 삼성엔지니어링 기전사업부, 삼성테크윈 자동화사업부
이명훈	한국포장시스템연구소 소장 [학력] · 연세대 생명공학원 생명공학 박사 　　　 · 미시간주립대 School of Packaging 석사 　　　 · 연세대 화학공학과 졸업 [자격] · 포장기술사, Diploma in Packaging(UK) 　　　 · 국가기술표준원 물류기술심의회 위원 [경력] · 전) (사)한국포장기술사회 회장, (사)한국포장학회 회장
윤의식	한국물류연구원 원장 [학력] · 명지대 산업공학 박사 　　　 · 인하대 경영대학원 경영학 석사 [자격] · (사)한국SCM학회 이사 [경력] · 현) 한양대 등 다수 대학교 산업공학 겸임교수 　　　 · 전) 한진그룹 한진정보통신 물류사업부장
조윤성	한국물류시스템연구원 대표 [학력] · 인천대 동북아물류대학원 물류학 박사 　　　 · 서강대 경영전문대학원 마케팅 석사 　　　 · 성균관대 회계학과 졸업 [자격] · 경영지도사(생산관리) · KS 인증심사원 [경력] · 현) 성결대학교 동아시아물류학부 겸임교수 　　　 · 전) ㈜로젠택배 대표이사
허진욱	에이플러스팜(주) 대표이사 [학력] · 연세대 경영대학원 석사과정 수료 　　　 · 서울대 공과대학 졸업 [자격] · 미국 APICS CPIM · 독일 SAP FI Consultant [경력] · 전) 로지스올그룹 유로지스넷(주) 대표이사 　　　 · 전) ㈜에이앤디코리아 마케팅·영업 총괄 부사장

유닛로드시스템 편람

2021년 3월 15일 초판 제1쇄 발행

발행인	서병륜
발행처	(사)한국파렛트컨테이너협회
주소	서울시 마포구 마포대로 63-8, 211호
전화	02-715-1281~2
팩스	02-715-1283
홈페이지	http://www.kopal.or.kr
이메일	pallet@kopal.or.kr
제작	(주)물류신문사

Copyright © 2021. 'Korea Pallet Container Association(KPCA)' All rights reserved.
ⓒ 본 서적의 저작권은 (사)한국파렛트컨테이너협회에 있습니다.
저작권자의 허가·승인 없이 무단 전재·복재 시 저작권법에 의거 처벌 받습니다.
잘못된 책은 바꾸어 드립니다.